U0524305

管道的力量

[美] 贝克·哈吉斯 著　风君 译

Who Stole the
American Dream II
Burke Hedges

只 为 优 质 阅 读

好
读

Goodreads

本书献给我的父亲贝克·O. 哈吉斯（Burke O. Hedges），他在我还是个孩子的时候就去世了；也献给那些敢于运用我们最大权利——自由创业——的男男女女！

经典作品的"事实提升"

自网络营销史上最畅销的著作《管道的力量》(*Who Stole the American Dream*)第一版出版以来,已经过去很久了。

确切地说,15 年了。

那本书是我在 1991 年的夏秋两季写成的,并于当年 12 月出版发行。想想这 15 年间我经历了多少变化,真是令人惊叹。在我的脑海中就有不少变化的例子。

1991 年,还没有商业互联网,没有电子邮件,没有混合动力汽车,没有 GPS 导航,西雅图以外没有星巴克,没有 DVD 播放机,没有免费长途电话,没有来电显示,没有卫星电视和广播,没有平板电视,没有高清电视,没有轻便的笔记本电脑,没有 MP3 播放器,没有 iPod,没有掌上电脑,没有黑莓手机,没有 X-box 游戏机,没有数码相机或摄像机,没有借记卡。有的只是几台传真机。

1991 年,手机笨重且昂贵,服务有限,功能很少:没有铃声,没有相机,没有日历,没有游戏,没有电话簿,没有语音识别。

1991 年,美国的出口还比进口多;中国和印度还是第三世界经济体；柏林墙刚刚倒塌；苏联刚刚转向资本主义；每加仑[1]汽油价格仅为 1.04 美元；通用汽车还是世界上最大、最赚钱的公司；航空公司还在盈利；大学学费仍然负担得起；裁员数千人的公司股价不升反降；沃尔玛还不卖杂货；福克斯电视还是一个羽翼未丰的电视网；伊拉克入侵科威特，引发了第一次海湾战争。

1991 年，我在第一版《管道的力量》中定下的基调便是："有人——更准确地说，是一大帮人——偷走了我们的梦想，就在辛勤工作着的我们的眼皮底下。"

可悲的是，这一幕今天仍在发生，而这个完全修订版会告诉你如何重拾梦想！

---

[1] 英美制容量单位，美制 1 加仑等于 3.785 升。——本书脚注均为编者注

致 谢

如果没有约翰·福格（John Fogg）和史蒂夫·普赖斯（Steve Price）这两位我非常敬佩的好友的不懈支持，这本书是不可能完成的。

特别感谢我的 5 个孩子——小贝克、内森、斯宾塞、阿斯彭和阿丽娜，感谢他们一直以来对我所做的每一项工作的支持。还有我的母亲玛丽扎和继父哈利，感谢他们对我的信任。

非常感谢我在英迪出版公司（INTI Publishing）的所有队友，在我走上创业之路的时候，他们照看着我身后的家园：组织者凯瑟琳·格洛弗（Katherine Glover）、营销人员黛比·科尔特斯（Debbie Cortes）、技术员托尼·科尔特斯（Tony Cortes）、思想者史蒂夫·普赖斯、协调者桑迪·洛伦岑（Sandee Lorenzen）、万事通盖尔·布朗（Gail Brown）、细节专员朱莉娅·布洛（Julia Bullough），以及多面手黛安娜·巴扎拉尔（Dianna Bazalar）。

最后，我要对两位永远离开我的人表达感谢、钦佩和爱：特德·冯·舒利克（Ted von Schullick），我的同事兼好友；还有代顿（Dayton），我每天都在想念的弟弟。

目录

引言　停手，小偷

第一部分　梦想
- 017　第一章　梦想神话
- 025　第二章　为什么

第二部分　谁偷走了我们的梦想，为什么？
- 035　第三章　金字塔
- 041　第四章　非法传销
- 051　第五章　"合法传销"
- 071　第六章　再也没有安全感了
- 085　第七章　你有哪些选择

第三部分　为什么传统的方法不再有效？
- 093　第八章　范式——一个只值100美元的单词和一个价值百万美元的想法
- 105　第九章　为什么是网络营销？因为……变化

115　第十章　小声告诉自己这个词：分销

123　第十一章　最大的优势

第四部分　网络营销的真相

135　第十二章　什么是网络营销？它是如何运作的

155　第十三章　如果网络营销这么好——为什么没有人告诉我们真相

第五部分　网络营销与你

177　第十四章　你是在骑死马吗？

187　第十五章　网络营销为何迅猛发展

引 言

停手,小偷

我是个上等人,靠抢劫穷人为生。

——萧伯纳

事情不对!

当我把钥匙插入前门门锁时,我有一种局促不安的感觉。我的胳膊和手上传来一种触电般的刺痛感,胃就像突然被抽空了——我感到一阵怪异的空虚和恶心。

我打开门,小心翼翼地走了进去。情况并没有好转。现在我的胃真的开始疼了。

我环顾四周。这是我家,我没走错地方。一切似乎都很正常,但就是感觉不对劲,而且这种感觉越发强烈。

然后我就看到了。电视机下面原先放DVD播放器的地方空空如也。它不见了!

"哦,不,"我心想,"他们还偷了什么?"

停手,小偷!

有人闯进了我家,把我的东西弄得乱七八糟,把我的私人物品——还有我孩子的东西——翻了个底朝天,甚至还偷了我孩子的东西!

如果这种事也曾发生在你身上,你可能永远不会忘记那种感觉。反正我知道我永远不会。尽管这件事发生在多年以前,可直到现在,每当我回想起这件事时,我的身体仍会立马泛起当时的不适感。

这感觉太糟糕了,而且现在仍然很糟糕。我觉得自己被侮辱,受到侵犯，郁愤难平，而且对此完全无能为力！

当有人偷了我们的东西时，我们就是这种感觉。

这就是我们对有人闯入自己家中偷东西的感受——这还只是些身外之物，就我的情况而言，不到一周我就重新置办了这些失窃物品。

试想一下，如果有人偷走了像我们的梦想这样极其私密而珍贵的东西，我们又会感到多么震撼、愤懑和无力。

而这正是他们的所作所为。

有人——更准确地说，是一大帮人——偷走了我们的梦想，就在辛勤工作着的我们的眼皮底下。

我们的希望和梦想被剥夺，我们的未来被一群为所欲为的重罪犯窃取并出卖，他们发财致富，损害的却是我们的利益。

梦想已成为一个神话

梦想已成天方夜谭——

不是因为它不真实……

也不是因为它已成过往……

不是因为它再难企及……

更不是因为我们不配拥有这梦想。绝不是这样的！

它之所以成为一个遥不可及的神话，是因为让我们致力于实现梦想的成长和养育方式——以及在这个过程中我们曾被谆谆教导的那些为实现梦想而义无反顾之事——已经行不通了。

更有甚者，什么"获得大学学位，在公司里为出人头地而打拼，或者自己做些小生意，实现自己的梦想……"之类的说辞可能已沦为一种套路。对我们之中越来越多的人来说，这已经日益成了一个圈套，一个骗局，一个大权在握者用来蛊惑我们拼命工作，让我们花费大量宝贵时间换取少得可怜的金钱，只为让他们发财的诡计！

光是想一想这种遭遇，我就会回想起我家被贼闯入时的感受……但有一点例外。

这一次我不再感到无能为力。不再会了。

因为我已找到了重拾梦想的方法。

不过，在我告诉你我的方法——一个普通人也能效法的方法——之前，让我先问你几个问题。

什么是梦想？

上大学并获得一个学位就是梦想吗？现在嘛，你知道这对某些人确实还管用，但又有多少人呢？不管是对医生、律师，还是对就职于美国政府和企业的职员来说，学历的重要性不是早已今非昔比了吗？今天，有多少大学毕业生在自己所选择的专业领域找到了工作？有多少人在10年后，甚至5年后还在做同一份工作？这样的人可能百不有一。

找到一份好工作，为了生计而奔波，这就是梦想吗？你能找到一份让你挣到自己应得薪水的工作吗？这份工作能让你经济独立、找到成就感、获得自由，还是仅仅在用时间换金钱？

你知道吗？一半以上的首次心脏病发作都发生在周一早上8点到10点之间。这告诉我，人们宁可死也不愿回去工作！

美国公司不再有忠诚可言，也不再给员工安全感。通用汽车裁员3万人。福特关闭了10多家北美工厂。中国和印度正在蓬勃发展，像当年淘金热时代的小镇一样蒸蒸日上，而曾经的八国集团主要工业化国家却正在稳步向20%的失业率（西班牙、法国和德国的年轻人失业率已经达到了这个水平！）迈进。

那么创业并拥有自己的小生意怎么样？这是梦想吗？我试过。赚了100万美元，却投进去120万美元！

你知道吗？ 90%的小企业在第1年就倒闭了，然后80%的幸存者在接下来的5年里关门大吉。而在剩下的企业中，又有80%再也没有熬过第10年。也就是说，每100家小企业中，只有不到一家能坚持10年或更长时间。

看来，拥有一家传统的小企业并不是实现梦想的途径，不是吗？

注意，我这里说的是"传统"企业。

我们所生活的时代

我们生活在一个非传统的时代，这就需要非传统的行事方式。

一种新的、更好的、不同于以往的方式。

在过去需要50年才能诞生、成长和成熟的想法，现在只需要5

年，甚至更短时间。例如，广播电台用了38年才拥有5000万听众，电视用了13年达到5000万观众的大关，而互联网只用了4年时间就吸引了5000万用户！

一切都在变化，而且变化得如此之快，短短几年前的精彩成功故事的主角，如今却已成为陈旧过时、行将消亡的存在。

这里我举一个最近的例子：VHS（家用录像系统）。

如果你在20世纪80年代到90年代初拥有一家制造VHS录像机或其录像带的成功企业，你很可能非常富有——身家百万都不止。那么，你今天的处境如何？破产失业！DVD（数字视频光盘）把录像机从娱乐中心的货架上轰了下来。DVD播放机占用空间小，音质和画面更好，选择更多，使用更方便。

而对于VHS录像机，只能说一句走好不送了。

就在我写这部分内容的时候，DVD仍占据着业界制高点，但电子产业的变化如此之快，中国已经在忙着为DVD写讣告，准备用高清EVD（增强型多媒体盘片）取而代之。而且你最好相信，某些实验室里的某些技术迷正在开发的技术，也许最终会将数字技术淘汰出局。

你是否对此有所洞察了呢？

未来即现在

女士们，先生们，明天的戏码就在今天上演。如果你对此无动于衷，如果你不知道即将发生什么，你就会被抛在后面。而且还不是落后一两步，而是落后数英里[1]！而事情发展得如此之快，你一旦落后，就可能永远也赶不上前进的步伐——永远！

听着，如果你还没有在这场竞赛中占据前列，还没有在一个前沿领域站到风口浪尖，换句话说，还没有在当下为了未来而工作，那么你进入旧经济公司高层的机会只有万分之一。相信我，这千真万确。剩下的都是些枯燥乏味、没有出路的工作，比如机场的安检员，或者是廉价而缺乏成就感的服务性工作——那些足够精明的大红人会把握当下热点，甚至把握未来的发展方向，而你只能伺候他们或是用些他们剩下的残羹冷炙。

看看你的周围。这一切已经悄然发生。MySpace.com、Facebook.com 和 YouTube.com 的创始人等尖端创业者，即使在互联网泡沫破灭之后，也成功通过在互联网领域变现来创造未来。例如，YouTube 的三位创始人在公司成立仅一年后，就以 16.5 亿美元的价格将其卖给了谷歌。

令人匪夷所思，不是吗？噢，那么成为一个电脑极客就是梦想……还是打住吧。

用前美国职业棒球大联盟的捕手、教练、球队经理尤吉·贝拉（Yogi Berra）的话来说："未来不再是过去的样子了。"

1　英美制长度单位，1 英里合 1.6093 公里。

变化中的美国职场

你认为"大型垄断钢铁业"和其他美国重工业会东山再起吗？可又有谁能取代机器人或其他毫无差错的自动化机器？这些机器中的1个就可取代20个人工，成本还不到人工工资的一半，而且还做得更好。

你可以试试看，能不能在底特律、匹兹堡或者克利夫兰找到一份高薪的工厂工作，到时你就知道人们称这些地区为"铁锈地带"是有原因的。

让我们面对现实吧，蓝领工作正在消失。你觉得我夸张了吗？福特汽车公司计划在2012年之前在美国裁减75 000个工作岗位，关闭10多家北美工厂，而且他们正在认真考虑停产3个高端品牌——捷豹、路虎和林肯。通用汽车将关闭14家工厂，并在美国和加拿大永久裁减30 000个工作岗位。

唉，曾经稳定的工作一去不复返了，而这仅仅是个开始。

那么，白领工作呢？

我可以用一个带着官僚腔的流行词来回答这个问题：外包。

未来10年，美国将有600万高薪白领职位流失到印度。不仅仅是呼叫中心，整个信息技术部门都将外包给印度，还有会计服务、医疗保健服务、银行和后台支持、软件设计和制作，甚至是电影制作。所有这些都是为了节省开支，提高高层权贵和对冲基金经理们的利润，这些家伙会要求首席执行官们变得"更精简、更吝啬"，以此来换取购买他们的股票。

富者愈富，而贫者呢？我们都知道答案！

让我们看看——大学学位、公司职位、小企业、蓝领工作、白领工作……所有这些领域要么趋于就业不足，要么被转移至海外。

人们还可以从哪里重拾梦想？我们还剩下什么？

所幸还有剩下的，那是一种名为"网络营销"的生活和工作方式——一种"建造管道的生意"，也是当今世界上最强大的商品和服务分配形式，一种全新的、更好的工作和生活方式，一个各行各业人士都在纷纷投身的成熟产业，一个普通人实现梦想的途径。

这就是本书的内容。

你应该知道关于网络营销的真相

网络营销将以下三种方式之一进入你的未来：

· 你将成为实现这一切的人之一；

· 你将是目睹这一切发生的人之一；

· 你将是还在懵然发问"发生了什么？"的人之一。

很简单。你要么成为数百万通过网络营销实现非凡人生的普通人中的一员，要么成为那些希望自己也能如此的人中的一员。

我向你保证，到21世纪中叶，如果你不是网络营销人员，你就会成为北美乃至全世界数百万向他们购买东西、制造他们购买的东西、为他们服务，或是伺候他们的人中的一员。

夸夸其谈？是的，而且是最夸大的。因为我有这个资格。

我的故事

你看，我的梦想曾被偷走——就像我口中的你们大多数人一样。我也曾在内心深处经历过这样的痛苦：身无分文、担惊受怕、付不起账单、养不起孩子、没有假期、没有乐趣、没有未来——沮丧、愤怒、无力改变。

然后我发现了网络营销。是的，也许和你一样，我一开始也持怀疑态度。这听起来好得令人难以置信。我觉得这只是一些销售骗局——你知道的，一个传销骗局。

但是，嘿，核实它是真是假又不花我一分钱——万一它是真的呢？如果这真的是我实现梦想的钥匙呢？我不能冒失去它的风险！

有人说，思维好比降落伞，不打开就不会起作用。所以，我放开了我的思维，把疑虑和不信暂且收了起来，一探网络营销的究竟。

我发现网络营销真的很简单——即使我这个时薪只有 5.5 美元，连保险理赔员考试都过不了的造船工也能做网络营销！这也很有趣。有很多人帮助我。我可以给成百上千人的生活带来巨大而积极的改变。是的，我还赚到了钱——事实上，比我梦里赚到的还要多！

但谁在乎我做了什么？谁在乎我怎么想？

重要的问题是——"你怎么想？"

只有你的意见才算数

网络营销适合你吗？你能在网络营销中取得成功吗？

我不知道答案。但我知道，你绝对应该了解网络营销的真相。

我是说，如果它适合你呢？

你要付出怎样的代价，才能了解真相，全部的，也是唯一的真相？只需购买这本书的费用和几个小时的阅读时间即可——真是极高的性价比。

这段时间和这笔金钱都将花在刀刃上。我保证。

你知道，在我看来，网络营销是未来的潮流。

在我看来，网络营销被称为"个人特许经营"是有道理的。

在我看来，网络营销就是让自由回归自由企业。

在我看来，网络营销是这个世界上能让你我这样的普通人过上远高于普通水平生活的最好方式——也许是唯一的方式。

但这些都只是"在我看来"。

俄国作家伊万·屠格涅夫（Ivan Turgenev）在经典小说《父与子》（*Fathers and Sons*）中写道：

"我不赞同任何人的观点。我有我自己的。"

所以，网络营销要在你看来如何才算数，不是吗？

你看，我怎么看并不重要。

你必须自己去了解，不是吗？

真正重要的是你对网络营销的看法和感受。简而言之，你必须知道这对你有什么好处！

我向你保证：如果你愿意花时间了解是谁偷走了我们的梦想，然后自己决定能否通过网络营销找回梦想，那么你就会知道网络营销是否适合你。

别找借口

现在，我知道你们中有些人会为了不去探究这个行业而找各种借口。有些人会说"我没有时间"，或者"这不适合我"，或者"我太老了，没法尝试新事物了"，等等。

所有这些蹩脚的借口都会让我想起一个故事：有个人想割草，但他的割草机坏了。于是他跑到隔壁邻居家，问能不能用他们家的割草机。

"对不起，"邻居说，"我不能把割草机借给你，因为我妻子正在炖牛肉。"

邻居的回答让这人惊愕不已，他问道："你把割草机借给我，和你妻子炖牛肉有什么关系？"

邻居直视着他的眼睛回答："如果我不想把割草机借给你，用任何借口都可以！"

一无可失

那你呢——你是否会找任何借口来避免了解这个行业？嘿，如果你已经赚到了足够你一辈子要花的钱（而且你有时间和自由去享受），你可能确实不需要探究自己在网络营销中取得成功的可能性。

但是，如果你和我们大多数人一样还在为财务自由苦苦奋斗，那么了解这个快速发展的行业的真相对你来说有百利可得而无一可失。

现在是了解它的最佳时机！

如果你就此认定网络营销适合你，你日后将会把这一刻视为人生中最重要的时刻！

这可能是你开始重新掌控自己生活的特殊时刻，是你开始感受到梦想所昭示的自由、安全和幸福的时刻。

最重要的是，这可能是你开始实现梦想的时刻！

第一部分

梦想

第一章

梦想神话

这个时代太伟大了,所以它拒绝渺小的梦想。

——罗纳德·里根总统

什么是梦想？

我们对梦想都有自己独特的理解。让100万个人描述他们的梦想，你便会得到100万幅彼此相异又独一无二的个人图景。然而，无论我们每个人有多么迥然相异，我们的梦想都会有一些共同点。

我们都渴望自己和家人享有自由和安全。我们渴望比现在更富有。我们渴望健康和幸福。我们渴望成就意义非凡又轰轰烈烈的事业。我们渴望在自助的同时也能助人。

归根结底，我们渴望我们所没有的东西。我们渴望更多的金钱和更多的时间，来享受金钱所能买到的东西。

你不也是这样吗？

可事实是，我们大多数人都不能自由地选择自己想要居住的环境——住在我们心仪的房子或我们喜欢的社区里——因为我们根本负担不起。

今天，数以千万计的人根本没有实现他们的梦想，不是吗？

梦想的真相

我们还渴望什么？为我们的孩子提供一流的教育，与老朋友共度时光，结交新朋友，旅行和度假，娱乐，消遣，出去吃饭，买新衣服，还有其他一大堆实现梦想所需的财产保障和发展潜能。

结果如何呢？我们终于得到了我们想要的那辆与众不同的车——然后我们却只能枯坐家中，因为我们出不起门！不幸的是，迫于无奈，我们只能在真正渴望的东西中选择一件，却牺牲了其他一切。

我们已经养成了贪得无厌的习惯——贪得无厌的生活方式！

今天，人们不能自由地从事他们真正热爱的事业——他们真正擅长的事情。他们被束缚于一份他们不喜欢的工作，或者比这更糟，一份令人厌恶的工作——因为他们必须有那份薪水才能生存。

我就干过这种事——每小时只挣 5.5 美元，就为了给一个赚得比我多得多的家伙造船。在餐厅当服务员，每周就挣 150 美元（甚至包括小费！）。从事我讨厌的工作。下班后才能和朋友们出去消遣一下，却匆匆忙忙地哪儿也去不成。

于是我问自己："就这样了吗？"我过去常在梦中听到这首歌——《就这样了吗，我的朋友？》。

我的生活简直糟透了，但我太过害怕，不敢摆脱以往的生活，不敢去尝试更好的工作。我知道我每小时的工作所创造的价值绝不只值 5.5 美元，但是我依赖那份薪水——而且还有一个家庭要依赖我！

听起来是不是似曾相识？

事实便是，在美国，年收入超过 10 万美元的人不到 1%，而这个收入水平就是今天要争取实现财务安全所需要的价码。

底线

梦想的基石一直是财务自由——有足够的钱在你想做的时候做你想做的事。

这并不是说我们最渴望的东西唯有金钱而已。我们都知道重要的不是钱,而是钱能买到什么。正如著名的餐饮业大亨图茨·肖尔(Toots Shor)说过的那样:"我不想成为百万富翁,我只是想活得像个人。"在我们这样的社会里,金钱确实能买到一样东西,那就是自由。

金钱可以建造教堂和学校,可以让孩子们吃饱穿暖。

今天金钱能买到的另一件东西是健康。

美国不断上涨的医疗费用使得普通人几乎负担不起基本药物和适当的医疗保健。事实是,人们再也生不起病了!

如果有覆盖面够大的医疗保险是否就可以解决问题呢?可你知道近5000万美国人没有医疗保险吗?在这个世界上最富裕的国家里,65岁以下的人中有近17%的人在一场车祸或一场大病之后就会被迫破产,这实在是太可悲了!

越来越多的医生指出,压力是导致疾病的主要因素,那么,还有什么比对金钱的焦虑和担忧更大的压力吗?

令人震惊的是,医学研究证明,富裕阶层比普通美国人要健康得多！金钱当然可以买来健康——而且是很多的健康！

幸福怎么样？据说这是金钱买不到的东西。

我们都知道这不是真的。看看圣诞节早上那些因为得到礼物而笑逐颜开的孩子就知道了。

自由、金钱、健康和幸福。我们从来不该被迫只选择其中的一两项。要我说，我们理应得到所有这些！

付出代价

经典童话《彼得·潘》的作者詹姆斯·巴里爵士（Sir James Barrie）说过：

"梦想确实会成真……只要你愿意为之牺牲一切，你就能得到生命中的任何东西。"

你相信吗？难道我们真的要放弃其他一切，才能得到我们想要的那么一丁点东西吗？

如果你付不起房贷或房租，你还有多少自由可言？

如果没有安全感——如果你负担不起良好的健康和医疗保健（或者，如果你不得不累死累活地工作，以支付用来补贴他人医疗保险的税款）——那还有什么幸福可言？

如果你必须放弃其他一切才能得到某样东西，那么拥有它又有什么意义呢？

不，真正的梦想是拥有一切。

但可悲的事实是,如今绝大多数人都没有机会从生活中获得他们想要的东西。对他们来说,梦想已成了天方夜谭,成了一个神话。

而对相当数量的人来说,梦想甚至可能已经变成了噩梦!

第二章

为什么

> 这里就是美国,你在这儿可以为所欲为。
>
> ——泰德·特纳(有线电视先驱)

沃尔特·迪士尼（Walt Disney）说过："只要我们有勇气去追求，我们所有的梦想都能成真。"

如果沃尔特大叔说的是真的，那么人们与梦想之间的唯一障碍就是"追求梦想的勇气"。

我们先来谈谈这个问题。

是缺乏勇气让我们"收起了儿时的梦想"吗？是缺乏勇气迫使我们放弃了成为芭蕾舞演员、棒球明星、医生、演员、宇航员的梦想，而安于一些更平庸的选择吗？

是缺乏勇气让高中毕业生每年花上4万美元或更多的学费上4年大学，毕业后却发现没有任何工作适合他们吗？（即使他们找到了工作，也肯定不是他们在大学里学的，不是他们花了多年时间学习如何做的，更不是他们真正喜欢做的。）

是缺乏勇气才导致数百万蓝领工人随着传统产业的消亡，随着一个又一个企业的倒闭，随着农场被大公司收购，随着先进的技术使成千上万的工作岗位被淘汰而失业吗？

底特律失业的汽车工人、匹兹堡失业的钢铁工人、西弗吉尼亚州失业的煤矿工人、休斯敦失业的石油钻井工人，以及北美成千上万的小农场主——难道这些人都像沃尔特大叔说的那样，只是缺乏勇气吗？

是缺乏勇气让成千上万聪明、敬业、勤奋的白领忠心耿耿地为"公司"奉献了他们生命中最美好的年华——到头来却发现他们在西北航空公司的薪水被削减了，在联合航空公司的养老金被取消了，或者他们"安全可靠的工作"因戴尔电脑公司的裁员而受到威胁，又或者他们在福特、通用和德尔福的"终生职业"竟被区区几千美元买断吗？

尽管股市利润创下新高，但各大公司仍在计划大幅裁员，这又是怎么回事呢？花旗集团正在将整个部门外包给印度，尽管其毛利润在持续增长。全球化已经变成了"吞球化"，因为美国的工作岗位正在被亚洲和东欧每小时20美分的劳动力所吞噬。引用一部恐怖片的营销口号，西方工人应该："害怕。要非常害怕。"

在房地产、保险、销售、汽车经销商、酒店、餐饮服务等竞争激烈的行业中，数以百万计的男女都在为一点微薄薪水而挣扎，他们又是为何如此呢？难道这些人真的都缺乏追求梦想的勇气吗？

是缺乏勇气迫使200多万美国人——几乎每50个家庭中就有一个——申请破产吗？

是缺乏勇气剥夺了数以千万计坚强而勤劳的男女的养老金，迫使退休人员不得不继续在沃尔玛招呼顾客或在金考（Kinko's）的柜台工作以支付他们慢性病处方药的费用吗？

真的——是缺乏勇气吗？这就是我们未能实现梦想的原因吗？

你的梦想呢？

你的生活和工作方式与你设想的——你想要的，你会选择的——一样吗？

你是否实现了儿时的梦想？

实现了你上大学的目标？

你多年来的辛勤工作和忠于职守是否得到了公司的回报？

你能否如愿以偿地退休？退休后，当你终于有闲暇时间时，你是否有钱享受生活，与家人和朋友共度美好时光？

根据沃尔特大叔的说法，如果你的梦想没有实现，那是因为你没有勇气去追求梦想。

真的是这样吗？

我们真的都是一群没有勇气的懦夫吗？

胡说八道！

我无比相信，我们每个人内心都有一团火，一种基本的生存本能，会在关键时刻展开绝地反击。

我们不是懦夫——我们的朋友、家人和孩子也不是。

我向你们保证，我们都不缺乏勇气！我们不需要鼓舞人心的话语，我们需要的是一种推动我们实现自己梦想的工具，一种21世纪的工具。

那么，出了什么问题呢？

我来告诉你我是怎么想的——因为我们很沮丧。事实上，我们不只是沮丧，我们还很愤怒！我们感到无力改变现状。

你我可能像被捅了窝的马蜂一样为此抓狂，但我们似乎对此无能为力——有吗？

各位，梦想不是神话。它是真实的——非常真实。

别让任何人偷走你的梦想！

我们不是懦夫。我们是一场罪行的受害者！这是21世纪最大的罪行：有人偷走了我们的梦想！

他们从我们身上夺走的并不是梦想本身，因为我们都知道，梦想还在——还在世上的某处。

他们偷走的是实现这一目标的工具。

他们偷走的是我们实现目标的能力。

他们偷走的是我们可以拥有这一目标的信念。

这是谎言与掩饰的一部分，它不断告诉我们："随大流就行，不要惹是生非，嘿，否则你可能会失去现在仅有的那点东西——可别搞砸了！你除了安分守己，别无其他出路。"

难怪到65岁时，将近95%的美国人要么一命呜呼，要么身无分文，要么还在辛苦工作，要么就是依赖家庭、教会或国家维生。若是取消社会保障，美国每两位老人中就有一位会立即陷入贫困。当我们进入自己的"黄金时代"时,只有5%的美国人经济独立!这不仅令人悲哀,更是不可接受的!

我要正告你们,不要再做95%的人所做的事,那就是到65岁时,还要靠社会保险金加上最低工资工作补贴才能艰难度日。

在接下来的篇幅中,我将告诉你,通过成为那5%的人,你如何能拥有你梦寐以求的一切!所以继续保有你的梦想吧!继续阅读,探索如何重拾你的梦想。

第二部分

谁偷走了我们的梦想,为什么?

第三章

金字塔

> 那些妄想一夜暴富的人，结局就是在一年内暴死。
>
> ——达·芬奇

你可能听说过"金字塔传销"这个词。你知道这是什么意思吗？我之所以这么问，是因为大多数人都不知道金字塔传销到底是什么。

事实上，多级金字塔是一种自然结构。世界上每一个分配商品和服务或协调各种活动的组织都像金字塔一样有多个层级，越往下就越大越宽。

著名作家和教育家卡尔·迪恩·布莱克（Karl Dean Black）博士是这样解释的：

> 是授权创造了一个多级金字塔。我们的政府就是这样一个多级金字塔。我们的学校和教会也是如此。所有成功的企业，因为它们分配商品和服务的职能，最终都会形成一个多级金字塔。在任何多级结构中，权力都来自底层。我们的政府沿着金字塔自上而下分配服务，但我们用选票自下而上赋予它权力。营销公司以金字塔的形式自顶层向下分配产品，但我们用金钱从底层向上赋予它们权力。因此，金字塔建立了一种双向流动机制：先向下，再向上。价值在金字塔中向下流动，作为回应，权力则向上流动。如果价值停止向下流动，那么权力（以美元或选票的形式）就会停止向上流动，整个系统就会随之崩溃。

因此，根据布莱克博士的说法，美国的企业、政府和教育机构都是金字塔。

网络营销也是一个金字塔，就像微软、通用汽车、高等院校、美国政府、美国女童子军、特许经营和教会一样，别无二致。

所以，并不是金字塔结构本身构成了"金字塔传销"。金字塔的概念并没有错。金字塔的好与坏、对与错，取决于人们如何使用它。

金字塔的正反两面

对此，一个很好的例子就是手机。

手机只是一种工具，一种功能强大、方便快捷的工具。手机本质上是中性的，没有好坏之分。无论它被用于好的目的还是坏的目的，用于合法行为还是非法行为，都取决于操作者。

例如，如果有人在餐厅摔倒起不来，有人用手机拨打911求助，这就是一件好事。

如果同一家餐厅的另一个顾客跑到外面打电话，向法院发出炸弹威胁，那就是一件坏事。

手机本身并不分好坏。好坏取决于操作者的行为，而不是手机。

金字塔结构也是一样。拥有金字塔结构的组织并没有错。正如布莱克博士指出的那样，当价值被贪婪或非法活动所取代时，价值就停止向下流动……

现在我要说的可能会让你感到惊讶，但有两种不同的传销：非法传销以及"合法传销"。

这两种传销的组织结构都像一个等边三角形——底部宽，顶部尖。正如你即将了解到的，决定金字塔是非法传销还是"合法传销"的并不是它的形状，而是人和政治的问题。

在接下来的篇幅中，我们将介绍一些典型的非法传销，以及一些专横的"合法"金字塔，这些金字塔虽然在法律上是合法的，却以牺牲底层大众为代价，偏袒顶层的少数人。

第四章

非法传销

> 黄金法则是企业经营的必需品,就像卡车、打字机和麻绳一样不可或缺。
>
> ——J. C. 彭尼(彭尼百货创始人)

非法传销是一种赚钱的骗局，在这种骗局中，底层的人投入了资金，但价值并没有回流到他们身上。在这种骗局中，顶层的少数人发财致富，而底层的大多数人则血本无归。

具体例子有连锁信骗局和"飞机游戏"，这些摇钱树游戏每隔几年就会死灰复燃，直到政府介入将其查禁。

连锁信是如何运作的

有一天，你收到一封信或一封电子邮件。你可能认识寄信人，也可能不认识。通常，信中充斥着令人信服甚至是鼓舞人心的关于成功以及如何取得成功的言辞……它告诉你只要你按照信中概述的几个简单步骤去做，在 2 到 4 周内，成千上万的美元就会像变魔术一样出现在你的信箱里。

不过你也得做点什么。你只需要按其指示做就能得到这些钱。

信中有一份列有姓名和地址的清单。你把名单最上面的名字擦掉，给那个人寄去现金或汇票——1 美元、5 美元、10 美元、100 美元，随便多少钱——然后把你的名字加到名单的最下面，再把这些信复印 10 到 100 份，寄给你认识的每个人。

信中通常都会为这些操作营造一种紧迫感。它可能会鼓励你在当天或最多48小时内汇款并寄出副本。有些信中甚至会威胁说："如果你打破了这个链条，你将受到贫穷的惩罚，或者有人会在你的TiVo机顶盒里放花生酱。"

说真的，我见过的一些连锁信中都有这样的故事：有人因为打破了连锁链条而失去了家园、生意，甚至性命！

而问题在于，总会有人"打破链条"——这是连锁信的致命缺陷。

如果每个收到连锁信的人都给名单上最上面的人寄钱，如果所有这些人也寄出自己的信，如此循环往复，那么除了这个金字塔最底下一层的人，每个人的邮箱里都会收到成千美元。

但这一幕从来没有发生过。它不可能发生。

只有启动连锁信的人，以及那些在连锁信失败之前"早早入局"的人，才有机会赚钱，而其他人都会损失惨重。

非法彩票

任何涉及金钱的碰运气游戏都是赌博，赌博是非法的，除非在当地、州和联邦官员的监管下进行。

美国邮政局有一个调查兼执法部门，该部门的主要任务就是抓捕像连锁信参与者这样的人，并把他们关进监狱。这些联邦探员毫不留情。他们带着徽章、手铐、枪支，应有尽有。因为他们代表的是"联邦",所以他们的权力无处不在。与他们相比,国税局探员简直就是小巫见大巫。

连锁信是一种非法彩票。除了周二晚上在当地教堂举行的宾果游戏或非营利组织的筹款活动,只有州政府和联邦政府才可以合法经营彩票。

现在,这种快速致富的摇钱树骗局的另一个变种就是臭名昭著的"飞机游戏"。

飞机游戏

一群人聚在一起,组成了一架想象中的"飞机"。飞机上有乘客、副驾驶员和机长。乘客能以 1500 美元、6000 美元甚至高达 50 000 美元的价格购买飞机上的一个座位,具体价格取决于正在进行的具体游戏。

一旦你成为一名乘客,你就必须出去招募新的乘客,以同样的价格购买飞机上的座位。每次带来一位新乘客时,你就向驾驶舱方向移动一个座位。当你拉到了足够多的乘客后,你就成了副驾驶员,最后成为机长。

现在,你带着新乘客和他们的现金去开会。在那里,他们会上交他们的钱,并得到一个飞机座位。这个会也会"指导"你如何将玩家带入这个游戏。副驾驶员和机长通常都是出色的指导教练。你很快就会知道为什么。

那么，钱去哪儿了？去了机长那儿。你看，当你是机长时，所有来开会的新乘客都会当场把钱给你。10名新乘客，每人1500美元，算下来就是15 000美元。在大多数飞机游戏中，新乘客要花4到6周的时间才能从飞机后排坐到机长的位置上。

那么机长会怎么做呢？他可以金盆洗手，去享用他的钱，或者在一架全新的飞机上重新买一个座位。当你这样重复了两次之后，嘿，你就可以升级到每个座位6000美元的飞机游戏了。简单的数学运算表明，6000乘以10就是60 000美元，或者每周10 000美元（如果一切顺利，飞机不坠毁的话）！

但在飞机游戏中，凡是飞起来的东西一定会掉下来，伴随轰然一声巨响！

当飞机上没有足够的新乘客时，飞机就会坠毁。也就是说，当飞机上新乘客花光了亲朋好友各自的1500美元，一心希望能中机长的大奖时，飞机就会坠毁。这时会发生什么呢？早早当上机长的人很快就发了一笔小财，而其他人则每人损失了1500美元。为什么会这样？因为钱会沿着金字塔向上流动，但以产品或服务为形式的价值却不会向下流动。

赢家寥寥，输家众多

这就是这些金钱游戏违法的第二个原因——它们坑人。

有人——最终有很多很多人——会打破这个链条，或者无法招募到更多新人。当一个人无法让足够多的其他人寄钱、寄信或玩游戏时，他就出局了。你的钱就拿不回来了。这就是你要承担的风险。

金字塔顶端的少数人赚得盆满钵满，而金字塔底端的其他人却分文未得。

有些非法金钱游戏（如飞机游戏）需要预付数千美元现金才能玩。有很多人因为链条断裂和飞机坠毁而损失了大笔资金。

这些非法传销都有一个共同点，那就是它们迟早会崩溃和毁灭。

事实上，当纽约州总检察长最终破获这个飞机游戏时，他们发现这个游戏起源于有组织犯罪。它是由黑手党发起的！

庞氏骗局

还有一类非法金字塔，它被称为"庞氏骗局"，以意大利移民卡洛·"查尔斯"·庞齐（Carlo "Charles" Ponzi）的名字命名。

20世纪初，庞齐从加拿大来到美国，在那之前他曾因签发空头支票而在加拿大坐过一段时间的牢。很快，他就因偷运非法移民进入美国而被关进了联邦监狱。

如果庞齐是一位"植物学家"，历史将不得不承认他是"摇钱树"的发现者。

他是这样做的。

在20世纪20年代之前，世界各地的邮局发行了所谓的"国际回函券"，可以在世界各地兑换邮票。庞齐兜售的想法是在通货膨胀率高的国家购买这些票据，然后在通货膨胀率低的国家赎回。简单地说，这使他能够低买高卖。

庞齐凭借这些票据创立了证券交易公司，并发行了自己的"本票"。一个投资者可以用100美元购买一张面值为150美元的庞氏票据。在短短90天内，投资者就可以赎回债券的全部价值。在当时那个银行只能提供4%的利息的时代，庞氏票据承诺的回报率高达50%！

起初，庞齐的投资者很谨慎，只花10美元或20美元试试水。然而，在几次获得50%的利息后，他们更放心了，很快就开始投资数千美元。庞齐还将交易期限缩短了一半，仅为45天，以取悦投资者(确有其效！)。

很快，庞齐的投资帝国就发展到了惊人的规模。每天都有100万美元流入他的办公室（相当于今天的1亿美元）！随着许多投资者从中致富并传播消息，庞齐变得更加富有。他被誉为金融天才。他那时拥有一家当地银行——汉诺威信托公司，住在马萨诸塞州列克星敦的豪华郊区，被人们称为"伟大的庞齐"。

赚钱机器崩溃

只有一个问题。

庞齐的"赚钱机器"其实就是拆东墙补西墙。他拿着今天投资者汇入的钱来支付之前投资者明天到期的钱。只要"庞氏魔法"还在不停地转动轮子，没有人去看帘子后面藏着什么，这套旋转木马的把戏就可以维持运转。

然而，1920年的一天，旋转木马戛然而止。

调查人员发现，本应是庞齐投资致富来源的国际回函券并不存在。庞齐购买的回函券总金额从未超过100美元。

庞齐雇来应付波士顿媒体抨击的一名公关人员窥见了实际发生的事情，然后揭发了这件事。

庞齐被判犯有邮件欺诈罪，并被判处9年监禁。他在保释期出逃，流窜到佛罗里达州，在一场房地产骗局中出售沼泽地，结果被抓，再次被送进监狱。最后，他被遣送回意大利。1941年，庞齐身无分文，孤独地死去。

循环往复

在庞氏骗局中损失的全部资金到底有多少将永远无从知晓。在"生意"崩溃之前，他已经向"投资者"支付了超过1500万美元（1920年的1500万美元）。卡洛·"查尔斯"·庞齐是有史以来最令人难以置信的发明者之一——非法传销之父。

使庞氏骗局成为非法传销的是旋转木马原理。只要有新的"投资者"进场，资金就可以继续流向早期投资者。一段时间内，投资者按时足额拿到回报，可谓皆大欢喜。

然而，当资金停止流入时，"一切都完了"，因为没有钱或有价值的物品，如股票、存款单、房地产或黄金等作为储备。因为庞齐用新投资者的钱填满自己的腰包并偿还早期投资者，当新资金停止流入时，这个骗局就像纸牌屋一样轰然倒塌了。

最终，投资较晚的人血本无归。

有些人甚至失去了一切。

庞齐的做法就是靠"浮动期"过活，就像今天写一张支票来支付昨天的账单，而这笔钱明天才能到账，然后希望支票到下周某个时候才会兑现，如此循环往复。

听起来是不是很熟悉？可能太熟悉了。

要知道，在我看来，当今世界的政府、教育机构和商业界有很大一部分都在做着庞齐所做的勾当。

在下一章中，我们将看到几个巨大的金字塔结构，它们会让庞氏骗局看起来像是只有一分钱赌注的扑克一样不值一提。

雪上加霜的是，它们完全合法。

它们应该继续合法吗？还是被判非法？

你说了算。

第五章

"合法传销"

> 把金钱和权力交给美国政府,就像把威士忌和车钥匙交给一个十几岁的男孩。
>
> ——P. J. 欧鲁克(政治评论家)

现在你应该明白为什么非法传销是非法的了吧。非法赌博、非法飞机游戏、庞氏骗局，以及那些以牺牲大多数人的利益为代价让少数人致富的赤裸裸的欺诈行为，都违反了人类法律。

但是，还有另一套"法律"支配着人类的生活和工作。这就是自然法，是上帝的法则。布莱克博士说，当没有向下流动的价值来平衡向上流动的金钱（或选票）的力量时，金字塔就会崩溃，他所指的正是这样的法则。

世界上最大的金字塔

令人震惊的是，世界上有许多组织和企业毫无疑问是最高级别的（或者更准确地说，是最低级的）金字塔。事实上，世界上最大的金字塔组织是合法的！

我所说的这个金字塔是由美国政府管理的。

这就是所谓"社会保障"。

在美国，没有一个50岁以下的人会指望在退休时领取所有的社会保障福利。每个人都知道，到婴儿潮一代开始领取他们应得的份额时，社会保障管理局就会破产。

说真的，社会保障不就是一个巨大的金字塔骗局吗？

我这么说的原因如下：在你的工作生涯中，你每个月都要通过"工资税"缴纳一定比例的收入，而且是相当大的一部分，这样一来，有一天，当你退休时——也许是62岁、63岁、64岁、65岁，如果你能活到那个年龄——你就能每月领到保障金，直到你死的那天。

你需要缴纳多少费用？目前，法律要求雇员将其总收入的7.65%（不超过9万美元）用于缴纳社会保障和医疗保险（其中社保为6.2%，医疗保险为1.45%）。如果你是自营职业者，你必须缴纳两次——一次作为雇主，另一次作为雇员，这样你的工资税翻了一番，达到15.3%。哎哟，真够多的！

考虑到美国有近1.5亿人向社会保障基金缴纳工资税，每月向社会保障信托基金注入的资金是一笔不小的数目。

我刚才说的是"信托基金"吗？这个称呼是双重的愚弄——根本没有什么信托，更别提基金了。政客们称之为基金，但它其实是"搞笑基金"，因为实际上并不存在基金。没有基金，没有储蓄账户，没有存款单，什么都没有，只有美国政府开出的满是灰尘的欠条。

旋转门

那么，政府从社保和医疗保险税中征来的钱去哪儿了呢？这些钱会直接返还给有资格领取社会保障金的人——退休人员、遗属和残疾人。剩下的钱进入总预算，我们的民选官员将其用于道路建设

（如果我们运气好的话）或失败的政府项目，比如花费高达200亿美元的禁毒媒体宣传活动，政府已不情愿地承认该活动对抑制非法药物使用毫无效果。

换句话说，当美国政府用新投资者的钱来支付早期投资者的钱，然后挥霍剩下的钱时，这是一个合法的金字塔。但是当庞齐做同样的事情时，那就是非法的！

现在，真正令人毛骨悚然的部分来了。1935年，社会保障制度刚建立时，每个符合条件的领取者对应35名缴纳保障金的工人，其预期寿命约为60岁。而到2026年，政府在社会保障福利上的支出将超过工资税的收入，每个符合条件的领取者将只对应2名缴纳保障金的工人，而届时人们的预期寿命将接近80岁。

那么，政客们又有何作为来避免这场迫在眉睫的危机呢？他们没有任何建设性举措，只是空喊口号，对执政党指手画脚。

罗马在燃烧，而尼禄还在欣赏演奏。

40岁以下？恭喜你——你来买单吧！

目前为止，政府版庞氏骗局运行得还不错，因为从1946年到20世纪60年代中期，有7600万孩子出生，他们构成了一个庞大的群体，被称为"婴儿潮一代"。数以百万计的婴儿潮一代在他们的工作生涯中一直在向该基金缴款，目前正是他们在为那些年龄大到有资格享受社会保障福利的人买单。

但是，当这7600万"婴儿潮一代"中的第一批人开始领取养老金（将从2008年开始）时，会发生什么情况呢？

你猜对了，将没有足够的钱来支付所有那些"轮到我领养老金"的婴儿潮一代！你看，婴儿潮之后是生育低谷期。也就是说自婴儿潮以来，美国任何地方的出生人数都未曾接近婴儿潮同期水平，而且可能永远不会再有。因此，缴钱的人将远远少于取钱的人。

在商业术语中，这被称为负现金流——月底要还的钱太多了！

你知道吗？1990年年满30岁的男性在社会保障方面缴纳的费用将比他们从社保中提取的费用多出20万美元。事实上，70%的美国家庭缴纳的FICA（联邦保险捐助条例：用于维持社会保障和医疗保险）费用比他们缴纳的所得税还多！这就是一个骗局和阴谋！

当"婴儿潮一代"中的第一批人提出了那么多钱，保障基金所剩无几时，会发生什么呢？你的子孙后代将加班加点拼命工作，以供一大帮老家伙钓鱼、打高尔夫。如果你认为60岁左右的人和后几代人存在代际差距，那就等着"X世代"开始每月缴纳1000美元（或更多）的社会保障税，好让婴儿潮一代在佛罗里达的太阳城过上舒适安逸的生活吧。

与社会保障系统崩溃时造成的全国性破坏相比，飞机游戏的崩溃就像一只苍蝇掉进马桶一样不值一提！

你告诉我：有没有价值沿着这个金字塔向下流动呢？当然也有，点点滴滴，直到干涸。

听起来很像庞齐的骗局，不是吗？

要站到顶端，就需要交钱交钱再交钱

所有传销——不管是非法的还是"合法"的——本质都是顶层的人发财，而底层的其他人则损失惨重。

这就好比公司首席执行官（CEO）们拿着数百万美元的薪水、津贴和福利，而公司股价却一落千丈。例如，甲骨文软件公司的 CEO 拉里·埃里森（Larry Ellison）在互联网泡沫破灭期间赚了近 8 亿美元，而公司股价却下跌了 61%！

那么，当数以千计的忠诚的甲骨文员工被解雇，数以万计的股东损失惨重时，埃里森做了什么呢？噢，他买下了世界上最大的私人游艇，一艘长 550 英尺[1]，耗资 1.25 亿美元的巨型游艇。

如今，那些端坐于公司金字塔顶端的人所赚的钱简直就是犯罪得来的——当然，对一些人来说已经不是"简直是犯罪"，而是"切切实实就是犯罪"了，像安然公司的安德鲁·法斯托（Andrew Fastow）和世界通信公司的伯尼·埃伯斯（Bernie Ebbers）那样的。这两人都因参与美国历史上最大的两起公司欺诈案而被判入狱。他们的贪婪导致各自的公司破产，数以万计的员工失去了工作，员工的养老金也化为乌有，光是其中一些人的养老金就价值数百万美元。

法斯托听到判决后哭了（而我却没有为这两个庞齐的后继者掉过

---

[1] 英美制长度单位，1 英尺合 0.3048 米。

哪怕一滴眼泪）。

你们不感到羞耻吗？

与此同时，其他上市公司的高管们拿着和法斯托与埃伯斯一样高的薪酬，但为了避免身陷囹圄，谨慎的 CEO 们正转而使用完全合法的手段——高额的薪水和数量惊人的股票期权——来填满自己的口袋。

自 1980 年以来，CEO 的平均薪酬飙升了 442%，而同期工人的平均薪酬只增长了不到 2%。CEO 的薪酬有多高？《财富》100 强公司的 CEO 平均年薪接近 1500 万美元。相比之下，普通工人的年薪不到 3 万美元。如果自 1980 年以来，工人的平均工资增长速度与 CEO 的工资增长速度持平，那么工人的年收入将从 3 万美元增至 16.4 万美元。

就连亲商的《财富》杂志都在封面上印了一只穿着西装、面带微笑的猪，并配以这样的标题——"CEO 的薪酬，他们不感到羞耻吗？"这时你就知道 CEO 的薪酬已经失控了。

美国的 CEO 是最恬不知耻、最贪得无厌者。这些 CEO 的薪酬是加拿大 CEO 的 2 倍多，是英国 CEO 的 3 倍，是德国 CEO 的 4 倍。

你们就真的不感到羞耻吗？

CEO 是个好差事

事实上，如果你是 CEO，那怎么都值了。

迈克尔·艾斯纳（Michael Eisner）是迪士尼公司的前掌门人，他就是CEO中高薪低能的典型代表。在艾斯纳执掌迪士尼的10年间，迪士尼的股价只上涨了1.9%，而《财富》500强公司的同期平均回报率为9.1%。

那么，艾斯纳的糟糕表现给他带来了什么呢？——总计9.5亿美元，计算下来，在他执掌公司的500周中，每周的收入接近200万美元。

这还不够，高层管理人员还经常获得价值数千万的股票期权，作为其薪酬的一部分。股票期权的问题在于，美国国会通过了一项法律，规定公司不必为给予高层管理人员的期权支出费用。这意味着跨国巨头公司可以赠送价值数千亿美元的数亿股股票，而不必向美国证券交易委员会或股东报告，而这些股东正是资助这些捐赠的人。

据我所知，有30多位《财富》500强公司的CEO都获得了超过1亿美元的股票期权，而这是他们数百万美元年薪之外的收入！联合健康集团的CEO威廉·W.麦奎尔（William W. McGuire）更是坐拥超过16亿美元的公司股票。

如果你是坐在转角办公室里的大老板，这笔交易还不错吧？金字塔底层的小人物会受到什么损失呢？数十亿美元从股东的口袋中流出，流入金字塔顶端高管的口袋，而这一切都是完全合法的。

顺便问一句，你知道是谁决定这些大公司CEO的薪酬吗？董事会。再猜猜谁在选择董事会成员时拥有最大的发言权？没错，就是

CEO 本人！

但你也许会说，嘿，那是公事，不是私事。

对，你是说，就像政府的公事？

按表现付酬

告诉我，对于那些世世代代亏损经营（不是亏损数十亿美元，而是数万亿美元！）美国这家公司的国会众议员和参议员，你觉得给他们涨工资有道理吗？

然后，我们的这些"民选领导人"居然还有胆量为自己制定一个优厚的养老金计划，好让他们在被选下台后的数年内——即使他们只干了一届——也能中饱私囊！难怪政客的名声不好！

听着，你是这个国家的"股东"。我们都是。你对政府行政人员和管理人员的表现有何感想？记住，这些人是为我们工作的！请记住，也是这些人为军队提供了 650 美元一个的锤子和 6000 美元一个的马桶！

不是他们的钱，自然不是他们操心的问题。

你觉得这些托词有意义吗？

我们投入资金（政客们称之为"财政收入"，我们公民称之为"税金"），尽管国税局的收入创下了新高，可政客们却大肆铺张，让我们的国家到了穷困潦倒的地步（为什么不呢？他们在下次选举后就拍屁股走人了，不是吗？）。正如一位政治观察家所说："……近年来，与预算赤字搏斗的华盛顿，越来越像一个与酗酒搏斗的醉汉。"

美国与其他国家相比如何呢？好吧，由于美国面临巨额赤字以及迫在眉睫的社会保障和医疗保险危机，而我们的政客却拒绝采取行动，世界经济论坛将美国的全球竞争力排在第六位。

企业福利——国家之耻

那么政府支持的"企业福利"呢？钱沿着金字塔往上走，却没有价值往下流，这算什么？这是对美国公众的掠夺！联邦企业福利计划每年花费美国纳税人 1500 亿美元，而联邦赤字却失去了控制！

当国会通过"工作福利"法，将福利清单削减 50% 时，所有人都拍手称快。然而，以减税、补贴和赠款形式提供给大公司的企业"财富福利"已上升到每年 1500 亿美元，如果取消这些福利，我们的联邦赤字将在一年内减少 50%！

毫不奇怪，那些在税收资助的食槽里吃得最多的猪也是最大的政治献金捐献者（惊喜吧！）。阿彻·丹尼尔斯·米德兰公司（ADM）是世界上最大的农产品加工商和分销商，自 20 世纪 90 年代中期以来，该公司获得了超过 30 亿美元的乙醇补贴；与此同时，乙醇价格一路飙升，ADM 因此获得了创纪录的利润。

与此同时，对 ADM 的企业福利税收减免仍在继续。

还没听够？这里还有另一个企业财富福利的大骗局：自 1999 年以来，世界上最大、最赚钱的公司沃尔玛获得了超过 10 亿美元的补贴、税收减免、免费土地和现金补助，用于在35个州的240个地点建造商店和配送中心。

一家年利润达100亿美元的跨国公司，即使只拿纳税人的一毛钱也可称丑闻了，更不用说数十亿美元的福利了。罗宾汉当年劫富济贫，可美国政府却反其道而行之，压榨穷人和中产阶级，以便每年向利润创纪录的财富500强公司发放1000多亿美元，这算什么事？

企业雇用游说者作为中间人说服政府通过对自己有利的政策，为此不惜从自己的利润蛋糕中切下一大块，塞进政客的腰包。仔细想想，也许梦想并没有被偷走。

它只是被卖给了出价最高的人。

企业福利就是一场持械抢劫，只不过行凶者所倚仗的是政客而不是手枪！就连庞齐本人也想不出这么离谱的骗局！

缴纳不公平的税款

你认为个人缴纳更多的所得税——这些人中不少还是月光族，而年收入数十亿美元的大公司却缴纳更少的税，这公平吗？

这公平吗？显然不。这是事实吗？是的。

20世纪50年代，28%的联邦税收来自企业税收。如今，企业税收仅占联邦税收总额的7%，减少了75%。

谁来弥补这个差额？个人纳税人，就是你和我。与此同时，公司里那些脑满肠肥的高层硕鼠则击掌相庆，并奖励自己更多的股票期权。

美国政府会不会就是一个合法的传销组织？我并不愿意这么想，但看看事实吧：我们在华盛顿的"领导者"已经背负了5万亿美元的国债，同时又制定了漏洞百出的法律，使大公司缴纳的税款越来越少。与此同时，国会授权国税局对那些负责向个人纳税人追缴税款的外部机构支付24%的佣金。

让我们来看看——国税局一边威逼恐吓我们这些小人物，一边和企业高层们把酒言欢。这就是美国的国父们在建立这个新国家时所构想的未来吗？我可不这么认为。

至于国税局本身，它正被颟顸无能和官僚主义的繁文缛节所扼杀。国税局最近花费了80亿美元的税款对其电脑程序进行了彻底检修。而一位高级官员承认，他们用这笔钱得到的是"一个在现实世界中无法运行的系统"。

证据便是：国税局每年发出3000万份税务罚款通知。然而，据他们自己承认，有近50%是错误的！这是一个无能到年终审计时连自己64%的预算都无法计算的机构。

国税局简直比传销组织还糟糕。至少庞齐知道他偷了多少钱！

那"真正的"梦想呢？

中彩票……我们还有这个念想，对吧？

当然有了。在全国 40 个（还在不断增加）每周开奖的州彩票的加持下，每个月都会诞生新的百万富翁。这是合法化的赌博，其收入超过赌场，而且政府也参与其中！美国人每年在州彩票上花费 450 亿美元。半数美国人至少偶尔会玩彩票，每人平均每年在彩票上花费 155 美元，超过他们在书籍和电影上花费的总和。

看看买彩票的人排起的长队吧——谁在玩这个游戏？那些最玩不起的人，对吧？这太疯狂了！你被闪电击中两次的概率还比中彩票的概率大点！

那么，谁才是真正的赢家呢？政府官僚和行政人员——那些最上层的硕鼠。其他人都是输家。等等，这不就是非法传销的定义吗？他们不就像庞齐一样，在玩一个金钱版旋转木马吗？

不不不，这是合法的，因为是政府在运作——况且所有由此得来的钱都应该用于新建道路、桥梁和公立学校……

才没有呢！

钱到底流向了哪里？价值究竟流向何方？肯定不是流向你我。

哦，我差点忘了，还有两个我们只能捧不能骂的制度……

慈善与教育

像联合劝募协会这样的慈善机构是我们可以信赖的非营利性公益组织，对吗？错了。其对你我来说，也许是非营利的，但对管理这些组织的伪君子来说，带来的却是巨额利润！

美国联合劝募协会的一位前理事年薪46.3万美元，外加各种福利，包括每年10次免费到拉斯维加斯"出差"（是的，就是胡花钱）。听好了：包括美国童子军在内的33个不同的非营利组织，每年支付给其负责人的薪水均超过20万美元！

在许多非营利组织中，只有不到5%的收入真正用于帮助受害者，而95%的收入用于支付各种费用，包括——你猜对了——管理人员和董事的工资、开支账户、医疗福利和退休金。你以为你捐的钱都花在了孩子身上和癌症研究上。

并没有！

那大学教育怎么样？噢，这可太棒了！他们称之为"高等教育"，因为费用每年都在上涨——越来越高！

告诉我，还有什么地方能让你每年花费4万美元、5万美元乃至6万美元，持续4年（或更长时间）而只能获得一纸连体面工作都无法保证的文凭？

谁一出大学校门就能找到好工作？除了那些转而从事职业体育运动的顶尖运动员，只有极少数能在少数几所顶尖大学中名列前茅的人才可以——那些大学的学费可不便宜。这听起来有点排外——是不是有点像飞机游戏？

在过去的20年里，大学费用增加了2倍，增长率约为通货膨胀率的2倍。在我写这本书时，贷款学生的平均贷款债务为19 000美元。据《今日美国》（*USA Today*）报道，一对20多岁的父母"……需要在18年里每年储蓄近5000美元，才能供一个孩子上大学"。

在美国，大学学费的增长速度超过了医疗费用的增长速度，想想都可怕。那么，这些急剧增长的学费的大头花在哪里了呢？当然主要是用在教职员工身上。

近三分之二的学费用于支付员工工资。终身教授的年薪平均为8万美元，外加免费医疗保险和丰厚的退休金。此外，许多教授还从教科书销售、书店销售、咨询费、专利产品的版税，还有演讲费中获得额外收入——教授们每年能通过副业赚取200万美元、300万美元、500万美元，甚至1000万美元都不稀奇，却不教一门课（他们的无薪研究生承担了大部分教学工作）。

我告诉你，这就是一个"合法"的金字塔！

越来越多的资金流向高等教育金字塔的上层，但流向下层的价值却越来越少。过去，一个大学学位可以保证你在一家成长期的公司谋到一份好工作。现在，它只能保证你在当地的星巴克上夜班。

幻想与现实

大多数人都有一种幻觉，以为大学毕业后就能找到一份稳定的工作。天啊，他们可曾经历过现实的毒打？这种想法让我想起了一个关于人死后进入地狱的故事：

> 掌管一切的大天使向那个人解释说，他可以选择上天堂还是下地狱，但一旦做出选择，就不能更改了。那个人问，在他

做出最终选择之前,他是否可以看看这两个地方。大天使说:"当然可以。"

当他们到达天堂时,一切都很美好。每个人都面带微笑。那里宁静祥和——简直太完美了。人们似乎很满足、很快乐。看起来确实非常迷人。

"这太美好了,"男人说,"我现在可以看看另一个地方吗?"于是大天使把他带到了地狱。

难以置信的是——地狱是一个盛大的派对!人们载歌载舞,音乐震耳欲聋。宴会上摆满了丰盛的食物,人人觥筹交错,谈笑风生。这个男人一辈子都没见过这样的场面,他的眼睛瞪得像铜铃一样大。

大天使俯身问他:"那么,你选择哪一边?"

"噢,这边——这边!"那人兴奋地说,"我想下地狱。"

大天使提醒他,他只有一次选择机会。

"你确定你想下地狱吗?"大天使问那人。

"哦,是的——我肯定。"对方回答。

大天使拍了拍手,刹那间,音乐停止了,派对消失了,那人发现自己被锁在一根柱子上,火焰从四面八方射向他。

"不!"他对另一个痛苦的灵魂喊道,"派对去哪儿了?那些人,那些歌舞,还有那些食物去哪儿了?"

"噢,"痛苦的灵魂说,"你一定参加了市场推介。这才是地狱的真实面目。"

专职学生时代

　　这个故事的寓意是什么？事情并不总像表面上看起来的那样——只要问问那些因为找不到本专业工作而不得不搬回家住的大学毕业生就知道了！

　　如今，大学毕业后搬回家住已成为惯例，而非例外。这就是他们被称为"回旋镖一代"的原因——他们曾被撵出家门，然后又回来了。大学最擅长为人们准备的是——更多的大学教育。拿到一个学位，然后再拿一个，之后再拿第三个。

　　"像我一样做，你也能成为专职学生。"

　　1960 年，我们有 9733 名博士毕业。如今，每年有超过 40 000 名学生获得博士学位！他们都去了哪里？回到大学教别人如何获得博士学位，这样后一批人又可以回到大学再教别人如何获得博士学位。

　　你看到其中的规律了吗？

　　伙计们，我们是时候面对现实了。让我们面对现实吧，当你试图用你的学士学位来获得工作保障和经济独立时，你会发现"学士学位"（BS）的真正含义是"回到学校"（Back to School），因为当你找不到工作时，你就会去那儿。

把梦想的债务加起来

你是否开始意识到"合法传销"是如何剥夺你实现梦想的机会的?

让我再看看这张盗梦者的名单——一个即将破产的社会保障体系,过高的 CEO 薪酬和去向不明的股票期权,减少了企业税却增加了个人税的企业"财富福利",数万亿美元的国债贷款,以 2 倍于通货膨胀率的速度增长的大学学费,还有对个人纳税人穷追猛打,却与企业同流合污的国税局。

你是否感觉到这些牌面对你不利?这让我想起了一句古老的扑克谚语:如果你在牌桌上坐下来,先环顾四周,看看谁是笨蛋,如果你找不到,那就起身离开,因为笨蛋就是你!

我不喜欢被人当笨蛋耍得团团转,尤其是涉及我的梦想时。

你呢?

第六章

再也没有安全感了

> 太多人考虑的是安全,而不是机会;他们似乎更害怕生,而不是死。
>
> ——詹姆斯·F. 伯恩斯(美国前国务卿)

为什么我要写关于安全感的一章？

因为安全感是人们生活中最想要的东西。所有研究都表明，在人们对事业、家庭和未来的渴求中，安全感一直高居榜首。

令人不快的是，今天，对我们中的大多数人来说，安全感正在消失。而且，其消失的速度惊人。

但安全感是梦想的基石，不是吗？我们想要安全的制造业工作。我们想要安全的白领工作。我们想要安全的政府公务员工作。

这正是人们想要的。问题是，陈旧过时的经营方式已不再能带来安全保障。

你只需要去问问在过去10年中被号称工作有保障的"蓝筹股"公司解雇的数以百万计的员工就知道这一点了。然而，即使面对大萧条以来最大规模的裁员，人们仍然认为他们可以通过为传统企业工作找到安全感。

这让我想起了一个故事。

"我会坚持我的说法"

一天晚上，一个人下班后决定去当地的一家酒吧和他的朋友们喝一杯。每个人都玩得很开心！他们彼此倾诉故事，跟着自动点唱机唱歌，请大家轮流喝酒。

不知不觉中，酒吧已经打烊了。当他跌跌撞撞地走向自己的车时，他看到太阳已经露出了地平线。他瞥了一眼手表。"哦，不，"他心想，"我又这样做了。我妻子会杀了我的……我答应过她不再彻夜狂欢的！"

20分钟后，他把车开进车道，在回家的路上反复琢磨着他想好的借口。当他跌跌撞撞地走进前门时，抬头看到妻子正双手叉腰等着他。

"你整晚上哪儿去了？"她问道。他直起身子，直视着她的眼睛，支支吾吾地说："我刚过午夜就到家了，我不想吵醒你，所以就睡在外面的吊床上。"

他的妻子瞪了他一眼，回应道："不错的借口，但有一个问题，我们两年前就把吊床拆了！"

男人怔怔地看了她一眼，然后大声说："好吧，这就是我的说法，我坚持如此！"

我的朋友，那些认为他们今天可以拥有和20世纪50年代的工人一样的工作保障的人只是在自欺欺人，他们在对自己撒一个荒谬的谎言，然后执迷不悟。

用职场咨询师玛丽·林恩·普利（Mary Lynn Pulley）的话来说："人们从小到大所遵循的关于终身安全和就业的规则已不再适用。"

面对现实吧，现在已经没有安全感可言了。我们无法让时光倒流。是时候告诉自己真相，准备好面对结果，然后继续你的生活了！

美丽新世界

如今，大多数美国人至少需要两份收入才能达到父辈们用一份收入就能达到的生活水平。甚至这也是一种奢望：人们现在正谈论三收入家庭，好像这才是正常情况！

在我们的世界和职场中，变化来得如此之快，以致那些短短几年前在稳固的公司里拥有铁饭碗、终身职位的人，今天都失业了。

你知道在20世纪的最后20年里，30%的美国人失去了工作吗？——每10个工人中就有3个！随着全球化、外包、自动化的步伐持续飞奔，这一趋势还将持续几十年。

蓝领工人首当其冲，被自动化和先进技术所取代，整个行业似乎在一夜之间发生了翻天覆地的变化。先进的电脑系统取代了整个部门的文员，白领工人成为下一个被淘汰的群体。

电话接线员就是一个绝佳例子。在功能强大的个人电脑出现之前，"贝尔大妈"（美国AT&T电话公司）和其竞争对手雇用了几十万名接线员来处理本地和长途电话。

如今，一名AT&T的高科技主管只需要监控一个经过改进的软件系统，就能完成过去需要10 000名现场接线员才能完成的工作，而且自动化系统还能做得更好、更快、更省钱。

我不太喜欢语音邮件，但语音识别软件已经变得如此出色，以致整个行业都在裁减前台和服务代表。如今，当你打电话给信用卡公司、抵押贷款公司、银行或保险公司时，接听你电话的几乎不可能是个"活生生的"人。

那些被自动化一脚踢开的下岗工人都去哪儿找工作了？如果他们运气好，那就是星巴克或家得宝；如果运气不好，就只有去沃尔玛了。

而且情况会更糟，相信我。

自2001年以来，美国经济中只有一个私营部门增加了就业岗位，那就是医疗保健。在互联网泡沫破灭后的5年里，医疗保健行业增加了170万个就业岗位。其他私营部门呢？零。

随着"婴儿潮一代"步入老年，医疗保健行业将继续增加就业岗位。事实上这些岗位可达到数百万个。因此，如果你想找的工作是护送老人去当地的辅助生活设施吃晚饭，在养老院换床单、倒便盆，那么你倒可以说是恰逢其时。

以下是《财富》杂志对当今"新"经济的评价：

美国的工厂变得更精简（雇员比1979年的峰值减少了12%），更有力（生产的东西增加了51%），而且更高速（生产率以每年3.5%的惊人速度增长）。

这就是为什么经济学家保罗·皮尔泽（Paul Pilzer）预测21世纪

初主要工业化国家的失业率将达到20%，这并不牵强——制造业的高效率正在将工人从这个循环中直接剔除！就我个人而言，我并不会预测20%的失业率。麦当劳和Circle K便利店的夜班工作总会有初级职位。不过，我预测会出现20%至80%的就业不足，因为数百万人将被迫从事与其能力不符的低技能、低收入工作。

这一幕可不怎么美好，不是吗？

一堂关于变化的简短历史课

我们大多数人都能接受一个事实：某些行业自有其诞生，成长，繁荣，衰退并最终消亡的发展过程。事实便是如此。而固守过去、对抗进步是愚蠢的。

在20世纪初，美国还是一个农业国，近90%的人口参与生产我们国家所需的粮食。在1930年，美国有3000万农民，他们养活了约1亿美国公民。

时间快进到70年后的2000年。

当我们进入新千年时，猜猜有多少农民在耕种土地：令人惊讶的是，不到30万的农民就能养活3亿美国人再加上世界其他地区的1亿人。在相隔短短70年后，仅1%的农民就生产了4倍于之前的粮食！难以置信！

那么，那些流离失所的农民和他们的子女现在怎么样了呢？如今，农民的儿女成了企业主、软件程序员、化学工程师、保险推销员、医生和律师，而不是农民。务农不再有安全保障，除非你继承了数千英亩[1]的土地，否则务农几乎没有机会。

要么走人，要么被裁

钢铁工人、汽车工人、机械师、裁缝——这些几十年前我们的经济赖以增长的工作岗位——正在迅速消失。为了在今天保持竞争力，企业必须增加产量并降低成本。这意味着更多的机器和更少的人。

让我们实话实说吧——如果某些行业挽留了那些它们并不真正需要的工人，人们可能会认为其仁慈温和，但当它们因为缺乏竞争力而被迫停业和破产时，就是另一种情形了。

如果3个全职工人能被1台价值5万美元的机器——1台永远不会出错、从不休假、不会为了加薪而罢工、不需要福利计划与养老金，并且永远不会提起性骚扰诉讼的机器——所取代，那么继续付给他们每人3万美元的年薪是没有意义的。

这个国家唯一有保障的工作就是最高法院大法官了，因为他们是终身任职的！唯一的问题是，他们只有9个人，而且大多数人看起来都很健康。

听我一句劝——不要坐等裁员通知的电话响起。

1　英美制地积单位，1英亩合4046.86平方米。

接受教育

上大学,找一份好工作,为自己和家人提供一个安稳的未来,这一切都已今非昔比。这已成了一个神话,不是吗?

当然,在大学里你会学到很多东西,但没有一个教授教你如何实现财务安全。这让我想起了《红色英勇勋章》(*The Red Badge of Courage*)的作者斯蒂芬·克莱恩(Stephen Crane)的一首诗:

> 我遇到了一位先知。
> 他手里拿着智慧之书。
> "先生,"我对他说,
> "让我读一下。"
> "孩子——"他开口说。
> "先生,"我说,"不要以为我是个孩子,
> 因为我已经知道很多书上的东西了。
> 是的,很多。"
> 他笑了笑。
> 然后他打开书,拿到我面前——
> 奇怪的是,
> 我竟然突然什么都看不到了。

任何一所大学的图书馆里都没有告诉你如何实现梦想的"智慧之书"。即使真有，能读懂其中哪怕一个字的大学生也是凤毛麟角。

大学毕业生的就业市场很糟糕，而且越来越糟！为什么？人口统计给了简单明了的答案。婴儿潮创造了世界上有史以来最令人敬畏的商品和服务市场，创造了最大规模的大学毕业生群体，也创造了有史以来最残酷、竞争最激烈的就业市场！

这就是为什么当地星巴克的店员和博德斯书店的收银员都是大学毕业生——他们有文凭，但不幸的是，所有好工作都已经被有文凭且更有经验的人占满了。对不起，"X世代"的先生和女士们，我们不招人。

不过，街边疗养院的夜班正在招人……

找份工作

我们在一个月内失去了多达25万个工作岗位，而且这个数字注定会越来越高，这还不包括数百万已经用尽失业救济的人，不包括那些放弃找工作的人！

那还有工作吗？当然，有很多。当地报纸的分类招聘广告版面就像电话黄页一样厚。但其中90%的工作可以用两个词来概括：没前途、收入低。

谢谢，但这些工作就免了。

现在，每年更换工作的人数多得惊人！过去，你进入一个行业，然后一直待到退休。也许你会做一两次改变，以便在公司的升职阶梯上更上一层楼。但如今，就业专家预计，人们在职业生涯中会有 10 到 12 份不同的工作，从事 5 到 6 个不同的职业！这哪里还有安全感可言？

我告诉你，现在工作已经没有安全感可言了。

即使是世界上最安全的工作——为美国邮政服务，如今也岌岌可危。目前，邮政部门有 70 多万名员工。但是，随着电子邮件的出现以及来自美国联合包裹和联邦快递日益激烈的竞争，邮政部门已经对许多后台职能部门进行了自动化，因此，邮政部门的目标是在未来 10 年内每年裁减 13 000 个工作岗位。

非传统劳动力不断增加

如今，无论你去哪里找工作——除了极少数例外情况——美国的职场都不再安全。这就是为什么将近 3500 万美国人——接近三分之一的劳动力——是临时工，包括独立承包商、兼职雇员、顾问、自由职业者、自营职业者和合同工。

这让我明白，自由企业不再自由。大多数人都没有获得美国人最重要的权利——选择。他们只能接受他们能得到的。

这里面没有自由，也没有安全。

拥有传统小企业的"精彩"体验

记住我在引言中说过的——90% 以上的传统小企业在头 5 年内

倒闭。存活下来的企业，很少能挺到第 10 年。你知道有多少成立 10 年的非特许经营企业呢？

事实是，大多数小企业主并不拥有自己的企业——他们只拥有自己的工作！

我对此有亲身经历。

我 24 岁的时候就有了自己的公司。我受够了为别人打工，决定单干。不幸的是，我很快就发现我就像一个把自己当成客户的律师——我在为一个疯子工作！

我疯狂地工作了一年，每周工作 80 多个小时。好消息是，我所有的努力都有了回报，我在新手机业务上的第一个完整年度就赚了 100 万美元；坏消息是，我花了 120 万美元才赚到这笔钱！这就是一次代价高昂的教训！

我知道你要说："也许你应该去上大学，贝克。"其实我也上过大学，我有刑事司法的大学学位。嘿，你不会碰巧有份狱警的培训工作吧？相信我，当警察或缓刑监督官可不是经济独立的最佳途径！

特许经营

如今，许多人将特许经营作为一种替代方式，而不再白手起家创办自己的高风险企业。

要想进入特许经营行业，你需要向特许经营商支付许可费，特许经营商会为你提供所谓的"交钥匙"业务。从广告到合适的设备，一切都已经为你研究、开发、设计和设置好了。你只需要学习如何培训你的员工，做账，生产产品，获得供应，等等。你只需要付钱，转动手中的钥匙，然后就能迈向成功，对吗？

大错特错。

你看，有一个主要的问题——当你把租赁空间、改造装修、购买设备、支付库存等成本加起来时，仅仅是开业，特许经营的平均费用就超过10万美元！

还有呢，你每周工作7天，每天起早贪黑工作12到14个小时，管理着一群领取最低工资的员工。如果你干得好，三五年后，你就能收支平衡，开始盈利。

如今，大多数由业主经营的特许经营店在初期投资全部偿清后，如果业主亲自担任经理，每年就可获得5万至6万美元的收入。如果聘请一名经理，实现收支平衡就算不错的了。

如果你能负担得起更大更好的特许经营权，你就能赚得更多。麦当劳的特许经营实际上是稳赚不赔的。但你要为你的利润付出高昂的代价。一家麦当劳的特许经营店起步要花费100多万美元！

根据《新闻周刊》（*Newsweek*）商业专栏作家简·布莱恩特·奎恩（Jane Bryant Quinn）的说法，三分之一的特许经营者亏损，三分之一收支平衡，三分之一盈利。

也就是说，每100个特许经营者中就有66个无法盈利！嘿，这比买彩票中奖的概率要高，但如果你是那三分之二不得不关门或亏本出售生意的加盟商之一，这可不算什么安慰！

如今，经验丰富的专业特许经营商会告诉你，除非你拥有 5 家或更多成功的门店，否则根本不值得这么劳神费心。

谁来帮帮我！

一个简单的事实是，我们不能依赖外界的帮助。

有人说过："希望就是期待某件事或某个人会出现并拯救你。"抱歉，灰姑娘都已经说过那是个童话了。现实情况是，在传统行业从事传统工作的大多数人都没有希望。我们不能再指望教育机构、政府机构和商业机构为我们提供实现梦想的机会。

我们必须用自己的双手成就事业。用最简单的话来说，这意味着——我的命运，由我来定。

要想改变现状，你就必须改变。为了让事情变得更好，你必须变得更好。

那你打算怎么做？

你能做什么？

让我们先来看看你可做的选择吧。

第七章

你有哪些选择

> 世界上到处都是大门,到处都是机会,到处都是上好的弦,等待着你去拨响。
>
> ——爱默生

好吧，让我们假设你接受了这样一个事实：职场不再有安全感……"如果我命该如此，那至少应该由我来决定自己的命运"。

你会去往何方？

你会做什么工作？

让我们来看看你的收入选择。

你的收入选择

选择1——**一份工作**：这就是我们之前说过的"用时间换金钱"的陷阱。无论你挣多少钱，这份工作既不会带来安全感，也没有自由。有工作就意味着你离睡大街只有一句话的距离——"你被解雇了！"

美国顶级销售激励大师金克拉（Zig Ziglar）曾将"工作"（JOB）一词描述为"Just Over Broke"（刚刚好过身无分文）。在当今瞬息万变的职场中，唯一稳赚不赔的工作就是那些少之又少的顶层职位，剩下的则是数以百万计的底层琐碎工作。

选择2——**自营职业**：大多数厌倦了被解雇的人都会选择自己雇

用自己，以求在工作中获得更多保障。然而，正如我前面所指出的，即使是创办最普通的传统小企业，也会面临重重困难，更不用说维持经营和盈利了。

如果你是少数几个挺过最初几年的人之一，你还有机会，但现实一点，你只有不到1%的机会让你的企业维持10年或更长时间。

选择3——购买特许经营权：如果你手头有几十万美元（或者几百万美元），可以赌上一把，你可以通过购买特许经营权来提升自营职业的胜算。但是，只有33%的特许经营店显示盈利，你真的想拿毕生积蓄冒险吗？或者抵押房屋，或者向父母借钱，让他们承担风险，只为了三分之一的成功机会？在拉斯维加斯的骰子桌上，你可以得到比这更好的赔率……

选择4——投资：这就是富人致富的方式，也是棕榈滩社交名媛们维护自己的庄园和支付乡村俱乐部会费的方式。问题是，要维持适度的退休生活也需要大量现金。100万美元的价值已经今非昔比。算算看，如果把100万美元存入利息为5%的存款单，那么在不碰本金的情况下，你每年的税前收入为5万美元。扣除工资税和所得税后，你的100万美元投资所得将剩下大约3.1万美元（这还是在你拥有100万美元的前提下）。

选择5——还有一条路可走：这是成功的作家、作曲家、音乐家、演员和表演艺术家获得稳固、持续收入的途径。你创作作品，通常以知识产权的形式通过版税（也称为剩余收入或被动收入）获得经常性收入。不幸的是，我们之中能写出一本畅销书，出一张唱片或有一项杰出发明者实在寥寥无几。只有极少数有天赋的精英才能成为下一个爱迪生或斯蒂芬·金。

但你知道吗？我们还有一种方法，无论你是谁，无论你的性别、种族、家庭背景或社会地位如何，无论你的受教育程度如何，无论你过去在任何事业上的努力是成功还是失败，你都可以从现在开始赚取持久的、类似于剩余收入的收入，就从今天开始！

这种方法就是"网络营销"。

在你说出或想出其他借口之前，我希望你给我一个机会，不，应该说，我希望你能给自己一个机会，看看网络营销能给你带来什么。

你会得到一切

在前面的章节中，你已了解了我们的整个世界是如何充满金字塔的——好的、坏的、合法的、非法的。所有这些企业、社会和文化机构——学校、政府、教会，甚至家庭——都是多级金字塔，这一事实难道没有让你领悟到一些有趣的事情吗？

企业是"好"还是"坏"与其基本结构或形态毫无关系，不是吗？相反，关键在于人们如何利用它——他们如何运用自然的金字塔原则，即让价值向下流动与权力（以金钱或选票的形式）向上流动成正比，这才是造成差异的原因。

这对你来说意味着什么？就是说：如何利用现有资源是你的选择。

我相信，对你来说，网络营销是当今最佳的选择。

我会告诉你网络营销是什么，又不是什么。

我希望你了解这个行业。我想让你把它与我们谈过的所有其他谋生方式进行比较，看看它是否符合标准。

我想让你正眼看看网络营销，看看它是否能为你提供安全和自由，让你实现并维持自己的梦想。

你没什么可失去的。而如果我所说的关于网络营销的那些话是真的，那么不妨想一想，你可能会得到什么！

第三部分

为什么传统的方法不再有效？

第八章

范式——一个只值 100 美元的单词和一个价值百万美元的想法

> 一扇门关上了,另一扇门就会打开。但是,我们常常长时间懊悔地注视着那扇关闭的门,却看不到那扇已经在我们面前敞开的门。
>
> ——海伦·凯勒

我相信你以前听说过"范式"这个词。这是一个价值 100 美元的单词，其实意思很简单。

范式是一种观点或模式，是我们看待周围世界的方式，意思有点接近"事情的样子……""现状"。梦想就是一种范式（只是对我们今天的大多数人来说，它还是过去的样子，而不是现在的样子）。

下面的例子很好地说明了范式是什么，以及它是如何变化的。

瑞士表的范式

你还记得 1975 年制表业的黄金标准——主流范式——是什么吗？瑞士表，对吗？那是劳力士之类的品牌，它们完善了可追溯到 14 世纪的制表技术：经典、精准、镶嵌 31 颗宝石、上紧的主发条、嘀嗒嘀嗒的走时声……

突然有一天，一个瑞士小老头钟表匠从店里跑出来，欢呼雀跃地向众人展示他刚刚制作出来的一块新表。

"看啊，沃尔夫冈，这块表没有主发条，没有宝石。它更轻，制造成本更低。它还更薄，你永远不用给它上发条！它叫石英表！"

可这些瑞士人是相当谨慎和保守的一群人。因此，他们的第一反应就是靠在椅背上，吸着烟斗说：

"等等，弗里茨，别急，石英表这东西很巧妙。但是你看，如果我们开始装配这些石英表，那么谁还会要我们现在生产的这些昂贵的嵌有 31 颗宝石的大家伙呢？我们会和自己竞争。而且我们在宝石、齿轮和弹簧之类的部件上投资了几百万。我们要怎么处理这些东西——把它们扔掉？像你这样的老钟表匠又该怎么办？此外，我们现在支配着手表生意。我们是山巅之王。为什么要和成功过不去呢？既然老一套还在运转，何不维持现状？就不要折腾了。"

瑞士表范式就是这个样子。

瑞士人并不认为石英表技术有多大价值。所以，他们自己没有加以利用，而是把技术卖给了日本人。

你可能还记得 20 世纪 50 年代初的日本人——他们制造的那些便宜货，买回来 10 分钟就坏了。

"日本制造"——哈哈哈，真好笑！

确实好笑。那么现在谁主宰着手表市场呢？日本人和中国人，还有他们的石英表，就是他们！

我们不仅改变了手表，还改变了范式。

让开，劳力士——精工来了

瑞士人最近一次在钟表业大放异彩还是靠斯沃琪。这些表便宜轻巧、活泼可爱，而且还是石英表！他们抄袭了日本人的产品！

你看，当一种范式——它现在的样子——不再起作用时，或者，当有人发明了一种新的、改进的范式来取而代之时，它就成了"过去的样子"。

例如，现在梦想的旧范式已经不再适用于所有人，只适用于极少数人。

只需要回答一个简单的问题，我们就知道这一点千真万确：你分到了你的那份梦想的画饼了吗？它对你奏效吗？你现在正在实现梦想吗？

如果你的回答是否定的，相信我，你不是孤身一人。你是一个被赋予了新的"中产"阶级定义的庞大群体中的一员——你夹在中间，好吧，夹在两难之间！

现在，不要再陷入"嗯，我只是不够努力……"或"我就是不够聪明"这样的思维陷阱了。

老实告诉我，如果你工作比现在努力一倍，真的会有什么不同吗？你会赚两倍的钱吗？为了在这个世界上取得成功，你真的需要比现在聪明一倍吗？

看看你周围：得 A 的学生在为得 C 的学生打工。聪明两三倍也不能解决问题。如果智力就是成功的答案，大学教授就会成为世界上最富有的人——我们都知道事实并非如此。

如果你和我认识的大多数人一样，你可能会认为你之所以没有实现梦想，是因为你没有采取所有你应该采取的正确步骤。你可能认为你在某个地方偏离了轨道——你缺少了什么，只要你获得这个缺失的成分，你就能拥有梦想，也能实现梦想。这是真的吗？

朋友们，这不是你们的错。你们什么都不缺。你们缺少的是一种新的梦想范式——一种行之有效的范式。因为旧的梦想已经不复存在了。为什么？

因为它被偷了！

谁偷走了梦想？

想知道是谁偷走了梦想吗？我来告诉你是谁偷走了梦想：

那些自己赚了上亿收入，而他们的公司却在解雇成千上万忠实员工的CEO——就是他们！

那些取消了数以万计工人的养老金计划，却给少数关键管理人员提供价值数亿美元的追溯股票期权和退休保障的巨头公司——就是它们！

那些为自己加薪、发放津贴、规划优厚养老金计划，却对失控的社会保障和医疗保险支出袖手旁观的政客，而这些支出正成为导致我们国家几代人破产的威胁——就是他们！

那些平日疏于联系，却不断劝你用自己的自由换取一份可能在几年内就不会存在的工作的亲戚朋友——就是他们！

那些在一桶好苹果中挑挑拣拣，希望能找到一个坏苹果，好向全世界散播负面情绪的主流媒体——就是它们！

那些碌碌无为、胆小怕事，只知道给学生洗脑，让他们认为接受良好教育的唯一目的就是找到一份好工作的老师——就是他们！

那些早已腰缠万贯，却仍要通过迫使美国公司将高薪工作机会转移到海外，使自己变得更加富有的对冲基金经理——就是他们！

那些从北美消费者身上赚取利润，却将公司总部迁至加勒比海岛国，以合法逃避缴纳联邦所得税的数十家《财富》1000强公司——就是它们！

要求供应商降低价格，迫使越来越多的北美制造商关闭工厂，转而使用亚洲廉价劳动力的沃尔玛"天天低价"这种无情的商业模式——就是它们！

总部设在北美，将每加仑3美元的汽油归咎于欧佩克的供应商，却以每天1亿美元的速度攫取利润的跨国石油公司——就是它们！

要求为其数百万会员提供过高的养老金和退休福利，导致我们的城市破产的州工会和地方工会——就是它们！

收买我们的政客，篡改我们的法律，总人数将近40 000人（包括数百名前国会议员）的华盛顿游说者——就是他们！

你和数百万像你一样的普通大众之所以不再有梦想——我以前之所以也没有梦想——是因为有一群贪婪的家伙，他们既想中饱私囊，又想继续兜售"找份好工作"的陈旧神话。

这个世界上的老板和CEO们都知道，只要他们能让普通工人依赖他们，只为每周领取微薄的薪水，大笔钞票就会源源不断地流向金字塔的顶端，流入他们的转角办公室。

而做到这一点的最好办法就是确保你得不到你应得的那份。你少分点,他们就能多分点,对吧?

听着,如果你身居高位,你真的想改变现状吗?高高在上的你会冒着风险去尝试新事物吗?还是说,你会像瑞士钟表业的老板们一样,还打着如意算盘,打算等到这场石英表的愚蠢风波平息后继续把持整个行业?

请记住,人们通常抗拒改变。当你名利双收时,当你称王称霸时,舒适区就会更加舒适。

当沃尔特·迪士尼说追求梦想需要勇气时,他所说的是有勇气接受改变——有勇气在其他人之前将一个新的、更好的想法付诸实践,因为如果你等到每个人都这么做,那就太晚了!

成功者逆流而上

已故的沃尔玛创始人山姆·沃尔顿(Sam Walton)对成功的建议是"逆流而上"。"如果其他人都在做一件事,"山姆说,"那么你很有可能通过反其道而行之找到自己的定位。"

想想吧:当普通人进入火热的房地产市场或者股市创下新高时,大钱已经被赚走了,不是吗?高手们早就带着收获抽身了,留给普通人的只有一地鸡毛。

马克·吐温曾不明智地投资了一系列失败的商业活动,他的话道出了我们大多数人的心声:"我很少能看到机会,直到它不再是机会。"

我所说的新的、更好的范式——你可以重拾梦想的方式——不再是过去那种"大学教育—职业生涯"的范式。

也不再是过去那种"为企业打工"的范式。

也不再是白手起家的小企业模式。

相信我，这些我都试过了。结果一事无成。

但我确实在网络营销的新范式中取得了成功。

上大学、在公司工作，甚至是当个小企业老板，这些都是老一套的范式了，是需要上发条的瑞士手表，是濒临灭绝的恐龙。是时候逆流而上了，否则就会淹死！

全新的、更好的网络营销理念

网络营销就是当今商业领域的"石英表"。因为网络营销拥有传统商业所缺少的东西。

那是什么？

一言以蔽之，就是更好的理念。

这是什么意思？

更好的理念就是"一种新的、更好的、与众不同的做事方法"。

用山姆·沃尔顿的话说，更好的理念就是逆流而上。

更好的理念是变革的动力。

更好的理念会打破旧的范式，并创造新的范式。

更好的理念往往是颠覆性的、革命性的、稀奇古怪的、难以想象的，甚至是不可行的（至少在那些固守传统智慧和奉行"久经考验的"理念的人看来是这样）。

但是，美国（世界其他国家也在迅速赶上）这个国家的自我定义，就是人们可以在这里尝试新的、更好的、不同的理念，并为实现各自的梦想而努力，不管是经历成功还是失败。

从 20 世纪初亨利·福特（Henry Ford）和他在流水线上大规模生产汽车的好点子开始，在美国，那些改变我们生活、工作和购物方式的出色理念可谓比比皆是。

以下是近年来改变我们生活、工作和购物方式的几个出色理念：

特许经营——通过一个经过验证的、可模仿的系统，找到一种盈利的商业模式，然后在全国乃至世界各地的数千个地点复制它。

赛百味三明治——为你提供由新鲜食材制成的三明治，享受比快餐连锁店更健康的选择。

家得宝——让消费者在一个巨大的仓库里闲逛购物，以承包商的价格享受家装产品和服务。

星巴克——在北美的每一个城市开设欧洲风格的咖啡店，然后将这一概念推广到全球。

戴尔——在线提供低成本的定制个人电脑，并在一周内送货上门。

福克斯——创办一个新的电视网，为观众提供三大电视网及其自由派主导的新闻倾向之外的另一种选择。

网络营销——通过只收佣金的独立承包商取代领薪水的中间商和零售商,重组和重振产品的营销和分销方式。

所有这些更好的理念——这些全新的、与众不同的做事方式——都取得了巨大的成功,因为它们打破了旧的范式,通过向金字塔底层传递更多的价值来换取金钱的回流。

网络营销不仅以公平合理的价格为消费者提供独一无二的产品和服务,而且还为普通人提供了用适度的投资为自己和家人创造财富的机会。

是的,特许经营是一个好理念,因为它有成熟、简洁的系统和企业支持。

但是,以网络营销的形式进行的个人特许经营堪称最佳理念,因为它具有传统特许经营的所有优点,而前期成本却低得多。网络营销是一个绝妙的理念,它的时代已经到来。

第九章

为什么是网络营销?因为……变化

> 变化是生活的法则,而那些只关注过去或现在的人,肯定会错过未来。
>
> ——约翰·F. 肯尼迪总统

变化，这是当今世界最基本的生活事实。

但是，人们通常不愿意改变。我们抗拒变化。因为我们喜欢停留在舒适区，这也是人性的一部分。

但同样正确的是，你所抗拒的东西会持续存在。当你反对一个时机已经到来的改变时，这就是在抗拒整个时代大潮！

你越抗拒改变，变化也越抗拒你！

启蒙与"蔽暗"

纵观人类历史，当变化出现在人们眼前时，人们就会到处吹灭蜡烛，扔掉开关，要求继续保持黑暗。

在艺术、科学、医学、商业等各个领域，大多数新思想一开始都会遭到抵制和排斥。越是独特和革命性的理念，越是翻天覆地的巨大变化，人们反对的声音就越大，也越强烈。

这就不难理解，为什么在黑暗的中世纪，甚至在17世纪、18世纪和19世纪，恐惧、迷信的人们会把新范式当作威胁。当权者把哥白尼关进监狱，威胁伽利略，奚落哥伦布，嘲笑路易·巴斯德（Louis Pasteur），甚至轻慢爱迪生和爱因斯坦。而且你要知道，即使在今天,我们依然抵制改变。

让我们来看一些最近的例子。

美国的买卖

从17世纪到19世纪初,北美人在小型家庭式专卖店购买他们所需的物品。

这是属于屠夫、面包师和烛台匠的范式。

后来,一位名叫A. T. 斯图尔特(A. T. Stewart)的爱尔兰移民灵机一动。他决定把所有这些独立的小店合并到一个大店里。1862年,他在纽约市建造了一座被称为"大理石宫殿"的多层巨型建筑,购物者只需从其中一个"部门"走到另一个"部门",就能买到他们家庭所需的一切。

此后,那些如今大名鼎鼎的百货商店,比如梅西百货、罗德与泰勒、西尔斯、伍尔沃斯、哈德逊湾公司、马歇尔·菲尔德、沃纳梅克、杰西潘尼百货公司等如雨后春笋般在美国大陆涌现,我们进入了百货商店的黄金时代。

百货商店为消费者提供了一种新的购物模式,一种新的、更好的行为方式——更多的商品、更合理的定价、更优的质量、更多的便利。

人们蜂拥而至。1900年,每天有多达4万名购物者穿行在芝加哥马歇尔·菲尔德百货商店的过道中。

你能猜到接下来发生了什么吗?

用老办法赚钱

至少可以说,那些经营夫妻店的个体商人对百货商店并不喜闻乐见。随着越来越多的人前往当地百货公司以获得更广泛的选择、更低廉的价格和更大的便利,他们的生意一落千丈。

这些小夫妻店开始纷纷倒闭。

那些店主并没有就此坐以待毙——是的!他们反击了。然而,他们并没有通过构想出一种更好的新理念来进行反击。相反,他们在政治上进行反击的同时,通过坚持旧的范式来对抗变革。

由于有成千上万的店主(拥有成千上万的选票),他们努力游说,以争取按老办法做生意的权利。

我们都知道,抗议输给了进步,百货商店成为19世纪末到20世纪中叶最主要的购物范式,直到下一个新范式——购物中心——抢走了它们的大笔生意。

记住,你抗拒的事物会持续存在。也许就算站在迎面驶来的货运列车前,也好过去反对一种新的、更好的做事方式带来的变革——尤其是在这种变革的时机已经成熟,且消费者喜欢这种理念的时候。

购物中心和商场

在连锁百货公司占据了零售业的主要市场份额之后,小型商家终于醒悟过来，接受了新技术。他们开始寻找新的方式来利用百货公司的范式为自己服务。

随着汽车的普及，城市附近的农场土地上形成了日益扩大的城郊区域，一些小商户以集体的方式聚集在一起，形成了购物中心——在同一个便利的地点聚集了各种个体商店。没有进入这些新购物中心的店主们引发了随之而来的分区争夺战，场面十分激烈。

最终，购物中心也大量涌现。不久之后，开发商把它们围起来，再盖上屋顶——有点像连锁百货商店最初做的那样——并把它们称为购物"商场"。

购物商场很快成为风靡北美的一种生活方式。

然而如今，百货商店和购物商场都已成为陈旧、垂死的范式。

正如未来学家菲斯·鲍普康恩（Faith Popcorn）在她的畅销书《爆米花报告》（*The Popcorn Report*）中所说：

> 就像企业一样，我们所熟知的购物体验已经变得越来越烦琐、低效、违反潮流。大型百货公司发现，自己不再可能做到面面俱到，满足所有顾客。购物中心正在成为时代大潮中的过时存在。

败局已定

没有人——也没有任何事物——能够幸免于变化，包括百货商店，它们在一个世纪前赢得了消费者争夺战，现在却正在输掉这场战争。

发生了什么？

巨型商场、专卖店、大型折扣店、电视购物目录，还有电子商务网站正在蚕食它们的份额。自1974年以来，连锁百货商店的购买量下降了近50%，而折扣店的购物者数量同期增长了65%。与此同时，电子商务继续突飞猛进，进一步降低了百货商店的销售额。

如今，购物中心正面临着与百货商店同样的命运——店面太多，顾客不足。因此，为了应对竞争，开发商们开始借助好莱坞的噱头来吸引购物者。把商场当作主题公园。购物即娱乐。看看洛杉矶的世纪城，或者更华丽的加拿大埃德蒙顿购物中心——堪称购物中心中的迪士尼乐园。

说到埃德蒙顿购物中心，哇！这个购物中心有115个足球场那么大，里面有世界上最大的室内游乐园、室内造浪池和室内微型高尔夫球场！这里还有一支可开航的潜艇舰队，一艘哥伦布所驾驶的帆船——圣玛丽亚号的全尺寸复制品。哦，对了，还有将近1000家独立商店！

知道还有什么更夸张的吗？明尼苏达州布卢明顿的美国购物中心比这更大！下一步是什么？是不是干脆给罗德岛盖一个屋顶？在这样的商场能做到高效购物吗？

但这就是今天打造一个成功的购物商场所需要的。不幸的是，即使是"购物商场主题公园化"的方法也不能保证成功——根据最新的报告，埃德蒙顿购物中心有很多关闭的店面和空置的停车位。

当你的范式趋于消亡时，你就很难参与竞争了。

特许经营

在美国购买和销售所需物品的方式上，最令人惊叹的创新之一就是特许经营，现在依然如此。

要知道，50年前，特许经营是一项革命性的新手段——一种向消费者提供商品、食品和服务的全新且更好的零售方式。

你猜怎么样，人们对它恨之入骨！普及阻力很大。

报纸和杂志用醒目的标题大肆宣扬特许经营是一场骗局。小老太太们因为一些虚假的特许经营而失去毕生积蓄的故事不绝于耳。

尽管一些大型的、著名的《财富》500强企业也参与了特许经营，但其CEO们却拒绝让他们的公司出现在广告或杂志报道中，即使是关于他们自己的特许经营！事实上，特许经营差11票就被国会宣布为非法（听起来有点像最早的百货商店，不是吗？）！

如今，这个曾经被指未来堪忧，见不得光的所谓骗局占到了北美零售总额的33%以上。特许经营每年从1000种不同的特许经营概念中销售近1万亿美元的产品——而且还在不断增长！一旦特许经营在世界火起来，这个数字会是多少？很吓人吧？

特许经营只是一种新的手段。显然，这是一项革命性的、非常强大的、非常非常成功的手段——一种全新的、更好的、与众不同的商品和服务的分销和销售理念。

一种更新的分销和销售手段

在我们自由企业制度的演变过程中,是否还有新的一步?

是否会出现一种新兴的分销和销售手段,超越目前的零售之王——特许经营?

是的,有。

这就是网络营销。

与之前的连锁百货商店、大型折扣店、购物中心、购物商场和特许经营相比,网络营销受到了更多抵制。它曾被误解、批评、嘲笑,被游说和立法反对。

就像百货公司一样,就像特许经营一样……

现在谁在嘲笑这些呢?

开拓者

直销在北美有着悠久而丰富的历史,可以追溯到17世纪,当时"洋基小贩"会在城市街区和乡村之间的小路上做生意,兜售人们急需的家庭用品,如锅碗瓢盆、蜡烛等。

然后,在19世纪后期,西尔斯·罗巴克公司的创始人理查德·西尔斯(Richard Sears)建立了第一个正式的网络营销回馈系统,该系统向编目客户奖励积分——因为他们把朋友和家人介绍给了西尔斯的邮购部门——这些积分可以兑换商品或现金。

20世纪初,非裔美国人C. J. 沃克夫人（Madam C. J. Walker）为现代网络营销奠定了基础,她招募了众多有着雄心壮志但怀才不遇的黑人女性,付她们佣金让其销售自己的美发护肤产品。作为一个没有受过教育的奴隶之女,沃克很快意识到个人成长是成功的关键,她在几个城市开设了培训中心,向其代表传授成功策略。直到她1919年去世时,沃克的公司在北美雇用了2万名独立销售代表。《吉尼斯世界纪录大全》（*The Guinness Book of World Records*）称沃克是第一位白手起家的美国女性百万富翁。

西尔斯先生和沃克夫人为网络营销奠定了基础,他们采用了非传统方法,在激励日常消费者赚钱的同时,改变了他们自己以及家人和朋友的生活。

这就是为什么我说新千年的网络营销是实现经济独立的强大工具——它拥有利用最新技术不断自我革新的历史。正如一位行业观察家所说:"这一行的未来如此光明,你进行展望时必须戴上太阳镜!"

我相信我们将在这一行业看到历史重演。

我相信网络营销将超越百货商店和特许经营曾取得的惊人成就,将彻底改变北美和世界买卖一切物品的方式!

为什么?看看周围吧。

这一幕已经在发生了。

第十章

小声告诉自己这个词：分销

太多人穿过森林，却看不到柴火。

——英语谚语

著名经济学家保罗·赞恩·皮尔泽（Paul Zane Pilzer）在他的颠覆性著作《点石成金》（*Unlimited Wealth*）中，请读者回忆20世纪60年代经典电影《毕业生》（*The Graduate*）中一个令人难忘的经典片段。达斯汀·霍夫曼（Dustin Hoffman）饰演的本（Ben）是一名刚毕业的大学生，他对自己的未来毫无头绪。一天晚上，在一个聚会上，一位年长而睿智的男士把本拉到一边，与他分享未来几年的生意秘诀。他在本耳边低语了一个词：

"塑料。"

在《点石成金》一书中，皮尔泽在我们耳边低语了一个与此不同，但同样深刻而神奇的词：

"分销。"

以下便是原因所在。

分销技术

迄今为止，技术对我们购买的商品和服务产生的最明显、最强大的影响就是降低了产品的生产成本。降低产品价格，就能提高销量，这是一条行之有效的营销法则。例如，计算器售价125美元时，很少有美国人拥有计算器。一旦其零售价降到20美元以下，那就差不多人手一个了，然后还有人买两三个。电脑、手机等一系列产品也是如此。

看看液晶电视和等离子电视的情况就知道了。

当一台平板电视的价格超过5000美元时，只有富人才能拥有。但当价格开始暴跌至1000美元或更低时，它们开始被抢购一空。今天，你花上在20世纪60年代买一台黑白电视的钱，就可以买一台带遥控器的高清平板等离子电视。

选择一种产品——任何产品——你都会发现同样的规律。根据通货膨胀调整美元比价后，今天你可以买到价值、质量、功能、安全性和寿命比20年前，甚至短短10年前高出6到7倍的东西。今天你可以买到质量好得多的电视、冰箱、微波炉、桌面音乐系统、笔记本电脑，它们的成本降低了60%，但功能却是原先的10倍不止。

技术的进步，即新的和更好的做事方法（这里指的是制造方法）降低了零售价格，因此，更多的产品被售出。价格下降后，曾经的奢侈品突然变成了必需品。比如电视，每个人都必须拥有一台，然后是两台，再然后是三台（车库里也得有一台吧）。

如今，95%的业主至少拥有两台电视，大多数家庭拥有三台或更多台电视。许多新建的高档住宅还有通过浴室镜子投射的电视！

一旦每个房间都配备了一两台电视机，接下来呢？

追求更高的品质。

客厅里那台用了 5 年的 42 英寸[1]电视被一台 60 英寸带环绕声的电视取代。这样的事情还在不断发生。现在有了 iPod，谁还想要索尼随身听呢？首先改变的是数量，然后是质量。由于技术不断创造出新的、更好的制造方法，以及我们以前从未想到过的新的、更好的事物，所以总会有新的、更好的产品出现在新的、更大的市场上。

我的朋友们，这就是美国成为世界领袖的原因。只要我们的信用卡还没有被刷爆，就会让我们保持这样的地位。

我们是世界上最大的市场，几乎无所不包。"他们"（中国人、日本人、德国人以及其他任何"他们"）可能会在我们背后偷笑，对"物质至上的美国人"冷嘲热讽一番，但当营销开始时，笑声就会戛然而止。他们知道面包的哪一边涂了黄油，也知道面包在谁手里，宝贝！

但为什么有些东西的价格一直在上涨呢？

好吧，如果价格像缅因州的秋叶一样下落，为什么有些物品的价格没有下降呢？比如食品？

问得好，食品就是价格不断攀升的最佳例子。原因如下。多年前，通过新的、更好的种植和生产技术，种植小麦等粮食作物并将其转化为谷物的成本已经降到了最低点。

对一盒麦片而言，其本身的价格可能是 10 美分。如果把农业和

---

[1] 英美制长度单位，1 英寸合 2.54 厘米。

制造业产能提高20%，食品价格就只降低2美分。那么，为什么家乐氏公司或宝氏公司的一盒麦片要卖3.5美元呢？因为产品的最大成本并不在制造环节，也不在包装环节。包装只增加了一毛钱的成本。除了营销，最大的成本在于那些你看不到也尝不到的东西。

最大的成本在于分销和销售！

过去，产品的生产成本约为其零售价的50%。但那是过去。制造技术的进步——从耕种或开采原材料到生产最终产品的整个过程——已将生产成本降至最终零售价的10%至20%。由于食品产能过剩，再加上中国、印度、墨西哥、越南和其他国家以几分钱而不是几美元的成本价制造产品，"商品成本"已经低到不能再低了。

但是，在生产成本大幅削减的同时，分销和销售成本却不断攀升。如今，这些费用约占消费者购买产品费用的80%至90%。

现在，如果你想以最低的价格成为最具竞争力的零售商，你会怎么做？

a. 依旧聚焦于降低已经低到谷底的生产成本，以赚取几分钱的微薄利润？

b. 专注于降低占该产品成本80%到90%的分销和销售成本？

当然，你会选择"b"。

以下是定价为1美元的产品的销售情况。从10美分的生产成本中节省10%到20%，最多能让你多赚2美分。而从80美分到90美分的分销和销售成本中节省20%，你就能多赚16美分到18美分的毛利润。将这18美分乘以数以百万计的产品销量，我们就能看到一家健康、高利润的企业与一家苟延残喘的企业之间的差别。

分销——这是当下的财源。如果你需要证据，只需要看看美国最富有的家族——沃尔顿家族便可。

美国真正的山姆大叔

已故的山姆·沃尔顿，其家族拥有沃尔玛公司，这是世界上最成功的商品分销商。

沃尔玛到底有多成功？

当沃尔顿家族的四位继承人坐下来共进周日晚餐时，餐桌上的人的总净资产便已逾千亿美元，其中有几亿美元可能还是他们在去妈妈家吃晚餐的路上的这段时间从某些人的口袋里流入他们腰包的。如果山姆老爹还活着，他将是世界上最富有的人，其身家几乎是第二名比尔·盖茨（530亿美元）的2倍。

"山姆大叔"沃尔顿和他的沃尔玛是如何创造出如此惊人的财富的呢？

答案是分销。

沃尔玛分销和销售别人的产品。事实上，它们自己什么都不卖。它们只是把最畅销的型号和品牌作为最广泛选择的一部分，以全城最便宜的价格在一个方便的地点出售。它们的分销能力有多强？这里有一个广为流传的笑话："如何找到当地的沃尔玛商店？它就在关店的凯马特对面。"

没错，沃尔玛就是这么厉害，而且越做越好，已经开始分销食品杂货、处方药、轮胎、汽油，并把目光投向了中国。

分销——这是关键！

如果你能开发出一种新的、更好的方法——一种优于现在大多数企业使用的商品和服务分销技术手段，那么你明天就会富到流油。

好消息是，你不必独自设计和开发新的、更好的分销和销售方法，因为它已经存在，现在就在运行之中。更重要的是，50多年来，它已经在市场上被成功地测试、完善和验证。

如今，数以万计的人正在全球100多个国家利用尖端技术分销价值数十亿美元的数百万种产品，这种技术正在彻底改变人们购物和接受产品与服务的方式。

这些顶尖的分销商不是让沃尔顿家族变得更富有，而是让他们自己的家庭变得更富有。这是一种全新的、更好的做事方式，且任何人都能看出这一点。

第十一章

最大的优势

> 柯达卖胶卷,但它们不宣传胶卷。它们宣传的是回忆。
>
> ——西奥多·莱维特(教育家)

市场上有数百万种产品可供选择，每天有3000到5000个广告对我们进行狂轰滥炸，广告商需要一个优势，让他们的产品从一片乌压压的产品中脱颖而出。

优势——这就是成功广告的"圣杯"。

试着做一下这个快速测试，看看你是否能将下列知名产品与其广告优势相匹配：

产品	优势
1. 沃尔沃	a. 最低廉的价格
2. 苹果电脑	b. 罪恶与刺激
3. 宝马	c. 卓越的驾驶体验
4. 拉斯维加斯	d. 个性化
5. 沃尔玛	e. 安全感
6. 蒂芙尼珠宝	f. 魅力奢华

答案：1-e；2-d；3-c；4-b；5-a；6-f

广告惹人烦

上面列出的6种产品已经存在了几十年，所以它们在市场上的优势已经牢牢地扎根在消费者的脑海中。但是其他成千上万种正在寻找买家的产品呢？广告商是如何试图在纷繁芜杂的商业环境中获得优势的？答案就是在广告的内容和位置上更有创意——不，应该说是更孤注一掷。

行业杂志《广告时代》(*Advertising Age*) 主编兰斯·克雷恩 (Rance Crain) 打趣道:"广告商不会满足，除非他们在每一棵草上都打上自己的烙印。"为了获得优势，广告商正在向我们生活中令人厌烦，甚至是令人不安的领域大举推进。

以下是一些例子。哥伦比亚广播公司（CBS）用激光在35 000个鸡蛋上印上了它著名的"眼睛"标志。公立学校不仅在公交车和教室里播放广播和电视广告，而且还出售体育设施的冠名权，甚至连餐厅都不放过。美国航空公司每年通过在托盘桌和餐巾纸上销售广告获得近1000万美元的收入，并且正在谈判在其晕机袋上印广告——这可不是瞎编的！哥伦比亚电影公司也签署了一项协议，将在美国职业棒球大联盟的所有垒上贴上《蜘蛛侠2》的标志（所幸愤怒的粉丝发起了抗议，电影公司取消了这一计划）。

这种疯狂争夺优势的结果是什么？消费者开始对这些信息免疫，甚至将这些信使拒之门外。当广告变得过于咄咄逼人，违反我们的礼仪意识时，我们确实会牢牢记住该产品，但却是为了确保"不会"购买它。

那么，精明的营销人员如何才能从一大堆杂乱无章的信息中脱颖而出，用质量胜于数量的信息来影响消费者，用真诚而非震撼来引起共鸣，从而获得优势呢？

通过使用最大的优势——人对人、面对面的营销，这就是出路。这就是为什么网络营销像独立日烟火表演一样蓬勃发展，而传统营销方法却如明日黄花般日渐凋零……

面对面时刻：最大的优势

大多数人认为低价仍然是市场营销的最大优势。

其实不然。

是的，正如沃尔玛所证明的那样，低价是一个巨大的优势，但是拥有最低的价格并不是最大的优势。如果最低的价格是最大的优势，那么每个人都会开起亚，在家吃饭，每年节省数千美元。但是很多中产阶级都买宝马，在豪华的高价餐厅用餐。为什么？因为人们直观地认识到，产品的价格不仅仅是以美元和美分来衡量的。

市场营销大师、畅销书《生产消费者力量》（*Pro-sumer Power*）的作者比尔·奎恩博士（Bill Quain）说："价格是你为了得到想要的东西而必须放弃的东西。"奎恩博士指出，当你在沃尔玛或开市客购物时，你可能比在其他地方购物花的钱更少，但你为了得到低价而

放弃了大量无形的东西。当你在沃尔玛购物时,看看为了得到你想要的东西,你必须放弃什么:

你放弃了优质服务。

你放弃了优美的购物环境。

你放弃了热情友好、知识渊博的销售人员。

你放弃了奢华品位。

你放弃了顶级的、独一无二的产品。

简而言之,你放弃了享受愉悦购物的体验,而作为交换,你只能忍受糟糕的经历,以在一管牙膏上节省几分钱。谢谢,但不用了。

这就是为什么我说最大的优势不是最低的价格。差远了。今天的最大优势,和5000年前的最大优势是一样的。同样,从现在起5000年后,最大的优势也不会改变,那就是与一位知识渊博的代表进行一对一、面对面的互动。

这就是最大的优势。一直都是。永远都是。

面对面的情景

约翰·奈斯比特(John Naisbitt)的突破性畅销书《大趋势》(*Megatrends*)指出了改变我们生活的10个新方向,该书出版至今已有几十年。奈斯比特非常准确地预测到,人与人之间的互动在未来几年将变得越发重要。

奈斯比特在1982年写道:"高科技/高接触是我用来描述我们对技术的反应方式的一个公式。每当新技术被引入社会时,就必须有一种与之相平衡的人类反应,那就是高接触。科技越先进,人与人的接触需求就越多。"

对"高接触"的需求解释了为什么在当今这个手机、免费长途电话服务和即时信息等技术使通信比以往任何时候都更快捷、更廉价、更方便的时代,航空旅行却达到了历史最高水平。既然可以花5美元或更少的钱通过互联网召开视频会议,为什么还要花500美元坐飞机去参加商务会议呢?因为,技术虽可以加强人与人之间的联系,但永远无法取代人与人之间的互动。

最近的研究证实了奈斯比特的理论。《情商2》(*Social Intelligence*)的作者丹尼尔·戈尔曼(Daniel Goleman)认为人类的大脑是为社交而设计的。戈尔曼指出,"社交脑"在人际交往中是活跃的,但在上网时是不活跃的,这就解释了为什么互联网能让人们说出他们在面对面时永远不会说的话。

"在现代生活中,我们的人际关系质量正在受到侵犯,"戈尔曼断言,"我们需要更经常地提醒自己,关注人性瞬间……放下黑莓手机,关注与你互动的人身上正在发生的事情。"

想要获得最大优势?那就创造与人的"亲密接触"体验吧,无论是对商业伙伴、客户、顾客、潜在客户、朋友、亲戚、子女、配偶还是熟人。再多的高科技也无法取代我们与生俱来的"高接触"需求,即人与人之间面对面的交流。

最大的优势是真诚的握手、自信的微笑、坚定的眼神交流、积极的倾听、爽朗的笑声、充满爱意的眼神、拍拍后背、会意的颔首、表达接受的拥抱。即使在我们的网络美丽新世界里，对高接触的需求也永远无法复制，永远无法被数字化。

欢迎来到款待经济时代

就在 20 世纪 70 年代，广告商只要晚上 9 点在三大电视网购买广告，就能覆盖 90% 的美国电视观众。如今营销人员的处境更加艰难。比起用一个 30 秒的广告来宣传产品，今天的消费者期望更多——多得多！

"我们正处于一个新的商业时代，"《全心待客》(Setting the Table)一书的作者、纽约市 11 家成功餐厅的所有者丹尼·迈耶（Danny Meyer）说，"现在是款待经济时代，不再是服务时代。服务是产品的交付，款待则是产品的交付给接受者带来的感受。"

网络营销强调人与人之间的交流和指导，是款待经济的最好写照。网络营销人员会让人们感到与众不同，让人充满活力、充满希望，感到参与其中。还有，重新找回人类的感觉。

当传统营销人员还在苦思冥想如何冒着失去市场份额的风险给受众带去冲击的时候，网络营销人员却正在握手交友，招募新的商业伙伴。

网络营销为普通人提供了极致的款待之道——获得独一无二的

前沿产品和服务,还有机会通过拥有属于自己的低成本、潜在高利润(和高接触)业务来掌控自己的生活。

现在,既然你已经明白为什么网络营销拥有"最大优势",让我们翻开新的一页,看看什么是网络营销,以及它是如何运作的。

第四部分

网络营销的真相

第十二章

什么是网络营销？它是如何运作的

> 我们经历了大工业时代和大公司时代，但我相信现在是一个创业时代。
>
> ——罗纳德·里根总统

以前，当有人说"网络营销是金字塔"时，我真的很困扰。我的意思是，看看我们迄今为止所揭露的关于我们的政府、美国公司、学院和大学的一切——所有这些古老的"合法金字塔"，都在大肆欺骗、剥削人们，却逍遥法外。

当然，网络营销是一个多级金字塔没错。但请记住，所有商品和服务的分销都是金字塔。重要的是，沿着金字塔的各个层次向下流动的价值，是否与向上流动的金钱成正比。消费者需要以合理的价格获得优质的产品或服务，这才是真正的分销。

80/20 法则

现在，我并不是说网络营销是完美无瑕的。这一行也有人失败，就像有人在学校留级或从大学辍学一样。顺便说一句，看看这个世界，你觉得失败的人多还是成功的人多？

80/20 法则适用于网络营销，就像它适用于房地产销售、政府工作和其他所有工作一样：20% 的人做 80% 的工作，理所当然地赚取 80% 的利润。

毫无疑问，网络营销公司会犯错误，有些人甚至会做一些彻头彻尾的蠢事，有些产品在市场上销路不好。当价值停止向下流动时，任何金字塔——"合法"的或非法的——都会崩溃。是的，有人滥用这个概念，把它污名化了。

可悲的是，各行各业都有肯尼斯·莱（安然公司）和伯尼·埃伯斯（世界通信公司）这样的人。任何事情都是如此——是的，网络营销也无法独善其身。

你看，总而言之，网络营销是一种非传统的分销和销售方式。这就是为什么现在参与进来再好不过了。对那些一心只想维持现状的人来说，这是不太合适的，因为他们的做事方式和老一套的"瑞士手表"范式一样。

但请记住已故的山姆·沃尔顿的忠告："当别人都在顺流而下时，你要逆流而上。"你认为黑胶唱片行业的人在第一次看到光盘技术时，会对其赞不绝口吗？如果你想在这个世界上受到批评，那就去用一种新的、更好的方式做一件事。说三道四的人无处不在（我想知道是谁付钱给这些家伙的！）。

金字塔的力量

让我们找个乐子，拿出一张一美元的纸币，反面朝上。看看左边。你看到了什么？一个金字塔！

我们国家的缔造者们认识到金字塔是一种坚固而持久的结构。根据几何学，金字塔是所有构型中最坚固的。底部宽，顶部窄，能够承受巨大的重量，经得起自然因素的考验而历久不衰。

我们国家的国父们是共济会成员，一个由建设者组成的兄弟会。他们就是一群国家的建设者，在机会平等、选择自由、言论自由和自由企业的原则基础上，创造了世界上第一个真正的民主国家。

金字塔上下的拉丁文格言分别是：*Annuit Coeptis*，意为"上帝支持我们的事业"；*Novus Ordo Seclorum*，意为"新时代秩序"。

有趣吧？美国是自由企业的巅峰，而金字塔就是美国的代表！如果说有什么纯粹、完美、民主的自由企业典范的话，那就是网络营销。

网络的力量——基督教

也许最能诠释网络力量的例子是基督教。

大约2000年前，耶稣基督带着一个令人信服的启示现身，告诉了我们一种新的、更好的做事方式。他身边聚集了一小群核心人物——他们都是普通人，包括渔民、税吏、青少年等——他们看到了他带来的愿景，分享了他的梦想。他向个人、小团体和大型集会发表演讲。消息不胫而走。

然而，即使在他热切的信徒和追随者中，也有一人背叛了他，还有一些人否定和质疑他。但没关系，因为耶稣为一种新的生活方式所采取的立场是不可动摇的。这种承诺是如此强大，以至于在他离开人世很久之后仍在延续。

现在，差不多2000年过去了，那些信徒通过口口相传的方式，把耶稣基督的信息传递了几个世纪，传递给了更多的人，其人数之多可能是最初那些人做梦都想象不到的——今天，这个星球上超过25%的人口是基督徒，远远超过10亿人，而且还在增长！

基督教在全世界的传播是通过许多与我们今天在网络营销中发现的相同原则来实现的：口耳相传、人与人之间的推荐、感言、热情分享、关心他人的成功、认可、友谊、伙伴关系等。

基督教堪称网络力量的完美范例。

网络营销如何运作

网络营销的商业模式极其简单而有效。具体情况如下：

网络营销公司生产或同意分销某种产品或服务。公司与独立分销商网络建立伙伴关系，每个分销商都为自己做生意。公司负责所有研发、财务、管理、公共关系、仓储、生产、包装、质量控制、行政管理、运输、数据处理等工作。公司向所有分销商支付佣金。相应地，分销商则为公司销售产品。

广告主管们会告诉你，如今将产品推向消费者的成本中，多达80%是营销费用。据《今日美国》报道，营销人员在主要媒体和直邮广告上花费了创纪录的2700亿美元，在不久的将来，还会有数十亿美元专门用于被认为是"广告新前沿"的小屏幕设备，如iPod、手机、笔记本电脑（这就是为什么网络营销公司支付给分销商的报酬如此丰厚——它们不在媒体上大肆宣传，而是将这些钱以佣金和奖金的形式留给独立分销商）。

网络公司可以利用节省下来的广告费用，为分销商提供产品营销所需的支持——在线订单整合网站、在线信息和教育、宣传册、传单等。公司甚至还提供如何发展业务的培训。

分销商的工作是通过独立的分销商网络（无论规模大小）尽可能多地销售产品，因为分销商通过其组织分销的每件产品都能获得报酬。个体分销商只能销售少量产品，因此他们会招募其他志同道合的人加入他们的事业。为了鼓励分销商建立大型网络，他们可以从自身建立的整个组织的销售量中赚取一定比例的利润。

从一个大型网络中赚取一小部分，就能换来一大笔钱——这就是网络营销人员及其公司与传统直销方式相比所具有的强大优势之一。

积少成多

传统直销的成功取决于几个超级推销员，他们每个人都能把堆积如山的产品推销出去。而网络营销则恰恰相反。这个行业的成功取决于很多人，每个人各自推销一点产品。

网络营销人员会建立一个独立分销商网络，每个人都拥有自己的网络营销业务，分销产品并建立自己的分销商网络。

无论何时加入网络组织，你都是自己公司的负责人，可以说是位于金字塔的顶端。在网络营销中，每个人都是自己独立组织的CEO。这是一个由CEO组成的网络。

公司也能获益

如此一来，网络营销公司做了一件非常聪明的事情。他们从分销和销售成本中砍掉了一大笔钱（记住，产品成本的80%来自营销）。

实际上，公司与分销商建立了一种伙伴关系，公司提供从产品到宣传材料的一切服务，以换取分销商的营销努力。而公司也通过减少管理费用和降低许多传统的经营成本而获得回报。

公司不再需要支付内部销售人员的薪酬费用，还省去了销售人员的办公室、支持人员、电话、汽车、差旅和娱乐等方面的费用。

公司也不必再做广告，除非他们选择扩大品牌知名度。分销商通过最强大的广告力量——口碑，承担了大部分广告宣传工作。个人代言是向消费者介绍和宣传特殊产品的最佳方式，这也是网络营销可以提供世界上最独特、最先进、最优质产品的主要原因。

公司不雇用也不支付工资和福利给经销商、批发商、经纪人、商店经理、职员——所有这些一直在染指利润这块大蛋糕的中间商。由于网络营销公司不需要这些岗位，公司就会"剩下"大量的钱来支付给负责销售产品的独立分销商。

这很简单——非常简单!

网络营销并不神秘,它只是营销和分销的另一种形式。

它是一种新的、更好的形式吗?你来判断吧。

复制——网络营销分销商如何建立他们的业务

你听说过倍增概念吗?

"复制"(duplicate)一词的原意便是倍增(double),而倍增概念是财富创造和网络营销中最强大的力量之一。要了解倍增概念是如何运作的,请将自己置于以下情景中:

如果我现在给你100万美元现金,或者,如果我给你1美分,每天翻倍,持续一个月。你会选择哪一个?

如果你和大多数人一样,你可能会选择100万美元。但听我一句劝,别这么做。相反,你应该选择把1美分翻倍。

为什么?因为倍增概念非常强大。我们来验证一下:

乍一看,一个月内每天翻一倍的1美分并不多,坦白地说,开始时确实也不多。

5天后,你只有16美分。

15天后,你将拥有163.84美元。

看起来没什么希望,不是吗?(如果你开始后悔接受我的建议,请稍等一下,好戏还在后头)

第19天,你有2621.44美元。6天后的第25天,也就是离月底还有5天的时候，你会有16.7万多美元。现在，好戏来了。下一天，你的钱会翻倍，达到33.5万多美元。下一天，超过67.1万美元。再下一天，也就是第28天，你将拥有超过134万美元。两天后的第30天，也就是这个月的最后一天，你将拥有总计5368709.12美元！这就是500多万美元。（如果你足够幸运，选择了一个有31天的月份，你将拥有近1100万美元！）

所有这些都来自每天翻倍的1分钱。

这种倍增原则是网络营销的业务增长方式，它使网络营销成为自由企业史上扩张最快的方法。

网络营销就是人情资本主义的兴奋剂！

"1个月1个人"就能让你变得富有

要知道，麦当劳并不是一开始就在全世界拥有1万家餐厅的。它一开始只有1家。网络营销也是这样开始的——你加上另外一个人。

你认为你有可能每个月只找到1个人加入你的事业吗？一个对更多自由、认可、幸福和安全感兴趣的伙伴，一个对改善家人生活感兴趣的伙伴？

1个月1个人——这就够了！

一旦你"赞助"这个人与你一起创业，你就成了他的教练，他的老师。这意味着你不必把所有精力都放在销售产品上。你需要指导和辅导他人。

现在,在第2个月,你要教你的第1个新伙伴如何赞助另外一个人,同时你也要赞助另外一个新人。这样,在第2个月结束时,你个人赞助了2个人,你的第1个合作伙伴也赞助了1个人。现在你已经有了一个4人小组——你和另外3个人。

在第3个月、第4个月、第5个月也是如法炮制即可。

第1年结束时,你个人只赞助了12个人,每个月1个。他们每个人每个月也会赞助1个人,以此类推。而网络营销的真正艺术——倍增概念的巨大威力在于,通过教导每个人如何每月只赞助和教导1个人,到了年底,你的组织中就会有4096人!

最坏的情况也很好!

这里设想的是完美的情况——但你知道我们并没有生活在一个完美的世界里。记住墨菲定律:凡是可能出错的,一定会出错。

比方说,你90%的分销商不再销售产品(正如我前面指出的,90%的小企业在第1年就倒闭了)。但这并非万事皆休。这些曾经的分销商现在已经成了顾客,因此,即使他们不再经营,你仍然可以从他们的再订购中获得佣金(所以,即使他们不做自己的生意,他们也在为你的生意做贡献。多划算啊!)。

现在让我们更进一步,让我们假设最坏的情况,假设你赞助的10个人中有9个人辞职了。更糟糕的是,让我们假设你的整个团队中90%的人都退出了。真是个坏消息,不是吗?如果是在传统行业,你会陷入大麻烦。

但这是非传统的网络营销业务,所以请再看看:你的组织还剩下10%的人,4096人中的10%,也就是400多人。他们中的每一个人都在带新人,教他们做生意,就像你一样。

现在,这400人(为方便说明,以400人为例)中的每个人都在使用和销售产品。请记住,这就是网络营销人员通过网络销售产品获得报酬的方式。因此,如果你组织中的每个人每月都销售价值100～1000美元的产品,那么每月的总销售额就是4万～40万美元!

最令人兴奋的部分来了——公司按销售额的一定比例向分销商支付佣金。如果网络营销公司按下线销售额的5%支付销售佣金,那么你每月的收入将在2000～20 000美元之间。

现在你了解网络营销的力量了吧。

接下来,让我们来谈谈历史。

网络营销登堂入室

在20世纪40年代早期,一家名为"加州维生素"的公司发现,公司所有的新销售代表一开始都是满意的客户,而且大多数销售代表的新客户都来自其朋友和家人。该公司还发现,让很多人来销售少量产品,要比找到少数几个能自己销售一大堆产品的超级明星容易得多。

于是，公司明智地将这两种想法结合起来，设计了一种营销和薪酬结构，鼓励销售代表从满意的客户（其中大部分是家人和朋友）中招募新的分销商。然后，公司奖励销售人员，从他们整个团队的销售额中提成。结果是惊人的：单看分销商网络中的每个人只销售了价值几百美元的产品，而整个团队却销售了价值数万美元的产品。

现代网络营销就此诞生。

网络营销今天在哪里？它已经遍及天下，孩子！现在，在美国、加拿大、墨西哥、英国、欧洲、澳大利亚、新西兰、以色列、日本和环太平洋地区，有成千上万家网络营销公司在运营。哎呀，仅一个小小的马来西亚就有800多家活跃的网络营销公司呢！

什么样的公司参与网络营销？

据报道，网络营销是一个价值1000亿美元的国际产业，参与其中的不乏《财富》500强和纽约证券交易所的上市公司。世界第二大富豪沃伦·巴菲特拥有3家网络营销公司。日用品巨头高露洁棕榄公司也拥有多家成功的网络营销子公司。

网络营销公司有着50年的创新历史，这体现在其产品线上，这些产品线通常以领先的高科技产品和服务为特色。例如，网络营销公司率先推出了无添加剂和无防腐剂的环保安全产品，无农药、可生物降解的产品和包装，未经动物试验的产品，这些都比流行的营销趋势早了很多年。

事实上，网络营销公司在以下各个行业均是先驱：能量饮料、减肥产品和系统、健康的零食、天然维生素和矿物质补充剂、水净化装置、浓缩环保型家用清洁剂和洗涤剂等。

现在，网络营销正在获得全世界的认可，越来越多的产品通过这个充满活力的行业提供。今天，你几乎可以成批买到任何你能在商店里找到的产品——各种各样的产品和服务几乎是无穷无尽的。从食品杂货到汽车，从长途电话服务到体育器材再到折扣旅游服务，无所不包。

这个清单几乎是无穷无尽的，而且还在不断增长！

什么样的人参与网络营销？

和你我一样的人。他们来自各行各业，从银行行长到房屋粉刷匠、家庭主妇、承包商、脊椎按摩师、喜剧演员、工程师、警察、看门人、财务规划师、有固定收入的退休人员、驾着游艇环游世界的退休人员，凡此种种，不一而足。

在网络营销中，重要的不是你从哪里开始，而是你在哪里结束。如果你乐于接受新思想，积极进取，善于学习，那么无论你从哪里开始，你最终都可以拥有自己的高利润业务，并自己做主。

合作与竞争

网络营销成功的一个重要原因是它建立在合作而非竞争的基础

之上。与传统商业不同,网络营销的职业发展直接来自你帮助你的团队、你的公司以及整个行业的所有人所创造的成功。

这让我想起一个女人死后突然发现自己在圣彼得门前的故事。她请求圣彼得向她展示天堂和地狱的区别。

圣彼得把她带到了地狱,在那里,她看到了一张大到无边无际的宴会桌,桌上摆放着她所见过的最丰盛、最令人垂涎欲滴的食物和饮料!然而,坐在桌旁的人都在尖叫、哭泣、扯头发、把衣服撕成碎片。她从未见过如此可怕的充满痛苦和折磨的场面。

她正想问圣彼得,为什么在有着如此多丰盛美味的地方,人们却如此悲惨。但当她环顾四周时,她自己发现了答案。他们所有的餐具都有三英尺长!餐桌上没有一个人能够品尝到美味的盛宴。

随后,当她到达天堂时,她惊讶地发现场景完全一样:同样一望无际的餐桌,同样美味的食物和饮料,甚至同样三英尺长的叉子和勺子。但在这里,每个人都开心地笑着,度过了一段美好的时光。

"我不明白……为什么这里的每个人都这么开心?"她大声问。

"因为在天堂,"圣彼得低声说,"他们隔着桌子互相喂饭。"

合作而不是竞争——越来越多的人被网络营销概念所吸引的一个强有力的原因。事实上,我能想到的描述网络营销的最佳词语已经变成了一个商业流行语——赋权。网络营销是具有最强赋权能力的业务!

人们为什么要参与网络营销？

人们之所以参与网络营销，是因为他们对更好的生活和工作方式有着强烈的渴望。

他们之所以参与其中，是因为他们想安排自己的日程，做自己的老板。

他们之所以参与其中，是因为他们希望通过帮助他人成功来帮助自己成功。

他们之所以参与其中，是因为他们敢梦敢想，而他们的梦想能够成真。

他们之所以参与其中，是因为他们有勇气和动力去做一些事情来改变自己的处境。

他们之所以参与其中，是因为他们热衷于获得自身真正的价值，而不仅是工作的价值。

他们之所以参与其中，是因为有人足够照顾他们，向他们展示了网络营销的绝佳机会。

他们之所以参与其中，是因为他们已经准备好做出改变。

未来即现在

朋友们，事实是：网络营销就是你们的未来。无论如何，你都会参与其中。如何参与取决于你自己，而不是别人。你要么花钱从网络营销人员那里购买产品——而且是大量的产品；要么，你将销售产品，建立一个组织并赚钱。

这是你的选择。

问问自己："我是愿意成为花钱的人，还是赚钱的人？"

事实是，如今我们靠两份收入也过不上父辈靠一份收入就能过上的生活！这是一个新世界。在美国历史上，第一次有整整一代工人的经济状况比他们的父母在与他们同一年龄时还要糟糕。

记住，只有不到 0.5% 的北美人年收入在 10 万美元以上。如果你想成为他们中的一员，你就必须去做一些新的、与众不同的事情。

网络营销——实现财务自由的新途径

用时间换金钱，你永远无法创造真正持久的财富。即使是医生、律师和其他任何体面职业也做不到这一点，如果那些高薪的大学毕业生都做不到，你又怎么能做到呢？

在网络营销中，你可以打破时间换金钱的陷阱。

被动收入、经常性收入，这才是关键所在。你知道有多少自营职业者可以休息一个月，回来后拿到比离开时更多的薪水？事实上，又有多少个体经营者能在回来后发现自己的生意完好无损呢？

在网络营销中，你就可以做到这一点。我认识很多网络营销人员，他们去度蜜月或度长假，回来后却能收到一张比他们离开时更大的支票！这就是被动收入的力量！

如果你是女性，如果你是黑人、西班牙裔或其他少数族裔，或者，如果你是那种没有专业大学学位的人，那么企业界和专业领域通常都会将你拒之门外。

但网络营销不会，它海纳百川。这里没有什么"玻璃大花板"——事实上，没有任何天花板。你是自由的。

听着，我和你没什么不同。我也不比你更聪明。我上了大学，却没有学会如何在经济上独立。我有过工作，有人告诉我该做什么，打卡上班，在拥挤的交通中挣扎通勤，在激烈的竞争中奋力追赶。

我当造船工的时薪是5.5美元。我当过服务生，但碌碌无为。我也有过自己的生意，还好我及时脱身，只损失了20多万美元！

但是今天，因为我投身网络营销行业，我已经财务自由了。你能说出同样的话吗？

如果你愿意工作，如果你孺子可教，如果你有一颗渴望成功的心，那么，是的，你可以在网络营销中成功。

你准备好了吗？

约翰尼·卡森（Johnny Carson）说过：

"单凭天赋不会让你成功。占据天时地利也不会保你成功，除非你已经做好准备。最重要的问题是：**你准备好了吗？**"

此时此地，正是网络营销占据着天时地利。

有趣的是，我们是如此抗拒改变。即使我们已无处容身，即使形势已刻不容缓，我们还是想待在自己的舒适区——即使这时我们最不舒适，即使我们极度痛苦。

我们不要粉饰了。要想改变，你必须自己改变。为了让事情变得更好，你必须变得更好。

你可以埋怨你的父母，你的老板，政府，任何人，但有一个简单的事实：当忍受比改变更难时，你就会改变！

就像中国人说的：如果你不改变你的方向，你注定会在你前进的地方结束。（故步自封）

扪心自问——你喜欢你现在的生活和事业方向吗？也许现在是时候做出改变了。也许现在是时候仔细研究一下网络营销了。

第十三章

如果网络营销这么好——为什么没有人告诉我们真相

我对未来感兴趣,因为我将在那里度过我的余生。

——查尔斯·F. 凯特林(美国发明家)

为什么没有人告诉我们网络营销的真相？

因为这个世界上充斥着既不明智也不诚实的人——目光短浅的男女，他们在伤害别人的同时，伤害最大的是自己，还对此浑然未觉。

还记得这本书的副标题吗？

"你老板依然不想让你读的书。"[1]

我为什么要这么说？

因为让你知道有一种新的、更好的生活和工作方式，一种不用朝九晚五，不再设置时间换金钱的不安全陷阱，并让你的生活不再操于他人之手的方式，并不符合你的老板——一个用一句话（"你被解雇了！"）就可以让你流落街头的人——的最佳利益。

世界上有很多号称"无所不知"的老板——很多！我说的不只是你工作中的老板，还有那些在政府、教育界、商界或家庭中自诩为"老板"的人，他们认为自己知道什么对你最好。他们所关心的真的是你的最大利益，还是他们自己的？

---

[1] 本书英文原名为 Who Stole the American Dream II : The Book Your Boss Still Doesn't Want You to Read（《谁偷了美国梦2：你老板依然不想让你读的书》），故有此一说。

权力归于人民

事实上,当今大多数掌权者都怕得要命。他们最担心的是失去——失去自己的权力!无论他们走到哪里,都能看到预示着他们自己不祥未来的征兆——他们不喜欢这种信息。那么他们会怎么做呢?

他们射杀信使。

好吧,网络营销所传递的信息是"权力归于所有人",而不是"权力只归于老板"。

自20世纪60年代以来,我们已经走过了漫长的道路。还记得反体制运动吗?我们中有多少人想要改变世界的运行方式?"革命"没有成功的一个原因是我们被宠坏了,缺乏经验,更擅长抱怨和破坏,而不是建立新的、更好的做事方式来取代旧的范式。

那是过去,如今我们面对的是现在。现在,我们确实有了一种新的、更好的生活和工作范式。

无知和恐惧是致命的组合

这就是为什么越来越多的网络营销公司开始谋求自保。

还记得罗马人是如何对待基督徒的吗?他们把后者喂了狮子!

还记得权贵们一开始是怎么对待特许经营的吗?他们称其为骗局和阴谋。他们受到了其所传递信息的威胁,所以试图把信使打成筛子。

这让我想起20世纪初科罗拉多州矿业小镇第一次放映电影时的故事。当片中反派开始威胁女主角时，一个探矿者跳起来，把电影屏幕打得千疮百孔。

真遗憾，这种做法既没有用对策略，也没有找对目标。电影仍在播放，丝毫不受影响。

杀死反派

就像那个无知的探矿者一样，媒体力量也想射杀反派。毕竟，杀死反派能吸引观众、卖出报纸（如果媒体找不到反派，它们就会创造一个）。

正如我前面提到的，在20世纪50年代和60年代初，媒体塑造的一个大反派就是当时刚刚起步的特许经营行业。为了更好地理解为什么没有人告诉你关于网络营销的真相，让我们来简单了解一下媒体和其在旧范式下的伙伴——百货商店和零售连锁店，是如何联合起来对一种新的、更好的分销方式——特许经营——进行围攻的。

在特许经营的早期，当有人抱怨在特许经营中赔钱时，媒体就会尽其所能地搜罗所有关于特许经营的肮脏故事。把这些故事炒得沸沸扬扬，试图把特许经营搞垮。

为什么？

因为老牌百货公司和连锁店是当时的业界之王，它们在电视、广播和报纸广告上撒了大把的金钱，没有人会急着砍倒这棵摇钱树。于是，媒体开始制作负面报道，百货公司的老板们也开始拿起电话

(拿出支票簿)，试图说服国会议员通过立法，以阻止这些特许经营的后起之秀。

只差几票，他们的阴谋就得逞了。

但新的、更好的方式终将取得胜利，今天，特许经营占北美销售的商品和服务的33%。

钱是大事

媒体会试图让你相信它们这么做不是为了钱，它们是为了真理和正义。

我只知道，如果有人告诉你这不是钱的问题，那你可以确信，这就是钱的问题！

你认为那些早期的特许经营公司购买了价值多少百万美元的广告版面呢？相比之下，那些面临特许经营这种更新、更好的营销方式威胁的大型百货商店和全国连锁公司又购买了多少广告版面？

报纸、杂志、广播和电视并不靠读者、订阅户、听众和观众获得盈利。媒体赚的是广告客户的钱。这才是大钱，是暴利！如果你不是那些大广告金主，你就得不到你需要的正面新闻报道，更不用说应得的评价了。你凭什么呢？你又没给媒体赚到钱。

更重要的是，如果你是一个新晋的竞争性营销者，还从那些拥有数十亿美元营销预算的大手笔广告客户手中抢走了销售额和利润，那该怎么办？

你真的认为伍尔沃斯百货公司和格兰仕百货公司那些生意兴隆

的午餐柜台会对雷·克罗克（Ray Kroc）和他的麦当劳的出现感到兴奋吗？一旦麦当劳发展到足够大的规模，开始抢夺这些餐厅以及其他所有在报纸、广播和电视上大肆宣传的老牌餐厅的市场份额时会如何？这就是一场战争！

猜猜媒体站在哪一边？

嘿，就连《财富》500强中那些拥有并投资特许经营的公司也不敢告诉公众它们参与其中。他们在会议室里小声嘀咕："小心行事。如果特许经营失败了，没人会知道我们搞砸了。"

拿出勇气，伙计。

因此，在幕后，抵制特许经营的运动愈演愈烈：

·零售商向媒体施压（他们的销售额在下降）；

·制造商对零售商施压（他们的境况也差不多）；

·媒体则对公众施压（它们的广告客户受到了伤害——新公司在广告上的投入远不及那些老公司）；

·政客们在拥有大量选票和带来更多竞选捐款的高薪雇主的游说下，对州和联邦立法机构施压。

他们联合起来，竭尽全力意图通过法律反对特许经营，宣布其为非法！

特许经营渡过难关实属奇迹

特许经营不仅存活了下来，而且发展壮大，因为它是一种新的、更好的做事方式，因为你所抗拒的东西会持续存在。今天，我们购买的所有商品和服务中，有三分之一以上来自特许经营：麦当劳、唐恩都乐快餐、爵士健身操、邮箱公司（Mail Boxes Etc.）、假日酒店……其全球年收入接近1万亿美元，而且仍在以两位数增长！！

今天，你还能在报纸上看到攻击特许经营的恶毒文章吗？电视上的《20/20》节目还有相关曝光吗？没有。今天，你所看到和听到的都是烙印在我们文化意识中的特许经营口号：

"你今天该休息会儿了。"

"牛肉在哪儿？"

你能说出当今在报纸、杂志、广播和电视上做广告比特许经营更多的行业吗？

特许经营行业赚得盆满钵满，而且在北美的特许经营行业雇用了大量的员工。特许经营对联邦、州和地方经济做出了巨大贡献，它们贡献了巨额税收，自然也有钱购买选票……现在的政客和媒体对特许经营行业是多么喜闻乐见、乐于配合呀！

各位，有钱能使鬼推磨啊。

准备出发！

让我们面对现实吧——我刚才给你讲的特许经营早期争取被接受的故事与网络营销的兴起可谓异曲同工。

与传统零售商、电子商务网站和特许经营企业的营销预算相比，网络营销公司的广告投入微不足道。不管是电视、广播和印刷媒体等旧媒体，还是互联网和手持设备等新媒体，都一点也不待见它。

更糟糕的是，网络营销正变得"树大招风"——换句话说，我们正在自由企业制度的市场上大获全胜。毕竟，全世界有数百万网络营销人员，还有数以千万计的满意客户，每年通过网络营销销售的产品价值达数十亿美元！

这对"大"公司和大型零售商来说更难接受，因为它们隐隐觉得我们可能是对的，我们可能真的是未来的潮流，我们可能真的成功地把它们偷走的自由还给了自由企业。

竞争经济学

现在，如果你正坐在一家传统巨型公司的会议室里，而你们公司的销售份额正被一家快速增长的网络营销公司抢走，你根本无法与之竞争——你会怎么做？

或者，如果你是经纪人、零售商、批发商、媒体人、卡车司机或任何其他行当中的任意一员，你的工作或业务因为受到网络营销这种全新的、更好的经营方式的冲击而面临着灭顶之灾——你会怎么做？

如果你在州检察长办公室有朋友，你会给他打个电话的，不是吗？如果你给行业说客或政治行动委员会捐了一大笔钱，你也会给他们打电话，不是吗？

事实上，如果你的工作岌岌可危——无论是作为销售副总裁，还是作为迟早要向股东解释为什么你的市场份额被一些网络营销公司夺走的高管之———你都会抓住一切可以利用的策略进行反击，不是吗？

记住，这关系到你的未来，你的地位，你的权力，你的薪水！

海滩上的恶霸

听着，就像我之前说过的，我在这里不是为了支持任何一家网络营销公司。我致力于这个行业，致力于自由企业本身，还有你！我可以向你保证，在恶霸们占领海滩的时候，你不会看到我躲在棕榈树后缩着脖子咬指甲！

然而，恶霸们有一个特点——他们从不公平竞争。他们总是有一帮人前呼后拥，以防形势对他们不利。而美国企业帮派中最人多势众、最劣迹斑斑的成员就是媒体。

如果生活是一场冰上曲棍球比赛，那么媒体就是"执行者"（在曲棍球爱好者中被称为"打手"）。打手的工作就是恐吓对手。他像"终结者"一样在冰场上巡逻，一有机会就扔下冰球杆，开始大打出手。

媒体——美国公司的"打手"

媒体是大企业的"打手"。当某个网络营销竞争者出现并开始在市场上得分时，媒体就会派出"打手"将其打得落花流水。传统公司通过广告费向媒体支付大笔费用，于是，它们派出打手保护自己的利益，然后大家就皆大欢喜了。除了被蒙在鼓里狠揍了一顿的网络营销公司。

这就是为什么你会时不时地在电视上看到攻击网络营销公司或成功分销商的揭露报道。这只是意味着"打手"再次被召入比赛，它要通过打碎一些人的下巴来恢复和平。

你上一次看到关于每年在电视广告上花费数亿美元的企业巨头的报道是什么时候？麦当劳这样的公司？还是百事可乐？还是耐克？从来没有！

我还没有在美国广播公司（ABC）、全国广播公司（NBC）、哥伦比亚广播公司（CBS）或有线电视上看到有关大都会人寿保险公司因误导销售策略而损失1亿美元的诉讼报道，或者对约翰·汉考克人寿保险公司以86亿美元与380万保单持有人和解的曝光，或者对美国保诚保险公司计划支付38亿美元以了结一起销售欺诈诉讼案的报道，或者揭露拜耳阿司匹林生产商因操纵价格而被罚款5000万美元的新闻。

你知道为什么吗？有没有听过这样一句话："不要恩将仇报。"公平竞争原则怎么说呢？你不需要成为夏洛克·福尔摩斯，也能解开这个谜题。

网络营销公司及其顶级分销商是媒体时刻关注的攻击对象，而当那些大型电视广告客户被抓现行时，它们就会"守口如瓶"。这种事以前发生过（相信我，以后还会发生）。

做好功课

现在,让我们把话说清楚。就像任何行业都有骗局和阴谋一样,也有一些网络营销公司是公然违法的。每个行业都会良莠不齐,不是吗?房地产行业有沼泽骗局,银行业有储蓄和贷款骗子,股市有内幕交易丑闻,凡此种种,不一而足。

那么,人们为什么要指望网络营销会独善其身呢?

如今的生活就是这样,你不能太相信别人,也不能太天真。因此,请睁大眼睛,竖起耳朵,自己做足功课,检查产品、人员、公司……检查一切!这样你才知道你要面对的是什么。无论你是走夜路、投资股市,还是开始创业,这都是个好建议。

关于广告还有一件事

多年前,美国历史最悠久的连锁百货公司的传奇创始人之一约翰·沃纳梅克(John Wanamaker)说过:

"我知道在广告上的投资有一半是无用的,但问题是我不知道是哪一半。"

但美国企业界的大佬们对这一事实置若罔闻。据广告和媒体分析师估计,每年的广告投放额动辄超过 2000 亿美元,其中绝大部分仍然是电视广告(尽管互联网广告正在迅速赶上)。让我们面对现实吧，美国公司和媒体可不仅仅是同床共枕，它们就是一条绳上的蚂蚱！

你知道如今在"超级碗"期间购买一个30秒的插播广告需要多少钱吗？超过250万美元，比2000年的100万美元还高不少。传统大公司购买3到5个广告位，然后付钱请辛迪·克劳馥（Cindy Crawford）或泰格·伍兹（Tiger Woods）来代言。在"超级碗"开赛前的6个小时内，广告客户的花费达到了创纪录的2.21亿美元。在所有广告客户中，百威啤酒以10个广告位居首，仅一个下午的广告费用就超过了2000万美元。

你在"超级碗"期间看到过网络营销公司的广告吗？一个也没有。让我们面对现实吧——媒体对一个没有任何大额广告费用的行业毫无好感，永远也不会有！

负面激励

媒体对网络营销铺天盖地的负面报道是否有积极的一面？当然有——不过我得说，当它们开始赞美我们而不是试图贬低我们时，我会是第一个感到欣慰的。但在这里，让我用一个故事来说明所有坏消息带来的好消息。

有一天，两只好奇的青蛙掉进了一桶牛奶里。桶里的牛奶很深，所以要从桶里爬出来需要爬很长的距离。青蛙们开始跳啊跳，但都没能跳到桶的上沿。

两只青蛙中,恰巧有一只几乎聋了,所以它一开始并没有特别注意到其他几只青蛙聚集在桶边,嘲笑它和它的朋友。它们指着被困在桶里的两只青蛙,嘲笑它们,辱骂它们。

另一只青蛙听到了这一切,非常生气。它不停地跳啊跳,自言自语道:"我要让那些家伙看看——等着,等我抓到它们,非得给它们点颜色瞧瞧。"但过了一会儿,它累了。它变得沮丧而痛苦,外面的青蛙越是嘲笑它,它就越沮丧。最后,它放弃了希望,不再试图跳出去,结果淹死了。

另一只青蛙——那只几乎聋了的青蛙——没有听到同伴们的否定,它不停地尝试着跳出桶外。每次它抬头看它们,它都更有决心,要跳得更高。最后,它的跳跃踩踏硬生生把牛奶变成了黄油——于是它轻松一跳就从桶里跳了出来。

当它跳出来后,其他青蛙问它为什么它们的取笑和辱骂没有使它像另一只青蛙那样气馁。青蛙回答说:"哎呀,我不知道你们在贬低我,我还以为你们在给我加油呢!"

在当今的网络营销中,也有许多"听力不佳的青蛙"。

我们认为媒体只是在为我们加油而已。

言论自由——网络营销除外

美国《权利法案》的第一修正案可谓久负盛名,它保障所有公民的言论自由。

我在此引用一段：

"国会不得制定法律……剥夺言论自由。"

好吧，我猜一些州和联邦贸易委员会（FTC）却可以对此肆意进行"剥夺"。我猜法案不适用于它们。

你看，无论你是谁，无论你以什么为生，都可以随时随地站出来，当着无论多少人的面告诉他们你赚了多少——除非你是网络营销人员。

看看这个。在一些州，网络营销人员是不允许公开提及他们的收入的——我说的是他们个人的、真实的、有美国国税局书面记录的收入！

我想，他们可以把自己锁在浴室里，大声喊出最近收到的佣金支票上的数字，直到脸色发青。但他们不能向一群人宣布这一点。如果他们这样做了，州检察长就会把他们送进监狱，联邦贸易委员会也会——如果数字足够大，值得他们这样做的话——像饥饿的法律之鹰一样扑向他们。

州检察长说，网络营销人员可以做的是，把公司在你所在地区支付的所有佣金，除以该地区分销商的总人数——包括活跃的和那些不再参与的——然后告诉所有人这个平均数字。

这就像强迫像泰格·伍兹这样的顶级职业运动员，只根据世界上所有职业高尔夫球手的平均工资来公开他的收入一样，甚至包括所有退役球员！你能想象吗？

我的意思是，随便选一个行当——医生、律师、会计、演员、作家——他们会被迫这样做吗？政府是否会把他们单独挑出来，对他们施以违宪的"限制言论自由"的特殊惩罚？不可能！

他们不会容忍的。你也不会。

但对网络营销人员来说，这就是事实。

网络营销挣的钱——"太多了！"

几年前，《美国新闻与世界报道》（*U.S. News & World Report*）发布了一份美国收入最高职业的名单。他们列出了具体的职业，并给出了收入上限。

他们拒绝刊登网络营销人员的收入——他们说这不可信！真是难以置信！我想说，"道高一尺，魔高一丈"这句话还真没说错。

假设你身处纽约或波士顿一栋玻璃花岗岩结构大楼的顶层，围在一张锃亮的大会议桌旁，讨论为什么你们没有卖出更多的某某产品。假设某个初级主管（显然正在走职业下坡路）愚蠢地说，网络营销正在抢夺你们的市场份额——你会怎么想？你会怎么做？

设身处地地为他们想一想，如果你是任何一家此类大公司中的一员，而这些大公司的份额正被一个新兴行业，一个与消费者面对面交流的行业缓慢但不可逆转地蚕食，你会怎么做？

"打不过就加入"，还记得这条规则吗？好吧，这些传统公司有它们自己的规则："打不过就搞垮！"

有谁不试图搞垮网络营销吗?

很多传统的大公司都喜欢直销公司。《财富》500强企业伯克希尔·哈撒韦公司就是其中之一。伯克希尔·哈撒韦公司的首席执行官沃伦·巴菲特是世界上第二富有的人,他拥有的盈利公司比大多数人拥有的领带还要多。他对精简的直销公司情有独钟,这就是为什么在伯克希尔·哈撒韦旗下的数十家公司中,他拥有其中三家直销公司。

全球最大、最赚钱的金融机构花旗集团拥有一家网络营销公司,拥有《时代》杂志、HBO和华纳兄弟影业等的多媒体巨头时代华纳集团也拥有一家网络营销公司。

这三家《财富》500强公司都对自己的网络营销子公司青眼有加,而且理由很充分。它们在成长,在赚钱,让股东们乐开了花。

你知道还有谁不再试图搞垮网络营销了吗?戴尔电脑、欧迪办公(Office Depot)、巴诺书店、FTD花店和索尼等数十家国际公司,它们通过网络营销提供成千上万种名牌产品。

越来越多的企业不再试图打败我们,而是开始加入我们。而这股浪潮才刚刚开始!

理财智慧

为什么?因为网络营销越来越符合常识——在商业中,常识就是美元和美分。

与此同时,传统营销领域的成本却在疯狂上涨:

·即使对身家百万的公司来说,广告也太贵了;

·分销和销售成本正在飙升;

·成千上万消费者真正想要的好产品从未进入市场,因为即使是最大的公司也根本无力承担高昂的产品营销成本;

·消费者不再信任公司或其广告,而零售店店员也不知道如何指导、告知购物者,他们购买的是什么以及如何使用;

·消费者要求花钱买到更多的东西;

·消费者要求更好的客户服务和在家购物的便利;

·竞争对每个人来说都变得越来越激烈。

在企业最需要的时候,网络营销这种非传统的方法提供了越来越多的合理答案。

我知道你以前没有被告知网络营销的真相。

现在你知道为什么了吧。

你知道吗?在某种程度上,我还挺高兴我们没有被告知真相。

网络营销仍然是一个最隐秘的秘密

这就像找到了一个钓鱼的好地方。你把鱼线投进水里,"哗"的一下,几分钟就能钓到鱼。然后鱼一条接着一条咬钩,而且还是大鱼!这种发现你要小心分享。这是一个秘密。你只会告诉你的好朋友。

网络营销就像一个金矿故事：一个人在深夜驾车行驶在山路上，路边有什么亮晃晃的东西在反射他的车灯光。

于是这名男子将卡车缓缓驶上路肩，拿起手电筒，走到他看到那个反光物体的灌木丛旁。

他拨开灌木丛，用手电筒扫视地面。当他把最后一根树枝拨开时，他惊讶地发现，在一个巨大洞穴的洞口附近有一块金条。他冲上前去，用手电筒探查洞穴。洞里面满是金条！

那人简直不敢相信自己的好运气！他抱起一堆金条就往卡车上装。但当他回到山洞时，他更加惊讶了：神奇的是，金条比以前还多了1倍！

他以快得发疯的速度往他的卡车里装满了金条，以至于轮胎都快爆了。当他离开的时候，这些金条已经从洞里溢出来了，漫过灌木丛，甚至离路更近了。他尽量用灌木丛盖住洞口，朝家驶去。

你会和谁分享你的黄金？

现在让我问问你。如果你是那个人，你会和谁分享你的金矿秘密？你会在当地报纸上登广告，或者在街上拦住陌生人，告诉他们你发现了一座金矿吗？还是说，你会与你认识和关心的人分享你的发现？你当然会先告诉你最亲近的人，不是吗？

我承认——我在某种程度上认为网络营销就像一座金矿。我的意思是，我更乐于见到普通人借此改变他们的生活——让平凡人过上不平凡的生活。如果"公司的高层们"迟早要来分这一杯羹，我也无所谓。但说实话，我很希望这一刻来得晚一点。

甚至越晚越好。

就让他们焦灼不堪地等着吧。

毕竟，多年来他们就是这样对待你我的！

我知道他们要搭上网络营销这班车了。每个人都会上这班车的。这只是个时间问题。但在他们上车之前，在网络营销像特许经营那样成为一个价值数千亿美元的产业之前，我希望我们所有的"小人物"都能先得到我们应得的。

那些梦想被偷走的人应该享有优先机会。我完全赞成，这次应该让投身于新范式的人们分到大块蛋糕，而那些抓着旧范式不放的窃贼则只分到些蛋糕屑。

那首歌是怎么唱的？

现在领先的，

日后也会落后。

因为时代，正在变化。

朋友们，"答案在风中飘扬"——这股风何止大！这将是历史上最大的飓风。

它的名字便是网络营销。

第五部分

网络营销与你

第十四章

你是在骑死马吗?

> 世界上最富有的人建立网络,而其他所有人都被训练去找工作。
>
> ——罗伯特·清崎

我的一个朋友在一所小型私立高中工作，他递给我一本儿童绘本，书名很奇怪：

如果你骑的马死了，马上下来。

这本书是一则幽默的寓言故事，讲述了彻底反思本国教育的必要性。书的开头画着一个孩子在校舍前骑着马。下一页，马死了，孩子还坐在马鞍上。在接下来的17页中，你会看到不同的"专家"就如何骑一匹死马各抒己见。以下是其中几位的发言：

"让我们参观一些成功地骑死马的学校吧。"

"让我们成立一个委员会来研究死马吧。"

"我认为我们应该提高骑死马的标准。"

在倒数第二页，一个小男孩走过来，指着那匹马说："我知道该怎么做！如果你骑的马死了，那就赶紧下马……尝试一些新的东西。"在下一页，一辆闪亮的新车取代了那匹死马。

你当前拥有的工具能助你实现梦想吗？

这个故事的寓意并不高深莫测，不是吗？但为了防止读者错过其中的寓意，作者还是用以下这些话阐述了其中的寓意：

"如果你骑着一匹马，它死了，你会怎么做？古老的智慧建议骑手下马，寻找更好的交通工具，无论是另一匹马还是完全不同的东西。**不幸的是，太多人试图用善意但不切实际的解决方案让死马复活**。"（加粗是我加的。）

你呢？你是否骑着一匹死马？要想知道答案，请诚实地回答这些问题：

你目前的工作是否能让你实现目标？还是说这只是一种习惯？

你的退休计划有进展吗？还是毫无起色？

你正在朝着梦想的方向前进吗？还是裹足不前？

你在目前的职业中有成长吗？还是中途夭折？

你得到的报酬是否与你真正的价值相符？还是仅仅是工作的价值？

你在事业上取得成功了吗？还是只是在"划水"？

你的未来光明吗？还是前景越来越黯淡？

最后一个问题：你现在的职业是一辆能带你潇洒实现梦想的闪亮新车，还是一匹死马？

网络营销：给车加满油，准备上路

《富爸爸穷爸爸》(*Rich Dad, Poor Dad*)的作者罗伯特·清崎对网络营销有这样的看法：

"网络营销行业的发展速度仍然快于特许经营或传统业务。简而言之,网络营销入门成本低、培训计划完善,它的时代已经到来。"

在出售了一家成功的传统企业并明智地投资房地产之后,清崎得以在47岁时功成身退。显然,他对创造财务自由很有心得,他的10本畅销书详细介绍了如何通过将劳动收入转化为被动收入来创造财富。

网络营销究竟有什么魅力,能让罗伯特·清崎和沃伦·巴菲特这样的超级成功商人对其赞不绝口,后者还购买了3家直销公司?

要回答这个问题,让我们来看看网络营销有别于传统企业的特殊之处,用清崎的话说,"它的时代已经到来"。专家们认为,网络营销的时机已经成熟。

网络营销:千载难逢的机会

我们已经讨论过,每个组织都是金字塔形的,包括我们的军队、政府、童子军,甚至你的教会。我们区分了"合法"金字塔和非法金字塔,由此得出的结论是,只要价值从顶部向下流动(以产品或服务的形式),以换取从底部向上流动的金钱,金字塔就是合法的。这意味着,根据定义,绝大多数网络营销公司是合法的(那些不合法的公司不会经营太久,因为其创始人最终会和安然公司的骗子们关在一个牢房里!)。

目前为止,一切都好。

但是,合法的商业活动并不一定意味着是一个好机会。我的意思是，为邻居修剪草坪和举办洗车活动都是合法的商业行为，但我不会认为这两者是绝佳的商机。

那么，为什么我说网络营销是普通人赚钱的最佳机会，同时又能改变人们的生活呢？原因很多。在我的脑海中，有20个最大的理由可以让那些骑着死马的人下马，跳上网络营销这辆动力强劲、载满梦想的汽车的驾驶座。

拥有网络营销业务的20个优势

1. 类似特许经营的商业模式：网络营销通常被称为"个人特许经营"或"替代特许经营"，其吸取了特许经营的优点——一种经过验证的、可复制的商业模式，并且消除了特许经营的弊端——巨额的前期特许经营费用和每月向母公司支付的利润百分比。

2. 指数增长：大多数企业都是通过新开第一家商店、第二家商店、第三家商店这样的方式实现线性增长的。而网络营销则是通过倍增实现指数增长——你有了6个新朋友，每个人都会有6个新朋友，他们又各自交到6个新朋友，以此类推。

3. 时间和金钱杠杆：保罗·盖蒂（Paul Getty）有一句名言："我宁可要100个人努力的1%，也不要我自己努力的100%。"这句话是对杠杆作用的最好概括。网络营销获得丰厚利润的关键不在于一个超级推销员推销大量产品，而在于许多普通人每个人月复一月地推销一点点产品。

4.普通人赚取高于平均收入的最佳机会：网络营销不需要昂贵的专业大学学位，只需要开放的心态和学习独特分销系统的意愿。

5.教育与培训体系：这套体系是行之有效的程序，人们可以学习和复制这些程序，从而最大限度地发挥自己的能力。优秀的网络营销人员都有一套自己的体系，他们可以借此不断将新人纳入其中。

6.经常性收入：作为雇员，你需要用时间换取金钱——工作一小时等于收入一小时。通过网络营销，你可以充分利用自己的时间和精力，即使在休息时间也能创造源源不断的收入。

7.助人且自助：还有什么比回馈他人更好的人生方式呢？从生活中获得你想要的一切的最佳方式，就是帮助他人获得他们想要的东西。

8.进入成本低，潜在利润高：与花费数十万美元（或更多）才能开办的传统特许经营店相比，通过网络营销，你只需要花费数百美元就可以开办一个有着潜在高利润的"个人特许经营店"。

9.选择与你共事的人：在网络营销中，你可以选择你的队友，而不是在一般工作中那样被迫与陌生人打交道，其中很多人你根本不会选择他们作为朋友。

10.做自己的老板：设定自己的工作时间，设定自己的目标，选择自己的项目，可以每天工作2小时，也可以工作20小时。你是自己公司的CEO，由你发号施令，也由你获得回报。

11.选择参与水平：每月需要几百美元的额外支出？兼职机会如何？还是全职工作？想留在本地？你可以自己选择。

12. 没有"玻璃天花板"：因为性别、种族背景、口音、是否上过"合适"的学校等等而歧视你——你是否已经厌倦了在这样的企业文化中碰得头破血流？网络营销是完全民主的——谁能取得成果，谁就能获得金钱和认可。就是这样！

13. 收入无上限：在一份工作中，老板按批发价支付你的工资，然后在市场上以零售价出售你的服务，并将差价收入自己囊中。因此，你的收入永远不会超过这份工作的价值。而在网络营销中，你的收入上不封顶。

14. 无地域限制：传统的特许经营将你的活动领域限制在城镇的某个区域，而"个人特许经营"则不同。只要母公司有业务的地方，你就能拥有一个不断发展壮大的组织。

15. 管理费用低，库存少：在网络营销中，许多收入数百万美元的人都在家庭办公室工作，他们更愿意把利润放在自己的口袋里，而不是花在办公室和员工身上。

16. 通过拉人一把获得报酬：网络营销为人们提供个人的帮助（而不是政府的施舍），激励他们不断成长，自立自强。

17. 以批发价购买自用产品：由于网络营销提供的是零售店无法买到的独家尖端产品，因此分销商在购买供个人及其家庭使用的独一无二的产品时，还可以享受折扣和回扣。

18. 利用电子商务：一直以来，网络营销公司及其主要分销商都是技术的先行者。因此，难怪大多数网络营销公司都建立了内容丰富的电子商务网站，在使订购变得简单方便的同时，也为分销商提供持续教育和培训。

19.鼓励个人成长：公司和成功的分销商都明白，要想业务成长，你必须首先自己成长。这就是为什么他们推荐和出版各种书籍、磁带和工具，鼓励人们有远大的梦想，然后通过充分发挥自己和业务的潜力来实现梦想。

20.乐在其中、广交朋友、创造财富、改变世界：网络营销最棒的地方不是让人们发财（虽然很多人都发财了），而是让人们在这个过程中过上富足的生活。赚钱固然好，但开心、交友、有所作为——这些都是无价之宝！

以上就是为什么网络营销是一种全新的、更好的工作和生活方式的20个理由。

诚然，这个行业的时代已经到来。目前，据专家估计，以网络营销为首的直销业每年的营业额将达到5100亿美元。然而，令人惊讶的是，它仍处于起步阶段！这是一只还穿着尿布的"金刚"！

要了解该行业未来几十年的发展方向，请翻阅下一章"网络营销为何迅猛发展"。

第十五章

网络营销为何迅猛发展

> 还有什么比因缺乏摇树的勇气而错失李子更令人羞愧的呢?
>
> ——洛根·波绍尔·史密斯《追记》(*Afterthoughts*)

在本书中，我们指出了时代是如何变化的，以及明天会如何变化得更快。我们指出了技术是如何前进的——更准确地说，是如何飞驰的——几乎在一夜之间就淘汰了整个行业和工作方式。

正是因为有了技术，网络营销才会发展得如此迅猛！

在电脑出现之前，任何网络营销公司的发展都无法超越其追踪分销商的能力。试想一下，要接受和处理订单，跟踪各个网络组织，及时准确为1万名，甚至10万名分销商开具佣金支票。这是不可能的！

得益于电脑技术的发展，现在情况已改变了。

走在技术发展的前沿

如果没有信用卡、6小时内从东海岸飞到西海岸的飞机、免费长途电话服务、不限通话时间的手机、掌上电脑、语音邮件、电子邮件、即时通信、网络电话、播客、免费电话号码（toll-free numbers）、电话会议等一系列新事物，很难想象网络营销会是什么样子。

如今，网络营销人员只需要点击一下电脑键盘，就能在瞬间将产品和培训信息发送到世界上的任何地方。他们可以在堵车的时候通过车载电话寻找新的合作伙伴。1000人或更多的人可以参加每周一次的电话会议，或在互联网上观看现场视频直播，邀请新人了解公司的产品，而他们甚至无须离开自己的客厅！

如今，网络营销人员可以通过向全国各地（或世界各地）的人们发送CD、DVD或者让他们登录网站，向他们介绍自己的公司、产品和创收机会。说到方便，只需几美元，你的新分销商就可以接受来自业内顶级生产商的培训。或者，他们直接在家中收看卫星直播节目。

20年前，甚至是5年前，这些都是不可能实现的，因为许多技术直到最近才出现，或者就算已有，也不是人们负担得起的。而明天的技术将更加非凡。随着互联网的日益普及，未来的可能性几乎是无穷无尽的！

网络营销人员一直是通信技术的先行使用者，因此请放心，只要市场上出现领先产品，行业领导者就会将其应用到自己的业务中。

你还一无所见呢！

想象一下，在厨房的家用电脑上，从全彩显示的语音目录中选择你想要的网络营销产品；想象一下，只需要触摸屏幕就能订购你想要的产品；想象一下，通过视频电话召开电话会议；想象一下，随时通过卫星将多媒体视频演示直接发送到你的家中；想象一下，通过交互式节目与电脑或电视对话；想象一下，每月的佣金支票自动即时转入你的电子支票账户。

科技的飞速发展为网络营销开辟了广阔的前景——而这一切就发生在当下。这就是为什么网络营销刚刚进入属于自己的时代。未来学家菲斯·鲍普康恩说得最好：

> 网络营销是未来的潮流。随着个人对个人的交付变得更高级、更卓越、更值得信赖，一切都将通过个人对个人的销售和电视上的互动来实现。我认为问题在于零售场所将不得不关门大吉。没人想去那里。对此，网络营销自有解决方案。

艰难的时代，艰难的选择

我们已经谈到，当下是这个国家历史上生产力最高的时期，然而，在这个时期，数百万人将会更换工作，甚至职业。在许多工业化国家，20%的人失业（或80%的人就业不足）！

我们已经谈到了健康、幸福、安全和自由的梦想……然而，能够在他们的生活中实现所有这些品质中的哪怕一两个的人都越来越少，更不用说实现全部了。

我们已经谈到，在当今的职场中，我们要面对多少不利局面："玻璃天花板"，"机会不平等"，从大学教育通往企业这条职业轨道面临的陷阱，以及那些几乎剥夺了我们登上人生巅峰、过上美好生活的一切机会的骗局和阴谋。

我们已经谈到了工作中缺乏真正的创造力和掌控力……大多数传统工作都不能带来满足感和成就感。

我们已经谈到了那些非法的和号称"合法"的金字塔，以及它们是如何吸干普通美国人的生命的。

我们已经谈到了人们是多么沮丧，人们对正在发生的事情多么愤怒，以及成千上万的人感到无力改变这一切。

可悲的是，我们已经表明，对我们大多数人来说，未来可能是一个相当无望的局面。

还记得希望的定义吗？"希望就是期待某件事或某个人会出现并拯救你。"

朋友们，不会有骑士来救你们的。你听到的军号不是骑兵冲锋的号角，它是在为那些被外包给印度等国家的工作岗位奏响丧钟。当然，你总是有中彩票的希望。但是，当梦想只剩下千分之一的成功机会时，希望变得何其渺茫。

这不是梦想，而是幻想。

区别在于，梦想可以成真，而幻想不能。

成功之梦

让我给你们讲一个精彩的故事，它阐明了成功的关键。

一天，一个人走进心理医生的诊室，天哪，他看起来很糟糕！他脸色苍白，像个活死人，还浑身发抖。他的眼睛深陷在眼窝里。

他已经好几个月没睡好觉了！他请求医生帮助他！

这个男人告诉心理医生，他一直在反复做一个梦。似乎每次入睡后，他都会做同一个噩梦：他就在街上走着。他走到一栋楼前，走到一扇巨大的门前——然后，无论他怎么用力推，他都无法打开门进去！

他使劲推着门——没用！大门纹丝不动。无论他使出多大的力气都无济于事。门就是打不开！

他会冒着一身冷汗醒来，浑身发抖，又害怕又疲惫。他非常害怕这个梦，无论多么累，他都不敢闭上眼睛。他说，如果他不进那扇门，他感觉自己就会死，但门就是打不开！

医生问他为什么打开这扇门如此重要，他回答说，这扇门通向他的未来。这扇门将引领他从失败走向成功，而他却打不开！

心理医生沉吟片刻，然后问道："你每次睡觉都会做这个梦吗？"

那人点头称是。医生苦思冥想了很久，然后笑了。

"我想我有办法治愈你的噩梦，"医生说，"今晚，在你闭上眼睛之前，我希望你告诉自己，当你再次来到这扇门前时，你要注意它的一切，每一个细节，不管你认为有多么微不足道。然后明天再来，告诉我你看到了什么。"

第二天，当医生看到这个人时，他简直不敢相信自己的眼睛！前一天的那个萎靡不振的家伙不见了。眼前这个人看起来充满活力、生机勃勃。他的眼睛炯炯有神，还面带微笑！惊讶不已的医生赶紧把那个人请到自己的办公室，让他解释一下。

"我听从了你给我的建议,"那人兴奋地说,"在我入睡之前,我告诉自己要注意并记住通往成功之门的每一个细节。"

"像往常一样,我一睡着,梦又出现了。当我走到门口时,我比以前更用力地推门。我使劲地推啊推。像往常一样,什么也没发生。最后,我想起了你的建议,我退后一步,仔细打量起了门的每一个细节。你知道我看到了什么吗?"

"不知道,"医生兴奋地说,"告诉我,快告诉我吧。"

"我推的门上有个指示牌,"那人笑着说,"牌子上写着'拉'!"

成功之门前,你是在推还是在拉?

你是否在生活中苦苦挣扎,与困难抗争,力争上游,却发现自己被困在一条死胡同里,无路可走?

好了,别推了!

试着去拉!

通往未来的大门——通往梦想的大门——为你们敞开着。没有苦苦挣扎,没有令人恐惧的噩梦。你只需要按照《圣经》所说的去做:

"你们祈求,就给你们;寻找,就寻见;叩门,就给你们开门。"

如果这是形容通往网络营销的大门,那就说得一点不错。

正如你在本书中所看到的——更重要的是,在你自己的经历中——几乎所有的门都不会通向你向往的未来。

除了网络营销可以，而且确实如此。

数以百万计的人已经通过网络营销的大门，过上了更丰富、更有意义的生活。他们从直接的经验中学会了如何既自己动手做蛋糕，又亲自品尝这蛋糕。

如今，这些人拥有自己的企业。多亏了网络营销，他们成了自己不断发展壮大的企业的老板和CEO——他们可以选择何时工作，选择在哪里工作，选择和谁一起工作。

网络营销人员可以选择兼职或全职工作，许多人一开始只是为了补贴收入，现在则已经把网络营销作为自己的全职职业。

网络营销人员已经学会了杠杆的力量，就像保罗·盖蒂说的："我宁可要100个人努力的1%，也不要我自己努力的100%。"他们已经看到，许多人每人做一点事情，就能保持"小即美"的所有品质，却能完成一项宏大的工作。

他们经历过——或者开始经历——如何超越单纯的安全感，实现真正的财务自由：拥有他们需要的金钱，想做什么就做什么，想什么时候做就什么时候做，没有人对他们指手画脚。

要知道，如果人们每月能多挣500美元，80%的破产案就不会发生！在网络营销领域，成千上万的人能做到这一点，还有成千上万的人可以比这多挣10倍、20倍、100倍甚至更多！

这也不仅仅是钱的问题。它关乎你自己的人生：自己拿主意，在为他人做好事的同时也为自己做好事，并与你生命中最重要的人——你的家人和朋友分享你的梦想和时间。

"我无法想象自己会从事网络营销"

人们总是这么跟我说。

他们说:"我是医生、律师、工程师、会计、印刷工、老师,我无法想象自己会从事网络营销。"

当他们这么告诉我的时候,我是这么说的:

"这就有意思了。你看,我打算给你提供一个机会,在我的一家公司开垃圾清运车。你对这份工作感兴趣吗?"

而他们的回答总是:"你疯了吗?! 不,我才不想开垃圾清运车!"

然后我回答说:"好吧,那么,我这里还有另一份年薪100万美元的工作! 你很适合这个职位。你对这个机会感兴趣吗?"

"当然!"他们回答,"是什么工作?"

"开垃圾清运车。"我告诉他们。

一个人总结说:"噢,那不一样。那是笔生意!"

网络营销也不一样。它也是笔生意。而且我可以告诉你,它可不是开垃圾清运车的工作(如果你真的成功了,你开的将是雷克萨斯或宝马,而不是垃圾清运车)!

要么,你现在就下定决心,不与网络营销行业扯上任何关系;要么,你就敞开心扉,去利用这个恰逢其时的行业。

试想一下,如果它真的为你提供了一个完美的工具,让你从生活中获得你想要的一切,那又会怎样呢?

你能拒绝这种可能性吗？

抓住改变的机会

你知道，有时候改变是很难接受的。我知道。当我做每小时5.5美元的造船工或每周150美元的服务员时，我曾为是否应该辞掉这份工作——我非常讨厌这份工作！——冒着离开舒适区的风险，尝试一些不同的东西而苦恼了好几个月。

约翰·肯尼迪总统说过：

"变化是生活的法则，而那些只关注过去或现在的人，肯定会错过未来。"

他说得太对了！

试想一下：40年前，人们的外出用餐率只有6%（如今，人们60%的饭是在外面吃的）；25年前还没有音像店；不到20年前，俄罗斯还是苏联的一个加盟共和国；10年前，只有电脑高手才能上网！

教训很清楚：要么改变，要么被时代抛弃。

问自己如下问题：

· 我对目前的工作真的满意吗？
· 我赚到了我应得的钱吗？

・我有足够的时间陪伴家人、朋友，并留给我自己吗？

・我是否助人且自助？

・我是否以我期望的速度成长和发展？

・我能掌控自己的工作和生活吗？还是有什么人或什么东西在操纵我？

・我愿意为实现梦想而付出一切代价吗？

几年前，我问过自己同样的问题——我一点也不喜欢这些问题的答案！

所以我改变了。我敞开了心扉，审时度势，迈出了人生中最重要的一步！

我不再推，而是去拉！

我劝你也这样做。

我劝你问问自己这些最棘手的问题。如果你不喜欢你的答案——就像我不喜欢我的答案一样——那就像我那样去做。趁现在还来得及，赶紧利用网络营销吧。

为什么现在是参与的最佳时机

我们都听过这样一句话："在生活和事业中，时机就是一切。"

经营一家成功企业，或者变得富有的关键，就是在正确的时机进入，在业务真正兴隆之前赶上爆发期，在浪潮开始兴起时站到风口浪尖。

任何一个成功的企业或行业的成长周期都分为四个阶段：首先是**基础阶段**，其次是**集中阶段**，然后是**冲量阶段**，最后是**稳定阶段**。

你可以把基础阶段称为"开拓期"。这个行业才刚刚起步，普通大众并不理解你在做什么，因为它是"新的"和"未经证实的"。创业的岁月是艰难的，你会遭遇很多排斥。在奠定基础的过程中，会有许多起伏。这是高风险的时期。

就像定居西部的拓荒者一样。因为他们是第一批开拓边疆的人，所以他们有机会获得最好的土地。但他们也是背上中冷箭的那些人！

网络营销的基础阶段始于20世纪40年代末，并一直持续到1979年，当时安利（Amway）赢得了对联邦贸易委员会具有里程碑意义的法庭判决。这一判决彻底明确了网络营销是一种销售产品和服务的合法体系。

在数年的开拓期之后进入的是集中阶段。这是业务开始转变以获得大众认可的时候。例如，当第一家麦当劳餐厅开业时，它只不过是当地人眼中的新奇事物而已。除了创始人雷·克罗克，没有人相信其能开美国餐饮制度的先河。然而，当第100家麦当劳开业时，这种引领潮流的特许经营不仅获得了认可，还让许多人为此狂热不已。

临界规模：即将起飞！

今天的网络营销正处于集中阶段的最后时刻，并正在进入爆炸性的冲量阶段！整个行业即将经历一种叫作"临界规模"的动态现象。当一个行业达到临界规模时，一些不可思议的事情就会发生。这就好像有人按下了一个文化潮流按钮，然后突然，每个人都想获得你所拥有的。临界规模意味着产品和分销方法已经获得了大众的认可，并成为市场的驱动产品。当达到临界规模时，增长就会进入超速状态，销量开始暴增！

想想看，在20世纪60年代，个人电脑甚至还不存在；在70年代，只有"技术人员"才拥有它们；但到了80年代中期，该行业达到了临界规模……如今，北美近75%的家庭拥有一台个人电脑！同样的情况也发生在洗碗机、微波炉、手机、CD播放器、DVD播放机、数码相机，还有互联网的身上。一旦它们达到临界规模——"嘭"的一声，需求就迅速增长，销售额突破天际！

上车，系好安全带！

整个网络营销行业刚刚开始进入临界规模，这意味着21世纪的前20年将是一个巨大的增长期——伴随巨大的机遇和巨大的利润！

想想看，成千上万的北美人通过在美国和加拿大建立自己的事业，在网络营销中赚取了财富。你能想象当网络营销在马来西亚、俄罗斯、中国，还有印度达到"临界规模"时将会创造多少财富吗？这就相当于再增加10倍的美国人口作为你的潜在合作伙伴。当这种情况发生时，这个行业将实现爆炸性增长，成为一个年销售额达数万亿美元的行业。这意味着顶级分销商将不仅仅是百万富翁，而是亿万富翁！

这就是为什么你必须在今天就为自己在这个行业中谋得一席之地！现在是开始为你的国际业务奠定基础的最佳时机！

目前，预计只有 2% 的人口参与了网络营销。但我预测这个数字很快就会上升到 10%！这意味着这个行业的绝大部分利润将在未来几年赚到！

你是下一个百万富翁吗？

畅销书作家、著名经济学家保罗·赞恩·皮尔泽在他的新书《下一波财富狂潮》(*The Next Millionaires*)中指出，从 1991 年到 2001 年，美国百万富翁的数量翻了一番，从 360 万增加到 720 万。

皮尔泽表示，这种财富积累的趋势将在未来 10 年持续下去，到 2020 年，百万富翁人数将再增加 1 倍以上，达到近 2000 万。

下一批百万富翁将从何而来？

皮尔泽的答案是由网络营销人员主导的居家业务，这些"新企业家"在传播教育、知识和机会的同时，还提供领先的产品和服务。

用皮尔泽的话来说："今天，我们正准备迎接一场经济井喷式增长，其规模将远远超过 20 世纪 90 年代的爆炸式增长，而那些进入直销这个成长型行业的人，将完全可以从未来的繁荣中受益。"

给你自己一个机会！

现在是参与网络营销的最佳时机！在未来几年里，像你一样的普通人——也许是你的邻居，也许是你每周日在教堂见到的人——将利用临界规模的优势，在网络营销中赚得盆满钵满。

历史上从未有过如此多的人能够把握如此爆炸性的大趋势。这就是网络营销如此令人兴奋、如此妙不可言之处！当网络营销达到临界规模并在全世界爆发时，有更多的人——更多的普通男女——将能够从中分一杯羹，而且这要比世界历史上任何其他运动或机遇都更容易！

风险很小，回报很大。再也没有比现在更好的参与时机了！

那就去吧，像我一样，这个行业的时机已至，给它一个机会。更确切地说，是给你自己一个机会！

我问你，当全世界都在推时，你有没有胆量去拉？有没有胆量去为他人所不为，去敢想敢梦？

但最重要的是，我要问，你是否有那份雄心壮志，勇于在未来10年成为新一批千万富翁中的一员，敢于实现你应得的那份梦想？

图书在版编目（CIP）数据

管道的力量 /（美）贝克·哈吉斯著；风君译.
北京：北京联合出版公司 , 2024.12. -- ISBN 978-7
-5596-8011-2

Ⅰ . F715-49

中国国家版本馆 CIP 数据核字第 2024GY8527 号

Who Stole the American Dream II by Burke Hedges
北京市版权局著作权合同登记　图字：01-2024-5327

管道的力量

作　　者：[美] 贝克·哈吉斯
译　　者：风　君
出 品 人：赵红仕
责任编辑：孙志文

北京联合出版公司出版
（北京市西城区德外大街 83 号楼 9 层　100088）
北京联合天畅文化传播公司发行
北京美图印务有限公司印刷　新华书店经销
字数 100 千字　880 毫米 ×1230 毫米　1/32　6.75 印张
2024 年 12 月第 1 版　2024 年 12 月第 1 次印刷
ISBN 978-7-5596-8011-2
定价：49.80 元

版权所有，侵权必究
未经书面许可，不得以任何方式转载、复制、翻印本书部分或全部内容。
本书若有质量问题，请与本公司图书销售中心联系调换。
电话：010-64258472-800

近现代名家讲义丛刊

中国近代史

上

陈恭禄 著

上海古籍出版社

图书在版编目(CIP)数据

中国近代史／陈恭禄著.—上海：上海古籍出版社，2017.11（2025.7重印）
（近现代名家讲义丛刊）
ISBN 978-7-5325-8562-5

Ⅰ.①中… Ⅱ.①陈… Ⅲ.①中国历史－近代史
Ⅳ.①K25

中国版本图书馆 CIP 数据核字（2017）第 189333 号

中国近代史（全二册）

陈恭禄　著

责任编辑 | 陈丽娟
装帧设计 | 黄　琛
技术编辑 | 富　强

出版发行 | 上海古籍出版社
　　　　　（上海瑞金二路 272 号　邮政编码 200020）
　　　　　（1）网址：www.guji.com.cn
　　　　　（2）E-mail：gujil@guji.com.cn
　　　　　（3）易文网网址：www.ewen.co
印　　刷 | 常熟市人民印刷有限公司
　　　　　（如发现印装质量问题，请与印刷厂联系调换）
开　　本 | 890mm×1240mm　1/32
印　　张 | 23.875　插页 10
字　　数 | 639 千字
版　　次 | 2017 年 11 月第 1 版　2025 年 7 月第 7 次印刷
书　　号 | ISBN 978-7-5325-8562-5/K・2361
定　　价 | 98.00 元

版权所有，侵权必究

出版说明

陈恭禄(1900—1966),江苏丹徒人,著名史学家。曾在金陵大学学习,后又至武汉大学任教。主要著作有《中国近代史》《中国近百年史》《中国近代史资料概述》《中国通史》《日本全史》等。

1934年写就的《中国近代史》,是陈恭禄先生诸多著作中影响最大的一部专著,全书共19篇,约70万字,叙述起自晚清鸦片战争,迄于20世纪30年代初。时间跨度尤长,涵盖内容宏丰。其论及领域极广,如地理、民族、政治、经济、交通等。此书甫一出版,短短数月内便印至第四版,曾作为"大学丛书"之一,也曾被目为代表民国时代最高学术水准的中国近代史著作。直至今日,仍是中国近代史专业学生必读书目之一。其学术价值,严谨的叙事风格,扎实的资料储备,非一般冠名"中国近代史"的著作可比肩。

今以1935年商务印书馆《中国近代史》("大学丛书"本)为底本,将陈著《中国近代史》重新整理出版。陈先生在此书序言中说道:"不幸迨今近代中国史之著作,仍在失望之中。民国十五年,著者萌有著作之志愿,会以人事环境之变迁,未能积极进行。十七年,于金大担任教职,知其需要之殷,勉力进行。""余授武大史学系一年级《中国近世史》,采用此书为教本。"由此可知,此书之撰写及用途,与陈先生教学不无相关,故将此书纳入本社"近现代名家讲义丛刊"中,以飨读者。此次出版,主要就版式、标点、讹误等方面进行了调整或更正。现略阐如下：

一、为便于读者阅读，将原先繁体竖排改为简体横排，原先的专名线，仅保留书名、条约名等，以书名号标示。

二、按照新式标点规范，对原先的标点进行了调整，以使更符合现代读者的阅读习惯。

三、对原稿中不恰当的称呼也予以改正。如"猺"改为"瑶"、"獞"改为"僮"等。

四、更正了原稿的一些错误。如因排版造成的文字颠倒等。

希望藉着这部著作，陈恭禄先生其人其著能有更多的读者去关注、去了解。

上海古籍出版社
2017 年 8 月

四版自序

于今书业不景气之时期，《中国近代史》居然于发行后四个月内重版两次，又为读书竞进会选为大学组必读之书。社会上之意外欢迎，出于著者意料之外，心中愉悦，自不待言，一面表示感谢，一面则常自责。心尤不安者，无过于误植之多。其造成之原因虽多，固不能尽诿过于人，著者盖有相当责任。书于三月出售，著者读完一遍，发现不少之误植，即于四月函告出版人谓书再版，望挖正后付印，而出版人复称再版现已印成，唯有附印勘误表之办法。近者更有发现，并知平装本将即付印，当能一一挖正。改正多为误植，亦间有一二叙述之史迹。

书稿于去年夏寄出，一年之后，再读此书，感觉尚有一二应改之处，顾改文稿牵及纸版能否再用，且为时太久，而社会上需要此书甚殷，故暂作罢。今可于此说明者，共有三事。一、袁昶、许景澄奏疏实不足信，不如删去。二、《景善日记》著者初未能得原文，书中译文，当改用原文。三、政府废两，计量改用公担，而书仍用旧制。读者当知关银一两抵一·五五八元，一公担抵一·六五四担。他如论者谓书叙述外交太多，关于学术者太少，则所见不同，著者自有立场也。倘有修正，亦当俟诸将来。

余授武大史学系一年级《中国近世史》，采用此书为教本。误植亦有学生告知者，深为感谢，并志于此。

陈恭禄序于半山庐　民国二十四年六月

自　序

　　一国现状之造成，一由于地理之影响，一由于古代之遗传，一由于社会上之势力，一由于领袖之指导。四者之中，就人事而言，历史上之遗传，常占重要之地位，中国古代嬗变之史迹，颇足以资证明。及至近代，实用科学大有进步，世界上之交通日趋便利，国际上之关系，以商业政治之促进，大为密切。外来之影响，乃为造成中国现状基本势力之一。中国以悠久之历史，倾向于保守；领袖之思想，民众之观念，均其极端之表现。政治家不能认识其所处之新环境，而能断然有适当之处置。列强或欲适用西法于中国，或谋商业之利益，或求政治上之势力，或存兼并领土之野心，而中国本于固有之心理与惯例，应付新时代之问题，莫不失败。中西冲突遂为近代中国史上之大事。吾人今欲明了已往之事迹，现时所处之地位，及将来建设之途径，非有信实之历史，叙述近代政治外交、社会经济嬗变之经过，则不可能。社会科学失其赞助，将或多无根据。近代史之著作，久为国内知识界之急切需要。

　　余自识字以来，颇留心于故事，及入中学大学，深知吾人历史知识之浅陋。关于社会科学之理论，多应外国近世环境而生，或不切合于中国之社会，运用之时，尝或难于辨别轻重缓急，教育之价值与效力，为之减低。不幸迨今近代中国史之著作，仍在失望之中。民国十五年，著者萌有著作之志愿，会以人事环境之变迁，未能积极进行。十七年，于金大担任教职，知其需要之殷,勉力进行。二十一年春,完成十三篇,决定分卷出书,由新月书店印行,初不知其营业失败也。双方议定至迟冬季出书,书店迟至次年五月,上册排校方始完毕,定于六月发行,忽又搁置数月,据称新月并于商务,归其印行,而书仍未出售,并置去函不复。本年二月,始与当事人相见,收回原稿。著者以全书文稿已成,望其迅速印成,最后决定,归商务印行。

全书共十九篇,内容可略见于目录,初拟命名《中国近百年史》,而坊间书用此名者甚多,免相混乱,改称《中国近代史》。"近代"二字,本无确定界说(史期区分原极牵强,不过因其便利而已),史家划分史期,常不相同。愚意近百年内,中国国际关系根本改变,思想、学术、政治制度、社会经济莫不受外影响,其事迹迥异于前古,作一时期似较便利,且书内容不限于百年内之史迹,故定名曰《中国近代史》。著者著书之目的,深愿赞助读者明了现时中国国际上之地位,政治上之嬗变,外交上之趋势,社会上之不安,经济之状况,人口之问题;认识其交相影响之结果,分析其造成经过之事迹,讨论其成功或失败之原因,辨别事后之得失利弊。吾人处于今日议论古人,原非难事。著者之论断,专欲读者了解当日之背景环境,及其失策与责任,非别有好恶也。综之,近代史范围之广大,事迹之繁赜,制度之剧变,生活情状之改易,开中国旷古以来未有之奇局。其材料之多,浩如烟海,第十九篇略论史料之种类与价值,事迹之繁,固不能一一叙述也。

古今史之性质不同,方法亦各迥异。古史之存于今者,或为编年,或为问答,或为传体,或为纪事本末,或为文献,名目不一,要多因陈抄袭。其材料或不问来自何方,编纂者或不辨其真伪,书中或为谀墓毁墓文字,或为按年列举之政令大事,或不问其是否实行及行后之利弊,杂然抄入。其一部分诚所谓"断烂朝报",或"流水账目"也。吾人读之,殊难明了整个社会之情状。今日编著历史之方法,简单言之,首先搜集原料,及时人纪录,辨别著作人之目的,有无作用,及其与史迹之关系,比较各种纪录之内容，考证其真伪。其有证明者，始能定为事实，证以时人之议论，辨析其利害。然后综合所有之事实，将其缜密选择，先后贯通，说明史迹造成之背景，促成之各种势力，经过之始末，事后之影响，时人之观察，现时之评论，而以深切美丽之文写成。此史学者不易养成之原因，而固吾人今日之正鹄也。著者编著此书，不过自信未入于歧途，于试验之中，不肯放弃责任而已。

书中论断，著者非诋毁时人，或为之辩护，不过以公平之态度，说明其立场。读者之意见，或同或异于结论，著者固无强人从己之意，且书非宣传作品，读者多为成年之人，当可根据事实，自由表示意见也。更当说明于此者，外交上之事件，尤易引起争论。盖人类之普遍心理，严于责人而宽于责己，对其家庭国家无不如此，诋毁外国，国人固少反对，且有爱国之名。此种畸形褊狭之心理，徒为害于国家。著者之目的，既非为片面之宣传，又非为造成国际间之仇恨，惟愿平心静气，根据事实，叙述外交上之史迹，讨论其问题，研究其经过，对于侵略之罪恶，决不为之稍讳，庶可成为认识列强责任之信史也。

近百年来，内政外交交相影响，中国以不平等条约之束缚，主权减削，内政往往深受外国之影响，外交之篇幅颇难预定，乃听材料自行决定。书中地名以政府之变更，改易旧名，此种习惯，原为专制帝王改制之余毒，对于吾人则颇增加困难。著者叙述过去之史迹，自当仍用前名，但为便利读者起见，常或附注今名。关于地图，著者知其重要，不幸不能绘画，插入书中。事无奈何，唯愿读者自备地图参看。

人名亦有困难，君主避讳不名，徽号字数赘多，庙号繁杂，均不便于记忆，民间用其年号，清帝除太宗而外，未曾改元，举其年号，人皆略知其事业，今仍照用，代替其名。大臣之见于史料者，或称姓名，或称字号，或称官名，或用地名，或称谥号，变化繁杂，著者为便利之计，多用姓名。外人名称，以译音之故，常不一律，作者将其划一，且多附注原名。国名载于旧档者，或先后迥异，或交相杂用，如英或称佛郎机，或称大西洋，或称红毛，非外国书籍证明,殆难辨别。葡萄牙则称大西洋,美称米,法称佛等,书中均改用今名。

年代旧用皇帝年号,或用甲子,近时或以孔子诞辰,或以民国成立之年为纪元。自今观之,多不适用,清帝于嗣位之次年,诏改年号,其先,帝多改元,积时既久,推算困难,如咸丰元年,读者或不能即知其距今若干年也。甲子计算,亦常不便于用。新法纪年如孔子诞辰,尚未通行全国,效仿西法,徒为增加困难,清代史迹,用民国纪元前计算,颇感不便,对于吾人亦无所得。著者为便利读者起见,多注明公元。英人葛麟瑞(Charles Kline)所著之《中西年历合考》,及陈垣之《中西回史日历》等书均极便于检查,更附道光以后之年历对照表于书后。至于年表,说者谓为史书所必备,实则不然,史迹绝非年表所能形容,且表非详细说明,多无益于读者。吾人固不必墨守古代之体例也。

此书编著之初,颇赖友人章诚忘等之赞助,又蒙亲友抄写,皆深感谢。书中所叙之事实与议论,与任何人无关,著者一人负责而已。书为著者关于中国史有系统之第一作品,深愿读者有所指导,并书于此。

陈恭禄自序于珞珈山　民国二十三年五月

目　录

四版自序 ………………………………………………………… 1
自序 ……………………………………………………………… 1

上　卷

第一篇　鸦片战前之中国 ……………………………………… 3

地理上之影响——中国民族——清帝之入主中国——中央官制——地方官制——政治上之积弊——财政之情状——人口激增与生计困难——秘密会社之活动——叛乱之迭起——对外之观念——古代中西之交通——中国所受外国之影响(物产、思想、文学、科学、美术等)——闭关思想之成立——葡萄牙人之东下——耶稣会教士——西荷诸国人之相继来华——中俄之交涉——国际贸易之情状——管理外人之方法——法律问题——困难之症结

第二篇　中英冲突及鸦片战争 ………………………………… 37

律劳卑之来粤——平等待遇之争执——交涉之恶化——困难之症结——缄默期内之大事——商欠——鸦片之略史——鸦片畅销之主因——烟禁之议——林则徐之禁烟——义律缴交鸦片之经过——禁烟之希望——林维喜案之严重——清廷之主战——英国之宣战——军备之比较——定海陷后朝旨之中变——琦善和战之

两难——道光再主用兵——广州之屈服——英舰之北上——浙苏战守之失败——国内纷扰之情状——和议之经过——《南京条约》——和议之评论——战败之原因——政治上之弱点

第三篇　战后外交之形势及英法联军之役　　70

中英善后交涉——中美订约——中法交涉——条约中之要款——耶稣教之弛禁——香港澳门与中国之关系——五口开放后之情状——鸦片输入之激增——对外思想之不变——青浦案件之解决——广州入城争执之严重——三国修约之失败——海盗与亚罗事件——混战与报复——西林教案——联军来华——广州陷后之情状——四国公使之通牒——和议之情状——四国《天津条约》之成立——朝廷挽回津约之失败——条约中之要款——换约之起衅——战事之责任——朝旨之中变——联军第二次北上——和议困难之症结——巴夏礼捕后之交涉——咸丰之决心议和——和议之条件——清代外交之评论——中国对俄所受之损失

第四篇　太平天国及捻苗乱　　115

黄河改道及其影响——人口激增——秘密会社之活动——财政之困难——政治之腐败——广西之情状——洪秀全之略传——上帝会与团练——洪秀全之起兵——起兵后之时机——攻扰六省之经过——太平军中之思想——文化之摧残——战胜之主因——太平军、清军、人民、迷信、种族思想、女子、军械——清廷应付之方略——洪秀全之失策——北伐军之失败——江苏境内二军之相持——太平军之西征——曾国藩练勇之困难——讨贼之檄文——檄文之批评——湘军出征之战绩——湘军战胜之原因——江北、江南大营之败溃——全国纷扰情状之一斑——经济制度之紊乱——人民所受之痛苦——饷糈之榨取——太平天国与外国之关系

第五篇　太平天国及捻苗乱(续前)　　148

洪秀全之宗教思想——三字经——洪秀全之天国——上下阶级之森严——朝廷情状之一斑——军政与严刑——公田之计划——天

历——天国中之妇女——消极之禁令——内讧及其影响——太平军之战绩——湘军克复安庆——陈玉成之败死——常胜军之成立——太平天国末年之情状——外人之观察——淮军之起——湘军近逼南京——华尔死后之常胜军——戈登之战绩——苏州杀降之事件——太平军之余支——湘军攻陷南京——太平余众之命运——捻军之大起——平捻——清廷治苗之失策——湘军平定苗乱——战争期内人民所受痛苦之一斑——人口减少之估计——内乱之评论

第六篇　内政外交 189

清季之政治情状——咸丰死之政变——同治家庭之惨剧——承继大统之问题——慈禧之专政——光绪、慈禧之关系——宦官之乱政——朝廷之情状——地方长官之权重——仕途之冗杂——军队之腐败——财政之困难——曾左二氏之失望——李鸿章之观察——台谏之积弊——汉族之移民——人口之问题——总理衙门之创立——外国使臣之地位——驻外公使之派遣——大臣对外智识之幼稚——外交上之主要问题——海关之改组——香港、澳门漏税之解决——海军之创设——机器局与陆军——招商局之成立——铁路之兴筑——电报、电话及邮局之设立——新教育之失败

第七篇　内政外交（续前） 234

觐见之争执——外使之入觐——遣使之困难——斌椿游历之失败——蒲安臣之出使——驻外使馆之成立——条约——滇案之交涉——烟台会议——交涉之评论——中德修约之交涉——外商之贪心——反对教士之传说——教案之迭起——天津教案之严重——藩属之观察——新疆叛乱之平定——伊犁之交涉——中日之关系——中国对于安南之失策——和议之失败——战争之经过——和议之成立——交涉之评论——缅甸之丧失——西藏交涉之开始——帕米尔之交涉——外人之赞助中国——华工贩运之惨史——国际贸易之发达——输出输入之物品——国内情状之不变

第八篇 中日交涉 283

清初中日之关系——商约之成立——副岛种臣之来聘——日本之出兵台湾——台案之解决——日本兼并琉球——琉案交涉之失败——朝鲜之概状——日韩之争——朝鲜之订约通商——中国对韩之政策——朝鲜之政变——中日《天津条约》——二国合作之计划——修约之失败——袁世凯之活动——朝鲜政治之腐败——中日军备之比较——二国出兵朝鲜——改革韩政之争论——战事之责任——清兵之败出朝鲜——海上战争——朝廷之情况——奉天境内之战——北洋舰队之消灭——最初议和之失败——李鸿章之渡日议和——和约之成立——朝臣之议论——三国干涉——换约——割台之始末——交涉之总论

第九篇 战后中国之危机 336

外交上之新形势——外债——中国借款之困难——法国之野心——俄国侵略之计划——中俄密约之成立——俄国经营之东省铁路——关税之交涉——铁路借款之争执——德租胶州湾——俄租旅顺、大连——法租广州湾——英国对华之政策——英租威海卫等——日意二国之要求——列强在华之铁路承办权——中国损失之综计——门户开放政策之成立

下 卷

第十篇 变法运动 375

国内之积弊——变法之阻碍——教士之影响——士大夫之思想——变法者之辩护——变法之动机——康有为之活动——变法之鼓吹——政府之筹饷练兵——新事业之创办——慈禧、光绪之疑忌——康有为变法之计划——光绪诏定国是——新党之进用——新政——反对变法之主因——反对者之议论——新法推行之困难——变法志士之大无畏精神——太后之阻挠新政——袁世凯之变节——康梁之出险——变法志士之受祸——旧制之恢复——废立之隐谋——结论

第十一篇　义和团之扰乱 ………………………………… 421

反对外人之心理——教案困难之分析——人民生计之困苦——财政之窘状——练兵——秘密会社之活动——国内之纷扰——义和拳之略史——山东拳乱之势炽——朝廷之态度——直隶拳乱之情状——外兵入京保卫使馆——主战派之气焰——拳民入京后之情状——塘沽炮台陷后之混战——御前会议——宣战诏书——宣战后之北京——北方之惨杀——教士

第十二篇　义和团之扰乱(续前) ……………………… 450

五大臣之遇害——朝旨之中变——护送公使出京之平议——刘坤一之保境安民——天津之陷失——联军入京之经过——车驾出京之情状——北京之纷扰——京外人民所受痛苦之一斑——天津都统衙门之威权——德俄之野心——下诏罪己——李鸿章之失策——惩办祸首之交涉——和议进行之困难——条约中之要款——结论——中国之屈服

第十三篇　改革与革命附外交 …………………………… 482

变法之倾向与主张——改革之困难——预备立宪——朋党之排挤——言官之地位——人民觉悟之表现——政治改革——官制军政法律——新教育之创办——盲然奖学之流弊——实业之奖进——废八股——满汉平等——谕放脚——严禁鸦片——帝及太后之病死——亲贵大臣之重用——谘议局与资政院——秘密会社之活动——兴中会及同盟会——光复会等——会党活动之方法——国有铁路政策之决定——川路争议之严重

第十四篇　改革与革命附外交(续前) …………………… 523

武昌革命之经过——清廷应付之策略——各地之响应——革命之势力——建设之精神——清廷惊惶失措之窘状——鄂宁两军之战——临时政府成立之经过——和议之进行——袁世凯之阴谋——清帝之逊位——国内之政治问题——清季外交之趋势——乱后之善后问题——三国商约——英日同盟——满洲问

题之严重——日俄战争——中日会议东三省事宜条约——中日交涉之困难——悬案之解决——中美德同盟之议——国际铁路计划之失败——中俄交涉——领荒移民之开始——借款筑路——列强对于革命之态度——外蒙独立——英谋西藏——经营西藏之失败——外交损失之总论

第十五篇　政治社会情状 ……………………………… 565

君权之发达——宫廷生活之情状——大臣之无权——疆吏之恭顺——州县官之困难地位——贪墨之一斑——刑罚之严酷——官仪之盛——学塾之生活——童试——生员考试——乡会试等——闱中情状之一斑——中试者之地位——八股文之说明——文学之趋势——思想与学艺——土地之分配——田税——农民生活之情状——工人——商人——家庭生活——宗教思想——经济状况——自治组织——结论

第十六篇　民国以来之内政外交 ……………………… 608

善后问题——首都之争执——临时约法——政党之纷扰——责任内阁之失败——政治实状——国会之召集——地方政府之情状——武人之跋扈——第二次革命——革命后之政治问题——官制之迭更——帝制运动之始末——割据之形势——政治失败之主因——外交问题——外蒙西藏之交涉——中日交涉——府院之争——复辟之失败

第十七篇　民国以来之内政外交（续前） …………… 643

南北战争——北方情形——南方党争——和议之失败——国内之扰乱——省宪运动——直奉战争——广东政变——法统下之纷扰——国会之劣迹——反直战争——欧战之影响——中俄问题——中俄条约成立之经过——华盛顿会议——北方之混战——中国之新觉悟——国民党之改组——广东之统一——北伐军之胜利——宁汉分裂——北方情状——北伐完成——统一代价之一斑——五院之创设——战争之迭起——最近政治状

况——外交之新趋势——最近外交问题

第十八篇　结论（国内问题之分析及建设之途径） …… 688
政治情状——中央财政状况——各省税收——军队——乡村匪患——国际贸易——列强投资——人口问题——节制生育——农工商业——交通——教育——公共卫生——结论

第十九篇　史料评论 …… 729
新史料之印行——政书——碑传——文集——信件——日记——年谱——时人记载——其他——研究之途径

年历对照表 …… 742

上　卷

第一篇　鸦片战前之中国

地理上之影响——中国民族——清帝之入主中国——中央官制——地方官制——政治上之积弊——财政之情状——人口激增与生计困难——秘密会社之活动——叛乱之迭起——对外之观念——古代中西之交通——中国所受外国之影响（物产、思想、文学、科学、美术等）——闭关思想之成立——葡萄牙人之东下——耶稣会教士——西荷诸国人之相继来华——中俄之交涉——国际贸易之情状——管理外人之方法——法律问题——困难之症结

　　中国据亚洲之东南部，其东部沿海六省，濒临渤海、黄海、东海，遥遥与日本及其属地相对，其东五洋中最大之太平洋在焉。其在南部之广东濒临南海。南部毗连安南、缅甸，其一现属于法，一属于英。其西南西藏，有喜马拉雅山隔阻中国、印度陆路上之交通，西北新疆，北部蒙古，东北黑龙江、吉林与俄国领土接壤，奉天隔鸭绿江与朝鲜相峙。此中国边疆之大概也。其强邻有日、俄、英、法，四国之中，中日地位相近，中俄接壤长逾万里，而英法以属地关系，固不如日俄之密切。其在古代，疆域虽常变迁，而其地理上所受之影响颇为重要。其影响为何？曰：国内之农工商业，人

民之生活情状,以及交通国势,多受地形、土壤、矿产、河道、气候、洋流等之支配与影响。更就对外而言,古代航海术未精,船舶浅小,水手无犯风涛远渡海洋之勇气,沿海七省除海盗而外,别无侵扰之国,居民常能安居乐业。南部毗连热带半岛,半岛上之物产丰富,居民不必勤于工作,而食料衣服即绰然有余,懒惰不易奋发,不能大为害于邻国。西南高山蜿蜒千里,立国于其地者缺少发展之机会,西羌、吐蕃力能跳梁于一隅而已。蒙古、满洲地多旷野,气候寒冷,土壤较瘠,人以游牧为生,耐劳受苦,体壮多力,善骑能射,苟有领袖将其团结,则战斗力常强。是以我国历史上之外患率多起于北方,匈奴之入寇,五胡之纷扰,辽金之压迫,蒙古之侵略,满清之入关,皆其明显之证。迨航海术进步,机械学发达,海上交通,不惟无建筑之费用,且无修理之需要,反便于陆,亚欧之交通为之一变,而我国形势随之转移。欧人乃自海上伸长势力于东方,印度适在中国、欧洲之间,首当其冲,次及中国,固地理上之位置使之然也。

　　国内领土据今估计,凡四百余万方哩,世界陆地约五千七百余万方哩,亚洲一千五百万方哩,中国面积约占全球十四分之一,亚洲四分之一。世界人口凡一亿八万万,中国约逾四万万,殆占总数四分之一。就其分布而言,本部十八省共一百五十三万方哩,人口据一九二三年邮局估计,凡四万一千一百万;满洲三十六万方哩,人口二千二百万;蒙古一百三十六万方哩,人口二百万;新疆五十五万方哩,人口二百五十万;西藏四十六万方哩,人口三百万。① 十八省内,人口最密者,首推江苏,每方哩八百人以上,甘肃人口最稀。面积人口之数目,皆非本于精确之丈量与调查,其价值不过使吾人略知分布之情状而已。其在清代中叶,直省人口,视今殆无重大之不同,满洲、内蒙古人口之激增,则始于清末领土视前削小,其详见

---

① 关于中国人口,海关邮局统计专家各有估计,官吏亦有报告,要多可议之处。陈正谟于二卷六期之《统计月报》,估计一九二九年全国人口凡四万八千五百余万,亦难尽信。此据前邮局报告,不过以其可见国内人口分布之情状,其中亦多可议之点,如蒙古人口之估计,盖就内外蒙古而言,殊难凭信,满洲人口亦有增加也。

于后篇。人民耕种生活之情状，百余年内，未有剧烈之改变。人口既以十八省为多，其地汉族之势力最盛，汉族历史上杂有苗、满、蒙、回、藏五族之血胤，今日中国民族，乃合汉、苗、满、蒙、回、藏六族而成，西人统称之曰蒙古族，盖蒙古成吉思汗之兵威震于欧洲，其子孙征服中国，以之代表黄种也。六大民族除缠回外，皆为黄种，其头颅身体之构造，皮肤之颜色，发毛之黑直，多属相类。其长矮不同之处，实无若何之重要，犹一族之子孙，尚或迥异也，证以见闻而益信，吾人汉族与满人、回人同处一地，固难辨别其种族也。自其杂居以来，互通婚姻，血统上趋于同化。总之，六族之称，本极牵强，今日殆为历史过去之名辞，充量言之，只可代表居住一地之人，如浙人、苏人、蒙古人之例，不得认为种族不同之民族也。汉族自黄河流域，逐渐移居于长江及西江流域。满人随清帝入关，分防国内要害，其根据地满洲今为汉人居住之地。蒙古为蒙古族人游牧之场。回族以宗教之信仰，得有此名，其在西北者，多为突厥之后，又有杂居于内地及云南者。藏族游牧于青海、西藏、西康。苗族住于西南诸省之僻壤。六族中以汉人为多，其潜伏同化之力量尤大，然其久为土著民族，不敌游牧民族之强悍善战，政治衰弱之时，则深受其蹂躏。十三世纪末叶，蒙古强盛，灭宋统治中国。其后朱元璋逐之，建国曰明，十七世纪，明室衰弱，满洲爱新觉罗氏乘机入主中国，凡二百六十七年。兹略言之于下：

满洲旧为东胡游牧之地，战国时，燕王任用贤将却之东北千余里，相传其开拓辽河流域，汉武帝县属朝鲜半岛，其后鲜卑、金次第起于东北，皆所谓东胡族（即通古斯）也。明初太祖恢复辽河流域，成祖招抚黑龙江，然其设官治理，终与内地不同。辽河之西仍为女真旧部，女真部落而居，时人依其文化程度分为生、熟，其以游牧射猎为生，锻炼成为强悍之身体，善于骑马，一日之间，飘没或数百里，所射之矢远能杀人于百步之外。十六世纪末叶，建州部酋努尔哈赤善于用兵，合并诸部，兵势张旺，声称复仇，扰及明边。明帝聚大军分路攻之，并诏藩属朝鲜叶赫出援，努尔哈赤次第败之，尽取中国之边藩，而明君臣尚无振作之气，朝臣方努力于党争，互相诋评,酿成宦官一网打尽之祸,言路妄发不负责任之评论,以致统兵大将不得展其才能。由是努尔哈赤迭陷重镇,尽降辽河以东之诸城,后攻山海关外之重镇宁远,不胜,负伤而死。一六二七年,其子皇太极(太宗)嗣位,先除内顾之忧,率兵问罪朝鲜,凯旋而归,俄攻宁远,无功,乃绕道西南,出内蒙古,大掠于中国北部。其时内蒙古诸部降服,独察哈尔汗助明。皇太极攻之,收降其众,声势大张,改国号曰清,于是领土北界外兴安岭,东迄日本海,西至内蒙古,南临长城,乃遣大军深入中国腹地,终以未得山海关故,不敢据之。

方皇太极之侵扰中原也,值明怀宗在位,怀宗承熹宗之后,内乱外患交至,意欲和清,而以朝臣之坚持,难于独行其志,乃练兵筹饷,增加田赋,以致贪官勒索,人民不堪其苦,危机四伏。陕西受祸较烈,其地初受官吏之虐政,后遇饥馑,人民无食,强者相聚为盗,政府应付,无坚决固定之政策,酿成燎原之祸。一六四三年,李自成进攻北京,怀宗自缢而死。明年,山海关守将吴三桂因其爱妾之愤,乞师于清。时皇太极新死,其弟多尔衮拥立皇子福临嗣位,亲自辅政,改元顺治,及得吴三桂书,率兵而往,大败李自成军,入据北京,命将进追流寇,平定黄河流域,旋取南方。明帝子孙之自立称帝者,相继败没,独桂王据有云贵诸省,力图恢复,后亦败亡,中国复归统一,而三藩尚拥重兵。一六七三年,康熙下诏撤藩,三藩先后叛乱,郑成功之子经应之。康熙遣兵平之,俄降台湾,由是国内无事,转而经营东北,与俄国缔结界约。会喀尔喀(即外蒙古)之西准噶尔部崛兴,其酋噶尔丹征服天山南北,领土包有科布多、青海及新疆(今名)一部分,且欲东并喀尔喀。值喀尔喀诸部内讧,噶尔丹来袭,诸部南请内附,清兵战败准部,收服外蒙古。噶尔丹死,其侄策妄善于用兵,乘机侵入西藏,清廷出兵败之,留卒戍之,更征服青海,独准部不服。及其酋死,乾隆出兵收取其地,天山南路诸城,后亦降服,其人信奉回教,故有回疆之称。于是清之版图,东北起自库页岛,以外兴安岭为界,外蒙古毗连俄国西伯利亚,西北天山南北二路伸入中亚细亚,西藏南接印度,东方则临海洋,台湾诸岛次第设官治理，琉球、朝鲜诸国按期朝贡，国内则开拓苗疆，改土归流，其后大小金川之番人亦服。其领土之广大，除元代而外，莫之与京，清代之极盛时期也。其领土可别为三，一曰行省，二曰属地，三曰属国。

满人自关外入主中国，其原有之政府既简且陋，不宜于广大之中国，乃用明制，成立专制政府，皇帝为一国元首，统治全国，有无上之威权，其下有亲王及内阁大学士佐之。大学士初为四人，佐理政事，拟诏命，整宪典，议大礼。十八世纪初叶，雍正分其职权，添设军机处，其大臣无定额，多则九人，少则四人，由大学士尚书内诏委，掌管军国大政，赞理机务，每日入朝，应对皇帝垂问，为最高之统治机关，其属员章京佐之。庶政则归吏、户、礼、兵、刑、工六部办理，吏部考核功过，稽掌勋禄、荫叙、封赠。户部掌各省田赋，皇室经费，官吏廪禄，军饷盐课，钞关杂税，鼓铸钱币。礼部掌五礼兼领学校贡举，藩国咨文。兵部厘治戎政，简核军实，兼管驿站。刑部掌折狱，审刑，简核法律，谳定各省疑案。工部营修公共建筑，发给军装，修治河渠。六部组织，每部有尚书、左右侍郎，俱汉满一人，共有六人，其属员视政事而定，盛京设户、礼、兵、刑、工五部，各有侍郎一人。都中衙门尚有都察院、翰林院、大理寺、宗人府、内务府、理藩院、通政司、詹事府等。都察院有左都御史、左副都御史，俱满汉并用，下有六科给事中，十五道监察御史，其职守为察核官吏，敷陈治道，上为天子耳目，下达民隐。翰林院制诰文史，兼备顾问。大理寺平反重狱。三署及六部长官，亦称九卿，参与朝议。宗人府掌皇族事务，内务府理皇室庶务，理藩院掌理藩属爵禄朝会及控驭抚绥事宜。通政司、詹事府多为清闲衙门，以旧制设立者也。

地方官制颇为复杂，畿内顺天府及满洲之奉天府各有府尹、尹丞一人，直隶于中央政府。本部十八省之长官为总督、巡抚，其制殊不划一，直隶、四川设有总督，但无巡抚，山东、山西、河南各有巡抚，但无总督，其余总督管辖二省或三省，省设巡抚。其职为考核属官、治理民政、节制绿营等，凡省有总督、巡抚者，奏折咨请，训令属官，多须会衔，尝以意见不合，发生困难，尤以同住省城者为甚。其下有布政使、按察使佐之，布政使考察吏治，报于督抚，管理田赋，稽检仓庾。按察使掌一省之刑名，澄清吏治，兼领驿传。下有道员，掌核官吏，或管河粮盐茶，或兼水利驿传，或兼关务屯田。其下有府，府有知府，直隶州及直隶厅视府，设有同知，又其下有县州厅，其官掌辖境内之政令、赋税、讼狱、缉捕等，各有属吏佐之，各乡设有地保。其因重大事故，皇帝诏委钦差大臣，或将军名称，予以便宜行事之大权，余若河道总督、学政、盐运使等官，或有职守，或无所事。十八省外，属地若吉林、黑龙江、伊犁等，各设将军。新疆、蒙古、西藏有参赞领队理事办事大臣。属国则按期朝贡。军队分有旗兵、绿营、乡勇，旗兵原为满人、汉人、蒙古人之从军入关者，分属八旗，世受国恩，男子籍为兵士，大队防守京师，或驻大城要害，由将军或都统将之。绿营为各省招募之军队，维持地方治安，全国六十余万，由提督、总兵统率，并受总督、巡抚之节制。及后旗兵、绿营不能战争，乃募乡勇，战则编之入伍，乱平则多解散归农。

总观清代之官制，名虽根据于中央集权之政策，而以土地广大，交通不便，监督不周，组织不密，地方官常有大权。皇帝身为满人，初至中国，不通华语文字，不知其政治制度，势必任用汉人，其心中固有"非我族类，其心必异"之思想，乃深信满人，委为长官，借以监督汉人，子孙遵之，故军机大臣多为满人，六部尚书、侍郎名虽汉满并用，而满人常握重权。统兵将帅，自三藩乱后，亦多满人，太平天国乱起，始破旧例。地方官制基立于互相牵制之政策，造成极为复杂之组织，盖以管官而非治民也。考其职权，多无明显确定之规定，遇有困难，则互相推诿，利之所在，则相争夺。实际言之，官署多为传递长官命令之机关，其弊则手续繁多，办事迟慢，积久成为我国官署之普遍习惯。官吏出仕，八股考试为其正途，考取之士，思想才力梏痼已深，多无发展之余地，而人数众多，任用无期，迨其年老，志衰力微，幸者始得重用。朝廷患其官于本省，得受家族亲友之请托，例有回避，长官除一二例外，皆非地方之人，不知民情风俗，应兴之建设，当去之弊端,甚者不通地方之言语,借重世袭之胥吏,惟求安然无事,敷衍塞责而已。康熙曾谕巡抚潘宗洛以不生事为贵,善于保持禄位之官吏,莫不奉为金科玉律也。官吏任期未有切实之保障,无论何时,朝廷均可罢免其职,或对调于他省,知县为亲民之官,其在一县任期,亦有限制。

　　文武官之俸给,多本于明制,明代官吏之待遇颇为菲薄,清承其弊,世袭之王公岁俸较厚,百官则极贫苦。官吏原为公仆,有牺牲服务之义,不当视为职业钻营,俸给不宜过于优厚,多增人民之担负,亦不应过于菲薄也。适当之办法,则宜酌量社会上之生活程度,平民所得之薪金,货币之购买力等,定其额数,足其一家之生活费用,庶可养成其廉洁而居官公正也。清帝入关初用明制,正俸而外,给予柴薪,俄将柴薪废去,改定在京文武官之俸给。正从一品岁俸银一百八十两,正从二品一百五十五两,正从三品一百三十两,正从四品一百五两,正从五品八十两,正从六品六十两,正从七品四十五两,正从八品四十两,正九品三十三两,从九品三十一两。汉员每人年给米十二石,满员则数较多。在外之文官,按品给银。武员则数大减,正一品九十余两,从一品八十一两,其品低者俸亦减少,所领之薪银数亦无几。外官均不给米,又无公费,乃赖额外之收入,或近于贿赂之馈遗;其征田赋也,有火耗陋规等名,京官亦有所得。雍正嗣位,改收火耗等项为国课,诏给京官俸米,每银一两给米一斛,另给恩俸,银数一如正俸,六部尚书、侍郎,给予双俸双米。外省文官给与养廉,其数各省不同,总督自一万至三万两,巡抚一万两左右。其他各官,今举直隶之例略概其余,布政使九千两,按察使八千两,学政四千两,道员二千两,首府二千六百两,余府二千两,同知七百至一千两,通判六百至七百两,知县六百至一千二百两。官吏俸金视前略增,外官仍不足用,另立名目,浮收税款,京官则多患贫。

　　官吏时为文人读书力求之目标,会试有常科恩科,录取之进士,多者三四百人,少者数十名,缺少人多。翰林院朝考重尚小楷律诗,其列高等者久始升用,外官以捐输迭开之故,候补者多,苟非善于钻营者,常难得缺,乃纳贿权门,拜结师生同年,互通生气,于是吏治大坏。一八一九(嘉庆二十四)年,疆臣陶澍奏称吏治八弊:(一)勒接交代,新官承认前任亏空,少者数千,多则数万,告禀则上官有失察之咎,势不敢为。(二)多摊捐款,名目有等补、帮助、贴赔、使费,每岁数百数千两不等。(三)预备赏号,凡上司有事,或练兵,或巡边,或公宴,均有赏金,上司收之作赏,吏役更索规费。(四)添办供给,上司出入境时,有夫马,有酒席,有站规,有门包。同城居者有轮月或包月之供给,一窗、一扉、一厨、一厕,皆取于附郭之州县。(五)压荐幕友,道府、藩臬、督抚所荐,不敢不受,有未见面而送束脩者,谓之食坐俸。(六)滥送长随,上司荐之不得不受,更无所忌,乃外勾吏役,内通劣幕。(七)委员需索,一纸文书可办之事,动辄派委数员调剂闲官,多所需索。(八)提省羁留,官进省后,转委他人,一年半载之后,始令回任。陶澍所言偏于官吏之关系,可谓详尽。清末御史曾再以之为言,盖恶劣政治下难于避免之现状也。其下胥吏多无俸给,迫而出于营私舞弊之途,以谋衣食,其熟于档案者,善于取巧,勒索敲诈,无恶不作,而长官无如之何。相沿既久,人民之心理常以官吏之贪狠如狼似虎,事多解决于宗族,非不得已,决不禀报于官,人民之视政府存亡荣辱,不关于心。官吏之主要职司,则为维持治安、催征田赋、审判讼狱而已。

军队分八旗绿营已如上述,八旗就军旗颜色而言,曰:正黄、镶黄、正红、镶红、正白、镶白、正蓝、镶蓝。中分满军旗、汉军旗、蒙古旗。兵有定额,初约二十万人。其驻京师者,前锋亲军等每兵月饷四两,骁骑铜匠等月饷三两,岁均支米四十八斛。步军领催月饷二两,步兵一两五钱,岁支米二十四斛,教养兵月给一两五钱,但不给米。其家人不准另谋生计,男子皆有当兵之义务,然限于马甲之定额,及后人口滋殖,一家三男,一人补甲,二人则无职业,全家唯恃饷米糊口,生活遂大困难。朝廷筹其生计,出款还其欠债,略增马兵、教养兵等,但以人数众多,豢养究非办法,终无补救于事。旗人自居内地以来,进为土著民族,所处之环境迥异于前,传至子孙,改变旧俗。其优秀分子羡仰汉人之思想文艺,无知之徒乐于放纵声色货利之欲,乾隆用兵多用绿营,业已证明其丧失战斗力矣。各省防军初用绿旗以便识别,故称绿营,全国凡六十四万。其在京师巡捕者,马兵月饷二两,步兵一两,米皆三斗。各省马兵月饷二两,战兵一两五钱,守兵一两,米亦三斗。其待遇不及八旗,缺额约六七万人,乾隆将其补足,后再裁减一万余人,兵士各以衣食艰难,自谋生计,平日势难操练,营中缺额之饷,皆为营官侵蚀,有事则临时招募,平乱御侮则力不足,扰于民间则绰然有余。

政治上之积弊分言于上,其财政状况,固吾人所当知者也,国库收入,户部例有报告,支出款项中有不可知者。收入以田赋为大宗,丁税附之,丁税分上中下三等,自一分至二两不等,各省不同,康熙将其并入田赋计算,田赋乃为主要收入。每亩征银自数厘至二钱不等,其最重者首为江浙,其地以南宋公田及明初张士诚之占据故也,清代因之。农民纳税年分二期,官吏征收者,一曰钱银,二曰粮食,三曰草秣,一六五九(顺治十六)年,征银二千一百万两,粮六百四十万石;一六八五(康熙二十四)年,二千四百万两,粮四百三十万石;一七二四(雍正二)年,二千六百万两,粮四百七十万石;一七六六(乾隆三十一)年,二千九百万两,粮八百三十万石,草秣无足轻重。兹为明了当时国内之情状,据《皇清文献通考》所举之收入,列表如后:

各省田赋收支表

年　　度	一六五九	一六八五	一七二四	一七六六
顺　　天	1 824 191			
顺天府			181 679	
直　　隶		1 824 191	1 906 933	2 463 708
奉　　天	1 827	9 352		45 544
山　　东	2 380 091	2 818 019	3 007 946	3 332 879
山　　西	2 205 545	2 368 831	2 277 327	3 069 325

(续表)

年　　度	一六五九	一六八五	一七二四	一七六六
河　南	1 800 943	2 606 004	2 943 452	3 322 216
陕　西	1 436 033	1 315 012	1 355 245	1 555 513
巩　昌		153 520	196 343	
甘　肃				287 486
江　南	4 602 739	3 680 192		
江　苏			3 719 942	3 255 236
安　徽		1 441 325	1 387 596	1 707 123
浙　江	2 572 592	2 618 416	2 695 432	2 821 483
江　西	1 726 970	1 743 245	1 179 476	1 939 126
湖　广	1 088 597	923 288	988 656	
湖　北				1 121 043
湖　南		517 092	1 092 634	1 178 357
四　川	27 094	32 011	225 535	660 801
福　建	750 862	762 706	1 174 445	1 278 570
广　东	847 961	2 027 793	865 927	1 260 933
广　西	199 654	293 604	308 124	391 352
云　南	61 748	99 182	91 257	105 784
贵　州	53 150	53 512	57 788	121 282
共　计	21 579 997	25 287 295	25 655 737	29 917 761

《通考》所列田赋前三总数，与作者计算所得之和不同。各省款数，盖有错误，如一六八五年，广东田赋二百余万万两，不免令人怀疑，其他原因，或催征不能足额也。《通考》纪一六五九年，收入凡银二一五七九九七两，一六八五年，二四四四九七二四两，一七二四年，二六三六二五四一两，一七六六年，则两数相符，现无材料考证前数。表中所列之省名地名，

中有异于后名者,吾人为明了历史上十八省之成立,仍用旧名,甘肃、四川、广西、云南、贵州诸省,收入数少之原因,或由于大杀之后,人口骤减,田地荒芜,或由土司管理向不征税,或因土壤硗瘠。政府收入增加者,多由于荒地开垦升课,一省款数前后不同,则以丰歉、朝廷酌免田赋也。粮食种类不一,有米、麦、豆等。米则江苏一省,定额逾三百万石,南漕运京者凡四百万石,初由运河北上,设官催督,费用出之于民,后河身淤高,运输困难,运米一石入仓,曾用银十八两或二十两,仓米出售,每石一两。朝廷迄未改计,道光时,始改海道北上。其他收入,则以关税盐课为大宗,关税分海关、常关两种,海关以广东为最旺。常关设于商业要区,一年收入约逾四百万两。盐多出于沿海各省,由官督民煮晒,招商贩卖于划定之区域,征收税银,其区域广大,而税收最多者,首推淮盐。内省销售池盐、井盐,每年征税约四五百万两,及私贩增多,票引尝不及额。余则牙税、落地税、茶课等均无重要。综之,乾隆中叶,国库岁入凡四千万两,地方官之浮收,及其进贡物品,尚不与焉。支出以皇室经费、军饷、政费为大宗。皇室经费有陵寝、祭祀、修缮、采办、织造等名,用款从无定数,估计殆在五百万两以上。政费以养廉较多,朝中王公百官,每年俸银仅一百万两左右,合计京外官约七百余万两。兵饷约二千万,驿站百万有奇,两数相抵,国库尚有余款。乾隆经营新疆,岁支三百万,募足绿营,增加赏恤,岁费二百万。及嘉庆嗣位,收入略有增加,曾至四千三四百万两,无如内乱迭起,裁去之额兵,不过岁省四十万,而黄河为害,修治南河增至三百万,东河二百万,其先修河,邻近州县,拨派民夫,乾隆中始全发帑,为数不过百余万耳。宗禄亦以宗人繁衍,数大增加,由是财政渐趋于困难,尤以嘉庆末年为甚。

政府收入不敷支出,农民岁益穷苦,清初于大杀之后,田地有余,耕者安居乐业约有百年,人口大为增加。据《皇朝文献通考》,一七一一(康熙五十)年直省人口二千四百余万,一七四九(乾隆十四)年,增至一万七千七百余万,相去三十余年,增加七倍,一七八〇(乾隆四十五)年,增达二万七千七百余万,又据《皇朝续文献通考》,一八一二(嘉庆十七)年,丁口凡三万六千余万。百年之内,人口增至十五倍,可谓速矣,一七一一年前,人口盖已大增,不幸各省未有确报。其明年康熙诏定永不加赋,中云:"凡巡幸地方所至,询问一户或有五六人,止一人交纳钱粮,或有九丁、十丁亦止一二人交纳钱粮。"人民初避丁税,隐匿丁数,自此诏后,丁口报告,似宜较确,无如官吏视为无足轻重,不肯切实调查,其数虽可怀疑,然而人口激增,则可断言。洪亮吉于时论之曰:

  人未有不乐为治平之民者也,人未有不乐为治平既久之民者也,治平至百余年,可谓久矣。然言其户,则视三十年以前,增五倍焉,视六十年以前,增十倍焉,视百年百数十年以前,不啻增二十倍焉。试以一家计之,高曾之时,有屋十间,有田一顷,身一人,娶妇后不过二人,以二人居屋十间,田一顷,宽然有余矣。以一人生三人计之,至子之世,而父子各娶妇,即有八人,即不能无佣作之助,是不下十人矣。以十人而居屋十间,食田一顷,吾知其居仅仅足,食亦仅仅足矣。子又生孙,孙又娶妇。其间衰老者或有代谢,然已不下二十余人,而居屋十间,食田一顷,即量腹而食,度足而居,吾知其必不敷矣。又自此而曾焉,而玄焉,视高曾祖时,已不下五六十倍,是高曾时为一户者,至曾玄时不分至十户不止。其间有户口消落之家,即有丁男繁衍之族,势足以相敌。

  洪亮吉之言本于深切之观察,其所论增加之倍数,自今观之,不免太速,而中国伦理观念,及早婚习惯,皆足以促进人口之激增。及其增加之后,仍以农业为生,康熙永不加赋之诏中云:"人丁虽增,地亩并未加广",由是田地不敷分配。其时沿海岛屿,严禁人民往垦,其私往者,官焚其居,驱之回籍。一七八七(乾隆五十二)年谕称浙江大小岛仍循旧章,永远封禁,凡请开垦者,从重治罪。满洲、蒙古等地均禁汉人移居。据《皇朝文献通考》,一六五九年,国内耕种田地,凡五万四千九百万亩,一七六六年,共七万四千一百万亩,相去百余年,开垦之地不足二万万亩,而人口增加,则在十倍以上。向者每人平均耕田二十余亩,今则二亩有奇,十人耕种一人所耕之地,每亩生产虽稍增加,固用力多而出产少,食料之困难可想,贫民益众,衣食日难。兹列各省田亩表于后,以见各省情状之一斑。

各省田亩表

年　代	一六五九	一六八五	一七二四	一七六六
顺　天	45 977 245			
顺天府			6 845 022	
直　隶		54 343 448	55 749 294	68 234 390
奉　天	60 933	311 750	580 658	2 752 527
山　东	74 133 665	92 526 840	96 774 146	96 714 003
山　西	40 787 125	44 522 136	42 741 388	53 548 135
河　南	38 340 397	57 210 620	65 888 443	73 173 563
陕　西	37 328 588	29 114 906	25 844 280	25 957 947
巩　昌		10 308 767	11 770 663	
甘　肃				23 633 095
江　南	95 344 513	67 515 399		
江　苏			68 129 127	65 981 720
安　徽		35 427 433	32 998 684	36 468 080
浙　江	45 221 601	44 856 576	45 690 343	46 240 000
江　西	44 430 385	45 161 071	47 863 166	46 100 620
湖　广	79 335 371	54 241 816	53 574 111	
湖　北				56 844 390
湖　南		13 892 381	30 527 664	31 308 342
四　川	1 188 350	1 726 118	21 445 616	46 007 126
福　建	10 345 754	11 199 548	30 527 664	13 804 703

(续表)

年代	一六五九	一六八五	一七二四	一七六六
广东	25 083 987	30 239 255	31 247 464	33 696 253
广西	5 393 865	7 802 451	7 953 271	9 975 244
云南	5 211 510	6 481 766	6 411 495	8 336 351
贵州	1 074 344	959 711	1 229 043	2 673 062
共计	547 237 633	607 840 992	683 791 442	741 449 551

前表计算所得之和，大数同于《通考》，全国耕种之土地，殆多于此，盖此报告就征税之田而言，一省田亩以丰歉之不同，前后稍有出入，庄田、屯田、学田均未计入，直隶、四川等省之黑田尤多。据作者之估计，十九世纪中叶，全国耕种之田，殆有十万万亩左右，而人口激增至四万万，分配有限之土地，其何能足？尤以江、浙、鲁、豫诸省为甚。张海珊以经世自期，颇留心于民生，其里滨近太湖，谓人浮于田，每家所耕不到五亩。一家五人，每人平均不足一亩，湖田原为植稻膏腴之地，生产力强，无如土地太少，收入有限，其生活可想。淮水以北，一家耕种十数亩地，贫苦之情状殆犹过之。贫民潜往直隶、山西北部，为满蒙地主佃户。其近海者，冒禁耕种于岛中，乾隆末年，谕称山东海岛有民二万余名，浙江岛屿时亦有人潜往开垦，更有耕种于山地者，如浙民开山，长官禁之，其往皖南闲旷山间搭棚栖止者，道光饬官逐回其新至者。人民多以耕种为业，所出之粟，价无剧变，而民间通用之制钱日贱，清初每银一两易钱七八百文，继则增至一千左右，至道光末年，兑至一千五六百文以上。人民纳税，出粟易钱，以钱易银，于是所纳之税，名虽照旧，实则倍于往日，官民交困，农民之生计益难。朝臣未曾顾虑人口激增后之问题，其留意者，则八旗人丁也。清初中外驻防之禁旅二十万有奇，清帝禁其营生，保护备至，无奈人口增加太速，而马甲限于定额，旗人惯于奢侈，生计日蹙。雍正曾倡迁移旗丁于满洲之议，惜未实行，及乾隆嗣位，御史舒赫德上奏旗丁移屯之计划，户部侍郎梁诗

正亦言八旗屯种,乾隆遣壮丁三千余人开垦于松花江流域,而八旗子弟不便于边外之生活,弃地还于北京。十九世纪初叶(嘉庆中),户部报告旗丁五十万有奇,合其家人,最少之估算,当逾二百万人。朝廷曾许汉军出为平民,无如其数无几,无济于事。于此生活困难之时,汉人勤苦耐劳,经营生产事业,满人虽得政府之补助,尚不愿于关外开垦,而汉人则因生计之压迫,违反禁令垦种田地,此固极少冒险之人。其在广东、福建沿海之地,亦有经商佣工于海外者。然皆不能解决国内过剩人口之问题,其无职业者,遇是水旱疾疫,不能束手待毙,乃循一治一乱之惨杀故辙,亦可悲也已。

人口过剩隐伏祸乱之根,其起而叛乱者,秘密会社也。会社之初起,究不可考,汉代即有其乱,清帝以满人入关,相传遗民痛于明朝之灭亡,加入其中,意欲复清。斯说也,殆难凭信,两广总督徐广缙曾奏三合会始于明代,明之中叶固有会党扰乱也。清代主要之党会可分为三,曰白莲教,曰三合会(或作三点会),曰哥老会,其支派繁多,名称复杂。三会之中,白莲教为最早,二会与其相近之点颇多,或深受其影响。白莲教之首领,初借劝人为善、医治疾病为名,招收党羽。其徒本多乡间迷信极深之游民,及受所谓信条之后,忠于其党,教主更借神怪不可思议之符咒,及天文预知之说,以坚固其信心。迨后党徒众多,遂起兵叛,政府禁之颇严,乃改名称,秘密宣传,迄今尚未绝灭。三合会、哥老会亦有迷信色彩,三合会盛于南方,其头目有大哥、二哥、三哥、红棍之称,会员统称草鞋。凡入会者举行郑重之典礼,名曰开堂,会规繁多,其不遵守者,即为背誓,五雷诛灭,所用之符号暗语,会外之人常不能解。哥老会盛于长江流域,组织目的近于三合会,其头目之名称、入会之形式、会中之暗语,皆无详述之必要。凡此秘密会社之会员,注重义气,会规谆谆然以患难相助为训,地方之恶棍,迫于生计之无赖,往往加入其中。其人轻身好勇,练习拳棍,良民畏之。其雄霸于一方者,广收徒弟,拒抗官吏,而官吏无如之何。其成立之要因,由于政府之腐败,官吏监督之不严,无业者之众多,与夫安宁之无保障也。

魏源于《圣武记》中,记道光平瑶事云:"初楚粤边郡奸民,为天地会,缔党歃约,横行乡曲,小剽掠,大擅杀,各有名号,兵役皆其耳目羽翼,一呼百诺,吏不敢问。赵金龙起事,即戕杀会匪,故会匪不附,而郴桂两粤奸民已所在蠢动,州县借军兴团练,随时擒治渠魁,又瑶平迅速,幸未生变。"瑶乱平于一八三二年,距洪秀全起兵十八年前,可见会党势力之一斑,嗣后国内扰乱,莫不与之有关。

十八世纪末叶,叛乱之原动力酝酿已久,心满意足之乾隆,方以十全老人自庆,其祸乱之早发,促成于宠相和珅。初和珅专权,贿赂公行,吏治大坏,其私产或估其计不下八万万两。同时,八旗绿营暮气沉重,失其战斗能力,攻取大小金川,糜饷之巨,劳师之久,数杀大臣,皆其明证。自乾隆让位其子,其年为一七九六,迄于一八三九(道光十九)年,叛乱时起,其重要者凡四。一、白莲教之乱。乾隆末年,白莲教魁刘之协煽乱,事发而逃,湖北、四川诸省奉旨大索,胥役逐户搜缉,多逞虐威。荆州、宜昌株连数千,富者破家,贫者瘐死,人民又以征苗摊筹军费,失业问题,仇官思乱,湖北、四川、陕西之叛乱遂作,教徒胁民助之。官兵讨贼,常杀良民,纪律废弛,"所遇地方,受害甚于盗贼"(合州知州龚景瀚禀语),终不能平,后始利用乡勇,采行坚壁清野之策,乱事渐定。一八一三(嘉庆十八)年,白莲教余支天理教作乱,其教魁林文清贿通内监,会合党徒潜袭官廷,事败就擒,余党起兵于滑县,不久即平,其支派迄未能绝。二、苗瑶之变。苗民自改土归流以来,益退居于湖南、贵州僻远之地,官吏待之甚虐,扰及闾寨,汉人侵居其地,苗民时思报复,至是起而作乱,大杀官吏汉人,迭陷重城,官军讨之,转战数年,会教乱方炽,改用敷衍之策,始得班师。一八三二(道光十二)年湖南之瑶作乱,瑶本戆骜,居于五岭,会匪欺其愚拙,连结官吏强劫牛谷,瑶民不堪其苦,其酋赵金龙率之作乱。其人矫捷善战,朝廷聚大军围攻,多虐杀之。其时广东之瑶亦叛,清兵往攻,瑶酋跪迎请降,杀之,瑶遂死战,复招其出降,战祸始已。三、回疆之叛。回疆自征服以来,朝廷委任满员治之,长官以其路远,恃而不恐,不善治之,而回人勇敢好斗,迭起叛乱,朝廷始乃慎重人选,终无效果。一八二五(道光五)年,长官连结土官,搜括回民,甚且广渔回女更番淫乐,回人愤怒,故酋之子张格尔乘势起兵,恢复要城,朝廷遣大军出塞,计诱杀之。复与浩罕构兵,禁其互市。浩罕来侵,清兵仅能保其壁垒,乃许之和,回人迄未心服,乱旋复起,幸即平定。四、海盗之骚扰。海盗初为沿海善于驾舟之游民,汉唐已有劫掠商贾之事,明代其势益盛,至是仿造高大之洋船,中置利炮,漳人蔡牵统之,曾得安南人之助,党羽日多,霸行海上,劫掠商船,势大猖獗,而水师之船笨窳,不能御之。其在广东者,为外船所败,余党扰于浙江。其巡抚阮元捐筹巨款,付交李长庚造大舰霆船,铸炮配之,朝廷擢长庚为提督,蔡牵数次犯浙,均不得逞。长庚追盗,重伤而死,朝命神将代之,追剿益力,阮元施用离间之计,由是蔡牵败死,余党降服,东南之海岸稍靖。以上数乱,聚国内精力财力,始能定之。

清至中叶,国势渐衰,而对外之政策,本于传统之思想,轻视外人,依然如故。其造成之原因至为复杂,统而言之,可别为三。一受地理上之影响,我国四邻多为弱小国家,常来朝贡,其文化又不如我国,乃以天朝自尊,鄙外国为夷狄,而称其人为番鬼。一为心理作用,人类之天性,以习见者为当然,久则生有拥护之心,苟往异乡,其风俗习惯与之迥异将即感受不安,外人之种族容貌既不同于吾人,而言语饮食习惯风俗又各迥异,易于引起轻视厌恶之意,渐成普通之心理。一由于历史上之遗传,其说详论于后。历史上汉唐为中国强盛时代,版图达于西域,中西交通便利,国际贸易发达。唐时外人居于境内,学术思想随之传入,中国吸收之后,发扬光大,成为文化灿烂时期,何近代固拒外人之深?古今何相去悬远耶?问题颇关重要,兹分别言之于下。

我国天然环境,东南濒海,古代海上贸易不甚发达,南方邻国人民不善于营生,西南高山或无人迹,北部之旷大平原,人民稀少,沙漠适当其间,其北荒凉之西伯利亚,更无贸易之可言。对外贸易之途径,西北较为便利。商人本于求利之心,涉万里不辞其苦,陆路交通较为发达,其在汉时，小国臣服往来，尤形便利。其路程自我国内地前往陕西，深入甘肃，及抵敦煌，分有二道，一出天山南路，循戈壁沙漠之南而行，一出玉门关，自天山北路而行，绕道于戈壁之北，掠中亚细亚而南，商人之往来者，憩于和阗，以橐驼运输，货物萃集于其地。学者谓新疆为古代印度、波斯、希腊、中国文化接触之所，其历史上之名城，人民之生活，文化之程度，迥异于野蛮部落，商人自新疆西南而行，抵于波斯，复西行，入于小亚细亚，然后达于欧洲。水路自欧洲放船，出地中海，抵于埃及，然后易船渡红海、阿拉伯海，抵于印度，船复东行，过马六甲海峡，东至安南商港，自安南驶行，即至中国。海路自航海术进步，乘时季风前行，其便利远过于陆路，汉以后之商人，多乘船至中国。

　　古书曾言昆仑，其说或为当时流行之传说，或言其受外影响，无论如何，殆难认为追纪西北交通之路。公元前七世纪，秦穆公称霸西戎，秦立国于今陕西中部，戎人多居于今甘肃，西域交通当有进步。西域本官书上含混之名称，初指西方之地，当今甘肃、新疆，其后汉使通于大夏、安息、印度诸国，亦以此名称之。朱士行之《经录》称秦始皇时，西域沙门宝利房等十八人赍佛经来咸阳，始皇投之于狱。《经录》相传作于公元后三世纪，其说何所根据，今不可知。就年代而论，始皇与印度宣传佛教之阿育王同时，阿育曾遣高僧远往各国宣传佛教，高僧来之咸阳，有可能性。以上要为推论，今更有新证证明。安特生（J.G.Andersson）于河南、甘肃发掘远古遗址，得有无数陶器，其花纹样式，同于发现于小亚细亚者。其时期距今约六千年，据学者研究之结论，其地居民或自小亚细亚徙入，或受其影响，果尔，则六千年前，东西已有交通。周代兴于西北，重视玉器，中国本部固无重要产玉之区，周历初以七日纪日，同于外历，均足以促人审思。及至末年，数学、天文视前大有进步，今据学者之研究，疑其深受外国之影响。秦始皇统一中国，销兵器，铸为金人十二，汉武帝讨伐匈奴，得其重器，列休屠王之祭天金人于甘泉宫中，又得昆邪王之金人，知其烧香为祭。金人之为佛像，虽或近于猜想，而中国与亚洲西部及印度之有交通，实无疑问。

武帝又谋夹击匈奴,遣张骞西通大月氏,及抵大夏,见邛竹杖蜀布,询之,知其来自中国,由印度贩至大夏者。据此,西南亦有交通。后班超降服西域,遣其属下甘英西通罗马,至波斯湾而还。其时欧洲、中国尚无直接贸易,货物均由安息商人转运。

欧人深入亚洲腹地,始于马其顿王亚历山大之东征,初波斯西攻希腊,大败而归,双方之仇恨深积。后马其顿国崛兴于希腊之北,降服南邻城邦,其名王亚历山大幼受希腊文化之影响,深表同情于希腊,具有雄心,欲征服世界,乃自小亚细亚追逐波王,侵入亚洲西部,公元前三二六年,逾越兴都库什山,抵于印度西北。会军士思归,不肯前进,始留戍兵而归。斯役也,促进欧亚之交通,从军之希腊人有留于印度西北者,建立小国,商人往来者尤多,贩运货物,中国丝遂传入希腊。亚历山大之师亚里士多得,西方之大哲也,其所著之书,中举丝名,丝在古代为我国之特产,而亚里士多得能言其名,则其传入欧洲殆无疑义,且进而为中欧交通之铁证。及罗马兴起,贵族需用丝绸,价同黄金,商人谋自海上来华贸易,先是罗马征服埃及,商人渡海至印度贸易。至是,船自印度东行,渡马六甲海峡,泊于安南,其地遂为国际商业重要之地。公元后一六六年,我国史称大秦安敦王遣使朝贡。其时值罗马皇帝安敦勒斯(Marcus Aurelius Antoninus)在位,使臣自安南遵陆路行,直达京都洛阳。其事未见于罗马史,古代商人,固有冒充贡使者,其重要则证明罗马商人之来中国耳。船向东北前行,即达中国海岸。二二六年、二八四年,皆有罗马商人来至广州之记录。

据上所言之史迹,上古中欧当有交通,公元后三世纪,海上亦有贸易,亚欧往来遂有水陆二路。陆路商人结橐驼队而行,逾越流沙,途中困苦,非言可喻;水路船舶运输往来较易,商人乃多舍陆就水。后罗马分东西二国,第五世纪,西罗马衰弱,野蛮部落侵入,欧洲之文化大受摧残,地理上之知识丧失几尽,欧亚之商业中衰。幸东罗马维持其间,及穆罕默德创立回教,统一阿拉伯半岛,同化野蛮土人,国势骤强,阿拉伯人掌握东方贸易之权。中国时唐太宗在位,政治清明,境内安堵,待遇境内外人,大体上本于种族平等之原则,国际贸易颇发达于广州、泉州,外人来至广州者尤多。后唐室衰微,海盗渐多,流寇祸作。其首领黄巢所到之地,屠杀焚掠,无恶不作,及陷广州,尽杀外人,商业始衰。北宋旋复旧观,南宋军饷无出,奖励商业,海道转盛。十三世纪,蒙古崛起于北方,其酋成吉思汗率其铁骑出征,无不胜利,子孙乘其余威,跨有亚欧二洲,驿站之传递公文,橐驼队之往来,海上之交通,均称便利。蒙古人之待异族也,优于汉人、南人,教皇遣人东来,马可·波罗仕于其朝。一四五三年,土耳其人攻陷东罗马之首都君士坦丁堡,掌握欧亚交通之路,回商乃垄断商业。

十五世纪,欧洲经济状况视前进步,东方物品之市场需要正殷,葡萄牙王子亨利(Prince Henry)奖励航行,谋觅新路,以达印度,其勇于冒险之船长沿非洲海岸前进,一四八七年,抵于好望角,一四九七年,瓦斯科·达·伽马(Vasco da Gama)率船绕道非洲,明年抵于印度,阿拉伯商人阻其贸易,然终贩买货物而归。葡王得报,遣兵舰东渡,俄据印度西岸之良港歌那(一作卧亚,Goa),以为根据之地,东取马来半岛之马六甲。葡人复来中国,租借澳门,垄断东方贸易凡有百年。荷兰、英吉利商人起而与之竞争,荷兰占据南洋群岛,英吉利经营印度,法兰西诸国商人继之而至,东方葡萄牙之商业大衰。欧人东下之动机,始则求一航路直达东方,贩运货物以得厚利,航海家冒险事业之进行,常得国王之助,国王之政策,则欲收其发见之地,臣服土人,建立广大之海外帝国也。其远离祖国之水手,多为富于欲望之青年,对于土人无恶不作,及据其地,葡王委任官吏治之,天主教神父后随之往。葡人初受回人之虐待,常有报复之心,强改土人之宗教,东方人民恶之。其贩运回欧之货,多属贵族之奢侈物品,如中国之丝绸、瓷器、纺机,印度之宝石、美珠、颜料,南洋群岛之豆蔻、丁香,其运来之物,以玻璃钟表等为多。

综观中外交通之略史,吾人发生之感想,则为世界各国民族因其地理上之位置,历史上之遗传,社会上之需要,产生特殊文化,及与外国接触,而始有所比较,发生异同,引起学者好奇研究之心理,常于有意无意之中,吸收外国之思想,模仿其制度,试以个人证之。个人生于社会之中,自少而壮,由壮而老,莫不深受家庭社会环境之陶冶。其习惯行为、思想言论之大部分,概为社会之产物,换言之,个人之在社会,以模仿为多,聚个人而成团体,合团体而成国家,由国家而成世界。世界文化之进步,一由于天才之创造,一赖模仿之能力。是故民族于世界上之占重要地位者,常于二者觇之。模仿之性质可别为二,其一于有意无意之中,自由模仿他国之长,以补本国之短,其一于困辱之后,始知墨守祖法之不利,迫而模仿他国之长。一八六〇(咸丰十)年前,我国所受外国之影响,多属于前者,其后所受之影响,多属于后者。其区别虽近于牵强,而目的则欲读者之深思也。学术思想所以促进人类之幸福,不受国界之限制,我国文化于世界上之贡献,吾人多能言之,而外国影响我国者,吾人亦当知之。兹略言之于下。

一、物产　物产以种子、土壤、气候之关系,各地不同,其自外国传入者,不知凡几。据学者良芳(Berthold Laufer)所著之《中国伊兰》(Sino-Iranica)一书,考证中国植物自伊兰传入者,不下数十种,如苜蓿、葡萄、石榴、胡麻、胡桃、胡荽、胡蒜、胡葱、豌豆、菠菜、胡萝卜、枣树、黄瓜、西瓜、无花果、皂荚、凤仙花、胡桐之类,历时既久,中或改去胡字,今为吾人常见或日用之物,将信其原生长于国内矣。其传入中国则始于西汉,张骞奉命西通西域,携植物种子如苜蓿、葡萄而归,后人以其开通西域,凡自西方传入者,多附会于张骞。其信而有征者,则为苜蓿、葡萄,余多逐渐传入,兹举数例,说明于下。武帝得天马于大宛,知其性嗜苜蓿,求取其实而归。《史记》纪葡萄亦于此时传入,渐种植于北方,《唐书》记破高昌,收马乳葡萄实于苑中种之。西瓜原为产于西域之瓜,夏时食之,可以止渴,其种亦得之于西方。梁(六世纪)陶弘景曾言寒瓜,其种类今不可知,五代史称胡蟠居契丹(十世纪)始食西瓜,称其破回纥得有此种。十一世纪,宋仁宗遣使航海买早稻万石于占城,分授民种,其分种成熟正与江南之气候相宜,农民胥受其赐。十六世纪,闽人得番薯种于外国,硗瘠之山地,皆可种植,木棉玉蜀黍亦自外国传入。关于锦绣矿物药石,亦有自波斯传入者。其关系于民众生活,至深且巨。

二、思想 战国时中国之时间观念、天文、算术等均有进步。法国著名之汉学家马斯泊罗(H. Maspero)称当时及汉代文学与印度、波斯相似,昆仑故事传自印度;中国初无行星之名,至是始乃知之,其分一日为十二时,为巴比伦之制;墨子所论之几何原理,同于埃及、希腊。其说今无传入中国经过之明证,尚难指为中国确受其影响。《史记》中律历志所言之律,尽同于希腊哲学家之言。外国学者之发明早于吾国,国内先无讨论,一旦忽有若大之进步,颇足以促吾人之深思。其后中外交通益繁,佛教传入,其始祖释迦牟尼感于生老病死之痛苦,入山求道,了解人类痛苦之道,由于欲望,倡说八正道于世。其教初基于印度固有之因果轮回,免除痛苦之思想,而佛陀阐明伦理上之责任,及慈悲不杀之旨义,合知识情绪二者,成立宗教。佛教传至印度西北,深受环境之影响,僧侣敬拜佛陀为天神,重视祈祷,由是传入中国。后汉始译佛经,自东晋至唐为其极盛时代,译书既多,流传益广。南北朝时士大夫多与高僧往来,研究佛法,其以儒家自命而辟佛者,间接亦受其刺激。相传梁武帝时达摩东渡,我国始有禅宗,其要旨则所谓"识自本心见自本性"也,识者近谓禅宗产于中国。无论若何,要与佛教有关。宋代道学家之主敬主静,即佛教静坐之变相。大儒陆九渊、王阳明等莫不吸收禅宗之思想。佛教传入之后,方士受其刺激,效其组织,成立佛教变相之道教。佛教既入中国,后于名都大城,创立佛寺,其中佛像繁多,种类不一,见之警人身心,因而附会天堂地狱之说,隐寓奖善惩恶之意,又如轮回之哲学,说明吾人今生之享受,定于前生之功过,来生之享受,定于今生之行为。其说深入人心,往往于无意之中,约束人民,亦来自印度者也。回教、耶稣教传入中国,亦有相当之地位。十七世纪,耶稣会教士输入西方科学知识,固其明证。清代汉学大师戴震等精通数学,其考证之精核,或受科学方法之指导也。

三、文学 中外交通以来,文学受外影响,秦汉以前,固无论已。及佛教传入,其经典梵文本也,汉人能读者极少,汉末开始翻译佛经,高僧以其文法构造之不同,字义思想之悬隔,袭用文学上之旧语,不免于附会失真,后乃创造新语。近据日人《佛教大辞典》所收入之新语,凡三万五千,其少数成为我国文学中之习见语,如法界、果报、刹那等之类。汉译之佛典文体,迥异于通行文字,其倒装句法、解释语法、形容辞句及无韵诗歌,皆足以觇外来文学之色彩。译者颇求其通俗,梁启超称之白话新文体,盖有所见。宋代之白话文学受其影响,其最明显者,则理学家之弟子效法禅宗之语体文而作语录也。戏曲亦为文学作品之一,说者疑其曾受外国影响。许地山分析梵剧,谓歌舞乐在宾白之间,以及表演之角色,类近我国之杂剧,其相似之点,虽不足为曾受印度影响之明证,然而固为有力之建议。其他影响于文学者,尚有反切、四声等。反切之法,合二字之音为一字,上必双声,发音相同,下为叠韵,收声相叶。说者尝谓反切由于天籁,不烦人造,殊不尽确,应劭《汉书》之注,孙炎《尔雅音义》之作,其法始乃大行。梁时慧皎所著之《高僧传》中有曹植深爱声律,"属意经音……传声则三千有余"(见《慧忍传》)。要之,音韵学之始祖,皆在曹魏,适当佛教传入之后,其受印度影响,殆无疑义。其可附带说明于此者,则为字母。《隋书·经籍志》云:"自后汉……得西域胡书,能以十四字贯一切音……谓之婆罗门书。"《高僧传》记谢灵运咨询和尚慧睿经中诸字并众音异旨,于是著《十四音训叙》,条例梵汉,及唐失传。高僧守温因而整理来自西域之三十六字母,以为切韵。四音由音韵演进而成,沈约自称为其所作,殆不足信。韵学与律诗关系密切,唐代律诗之盛,岂无因乎?

四、科学　科学之受外国影响者,秦汉已如上述。及唐武则天临朝称治,六八四年,颁行高僧根据印度历法改订之《光宅历》。七二一年,玄宗诏僧一行再订历法,一行步推,依据印度成法。同时数学亦有进步,不幸书久佚亡,内容今不可知。元时领土初有中亚细亚,回人之天文学术传入,郭守敬受其影响,造成负有盛名之仪器,明末耶稣会教士来华,其人精通天文、物理、数学、医学,将其输入中国,以为布教之机会,其最著名者,有利玛窦、汤若望、南怀仁等。利玛窦习学中文,身穿华服,初传教于广东肇庆,后往来于南京、北京,上表进贡于明廷,后死于北京。学者从之游者,有徐光启、李之藻等。其所著重要科学之书,有《几何原本》《同文算指通篇》《西国记法》《勾股义》《测量法义》等,其所作之《万国舆图》,故将中国置于中央,迎合时人之心理。死后,顽固者目其教为邪教,政府放逐教士于澳门。其时满洲崛兴于东北,迭败明兵,明廷以炮御之,复召教士工匠于澳门,铸造大炮。汤若望等应诏入京,教士鉴于旧历沿用已久,中多错误,得旨开创历局,编纂历书,兼造天文仪器。仪器种类颇多,以铜为之,精巧称于一时,后清兵入关,幸赖多尔衮之保护,未尽损坏。未几,清廷颁行教士编定之《时宪历书》。及康熙亲政,南怀仁奉诏,筑观象台,置新造之天文仪器于其上,后铸重炮,以平三藩之乱。康熙诏其进讲西学,扈从巡游,复命其考察各省之地势,绘成地图,历三十年始成,名曰《皇舆全览图》。总之,耶稣会教士之影响于我国者至深且巨。数学,我国学者自受其指导,研究颇有心得,久已失传之天元四元,复明于世,汉学大师且多精通数学。其所造之天文仪器,颇有美术上之价值,八国联军之役,德国取之而归,大战后复还我国。医学传入国内,新法牛痘拯救无数婴孩,其法创于英人,一八○三(嘉庆八)年西班牙人传之于中国。

五、美术　美术之范围颇广,先秦美术作品之存于今者,多为金石。殷周彝器无制造人名,其花样多同,无个人创作之表现。及至汉代,花样之种类增多,其兽形类于外国之样式,盖自西北传入者也。汉代石刻,内容或为神仙故事,或历史人物,或为奇兽,要多粗浅,迨佛教传入,乃深受希腊、印度一派之影响。初亚历山大东征,留戍兵而归,及其死后,其部将立国于西亚,希腊美术传至亚洲,大夏、安息所铸之钱币,中印王像,其服装同于希腊神像,及大乘佛法盛于印度西北,雕刻之佛像骤增,其裸体之状态,肌肉之弛张,生气勃勃,一如活人,模仿希腊之迹,显然可见。其表现之意义,则为印度之思想,故有印度、希腊雕刻一派之称,至是,随同佛教传入中国。近时斯坦因(Aurel Stein)等于新疆掘得之佛像,尤其明显之证,古书称高僧往印求经者,曾带佛像回国。北魏大同(今名)龙门刻石,工程伟大,精细为国内希印雕刻之名作。塑像,唐代杨惠之负有盛名,其所塑之神像,神态奕然,其四尊罗汉尚存于苏州甪直镇。元代之建筑,颇受回人之影响,佛寺之建筑,塔则仿自印度,国内屋脊今皆斜下,亦受外国影响。绘画秦汉殆无名家,画家所用之毛笔,绘画之材料等,均为中国产物,佛教对之,虽无重大之贡献,要亦与之有关,或促进其发展,如供给画家佛教上之人物,顾恺之于寺中作画,卫协善画神像等,皆其明例。梁武帝虔奉佛教,遣人至印度,习学壁画,近时西北废寺发现壁画,其画固自外国输入者也。兹为便利之计,附言歌乐于此。汉代初以安息之献,角觚戏兴,西域乐器先后传入中国者,有胡角、凤首箜篌、琵琶、五弦笛等,并得乐工教习歌曲。隋炀帝定乐为九部,中多胡乐。唐兴,《霓裳羽衣曲》由凉州节度使进献。歌舞亦受外国之影响,如《旧唐书·音乐志》称拨头出自西域,胡人为猛兽所噬,其子求兽杀之,为此舞以象之也。自唐以来,音乐虽有变迁,而大部则仍相承,迄于今日。

以上列举之事实,不过证明中国之文化,曾受外国之影响,欧洲近代文化则合埃及、希腊、希伯来、罗马诸国之贡献而成,原无足异。闭关自守之国,既无比较之可能,又无有力之刺激,进步往往困难,文化实无国界,欧洲思想,亦曾受我国之影响,如法国哲学家卢梭主张自然,则受我国老庄之影响,尤有进者,外国文化传入之后,多受我国思想环境之影响,成为国内文化之一部分。其性质遂迥异于其在外国,吾人无须自馁也。同时,各国之政教,多基于历史环境,于其传入之前,当有深切之研究,详论其利弊,外国之事物,未必皆有良好之结果,鸦片、烟草、杨梅毒疮尤其明显之例。鸦片之为害也,破坏道德、家庭幸福、经济状况、政治安宁,其种子自西北传入,近代自海上运入,造成大祸,其事详于后篇。烟草植于美洲,西班牙人移植于菲律宾岛,闽人传其种于福建,于是我国始有旱烟、水烟,最近卷烟传入,漏卮甚巨,且有害于人生。杨梅毒疮,说者言其初盛行于北美洲之南部,西班牙于发现新大陆后,占据其地,其远离祖国前往之青年,多贪利无餍,放纵情欲,染得病菌,恶疾遂传染于他地。我国之有此病者,始于广东,其后渐及于他港商埠。三者之害,显而易见,尽人所知,思想制度不善利用,其害或甚于此,盲从不辨是非之害,可不惧乎?总之,一国容纳外人,国际上接触之机会增多,发生比较之心,造成精确判断之能力,天下之害,实多生于蒙蔽狭隘也。

  古代中外之交通发达,何近代闭关而拒绝外人之甚耶?吾人就历史上之背景而言,上古中国外患力足以制之,及五胡之乱,促进华夷互通婚姻之机会,隋唐曾去种族上之畛域,隋文帝、唐太宗之后皆为胡人,蕃将之立功于唐者,史不胜书。宋受外族之蹂躏,夷夏之观念渐严,理学之发达,士大夫之胸襟益狭,终见灭于蒙古。蒙古人之入中国也,大肆屠杀,既平宋后,虐待汉人、南人,而又防其叛乱,禁南人携带兵器。其治中国也,惟知榨取于民,人民不堪其苦,加以喇嘛之横暴,官吏之贪墨,贫民铤而走险,相聚为盗。朱元璋力并群盗,驱逐蒙古人而北,为事颇易,斯见汉族之痛心疾首于蒙古人矣。其明显之结果,对外引起仇外之心理,对内容忍皇帝威权之扩张,及明中叶,倭寇之祸大作,时人深信海上贸易,为其祸根,朝廷采用严监外人之政策,闭关思想,遂益发达。明亡士大夫抱有恢复之心,其种族之恨恶,往往见于著作,其入人之深,乃转而以对欧人。欧人初至东方,不知中国之情状,其政治家以为文化发达之古国,不惜卑辞厚币求于中国。其远渡之水手,多为富于野心之青年,类近海盗,无恶不作,反足以引起华人之恶感。其心目之中,以为外人嗜利无厌,心怀叵测,凡其要求概以恶意推度,自不研究其国中情状。朝廷大臣坚信夷人恃茶叶、大黄为生,①封舱为驾驭之秘法,遂益骄傲。荷兰诸国且以藩属自居,相沿既久,视为固然。吾人于言中外冲突之先,当略先知其来华之经过,及其贸易之情形。

---

  ① 大黄主泄,产于中国西北者最佳。外商先曾贩运,及至近代,别有药品代之,士大夫囿于传说,固不之知。

初葡萄牙占据歌那,东取马剌甲。一五一六年,葡人附船抵于中国,明年(正德十二),葡船八只来粤,泊于上川岛,遣船偕同使者前往广州,葡船继之至者,贪婪横行,官吏捕之,不得,囚其使者,使者俄死于狱中。一五二二年,葡使复至上川岛,明兵击之,余众逃往电白岛,葡人心犹未已,航达福建、浙江,经商于泉州、福州、宁波。而宁波商业后颇发达,葡人强改华人宗教,诱拐妇女,长官讨之,杀教徒一万二千,内有葡人八百,泉州亦杀葡人,生者逃往电白,电白遂为商港。一五五七(嘉靖三十六)年葡人纳贿粤官,得于半岛澳门(今名),创立货栈,晒干货物,葡人始得经营澳门,岁纳地租。中国对于澳门建筑城墙,限制交通,但仍认为领土之一部分,一八〇八年,英与法战,遣舰保护澳门,两广总督吴熊光令其撤去,奏报朝廷,嘉庆责其防范不善,即令革职办罪。其地诉讼归于华官判决,犯罪之葡人由其官员交出;管理商业之权亦操于华官;如后广州停止英国商业,而葡官亦奉命拒绝英人住于澳门也。葡人既得根据地于中国,垄断远东之商业,阻挠后至之欧商。其政府谋得权力,先后遣使臣来华,前三次未达北京,第四使臣得觐康熙,第五则朝雍正,第六则觐乾隆。使臣执礼甚恭,然终不得要领而归。其后葡人之贸易衰微,而澳门仍为外人居留之所。

耶稣会于一五五二年成立,宣传天主教于东方,葡人管之甚严,教皇派僧召集会议,议订章程,凡至中国者,须通华语文字。其人曾受良好教育,输入科学知识,迎合人民之心理,利玛窦谓上帝为天,许其教徒祭祀祖先,礼敬孔子,信者渐多。后守旧派杜米尼坑(Dominican)等教士来华,指摘其传教方法,乃开会于广州,共谋有所解决,而祭祖拜天为会中争论之焦点,未有结果。旧派诋毁耶稣会于欧洲,报告教皇,葡人恶之,曾阻碍其工作,葡法大学倾向守旧,恶其思想之激进,耶稣会之敌增多。教皇改变态度,一七〇四年,派使携带教令来华,禁用天字及拜祖先,康熙根据耶稣会教士之报告,捕之送往澳门,教皇再派使者入京进觐康熙,请求管理教士,康熙不许,先曾遣使往谒教皇,杳无信息,疑其被杀,乃严待之,一七一三年,教皇解散耶稣会。其时江南有教堂百所,教徒达十万人,他省亦盛,竟以教皇之禁令,发生阻碍。一七二三年,雍正嗣位,闽浙总督满保奏请安置教士于澳门,改天主堂为公廨,上谕许之,天主教始衰。其原因则教士内讧,教皇妨碍耶稣会之传教事业,雍正以教士干涉内政,而身信奉喇嘛教甚虔,故禁其传教,及乾隆末年(十八世纪末叶),教乱迭起,天主教之禁令益严。一八五〇年,嘉庆严禁教士刻书,而神父传教之热忱,未为稍挫,仍有潜入内地者。基督教初以荷兰之保护入于台湾,及荷人被逐,教士亦去。一八〇七年,英国教士马礼逊(Robert Morrison)来粤。马礼逊,基督教牧师也,译成《新约》,刊行中英字典,我国遂有基督教。

方葡萄牙经营东方也,西班牙雇用之水手发现美洲。一五二一年,其臣麦哲伦绕行地球,发现菲律宾岛,西人据之,后海盗林凤(旧误译为李马奔)率众攻之,战败而逃。闽官遣舰侦之,抵于菲律宾岛,明年,其长官遣教主二人为使,附舰渡闽,请求通商,使者无所得而返,再遣使者重申前请。中国许其贸易于广州,然遭葡商之忌,无大发展。十七世纪,闽人经商于岛中者日增,西班牙先后惨杀无辜之华人凡四万余名。其南渡者不为稍止,西官乃限制华人六千住于岛中,每人年纳丁税六元,其不改奉天主教者逐之,商业仍操于华人之手,西人用墨西哥银币买货,墨币由是流入中国。

荷兰人继二国东下,先是,荷兰为西班牙之属地,其人坚决果敢,信奉新教,不堪西班牙之虐待,叛而独立,会西班牙、葡萄牙合并,严禁荷商贩货于葡京。荷船迫而东渡,一六〇四年,抵于广州,以受葡人之阻挠,先后均无结果,改用兵船来攻澳门,不胜,逃之澎湖,更退据台湾。一六六一年,郑成功自厦门率军二万余人,渡海攻取台湾,荷人大怒,遣船援助清兵攻陷厦门,而于台湾则无如何。其后康熙征台,诏荷兰助战,而荷舰失期,及至,台湾已定。荷商既不得志于广州,乃于福建要港贿赂长官,贩运货物,一七六二年,始设商馆于广州。其政府谋得商业上之权利,以为能得朝廷之许可,则广东之困难立即解决,又以卑事日本幕府,得通商于长崎,遂迭遣使卑辞厚币来至北京，遵朝见之惯例，行三跪九叩首之尊礼，惜皇帝未曾稍假颜色，允许其请也。结果清廷定其贡期，列为藩属。

十六世纪末叶，英王致拉丁文书于中国皇帝，请求通商，不幸船破。其商人俄组织东印度公司，遣船驶往广东，葡官鼓动粤官拒之，英船曾炮击虎门，直驶黄埔贸易而去，其后至者，均不得贸易。会台湾政府许其通商于台湾、厦门，二地贸易颇形发达，后台湾以降清而商业告终。一六八五（康熙二十四）年，朝令各口准许夷船互市，公司船俄至广州，海关监督借端勒索，公司患之，遣船贸易于厦门、宁波，奈其长官非法需索甚于广州，公司后设商馆于广州，并巩固其地位于印度，在华贸易之额数占据第一，益欲改良商业之状况。一七七八（乾隆四十三）年，英王遣使前往北京，中途船覆，杳无音信，一七九二（五十七）年，王遣大使玛加尼（George Macartney）来华。粤督以大班之禀报，奏其来祝万寿。明年，船抵大沽，玛加尼自称王使，华官颇礼敬之，遣船送往北京，中立大旗，书曰"英使朝贡"。及抵北京，乾隆适在热河，乃往觐见，大臣说其遵行三跪九叩首之礼，不得，乾隆许其以觐英王之礼朝见，待之颇厚。大使要求英国公使驻于北京，设立商馆，中国开放宁波、天津，而于舟山、广州附近，给予英商住留之地，改减船税。原文并无传教之要求，而乾隆诏书则言及之，盖由于译文之误也。大使又说中国派遣公使驻于欧洲，清廷复文一一拒绝，遂无成功而归。十九世纪初叶，英美交战，英舰捕获美船于澳门，粤官强令英商交出，争执颇烈，后始让步解决。英国欲因解困难之症结，且谋商业上之利益，一八一六（嘉庆二十一）年，命阿美士德（William Pitt Amherst）为大使东渡，及抵天津，长官说其叩头，不许，旋至通州，即往圆明园，明日，至园，大臣强其觐见，大使谓其疲乏已极，而国书礼服未至，拒绝其请，朝臣说其回国，英使遂即日出京。初嘉庆欲其如礼觐见，谕称不肯跪拜，即阻其入京。而大臣贸然同之至京，乃欲于困乏之余，而强其三跪九叩首也。大使之来，徒增二国之恶感耳。

欧洲关于中国之知识，多赖法国教士之报告，教士富于学识，本其见闻，发为文字，而使欧人稍知中国之状况。法国在华之商业殊不发达，其王未曾遣使远至北京，请求通商，一六六〇年，始有商船来华，一七二八年，设立商馆，而贸易仍无进步。十九世纪之初，英法战争，法国海外之势力远非英比，其广州领事（大班）馆之旗升落不定，其他在粤贸易之商人，有美利坚、瑞典、普鲁士等国。美国初为英国属地，其需用之茶叶，由东印度公司转运，独立后，始谋直接贸易。一七八四年，美船抵于广州，其商人无专利公司之限制，而船只较小，便于运输，商业日益发达，在华之地位跃为第二。其余诸国均有商船来粤，惜其商业无足轻重，华官待之，多如英美商船。

水路通商略言于上，陆路与俄国交涉颇早。俄自蒙古人侵入以来，颇受中国之影响，及独立后，经营西伯利亚，数遣使臣来至北京，中国殊轻视之。方清帝入主中国也，俄军乘势侵入黑龙江边境，建筑雅克萨城，驻兵守之。会康熙于平三藩之后，出兵围陷其城，毁之而归，未几，俄军复至，清兵攻之。一六八九（康熙二十八）年，二国代表议和于尼布楚，缔结条约，以外兴安岭为界，毁雅克萨城。二国边吏不得容留逃人，严禁猎户人等擅越国界，其有护照者始得贸易，违者各送本国治罪。约成之后，俄皇迭遣使臣来华要求改约，使臣遵守三跪九叩首礼，亦无结果。一七二七（雍正五）年，二国始订《恰克图条约》，初外蒙古与俄先有互市，及其臣服中国，疆界互市之问题，须协商于清廷。至是，雍正许俄议定疆界，成立《恰克图条约》共十一条，明年，批准。条约规定边界、互交罪人、递送公文，及贸易往来。中国许俄建筑俄馆于北京，教徒可学华文。会清用兵于准部，患俄助之，亦遣使臣入俄。二国自订条约后，恰克图之百货云集，乃为漠北贸易之中心点，边吏增订互市章程。新疆自征服以来，边界贸易亦有进步。一八〇五（嘉庆十）年，俄船二艘驶入广州，关督延丰许其卸货，朝廷严办其罪，其心理则俄人于陆路上已有通商之权，不应再至广州，贩运货物，而违反旧制也。

十七世纪，广州、厦门、宁波皆有外船互市，税收以广州为轻，其贸易最为发达。一七〇二(康熙四十一)年,朝廷遣皇商来粤,垄断国际贸易,其人非广州之大商,外商恶其贩卖迟延,粤商恨其专利,官吏嫉其夺去税权,皇商乃许粤商贸易,其条件则每船纳银五千两,其制后废。商人羡其获利之厚,趋之若鹜,互争利益,俄自觉悟,成立公行,划定物价,外商抗议于总督,谓将离港他往,总督饬命解散,商人旋复组织公行。政府防范商欠及其弊端,禁止商人私与外商贸易,更以广州商业之发达,便利征税及监督外人之计,一七五七(乾隆二十二)年,诏定互市限于广州,公行遂有所恃,其会员骄奢日甚,破产者多,乃告解散,一七八二(乾隆四十七)年,欠债事起。其时民间借债月利低者二分,高者五分,外商运银来粤借于商人,或博重利,或预订货,商人有无力偿清者,官管行商益严。行商一称洋商,其行曰洋行。据林则徐之奏文,嘉庆十八年(一八一三),粤海关总督德庆奏准设总商综理行务,嗣后承选新商须联名保结,行商凡十三家,渐有倒歇,道光九年(一八二九),存有怡和等七行。监督延隆准新商试办一二年,由一二商人具保承充,十三行遂复。其品流始杂,欠债增多。一八三七(道光十七)年,粤督邓廷桢会同关督奏复联保旧制,其歇业者准其联保承充,不添一商。行商设有公所,会议公共事务,对于政府负有管理外人之责任,对于外商有指导之义务。外商贩来之鸦片、棉花,输出之茶叶、丝绸,初皆由其转卖,货物之高低,供给之量数,由其操纵,并得抽货价百分之三为其归还欠款,或补偿损失之费,不幸其款后归官吏。

外船之驶往广州也,先行商定税金规礼,然后入港。清代关税,一曰船钞,一曰货税。船钞根据船只之大小分为三等,其法测量船身之长宽,按其等级,以定其额数,货税颇轻。正税而外,官吏规礼多至六十余种,雍正收之归公,乃另立名目,勒索如故。其收入最丰者,首推海关监督,监督身为满人,多为皇帝亲臣,管理商业,征收税银,其品秩与督抚相等,不受其节制。先是外商不堪勒索之苛扰,则共同抗议,而以不至广州为要挟,粤官斟酌情形,或去弊端,或拒其请,迨朝廷宣示广州为互市商港,外商始失要挟,及行商成立,管理之法益备。外船来粤,先得澳门同知之许可,租屋于行商,及船泊于澳门,船主至其衙门,雇用领港通事买办(买办亦得于船入黄埔时雇用),船再驶往虎门,关督丈量船身,视其货物,定其税金规礼,船主如数与之,然后驶入黄埔。及船泊于码头,船主报告货物于行商,由其介绍,或供给房屋、货栈、仆人等。其贩运货物也,专向行商磋商,价值之高下,由其决定,外商苟以价太低廉,亦得拒绝出售,顾其远至广州,不愿再运货物回国,而多尊重行商之意见也。运回之货物,多为丝茶,法律规定每船载丝不得过于一百四十石,余多茶叶,其价亦由行商定之。外船之在黄埔也,期约三月,通事买办皆得厚利,官吏胥役亦有赠遗。其不入港者,海关之税额,官吏之规礼,均得减半,行商之佣钱,则为二千余两。

广州之外商无购地置产之权,其住宿办公之商馆,数凡十三,为行商之产业,盖行商十三也。租金取价低廉,外商每于冬季入住,货栈则在河南,亦为行商之产业。粤官之管理外人,也订有条例,后益严厉。其要款如下:一、兵船不准驶入虎门泊于内江。二、番妇枪炮不准带入商馆。三、洋商不准私借夷款。四、夷商雇用华工不得过于定额。五、夷商不准乘轿。六、夷商不准划船取乐,每逢初八、十八、二十八日,始得往游花园。七、夷商不准直接上禀长官,须由行商转递,并受其管理。八、夷商不准久居商馆,贩买之后,须即回国,或往澳门。规则中一、二、七三条,执行颇严,其禁兵船武器者,以防变起不测,而不易管理也。其禁妇女之入商馆,一由于中外礼俗之不同,其时国内上中级社会之妇女,居于深闺,而外国男女同行,其服装自华人观之,则为妖艳,迄今民间尚有取种之说,一防外人久住不去也。其禁外人上禀,官吏称为严肃政体,且为免除烦扰,便利行商管理之也,后以弊端丛生,始准夷商于城门递禀。其禁外商久居广州,外商去时,雇用工人看守商馆,往来概须纳费,其无住宅于澳门者,出纳重贿,亦得私留住于商馆。第三条严禁借债,而行商常以中外之利息不同,多借外款。四、五、六三条均为具文,商馆雇用华工,官吏平日从不过问。坐轿之禁,本于轻视之观念,虽曾发生争执,然以外人不准行于市中,或自由出外,实无乘坐之必要。其往游花园,向不遵照定例,无事则划船渡河，散步园中。综观管理章程，可称琐屑，其动机则官吏认"夷人犬羊之性"，不宜亲近，发生事端，又患奸商之欺愚外人，乃借行商保护之也。

行商外商之买卖也，从未订定合同，双方均能履行言诺，其信实昭闻于世，相处亦颇和善，尤以伍绍诚实不欺，慷慨好施，见称于外人。其得承充行商者，固须连保，亦当纳银，凡遇大荒河灾，均须捐款。一八三一（道光十一）年，朝令归还商欠，伍绍荣出银一百十万两，一八四一年，英军将攻广州，将军奕山议和，伍绍荣出银一百万两，曾自谓其财产，共值二千六百万两。其款虽由经商之才能而得，亦赖专利制度之助，其不善经商而拖欠外债无力归还者，亦复有之。其时国际贸易之普通言语，则为印度、葡萄牙、英吉利语言合成之洋泾浜话，通事习学其常用之话，全国无精通外国文字之人。商业虽受种种限制，然以实用科学之进步，世界交通趋于便利，年转兴盛。一七五一（乾隆十六）年，黄埔江中外船十八，英占半数，一七八九（乾隆五十四）年，增至八十六只，大多数属于英商，美船次之。《达衷集》记一八三二年，英船有北上觅新港贸易者，及抵上海，其船主称前来船七八只，现大船七八十只，买茶叶三千万斤，湖丝几百万元。外船运来之货，则为鸦片、洋布、羽毛、大呢、钟表。自一八一八年至一八三三年，英美输入之货，价共四万二百万元，每年平均凡二千五百余万元，中国之输出者，价凡三万六千八百万元，每年二千三百万元，税收原定额银四万余两，一七九九年，增至八十余万两，鸦片战前，约银一百七八十万两。官吏之规礼，则不可知。

官吏对于外商欲其遵守惯例，饬令行商通事负责办理，除征收税金规礼而外，其曾引起争执者，则为法律问题。外人自通商以来，住于广州，犯罪者殊少。期内间有华人殴杀外人，水手亦有醉酒滋事，或误杀华人，或相仇杀者，初则概归华官审判，按律治罪，外人亦无异言，后则力谋避免华官之干涉。其主因则中国法律初较外国为优，及后外国改良法律，而中国仍守旧法也。其尤发生困难者，常为误会伤杀，不知谁为犯人，粤官责令船主、大班交出罪犯。其要求之理由，则共同负责之连坐法也。其法，子犯罪,父连坐,夫犯罪,妻连坐,兄犯罪,弟连坐,一家犯罪,四邻连坐;甚者一人自杀于仇家之门,主人即犯嫌疑之罪。同时,官吏连坐亦严,杀人越货之案发生,县官负有责任,境内倘有匪乱大灾,长官或受相当之处分。其对外人适用此法,乃当然之事。外人认为不公,事实上负责之人,往往难于负责,因其不知犯人之为谁何,而将其交出也。及起争执,长官或许外人出金抚恤以作解决,或停止贸易以为恫吓。外人住于中国,当守国内之法律,固无疑义。外人之辩护,则以官吏腐败受赂,而判狱多不公平也。其尤难于解决者,则粤官饬令商人对于本国政府之行动负责也。英舰曾捕美船于澳门,粤官严令英商交出,英商则谓政府之行动不能负责,几致决裂。其争执虽或一时解决,然非适当之途径也。

　　清廷之许外人通商,大臣谓其出于皇帝之天恩。乾隆于答英王乔治第三之诏书,自谓天朝之领土广大,物产丰富,皇帝不爱珍物奇玩,无须外货。其后俄船驶入广州贸易,关督奉旨办罪。朝廷以为俄人已得陆路通商之权,不应再沾天恩也。迨禁烟事起,自称深悉外夷一切伎俩之林则徐犹曰:"从前来船每岁不及数十只,近年来至一百数十只之多。我大皇帝一视同仁,准尔贸易,尔才得沾此利,倘一封港,各国何利可图?况茶叶大黄,外夷若不得此,即无以为命,乃听尔年年贩运出洋,绝不靳惜,恩莫大焉。"此种思想足可代表普通心理。其时国内人口激增,生活艰难,教变迭起,祸乱时作,官吏之昏庸,军队之腐败,莫不昭于耳目。而政府尚欲遵守祖法,闭关于交通发达之时代,自不可得。盖自科学昌明以来,机械学有进步,轮船火车相继发明,世界各国之关系因之日密,又值工业革命,资本家开辟市场之心益急,外船来粤之多则其明证。商业既日发达,事务剧增,交涉日繁,而政府轻视外国。嘉庆曾以英兵保护澳门,特降谕旨曰:"试思天朝臣服中外,夷夏咸宾,蕞尔夷邦,何得与中国并论!"又不许其公使驻京,广州大班不得与长官直接交涉,乃无解决困难之途径与方法,祸根遂伏于此。

第二篇　中英冲突及鸦片战争

律劳卑之来粤——平等待遇之争执——交涉之恶化——困难之症结——缄默期内之大事——商欠——鸦片之略史——鸦片畅销之主因——烟禁之议——林则徐之禁烟——义律缴交鸦片之经过——禁烟之希望——林维喜案之严重——清廷之主战——英国之宣战——军备之比较——定海陷后朝旨之中变——琦善和战之两难——道光再主用兵——广州之屈服——英舰之北上——浙苏战守之失败——国内纷扰之情状——和议之经过——《南京条约》——和议之评论——战败之原因——政治上之弱点

中国国际贸易，英国最为发达，双方均为垄断。中国限制贸易于广州，买卖由行商主持，英国设有专利公司，其他商船不得来华。外船之来粤也，纳船、货二税，货税则税率章程向未公布，船税分三等征收，大船纳银一千一百至二千余两，二三等船征银自四百至八百两。英国东印度公司船只多为大船，美船则为小船，他国兼有大小商船，英商颇处于不利之地位，官吏征税又多勒索。行商或以资本短少，不善经营，一八二七（道光七）年，倒歇两家，又有欠债不还者。公司视为口实，禀报两广总督李鸿宾,请求废除行商买办,得在省城自租房栈,囤贮货物,关督视船征税等款。李鸿宾以其违反旧制,且与民夷不相交之意不合,批驳不准,而英船不肯入港,以为要挟,乃减船税,添置行商,作为让步之条件。公司原无别港贸易,商船再行入港,问题固未解决。一八三二(道光十二)年,英船北上,驶往福建、浙江、江苏、山东、奉天谋觅新港,船长告知华官则谓广东贸易不公,各省长官严禁人民与之贸易,乃再南下。中国时视商为末业,国际贸易,无足轻重,朝廷亦以区区税收不足介意,大臣疆吏不知形势之剧变,墨守旧法,专倾向于防弊。公司则以求利为目的,遵守中国之法令惯例,故得相安。及公司废除,争执遂起。

  十九世纪初叶,英国工商业大形发达,其资本家以拿破仑之封锁欧洲大陆,妨碍实业之发展,要求政府取消公司专利之权,许其经商于印度、中国。一八一三年,国会通过议案,准许商人自由贸易于印度,公司仍得垄断中英之商业二十年。公司之买卖货物于广州也,设有职员,管理船只水手事宜,遵守中国之法令,相安无事。及专利之期将届,英国舆论高倡自由贸易于中国。其主要之理由,则为美国无专利公司,其在华贸易之地位占据第二,东印度公司之存在,徒为股东之利益耳。政府受其影响,公司势将失其专利之权。事闻于粤,李鸿宾传令英商寄信回国,略称公司解散,英国当另委员办理商业事宜。英国国会通过法令,取消公司之特权,遣派商务监督来粤,组织法庭,审理刑事海上罪犯等。一八三三(道光十三)年,英王委任律劳卑(William John Lord Napier)为监督。律劳卑为英王族,兼上院议员,曾任海军官长,地位颇高,其佐之者,多前公司之职员。英王谕其住于广州,其管理之区域,限于黄埔、广州,后始扩至虎门外之伶仃岛;又训令其与华官交涉,须本于和善劝说之原则,不得刺激中国人民之恶感,英人当守中国之法律。外相巴麦尊(Lord Palmerston)训令其到粤后,即以公函直接通知总督,斟酌情形,要求增加通商口岸,议定商约,但须谨慎从事,不得引起华人之恐惧与恶感。其交涉须报告于政府,听候训令,务使华官明了英王诚恳之志愿,而欲对于中国发生亲善之关系,促进二国人民之幸福。外相又令监督不必即时组织法庭,以起华人之反感。吾人今观训文之要旨,一方面则求迎合华人之心理,遵守中国之习惯,一方面则令监督函告总督。按之惯例,领事向称大班,其往来公文,总督则用谕批,大班则上禀帖,多由行商转达,乃自相矛盾,困难遂起。

一八三四年,散商来粤。七月十五日,律劳卑船抵澳门,会同属员,乘兵舰前往虎门外之川鼻岛,改船驶入黄埔江。二十五日晨,抵广州。方其抵澳之信息报于总督卢坤也,卢坤称为夷目,知其地位异于大班,饬令行商往澳,问其来意,告以中国法律,说其于得朝旨之先,住于澳门执行职权,苟欲来之广州,须先报于行商。行商二人往澳,而律劳卑已入广州之商馆,函告其使命于总督,请求谒见。行商二人见之,其译员方译原函为华文,行商告以总督命令,监督称其为官,将直接致公函于总督,并无须其转达。据卢坤奏疏,夷目不肯接行商,岂行商托辞推诿耶?二十六日,书记前往投递公函,封面系平行款式,中写"大英国"字样。总督衙门远在城内,广州惯例,外人不得入城,乃候守于城门。斯门也,向为外人递禀之地。书记商请往来之官员转递,历三小时,无许之者,值按察使至,请其携往,不可,行商自请与之转递,书记弗许,官吏亦不为之传递,书记遂归商馆。明日,行商来访律劳卑,始说其改公函为禀帖,律劳卑不可。二十八日,行商奉命声明,苟不改函为禀,总督终不肯收,双方相持不下。卢坤乃以律劳卑擅至广州,不守法令,迭谕行商通事,说其退出广州,以待朝命,苟或拒绝,则即证明其无能为,当受重罚。其心目之中,以为行商通事得与外人往来,有监督管理之权,本于推诿之思想,连坐之法令,而责其负责也。同时,粤海关监督重申管理夷人之章程,而益严其条例。

八月八日,行商再谒律劳卑,谓广州气候炎热,不宜于人生,婉劝其暂归澳门,律劳卑不从。后二日,行商函约英商开会于公所,讨论解决之方法,英商以监督之反对,不肯赴会。行商无奈,送上总督、监督会衔之命令于英商前辈。其所处之地位日感困难,总督令其对于律劳卑之行动负责,四次说其遵守旧章,退居澳门,而律劳卑反言一切事件当与衙门往来,不能接收传谕,亦不能具禀,毅然拒绝回澳之请。行商无如之何,乃为避免责任自救之计,禀告总督停止英商买卖。卢坤颇主慎重,意欲婉谕律劳卑回澳,批称英王向来恭顺,散商安静,不能以一人之过,概行封舱。封舱虽无损于天朝,而英国无茶叶、大黄,势将无以为生。夷目若不悔悟,则商业将永停止。又令行商传谕,告以"外夷贸易事宜,向系洋商(即行商)经理,从无官为主持之事",二国向来不通文移等情,而律劳卑不理传谕批示。会卢坤得报英舰二只泊于虎门之外,饬委员三人问其来粤办理何事,谕其兵船回国。二十二日,行商通知律劳卑谓于明日有官员来访,监督大喜,信其达到待遇平等之目的矣。及期,委员三人来至商馆,通事依照习惯,列官员之位于上座,律劳卑改放坐椅为西方会议之式,争执达二小时,委员久立于门外。始肯让步入室,及坐,询问律劳卑来粤之原因职务,及其回澳之期。律劳卑答称来粤,由于前督函请英国派员管理商业,职务则于函中述明,总督接收之后,自可明知,返澳之期,现尚未定。此段所叙之会访情状,据摩斯《大清帝国国际关系史》(Morse, *The International Relations of the Chinese Empire*)之一三二至一三三页,而于兵船回国,则无只字。据卢坤奏报,委员带同通事前往,夷目不肯令其传转言语,无从晓谕。卢坤所奏,殆为避免责任之饰辞,抑岂委员之蒙蔽乎?

卢坤以为夷目执拗傲睨,乃以封舱为恫吓,责令行商说其出境,急于星火。律劳卑仍不屈服,出示晓谕英商不必以停止贸易为虑。卢坤谓其居心抗衡,商于关督等官照例封舱。九月二日,出示停止英夷贸易。四日,发贴布告,指摘英王未有公文知照夷目来粤。律劳卑自称夷目,究不知为商人,抑为夷官,乃不遵守法度,妄肆要求,以自绝于天朝,其他夷商仍得贸易。卢坤采取之方法,自当时中国之思想而言,颇为和缓谨慎。卢坤在粤年久,明知英国船炮之利,顾虑关税之收入,不敢轻启衅端,其奏报朝廷,则谓市尘稠密,又值乡试,不宜用兵,且夷目尚无不法别情,众商怨之。封舱之后,禁船入口,"使其内外消息不通,律劳卑内则见逼于同类,外则莫逞其阴谋,自不能久居夷馆"。其所谓众商怨之,盖据行商之禀报,仍令其晓谕散商，并遣军队监视。七日，泊于虎门外之兵船二只奉命入港，炮台发炮阻之，不得，驶入黄埔江，结果增加卢坤之责任，而交涉益趋于恶化。卢坤命塞省河，调兵船巡防，派兵严备，一方面仍令行商晓谕英商，据其奏报则称创之太甚，将扰于他地也。会律劳卑身染疟疾，不能视事，交涉由商人传转，商人谓律劳卑不知例禁，兵船护货，误入虎门，自知错误，求恩下澳，兵船退出。其言虽不免于粉饰，而商务监督固屈服矣。二十一日，英舰驶退，律劳卑率其属员登船而去，卢坤遣兵船八只监之，奏称将其"押逐出口"。二十六日，律劳卑抵于澳门，卢坤复准英商贸易。奏上，道光谕曰："始虽失于防范，终能办理妥善，不失国体，而免衅端，朕颇嘉悦，应降恩旨。"君臣之心，以为问题解决矣。

　　综观律劳卑来粤之始末，其争执要由于中外政教之悬殊，夷夏之别太严，而并起于误会也。英王委任律劳卑之为商务监督，为应粤官之请求。粤官之意，殆为大班式之领袖，负责管理英船水手而已。不幸英国委任要员来粤，而令其以公函通知总督。律劳卑乃不遵守惯例，直入商馆，要求总督平等相待，总督遂处于困难之地位。商务监督之来华，英国政府先未通知北京，又不给与证书。其驻于广州也，向无旧例，总督必须奏报朝廷，而于皇帝谕旨且无把握。盖北京政府不知国际关系之变迁，本于轻视外人之心理，囿于旧档成案，即可将其驳斥，如嘉庆称英国"蕞尔夷邦，何得与中国并论！"英舰驶入黄埔江，报之朝廷，卢坤奉旨革职留任，将士亦受重罚。朝旨倘或不准夷目驻于广州，而律劳卑已至商馆，当可认为办理不善，而即予以处分。律劳卑之递送公函，则又违反中国之体制，官吏首重体制，何肯与之平等往来？卢坤之言曰："事关国体，未便稍涉迁就，致令轻视"，盖时英商陈说皆用禀帖，疆吏轻视夷狄，固不肯自降于卑位，而与夷目平等。尤有进者，人臣无外交之义，擅受夷书，即为私通外国，当受重罚。卢坤之地位颇为困难，乃不接收公函，托言其为商人，责令行商说其退出广州。同时，律劳卑不稍让步，争执既久，各趋于极端。律劳卑则以国际贸易，互有利益。英国之国势，不弱于中国，其长官往来，必须立于平等之地位,力拒改函为禀,进而要求谒见总督。今自吾人观之,要求谒见,出于英国训令之外,而又违反当时中国之习惯;其在西方,虽然当然,而固困难适行于十九世纪初叶之东方也,律劳卑深受刺激之后,报与外相曰:"凡与中国交涉,当以武力为后盾,否则徒耗时日耳。"十月,病死于澳门。粤官谓其违抗天朝,获得神谴,林则徐后于禁烟之时,尚以为言。律劳卑之来,促进二国之误会与恶感而已。

律劳卑既死,其属员德庇时(John Francis Davis)代为监督。德庇时初为东印度公司职员,在华颇久,精通华语,熟悉中国情况,及为监督,采行缄默政策。总督卢坤忽饬行商传知英商,转告国王,委任大班来粤。德庇时置而不理,劝说商人,维持现状,勿与华人口实。英商之在广州者,轻视向为公司之职员,反对其缄默政策。十二月,多数签名上书国王,请求派遣大员,而以武力改良待遇。德庇时反对此议,固不意政府后竟采行也,一八三五年一月,去职。其属员罗白生(Sir George Robinson)代之。罗白生亦为公司之职员,遵其政策。会上川岛之土人捕获英船水手,扬言出金始得赎回。监督上书于总督,命人递送,其人备受侮辱,终未递出而归,幸粤官救出水手,其事始已。其时粤官既不承认商务监督,监督不能保护英商,而其处分判决之案,又多不能执行,外相巴麦尊且不之助,其职权益微。罗白生违反外相训令,设办公处于伶仃岛,报于英国,政府罢免其职。一八三六年十二月,嘉理·义律(Charles Elliot)继之,义律初为律劳卑属员,后以监督之迭更,渐居要职,至是,信其外交手腕,高于华官,由行商转递禀帖于总督,称其为英在华最高之长官。总督邓廷桢批示,谓其仍为夷目,而非大班,须暂住于澳门,迨奏明得旨之后,再来广州。明年,邓廷桢奏称义律如大班之例,至省照料,不得逾期逗留,朝旨许之。四月,义律始至广州,报告其经过于政府。外相令其不得再用禀帖,并须直接递送公函,义律既得训令,又以鸦片问题,复去广州。其时朝旨禁烟,粤督始认义律有管理英商之权,令其禁止商人贩运鸦片。义律遂回澳门,建议政府,谓用武力,始得中国之平等待遇,禁烟造成严重之局势,将或引起战祸。

巴麦尊乃请海军大臣训令东方舰队保护在华英人之利益,于是英国对华之政策为之一变。一八三八年七月,舰队来粤示威。义律进省,为其司令代呈事件,要求免写禀字,嗣后有事传达,派人递信,而邓廷桢拒绝不收,乃归澳门。舰队长官遣人递信于水师提督关天培,请其代呈,亦不可得,但未造成事端。

英商自公司特权取消,得自由贸易于中国,而中国只许其贸易于广州,以为商业上之机会太少,税则无定,住于商馆,多感不便,盖自律劳卑后,管理外人之章程益严故也。其尤使之不满者,则为广州国际贸易,仍操于行商之手。英船之来粤者较多于前,争贩货物,茶丝之需要过于供给,价值大增,英商谓其处于不利之地位,益恶行商之专利焉。行商自改联保以来,流品益杂,道光据奏,疑其增加私税,拖欠夷钱,以致酿成律劳卑之不遵法度,谕卢坤等从严惩办。其复奏多为行商辩护,疏中所谓议订章程,严禁欠债,不过徒有其名,额数视前反有增加,竟逾三百万元。外商禀告总督,总督责令全体行商摊赔,初无效果。英商再行禀告总督,又报于本国政府。总督复令行商归还,一八三八至一八三九年中,行商摊还欠款约二十万元,余款尚多,且无利息,英商自不满意。其尤难于解决者,则禁烟之问题也。鸦片关系于我国者,至深且巨,兹言其略史于下。

鸦片传入中国,始于唐时,初以治病。其法制之成丸,形状类鱼,病人食之,颇有神效,食之既久,则成为瘾,不能间断。其在中国也,旧称罂粟,或称波毕,或作阿芙蓉,回人携其种来华。其种据植物专家之研究,则波斯产也,植于甘肃、云南诸省,而大宗鸦片,则来自印度。初葡人垄断东方之商业,贩运鸦片来华,其后英国东印度公司扩张势力于印度,贩卖始多。其时国人改食为吸,说者谓受水烟、旱烟之影响而然,烟原产于美洲,西班牙人植其种于菲律宾岛,闽人经商于岛中者,传其种于福建,吸者日多,政府禁之,顾未有效。十八世纪,国人始仿其法,改吸鸦片。一说佛陀曾教其弟子吸烟治病,其说近于附会,鸦片之在今日印度,仍多吃食,固难武断其法来自印度也。吸烟之法,装烟斗于竹竿,置煮成烧好之鸦片一粒于斗上,火于灯上,而抽吸之,自此而后,吸者日多。一七二九年,雍正诏禁贩卖熟烟,开设烟馆。其时输入,年仅二百箱耳,但未有效。乾隆重罚内地贩卖之商人,亦无效果,东印度公司以其获利之厚,奖种于印度,土耳其、波斯亦有输出,其运入于中国者益多。鸦片之来粤也,关督视为货物,征税后运入货栈,由行商转买。一七九六年,嘉庆嗣位,诏禁鸦片,严重其罚,不意一八〇〇年,增至四千余箱。嘉庆再申前禁,外商不准输入,农夫不得种植。广东鸦片之贩卖,始脱行商之手,例定洋船到于广州,先取行商保结,保其必无夹带鸦片,然后准其入口,但时官吏、洋商莫不视为具文。其贸易情形,则与前不同。鸦片来粤,关督不征税金,外商或出售于澳门,或带至黄埔,卖于江中,贩卖之华人奸商贿赂官吏,上自总督,下迄胥吏,莫不视为致富之源。

一八二一(道光元)年前,鸦片输入最多之年,只五千余箱。会总督阮元严办澳门囤户,禁止鸦片入口,澳门黄埔江内始无烟土。人民之有烟瘾者,饭可不吃,衣可不穿,而一日不吸鸦片,便如大病遽发,卧于床中,涕泗交流,龌龊万状。夫法禁止吸烟,初则罪止枷杖,渐而递至徒、流、绞监候,何其销路反激增耶?曰鸦片之改食为吸,嗜者始多,已如上言,社会上造成之原因,则非本章所当详论,兹略言其背景。我国人口增加不已,工商各业皆不发达,人民家居无事者,不知凡几,国内又无相当娱乐之游戏,闲居无聊,乃以一灯一枪,为其消遣、虚度时间之计;其稍染疾病者,信其吸之,可即痊愈,由是吸烟进为朋友应酬之消费物品。其无以为生者,日益堕落,社会认为无赖,而千年来之礼教与道德,奖进姻睦,一家一族之中,富者当恤其穷困之亲友,无赖且得借端要挟,其无可靠之亲戚,则开烟馆,贩卖烟土,聚赌抽头,为社会上之寄生虫,甚者且谓苟不吸烟,反无衣食。迨其烟瘾已深,乃视鸦片为其第二生命,不惜抛弃一切,罄其所有,以过一时之瘾。官吏胥役视为利薮,勾结奸商,包庇转运,甚者更自吸食。外商之贩烟来粤也,专博厚利,反信腐败之官吏,借禁鸦片之名,重索贿赂而已。及是,黄埔江、澳门严禁贩烟,而国中需要之量数,未为稍减,烟犯不惜出其重大之代价,以求得之,外商应其所需,泊烟船于虎门外之伶仃岛。自一八二一至一八三九年,史家称为"伶仃时代",外船卸其所载之烟土于趸船,奸商之贩卖者,勾通巡海兵弁,用扒龙、快蟹等船,运银出洋,运烟入口,船中有火器自卫,外商更有贮鸦片于南澳者。美人记载官吏之问答,可见其公然包庇。外商出售鸦片之后,多带现银回国,获利之厚称于当时。内地则四川、云南、广东、福建、浙江初皆种植,一八三一(道光十一)年,奉旨严禁。刑部加定烟犯罪名,督抚及地方官年终具结,谓其署内无食烟之人,不幸多为具文。一八三五(十五)年,鸦片输入竟达三万箱。①

于此禁烟而烟反行畅销期内,鸦片问题日益重要,其常刺激官吏者则银价日贵也。外商初至中国,带银贩买丝茶,及鸦片之销路日广,改运鸦片。一七九九(嘉庆四)年,粤督觉罗吉庆奏言"以外夷之泥土,易中国之货银",请禁贩买烟土。一八一八(嘉庆二十三)年,粤海关总督限制夷商带银三成回国,伶仃期内烟贩概用现银买烟,外商买货之后,常有余款,其不贩货者则带之回国。每两纹银,先换制钱一千文上下,而时增至一千六百,地方长官解银入京,常或补赔。鸿胪寺卿黄爵滋奏云:"自道光三年至十一年(一八二三—三一),岁漏银一千七八百万两,自十一年至十四年(一八三一—三四),岁漏银二千余万两,自十四年至今(一八三四—三八),漏至三千余万之多。此外福建……各海口合之亦数千余万两。"其数究非切实调查而得,颇可怀疑。其时兑换无一定之比例,钱商视其币质及需要定之。道光制钱轻于前代,亦其要因之一,时人则信鸦片漏卮造成银贵也。自道德方面观之,吸烟实为罪恶——破坏家庭之幸福,社会之治安。禁烟之动机,初盖生于道德观念,后则兼为经济问题。

一八三六年,太常寺少卿许乃济为免纹银出口之计,上奏弛开烟禁,以货易货,庶塞漏卮。文武官员、士子、兵丁,吸者斥革,不问民间,并许其种植罂粟。道光下其议于广东长官,长官奏称可行,而内阁大学士兼礼部

---

① 烟箱之重量不同,以一百斤为多。价约四五百元。

尚书朱嶟,忽持异议。一八三八年六月,黄爵滋言之尤力,请限期戒烟,犯者死罪。道光谕盛京、吉林、黑龙江等地将军及直省督抚各抒所见,妥议章程,迅速具奏。疆吏复奏或赞同死罪,或反对严刑,中无一人主张弛禁。道光更谕朝臣复议,亦无异言。十月,谕曰:"各直省将军督抚,趁此整顿之时,同心合意,不分畛域,上紧查拿,毋得稍行松劲。其贩运开馆等犯,固应从重惩办,即文武官员军民人等,吸食不知悛改者,亦着一体查拿,分别办理。"京中王公有以吸烟革爵罚俸者,许乃济亦以冒昧渎陈降级致休。帝既决心禁烟,十二月,诏授湖广总督林则徐钦差大臣,颁给关防,驰赴广东查办海口事件,节制水师。复谕邓廷桢不可观望推诿,须力合作。方许乃济之请弛禁也,义律信其计划当必采行,其时外商贩卖鸦片,获利颇厚,而其道德观念,尚未认为罪恶,反信官吏之腐败,禁烟之无效,弛禁征税之后,得免偷运,而易于管理也。乃事出其意想之外,而总督邓廷桢下令驱逐贩烟商人九名出境,义律言其未贩鸦片,九人亦未离粤,邓廷桢查拿烟犯,缴收烟枪,严禁窑口,责令水师搜捕走私船只,谕饬夷人趸船离粤,外商推诿,几致封舱。

一八三九(道光十九)年三月十日,钦差大臣林则徐抵于广州。林则徐生于福建侯官,身长不满六尺,而英光四射,声如洪钟,警敏精核,顾其早入仕途,虽在交通便易之大城,而亦不知外国之情状。其为官也,清正果决,所至有声,及朝议禁烟,官至湖广总督,于其境内,搜获烟枪三千余杆,土膏一万余两,民妇称谢,上疏详言鸦片之害,及禁烟办法。道光授为钦差大臣,予以便宜行事之大权,则徐入京陛见,决心禁烟,其谕外人"若鸦片一日未绝,本大臣一日不回,誓与此事相始终,断无中止之理",抵粤后,奏言夷船闻风开驶,难保不潜行售买,宜乘势驱逐,且曰:"贩卖之奸夷,多在省馆,虽不必遽绳以法,要不可不喻以理,而怵以威。臣林则徐当撰谕帖,责令众夷人将趸船所有烟土尽行缴官。"十八日,林则徐等坐堂,传讯行商,发下谕帖,其主意则晓谕夷商将泊伶仃等洋趸船所贮之鸦片,尽数缴官,由行商查明,造具清册,呈官点验,收明毁化,一面出具夷字、汉字合同甘结,声明嗣后来船永远不敢夹带鸦片。如有带来,一经查出,货尽没官,人即正法字样,限期三日内回禀,并令行商伍绍荣等到馆开导。明日,海关监督下令封港。封港据林则徐奏疏,在义律入省之后,由于颠地(Lancelot Dent)欲逃,照例办理,其言颇可怀疑。据外人记录,林氏抵粤,外船出入虎门已失自由,义律进省,途中颇受危险。英人详记此事之原委,虚构殆不可能,林氏则患朝廷责其轻启衅端,所奏盖不免于装点。此为国内之积习,非独林氏一人为然也。及三日之期,英商议决禀告钦差,谓其住于广州,深知法禁,不敢贩烟,钦差固不之信,始肯缴交鸦片一千余箱,钦差言其数仍不足,传谕在粤年久之颠地入城,他商患其留之为质,称无保障,不敢应召。二十三日晨,广州知府等官及行商入于公所,官员业已摘去顶戴,行商二人带有铁链,钦差盖以其奉行不力,而予以惩戒也。英商四人见之,官员行商力说颠地遵命入城。林则徐奏疏,称其恭顺,赏以红绸二疋,黄酒二坛,并饬其开导夷商缴烟。斯日会商达于深夜,未有结果,将于明日再行讨论。会义律自澳入馆矣。

初义律住于澳门,二十二日,得知钦差谕帖,令虎门外英船驶往香港,将由兵舰保护,致抗议书于澳门同知,报告其事于本国政府,谓钦差大臣借端勒索,将取坚决之态度,以应此变。明日,乘船前往广州,途中冒险前进,二十四日,抵于商馆。粤人大惊,谣言蜂起,林则徐奏称颠地希逃,乃行封舱,且曰:"夷馆之买办工人,每为夷人潜通信息,亦令暂行撤退,并将前派暗防之兵役,酌量加添。凡远近要隘之区,俱令明为防守,不许夷人出入往来,仍密谕弁兵不得轻举肇衅,在臣等以静制动,意在不恶而严,而诸夷怀德畏威,均已不寒而栗。自严密防守之后,省城夷馆与黄埔澳门及洋面趸船信息绝不相通,该夷等疑虑惊惶。"工人退出商馆,并不得供给食料于外人,外人迫而烹煮饮食,洗涤用具,治理琐事。据美人记载,夜间仍有供给食料于外人者。二十五日,义律请求发给英船牌照,以去广州,钦差催其先行交出鸦片。二十七日,再谕夷商缴烟,内容一论天理,鸦片当绝,违天则死。二论国法,中国法令严禁鸦片,并优待夷人,乃今夷人贩烟,害内地人死。三言人情,广州为好码头,夷人互市,中国不惜其茶叶大黄。四述时势,政府决心禁烟。斯日,义律通告英商,略称现为生命安全之计,商务监督代表政府,缴交鸦片于中国,凡有鸦片之商人,须即报告其确数于监督;并用禀帖报告钦差大臣,情愿呈缴鸦片。明日,禀报鸦片总数凡二万二百八十三箱。斯数也,皆印产鸦片,义律意欲联合外商一致对华,美商所有之印土,一千五百四十箱交之,其报告之箱数,中有计算二次者,实数为一万九千七百六十箱,不足之数,买于新自印度来粤之商船,共值六万余磅,战后英国始出赔款偿清。他国产生之鸦片,则未交出,美商有土耳其鸦片五十箱,未曾呈缴,则其证也。义律禀报后,商馆之防守如故,钦差殆欲强其于二三日内完全交出也,旋知其在伶仃,万不能行。四月二日,许人供给食料于商馆。其奏报朝廷,称义律情愿呈缴鸦片,距撤退买办之时,业已五日,馆中食物窘乏,即赏给牲畜等物二百数十件。又曰:"凡夷人名下缴出鸦片一箱者,酌赏茶叶五斤。"对于外人,钦差宣布先行交出鸦片四分之一,买办工人回归商馆,再交四分之一,恢复黄埔澳门之交通,再交四分之一,许其贸易,扫数缴清,则恢复原状。

　　缴交鸦片,已有办法,其尚难解决者,则为甘结之声明,嗣后来船永远不敢夹带鸦片也。初钦差饬夷商具结,外商答称自愿不贩鸦片,惟无权力干涉商业,管理其他商人,而中国应向其政府交涉也,林则徐改定甘结,由各国领袖商人签字,商会讨论谓其牵入政治,宣告解散。钦差谕知义律,义律私谓宁死不从,对于钦差固不敢也。据林则徐之奏文,义律初请宽限,自开舱后凡在印度商港者,给予五月为限,凡在英者,给予十月为限,然后实行新例,则人皆悉知,忽而改称倘必取结,则英国人船只得回国,其惶恐无主之情状,可以想见。其时缴交鸦片,极形忙碌,商馆附近之守兵巡船,次第撤去。义律心怀怨望,意图报复,不惜越出职权,下命商人离粤,以为战争之初步。五月二十一日,鸦片缴清,后二日,钦差大臣林则徐、两广总督邓廷桢会衔指定烟贩十六名,永远驱逐出境。二十四日,义律、英商乘船前往澳门。方义律之将去广州也,恳求美商一同退出,且曰:

"君去,则外商尽去,不久吾人可使无赖之华官让步。"美商答称国中无王,不若英国可得要求赔金也,拒绝其请。义律乃言将使美商不能留于广州,其仇视中国之甚,实有求战之决心。

英商缴交之鸦片,存放于虎门附近,林则徐驰奏解送京师,御史奏言不便,道光谕其"率同文武官共同销毁,俾沿海共见共闻,有所震詟"。则徐得旨,患其火烧之后,余烬尚或可用,乃于海滩挑成二池,前设涵洞,后通水沟,先由沟道引水入池,撒盐其中,次投箱中烟土,再抛石炭煮之,烟炭汤沸,颗粒悉尽,其味之恶,鼻不可嗅。潮退,启放涵洞,随浪入海,然后刷涤池底,不留涓滴。共历二十三日,全数始尽销毁,逐日皆有文武官员监视,外人之来观者,详记其事,深赞钦差大臣之坦然无私。自吾人观之,于腐败官吏之中,而林则徐竟能不顾一切,毅然禁烟,虽其计划归于失败,而其心中,则为人民除去大害,可得昭示天下,固民族之光也,其失败之主因,多由于对外知识之浅陋,以为英国毫不足畏,欲以武力恫吓解决,乃不辨明有罪无罪,一律围困之于商馆,使其饿而缴交鸦片。巴麦尊致书清相,陈说英国之立场,一谓官吏先前包运鸦片,置而不问,一旦强迫商人缴交,一指凌辱英国职官。二者均非创始于林氏,钦差大臣之责任,不过适用旧法而已。适当处置之方法,一则切实管理沿海岛屿,一则与英国交涉解决。不幸前者为时太久,后者先无前例,时人囿于环境,殆不之知,知之,亦不能用。八月,林则徐得旨准许照会英国女王维多利亚(Queen Victoria),内称英国恭顺,而不肖者夹带鸦片来华,夷人分中国之利,而害中国,天良何在? 别国贩烟至英,亦王所深恶而痛绝也。末告以新例缴烟,亦可免罪。同时,林则徐捕拿烟犯,搜查鸦片烟具,创设戒烟所。其奏报成绩,称迄于六月二十八日,获犯一千七百九十二人,土膏六十四万八千七百五两,枪七万二百七十八枝,锅五百六十五个。大臣议定凡设窑口贩土者,首要斩立决,从犯绞监候,夷人贩土者斩,予以一年六月为限,限内缴烟者免罪,上谕戒烟限期一年六月。各省长官受其影响,奉行颇严,而随在吸食之官绅、工商、妇女、优隶、僧尼、道士固不能一旦断瘾也。鸦片之市场,需要犹殷,价目昂贵,改由福建海岸偷运,朝命邓廷桢往办。禁烟既有希望,苟无意外之变,最低之限度,鸦片之为害,当必减少于国内也。

英商去后,广州国际贸易衰落,粤官始大惊讶,初义律住于商馆,连具十余禀,词均恭顺,及离广州,尚请派员妥议章程,林则徐派员前往,并赏以茶叶一千六百四十箱。义律既至澳门,心无所惧,六月五日,禀称船只入港,须候本国训令,如许于澳门装货,则感戴靡既,乃不肯议章程,拒领茶叶。此后凡有批谕,皆不接收。其驶入黄埔而贸易如故者,则为美国商船等。先是,林则徐访知美商鸦片,出产印度,贩自英商,召问美国大班(领事)。大班答辞相同,故无问题。至是,美船抵于码头,船主立时具结,结文略称遵守天朝之新律,不带鸦片入境,其贸易状况,一如往日。英船之集于香港也,互相保护,其贩来之棉花货物,运去之茶叶、丝绸,概由中立国之商船转运。义律初甚恶之,欲禁茶丝运往英国,顾无实效。七月七日,外国水手醉酒暴动于九龙之尖沙村中,棍杀林维喜。村人谓为英人,粤官谕令义律交出罪犯,义律不收谕文,后始答称国籍姓名,究不可知,悬赏缉凶,出款抚恤死者之家,判定嫌疑犯人之罪。林则徐奏曰:"人命至重,若因英夷而废法律,则不但无以驭他国,更何以治华民?义律肆意拒违,断非该国王令其如此,安可听其狂悖而置命案于不办?任奸究以营私坏法养痈,臣等实所不敢",乃遣兵驻于香山,以便控制澳门,禁给英人食料,撤退买办工人,谕饬葡官驱逐英人。英人五十七家,迫而住于船上,深感不便。会军舰一只来粤,义律商于葡官,准许英人居住,由其保护澳门,葡官婉辞拒之。九月四日,义律带船至九龙口岸开枪射人,死兵二人,伤者六人,强购食物而去,又以失船将欲封港,美商抗议,乃止。义律之禁止贸易也,英商之损失颇巨,渐而改变思想,林则徐新奉上谕,不可冒昧偾事,双方由葡官居中传达,再行接近。二十四日,澳门同知蒋立昂奉命与义律会商,义律言迄船无烟,自愿请人往搜,结具分写汉文、洋字,由其加印,对于林维喜案,则言醉酒滋事者,中有美人,可由其悬赏缉凶。中国方面说其交于华官代审,义律更求住于澳门六日,清理事件,许之。其磋商具结之经过,林则徐奏曰:"结内但云如有鸦片,将货物尽行缴官,而于人即正法字样,仍不肯写。"其原因则以船主、货主并为一谈,而水手私带,兵役栽赃也。关于贸易,据澳门新闻纸之记载,钦差先有印约,许于虎门外之川鼻岛起卸货物,中国方面现无材料将其证明,具体办法,究不可知。会英船"Thomas Coutts"以为监督禁令,越出职权,置之不顾,十月十五日,驶入黄埔具结贸易,商船"唦啷"(Royal Saxon)亦将入港。林则徐以为英商就范,又奉朝旨不必顾虑商业,改取坚决之态度。二十五日,下令义律交出林案之罪犯,并谓泊于外海之船只,限于三日内入港,或驶归国,否则纵火烧之。后二日,责问义律不禁海岸之鸦片贸易,令其交出汉奸,义律答称出于职权之外,商于舰长斯密氏(H.Smith),斯密氏率兵舰二艘,驶向虎门,义律同往。十一月二日,抵于川鼻岛,要求取消焚毁英船命令,准许英人住于岸上等。三日午前,水师提督关天培率兵船二十九只前向英舰,斯密氏令其后退,不得,开炮击之,战祸遂起。林则徐奏称,"唦啷"入口,而兵船追令折回,关天培闻而诧异,率兵船阻之,英船开炮。其奏言开战之日,与外人记录相同,而所叙之情节与之迥异,岂观念不同,而报告各谋卸责耶?"唦啷"以受军舰之阻挠,不得入口,固为事实。林氏奏言战胜,则不足信,斯役也,英舰损失极微,《中国文库》(或称《中国月报》)(*The Chinese Repository*)记载粤船之被击沉或破裂者凡四,余多受伤,逃入虎门。林则徐则称英舰败逃,不值追剿,夷兵落海,获帽三十一顶,四日、八日、十日等小战六次,均为全胜。

战祸之促成,自中国方面而言,殆由于官吏知识之幼稚。林则徐陛见皇帝,奏云:"内地茶叶、大黄,禁不出洋,已能立制诸夷之命。"后至广州,奏曰:"茶叶、大黄两项,臣等悉心访察,实为外夷所必需,且夷商购买出洋,分售各路岛夷,获利尤厚。"大臣亦信夷人嗜利,不能自绝于天朝。钦差心中既有成见,以为外人不敢启衅,乃命兵士巡船包围商馆,断其供给,外人住于馆中者,不论国籍,不分良莠,处于惊惶困难之中。及义律禁止英船入港,林则徐奏曰:"义律之勒令夷船聚泊口外,仍为图卖新来鸦片,恐被进口搜查起见,夷情诡谲,如见肺肝,即无别滋事端,亦不得容其于附近口门,占为巢穴。"林案发生后,英人不得住于澳门,钦差谓其缺乏粮糗淡水,"此一端,即足以制其命",又以中国封港,其货无处可卖,其本国距离中国太远,出兵不易,女王叔父有觊觎之心。安南曾诱歼其船,他国恶之,万不敢以侵凌他国之术,窥伺中国,即或战争,中国亦无所惧,且曰:"夫震于英吉利之名者,以其船炮利而称其坚强,以其奢靡挥霍而艳其富,不知该夷兵船笨重,吃水深数丈,只能取胜外洋。破浪乘风,是其长技,惟不与之在洋接仗,其技即无所施。至口内则运掉不灵,一遇水浅沙胶,万难转动。是以货船进口,亦必以重资请土人导引,而兵船更不待言矣。从前律劳卑冒昧一进虎门,旋即惊吓破胆,回澳身死,是其明证。且夷人除枪炮之外,击刺步伐,俱非所娴,而其腿足缠束紧密,屈伸皆所不便。若至岸上,更无能为,是其强,非不可制也。"奏上,道光谕其不可偾事,朝廷尚无战争之意,会九龙枪杀兵士报于朝廷,道光对于蒋立昂、义律会议,批曰:"既有此番举动,若再示以柔弱,则大不可。朕不虞卿等孟浪,但诫卿等不可畏葸,先威后德,控制之良法也。"川鼻战后,林则徐奏称小战六次,无不胜利,但曰:"苟知悔悟,尽许回头",而朱批则云:"不应如此,恐失体制。"其时林则徐尚欲保护英船入口,朱批则以其同为一国之人,不应如此办理,且曰:"若屡次抗拒,仍准通商,殊属不成事体,至区区税银,何足计算!"更诏授为两广总督,防备英人。林则徐之初坚决而后让步者,盖其留心外事,已知战争实无把握。英船泊于香港,水师无如之何。所可惜者,朝廷尚不能辨明传言与事实也。十二月六日,粤吏布告停止英商贸易,一八四○年四月,林则徐奏称利用渔户,烧汉奸船大小二十二只,蓬寮六处,除烧死淹毙外,尚生擒十名,足寒英夷之胆。乃时英船尚在香港,而水师不敢驶出虎门,惟自杀汉人而已。军事则虎门炮台,曾由邓廷桢修筑,林则徐命造大炮,沿海诸省则无防备。

英国远在欧洲,其时传递信息,顺风三月,迟则四五月,最迟六月。义律报告及商人请愿书,九月始到伦敦。巴麦尊作为根据,承认义律越出职权引起战祸之行动,义律之敢若此者,盖自律劳卑死后,迄于林则徐之来广州,英国对华政策,除规定公函往来而外,别无训令,对于商人,警告其不能保护贸易于一国境内,而违反其国之法典,其因中国执行禁烟法令而受损失者,由于自取;而于商务监督,则饬其不得干涉商人之企业。二者尝相矛盾,历任监督均言除武力而外,难得解决争执之问题。其海军来粤示威,已趋向于改变政策,义律遂得利用时机,其向九龙华兵开枪,则造成战祸也。及林案发展,川鼻海战,报至伦敦,政府益得辩护之材料,大城商会,及工商界领袖主张出兵。政府党之议员倡言宣战,其一部分竟不知东方情状,如发言者,有谓中国准许贩卖鸦片,有谓苟不惩戒中国,则危险将及印度。其主战之理由,则为侮辱英国国旗,妨碍商业,强取财产,而须出兵求得将来安全之保障,以及外交上之平等也。其反对党者,谓华人不知英国国旗,而政府不应强输毒物于中国也。其党势力弱小,国会通过宣战,政府遣军舰陆军来华,决定一八四〇年六月,封锁广州。女王任命乔治·懿律(George Elliot)为和议专使,义律为副使。

一八四〇年五月,林则徐奏称英夷兵船来粤。六月二十一日,其海军指挥伯麦(Colonel Sir Gordon Bremer)始至。明日,布告自六月二十八日起,封锁广州。义律俄发中文通告书,诋毁林则徐,劝说华船赴英船停泊处贸易,由其保护等情,俄而懿律亦至。其时英国海陆军在华之实力大增,海军共军舰十六艘,大炮五百四十尊,武装汽船四艘,运输船二十七艘,陆军凡四千人,均归懿律节制。其军舰高大,汽船为新造之利器,行动自如,兵士各有利枪。中国军器,炮为百年前之旧式,极形笨重,陆军有弓、矢、长戟、刀剑、藤牌、鸟枪、扛炮等,兵士以弓矢为利器,恶用鸟枪,以其偶一不慎,火药爆发,而危险殊多也。将校既无军事知识,兵士又无严格之训练,缺额极多,器械恶劣,如火药官买例价每斤三分,而时价则一百六七十文,乃以劣货充之。澳门新闻纸论中国武备曰:

中国之武备,普天之下,为至软弱极不中用之武备,及其所行为之事,亦如纸上说谎而已。其所出之论,亦皆是恐吓之语,皇帝之官府办事,只有好斗气,相争而小胆。其国中之兵,说有七十万之众,若有事之时,未必一千合用,余皆下等聚集之辈。其炮台却似花园之围墙,周围有窗,在海岸远望,亦是破坏,炮架亦不能转动,却似蜂巢。其师船之样,若得我等或米利坚之私兵船,在一点钟之久,即可赶散各师船,中国敌外国人,不过以纸上言语,真可谓之纸王谕国矣!

报纸之论调,轻侮中国,无以复加,其一部分固国内之实情。据裕谦奏疏,民间先已传抄外国报纸上之信息,此殆出于英人之口吻。裕谦主战,其言英船,宽有三四五丈不等,长有二三四十丈不等,厚有尺余,较国内兵船及闽广大号商船,均大至倍蓰,固信而有征。广州封锁之后,懿律统率军舰来浙,其去广东者,非惧林则徐之设防,乃奉行本国北上之训令,而以交涉于广东,无所进步也。七月四日,舰队驶达舟山群岛,要求定海镇将张朝发献炮,不得,进攻,城陷,知县姚怀祥自杀。英国之用兵,作为交涉之胁迫,主旨仍在议和。七月二日,英船以白旗前往厦门递送巴麦尊译文公函,请求长官转递朝廷,守将拒之,英船遂去。闽浙总督邓廷桢夸张战胜,上奏道光,且曰:"所获夷尸,……当场脔割,悬首炮台,共见共闻。"英船于浙,则托鄞船投递公函于浙江巡抚乌尔恭额。浙抚以其居心叵测,奏称即将原书掷还,英人言其抄录译文,始行退还。其时沿海要港,有英舰巡查,禁止船只出入。八月,英使坐舰驶入渤海,进逼北河,要求长官派员接收照会,直隶总督琦善约其于十八日听候回信,将其奏报朝廷,道光许其接收,十五日,遣人往收公函。其辞甚长,略称中国初不实行禁烟,官吏私受规礼,包庇贩买,忽而吓勒缴烟。函中要求凡五,一给偿货价,二昭雪褒渎,平等待遇,三割让岛地,四清还商欠,五赔偿费用,其细目则向专使议商。琦善复称林则徐受人欺蒙,措置失当,冤抑可代昭雪,于其要求,初则婉辞拒绝,无如直隶海防毫无预备,乃奏英夷愧悔,道光谕以羁縻之法应之。三十日,琦善接见义律,懿律则未上岸,义律出全权证书,提出要求,欲琦善承认,否则开仗,封锁北河。琦善以"天津切近京畿,盐漕铜船出入,边衅一开,则殊危险",迫而让步。义律对于烟费,必欲中国赔偿,而上谕不可,义律仍不让步,再言烟费不已,琦善答以隐约之辞,谓经钦差大臣秉公查办后,必有满意之解决,最后议决"即以所言为定,俟到粤再行商议,条件未妥之前,不能撤兵"。九月,英舰南下。

定海陷后,朝廷始知局势之严重,上谕将浙抚乌尔恭额交部议罪,谓其事前既无准备,临事复觉张皇,以致该夷船驶至定海县,纵令三四千人登岸滋扰,提督亦受处分。初,林则徐奏称夷船或至天津,皇帝下谕琦善断不能据情转奏,渐乃听信传言,怀疑林则徐致寇。七月,下谕两江总督伊里布着颁给钦差大臣关防,驰驿前往浙江,查办事件,其使命盖防英人,而说者疑其访查林则徐构衅之由。及英舰抵于北河,琦善洞悉英夷船坚炮利,而中国炮为旧炮,不足防守,主张抚议,先言英人负屈之由,无从上达天听,继称停止英人商业,其货变色,赔累不支,遂铤而走险,现有愧悔之心,后向人言,"极称英夷强横,非中国所能敌,并称此次若非设法善退,夷船早已直抵通州"(御史高人鉴奏语)。道光初禁转达夷情,忽而谕其接收公函,更下诏曰:"着该督随机应变,上不可以失国体,下不可以开边衅,总期办理妥善,毋负责任。"其改变政策者,殆以英人诉冤,朝廷秉公办理,即可无事,战事持久,沿海各省均须设防,调兵遣将,所费不赀。林则徐在粤,于英舰封港,捕去出口之船只,除奏疏表示愤闷外,别无办法。伊里布抵浙,首言浙江江南之水师单薄,闽粤之水师较强,迭请调之入浙。朝廷以其顾此失彼,均不之许。朝廷既主和议,八月,林则徐奏报烟禁,朱批曰:"外而断绝通商,并未断绝,内而查拿犯法,亦不能净,无非空言搪塞,不但终无实济,反生出许多波澜,思之曷胜愤懑,看汝以何词对朕也。"此后凡其奏章,均有朱批驳斥。十月,林氏奏称英夷不能持久,烟禁必当维持,不可羁縻,中有他国效尤,更不可不虑,帝于其旁批曰:"汝云英商试其恫喝,是汝亦敢效英夷恫吓于朕也,无理可恶。"奏云:"若前此以关税十分之一,制炮造船,则制夷已可裕如",又于其旁批曰:"一片胡言。"其时琦善已授钦差大臣,驰往广东,林则徐、邓廷桢均奉旨革职,诏曰:"本年英夷船只,沿海游弈,福建、浙江、江苏、山东、直隶、盛京等省,纷纷征调,縻饷劳师,此皆林则徐等办理不善之所致。"对于转递公文,道光则欲臣下转奏,使其洞悉夷情,辨别真伪,相机办理。疆吏裕谦奏称不敢代奏夷书,朱批斥其顾小节,而昧大体,必致偾事。乌尔恭额以未递夷书,奉旨拿问办罪。伊里布于浙,诱捕英人,上奏其事,朱批曰:"豺狼之性,岂肯甘心受亏?如有周章棘手之处,朕有所问矣!"伊里布始知朝旨,旋奏浙省,更不宜轻于攻击,致误事机,朱批则曰:"甚合机宜,不负任使,可嘉之至。"帝望和甚殷,不幸中变也。

英使返之定海,始知岛中潮湿,不宜人生。驻守之兵士,初则醉酒,营中多病,长官禁酒,而病者仍未减少,全军人数不足四千,而病者以一人或病数次,竟达五千,死者凡四百余人。义律以浙官捕得英人,囚于木笼,备受虐待,商请伊里布释放,伊里布允许改良待遇,而拒其请。英使复与伊里布议定浙江休战,十一月十五日,南下。二十日,船抵澳门。明日,船以白旗投书,而受炮击,转请澳门同知递送,琦善道歉始已。和议之初,懿律称病回国,其先一日,华官见之,毫无病容,说者谓与义律意见不合,托病去职。和议之难题,则为赔偿烟价,要求土地。烟费索价二千万元,琦善先许三百万元,不可,增至五百万,义律仍持异议,最后决定六百万,分五年交清。土地则义律鉴于英商住于船上,极感不便,要求割让香港不已。琦善曾奏报朝廷曰:"其岛环处众山之中,可避风涛,如或给予,必致屯兵聚粮,建台设炮,久之必觊觎广东,流弊不可胜言",乃拒绝之。义律转请中国开放定海、厦门,更要求上海,交涉久无进步。琦善奏称密谕兵士防守,而炮台实不足恃,且曰:"即前督臣邓廷桢、林则徐所奏铁链,一经大船碰撞,亦即断折,未足抵御,盖缘历任率皆文臣,笔下虽佳,武备未谙,现在水陆将士中又绝少曾经战阵之人。……从前所称断其水米接济,不过托故空言,即叠获胜仗,亦均不免粉饰。"十二月二十九日,义律要求与琦善面议条件于澳门,琦善不可。一八四一年一月六日,义律提出最后通牒,未得结果。七日,军舰炮击虎门外沙角大角炮台,琦善时以形势迫急,增兵四百防守,并令提督关天培严防,不幸炮台被毁,水师亦败。关天培请将义律来文,从权答复。八日,义律交来条件,限三日答复,琦善始许割让香港,不另开放口岸,奏言英人懊悔,愿归定海、沙角炮台。二十五日,亲往虎门与义律会议,商订条件:一、割让香港,二、赔款六百万元,三、平等待遇,四、阴历正月十日后广州开市,①此系义律之报告,而琦善则讳莫如深,虽广东巡抚怡良,亦不令其闻知,及怡良据属下报告,以割让香港入奏,始将条件上奏。其内容除割让香港而外,均与义律所言不符。对于烟费开市,只字不提,关于两国职官往来,则维持原状。其意岂欲蒙蔽朝廷,以求减轻其罪耶?要之,琦善缔结之《条约》,远胜于《南京条约》,其见解实高于时人,且迫于形势,固无奈何。其奏言广东情状曰:"地势无险可扼,军械无利可恃,兵力不固,民情不坚,战抚两难,商之将军、都统、巡抚、学政,及司道府县,暨前督林则徐、邓廷桢等,佥称藩篱难恃,交锋实无把握。"和议既成,琦善割让香港,伊里布交还俘虏,英军交还炮台、船只、定海。

道光之主和,原由于误解诉冤之所致,以为罢免林则徐等,即可无事,及知英使要求赔款、割让土地,再主战议。朱批有云:"若不乘机痛剿,何以示国威而除后患?"其心中深信英夷虽船坚炮利,然而一经登岸,则技立穷,下令调兵备战,并谕伊里布严防,俄得琦善奏报交涉之经过,更谕之曰:"偿款、开放商埠,均不准行,逆夷或再投递字帖,亦不准收受,并不准再向该夷理谕。……倘逆夷驶近口岸,即行相机剿办,朕志已定,断无游移。"其前诫惩不递夷书之疆吏,而今忽有此谕,矛盾抑何其甚?虽曰愤懑之极,实有害而无利也。道光更饬伊里布乘虚进攻定海,及英舰进攻虎门外之炮台,上谕宣布其罪状,有云:"其逆天悖理,性等犬羊,实覆载所难

---

① 正月十日,为公历一八四一年二月一日。

容,亦神人所共愤,惟有痛加剿洗,聚而歼旃,方足以彰天讨,而慰民望。"诏授御前大臣奕山为靖逆将军,杨芳、隆文为参赞大臣,调派湖北、四川、贵州、湖南、云南之兵六千人,合前派之兵四千名,共一万人,并饬吉林、陕西等省长官预备出兵。迨琦善迫而议和,尽许义律之要求,上奏自辩,力言广东形势危急,战无把握。朱批曰:"朕断不似汝之甘受逆夷欺侮、戏弄,迷而不返,胆敢背朕谕旨,仍然接递逆书,代逆恳求,实出情理之外,是何肺腑,无能不堪之至!汝被人恐吓,甘为此遗臭万年之举,今又摘举数端,恐吓于朕,朕不惧焉!"乃诏革去琦善大学士,拔去花翎,交部议处。怡良不协于琦善之议和,奏称义律布告香港割让于英,朝令锁拿琦善,押解来京,查抄家产。浙江方面,伊里布迭奉上谕进攻,而以事实上之困难,不敢出兵,曾称粤省夷务查办完竣。道光批曰:"无能误事,不遵朕旨,惟知顺从琦善,盖自有肺肠,无福承受朕惠也。"及和议成后,伊里布归还捕获之英人,英军全数自定海撤退,道光则谓由于粤省声罪致讨所致。伊里布奉旨入京,交部议罪。裕谦代之,亲往定海巡查两次,布置防务,奏称逆夷出示勒令投顺,并完纳钱粮,而士民不顾身家性命,始终不从,用毒药熬成浓汁投水,该夷死亡相继,现查白夷尸六百余具,黑夷一千数百。团练擒解逆夷,乘其昏睡,或潜取财物,或抛掷砖石,竟夕惊扰不安,夷性多疑,不敢留恋。其言出于推测附会,多非事实,且为士民要功。杨芳于和议时奏曰:"现在大局,或须一面收复定海,一面准其于偏岸小港屯集货物",朱批曰:"现在断不准有此议论,惟有尽数殄灭逆夷,务令片帆不返。"其心中横有成见,而于臣下奏报,概以恶意解释,对于英国海陆军之实力,茫然不知,而欲战胜,反速祸耳。琦善所订之条款,较之《南京条约》,损失尚小,自朝廷方面而言,出重代价,始乃屈服,谋国之不臧,一至于此,悲哉!同时,条件报于英国,巴麦尊认为义律不遵训令,疏忽于商欠、行商、军费,及将来之保障等。四月,内阁会议,将其否决,罢免义律,而以朴鼎查(Henry Pottinger)代之。

朝廷调遣入粤之兵先后凡一万六千人,其路近者,业已入粤,琦善更修缮炮台,义律对于粤官声称中国调兵备战,蔑视和约,现将定期打仗,再作计较,终无满意之答复。二月二十日,传命军舰备战。二十三日,战争开始,炮击炮台,其守兵凡八千人,而英舰之炮火猛烈,时称其较官炮射远一二里。二十六日,炮台毁陷,虎门失守,关天培死之。① 英舰驶入黄埔江内,毁林则徐购置之兵舰,水师败散。明日,湖南兵应战亦败。报至朝廷,道光添派齐慎为参赞大臣,调广西、湖南之兵兼程往援,琦善则于广州会同林则徐、邓廷桢守城,以白旗求和。三月五日,杨芳始至,奏称英兵距城二十里,拟以棉花浸桐油烧毁贼船,利用水勇,斩献渠首,乃战不胜,英军陷城外炮台。城中大惧,藩司带库金十五万两,设局于佛山,并将百余万两提贮内城。杨芳无奈,再向义律请和,其上奏朝廷,则言兵单,暂为羁縻,由美领事调停,恳求朝廷准许英人通商。事实上恢复贸易为义律停战之条件,其心中以为封港已久,英船来粤者,无货可运,暂时开舱既便于商船,而又增加英国海关收入也。商人起运货物,迅速异常,均信战争势将复起。五月,奕山、隆文各率兵至,初拟于十日后火攻,不幸天雨,未能进行。义律于商船出港后,要求粤官停止军事预备,不得,军舰逼近广州。二十一日傍晚,奕山伏兵岸上,命水师预备火攻,夜半袭击英舰,奕山奏称火焰冲天,号呼之声,远闻数里,焚去英船多只。其报告战胜,要多粉饰。英舰炮攻炮台,连战四日,兵士、游民乘机掠于商馆,水师散失,军队退守城池,居民移入内城,人心慌乱,奕山等大恐。二十六日,英军二千三百余人前进攻城,百姓扶老携幼,吁求拯救于将军衙门。奕山奏言夷人请清商欠,俯允通商,即行退出虎门,归还炮台,因为生灵之计,公共派知府余宝纯议和。义律先曾出示官宪爽约构衅,将军、大臣等及各省营兵须出城离粤,否则攻城,尽抄城内产业,意欲粤人促其出城。至是双方议订要款凡四,一、将军营兵限于六日内离开广州。二、七日内交出六百万元。三、款交后,英舰退出虎门。四、赔偿商馆内之损失。斯役也,完全屈服,

---

① 虎门之败,裕谦于浙称其未设防守,实无根据。

义律以六百万元代价,作为广州赎金。英人犹言其未攻下广州,以挫粤人之气,而去将来之祸。奕山率兵偃旗息鼓,退出城外,但其奏疏则仍混饰。

广东之战,清兵多于英兵,而大小战争,无不败北,其将杨芳久历戎行,为国内名将,奕山为近支皇族,非不悉心计划,而结果若此者,盖有数因。水师非军舰之比,军械之利锐相去悬远,兵士全无纪律,纷扰抢劫,互斗杀人,殴伤差役。浙江试演大炮,炸裂四尊,死伤兵士多名,其无经验与训练,可想而知。广东自此败后,莫不丧气,按察使王廷兰与友人书曰:"粤省此番用兵,所调各省之兵,万有七千,不可谓不多,各库银款数百万,饷不可谓不足,木料买自广西,火药枪炮解自江西、安徽,军装器械不可谓不备,而卒至决裂溃败,一至于此。……维时城门全闭,夜间,贼用火箭、火弹,直打城中,城外东西南三处,火光烛天,烧去民房千余,呼号之惨,不堪言状。大帅有令,官兵自城外逃回,开门准进,而城中百姓,不准放出一人。……所虑一蹶不振,从此为外邦所轻,更恐无赖匪徒,渐生心于内地。"城内火焚之屋,共有八百间。五月三十日,英兵于城外萧冈三元里奸一妇人,村民聚众,余宝纯弹压始已。说者根据传言,夸张其事。《防海纪略》曰:"三元里民愤起,倡议报复,号召各处壮勇。……夷兵终日突围不出,死者二百,殪其渠帅曰伯麦,曰霞毕,首大如斗。"其自慰之技,殆亦可怜。奕山奏称自开舱后,英商感恩,不敢再扰广东,请撤兵回防,并言广州危急,曾得观音山之神相助。朝廷以为无事,饬令裕谦等酌裁军队,闽浙总督颜伯焘奏参奕山,附王廷兰书,言其欺蒙昧良。道光先时盖已得有密报,非不之知,但以抚局已成,竟暂不问,促令疆吏撤兵。其时广州商业如常,英国设官治理香港,义律等候训令。七月,自澳乘船返香港,途中飓风大作,船破,土人救之,始免于难。奕山会同总督祁𡎴奏曰:"海风陡发,击碎英夷房寮、码头,并漂没船只等情",道光得奏,谕称淹毙夷匪、汉奸,不计其数,帐房、寮蓬,吹卷无存,所筑码头,坍为平地,扫荡一空,浮尸满海,发给大藏香二十炷于奕山,以谢海神,并派亲王诣神行礼,不知大祸又将至矣。

八月十日,朴鼎查抵于澳门,其所奉之训令,确实明白。十三日,通知粤官,义律回国,政府新命其为和使,将即北上,订商和约。奕山遣余宝纯见之,谋阻其北上,而英船业已驶出,共兵舰十只,汽船四只,大炮三百三十六门,陆军二千五百余人。二十五日,致书厦门长官,要求献出炮台、城邑。厦门为福建要港,总督颜伯焘主张战议,招募兵勇,建筑炮台,縻款甚巨,不意一旦遇敌,而即失守。颜伯焘收集败兵,召练新军,以谋恢复。道光得报,调兵入闽,不准接收夷书,来则尽杀乃止,下令各省严防,截回撤兵,且曰:"向来议者,皆以彼登陆后,即无能为,乃今占据厦门,逆焰仍然凶恶,是陆路亦不可不加严备。"道光至此始知英国亦有陆军,调兵二千,增防天津,并派大臣往察天津、山海关防务,更谕奕山乘虚进攻香港。九月六日,英船开出厦门,留船守鼓浪屿,舰队停泊于定海海面。二十六日,开始攻击定海。初朝廷不慊于琦善之议和,两江总督裕谦好为大言,道光授为钦差大臣,统兵防浙。裕谦遣总兵葛云飞、王锡朋、郑国鸿驻守定海,及英舰再至,三将力战而死,定海再陷。①

十月八、九日,英舰驶近镇海。十日,进攻。裕谦及提督余步云督战,力不能守,裕谦自杀,余步云败逃,镇海遂下。十四日,英军不战而得宁波,居民自称降民,朴鼎查以裕谦惨杀英人,初欲火烧宁波,幸而不果。道光得报,授奕经为扬威将军,哈哴阿、胡超为参赞大臣,驰往浙江,调兵应援,俄以北方防务重要,参赞大臣不能南下,改命文蔚、特依顺代之。英军既据宁波,遣船至慈溪测量水路,其城官逃兵散,罪犯逃监,衙门被毁,英船更至奉化、余姚,其情状同于慈溪。及冬,朴鼎查按兵待援,回归澳门。中国方面则谋恢复浙东,奕经驻于苏州,召兵于江北,年底援兵始至。一八四二年二月,抵于杭州,会同参赞,计划作战方略,同时攻取宁波、镇海、定海,使其不能相顾。三月十日,四鼓进攻,天明,均大败退。英兵于宁波、慈溪地界,毁坏曾住兵勇或屯火药之房屋庙宇。十五日,进陷慈溪,火

---

① 定海之陷,裕谦听信讹言,奏称恶战六昼夜而败,实则历数小时耳。

焚清兵大营,追杀甚惨。道光得报,始知战无把握。浙抚刘韵珂奏称可焦虑者凡九,不能再战,二次奏请起用伊里布。道光之意转变,令伊里布往浙江军营效力,并谕所获逆夷、汉奸,不准释放,亦不准杀害。

四月,刘韵珂奏称英有援兵到浙。五月七日,英军全数开出宁波,镇海之兵亦退,奕经言其恐惧逃走,乃隔数日,而乍浦之警报又至。耆英奏称暂事羁縻,耆英身为宗室,原任将军,及道光迭催奕山攻取香港,而奕山均托辞诿延,诏授耆英为钦差大臣,兼任广州将军,前往查办,时抵浙江,故有此请。上谕斥其惊惶失措,办理不善,英将亦不之理。十八日,攻击乍浦,其地防兵凡六千人,力战不却,英人赞称其勇,败后,生者多自杀死,妇女亦多投井。杭州派兵往援,而乍浦已陷,道光则以一日而城即陷,防兵未能力战,深自愤懑,其心中则以定海曾恶战六昼夜也。乍浦失守之日,刘韵珂奏曰:"此时战则士气不振,守则兵数不敷,舍羁縻而外,别无他策,而羁縻又无从措手。查大兵到浙,数月之久,不特未能克复三城,该夷反退出宁波,大帮船只犹突浙西,占据乍浦,凶焰不可遏抑,臣刘韵珂忿恨之余,哭不成声,讫无良策,臣等亦皆束手,惟有相向而泣。"奕经为和议之计,遣人前往乍浦,交还俘虏,而英船已去。六月八日,两江总督牛鉴得知英船驶近吴淞,其炮台有老将陈化成驻守,更亲往督战。英舰炮火猛烈,牛鉴知事已不可为,先行逃走,陈化成战死。十九日,英军不战而下上海。二十日,英船自黄浦江驶抵松江,测量水势而回,牛鉴则称将其击退。二十三日,英舰驶去上海,官吏不知其所往也,其时朴鼎查率援兵至。先是,英国计划攻取镇江,断绝南北运河之交通,调兵助战,至是来华,实力大增,共有军舰二十五只,汽船十四只,大炮七百二十四门,运输船犹不计焉,陆军一万余人。朴鼎查分之留守香港等地,其作战者,凡六千九百七人。七月六日,英船抵于浏河,驶过福山、江阴,未遇拒抗。十四日,驶近镇江。镇江时为交通要道,驻有旗兵一千余人,由海龄统率,参赞大臣齐慎等率兵来援,牛鉴亦至,协商防务,决定旗兵守城,援军作战。二十日,英舰开始攻击,应战之兵败退,旗兵登城拒战,颇为勇敢,俄而城破,多自杀死,英船再行上驶。廿七日,有船二只,停泊于南京附近之八卦洲。八月九日,舰队直抵城下,乃订和约。

道光最后之主和,固由于战败,而国内情状之不安,亦促成之也。一八三八年,御史贾臻奏称粤省匪徒纠人入伙,动辄千人,更有结拜三点会者,凡抢掳勒赎及杀人放火各巨案,皆系此类所为,大为乡里之害。其人近与烟贩勾结,持械护送,及政府严禁鸦片,湖南郴州、桂阳一带,则会匪烟贩,出没无常,此拿彼窜,为害日烈。广东虎门之战,省城各官家眷先行逃避,人心益形惶恐。御史骆秉章奏曰:"城厢内外民铺户十迁八九,内地匪徒肆行劫掠,难民有被抢去财货者,有掳去妇女勒赎者,伤心惨目,不可言状。各处会匪乘机扰害,或千人,或数百人,白昼抢劫村庄。"其言本于传闻,虽不尽确,然可略见纷扰之一斑。迨战争之区域广大,清吏凡遇英军无不败溃,乃畏之如虎,风声所传,殆如草木尽兵,而沿海诸省调兵设防,大为害于民间。御史吕贤基奏曰:"比年以来,地方官不能上体圣意,每于近海之区,借防堵以派费;于征兵之境,借征调以索财,以及道路所经,辄以护送兵差,供给夫马为名,科敛无度,近闻湖北、湖南、安徽等处,皆有加派勒捐之弊,又闻浙江、直隶、山东亦然。"此种现象于战争期内,殆难幸免。方英军之入镇海也,官兵不敢入宁波拒守,邑人惊惶逃避,拥挤自相践踏,哭声遍野,而无赖匪徒又乘机劫夺。刘韵珂上奏其事略曰:"该府居民闻警星散,十室九空,土匪大肆抢劫,毫无顾忌,不但该府如是,即距镇稍远之慈溪及绍兴府所属,无不皆然,甚至省中亦复讹言四起,人心惊惶,纷纷迁徙。"后英船驶入长江,人心惶恐,居民迁徙,匪徒乘机抢夺。江苏巡抚程矞采奏曰:"乡僻地方,本属安静,每于夜半更深,讹称寇盗前往劫杀,因而老幼群起逃避。该匪徒等在室则伙抢米钱,在途则截留衣物。"镇江陷后,牛鉴奏称盐枭处处蠢动,放火肆抢,不能禁止。江南河道总督麟庆言之尤详。其辞曰:"扬州府城,当逆夷入江之时,居民大半迁徙,店铺全行闭歇,食用交匮。……维时枭匪散在四乡,乘迁肆劫……仪征县城滨临大江,为商运捆盐之地,即为枭匪丛集之区。"中记其二党仇杀火焚盐船。末曰:"又闻清江浦黄河以北,亦有土匪,聚众欲图滋事。……现在清江因下流居民迁徙人众,米粮腾贵,以致民情惶惶,宵小窃发。"骆秉章亦上奏曰:"运河一路及山东青、曹二州,俱有土匪,肆行劫掠。……若不及早查拿,恐日久蔓延,更为可虞。"其为英人攻陷之城邑,居民尤苦,其原因则为地方官吏或逃或死,土匪先毁衙门,大事抢掠,乡人继之。厦门、慈溪、上海、镇江莫不皆然。曹晟《十三日备尝记》记载英军退出上海,长官出示曰:"有聚众三人夜入人家,及白日持械抢夺者,登时处死,照例勿论。"镇江先由外兵抢劫,土匪乡人继之,其惨状备见于《出围城记》。英军时于运河扣留公文函件,发而读之,长官或谓境内无兵可调,或言匪徒谋变,人民深患英军将至。其恐怖之辞,溢于言外,清廷殆入于危险时期,其言和者不得已也。

道光于奕经败后意始稍变。刘韵珂迭次上奏形势危急,不能再战,奕经交还英军俘虏,以为羁縻之计。耆英于浙,令伊里布设法议和,牛鉴亦以羁縻为言,上谕初尚责之。及英船驶入长江,伊里布奉旨赏得四品顶戴,耆英亦得谕旨办理羁縻事宜。二人更奉令入苏进行,迭致照会于朴鼎查,其困难则为英使要求中国全权大臣面商和议,而耆英等未奉任命,道光且言战费不能议及,更不可轻身与朴鼎查会晤,以致堕入奸计。朴鼎查于其要求停战,均不之理。及镇江失守,道光诏耆英便宜行事,并有此时业已专意议抚之语,更令奕经暂缓赴苏,以其带兵或碍和议也。其时耆英尚在无锡,函请朴鼎查先派人员会议,然后再由大臣面议。七月三十一日及八月一日,两奉密谕,中有"应行便宜从事之处,即着从权办理,此事但期有成,朕亦不为遥制",耆英遂约伊里布前往南京。方其行于途中也,英船泊于江面,牛鉴迭次遣人言和。朴鼎查复称钦命全权大臣前来商订条约,即可罢兵,乃以钦差大臣与全权无异相答,耆英等将即来宁,并录上谕示之。八日,伊里布至。十日,耆英抵省。道光明降谕旨曰:"两载以来,沿海生民突遭蹂躏,朕心实有所不忍,与其兵连祸结,何如息事安民?是以叠经密谕该大臣等,设法羁縻,以全民命,此朕万不得已之苦衷,谅该大臣等必能善体朕意,期于有成,着即遵照前旨,妥为筹办,不必他有顾虑也。"和议由布政使黄恩彤、侍卫咸龄等往议,耆英等则迭奉切勿轻上夷船致有意外之变之谕旨,留于城中。十二日,朴鼎查提出要求赔款二千一百万元,割让香港,开放广州、福州、厦门、宁波、上海,官员往来用平行礼等。十三日,闻知援兵入城,声称开炮攻城,人民惊慌,吁求救命。黄恩彤等连夜出城会议,议定赔款先交六百万元,英船退出长江,条约盖用御宝等。道光得报,谕称福州万难开放,可以他处代之,余多准许,黄恩彤商于英使。英使请代以天津,乃作罢论。其他争执,尚有去行商,及挈眷同住二点。二者英使持之坚决,耆英始肯让步。其关于同住,奏报朝廷曰:"今若有室庐以居其货,有孥以系其心,既挟重赀,又携室家,顾恋滋多,控制较易。况英夷重女轻男,夫制于妇,是俯顺其情,即以暗柔其性。"和议既有进步,二十日,耆英等谒见朴鼎查于船上。二十四日,朴鼎查至下关静海寺答拜,固请入城,耆英许之。二十六日,英使入城。二十九日,条约于英船上签字,是为《南京条约》。

《条约》凡十三款,其主要者如下:一、开放广州、厦门、福州、宁波、上海,为通商港口,许英商贸易,眷属居住。英国得派领事管理其地之商贾事宜。二、割让香港,听英治理。三、赔偿烟费六百万元,商欠三百万元,军费一千二百万元,共分四期,迄于一八四五年交清。英军暂驻于定海、鼓浪屿,俟款交清,五口开放后,始撤归国。四、废除行商。五、放还俘虏,赦免工作于英军之华人。六、五口进出货物,中国公布公平划一之税率,贩入内地之英货不得加重课税。七、两国往来文书,概用平等款式。综观《条约》之内容,实基于巴麦尊之训令。通商港口为开放之商埠,外人得经商居住,其初至者与华人杂居,后购圈空地,设置租界,建筑房屋,为其居住区域,上海则其明证。华人不得入内杂居,后始开放,扩地日广,设官治理,发达益甚,进而侵犯我国之主权,其在英美先进国家,原无通商口岸租界之限制,外商入其国中,多能置地,建造房屋,开设商店,不受苛例限制。我国通商港口,初盖由于特殊环境,租界之成立与管理,则侵略之结果也。领事之在欧美,职为商业委员,其在中国,则权颇重,领事裁判权颇提高其地位。英使要求香港者,则以港内水深,便于停泊大船,外相先主割让定海,义律改求香港。其时英国业已设官治理,后更宣布其为自由商港。关于赔款,《南京条约》载明二千一百万元,一八四一年八月一日后,英军各城所得之款并入扣除,而广州之六百万元,则未计入,英国共得二千七百万元,耆英等对之未有异议。英国训令则言不得争执赔款,以致和议决裂。中国代表苟或核减,当无困难也。撤兵之期,则英船于十月二日全数驶出长江,定海、鼓浪屿之驻兵于《虎门条约》改定赔款交清后,撤归本国。其他诸点,义颇明显,殆无须解释也。通商章程言明于广州再议。

耆英等之议订条约也,当兵败之后,强敌逼临城下,和议决裂,则不堪设想,心中存有恐惧,乃为时势所迫,俯首下心。且其生于闭关时代,不知国际大势、外交方略,而又缺乏缔结条约之学识与才能,唯有听命于人而已。其历多日而始议成者,一则奏报条件于道光,一则译成中文。英人记载中国代表未曾批评或增减条约上之字句,其唯一之志愿,见于容止者,则和议早成,而英船即去南京也。要之,和议之成,颇赖耆英之力,军机大臣中之主和者,则穆彰阿也。条约奏至朝廷,道光谕曰:"耆英等奏详陈夷务情形,亲往夷船,妥为招抚一节,览奏忿懑之至,朕惟自恨自愧,何至事机,一至于此?于万无可奈之中,一切不能不勉允所请者,诚以数百万民命所关,其利害且不止江浙等省,故强为遏抑,各条均准照议办理。惟该夷所请,均已允准,即当迅速定议,全数退出大江,不得任其耽延,惊扰行旅,至此外一切紧要事件,必应筹及者,均着责成该大臣等一一分晰妥议,不厌反复详明,务须永绝后患。"乃条约成后,交涉日多,困难之问题,相继而至,台湾惨杀事件,则其证一。初英船二只前后于台湾触礁,其地长官达洪阿等捏奏战胜,俘获二百余人,几尽杀之。朴鼎查要求将其解部审办,道光坚持不可,会耆英访得其情,始遣闽浙总督怡良往查,得其欺饰冒功之罪,达洪阿等奉旨革职,其事始已。

斯战也,我国统称"鸦片战争",盖以其由于缴交鸦片而起。外国历史学者则言其原因复杂,林则徐之强缴鸦片,只其导火线耳。吾人平心论之,印度输出鸦片,征收重税,为其政府大宗收入之一,英国对于商人运烟来粤,公然谓为经济原因,舰长有禁商船偷运者,政府斥其干涉商人之企业而远调之,宜其指毒物为财产,而向中国索款赔偿也。清廷自战败后,威信大失,进行之计划为之停顿,禁令虽曰依然存在,而官吏不知其属于内政,有投鼠忌器之虑,书籍且有以烟禁无效,归罪于条约,未曾提及禁令者,此可代表时人之心理。战争之失败,由于不知英国之情状,海陆军之实力,而自信太深,造成祸机,以致无法挽救也。战争期内,及和议成后,朝臣、疆吏尚未觉悟,琦善访知英国女主择配,奏曰:"是固蛮夷之国,犬羊之性,初未知礼义廉耻,又安知君臣上下?"关于其人,林则徐言其腿足伸屈不便,耆英称其夜间目光昏暗。道光批曰:"众口一辞,信然。"骆秉章奏曰:"该逆兵目以象皮铜片包护上身,刀刃不能伤,粤省义民以长梃俯击其足,应手即倒。"福建举人黄惠田呈平夷策略,中云:"逆夷由安海放桅而来,日食干粮,不敢燃火,其地黑暗,须半月日始出口,方至息辣。"道光于战争迭败之时,访求安南人造船,以为可败英船。及得其人,毫无所用,而官吏仍信天下水师,以安南为最强。迨英船退出宁波,往攻乍浦,奕经言其恐惧逃走,御史苏廷魁奏曰:"现在粤中传闻有英夷本国为嗑呵喇(Bengal)攻破等语,缘嗑呵喇为夷货聚集之所,经英夷占据,尽收其税。嗑呵喇怨之最深,乘虚捣击,是以逆夷兵船纷纷遁回援救。"道光得奏,谕令追剿,达洪阿捕获难民,奏称得其供辞,自犯顺以来,费去不下二千万元。且曰:"彼以货财为命,今闭关,货物不行,所在私售无多,价亦大减……朴鼎查始冀如义律故智,思得所欲,及不可得,且人船丧失,所耗益多,其情势必绌,饥而扑食,乃更扬言大举,窃恐其势将离,未必复能持久也。"凡此无稽之谈,不知得自何地,竟为官吏所信,而并上奏朝廷。其无辨别是非之能力,故难权衡轻重,审察利害,而有正确之决定也。战争之损失,要由于国际知识之幼稚。和议成后,耆英、伊里布等均为当时清议所不容,军机大臣王鼎反对和议,相传其在道光之前,指摘穆彰阿之误国,帝乱以他语。王鼎愤懑自尽,遗疏极论穆彰阿之欺君误国,以求皇上之觉悟,其刚愎无识,殆不可及,足以代表所谓贤士大夫之怀抱。英人观察官吏,谓其多为极端顽固,其害则自蔽聪明,不受忠告,而偾事误国也。

战争失败之原因,略言于上,而在当时则归罪于汉奸。汉奸盖就人民贩卖货物于英军,或为之工作而言。其造成者,则国内人口滋繁,生活艰难。大多数之人民,未受教育,久于专制政府之下,丧失民族精神,遂视国家之荣辱,不关于心,甚者不惜工作于英军,而自摧残本国。其心目之中,徒为一时之职业,以及多得酬金耳。其愚蠢无识,原无轻重,乃官吏视之,为英军筹划,有神奇之技。广州之战,说者谓英军熟悉地方情形,其出发作战,布置得宜,由于汉奸报告。镇海之陷,大理寺少卿金应麟奏称英夷先用洋银收买兵丁,以致镇将左右均属汉奸,其炮被盐汁浇灌,不能点放。奕经谋复三城,计划严守秘密,及其失败,则诿罪于汉奸助逆。后英舰驶抵南京江面,耆英等奏称其将遣汉奸偷挖高堰,高堰远在高邮之北,英人殆不之知。甚者且言英国译员马礼逊等为改穿夷服之汉奸。其荒谬无识,可称绝伦。道光既得奏报,迭令严防,而军队仍败,对于汉奸,忆懑之至,改令招抚,来者多为无知愚民,曾谕捕拿福建已革举人某,及访得之,乃在台湾。大臣之奏报,一则由于自相恐吓,一则借以减轻责任,《南京条约》第九条规定赦免汉奸。道光批谕曰:"其有助逆抗拒官兵及为向导内应者,即与叛逆无异,天理难容,必应按律惩办,其中情罪较轻者,即不加诛戮,亦应牢固监禁,以杜后患。"幸其人数无几,未致严重交涉也。

道光既不明知英军火器之利,对于战败之兵丁,则以其未曾力战,迭谕将其先遁者杀之,以警其余,奈其无济于事。武将之遇英军也,战败则死,报之朝廷,恩恤即至,其不死者,则交刑部议罪,文官凡有守土之责者亦然。道光曾谕臣下曰:"由来尽节捐躯之大小文武,俱按定例,予以恤典,从无论及平素居官若何,若失地偷生之辈,其治罪与否,视其平素居官之贤否,以为准则,有是理乎？能服天下乎？"其用意则奖尽忠死节之臣,其残酷不仁,无济于事,则不之问。英将谓收容俘虏,至为不易,实由于此。交战之先,清廷未曾对英宣战,公文上只有剿讨之命令,悬赏购头之布告,其最残酷者,首推裕谦。裕谦于浙,诱获英人二名,上奏其死曰:"先将两手大指连两臂及肩背之皮筋剥取一条,留作奴才马缰,再行凌迟枭示。"吾人今日读之,犹为心悸。朝廷之法令既严,又常责人力不能为之事,谕旨前后时相矛盾。大臣唯有捏奏军功,假造事实耳。道光曾批奕经奏文曰:"不实不尽之至……朕只恨世道人心,何至如是之不诚不实？朕以重任付诸臣,诸臣无不还朕一'欺'字,再不解是何存心也。"专制帝王淫威之毒,抑何甚耶！

第三篇　战后外交之形势及英法联军之役

中英善后交涉——中美订约——中法交涉——条约中之要款——耶稣教之弛禁——香港澳门与中国之关系——五口开放后之情状——鸦片输入之激增——对外思想之不变——青浦案件之解决——广州入城争执之严重——三国修约之失败——海盗与亚罗事件——混战与报复——西林教案——联军来华——广州陷后之情状——四国公使之通牒——和议之情状——四国《天津条约》之成立——朝廷挽回津约之失败——条约中之要款——换约之起衅——战事之责任——朝旨之中变——联军第二次北上——和议困难之症结——巴夏礼捕后之交涉——咸丰之决心议和——和议之条件——清代外交之评论——中国对俄所受之损失

《南京条约》成后，通商章程尚未议定，据道光朝《筹办夷务始末》中之上谕，中称咸龄与马礼逊酌定善后章程八款于英船上，内有英商犯法归英自理。朱批且曰："通商以后，华民归中国管束，英商归英自理。华民有罪逃至英馆者，英夷不准庇匿，英商有罪逃入内地者，中国即行交还。"章程原文则未之见,耆英奏称前与朴鼎查面议,所有税饷一切事宜,俟十一月内到粤妥议。考其原因,则通商输税例案,均在广州,势须据之酌量办理也。道光诏授伊里布钦差大臣、广州将军,并许黄恩彤、咸龄同之入粤。耆英改授两江总督。伊里布奏言和议由耆英同其议定,而今一人奉命办理善后,英夷将持异议。耆英得旨,在宁通筹各省贸易事宜。一八四三年三月,伊里布病死于广州,朝令交涉事宜,暂交黄恩彤办理,改授耆英钦差大臣,令之入粤。方其行于途中也,黄恩彤与英译员商订税率,议定五口通商章程。六月四日,耆英始抵广州,朴鼎查约其会于香港。二十三日,耆英同黄恩彤等乘英轮船前往,会见朴鼎查数次,签订章程。二十七日,互换《南京条约》,唯商约未成。初伊里布约定七月颁行新例通商,乃以议商税则往返辩论,不能如期实现。朴鼎查改请广州通商,先照新例输税,耆英许之。税率据耆英奏文,增者五十七种,减者六十四,添出者十三,其货价靡常,而品类不一者,参用估价定税之法。要之,自整个新税而言,船税大减,货税主要物品略有增加。十月八日,中英《虎门条约》成立。耆英奏称事毕,欲回两江总督原任,道光许之。

中英缔结条约,改进商业状况,别国商人均欲沾其利益。美国在华之商业,次于英国,其商人尤为关心。一八四二(道光二十二)年十月,美国长官要求其商人得与英商一体贸易,伊里布奏称只准一国贸易,将生枝节,英人反得与之串通,利归于己。耆英亦以为言,朝旨始许他国商人贸易于五口。方《南京条约》报于美国也,其政府欲遣使来华,议订商约。初战争期内,美国舆论深表同情于中国禁烟,其要人发表中国要求叩首为战争原因之文,杂志主笔竟拒绝登载。至是,其总统欲其商人得于五口贸易,一如英商,将遣专使来华,参院予以同意,其国务卿并征求商人之意见。总统任命著名律师顾盛(Caleb Cushing)为使,国书内称二国促进邦交,本于互惠和平之原则,缔订商约。措辞谦和,并问皇帝圣安,且令顾盛入京觐见,国务卿训令顾盛注意二国之平等地位,不得称为贡使。驻于广州之领事,奉命通知粤官,耆英以为夸耀示异,复文阻其勿来。顾盛之来,乘坐大号兵舰,寓有恫吓示威之意,一八四四(道光二十四)年二月,船抵澳门。领事通知总督程矞采,顾盛遣员说明订约,并将入京朝见。程矞采阻之,且言不必订约,顾盛则称专为朝见及订约而来,愿由内河进京,免生疑虑。程矞采坚持不可,上奏朝廷。道光谕著耆英往粤办理交涉,不准其入京朝贡。顾盛以交涉久无进步,乘坐兵船,进入黄埔,请至衙门拜见总督,程氏拒之,发生激烈之争论,会知耆英将至,乃等俟之。五月三十日,耆英抵粤。六月十日,往澳。十八九日,接见顾盛。顾盛仍言北上,耆英力称不可,后始放弃北上之意,国书由耆英代奏,专订商约。会议之时,顾盛提出草约凡四十七款,文义鄙俚,字句涩晦。耆英删为三十四款,四易其稿,其删去者,据耆英奏文共有六端:(一)领事呈明督抚,公使得赴都察院申诉。(二)洋楼由暴民焚后由官赔修。(三)洋货纳税后三年不销,请发还税银。(四)商船入港,由中国保护,并开炮互敬(此句疑有误会)。(五)公使之公文递往京中,由内阁或部院衙门接收。(六)两国用兵,准商人搬回。其他条件之实质,则少更改,七月三日,约成,二使签字,是为《望厦条约》,订约于望厦故也,其地邻近澳门。

法国在华之商业,无重要之可言,其政府谋扩张领土或政治势力于海外,注意鸦片战争之发展。一八四二年一月,法舰来粤,其长官有教士翻译,请见奕山,奕山见之,法官更与朴鼎查相见,二月,去粤。三月,教士呈递说帖言和,给英码头。及英船攻入长江,法船驶抵宝山,强人投信于官,谓来帮助中国。八月八日,其长官往见道台,谓来探听消息,将劝英人戢兵,且曰:"若准英夷设一夷官在京办事,自必心服"。十三日,强行上驶,及抵南京江面,和议方正进行,遂无活动。九月,英船退出长江,法船亦退。一八四四年三月,程矞采奏称法船来粤喧传于时,八月,抵澳,有驶往天津之说。其使臣剌萼尼(M. de Lagrene)通知耆英来粤。耆英遣员见之,回禀法船八只在澳,请耆英赴澳相见,耆英许之。剌萼尼初不提出要求,惟请二国订约,共御英国,声称西洋诸国两相结好,必互派使臣,往来聘问,二国现可照行,以便常通消息,互相援助;又请中国雇用法国明习天文之人，赴监当差，遣人赴法习学造船、铸炮事宜，许法人住守虎门代防英国，及弛废天主教禁等。耆英以其违反旧制，力言不可，乃请给以英美条约，作为中法条约之根据，十月二十四日，签字于黄埔江中之法舰，是为《黄埔条约》，内容仿自《望厦条约》。法使言其商业无足轻重，多方要求弛废教禁，耆英为之力请于朝廷，道光许之。其他国家尚有遣使来订商约者，除比利时订有协定外，均不得请。一八四七（道光二十七）年，独瑞典、挪威之使臣订约而去。其条款亦仿自《望厦条约》，条约几尽相同，兹综言其要款于下：

一、最惠国条款　最惠国条款云者，指中国与甲国缔订条约，载明此文后，与乙国订约，予以政治上或商业上之利益，而甲国亦得援例享受，即俗所谓利益均沾、机会平等也。《虎门条约》首先载之，此后与外国订约，常有最惠国条款。列强借之要求，争夺权利，往往破坏中国之主权。其在欧美，国际条约虽有最惠国条款之规定，但其属于商约，表明其无歧视或不平等之待遇，而双方面皆以互惠为原则也。中国条约则为片面互惠，又非完全属于商业范围，乃所以称为损失也。

二、领事裁判权　领事裁判权于条约上则曰"治外法权"。中国初与邻国往来，曾有互交罪人之例，且不始于俄国，殆可谓为互惠之治外法权。《南京条约》于领事裁判权，尚无明文，中英《善后章程》及《五口通商章程》，始有解决二国商人争执之方法，《虎门条约》明言互交罪人，《望厦条约》订有明显之条款，《天津条约》更有规定，《烟台条约》乃成今日之领事裁判权焉。其范围则在华之缔约国人，及其财产，苟与华人或其他国人发生交涉，居于刑事或民事之被告地位，不受华官之审理，中国法律之裁判，但照本国法例，受审于领事或法官。华人居于被告之地位者，外人报于领事，由其交涉，会同华官解决。其要求之理由，则为中西法律悬殊，而中国法例、法庭、监狱尚未改良也。初顾盛来粤，疾疫方流行于广州，群众信其带来之占风器所致，怒而暴动，美人御之，伤杀华人一名。耆英请于顾盛交出罪犯，顾盛答谓自卫无罪，不能交出，且告领事曰："行于土耳其之治外法权,当适用于中国。"及《望厦条约》成立,载明条款,《黄埔条约》亦然。外人享有领事裁判权之经过,已如上述。其所持之理由,殆不足辩。世界各国之法律不同,凡至一国者,则多出于自愿,必当遵守其国之法律。乃在华之外人居于特殊之地位,实非事理之平。外人既得权利,其犯罪受审者,归于本国官吏办理。订约而后,列强常以商人兼任领事,判案原可非议,而其所判定者,尝致无法执行,罪人逃脱,浪人、无赖遂有所恃。华民更托外人之保护,不理华官之传讯。其后交通日便,贸易激进,外人得游内地,双方接触之机会愈多,诉讼之事件骤增。其争执之点,尝非法律专家不能解决,英美虽设法庭于中国,而缔约国人之归领事裁判者尚多。领事负有保护侨民商业之责任,判决争执,易于引动感情,不免袒护不公之弊;少数侨民且以中国官吏无法干涉,常贩卖禁物,深为害于国内。其设法庭于中国者,破坏主权,更无论矣。

三、关税　广州海关税银,向有定例,船钞则根据船之大小而定。一八四〇年,四百二十吨船,纳银二千六百余两,一八四三年,《虎门条约》载明每吨输银五钱,依照新税计算,前船只纳一百八十余两耳。《虎门条约》规定七十五吨以下者为小船,每吨纳进口税一钱。明年,《望厦条约》改定船在一百五十吨以上者,每吨纳钞银五钱,其不及者,每吨一钱,视前益轻。美约又言船已纳税,而货未全销,载往别口者,于凭单内注明,得免征船钞,其货纳税后运往别口售卖者,得免重税,由是外船得有沿海贸易之权。按之国际惯例,沿海贸易,本国商人方可经营也。货税,中英代表多据值百抽五议定,约中英官负有担保商人纳税,及禁防私漏之义务。美约无协禁私漏之明文,反言变更税则,须商于美官。协定税则乃告成立。美约更言商船入港,并未开舱而于二日内出口者,不征税钞。

四、兵舰巡行权　一国之领海内河,为其主权所在之统治区域,外国军舰不得自由巡行也。中英《通商章程》,许英舰泊于五口,保护商业,约束水手,以免事变。其入港也,免其钞税,进出口时,先期通报海关。及订《望厦》《黄埔条约》,耆英允许美法军舰得至中国口岸,其文义含混,口岸实指开放之五口，外人仅得贸易于其地也，乃未将其指明。英法联军之役，法舰阑入大沽，引用约文，致函要求驶入北河。其后长江沿岸之要埠开放，列强兵舰遂得自由航行于内河。

五、修约　《望厦条约》第三十四条，载明十二年后修订关于商业之条款。《黄埔条约》第三十五条，规定十二年修约，瑞典、挪威商约亦有修约之明文。独《虎门条约》未有只字提及，乃英援用最惠国条款，谓其亦得享受十二年修约之权利。一八五四（道光二十四）年，《南京条约》适当十二年之期，要求修约，美法尚未及期，从而助之，不得。一八五六年，三国复请，亦未成功。其在广州主持外交者，为总督叶名琛，叶氏傲慢不见外宾，朝廷对于外国要求，概令其办理，寄谕又严饬其拒绝修约，故无结果。列强则以条约上许其修约，乃谓华官不肯遵守条约，如期会商。但后条约载明改订之期，中国要求者再，而列强多托辞拒绝，《天津条约》而后，中国改订税则之困难，尤其明显之例。其或要求，其或拒绝，皆可证明其唯利是视耳！所可怪者，清廷大臣不许其会商也。会议之时，让步与否，其权操之于我，且得利用时机改订互惠之条约也。内外大臣固不知此，历史学者曾认其为中英第二次战争主因之一焉。

综观条约之内容，凡英国战胜后所得之权利，缔约国莫不安然享受，甚且越出英约范围之外，朝臣疆吏唯求办理便易，固不知其丧失主权。海关税则协定，朝廷颇以为便，耆英之所顾虑者，则为款能足额，规礼应外人之请，尽行废除。外舰约束水手，领事担保纳税，均为传统思想之表现，其对领事裁判权成立亦不反对。其观念迥异于吾人，要由于国际知识之幼稚，设使吾人处于当日之环境，亦不之知，此闭关之害也。其未详载于约中而关系至巨者，则中国应法使剌萼尼之请求，允许传教也。先是，天主教盛于清初，一七二四年后，教禁始严。及中美代表议约，美译员为教士，商请于专使，要求传教。顾盛将其提出，《望厦条约》准许美人设立医院、礼拜堂于五口。法人信奉天主教甚虔，其神父潜入中国，宣传教义，政府予以赞助，未曾改变，或进而借之侵略。一八四四年，剌萼尼力请于耆英废除华人信教之禁令,其措辞则称天主教劝人为善,而非邪教也。耆英初称中国习教之人,借教为恶,故惩其罪,后许出示弛禁。剌萼尼固请代奏皇帝出旨,免拿教民,耆英上奏其事。十二月二十八日,上谕弛禁,许筑教堂于五口,华人入教者听之。耆英亦出布告,英美领事以其解释太隘,基督教不得享受新得之权利,向耆英交涉,耆英布告一律待遇。剌萼尼意尚未餍,再向耆英交涉,发还天主堂之旧屋。耆英奏称其坚决要求,可许其请,以为笼络抚绥,否则将致启衅,且旧教堂事实上不能归还。一八四六(道光二十六)年上谕曰:"前据耆英等奏学习天主教为善之人,请免治罪。其设立供奉处所,会同礼拜,供十字架图像,诵经讲说,毋庸查禁。……所有康熙年间各省旧建之天主堂,除改为庙宇、民居毋庸查办外,其原旧房屋各勘明确实,准其给还该处奉教之人。"中国对外准许传教,神父私往内地,基督教牧师则传教于口岸,后亦前往各省。来华之教士因之大增,其人富于牺牲服务之精神,其目的则宣传福音,而求多得信徒。其采行之方法,为恤苦医病,教育青年,顾其传道之机会,远胜于前,无暇研究华文,只能口操方言,而国中学者囿于固有之思想,常轻视之,不相往来。华人之信教者,多为市井愚民。其后天主教神父利用华官之心理,条约上之权利,袒护教徒作恶,益失知识界之同情。其时民众迷信极深,妄造蜚语,煽惑人心,激成暴动,教案遂为清季重要问题之一。

中国割让香港,英王委任朴鼎查为总督治之。《虎门条约》规定华船之往香港者,持有商港海关之护照,始得贸易,且言二国互换记录,以禁违法之商业。初义律承认华官征税于香港,一如黄埔,巴麦尊后亦训令朴鼎查可许华官收税于香港。至是,条约上虽无明文,而华官尚得根据商约,管理香港华商之船只,英国有协助之义务,而事颇易进行。一八四三年,英国改委前商务监督德庇时为香港总督,于其离英之先,长官语之曰:"苟因事实上之需要,可许华官管理香港之华人。"可见中国之不善经营,虽曰英商主张自由商港,抑由官吏之昏庸无识也。英国既得香港,澳门葡官呈陈耆英变通成法,豁免租金五百两,扩展地界,税收照新章减少三成,耆英上奏，朝廷概不准许。澳门政治情状，一如往日，迨后香港之商业发达，澳门日衰。一八四九（道光二十九）年三月，其长官曹玛利楼（Joao Mario Ferreira do Amaral）照会总督徐广缙裁撤海关，许其添设领事于广州。粤官不可，葡官封闭关门，宣布不征货税，遣兵防守炮台，驱逐同知，不交地租，征收华人之地税。其时中英交涉极形严重，徐广缙不敢用兵，反言其借兵于香港，又不将其上奏朝廷，乃欲用商制夷，谕令商人退出澳门，去者日多，澳门之街市为之一空。葡官大惊，四月，曹玛利楼下令，凡无护照迁移者，收没其财产，令下，仍不能止。其受损失之华人，莫不切齿。八月，曹玛利楼骑马巡于澳门边界，为人刺杀，斩其首手而去。事闻，葡官要求徐广缙缉凶，交还其首手，徐广缙不复，葡官遣兵强据边界之要塞，英、法、美领事抗议，英舰且又示威。今自吾人观之，葡萄牙之强据澳门，实为野蛮之侵略，徐广缙不知国际公法，有所表示，外人谓华人之去澳，由于粤官之威胁，及其迟延不复，而益信手段之卑劣，起而助葡，且防其施行同样手段于其他外人也。明年一月十六日，粤官归死者之首手于澳门。斯举也，中国丧失列强之同情，葡萄牙遂得借口掌握澳门之统治权，一八八七（光绪十三）年，《中葡条约》始予以承认。

中国开放广州、厦门、福州、宁波、上海为通商港口。广州国际贸易之历史颇早，厦门、福州、宁波亦曾准许外商互市，试分述之。上海地在长江下流，河汊繁多，通于内地，其东黄浦江便于碇泊，而沿江诸省人口繁密，有大宗货物之需要，且其近于丝茶生产之区，便于外商之购买。一八四三年，英国领事抵于上海，十一月开港，美法领事继之而至。外商人初租屋于城内，北门沿黄浦江一带，时为乡村，英领商于道台租地。一八四五年，议决外人居住区域，北达苏州河，南迄洋泾浜（今爱多亚路），东临黄浦江，共一百五十余亩。明年，向西扩展一千余亩。一八四八年，竟达二千八百余亩。明年，法国租界成立，其地南达北门，北至洋泾浜，东界黄浦江，西迄关帝庙、周家木桥，后扩至一千二百亩。美人初无设立租界之意，购地于苏州河入江一带。英法对于租界，均有势力范围独占之野心。美国领事住于英界,初升国旗,英领抗议,旗即撤下,后再升旗,英领再行抗议,美领置之不理。美人置产于界内者,英领不肯承认,道台受其指示,表示反对,美领终乃强迫道台承认其国人之权利,会英国以其国际上之地位,对美采行亲善之政策,始行让步解决。法领曾令外人于租界内购买地产者,须向其注册,亦以反对而止。英租界之治理也,英领、道台议定管理章程,征收路捐、灯捐,年有常会,由纳税人出席,讨论一切,议决预算,由英领主席。其办理市政,以同意为依归,而非法律之裁制。其缺席者,后得委托代理人赴会投票,其与华官关系,除每亩纳钱一千五百文外,别无可言。华人之有地产于租界者,只得售于外人,外商之房屋商店,不得租于华商。及太平军攻据南京,上海小刀会起事,人民相率避乱于租界,外人以新环境之需要,改订章程,道台及三国领事批准。一八五四(咸丰四)年七月,公布,始许华人同居于租界。乱平,华官再行提出禁令,未能执行,章程中之最要者,则为第十条规定纳税之义务,执行常会之议决案,凡多数通过者,全体皆须遵守也。章程关于市政,未曾载明,其影响普通利益者须得领事之同意,方为有效。领事原欲合并三国租地,成立统一之市政府,而法国不予同意,英美区域,乃称公共租界,法界独为一区。租界之市政府成立,华人则无参与常会之权利。

宁波在甬江下流,土肥民众,为中国著名之大城。一八四三年,开放为商港,官吏指定外人营业住留之区域,顾其贸易极不发达。盖丝自水路运往上海,既便且捷,而茶叶贩卖之权,又操于沪商也,独传教事业,颇有进步。其贸易类近宁波者,尚有福州。福州在闽江之口,水急势险,难于航行,一八四四年,开放,数年中未有商船入港,英官主张交换他港,未能成功。其入城问题,引起严重之交涉,闽人仇英之空气颇浓,领事初主让步,住于卑陋房屋,不敢高挂国旗,以启恶感,而总督刘韵珂拒其入城。会香港总督来闽,严重抗议,申言撤旗而去,借为恫吓,刘韵珂无奈,许其建筑领事馆于城中。外人入城者,未有租界之划定。厦门开放较早,始因刘韵珂之主持,亦有领事馆地址之争执,后亦同时解决。初荷人、英人曾来厦门贸易,闽商受其刺激,亦自厦门运出货物于台湾、菲律宾岛等。至是,领事外商住于鼓浪屿,划定租界。其地输入货物之价值,远过于输出,一八四七年,外船开始运出华工于厦门。广州原为中外国际贸易之商港,及订约后,废去行商,外商始得自由雇用买办通事,但其所居之卧室、营业之地址仍限于商馆。其贸易额数,初则尚能维持原状,后渐衰微,其失业者心怀怨望,造成粤人仇外原因之一,其事详后。

五口开放之后,贸易之机会大增,外商教士之来华者日多,交通便易,有以促成之也。十九世纪之中叶,轮船发达,航行大便,和使朴鼎查之来粤,《南京条约》之寄英,均赖轮船之运递。一八四五年,太古轮船公司航行于英国、香港。后五年,增加自香港驶行于上海之航路,邮件之传递,因之日便。初中国无今日所谓之邮局,一八三四年,英国商务监督律劳卑组织邮局,传递信件,托船运带,不收费用。一八四二年,朴鼎查通告开办邮局于香港,迨轮船公司扩展航路,传递邮件,酌视路程之远近,而定其价,取值颇昂,后渐减少。于是交通益便,而中国之闭关政策根本上不能存在矣。

我国海禁弛废,要由于鸦片战争之结果,鸦片促成战祸。和议之时,耆英请英使严禁鸦片,后赴香港,亦以为言。朴鼎查则言别国商人贩烟,英商效尤,不如收税。耆英将其上奏,且称禁弛两难;上谕批称"鸦片烟虽来自外夷,总由内地人民,逞欲玩法,甘心自戕,以致流毒日深,如果令行禁止,不任阳奉阴违。吸食之风既绝,兴贩者即无利可图。……此后内地官民,如再有开设烟馆,及贩卖烟土,并仍前吸食者,务当按律惩办,毋稍姑息!"不幸和议成后,官吏实际上未曾严禁。一八四四年,烟商公然贩卖于广州。一八四九年,鸦片二万余箱于青天白日之下,自吴淞运往上海。外人均谓官吏俸给太少,乃私受贿赂,勾结奸商,运入内地。鸦片之运输也,时以香港为中心,分装于武装之快船,运往上海以南之各港,其地或非条约上开放之商埠,亦得贸易焉,其销售之数,逐年增加。一八四〇年,岁入一万五千余箱;一八四五年,三万三千余箱;一八五〇年,四万二千余箱;一八五五年,竟达六万五千余箱。一八四〇年,虽以战争输入较少,而战前每年之需要,只约二三万箱,末数与之相较,达于两倍以上。抽吸之烟犯,虽无统计,而人数当亦二三倍于前。社会之不安,政治之恶劣,人民生活之痛苦,自可想见。一八五〇年,咸丰即位,下诏严禁鸦片,其抽吸者,限期戒烟,逾期人即正法,家属收没为奴,子孙三世不得与考,并订十家连坐之法。不幸仍为具文,反足以供贪官污吏之诛求耳。及太平军势炽,清廷之收入大减,军糈之需要日亟。一八五三年,朝廷再议鸦片,大臣有请开禁征收重税者,后上海道台议收烟税,宁波长官亦然。英国对于鸦片,主张中国弛禁收税,朴鼎查、德庇时均曾劝说粤官。英商公然运入中国,英国慈善家及宗教领袖认为耻辱,后得传教士报告,民众为之奋起,一八五五年,签名上书国王,请禁英商、英船贩运鸦片于中国。顾其胪列之事实,不免浮夸张大之辞,政府一一批驳,遂无结果。中美《望厦条约》载明美商禁带鸦片,而少数商人贩运如故,其政府力主禁之。一八五七年,总统任命列卫廉(William B. Reed)为专使,命其协助中国政府禁烟,迨其来华调查实状之后,缔订《天津条约》,改去美国对于禁烟之义务,其违反训令,殊可怪也。

鸦片战争之失败,证明清代政治上、军备上之积弊,非留心外事,彻底改革,实无自强之道,不幸荒谬刚愎之思想,依然存在。道光于伊里布赴粤,谕其不得雇用夷人制造或购买轮船,其对外让步者,惟患战祸之再起,而受臣下之恫吓也。耆英于和议成后,旨授两江总督,亲历战地,访察实状,密奏英炮摧残之威力,庐舍炮台尽成瓦砾,目不忍视。其扼要之结论曰:"不能取胜,并非战之不力,亦非防之不严,不独吴淞一口为然,即闽广浙江等省之失利,亦无不皆然。臣以所见,证诸所闻,忿恨之余,不禁为阵亡殉节诸臣及被难居民痛哭也。"其所言情节均为事实,道光倘许发钞,或可针砭朝臣之痼疾。后耆英官于广东,购得洋枪,派员入京进呈。道光称其绝顶奇妙之品,灵捷之至,且曰:"卿云'仿造'二字,朕知其必成望洋之叹也",知为外人利器,何不公布派人学习,或购用于军中?不幸关于此类之奏疏谕文，莫不讳而藏之，君臣安于固陋恶劣之情形，粉饰自欺，作为升平之世。其心至不可解，交涉自无诚意，如许弛教禁，而"道光二十七年（一八四七）律例，但有禁天主教条例，无弛禁之文"（叶名琛奏语），官仍捕惩教徒。条约上许外人居于五口，而仍予以困难，广州固不必论，英传教士租住于福州神光寺，绅士百计逐之，捆送修屋之工匠，县官且以媚外革职。商业上，俄船驶抵上海，而长官禁其贸易，朝廷嘉之，其尤堪称异者，则对外缔结之条约，以及上谕，从不发钞于京报，国人反从外国报纸得知其内容。于此期内，道光固深失望，而国内清议对于主和之大臣，莫不非议。伊里布死，说者谓其庸懦无能，徒以党于穆彰阿，英祸始终，竟未获罪。朝廷起用琦善等，赏之三品顶戴，御史陈庆镛奏言刑赏失措，无以服民。帝即命琦善等革职，闭门思过。一八五〇年，道光病崩，遗命断不可行郊配之礼。其第四子奕詝嗣位，明年改元咸丰，追论和议之失，诏革三朝大臣穆彰阿之职，永不叙用，降耆英为五品顶戴，以六部员外郎候补，起用惨杀台湾英国难民之长官。时人莫不深赞咸丰之明断，而信太平可期，不意对外损失，反过于前代也。亲信大臣中之稍知世界大势者，当推耆英。耆英办理外交事宜于广州，矫去妄自尊大之习气，常与外使相见，惜其限于环境，但求敷然免事，无改革或促进邦交之决心。中美订约，顾盛赠送枪炮之图样，关于海陆军战术及建筑炮台之书籍。此数者，皆中国不如英国，而败于战争，为国内所亟需改革者也。耆英婉辞却之，并拒派人赴法学习之请。其报告朝廷驾驭外夷之奏文，中多诋毁，其留心国际之形势者，只有林则徐、魏源数人而已。林氏编译之《四州志》，魏源所编之《海国图志》，皆不免于错误。魏源之言鸦片战争，谓非由于缴烟，而起于断绝互市，夸张三元里乡勇之困英酋，定海伤杀夷人之恶战，夷人不敢进攻固守之松江。然舍此外，殆无他书。外人之观察中国者，谓华人不知外国之情状，妄自尊大之成见，毫未除去，其关于中英战争之史迹，既无可靠之书籍，又无广搜新闻之报章。其所根据者，则满载上下相欺之奏文上谕之京报也。其精通外国语言之华人无几，知识界人以本国之习惯环境，作为批评外国之标准,西方学术之输入,实为中国之急需。华人谓其优秀于外人者,乃其自言自信也。此论切中时人之痼病,而国人终不自省,遂为衰弱祸患根本原因之一。

官吏昏然排外,英国则欲多得权利,转采坚决之态度,而以武力为后盾。其领事之行动,曾不待其本国政府,或上级长官之训令,而于事出之后,本其个人之主张,提出要求,至为严峻;地方官既不能防患于未然,又不能立时负责解决,托故延宕,避免责任,乃予领事以口实,案情反而扩大,终遂屈服于武力恫吓,凡其要求,莫不许之。其专横之甚,无以复加,中国政府之尊严、威信,深受损失,试以青浦之案证之。初《虎门条约》载明英人得游历于五口附近之内地,其界由地方官议定,其原则为早出晚归,不准在外过夜。上海定为三十英里,乡民亦无仇外之表示,相处颇安。一八四八(道光二十八)年三月,英国教士三人往青浦传教,途中为漕船水手所击,知县救之,送往上海。领事阿礼国(Rutherford Alcock)报于苏松太道咸龄,请惩凶犯。咸龄谓浦非一日可以往还,教士出于规定范围之外,且青浦知县已枷责二犯,意欲不问,阿礼国则称青浦在三十英里之内,惩犯太少,两不相让。案至五日,阿礼国不待训令,采取自由行动,通告英船不纳税金,封锁海港,不许漕船驶出吴淞。英舰之在上海者,初只一只,而重载放洋之漕船约一千余只,竟慑于英舰之威,不敢他驶。道台乃以民意激昂,将起暴动来告。阿礼国坚持如故,遣人乘坐军舰,直驶南京,往见两江总督李星沅。李星沅患其生事,即令臬台驰往青浦,捕凶惩办,更以英舰不肯退出南京,迫而罢免咸龄。其措辞则言不严办该案,而转生轻侮也。领事始弛海禁,其蛮横之行为,足以引起二国之战争。而英国巴麦尊之训命,反赞其处置得宜,华官之昏庸有失常态,殆不足责。于时交涉之中,其最难解决者,则广州外人之入城也。

广州问题颇为复杂,一八四三年,耆英入粤,于途次闻知粤人报复,及抵广州奏曰:"市井小民,嗜利尚气,好斗轻生,又系通洋码头,五方杂处,多有造谣生事之徒,从中煽惑,借以渔利。从前粤中习俗,既资番舶为衣食之源,又以夷人为侮弄之具。该夷敢怒而不敢言,饮恨于心,已非一日,近日夷情不能再如从前之受侮,设有一言不合,即彼此欲得而甘心,遂有上年十一月(一八四二年十二月)间焚抢洋行之事。其实皆系无赖、游棍,及俗名烂崽等辈所为,一经查拿,旋即逃散,民夷两相疑惧,倘办理稍有未协,必致重启衅端。"其困难之症结,殆为误会已成,双方无了解,或协妥之可能性也。其时五口开港,中文《南京条约》载明其为港口,并未提及外人住于城中,港口指江河之口而言,条约未许缔约国人入城也。会上海、宁波等相继许外人入城,英国政府曲解条约,谓当入城。粤人独持异议,拒其进入广州。英国因谓中国不守条约,而以不平等之原则相待,乃信问题虽小,关系至大,不肯让步,初拟于赔款交清后,不欲撤回定海之驻军,以为要挟。耆英得美法之劝告,坚持不可,而入城问题,迄未解决。考其原因,则粤人好动,林则徐利用民气,号召团练,及其势成,不受政府之指挥,而唯使用意气,反为大害。其宣传之方法,或贴字帖,或散传单,其文字不知作于何人,概为鼓动情感,不负责任之高调,造成傲慢之心理,深信英夷入城,即为侮辱广州,不惜聚众暴动。政府则皇帝迫而议和,大臣昏然排外之思想未曾改变,耆英办理外交,清议斥为误国。及广州问题严重,御史劾其媚外,上谕责之,其自辩曰:"屈民就夷,万万无此办法。……凡示谕之撕毁,长红之标贴,皆臣等授意晓事绅士,密为措置,而外人举莫之知。"其言为避免责任之计,殆不足信,可见其境遇之苦。又曰:"数年以来,臣等办理夷务,千头百绪,枝节横生。诸夷狡黠成性,屡欲借端败约,几致无从措手。"其尤感受痛苦者,则拿办匪徒,亦不敢持之太急也。其属下官员,曾隐助所谓义民。英国教士租屋创设医院,医治贫苦者之疾病,全为慈善性质。屋主许之,绅士强其废约,不得,诉于官吏,捕之下狱,英官抗议,始行释放。此困难所以益趋于严重也。

一八四六(道光二十六)年一月,耆英与巡抚会衔布告开放广州,许外人入城。明日,即有红白字帖,攻击长官,诋詈英夷,语多忿激。又明日,知府刘浔出署,平民有担酱者,顶撞不避,为其所责。或言刘浔往媚夷人,而乃轻视国人,或言其带夷人入署,群相煽惑,暴动遂起,游民不召而集,火焚知府衙门。刘浔出逃,官吏前往弹压,而暴民益多,驱逐官吏。广州入于混乱之状,耆英大惧,暂将刘浔撤职,并改外人入城之布告,以缓民气。其事报于伦敦,英国政府以为英人入城,徒滋纷扰,训令香港总督德庇时慎重考虑。三月,德庇时约见耆英,耆英前往,四月,议定条件:(一)广州缓期入城。(二)英人在外行走,粤人不可欺凌。(三)中国不得割让舟山群岛于他国,并可由英国协同防御。六月,英国交还定海,入城问题暂告结束,粤人之气焰日张。秋间,英人二名私行入城,为众殴伤。及冬,英商请许其于商馆前两花园中间墙上搭一过桥,长约二丈,而民阻之。明年二月,英人往游佛山,经镇人投石击伤。会英国内阁更易,巴麦尊在职,采行断然处置之政策,训令传达香港。四月,总督德庇时率轮船及兵士九百名,突入黄埔江,逼近广州,形势危急。德庇时提出要求,耆英许之,其条件如下:(一)二年后开放广州。(二)惩办凶徒。(三)英商得于河南建造货栈。(四)教士得建筑礼拜堂。耆英上奏其事,中称英夷"不准进城,则深以为辱。无如粤民过存轻视,屡向聚殴。该夷偶有所求,如租地建房等细事,亦复率众阻挠。地方官以民为本,又不便重拂舆情,曲徇该夷所请。臣数年以来与前抚臣黄恩彤于民夷交涉事件,斟酌调停,实已智尽能索,而不意犹有今日之变,抚衷愧怍,无地自容"。上谕批称进城一节,无关轻重;而粤人持之甚坚,其惩办凶徒,亦非易事也。十二月,乡民惨杀英人六名,英使要求严峻,耆英捕杀首要。定派通事一,差役二,随同外人外出,其事始已。其时耆英所处之地位,内则粤人仇英,外则英人威吓,进退两难,而两广之叛乱渐已开始。海岸则海盗横行,抢劫商船,均无法应付,幸而道光召其回京。其先耆英密奏其愤恨衰老,支持竭蹶,请帝默简才能,预为储备,此盖应其请求也。

耆英离粤,朝命两广总督徐广缙为钦差大臣。徐广缙毫不明了国际上之形势,又不虚心访察,对于外国,概以恶意推测,而竟蒙混朝廷,造成大祸。一八四八年五月,徐广缙与香港新任总督文翰(Samuel George

Bonham)相见,至其兵船,互相筵宴,奏称本年广州贸易情状不佳,英夷悔过,中云:"其国中连年贸易缺本,无力滋扰,是以故示恭顺,将从前骄纵之行,尽归咎于德酋(即德庇时),以自文其奸。"六月,文翰函请预备明年广州开放事宜,徐广缙复文称其将致纷扰,势不可能,一面奏其虚声恫吓,妄图要挟,其兵一千二百五十名,而死者二百余人,不能远出。其结论曰:"总之,广东民情剽悍,迥殊他省,不许外夷进城,妇孺同声。若含糊答应,临时别生枝节,不但有乖守土,抑且大非柔远之经。"又曰:"该夷地方(指香港)频年贸易缺本,亏折三万万有零,支用不给,现裁减兵饷。"其言尽本于广州贸易之衰落,而牵强附会也。交涉报于伦敦,巴麦尊训令文翰警告中国政府,不守协约,将有不详之结果。文翰约见徐广缙,要求奏请皇帝发贴准许入城之上谕,徐广缙上奏朝廷,谓其智尽能索,依从两有所难,含有许其入城之意。道光批曰:"自宜酌量日期,暂令入城瞻仰。"会文翰让步,改请许其入城,会谒总督。徐广缙反信民兵十万,足敷防守,别夷亦怒文翰无端寻衅,搅乱贸易,而鸦片战争,夷商帮饷八百万,尚未还给分文,贸易今更萧条,香港驻兵不满二千,势难招用土匪,而故让步也。态度因而剧变,上奏朝廷曰:"进城一事,实属万不可行。"对于文翰之建议,严辞拒绝。其时粤人广贴字帖,聚众示威,乡勇驻守要害,严防英人入城,及二年之期,英人果不得入城。文翰最后致抗议书于徐广缙,警告中国政府不遵协约之规定,将来发生不祥之事件,其咎由于自取。其让步者,由于英国政府初信粤人反英运动之激昂,强迫入城,亦无益也。

入城问题暂告结束,徐广缙奏称胜利,保举出力绅士。道光谕曰:"夷务之兴将十年矣,沿海扰累,縻饷劳师。近年虽略臻静谧,而驭之之法,刚柔不得其平,流弊愈出愈奇。朕深恐沿海居民有蹂躏之虞,故一切隐忍待之,盖小屈必有大伸,理固然也。昨因英夷复申粤东入城之请,督臣徐广缙等连次奏报,办理悉合机宜,本日又由驿驰奏该处商民深明大义,捐资御侮,绅士实力劻勷,入城之议已寝。该夷照旧通商,中外绥靖,不折一兵,不发一矢。该督抚安民抚夷,处处皆抉根源,令该夷驯服,无丝毫勉强,可以历久相安。朕嘉悦之忱,难以尽述,允宜懋赏,以奖殊勋,徐广缙着加恩赏给子爵,准其世袭,并赏戴双眼花翎,叶名琛(巡抚)着加恩赏给男爵,准其世袭,并赏戴花翎,以昭优眷。"绅士等均得奖赏。徐广缙更奏香港英官恐其往袭,疑惧万分,借债发息,穷蹙难支。其荒谬自欺,殊极可恨,上谕报至英国,巴麦尊大怒,乃谓反英运动,曾得清廷之同意与协助,训令文翰严重警告中国政府,不能自欺,英国之容忍,非其力弱,乃其力强,而慎重耳。若遇事机,英军足以毁灭广州全城,不留一屋,而予粤人最严厉之惩戒也。其措辞可谓强硬之至,外相更批准驻粤领事退还粤官不合常式公文之案件。一八五〇年,文翰致书于大臣穆彰阿、耆英,警告朝廷。其书先请两江总督转递,再往直隶白河投递。时咸丰嗣位,及得其书,一面称其虚辞恫吓,肆其狡诈,一面谓大臣不收外国函件。会英国内阁更变,对华之外交稍形和缓,朝臣以为外交胜利。兵科给事中曹履泰奏曰:"查粤东夷务,林始之,而徐终之,两臣皆为英夷所敬畏。"一八五二(咸丰二)年,徐广缙奉诏出讨太平军,朝命巡抚叶名琛代之。

自五口通商以来,工商业发达之英国,仍以在华商业上之机会缺少为憾。中国征收之税银,根据鸦片战前之货价订成,及十年后,物价减低,而海关征收之税银如前,商人病之,其政府坚欲修约。其所持之理由,则《虎门条约》之最惠国条款也。初中美《望厦条约》,中法《黄埔条约》,中国、瑞典、挪威商约,皆有十二年修约之文,英国虽无修约之规定,以为亦得利用利益均沾之条款,要求修约。瑞典、挪威则因商业不甚发达,虽有明文,但未请求。英国在华之商业,时占第一,亟欲修约,乃谓《南京条约》订于一八四二年,一八五四年则届十二年修约之期。其时美法二国修约尚未到期,然以利害相关,从而助之,与英合作。三国代表之希望甚奢,会商进行,但其本国政府训命不得用武。盖英法方以土耳其故,力战俄国,不得顾及东方,而美国宣战,须得参院同意,要非顾及友谊,或有爱于中国也。一八五四年,三国代表函告叶名琛修约,叶名琛复称无修改之必要,三国代表知其与之交涉,终无进步。叶名琛之为钦差大臣也,轻视外人,常以尊国体为言，自其就职以来，即不理外国使臣。英、美、法代表于其抵粤之时，根据国际上之惯例，函请谒见，叶名琛答称公务冗繁，改日约期会见。法国公使守至十五月，未曾得见，叶名琛自称天朝大臣，殆无接见外夷使者之诚意也。美使曾以谒见无期，不能亲递证书，轮往上海，商请两江总督递往北京，又不可得，双方之误会益多。至是，英美代表决定离粤，登轮而往上海，进与两江总督交涉。初六月间，英美领事递送修约节略，江苏巡抚吉尔杭阿将其退还。八月，美使麦莲勒毕唵（Robert M. Mclane）抵申，往谒总督怡良，言其愿助中国平乱，请开放镇江，许长江贸易，及设上海关于吴淞。英使包令（John Bowring）继之求见，要求多端，且谓不许其请，将往天津。奏上，咸丰谕曰：

  夷人诡谲性成，明知通商事宜，胥归粤东办理，辄赴各海口妄肆要求。现已谕怡良令该夷等，前赴粤东听候查办，着叶名琛仍遵前旨，设法开导，谕以坚守成约，断不容以十二年变通之说，妄有觊觎。并谕以天津海口，现因办理防堵，兵勇云集，倘该夷贸然而来，船只或有损伤，转致自贻伊戚。至该督接见夷酋等仪文，仍当恪守旧章，毋得以该夷等有相待稍优之请，稍涉迁就，以致弛其畏惮之心！

谕旨措辞坚决，交涉至为不易，会法使亦至。三使坚请修约，声称多开口岸，其地如有贼匪，必当随同驱逐净尽，且饬商人补缴上海欠税。初小刀会起事，外商不肯纳税，帝曾饬其补交，故有斯言。其愿助平乱者，欲见好于清廷，固与双方有利，而朝廷疑忌外人，亦无结果。十月，英美二使北上，及抵大沽口，长芦盐道文谦见之。二使请往通州，与便宜行事之钦差大臣商议修约。咸丰得报，称其居心叵测，其谕文谦曰："与之接见，务须折其虚悻之气，杜其诡辩之端，万不轻有允许。"文谦与通事交涉，未有进步。帝谕直督桂良赴津，但不可轻见夷酋，迁就了事，交涉仍由文谦办理。二十一日，英使方面提交节略，文谦将其一一驳斥，发生争论。奏上，帝称其虚辞恫吓,无甚伎俩,改派前任长芦盐政崇纶办理。十一月三日,会议,英使提出要求十八款,其主要者,则为公使驻京,英人得住于内地,购置地产,开放天津,修改税则,准鸦片进口,免除厘金,使用各式洋钱等。美使之主要条件,略与相同。上谕称其"所开各条,均属荒谬已极"。其愿让步者凡三:一伸理民夷争案,二免上海欠税,三停广东茶捐。二使以其所议不协,离沽南下,报告政府,谓无兵力为助,修约势难成功。咸丰则谕怡良等告知外使曰:"此外各款(指上三款),不但天津不敢入奏,即应办夷务之大臣,亦不敢轻为奏请,倘冒昧渎陈,奏事之员,身获重遣,于该夷商务,仍属无益。"其意至不可解,一则政府装聋,一则疆吏乞怜,世界上竟有若此之政府耶?外交上之问题,岂装聋所能解决耶?一八五六年,三使再请修约于粤,叶名琛拒之,美使伯驾(Peter Parker)至申交涉。怡良称其夸张船坚炮利,全系虚辞恫吓。叶名琛奏称理当坚持定约,上谕说明修约之原意,及政府之政策曰:"原恐日久情形不一,不过稍有变通,其大段断无更改,故有万年和约之称。……该督等亦只可择其事近情理无伤大体者,允其变通一二。"其言颇为得体,无如美使希望太奢,而朝廷不许,疆吏亦不肯自我解决,得罪于清议也。美使欲往天津,上谕桂良严防,不可派大员接见,修约遂无结果。

于此情形之下,英国政府之计不售,渐具求战之心,而未得隙,乃俟时机,以便宣布中国苟不遵守条约上之义务,则二国和平,及商人安宁,均无保障,而须决于一战也。一八五六年十月八日,"亚罗"(Arrow)商船之水手被捕,英旗撤下之案忽起,英国遂得口实。先是,我国之海盗势炽,其人多为沿海善于驾船之渔民,渐而变为有组织之海盗,抢劫商船,后更改造大船,安置重炮,势力日强。一八〇九年,中、葡、英三国合力剿之,降者二万余人,大船四百余只。及鸦片战争,粤省水师受挫于英,香港割让之后,海盗得有保护,其势复盛,北起长江口,南至安南、东京,皆其势力所在之地。沿海各省之长官无力御之,商船、渔船之受劫者,置而不问,人民迫而交给匪款。政府可谓失其天职!会海盗抢劫英船,商人患之,在华之兵舰

第三篇 战后外交之形势及英法联军之役

奉命剿匪,攻击广东海盗,先后三役,予以重大之损失。其在浙江者,势仍猖獗。商人禀请政府,雇用英船往剿,朝廷不许,怡良曾饬英船停止助剿海盗,而又置之不问。外国商船因而保护华船,征收金钱,其行径固侵犯我国之主权,而又无异于匪徒也。葡萄牙船之营业,尤为发达,其每年收得之款,数逾五十万两。其专横之甚,竟使华商与海盗磋商,求其保护,海盗许之,葡船与之竞争,酿成海战,结果葡船大败。英法领事后知保护之弊,严禁本国商人参与其事。广东则香港政府为其商业发达之故,公布章程,规定华船注册,领取护照,船上得悬英旗,其期定为一年,但得续请。"亚罗"船主本为华商,以防海盗之计,注册于香港政府。至是,"亚罗"泊于黄埔江,水师千总巡查见其船上张有英旗,以为奸民,登船大索,拔下英旗。其船长爱尔兰人因事他出,远见华官登船,驾舢板船归,见状,诘问其故。兵士以恶言相答,千总拟执全船水手而去,船长请其暂留二人驾驶,千总许之,捕十二人去。① 船长立时报于领事巴夏礼(Harry S.Parkes)。巴夏礼至,被捕之水手尚在江边,说千总放还,谓条约上载明捕人于英船上,先当通知领事,迨其调查之后,即行引渡,千总答称不知条约,执之而去,上报获匪,叶名琛奏报亦称其获匪李明太等。

巴夏礼回馆,致抗议书于粤督叶名琛,请其礼还被捕之水手,粤督复称亲自检查水手,其中三人实为海盗,其余九人,当即交回。巴夏礼坚持不可,会得香港总督包令之训令,要求三项:一、礼还水手,二、道歉,三、担保以后尊重英旗。叶名琛以为"亚罗"乃华商之船,其所持之护照,已逾一年,当失时效。捕获之水手,又皆华人,当归华官管理,其中且有海盗,复文辩护。十四日,英船奉命捕获粤船一只,事遂益趋于恶化。二十日,巴夏礼亲往香港,会商总督,结果采行积极之步骤,攻取沿江之炮台,及其回归,领事馆致书粤督,责其道歉,礼还水手,限于二十四小时答复,

---

① 咸丰朝《筹办夷务始末》《中西纪事》均言十二人,外国公文亦然。薛福成之笔记,始误称十三人,今书竟多据之,实误。

逾期则将自由行动。叶名琛许还十人，不可，始遣微员送十二人于领事馆。巴夏礼谓其不照照会上之条件，礼还水手，且无道歉之书，拒绝不受。二十七日，英舰开始炮攻炮台，逼近广州，更攻击总督衙门，轰毁城墙，靖海门、五仙门民房被焚。叶名琛号召乡团，及事危急，始遣知府蒋立昂出城会议，未有结果，乃调兵二万，固守旧城。包令初信其顾全大局，势必让步，亲至广州，以便会商解决悬案，及至，知其坚持如故，大失望归。其炮击广州也，未得本国之训令，乃退兵去，叶名琛饰辞奏称夷匪扒城，败逃，后又伤杀四百余名。

综观"亚罗"事件之起，本无轻重之冲突，可立解决，安然无事，竟至重大之事变，叶名琛重要之错误有二：一、叶名琛为钦差大臣，办理外交事宜，不能维持领海之治安。香港政府之收费注册保护华船也，当即抗议，促其取消，而竟置之不问，以致发生事端，实属怠于职守，至堪痛恨。二、"亚罗"案件发生之后，叶名琛应付之方法，殆无异于买卖式之折扣，其迫于威势，逐渐让步，固不如以正当方法，断然了决也。夷考其刚愎之原因，殆由于自满自傲，叶氏初以翰林清望，超任疆圻，以拒英人入城，颇得贤声，益以雪大耻、尊国体为言。及太平军起，广东失业游民，及秘密会党闻风起应，扰乱蔓延于广州附近。叶名琛用兵平之，遂亦自负。其在英国方面，"亚罗"之护照，依据注册章程第十条之规定，时效虽未失去，然固琐小之事，乃竟小题大做，其决心求战，至为明显，更不足责。

中英战端开始之际，美法领事均表同情于英，甚者且欲从而助之，然以未得训令，表示中立。十一月，美领退出广州商馆，途中，其乘坐之舰，受炮攻击。美舰发炮应战，攻毁炮台五座，叶名琛知其构衅于二国，殊非得计，致书道歉，其事始已。中英之战祸既启，粤省公布斩杀英人汉奸之赏格。十二月五日，乡民杀英水手一名，英军闻报，火焚全村，以为报复。十四日深夜，粤民火焚英馆，其势浩大，火烟蔽空，美法诸国商馆均及于难，存者唯有一屋。三十日，粤兵改装旅客，身藏武器，登于英船，途中出械劫船，惨杀外人。一八五七年一月十四日，粤人供给面包于香港外人者,中置砒霜,幸其质量太多,发现时早,未有死者。由是法、美、葡国公使提出抗议。叶名琛复称香港非其势力所及之地,粤人自受英军炮击之后,无家可归,怨愤之极,而谋报复也。说者谓粤省长官与闻其事,此种报复仇杀之行为,及无计划之混战,人民深受其害,诚野蛮罪恶之悲惨史也。叶名琛奏报朝廷,初言英兵败逃,国势孤立,帝谕其酌量办理。后言"孟加拉等国,与之构衅,不能添兵来援"。其说起于印兵叛乱,乃叶氏误省为国。朝廷则以内乱未平,恐其造成事变,饬其许英求和,而于广东之惨杀,殆不知也。英官报告本国,内阁方谋商于外国武力修约,对于国会提出出兵中国之议,征求同意,上院通过,下院否决,内阁解散下院。新选之结果,政府党之势力大增,通过议案,政府遂得本于事前决定之政策,联合法国出兵中国。

先是,法使剌萼尼劝说耆英弛废教禁,天主教活动甚力。一八五〇年,洪秀全以上帝会起兵。三年之中,扰及长江流域,官吏如叶名琛之流乃信教士实为祸乱之根,而教民皆奸民匪徒也。其言曰:"上帝会乃天主教之别名。"其时法国天主教神父热心于传教,及得弛禁之诏令,不辞困难,不畏险阻,潜入内地。西藏、湖北、直隶等,各有捕获,解赴广东交其领事管束。一八五三年,广西之乱尚炽,而神父马赖(Père Auguste Chapdelaine)西往广西之西林传教。其往也,实无条约上之根据,叶名琛当照会法领阻其前进,或将其解至广州,而竟茫然不知。据法方报告,马神父抵于西林,初受县官之欢迎。一八五六年,新官下车。二月,捕囚神父及其信徒二十五人。受审之时,神父备受毒刑,狱定,枭首示众,其事报于驻粤之法国领事。领事言其虐杀无辜之神父,而法人犯罪者须交于领事审判,要求惩办县官,粤督不许。后答法使葛罗曰:"无马神父其人,只有惑众拜会抢掳奸淫之林八、马子农等,月日又不符合。"双方各执一词,领事报于本国政府,时值拿破仑第三在位,保护教会甚力。英国闻之,利用其事,商于法国,共同出兵大沽,要求修约,促进商业。其时"亚罗"案件尚未闻于伦敦,而英国已具求战之决心矣!法国许之,英国外相更商于美国国务卿,请其合作。其政府于政策上赞成其计划，然以商于参院之故，主张慎重，婉谢其请。英法出兵之计划，但不为之稍变，及"亚罗"事件报至英国，内阁不惜解散下院，而进行其经济侵略政策焉。一八五七年，委任额尔金（Lord Elgin）为全权专使。法皇诏委葛罗（Baron Gros）为使臣。额尔金奉命统军而东，途中得知东印度公司之军队叛乱，声势浩大，印度总督请其分兵往援，额尔金许之。七月，抵于香港。

额尔金来粤，而法使葛罗未至，印度又乱，请于美法领事，共同合作，率兵前往北河。领事谓其未得训命之先，不敢应命。额尔金无奈，致书葛罗，促其早日来华。其时中英军队混战乱杀，报复不已。八月，英舰封锁广州。十一月，援兵始抵香港，政府训命专使北上，以与清廷交涉，而在香港之英人皆言祸根生于粤人之傲横，力请攻取广州，以挫其气，且示英军无所惧于团练也。葛罗亦抵粤东，访问马神父惨杀之案，谓为不公，总督必须负责。二使会议进行，俄使普提雅廷（Count Putiatin）亦至香港，且言率兵北上而外，别无办法。初俄船不得贸易于广州，及五口开放，俄船先后三次驶至上海，均不得贸易而去。幸其商业不甚发达，拒绝贸易，无关轻重。至是，俄国来文，称英法联合，将遣使来京，商办要事。中国复称能御英夷，毋庸派使入京，俄国仍称使臣将于七月到津，上谕直督谭廷襄于其来津，告以凡关涉俄国事件，非库伦不能入奏。其来京之使命，则为另订东北边界条约，初俄国营经东方，其探险队深入黑龙江下流。一八五四年，克里米战（Crimean War）起，俄自黑龙江以船运兵防守海口，华官阻之，不得。明年，请将黑龙江、松花江左岸以及海口，分给俄国守护。上谕将军，向其声言不敢据之入奏，自干罪戾。一八五七年，黑龙江将军奕山奏报俄夷谕江左屯户，移居江右。八月，俄船抵津，华官见之。普提雅廷不肯言其来意，其属员言俄愿助中国拒英。其投递北京之公文，一言定界，一称代平内乱。平乱乃见好于清廷，而目的则订界约也。中国拒之，遂往香港。

英法二使最后决定对于广州用兵。十二月十日，其领事各通知其专使来粤于叶名琛。十二日,二国兵船驶入白鹅潭,额尔金、葛罗各致书于粤督,额尔金列举粤官不肯开放广州、"亚罗"事件,以及修约等问题处置之失当,告以英法联军之合作,要求派员议商开放广州,赔偿损失,并据河南,以作担保条件之实行,即可相安,限其十日内答复。葛罗要求惩办西林县官,赔偿损失,余略同于英牒。十四日,叶名琛复文将其一一驳斥,一面奏报朝廷,称其不屈,又言美国以伯驾唆使,将其撤去,改派列卫廉(William B.Reed)来粤,复其照会,美商"欢呼载道";美使讥笑法使形诸笔墨。其言毫无根据,列卫廉来华修约,叶氏拒其谒见,心殊怏怏也。咸丰得奏,谕其将进城赔货及更换条约各节,斩断葛藤,以为一劳永逸之举。君臣方自得计,而联军进据河南矣,其兵共五千余人。二十四日,二使致哀的美敦书于粤督,告以将攻广州。明日,叶氏复文,仍持原议。二十八日,联军发炮攻城,军舰助之,守兵于城上架炮应战,团练持矛或鸟枪,冲前以御联军,大败退逃。明日,再战于北门,清兵复败,炮台尽失,广州遂下。联军之将攻广州也,贫民为其衣食之计,仍以小船贩运水果等物,售于舰上兵士,其为之运输者,尚有香港之苦力,归英人指挥。苦力不辞劳苦,不畏炮弹,联军深赖其力。其工作于敌军者,多以生活困难,贪得联军之酬报耳。甚矣哉国内人口之多,失业之众也。夫此未受教育之愚民,原不足责,何政府之漠视人民生计而无建设耶!

二十九日,联军攻下广州,驻防都统令开西门,纵民迁徙,英军劝民勿自惊扰,分兵巡城,严禁杀掠,以见好于粤民。英军进入总督衙门,尽得粤督外交之奏折,皇帝之朱批,始知叶名琛之报告,莫不粉饰浮夸,曲解事实,以附会其轻视外人之心理也,必欲捕之。叶氏自城陷后,微服奔于粤华书院,更移居于左都统署圃之八角亭。明年一月五日,英军往搜书院,不得,闻其移居都统署。领事巴夏礼率兵往捕,得之,送至舰中,俄即送至印度首都加尔各答。其为人也,刚愎不挠,昧于世界之大势,囿于轻视外人之成见,不知外交上之正当方法,徒足以偾事辱国而已。顾其对外之行动,均得咸丰之温诏,朝廷自严惩主和之大臣以来,排外之政策,昭然显著于国内,温诏益长叶名琛之顽固意气。相传叶名琛之父,雅好扶乩,筑长春仙馆以嗣吕洞宾、李太白,名琛亦信乩语,凡军机大事,尝取决焉。及联军构难,乩语告以过十五日可无事,①而广州竟先一日失守。薛福成称时人语曰:"不战,不和,不守;不死,不降,不走,相臣度量,疆臣抱负,古之所无,今亦罕有。"此语虽不尽确,而固其乖谬刚愎之写真也。咸丰得报,诏革叶名琛职,前此朱批固已忘却,可见朝廷实无一定之政策,而惟视其效果以定黜陟,对于臣下,竟无信义耶!英兵入城之后,奉命往取库银,及至库房,见银五十二箱,其重非一人之力所能移动,元宝凡六十八包,铜币一室,并有贵重之衣,珍宝之物。门外游民聚而观者,拥塞街中,英兵无法取归库银,游民为之搬运,英兵去后游民涌入,争取衣物而出,广州于是入于无政府之情状。二使议决恢复被俘巡抚柏贵之职,而以合作为条件,商于柏贵,柏贵许之。一八五八年一月,就职,其下有委员三人佐之,法人一,英人二,领事巴夏礼与焉。三人中独巴夏礼能操华语,掌握统治广州之大权,凡巡抚贴发之布告,须有委员之图记,行政亦须受其监督。巴夏礼尚谓额尔金让步太甚,不能禁止乡民之仇杀英人,何其专横之甚耶?

广州既陷,叶名琛奉旨革职。咸丰命黄宗汉代之,不知柏贵所处之地位,饬其联络绅民,将夷逐出内河,御史何璟则请从外用兵。柏贵上奏英法二使之要求,非派大臣与之会议,则不撤兵。上谕责之,后始明知官兵之兵器被缴,外兵分守城门,而大吏不能自主也。两江总督何桂清恐广州事变,影响上海商业,减少税收,向外商说明粤事应归粤办,并奏报朝廷。上谕曰:"如果悔罪退出省城,尚可宽其既往,倘负固不悛,即调集兵勇,驱逐出城,再与讲理。"其言要为空论,联军且谋北上矣!二使之来华,原为修约,商请美俄二使同往大沽助战。初美国不应英国武力修约之请,但欲修约,派列卫廉来华,叶名琛拒之,不见,留于香港。普提雅廷亦在香港。二使言其未奉训令,不能助战,但可合作,改订条约。一八五八年二月,四

---

① 咸丰七年十一月十五日,即公历一八五七年十二月三十日。

第三篇　战后外交之形势及英法联军之役

国公使各致照会于大学士裕诚,额尔金要求公使驻于京都,多开商港,改订税则及传教等,并请清廷委任全权大臣,于四月初来沪议订新约。葛罗声称同意于英使之要求。列卫廉先述来粤之经过,次言改订条约,朝廷苟拒其请,将与他国专使,一同北上。普提雅廷谓交涉之困难,由于外国公使不得直接与朝廷公文往来,以致引起误会,发生战端。中言华官拒其入京,故与三国合作,末后劝告清廷解决困难。四国照会由上海领事前往苏州,面交江苏巡抚,由其转递驻于常州之两江总督。其时太平军据有南京故也。督抚会衔上奏,三月,转达朝旨。其答英、法、美三使之文,大意相同,略称朝廷已免叶名琛职,改任黄宗汉为总督,兼钦差大臣,办理夷务事宜,可即回粤磋商,并言朝臣不准私收外使之函件,对于俄使告其前往黑龙江勘定疆界,公使皆不满意,决定北上。何桂清欲留英美二使于上海,不得,奏请暂缓用兵。

四月,四国公使船抵大沽口,直督谭廷襄先曾奉旨设防,留于天津。二十四日,外船要求代递公文,谭氏许之,其内容则请皇帝派遣便宜行事之钦差大臣,会议于天津或北京,限其六日答复。朝廷复称可向谭廷襄磋商。帝谕谭廷襄告知外使,中国从无便宜行事之官。谭氏初欲离间英俄,不得。二十八日,法使投文,声称如五月一日仍无钦差会议,即执行王命,意谓战争也。谭氏照会公使,未书钦差大臣全衔,英、法、美使以其款式不合,将其退还,其心以为华官轻视外人,而遂重视此等节文也。普提雅廷往见总督,说其改正,谭氏从之。英法二使问其是否已得全权大臣之诏,知其仍须请训。五月一日,不肯往见,普提雅廷劝之,弗听,谭氏与美使相见,议商条约,英法二使乃宽限六日,待其得有全权证书,即行开会。谭氏后称朝廷不可,二使欲待中美交涉之结果,以作最后之决定。其时咸丰傲慢如常,初谕谭廷襄不准添开口岸,会闻俄使建议代办枪炮,谕曰:"中国从不与各国海外争锋,器械亦尚可恃",及见美国国书中有"朕"字,批曰:"夜郎自大,不觉可笑。"谭廷襄初亦不知其地位之危险,而以外使不肯就范,主张战争。其与美使会议也,奏请添口,上谕允于粤闽各开一口,乃许添开口岸,改定税率,余多拒绝,对于公使驻京,长江开放,不许提出讨论。列卫廉大失所望,英法二使欲以武力达到目的,态度愈形强硬。普提雅廷调停双方,未得要领,终乃谢绝。

五月二十日,英法二使照会谭廷襄,称其前往北京,将与全权大臣议和,法使且引《黄埔条约》,谓其军舰得往天津,又致哀的美敦书于大沽炮台守将,限其于二小时内交出炮台。守将不应,攻之即下,军舰扫除白河障碍物后,即行上驶。谭廷襄初尚奏称毁夷船七只,及炮台失守,即回天津;其地人心惊惶,纷纷迁徙。谭氏再奏俄美二使仍愿调停,咸丰始行让步,谕称除公使驻京及内地传教外,尚可斟酌办理。会联军逼近天津,抢漕米九百余石,俨然以战胜国自居,谭氏奏帝请派职分较崇之大臣于六月一日前来津。咸丰诏大学士桂良、户部尚书花沙纳赴津。联军入天津城后,大臣纷然主战,或奏夷人畏民甚于畏兵,或请用民,宣示逆夷罪状,或言驳斥夷人条款,君臣皆信民可御夷。及闻外兵驻于望海楼,帝深失望曰:"住房,不闻民有起而阻之者,人心若是,可胜浩叹!"兵不能战,而民可用,何竟不思之甚,民已迁徙,尚欲用之,无怪其失望也。同时,帝诏蒙古亲王僧格林沁设防于通州。六月二日,桂良等抵津。四日,接见英使于海光寺。英使欲互交证书,桂良竟无以应,乃请颁给钦差关防。交涉由英译员李泰国(Horatio Nelson Lay)①威妥玛(Thomas Francis Wade)办理,二人精通华语,性情粗躁,李泰国时为上海海关职员,竟不忠于中国。

初,桂良等赴津,朝臣以耆英熟悉夷务,奏请起用,耆英奉旨赴津。其时,李泰国要求公使驻京,开放长江,上谕均不准许,乃谕耆英不必拘定与桂良等商。朝廷之策略,欲桂良拒绝一切,再由耆英让步,酌许一二了事也。九日,耆英谒俄美二使,并请见英法二使,二使复文拒之,耆英俄称上谕委为钦差大臣,二使亦不之理。李泰国仍向桂良交涉,后出见之,耆英

---

① 李泰国之名,普通书籍称为"李国泰",而咸丰、同治两朝《筹办夷务始末》,凡书其名,均称为李泰国,坊本盖有错误。

请外舰先行退出白河,然后议商条件,且言前在广东,亲善英国,李泰国出其在粤诋毁英夷之奏疏,以窘辱之。其心殆不可知,盖政府委任会议之代表,操有增减更换罢免之全权,即虽战败之国,亦得另派代表,未有拒而不见者也。岂以耆英在粤时久,明知外交方法,不若桂良等之驯服,易于屈服让步耶?耆英遂以在津无益,回归北京,咸丰大怒,更受肃顺之谗,诏赐自尽。

方中英代表之议商条约也,额尔金除先与桂良相见,及后签字日再见而外,未曾出席会议。其提出之条件,根据于本国之训令,交与李泰国等办理。李泰国之态度至为强硬,必欲如其所欲,毫无磋商妥协之意,惟以战争入京恫吓而已。桂良等不堪其辱,告之俄美二使,请其转告英使,亦无效果。双方争执最烈者,一为公使驻京,一为多开口岸,一为内地游历,朝廷坚决不愿公使驻京,仅许如俄国之例,派遣学生来京,对于口岸,不肯开放长江沿岸之大城。英国提出镇江,上谕称其碍及河运。桂良请以南京代之,上谕不允。英使又请开放天津,桂良以登州、牛庄代之。内地游行,英使不肯让步,交涉久无进展。恭亲王奕䜣等主战,奏请捕杀李泰国,即可无事。最后英使方面提出条约五十六款,声称不可更易一字。额尔金曰:"予欲立时签定条约,清使若再迟延,予将认为和议决裂,径带兵进京,多多要求矣。"桂良迫而许之,一面奏报朝廷,势不能战,对于新订之条约,则曰:"将来倘欲背盟弃好,只须将奴才等治以办理不善之罪,即可作为废纸。"关于公使驻京,称其一欲夸耀外国,一欲就近奏事,且曰:"(夷人)最怕花钱,任其自备资斧,又畏风尘,驻之无益,必将自去。"关于长江及内地开放,奏称长江不逾三口,镇江外商不致阻碍河运。内地游历,既有执照,未必将到各处。其言迫而签字之情形,则谓不许其请,即带兵进京,且曰:"奴才等愿以身死,不愿目睹凶焰,扰及都城,再四思维,天时如此,人事如此,全局如此,只好姑为应允,催其速退兵船,以安人心。"咸丰亦无奈何,批谕公使驻京,一切跪拜礼节,悉遵中国制度,不得携带眷属。六月二十六日,中英《天津条约》签字,明日,中法《条约》成立。方中英交涉之相持也,普提雅廷议订条约,十三日签字,其时二国界约亦成,普提雅廷表示亲善,言于桂良,中国亟宜整顿武备,俄国愿送枪万枝,炮五十尊,派员助筑炮台。咸丰初不肯收,后乃令其送交恰克图华官。十八日,中美《条约》亦成。三十日,咸丰批准条约,英法二使以其措辞含混,要求再降谕旨。七月四日,上谕依议,遂无异言。

四国条约成立,英法军舰离津南下,双方说明改订税则会议于上海举行。其原因上海时为通商要港,货价贵贱,均有记录,海关税则且有成案可稽也。俄使以其本国商业,无足轻重,径回本国,三国公使则至上海。朝廷之批准条约,实非得已。及外船南下,咸丰力谋有所挽回,其主张则中国免除海关税银;外国则将公使驻京、长江通商、内地游行、赔偿兵费始还广州四项放弃也;诏派桂良会同何桂清往议。何氏以海关免税,则军饷无出,力言不可,上谕以为此乃一劳永逸之计,严词责之。九月末,桂良等至申,奏报臬司薛焕之言,免税不能废约。十月,再奏免税有可虑者十端,不可向其提出。及议商税则,桂良奏称额尔金以广东仇英之动作,要求撤总督黄宗汉职,及绅士之权,不理废约之说。咸丰得奏,以为四项条件,毫无把握,而又枝节横生,谕曰:"朕派桂良等前往上海,又命何桂清会同商办,岂真专为税则计耶?……试思桂良等在津,滥许所求之事,据奏思日后挽回,若至今仍无补救,不独无颜对朕,其何以对天下!"桂良多方解释,关于内地游历,奏云:"游历他方者,多系传教之人,本属例所不禁(帝于其旁朱笔批曰:"始则传教,继则叵测其心。"),今有执照,转能稽核(帝又批曰:"即使处处稽核,于事何补?")。夷情最忌繁难,苦其累赘,日久或可不往。"(帝又批曰:"冀其自废初心,真梦语也。")君臣之误解,多由于国际知识之幼稚,而帝愤愤之气见于文辞。其反对之理由,则外人侦探国内之情形,而贻祸于无穷也。关税会议,独英委员与桂良等会议。其时中国国际贸易三分之二操于英人,二国经济关系,最为密切也。其具体条件,由李泰国提出,作为讨论之根据,并无重要之修改。额尔金欲乘兵舰溯江上驶,商于桂良,桂良请以公使暂勿驻京为交换条件。额尔金允许再行商议,遂乘兵舰上驶,沿路调查,直达汉口。咸丰知之,颇为愤怒。十一月,关税章程签字,作为条约中之一部分,美法条约仿而行之。总之,四国条约文虽不同,然以最惠国之待遇,享受之权利,莫不相同。其内容关于我国者,至深且巨,兹分言其要款如下:

一、公使驻京 公使驻京,我国历史上向无此例,清廷大臣不知国际上外交之惯例,对于英国之要求,坚决反对。其心理则北京为一国之首都,今许夷酋留驻,有失朝廷之尊严,且得探听朝廷旨意,而易有所要挟。桂良不惜哀诉,托称让步,皇帝将斩其首,其愚诚不可及。外人则言误会争执之起,多由于粤督饰辞上奏,曲解事实,而公使不得直接与北京政府交涉,辨明真相,甚乃引起战祸。今按世界交通发达,各国关系日趋密切,国际上发生交涉之事务益繁,误会争执之解决,常赖大使或公使之协商。桂良力拒英使驻京,额尔金对之不稍让步,美约、法约载明其公使,可因要务,暂住北京。中国若许别国公使驻京,二国亦得享受同等之机会。自朝臣观之,英国要求之准许,别国公使亦将驻京。咸丰诏命桂良等之赴上海也,令其取消公使驻京之条款。中国通商事务交上海长官办理,公使可驻其地,终无所成,造成战祸。一八六〇年,问题始告解决,大臣奏请车驾回京。咸丰谕曰:"此次外人称兵犯顺,恭亲王奕䜣等与之议抚,虽已换约,然退兵后,各国尚有首领驻京者,且亲递国书一节,既未与彼等言明,难保不因朕回銮再来饶舌,该王大臣奏请回銮,系为镇定人心起见,然反复筹思,只顾目前之虚名,而贻无穷之后患,朕拟本年暂缓回銮,俟洋务大定,再将回銮一切事宜办理。"其愚殆不可及,而大祸所以造成也。条约承认我国公使亦得驻于缔约国之首都,享受同等之权利,乃清廷放弃驻外公使,列强根据之报告,则为公使一面之词。一八七七(光绪三)年,中国始设使馆于外国。

二、关税 《南京条约》后,协定关税成立。协定关税云者,一国与缔约国共同议订税率之后,非得其同意,不得改定或增加也。列强在华享有最惠国条款之待遇,其多数虽表同情于我国,增加关税,但因一国不许改订,即作罢论。甚至物价剧变,海关征收之税不足百分之五,亦不得修改,其违反关税自主之原则,尽人所知。盖关税自主为一国统治权之表现,我国竟与外人共之,不得提高税率,保护国内之工商业,且不得增加国库之收入也。说者有谓物价低廉,贫民受其赐者,然利终不敌害,其说不足深辩,关税之当自主,毫无疑义。自订约后,英国依据条约,领事负有协助华官征收英商货税之义务,商人遇有不公平之待遇,亦可报于领事,由其提出抗议。修约之先,英商谓物价低廉,税则未改,担负太重。及《天津条约》成立,根据货价改订税率,仍为值百抽五,十年一改。输出之丝茶,输入之鸦片,均为例外。外人需用之物,又多免税,外使更以常关税重,厘金苛繁,向桂良磋商,议决海关带征百分之二·五之子口半税,免去杂税,于是外人运输洋货于国中,得免苛捐,而国货反纳重税。其价增加,销路减少,而使失业者大增。政府竟置人民之生计于不问,殆先进国所无之怪现状也。按照先进国之关税,除进出口税而外,货物运输于国内者,概不纳税。税则增加民众之担负,而妨工商业之发达也。条约减少商船,每吨之课银,凡船一百五十吨以上,每吨改收四钱,其下每吨一钱,船纳钞后,于四月之内,驶往他港者,概行免税。其尤堪注意者,则上海小刀会之乱,海关雇用外人,而《天津条约》,予以规定,推行其制于他港也(其事详后)。

三、口岸 《南京条约》开放五口,均在长江以南,北方诸省及长江沿岸无一商埠,商业仍受限制。外商要求增加通商口岸,多得商业上之机会,及四国《天津条约》成立,中国开放牛庄、登州、汉口、九江、南京、镇江、台湾、淡水、潮州(汕头)、琼州。桂良所谓长江不逾三口者,初就中英《条约》而言,中法《条约》开放南京,一八六〇年,增加天津。由是长江以北之海港及沿江要埠开放。长江口岸,镇江开放最早,九江、汉口次之,南京则以内乱暂不开放,乱平,外商始来贸易。其余诸港,外人先后前往,琼州独为例外。英国后以登州水浅,改换芝罘,中国许之,其港在登州之东百有余里,港大水深,便于停泊。凡此通商口岸,驻有领事,保护侨民,其贸易于他港者,船即充公。

四、传教　鸦片战后，来华之教士渐多，其传教之区域限于五口。中俄《天津条约》载明传教，中美《天津条约》等亦有规定。教士携有护照，得入内地传教，官厅须力保护，教民不得稍受虐待。一八六〇年，中国许还教产于天主教。神父之充译员者，于华文中法《条约》添入内地置产权。一八六五年，法使与总署大臣议定章程。一八九五年，再有所议定。其主要之条件，内地教产属于教会，私人不得购置。他国教会利用本国条约上最惠国之条款，亦得享受同等之权利。由是教士深入内地，租买地基，建筑教堂，宣传教义。其多数来华之目的，本于服务救世之思想，而欲多得信徒，或设医院，或授生徒。其影响于中国者，至深且巨，但以东西文化根本观念之不同，文人保守思想之顽固，愚民迷信之深痼，官吏轻外之心理，进成误会。其一部分不肖之教士，徒以教徒数多，收容无赖，不惜保护罪犯，教民因而凭势欺弄良民，积愤益甚，尤以天主教为甚，引起清末无穷之纷扰。

五、游历　外人得游历于内地，始于《天津条约》，其在先进国家，外人入其境内，游历城镇乡村，不受限制，而中英《天津条约》第九条曰："英国民人，准听持照前往内地各处游历通商，其执照概归领事发给，而由地方官盖印。"其无执照以及犯有不法之行为者，则由华官交于最近领事办罪，途中不得虐待处罚。其在通商口岸百里以内游历者，无须执照。约文载明旅行执照之权利不得发给水手，其规定虽由于中国特殊之情状，而固进一步之开放也。

六、赔款　《天津条约》规定赔偿英国商业损失二百万两，军费二百万两，法国军费二百万两，概由粤省筹措。英约载明交款之后，归还广州。一八六〇年，英法联军进抵北京，二国军费增至各八百万两，由海关支出。美国因商馆损失，亦得赔款五十万两，其政府后以数目过多，退还其一部分。联军之所得者，亦云多矣。

七、鸦片　鸦片自中英战争以来，销路大畅，公然买卖于国内，英国代表迭说大臣奏请弛禁，均无效果，然于弛禁之主张，迄未改变。及二国代表会议通商税则章程于上海,英使再请弛禁。中国时虽内乱,需款孔殷,而其代表初尚严词拒绝,后乃迫而许之,改称鸦片为洋药,每石纳银三十两。运入内地者,尚有厘金。外商输入洋药,可于通商口岸出售,由华商运入内地,鸦片问题遂告解决。政府可谓放弃天职矣。虽然,于腐败政府之下,禁止鸦片,徒供贪官污吏之敲诈,公卖鸦片,名虽便于管理,而贪官污吏亦得营私。吾人之结论,中国苟无统一廉洁之政府,鸦片难终禁绝也。

条约中尚有领事裁判权、最惠国条款等,其性质已言其前,禁用夷字,更无讨论之必要。综之,条约关系重要,而清廷让步者,迫于联军之威力,患其前攻北京,出于一时权宜之计,勉强批准,而于外使驻京,开放长江等,固根本反对也。自今观之,公使驻京、内地通商、游历,皆先进国家视为当然之事,其应全力反对者,则外船不得驶入内河,及损失国家主权之条款也。不幸君臣上下均不之知,仍持战议。初联军南下,僧格林沁奏参失事大员,谭廷襄奉旨革职查办,僧王移军设防,建筑炮台,置木桩以防轮船,购牛皮以御火箭(时称子弹之名),调集骑兵,图设水师。帝命怡亲王载垣往巡。其时广东团练抗英,朝臣言其战胜,帝谕黄宗汉,称其如能制胜万全,不必阻遏团练进攻,否则不必轻于一试。及上海会议不能废约,帝心愤怒。明年一月,谕旨中云:"前曾经叠次谕知,如果该夷北来,我兵必先开炮。条约内既未定有天津口岸,即非该夷应到之处,我若用兵,并非理曲",又饬桂良设法使其闻知,态度可谓强硬之至。桂良奏称英人总云:"不怕。"大将胜保等亦持战议,其扼要之语曰:"夫犬夷惟利是视,各国之所谓使臣,皆该国之奸商。彼国王止令其出外讲利,恐亦未必尽知其寻衅兴兵,堂堂天朝,无故而示弱于彼,果何谓欤?……凡有一切要求,尽拒不纳……不然,即请皇上赫然震怒,或擒杀其酋,或缚解其众。"其建议朝廷固未接受。二月,桂良奏称英使卜鲁士(Frederick W. A. Bruce)将入北京。帝饬其告之曰:"倘到津船只,或受损伤,我等不能任咎,又或复开兵衅,则上年条约,必至全归罢议。"说其于上海换约,又谕僧王严防,漕船暂停于牛庄等地。识者知其不能再战,前直督庆祺密函新任直督恒福不可启衅。三月,桂良奏称英酋不听开导,坚欲赴津换约,朝廷始疑战无把握,乃欲限定入京人数,不准逗留,带械,坐轿,摆队;入京之路,则自北塘上岸。

五月,英使卜鲁士照会桂良赴津,桂良复称兵船须停拦江沙外,俟其到津,方可商办各事,并欲与之相见。卜鲁士拒之,六月乘船北上,法使同行,初中英、中法《天津条约》,载明于北京换约。美使华若翰(John E. Ward)以其本国条约未曾指明换约之地,同之北上。俄使则已抵京。咸丰得知三使来京,令由北塘行走。军机处奉旨于正阳门外查空闲房屋三所,以备三使寓住,恒福又曾奉旨往北塘迎之。各使入京,侍从限定不得逾二十名,朝廷毫无启衅之意。而卜鲁士则有成见在胸,恃其军舰,不顾广州领事馆译员赫德(Robert Hart)之报告,不理桂良之照会,兵舰十六只,同之北上,兵士约一千三百人,法舰只有二只。十七日,船抵拦江沙,派人投文,要求撤大沽口之防具,限三日答复。二十日,恒福遣员告以总督将至海口,请其暂候数日。二十四日,美使得悉恒福驻于北塘,英使俄亦收得照会,请其由北塘登岸,无如舰队先已奉命扫除阻碍物等,预备作战,而竟置之不理也。二十五日,发炮轰击,兵士登岸,炮台始乃发炮应战,瞄射准确,击中兵舰,沉没者四,重伤者六,兵士死伤四百余人,英海军大将亦受重伤,幸美舰救之,得免于难。奏上,帝饬恒福问其开炮之故,并言可俟桂良回津换约,俄谕其驻于北塘,请其换约。其让步之原因:一患夷人将来报复,国内尚未平定,聚兵大沽,殊非易事,而又不能撤防;一患其扰他省,外舰驶行洋面,水师无如之何,沿海诸省,均可侵扰,帝谕各省严防,但不可宣露,有碍抚议。总之,大沽之战,实非朝廷之意。恒福备送食物于外使,投文请其换约。英法二使不应,独华若翰许之。七月八日,登岸,拟乘自备之轿入京,恒福说其乘马,最后乘车进京,随员凡三十人。其在京也,住于一宅,不准与俄使相见,朝廷说其入觐,华若翰知其将行三跪九叩首之礼,谢绝其请,国书由桂良接收转递。美使俄即出京,至北塘换约,事毕南下。

六月十一日，外舰全离大沽海面，上海闻知败报，外商惊惶，将停营业。何桂清谕其安业，外商始定。帝谕何氏给予照会，说其据照中美条约，另立条款。法使复称须待本国训命，英使则置之不理，何氏往谒，亦不肯见。朝廷仍欲言和，九月，谕将士曰："不准因有前番得意，遇夷即战，徒邀保举，不顾剿抚大局，如有前项情事，即由汝等查拿正法，不必请旨。"其欲和之意，尚未稍改，惜其无法通知外国政府，并未宣布启衅之责任也。英人或责额尔金未留重兵保障新约之实行，或言朝廷违约失信。斯说也，要无根据，《天津条约》未换之前，军舰不得驶入白河，毫无疑义。恒福通知英法二使自北塘登岸，竟置不理。其将狃于战胜，首先发炮，其指挥作战也，处置失宜，死亡之多，由于自取。所可惜者，美使入京，未能以礼相待，互换之条约，朝廷不肯立即实行，必欲与英法条约一同办理。华若翰往见何桂清于昆山，要求先行开放台湾、潮州，并照新章输纳船钞。奏上，咸丰许之，英法商人亦得享受同等之权利。及冬，卜鲁士欲阻漕船北上，朝廷将禁茶叶出口，以为报复，乃以外商反对而罢。一八六〇年二月，华商杨芳等密与英商磋商和平办法。英商提出条件，其重要者凡四：一、津约不改一字，二、增加兵费一百万两，三、许外兵一二千人至津，四、撤大沽防兵。上海道更与法译官梅尔登(Méritens)商减赔款，免去撤防。何桂清奏报朝廷，而咸丰之态度忽变，其原因有二：一则朝臣多持战议，初大沽之役，兵部尚书全庆等奏请乘势进行天讨，令广东出兵往攻香港，登州水师出而截其归路。其计划所谓纸上谈兵，毫不切于实际，而大臣固以为洋务转机。一则帝以夷人别无伎俩。帝初患外舰别扰他港，乃今久无动作，商人贸易如常。卜鲁士欲阻漕运，竟因商人反对，不果于行，信如时人所谓夷人嗜利成性，未必将扰其他海口，而大沽防守甚严，天津可以无事。二月二十七日，谕曰：

天津和约既定，而普鲁斯（即卜鲁士）忽复称兵，是该夷先行背约,并非中国肯失信于外夷。此时兵威既振,岂能将前议之五十六款,悉行照办。至兵费一层,中国既经得胜,即应该夷赔偿,若两抵不偿,已属通融,安有中国出银之理?……至大沽设防,系海疆应办之事,并非专为咪唎(英法),即使和约大定,亦不能遽行裁撤。果使该夷悔罪,诚心求和,前定之五十六款内,凡不可行之事,悉听何桂清裁减,于上海议定,以后或欲援照咪(美)夷成例,减从来京换约,尚属可行。

咸丰所欲裁减者,仍前四事。美使入京,自称待之如囚。英商先称断不可如美使相待,事遂不谐。英商提出之条件,先殆商于卜鲁士。初大沽之战,报于英国,值内阁更易,外相罗素(John Russel)颇主慎重,训令公使,苟得中国之请,仍可北上换约。其时法皇拿破仑第三以欧洲问题,与英不协,梅尔登迓与华官相见,谓派钦差前来调处,即可无事。奏上,咸丰不置可否,法皇后始决定与英合作。三月九日,二使致北京大学士照会,请何桂清代递,要求四事:一、中国道歉,二、公使驻京、三、赔偿兵费,四、进京换约。限于三十日内答复,措辞极为坚决。咸丰见之,称其狂悖已极,将其驳斥。四月八日,卜鲁士收到复文,称将用兵,何桂清将其上奏。帝称其"故作此虚声恫吓之言,以冀尽如其愿。……如果该夷带兵前来,惟有与之决战,所有前议条约,概作罢论"。十六日,二使再致照会,内称用兵解决,外船扣留漕船,强驻兵于舟山群岛、山东之烟台,及辽东半岛之金州。其地长官说其他去,均置不理,而亦无如之何。朝廷乃再改变政策,谕"将士不可衅自我开,是为至要",且饬僧王亦须暗中筹划抚局,会薛焕奏称英国意原在和,美使亦欲调处。咸丰得奏,许二使各带从人一二十名入京会议,及外船抵于大沽海面,恒福送礼与美使,请其转约二使入京换约,美使复称无法。上谕许二使于城外坐轿,谕盛京将军玉明曰:"不可贪功挑衅,致误抚局",又谕恒福曰:"借此转圜,此机断不可失,总当遵奉叠次谕旨,照会该夷,不可任令委员借口风浪不顺,畏葸不前。倘再贻误事机,致令大局决裂,惟恒福是问。"帝既决心议和,竟不知进行之方法,其希望则欲二使入京会议。

七月三十日,大批外舰抵于大沽海面。额尔金、葛罗亦奉命至,仍为和议代表。其时英军来华者,共一万八千余人,法军七千人,分留小队防守占据之港;其作战者,英军一万,法军六千三百。华工为之运输者,凡二千五百人;其人助敌攻击祖国,不过表现政治之不良,以及人民生计之困难耳。其在东南,太平天国忠王李秀成方统大军,逼近上海,外兵援助,清兵防守,北方则联军力谋进攻。初舰队驶抵拦江沙,美使乘坐之船亦至,恒福送给礼物与之,得悉联军将自北塘上岸。先是,僧王于大沽设防,置北塘不问,御史陈鸿翙奏请北塘亦须设防。帝饬僧王办理,僧王复奏其地不能设防,请于北塘、芦台中间之营城地方,建筑炮台,调兵固守。帝将奏疏交亲臣阅看,亦无异言。八月一日,联军自北塘登岸,未遇抵抗,清兵扼守距北塘十余里之新河。十二日,联军前攻新河,守兵大败,退守唐儿沽,距大沽八里。薛福成称马队三千,逃出者只有七人。其言虽不尽确,而固惨败也。十四日复战,又败,固守北河北岸炮台。十八日,联军攻陷大小梁子,请交出炮台,不得。二十一日,进攻炮台。守兵死亡相继,僧军迫而退出,南炮台兵不战而退。二十五日,联军进据天津,僧军退守通州。联军之进行也甚缓,一由运输困难,一由迭次言和。初直督恒福奉旨办理抚局,及联军登岸,致函额尔金说其入京会议,英使拒绝其请,及唐儿沽败后,再递照会,二使不复。帝命侍郎文俊、前粤海关监督恒祺伴送二使入京换约。十七日,恒福将其通知二使。明日,额尔金复文声称让出天津交通之路,允许提出之条件,始可停战。恒福称其狂悖,而战又败,乃请帝许其要求,由军机大臣照复。长芦盐政宽惠等奏请诏派职分最崇之大臣,颁给关防,许以便宜行事全权字样来津。二十一日,炮台失守,恒福照会二使,称旨派全权大臣来沽,实则咸丰时未有旨,其目的则欲停战也。文俊等至津,二使拒之不见,及炮台失守之信息报至,帝授桂良、恒福为钦差大臣。

二十七日,桂良自京赴津,而津先已失守。二使均至其地,照会恒福,谓会议无可再商,只有允许所请。桂良所奉之使命,先阻公使驻京,如外使坚持,亦可许之,但不得多带从人;赔款亦许商办。顾时情状迥异于战前,额尔金鉴于前事,必欲有所保证,入京换约不肯如美使之待遇。及桂良抵津,二使各派委员与之会议,巴夏礼与焉。巴夏礼要求开放天津,驻兵于大沽,及赔款还清,方能撤兵。入京换约,须先派人观看房屋,然后使臣带兵入京,军费则坚索现款。桂良不肯开放天津,巴夏礼声称地为我有,不许即踞官署,桂良不敢坚持,余亦允许,独于现款,力持异议。桂良上奏言将罢兵,帝称其双目已盲,对于入京观看,责其怯懦无能,又谕僧王拦阻,设法以备截击。桂良言公使入京,以礼相待,自可相安。朱谕则曰:"拥兵换约,虽愚骏亦知其心藏叵测,别有要挟,桂良等尚在梦中耶!"又称带兵换约,则"夷人续来,将内溃于心"。关于赔款,巴夏礼要求先付二百万两,咸丰以为给银,则为城下之盟,夷兵得饷,势将益形猖獗,乃称给银,断无此理。总之,帝于条款,尤不愿公使带兵换约,给与现款,密谕亲王曰:"以上二条,若桂良等丧心病狂,擅自应许,不惟违旨畏夷,是直举国家而奉之,朕即将该大臣等立寘典刑,以饬纲纪,再与该夷决战。"其坚决之态度,多造成于误会。迄于此时,朝廷无一明知国际公法,以及英法外交政策之人,本于旧有之思想,牵合于中国国际间之新事迹,又无辨别是非轻重之能力,妄信浮言,空唱高调。初额尔金来华,薛焕言其代替卜鲁士,主战非英王之意。联军驻于烟台,大臣言其马队三千,上骑中空木人。新河战败,怡亲王载垣奏称僧王所获俘虏,言夷与"长发贼"勾连,帝交僧王复奏,僧王言无其事。给事中薛书堂奏言,战则我有五胜,和则我有十害,请即声讨,严禁茶叶、大黄下海。朝臣之主张若是者,不知凡几。

九月六日,和议将成,而桂良迭奉严旨申斥,乃变态度。明日,二使索看全权大臣便宜行事敕书,不得,愤怒而去,投文称其前往通州。巴夏礼声称现虽签定条约,亦不能阻其前进,路上遇有华兵,即行开战。咸丰得报,谕曰:"惟有与之决战后再抚,舍此别无办法。"九日,朱谕亲征,以臣下谏阻而罢,悬赏捕杀夷人。僧王密请出幸木兰(热河),京中扣车调兵,帝谓将在京北坐镇,人心大为不安,朝臣奏请车驾不可出京,以安人心,上谕许之,一面派怡亲王载垣、尚书穆荫赴通,一面宣布巴夏礼罪状,中云:"倘执迷不悟,灭理横行,我将士惟有尽力歼除,誓弗与同天日。"十日,载垣致照会于额尔金、葛罗,略称皇帝委为全权大臣,请其回津,会商和约。二使时抵杨村,仍言将至通州议和,英使派巴夏礼前往。咸丰得奏,信其挟兵要盟,谕载垣将其"羁留在通,毋令折回,以杜奸计"。如不能羁禁,亦可作罢,但毋庸接见。其索现带兵入城,万不能允。其谕僧王曰:"倘越过马头,即着僧格林沁迎头截击,尽歼丑类,断不容其行至通州。"十四日,巴夏礼来至通州会议,载垣允许开放天津,入京换约,外兵驻于张家湾以南五里,咸丰限制入京人数四百名,赔偿军费,先付之现银,可于二月内缴清,和议将成。十六日,巴夏礼要求英使可得入觐皇帝,亲呈国书,载垣知其不肯拜跪,奏称事关国体,万难允准,帝谕令其拜跪,否则如美俄前例。十七日,会议未有解决。载垣称其欲逃,令僧王捕拿,时官兵备战,扼守张家湾。

十八日晨,巴夏礼等回至张家湾,其地驻有清兵,折回通州,欲见载垣,说其退兵,不得,方拟回营,适得英将紧急之书,招其即归,乃骑马驰行。清兵围而捕之,解见僧王。僧王饬其致书英将停战,巴夏礼不可,官吏送之他地,受审者再,最后囚于刑部大狱。斯变也,英人被囚者二十六名,法人十三,尤重视巴夏礼焉。巴夏礼初为广州领事,精通华语,桂良称其骄悍,甚于威妥玛万分,叶名琛尝奏英主厌兵,粤事皆巴夏礼等所为,及从额尔金北上,数与钦差议和,大臣故重视之。沈兆霖奏曰:"皇上明降谕旨,历数数年英人罪状,大伸天讨,中外臣民同声称快……又闻英人所倚为谋主者,唯巴夏礼一人,前此掳去叶名琛,亦系此人之计,余如额尔金、葛罗等,皆不能画策。今巴夏礼就擒,敌已失其所恃,必将设法索回。据国法言之,自应即予诛磔,何烦再计! 然敌之势,本利在速战,即行诛戮,恐奋兵深入,其势益锐,莫若牢固监禁。"焦祐瀛奏称"虎兕出柙,不可再

第三篇　战后外交之形势及英法联军之役

制"，请将其正法。帝批奏疏曰："是极，惟尚可缓数日耳。"巴夏礼等被捕之日，联军进攻张家湾之守兵，弹落如雨，守兵死伤颇多，退守八里桥；地为自通州入京之要道，距北京八里。夜分，额尔金始知巴夏礼等被捕，力说大将督军进攻，大将许之。二十一日，进犯八里桥。胜保督禁军力战，俄即败退，胜保伤颊，说者讥其红顶黄褂，骋而督战，以致受伤，可谓谵而虐矣。僧王知不能战，不待朝命，即照会二使言和，咸丰授其弟恭亲王奕䜣为全权大臣。奕䜣素持战议，主张捕杀李泰国，反对公使驻京，至是，致书额尔金、葛罗请先停战，以便议和。二使复称放出巴夏礼等，始可言和。奕䜣不可，奏曰："幸就擒获，岂可遽令行还！"交涉未有进步。其时联军于激战之后，子弹不足，乃致照会辩论。二十二日，咸丰自京出狩热河。奕䜣饬恒祺往说巴夏礼写信息兵，巴夏礼欲用英文，朝臣无识之者，遂作罢议。朱谕曰："看此光景，不如早为处死"，俄再谕奕䜣，"如城不守，即将巴正法"，又谕各海口闭关。北京自帝出狩后，人心惊惶，谣言四起，匪徒抢劫，禁军不能再战，帝始改变态度，谕曰："现在事机紧迫，间不容发，朕亦不为遥制，即着恭亲王等相机办理，总期抚局速成。"僧王亦主议抚，而二使迭请释放巴夏礼，奕䜣奏称如夷攻城，即将其正法。帝乃谕称将其送还，以示大方。巴夏礼时自狱中提出，住于德胜门高庙。三十日，二使投文声称再过三日，巴夏礼如不放出，即交大将执行。巴夏礼信请免战，而信竟未收到。十月二日，帝谕奕䜣见之，奕䜣言其"生性狡悍，此次既被拘执，怀恨必深"，仍不肯将其放出。

　　十月初，联军军火援军自天津大至。五日，开始行动，大将据报，以为咸丰驻于圆明园。园在北京城外西北十余里，为清帝避暑宫殿，内有清漪园、静明园、静宜园，中有耶稣会教士设计建筑者，列帝修治，可谓积二百年之民力经营而成者也。联军往攻北京圆明园间之海碇，防兵败溃。六日，法军首先入园，其将称其建筑之美，珍物之多，为欧洲所无，且非言语所能形容也。法兵将珍物搜去，英军亦得赃物，无赖乘机强取剩余之物。据朝臣奏疏，迄于九日，静明园、静宜园尚未抢劫，禁兵入园防守。奕䜣时在万寿寺,闻之大惊,以北上之路断阻,逃至卢沟桥,奏言抚局不可再议。上谕仍饬其筹办。七日,二使致哀的美敦书于王大臣,内请释放巴夏礼等,否则攻城,待其放出之后,再议条件,互换条约,并须交出一门,人民苟皆安居,联军亦不辱之。八日,恒祺与留京王大臣议定释放巴夏礼归营。初英人被捕者二十六名,法人十三名,至是,存者英人十三,法人五名,距其被捕之时,二十日耳。方苞于清盛时记狱中情状,言其饮食不时,污秽不堪,犯人备受虐待,狱吏至为贪狠。嗟夫!我国良民之惨死于狱中者,不知凡几矣!十日,二使再致书于大臣,限其于十三日午时,开放安定门交外兵把守,逾时将即攻城。恭亲王业已逃至长辛店,交涉由恒祺办理。咸丰得奏,谕曰:"倘该夷不允复出,尚复成何事体。"留京王大臣函请奕䜣回京,恒祺以恭亲王名义照会二使赔偿圆明园之损失,并请先议条件,再行开门。二使置之不复,大臣相顾无策,乃于规定期内开放安定门。咸丰亦谕奕䜣回京,外兵入城,未扰人民。十四日,奕䜣回至西便门外天宁寺。明日,照会二使换约。

初联军入京,二国大将意见不协,二使更以欧洲问题,信其难于合作。十五日,英将通知额尔金:(一)英军不能留于北京过冬。(二)十一月一日,军队开始撤回天津。(三)华官开放安定门,理应维持信义,不得毁坏公家建筑。(四)大使决定焚毁海䃌之行宫,以及圆明园之宫殿,将即执行。当斯时也,额尔金数与葛罗会商,以为清廷不顾白旗,施其阴谋,不顾国信,捕囚代表,死亡多人,必欲有所惩戒。二使会商之时,对于赔款,则以款已增加,如再要求,徒加无辜人民之担负;对于割地,则以问题将益复杂;对于严惩载垣、僧格林沁,则以一时难于成功,均作罢论。后始议定恤金英国三十万两,法国二十万两,额尔金建议中国政府刻碑胪列阴谋失信之事实,葛罗谓其侮辱太甚,力持异议。最后额尔金主张焚毁圆明园,谓被捕之外人,先曾受辱于园中,必先毁之,然后议和。葛罗不可,主张和议决裂之后,火焚清宫,法将助之。英将力言焚毁皇宫,则为失信,额尔金之意遂决。十七日,二使照复恭亲王。额尔金谓中国虐待英人,须出恤金三十万两,拆毁圆明园,葛罗要求恤金二十万两,交还天主堂及教士墓茔。文中约定二十日照复,二十二日给银,二十三日签定新约,换约。十八日,英兵奉令焚毁圆明园,于是经营二百年之宫殿,竟于火光之下化为烟灰焦土破瓦颓垣,世界美术遂少宏丽伟大建筑之一。英将之执行命令者,亦深为之叹息焉!额尔金之报复行动,出于一时之情感,其野蛮失常,殊可痛恨。其不欲火焚皇宫者,盖患恭亲王惊惧出逃,无人负责办理交涉,而非有爱于中国也。俄使伊格那提业幅(Ignatieff)自称劝说二使让步,中国不可再失事机。二十二日,户部允给现银五十万两,英使增加要求,一、九龙司归英,二、许华人赴英。法使要求归还前田地房产于天王教,奕䜣许之,和议始成。

额尔金改于二十四日入城,由英兵保护,至礼部衙门签定新约,是为中英《北京条约》,并互换《天津条约》,文武大臣在焉,额尔金先期约之故也。大臣多呈惶恐之色,额尔金改许先赔现银五十万两,可于四十日内交清,葛罗俄亦允许同样办法。换约礼毕,额尔金即行,英兵于安定门鸣炮庆祝。明日,法使亦至衙门订约,换约并赴宴会,态度颇为和平,后告奕䜣愿助中国剿匪,额尔金要求朝廷公布《天津条约》于各省,始肯撤兵。法兵出京较早,中英《北京条约》之要款凡五:(一)皇帝对于大沽事件,深表歉意。(二)使馆设于北京。(三)赔偿军费八百万两,由海关提出收入五分之一付交,恤金三十万两,立时付清。(四)华工得侨居或工作于英国属地。(五)中国割让九龙海岸一部分与英。中法《北京条约》,法得赔款八百万两,恤金二十万两,中国交还教产于天主教堂。华文条约,神父之为译员者,添入教会得置地产于内地之文,和议成后,十一月一日,法军尽离北京。十二月九日,英军亦退。其在金州、烟台、定海之兵,亦次第撤退。明年,天津、广州驻军,始尽撤退。委员交还广州政权,巴夏礼报告书中,有谓英兵、粤人相处甚善,其前反英之运动曾由官吏奖励而成。委员管治期内,广州城外团练受总督黄宗汉之指挥,仇杀外人,联军追杀团丁达于花县。由是官吏始知乡民不足以慑外兵。

总观清代迄于一八六〇年之外交,吾人未尝不深叹息。外人来华,初为商业,其所求者,则为商业上之机会,如其愿偿,生命财产均能安全,则可无事。其不能者,政府则以武力助之,盖自工业革命以来,资本家汲汲谋得市场于海外,而中级社会之政府予以保护,不惜用兵,乃合商业、政治二者为目的,外交武力为手段,弱国遂为鱼肉。同时,清代内外官吏国际知识浅陋,无以应变,以致重大之损失。中国对外初无交涉之可言,外商限于一地,遵守习惯,相安无事。一八三四年,形势大变,平等待遇,严禁鸦片,法律问题,相继发生,遂成战祸,缔结城下之盟。不幸对外思想,依然不变,政府更无远大一定之政策,其一时成功者,则赏以官爵。迨其失败,虽有批准之朱谕,亦不免于惩罚焉。其前后矛盾,殆无理解之可能,终则酝酿英法联军之祸。其争执之初起,原属无足轻重,可即解决之问题,乃因昏庸之大臣,造成极大之事变,缔结丧失权利之条约。所可怪者,大臣之反对条约者,对于关系国家主权,人民生计之协定关税,及领事裁判权等,未曾要求修正,反于国际上之常事,如入京进觐、公使驻京,抵死力争。其心目之中,徒以天朝皇帝不应与外夷公使非礼相见,而失其尊严也。其时国内扰乱,财政困难,咸丰初以时局之严重,主张议和,乃以知识之幼稚,发生重大之误会。禁军迭败,帝逃热河,恭亲王密奏迁都陕西,胜保请招南军勤王。其时江南大营再溃,太平军迭陷东南名城,势大张旺,二事均以和议告成作罢。和议既以增加代价而成立,咸丰仍未觉悟,不肯回京。关于进递国书,谕曰:"此次夷务步步不得手,致令夷酋面见朕弟,已属不成事体,若复任其肆行无忌,我大清尚有人耶?"及额尔金坐轿出京,奕䜣奏其事曰:"沐猴而冠之状,殊觉不堪入目。"其原因一则由于少见多怪,奕䜣幼生于宫中,未见外人,外人之行动,异于华人,坐轿之状,不无稍异,一则出于轻视之心理,咸丰初禁美使坐轿入京,后俄使坐轿,轿夫均受重罚。及联军逼近北京,始许公使于城外坐轿,而今力无奈何,徒作讥刺之语也。

《北京条约》成立,俄使伊格那提业幅自称劝阻二使,给银从缓,外兵不久驻京，力请解决二国之问题。初俄经营东方，探险队前往黑龙江下流调查，而朝廷对于满洲，以为发祥之地，除罪人而外，严禁汉人移居。黑龙江北岸只有少数野蛮部落。一八五三年，俄国要求分界立牌，会以克西米战延期，俄船阑入海口，其政府请将黑龙江松花江北岸归之，中国不许。一八五八年，黑龙江将军奕山奉旨与俄东西伯利亚将军木里斐岳幅（Muravieff）订立界约，五月二十二日，相见。木里斐岳幅要求黑龙江等地，分属二国，并准二国船只往来。奕山拒之，明日，再见仍以为言。奕山坚持如故，乃称病不见，二十六日，奕山胆怯，至其寓所见之。木里斐岳幅益横，提出草约，奕山拒绝签字，遂大声喧嚷，将文收起而去，夜间放枪，有意寻衅。奕山为其所胁，派人见之，竟称若不签定界约，将即驱逐北岸屯户。二十七日，奕山许而从之，约成，是为《瑷珲条约》。其条款凡二：一、黑龙江、松花江北岸，自额尔古纳河至松花江海口属于俄国，其南岸顺江至乌苏里江属于中国。自乌苏里江至海所有地方归二国共管。各江只许中俄船只往来。黑龙江北岸居住之满洲人等，照常居住，仍归清官管辖。二、二国准许两岸居住之人民，互相贸易。约成，派员勘界，其属黑龙江境者，自无问题，而乌苏里江一带属于吉林。朝廷以奕山失职，将其罢免，勘界久无所成。其在西北，中国于鸦片战后应俄要求，开放伊犁及塔尔巴哈台，边界则未勘定。

一八五九年，伊格那提业幅奉命入京。七月，呈递补续和约六条，其主意则请勘定吉林东界，新疆地界，并求陆路通商权利等，由理藩院大臣肃顺、瑞常交涉，将其驳斥。双方强辞辩论，各出恫吓之辞，交涉毫无进步。俄使照会军机处，亦无所得，后即出京。及英法联军进至天津，俄使要求回京，俄抵北京，而联军逼临城下，自请调解。奕䜣密奏其经过曰："前据俄罗斯伊酋来文，屡请前赴噗咈夷营代为说合，昨又据崇纶、恒祺等面称该酋现已进城，暂住北馆，仍自请赴噗咈营劝阻，允给银两尚可从缓，且可酌减，并称不致久驻京师，夷兵亦令退至大沽等处，不使驻扎近京地方等语。臣等明知此事系俄夷恐愒，今为此言，何可尽信？然解铃系铃究出一手,若不允其前往,难保不倍加作祟,因给予照复令其前赴劝阻,设能如其所言,于抚局不无裨益,而伊酋事后如有要求,再作理论。"俄使所言多非事实,奕䜣之解说,全出于误会。及二国罢兵,俄使请订新约,要求改订吉林、新疆地界,并商业权利。奕䜣主张借给绥芬乌苏里江一带与俄,华人住居之处不得占住,添开商埠,俄使不可,十一月议成条约,竟将土地割让。奕䜣奏曰:"该酋以英法之换约,攘为己功,设或迁延不定,恐或另生枝节,而英国兵既不撤,法国兵亦未尽回津。渠等狈狼为奸,尤虑变生意外,臣等查夷性犬羊,喜人怒兽,势难理喻。俄酋居心狡诈,必须力为防维。……再与之理论,难保不勾结英法为患,但于目前之患较少,不得不委曲允从,以便催令英酋退兵,俾京城根本既安,人心渐定,以全大局。"其言多无根据,奕䜣将其上奏者,一盖曲解事实,或受俄使之愚弄,而不自知。一因前言借与,而今割让,是以恫吓皇帝,而欲其批准,借以解决二国之争执也。中俄《北京条约》之要款如下:

一、黑龙江下流至乌苏里河合流处,南岸属于中国,北岸归俄。自乌苏里河口而南,上至兴凯湖,二国以乌苏里及松阿察二河为界,西属中国,东属俄国。自松阿察河、白棱河等迄于图们江,西属中国,东属俄国。于是东北沿海岸广大之区域,尽归于俄。二、西疆勘界,指明顺山岭大河,及华官所在卡伦为界。西疆之范围颇广,一八六四年之《塔城条约》,中国丧失塔尔巴哈台伊犁所属巴克图卡伦迤西之地。后新疆叛乱,将军与俄员勘科布多等界,亦多割让领土。三、中国开放喀什噶尔——新疆之要地也,并许俄商于库伦、张家口销售零星货物,俄于喀什噶尔、库伦得设领事。四、两国边地长官,平等往来。一八六二年,二国订成通商章程,试行七年,改订商约,俄商享受陆路上贸易之特殊权利(其权利详后)。于是俄国不劳军队,得有广大之区域,及陆路上商业优越之地位,甚矣哉俄国外交官之狡诈多能也。相形之下,何清廷大臣之愚拙若此耶!一则由于一强一弱,一则由于无正确之报告也。

第四篇　太平天国及捻苗乱

黄河改道及其影响——人口激增——秘密会社之活动——财政之困难——政治之腐败——广西之情状——洪秀全之略传——上帝会与团练——洪秀全之起兵——起兵后之时机——攻扰六省之经过——太平军中之思想——文化之摧残——战胜之主因——太平军、清军、人民、迷信、种族思想、女子、军械——清廷应付之方略——洪秀全之失策——北伐军之失败——江苏境内二军之相持——太平军之西征——曾国藩练勇之困难——讨贼之檄文——檄文之批评——湘军出征之战绩——湘军战胜之原因——江北、江南大营之败溃——全国纷扰情状之一斑——经济制度之紊乱——人民所受之痛苦——饷糈之榨取——太平天国与外国之关系

清廷自五口通商以来,外交莫不失败,内政亦无建设改革之大计,而人口繁多,生计艰难,秘密会党之势力日张,危机四伏,造成极大惨杀之悲史。吾人于言祸乱之先,不可不知一八五五年黄河之改道也。黄河自有记录,迄于十九世纪初叶,大徙者凡五。一一九四(金章宗五)年,河水泛滥,其一部分始由南清河(泗水)入淮。十三世纪末叶(元世祖至元中),

河水改从汴渠,经过徐州,东北流入泗淮,其北流渐微。十五世纪,北流筑塞,遂以一淮受全河之水。淮水发源于河南,历安徽、江苏,而入黄海,原为中国大河之一,乃以一河容纳二河之水,易至泛滥。黄河之在徐州境内者,河身褊狭,上流之水,难于一时流出,徐州之下,则水放流,均易成灾。清廷设官治之,修筑高堤,防塞决口,糜款甚巨,从未有一二十年安流不为民害者。一八五五(咸丰五)年夏,大雨不已,河水高涨,自仪封铜瓦厢决口,折入山东,夺大清河道,流入渤海。淮水下流入海之道遂淤,其水一部分改由运河流入长江,兹言黄河改道之主因与影响于下。

黄河发源于青海巴颜喀拉山之北麓,高出海面约一万四千尺,曲折东流,入于甘肃皋兰之附近,地势降低,而洮湟二水流入,由是水势陡盛,东行阻于六盘山脉,折转而北,流入绥远,再以高山之阻,转入陕西、山西,而为二省天然之省界焉。水流奔泻于山峡之中,直达河南,始至广大之平原,高低相去无几,然后折向东流,而入于海。夫水之流也,因高就下,高低悬殊愈甚,则水流益速,其力之猛,冲动碎石,夹带沙泥,及至下流,支流众多,水量大增,易于为害,且其经过之高山平原,多无树木,甚者或无青草,登高远望,则目力所见,常为黄土。迨遇大雨,地面上之肥泥被洗而去,流入河中,黄河之水沙泥益多,及抵平原,水流渐缓,其力不能尽携泥沙而去,泥沙淤淀,河身渐高。历代之治河者,从未于根本上着手,而多高增两岸,筑塞决口,久则河身淤泥积高,一旦水势浩大,惟有破堤泛滥,另夺河道入海而已。至是,黄河改自山东入海,淮水入海之故道淤塞。其上游之水,乃以洪泽湖为尾闾,其湖底较海面水平线为高,而水无从流出,万顷膏腴之地,均在水中,江北人民之生计转难。黄河既至山东,而时内乱正亟,无力修治,后遂大为民害。其漂没之人畜财产,殆不可计算,地面上之肥泥,亦入海中。外人有告予者,谓其来华,船抵扬子江口,见江水所含之泥,而以中国不善保存,深叹其富。扬子江如此,黄河更无论矣。予曾从吉普士(Dr. Gibbs)博士读微菌学。博士研究山西东北土壤之微菌,曾告吾人曰:"其地土壤缺少有利于植物之微菌,殊为穷瘠。"予按其地缺少树木,肥泥为水洗去,实其原因之一。处于今日整理黄河,诚非易易。其为吾人所能者,则为保全肥土,禁伐小树,广植草木。夫然天降大雨,水因植物之根,易入泥中,而肥土得免于洗去。此盖补救办法之一也。

十九世纪初叶,中国入于衰弱时期,祸乱时起,尚非大规模之屠杀,人口有增无已。贫民虽曾溺死婴孩,而道德观念以无子为不孝,社会上以养子为防老,迄今民间尚信"一根草有个露水珠儿"。其意谓天生一人,即有衣食,父母无须烦恼。其溺死者多为女子,非子女众多,而家累太重者,则不肯为,人口故无减少之理。十八世纪末叶,学者洪亮吉曰:"治平至百余年,可谓久矣,然言其户口,则视三十年以前,增五倍焉;视六十年以前,增十倍焉;视百年百数十年以前,不啻增二十倍焉。"洪氏举例证之,一家夫妇二人,初有屋十间,有田一顷,及至其孙,不下二十余人,而居屋十间,食田一顷,即量腹而食,度足而居,亦必不敷。其言人口增加之倍数,虽未必尽确,要为平日观察所得之结论,不可厚非。洪氏谓户口增加之后,游手好闲者,数十倍于前。其人遇有水旱疾疫,不能束手待毙,苟逢时机,将起而作乱。《皇朝续文献通考》称一八一二(嘉庆十七)年,全国人口凡三万六千余万,乃一八二一(道光元)年,户口之总数,视前反少六百余万,其数颇可怀疑。鸦片战争时,澳门报纸论中国人口,一称中国人有天下三分之一,一言"嘉庆及当今皇帝(道光)太平管治此三十万万臣民"。其时世界人口之估计,约十二万万左右,中国何得有此三十万万臣民?数目当或译错。据三分之一计算,中国人口殆四万万。报纸偶言直省人口,前后多不相同,盖此实非外人所能估计也。道光朝《东华录》记其中年人口逾四万万,亦非调查所得之确数。综之,咸丰初年,人口已至无可再加之情状。其时满洲、热河、察哈尔、绥远均不准汉人移居,新疆、外蒙古、西藏更无人愿往,而本部十八省,尚有限制。台湾故例禁止内地人民偷渡,台民私往番地者治罪,云南、广西、贵州等尚有一部分土地归土司治理,人民私往外国,亦犯国禁。其职业种类少于今日,极大多数以耕种为生,而田地有限不敷分配,生活日难。一八五〇年,浙江巡抚常大淳奏称人民开山过多,以致沙淤土壅，有妨水道，山地硗薄，生产力弱，而民竟争耕种。鸦片战时，杨芳战败，请许英商贸易，称其船有洋米三万余石，广东向资洋米接济等语。中国以农立国，而产生之食料，不足以供国人之需要，可见人口之多。前后战争，均有愚民贪图小利为敌人工作，可证失业之众，其无职业而胆较壮者，则投入会党，为害乡里。于是会党之势养成，魏源曾言及之，兹再节引时人之言，以见社会情状不安之一斑。

御史常大淳于一八三五年奏曰："直隶、山东、河南向有教匪，辗转传习，惑众敛钱，遇岁歉，白昼伙抢，名曰均粮。近来间或拿办，不断根株，湖南之永州、郴州、桂阳，江西之南安、赣州与两广接壤，均有会匪结党成群，动成巨案。"一八五〇年，侍郎赵元奏曰："近来盗风愈炽，直隶、山东陆路行旅，往来多被抢劫，两湖三江连年水灾，盗贼日众，至如河南之捻匪，四川之啯匪，广东之土匪，贵州之苗匪，云南之回匪，又皆肆意横行，目无法纪。且到处均有邪教会匪，各立名目，煽诱乡愚，胁从既众，蹂躏尤多。地方文武恐滋事端，苟且因循，惟务姑息，书差既豢贼纵容，兵弁复得规徇隐。州县之勤干者，有时查访严拿，则差役通风，武弁解体，夺犯戕官，往往酿成巨案。其愚懦者，平时既不以缉捕为务，至报劫频闻，恐干严议，辄复讳盗为窃，避重就轻，以至匪徒益无忌惮。若不急为整顿，则盗贼肆行，奸匪交接，其祸害有不可胜言者。"一八五一年，曾国藩奏称安徽、江苏、河南瘠县，盗风日炽。乡吏勾盗，差役讹索，案尚未破，而事主之家已破，乃吞声饮泣，无力再控。即使再控，幸得发兵会捕，而兵役平日皆与盗通，临时卖放，泯然无迹，或反借盗名以恫吓村愚，要索重贿，否则指为盗伙，火其居而械系之，又或责成族邻，勒令缚盗来献，直至缚解到县，又复索收押之费，索转解之费。故凡盗贼所在，不独事主焦头烂额，即最疏之戚，最远之邻，大者荡产，小者株系，比比然也。及于湖南练兵，奏曰："湖南会匪之多，人所共知，去年（一八五二）粤匪入楚，凡入添帝会者，大半附之而去。……近来有司亦知会匪之不可遏，特不欲其祸自我而发，相与掩饰弥缝，以苟一日之安，积数十年应办不办之案，而任其延宕，积数十年应杀不杀之人,而任其横行,遂以酿成目今之巨寇。"湖南湘乡诸生刘蓉后以军功擢至巡抚,其言乱前情状曰:"今天下僻远之邑,绿林深密之地,盗贼群聚而据焉,大者以千计,小者亦以百计,造栅置寨,屠狗椎牛,昼则群饮于市肆,赌博叫嚣,夜则劫掠于乡村,纵横骚扰,而乡里莫之敢发,州县莫之敢问,隶卒莫之敢撄者,诚畏其势而无可如何也。"四人之言,虽为社会情形之实录,要就纷扰之地而言,虽难例推全国,而国内固已不安矣。

政治上之腐败,亦为造成祸乱主因之一,其尤明显者,则财政之无办法,及吏治之无从整顿也。政府之收入,以田赋、盐税、关税为大宗。田赋限于祖制,正赋不得加增。一八四五年后,每岁歉收约在数百万两以外,而朝廷又发款赈济灾民。盐归政府专卖,由商人包运转售,百弊丛生,民间则盐枭偷运,敢与官吏相抗。关税收入年约四五百万两。而朝廷自嘉庆以来,叛乱时起,用兵不已,黄河决口,阻塞需款,国已患贫。道光初禁鸦片,未始不动于严塞漏卮,以培国本之说。迨及战争,朝廷调派军队,军费大增,而《南京条约》赔款二千一百万元,广州之六百万元尚不在内。道光曾以筹款为虑,刘韵珂则言浙江无力担负。其时国内生活费低,银元购买力十数倍于今日,因巨大之赔款也。其能如期缴清,一由于官吏设法搜罗,一由于朝廷卖官鬻爵,财政更为窘迫。而鸦片漏卮,反多于前。道光初以纹银不敷流通,农民纳税之担负为之增加,谋开银矿。一八四八年,谕四川、云贵、两广督抚于其所辖境内,确实察勘矿产。中国虽为用银之国,而国内殊少银矿,开采又为旧法,殆无纯利可得,其为害于民,历史上曾有明例。道光之出此,盖为增加收入之计,后虽未曾开矿,然可见其患贫,臣下亦以为言,战争期内官吏私派之弊,实不能免,魏源于《圣武记》中言之,鸦片战争,更有切实之明证。

吏治腐败之原因,常为蒙蔽。刘蓉言之曰:"今时弊之积于下者,不必尽闻于上,其闻于上者,又必再四详慎,不甚关于忌讳,然后敢入告焉。公卿大臣又必再三审处,不甚戾于成法,然后勉而行焉。则夫弊所及除之端,盖无几耳,而禁令之不行,抑又如此,则是天下之弊,终无厘革之日也。"章学诚论其弊曰:"上下相蒙,惟事婪赃渎货,始则蚕食,渐至鲸吞,初以千百计者,俄而非万不交注矣,俄而万且数计矣,俄以数十万百万计矣。"洪亮吉亦曰:"今日州县之恶,百倍于十年二十年以前……有司……无事则蚀粮冒饷,有事则避罪就功,府县以蒙其道府,道府以蒙其督抚,甚至督抚即以蒙皇上。"章、洪二氏当白莲教之乱,见闻官吏逼民为贼,深有所感,其言似甚激烈,而实切中时弊。政府竟不能用,积弊反多。鸦片战争期内,统帅疆吏莫不蒙饰上奏,和议成后,上下仍不明知实状,造成外交上重大之损失。其关于内政,刘蓉曾痛言之曰:"今天下之吏亦众矣,未闻有以安民为事者!而赋敛之横,刑罚之滥,朘民膏而殃民命者,天下皆是。"刘蓉所言之天下,就中国全国而言,盖对于时事,深有感慨而发。其措辞虽涉笼统,要可证明吏治之坏,民生之苦。初一八五〇年,咸丰嗣位,诏求直言,朝臣言事者颇多,其关于吏治,可于曾国藩、赵元之奏疏见之。曾国藩曰:"臣观今日京官办事通病有二,曰退缩,曰琐屑。外官办事通病有二,曰敷衍,曰颟顸。……习俗相沿,但求苟安无过,不求振作有为,将来一遇艰巨,国家必有乏才之患。……十余年间,九卿无一人陈时政之得失,司道无一折言地方之利弊。……科道间有奏疏,而从无一言及主德之隆替,无一折弹大臣之过失。"朝臣赵元曰:"近来积习相沿,风气日坏,加以捐例屡开,仕途益杂,罔识民事之艰难,但较缺分之肥瘠。幕友家丁,招摇滋事,书差胥吏,又复从中舞弊,联络把持,贿嘱情托,无所不至。委靡者怠玩因循,不知振作。贪酷者恣睢暴戾,惟事诛求。钱粮则任意侵亏,词讼则株连积压,及至众怨沸腾,舆论不洽。上司或有风闻,遇事参劾,辄敢挟嫌抵制,攻讦多端,大吏虑其噬脐,姑容不问,不特各州县毫无顾忌,即佐杂末吏,亦且相率效尤。"积弊之由来已久,朝臣非不知之,而平时竟不敢上奏,致成痈决疽溃之祸。此洪秀全之所以得于广西起兵也。

广西旧称瘴疠之区,明(一三六八——一六四四年)前放置罪人,其大部分归土司统理,逐渐改土归流,清末尚有始设州县者,其省多山,土壤硗瘠。境内原有苗人、狼人、僮人、瑶人、山子等杂居,其人名称繁多,而俗统称为苗瑶。生活未脱野蛮人之状态，身体强壮，愍不畏死，汉族后始徙居其地，其住近于苗瑶者，生活状况，或与之相近，或略胜一筹。其人深受环境之支配，轻身好斗，而又知识浅陋，迷信极深，苟人得其信心之后，则虽为之赴汤蹈火，亦所不辞。广西东部桂平、武宣一带，山势高峻，蜿蜒千里，古称瑶山，地为天险，其附近居民出入山中，登高履险，捷若猿猴。其人有土著客民之分，巡抚周天爵曾奏朝廷曰："初粤西地广人稀，客民多寄食其间，莠多良少者，结土匪以害土著之良民。良民不胜其愤，聚而与之为敌，黠桀者啸聚其间，千百成群，蔓延于左右江千里之间。而其原因州县不理其曲直，邪教见民冤抑之状，因好鬼之俗，倡为蛊惑之辞，盖自道光二十二三年（一八四二、一八四三），祸基已兆。"其言发于洪秀全举兵之后，影射之辞，虽不尽确，而客民土著相仇，则为事实。《广西省志》亦以为言。一八四七年，广西大饥，民食不足，其狡桀者相聚为盗。会湖南土匪南扰广西，杀人劫财，无恶不作。其东北一区，受祸尤烈，本地之无赖，乘势横行，陈亚溃等各有党羽数千，小股尚有数十。巡抚郑祖琛老而讳盗，无力维持境内之安宁，乡民迫而自卫，创立团练。团练之起，原为良民自卫之团体，无如雇用团丁，分子复杂，秘密社会之党员，往往得势，乃予洪秀全起兵之时机。

洪秀全者，广东花县农民洪国游之幼子也。生于一八一三年，上有异母兄二，下有同母妹一，父母爱之。其家境穷苦，年幼入村塾读书，天质颖敏，塾师爱之。十六岁后，辍学，村人延为塾师，后往广州应试，得马礼逊信徒梁亚发（译名）所编之《警时良言》。秀全收之，及试，不售，携书而归。一八三七年，说者言其再试，失败而归，心中怨恨，抑郁致病，盖其家贫，而村师所得无几。其时除教读力耕而外，难有相当之职业，才能有为之士，多视科举为其进身之阶，考试失败，则无从上进也。病时，秀全梦见幻象，有鬼召之，魂魄若乘彩舆而往，抵一宫阙，老媪导往清溪，洗濯污秽。有一老者易其心脏，导入正殿，见一老者高坐，悲泣世人信奉恶魔，授秀全宝刀金印各一，曰："以是锄奸"，赏赐异果。秀全食之，老者导之，遍观下界之淫乱污秽,秀全愤极而苏,共病四十日。① 其他所见之幻象尚多,及愈,其躯干益雄伟,操行益庄重。斯说也,其族弟洪仁玕述之以告外人者,要偏于神奇之怪迹,殆不可信,其徒则以此惑人,病后仍为乡村塾师。一日,陈箧发书,得《警时良言》,书分九卷,材料取于译本《圣经》,秀全读之,觉其义意与前病中幻象相印证,自言曾得上帝之默示,毁弃偶像,专拜上帝,宣传新教,名曰上帝会。② 其先入会者,则同县人冯云山也。云山年幼读书,长怀大志,应考失败,心怀怨望,遂与秀全相结。二人知其乡人信神,不易得势,一八四四年,同往广西桂平、武宣二县之乡间宣传。其地近于瑶山,汉人瑶僮之居近山麓者,知识浅陋,二人不辞劳困,劝民入会,与之同处,逐渐得其信心。及冬,秀全回于花县,而云山不肯舍其传教事业,独留广西,努力进行。一八四七年,广州美教士洛波士(Issacher J. Roberts)闻知秀全宣传上帝,致书招之。洪秀全偕仁玕见之,留住广州,受其指导,未及受洗而去,西觅冯云山。初冯云山鼓动乡民,上帝会之信徒大增,拆毁神像,生员王作新等控之,拿获解县。知县顾元凯、知府王烈讯之,得其宣传文字,内载敬天地、戒淫欲诸款。官吏以其劝善无叛逆之迹,释之,递解回籍。洪秀全同之回乡,而上帝会依然存在。一八四九年,洪秀全等再至广西秘密活动,广收党徒,明年起兵。

洪秀全、冯云山之宣传上帝会,以民间原有之思想,牵强附会于欧人所言之宗教,其所根据者,多为旧约,观其文字,则其宗教之理论极肤浅,而于基督教之精义,尚未了解,甚且与之冲突。其宣传之方法,则托耶和华为天父,耶稣基督为天兄,而洪秀全为上帝之次子,奉天父天兄之命,统治人类,除去恶魔,洗涤罪恶,拯救世人。其言至为不经,而从者则证以秀

---

① 李秀成供称洪秀全病死七日,还魂,殆就其见幻象而言。
② 相传上帝会创于湖南人朱九涛。咸丰曾谕访查其人,疆吏复奏称其为狗头山取药之妖人,其被捕之徒弟,身有符咒。《平定粤匪纪略》记朱九涛之语曰:"铸铁香炉成,可驾以航海。"其人殆为白莲教余党,而书竟有称其立上帝会于广州者。其时教士虽得传教,而秘密会社断不敢宣传于广州。美国海尔博士(Dr.W.J.Hail)认洪大全为朱九涛,亦不足信。

全病中之幻象,且曰:"世人肯拜上帝者,无灾无难,不拜上帝者,蛇虎伤人,敬上帝者不拜别神,拜别神者有罪。"乡民求免上帝之重罚,加入会中,并纳香银五两。其会友概为平等,男称兄弟,女称姊妹。冯云山之在广西,具有热忱,颇得乡民之信心,故时不久而信者增多。其能起兵横行于一时者,则广西之汉人、苗人,本为好勇轻生之武士,但无组织之能力,苟得军事训练,富有能力之领袖则皆成为精兵,而贪生怕死之官兵,不能御之。其先湖南会匪窜入境内,东西劫掠,变成流寇。流寇云者,避实捣虚,出没无定,不据城池,专事劫掠屠杀之徒众也。于其纷扰之后,贫民之衣食益难,强者自动加入,弱者被迫胁从,由是徒众之耳目益多,祸害愈烈。《浔州府志》纪之甚详,邑人谭熙龄曰:"时(一八四八、一八四九年)流贼蜂起,四境骚然,动以千百计,而官与团汲汲有不能终日之势,匪徒遂无所忌,而人愈众。"团练之起,由于乡民迫于祸害之切身,自动组织,官吏多取任放之政策,及其成后,尝依势凌人,一村之团练,或与他村之团练,结仇构衅,或相党援。武宣、桂平之团练,有上帝会人、非上帝会人之别,常相仇杀,而上帝会人,因其团体之坚固,多占优势。

　　上帝会之声势渐大,一部分叛乱失败之会党,加入其中,借求保护。其人多属于三点会(一称三合会),其得横行者,则以政府制度之不良,长官之昏庸畏祸,胥吏之敲诈勒索,军队之腐败不堪,而人口增加无已,以致失业,而流入会匪也。洪秀全招而收之,一八五〇年七月,起兵于桂平紫荆之金田村。谭熙龄曰:"紫荆者,层崖叠嶂,深林密箐,通断藤峡。"峡古称大藤峡,在万山中,盘薄六百余里,地称天险。冯云山、杨秀清、萧朝贵、韦昌辉、石达开、秦日昌等佐之。冯云山幼抱大志,召聚会众。杨秀清初以烧炭为业,聪明狡诈,善于巫说。萧朝贵耕种山地,多力勇敢,其妻为秀全之妹。韦昌辉原名韦正,捐得监生,熟于胥吏,出入衙门,颇有机变。石达开为一地之富豪。秦日昌做苦工自给,忠勇信义。此数人者,议定起兵之计划。其余上帝会徒之从秀全者,多如李秀成所供,俱为农夫,或寒苦之家,受经济压迫,铤而走险者也。时值国中之内患外忧交至,清廷之弱点昭著于世,起兵之诸豪有取而代之之思想。其举兵也,悉取村中之粮食衣服,纵火焚烧拜上帝人家,盖其一部分信徒,安居家乡,心中仍有起兵即为叛逆,而犯大逆不道之重罪,将有家属夷灭之祸而避之者。秀全焚其居宅之后,则无以为生,势必迫而加入。此中情节,可于李秀成供辞见之。秀成家贫为人佣工,难于度日,及其住处被焚,始肯从军。官军之剿叛人也,多无纪律,扰乱民间。人民苟为教民,官军即可视为叛徒,捕而杀之,教民有避祸难而助乱者。

洪秀全起兵后,客民助之,谭熙龄于《浔州府志》曰:"值贵县土客械斗,客民无依,男女约计数千,窜及桂平……与洪逆合伙。"其军中有上帝会徒,三合会员亡命等,均受政治、经济之压迫,轻生好斗,为其生存竞争之计,勇往直行,不顾一切,其势锐甚。官军方逐大股土匪,秀全乘时部署队伍,武生胡以琉聚众应之,湘人洪大全、游民林凤祥、海盗罗大纲等,率众从之,声势张旺,器械稍备。官兵数败,朝廷以贼转多,诏命巡抚郑祖琛出省会督师,战亦不利,罢免其职。咸丰先后诏委重臣林则徐、李星沅、赛尚阿为钦差大臣,劳崇光、周天爵、邹鹤鸣为广西巡抚,调提督向荣、张必禄、副都统乌兰太驰往会剿。林则徐中途病死,李星沅督师无功,忧愤而死,张必禄亦殁。其时将帅疆吏不和,咸丰诏军机大臣赛尚阿为帅,洪军之势猖獗,附者益多。周天爵始知其为劲敌,咨商向荣统师专剿,向荣初为战将杨遇春之部下,时以能战见称故也。一八五一年,向军进攻,将校多死,秀全分兵四出,扰于浔州府属各县桂平、贵县、武宣、象州、平南。赛尚阿招调大军攻之,亦无大功。其主要原因,则洪军勇敢,据有险要也,谭熙龄曰:"或五人,或十人为一队,五人者毙四人,其一人犹贾勇冲敌不知退,其教以死为登仙也。"其人熟于地理,出入险阻,奔走逃窜,往往出于官军意料之外。九月,弃其老巢,往袭永安。向荣统率一军追之,遇敌大败,失其军械,乌兰太接战,亦挫。秀全遂陷永安,永安今为蒙山县,在瑶山之东,洪秀全据之,益信官军之不足畏,立国号曰"太平天国",自称天王,封杨秀清为东王,萧朝贵为西王,冯云山为南王,韦昌辉为北王,石达开为翼王,洪大全为天德王,秦日纲等为丞相等职。

洪军既下永安,声势陡增,钦差大臣赛尚阿改变战略,不问小股队伍,亲督战将乌兰太、向荣进围。向荣一军驻防北路,乌兰太兵防守南路,二将不和,而赛尚阿无统驭之方,其围城也,缺留一面,欲放之出。一八五二年春,太平军守城,清兵无如之何,但以粮食日少,知其终将见擒。四月,天雨,冒死出战,伤杀清军总兵数人,溃围而出,乘势夺取火药十余担,据李秀成言,军中始有火药。清兵捕获洪大全,槛送至京,磔之。太平军沿山中小道而行,直扑省城桂林,乌兰太追之,重伤而死。向荣则知省城兵力单薄,敌将往攻,统兵绕道,先时入城,而洪军踵至,昼夜攻城,守兵善于防守,相持三十一日。六月,洪秀全等乘夜解围北去,陷湘水上流之全州,掠船数百,方拟顺河而下,直趋长沙,而江忠源扼之。江忠源者,湖南新宁县人也,曾以军功补得知县。及洪军势炽于广西,值丁忧回籍,乌兰太召之,统率湘勇赴援,俄再回湘,及闻桂林被围,率兵千余人往援。其兵为湘中之团练,果敢忠勇,会桂林围解,江忠源率之往援全州,不及驻于蓑衣渡,二军恶战,南王冯云山中炮而死。太平军气沮,改由东岸往攻道州,陷之,弃之东走,下桂阳、郴州诸城。其城均在湖南南部,土瘠民贫,及太平军至,争先加入。郴州当湘粤之冲,商贾辐辏,驮货骡马,不可胜算,财货尽为洪秀全所得,军势大张,洪秀全休兵不动。九月,萧朝贵将其精兵,间道直趋长沙,乡民避难入城,长官初尚不信寇至。十八日,萧朝贵猝至城下,官兵登陴固守,诸生自告奋勇,请领兵勇助战,会江忠源等率兵来援。城中之兵勇日多,堵御益力,萧朝贵亲攻南门,重伤而死,其部将报于洪秀全。秀全丧其妹夫,悲哀愤恨,亟欲复仇,悉率其兵,驰往长沙,并力攻城。其时张亮基新奉朝命为湖南巡抚,礼请举人左宗棠参佐兵事,左氏以友人郭嵩焘之劝,出而应聘,入住长沙,太平军攻城正亟,左氏"精通时务,熟悉古今地图兵法"(胡林翼语),为之划守。洪秀全命军中采煤山夫,以鳖翻法攻城;其法穴地甚深,达于城根,放置火药,将其爆炸,声震如雷,其力极猛,破坏城墙,可得乘势蜂拥而入也。无如地雷数发,而守兵死战不退,堵合阙口。十一月,洪秀全气挫,惧众离心,取所造玉玺称为天赐,借以激励士气,军中高呼万岁,夜间去城,渡湘而西,清军初不知其所往也。十二月,太平军西陷益阳,掳得民船,渡洞庭湖而往岳州,守将弃城先逃,尽得旧藏吴三桂所遗之军械,再夺民船五千,顺流而下,径扑汉阳,陷之。汉阳时为数省通衢,百货山积,及陷,焚掠五昼夜殆尽。更自汉阳渡江,力攻省城武昌,穴地坏城。一八五三年一月,下之。二月,太平军悉众东下,达五十万人,船逾万只,尽载其金钱、米粮、军械、布帛、贵重之物,妇稚亦皆置于舟中,蔽江而下,军士沿两岸而行。及抵武穴,两江总督陆建瀛督官兵水师御之,两江额兵约有十万,而缺额极多,其作战者,说者谓为万人。官兵大败,舟师溃散,退守南京,九江、安庆、芜湖相继失守。三月,进攻南京,十九日,地雷坏城,外城失守,后二日,内城亦破。官吏旗人二万余人(一说三万),皆被杀死,状至惨酷,天王定都南京,号曰天京。

一八五〇年七月,洪秀全起兵,一八五三年三月,攻陷南京,历时不足三年,而能出广西,走湖南,破湖北,历江西,经安徽,入江苏,横行数千里,如入无人之境。其于攻下之诸城,除收掠财货兵器,招纳会众而外,未曾分兵固守,其性质初殆无异于流寇也。其人数自数千增至五十万,临时由各地投入,服饰自难整齐,其旗或黄或红,兵士多衣黑色号衣,长及于腰,袖短而便,状如背心,身束长带,佩刀或插枪于其中,脚着草鞋,甚或赤脚。其迥异于官军者,则头上长发,不肯结辫,短发亦不剃去,而以红绸或布束之,绕于头上,将校则以黄绸为之,其人数较少,故俗有长毛红头之称。其领袖多为粤人,发难于广西,官书故以粤匪称之。洪秀全既以推翻清室为目的,申言其罪以讨之,其文名曰颁行诏书,其中有诛妖救世文,讨胡檄,均为杨秀清、萧朝贵所发行,而奉旨准许者。前者叙说《圣经》中之故事,上帝创造天地,怒降洪水,救以色列人,遣子耶稣降生,天王救世。咸丰胡奴,为中国世仇,且率人变为妖类,望志士起兵,共立勤王之勋,人民亟早回头。其讨胡檄文首斥满人为妖人,盗窃神州,肆毒中国,奴视汉人。次言满人之罪状,改变中国之服装,淫乐中国之女子,文有"满洲妖魔,悉收中国之美姬为奴为妾,三千粉黛,皆为羯狗所污,百万红颜,竟与骚狐同寝"。蹂躏人权,改造胡语,贪官刮剥,豪杰绝望。中论夷夏之分。末言妖运告终,劝民速拜上帝,擒狗鞑子,同享禄位。檄文利用种族不平等之情感,反对满清,含有宣传之性质。其不平之意,取而代之之心,则溢于言外。

洪秀全以上帝会起兵,托言上帝遣其次子下凡救世,作为理论,其壮年曾数应试,皆不中归,郁抑不平。其所住之乡村,书籍缺少,对于学术,自无深切之研究。其宗教思想,一部分本于以色列人之传说,如拜上帝者有福,拜别神者有罪之类。其理论之演绎,敬拜偶像,即为叛离上帝,摧残偶像,则为有功,得入天堂。孔子神主,自在偶像之列,安置神像之建筑,自无存保护之价值。其教徒生于贫苦之家,远陋之乡,少见宏伟之建筑,或无审美之观念,或不知美术之意义,因而摧残破坏,不遗余力。凡其军队攻陷之地,所有庄严之孔庙,幽深之佛寺、道观,宏大之官署,以及名胜之古迹,常受劫掠焚毁之祸。僧尼曾遭杀死,太平军中且称经书、佛经、道家书籍为妖书。其私藏诵读者,犯罪至重。及其占据南京,毁坏中外人士艳称之报恩寺塔。塔建筑于明初,历二十九年始成,凡九级八面,覆以五色琉璃瓦。张岱《陶庵梦忆》纪之曰:"塔上下金刚佛像千百亿,金身一,金身玻璃砖十数块凑成之,其衣折不爽分,其面目不爽毫,其须眉不爽忽,斗笱合缝,信属鬼工。闻烧成时,具三塔相,成其一,埋其二,编号识之。今塔上损砖一块,以字号报工部发一砖补之,如生成焉。夜必灯,岁费油若干斛,天日高霁,霏霏霭霭,摇摇曳曳,有怪光出其上,如香烟缭绕,半日方散。"其言近于文人浮夸之辞,而其为美术史无上价值之建筑物,固世所公认,乃竟毁之。其他建筑,若明故宫等,亦多被毁,此足证明太平军中之领袖,毫无常识,其破坏之行动,直为中国文化上极大之障碍。

洪秀全自起兵以来,纵横六省,兹分言其战胜之主因,以见当时之情状。

一、军队 太平军之初起,几尽粤人,广西之风俗强悍,其从军者,或为练丁,或为乡里中之会众,或为知识浅陋之苗人,或为迫而从军之教徒,类多饥寒逼迫之民,铤而走险者也。起兵之后,战亦死,不战亦死,力战既可死中求生,安享富贵,战死亦得升天。迨其自广西出发,秘密社会之党员,踊跃加入,其人以失业之故,结合党羽,潜伏各地,待时而动。至是,太平军诱之以拜上,称之为兄弟,其初不满万人,历久战争,而人数反增,其中要多会众,是以声势浩大,战多胜利。《平定粤匪纪略》曰:"恶少年闻风响应,未来则敛钱馈贼,曰进贡,既去,则假其旗帜,裹黄巾聚众为淫掠",可见其关系之密切。曾国藩倡办团练于湖南,对于会众,主张严捕大杀,不顾残酷之名,左宗棠练兵于金盘岭时,严定立斩会众之条,均有所见而然。

二、官军 官军有八旗、绿营之分,暮气深重,久已失其战斗能力,平乱则力不足,扰民则绰然有余。一八五〇年,曾国藩应求直言诏奏曰:"漳泉悍吏,以千百械斗为常,黔蜀冗兵,以勾结盗贼为业。其他吸食鸦片,聚开赌场,各省皆然。大抵无事则游手恣睢,有事则雇无赖之人代充,见贼则望风奔溃,贼去则杀人以邀功。"其言深切时弊,后奏练兵曰:"自军兴以来,二年有余,时日不为不久,縻饷不为不多,调集大兵不为不众,而往往见贼逃溃,未闻有与之鏖战一场者!往往从后尾追,未闻有与之拦头一战者!其所用兵器,皆以大炮鸟枪,远远轰击,未有短兵相接,以枪钯与之交锋者!其故何哉!皆由所用之兵,未经练习,无胆无艺,故所向退怯也。"曾氏主张练兵,形容整个官军,虽曰过甚,而其中不堪战争者,实无异此。其困难由于饷糈太少,营制马兵月饷二两,马干一两,战兵一两五钱,守兵一两,每人按月给米三斗。绿营多为步兵,平日缺额甚多,饷任营官侵蚀,兵士又不切实操练。战时随地报募,而即驱之作战,调遣之兵由各地营中抽选,兵不相知,将不相识,统帅用非其人,指挥不能统一。将士各自为政,败不相救,胜则争功,以之拒抗不顾死亡之太平军,自多失败。善哉谭熙龄于《府志》曰:"兵不经战,闻风声则提携奔避,临敌阵则畏缩不前。而用兵诸将又苦事权不一,贪功嫉能,文员所招募壮勇,类皆市井无赖,不知纪律,不受约束,肆意抢掠。百姓畏兵,甚于畏贼。"江忠源以为湘勇万人,足以平乱,左宗棠训练之精兵,为时只有二月耳。

三、人民　我国人民深受专制政府之淫威,对于国家除纳税而外,别无深切之关系。其视政府之存亡,无明显之利害,盖人之常情,非利害切己,则不表示意见,而或有所动作。王闿运记太平军曰:"始寇之起,所行无留难,其踞省府,胁取民谷而已。行道掠人夫,不用则遣还。"其纪官军曰:"彼等绿营兵,以地方州县之人夫,搬运其武器锅帐,己则拱手乘车马,征地方之公馆为宿舍,兵卒或步行而不担武器,徒征发民家旅居,使居人惶怖,而恨其不去。"潮勇入湘,奸淫抢掠,湘民恨之切骨,称颂太平军之不奸杀焚掠。曾国藩深以为病,作书劝告各县绅耆,言其颠倒黑白。太平军自湘入鄂,势如破竹,掠取城市财物,绰然有余,不掳乡民,反而分恤贫苦之人,又称事平豁免三年钱粮,贫人争先附之。张德坚于《贼情汇编》曰:"贼至争先迎之,官军至皆罢市。此等悖惑情形,比比皆然,而以湖北为尤甚。"二军相较,太平军最初之纪律远胜于官军,则为明显之事实。其原因则人民安居已久,各营生业,太平军自广西出发,未曾久驻一城,路上夺得库金积谷,人民或来进贡,财货有余,不必苛扰虐取于民也。

四、迷信　知识简单之人民,宗教之信心强固,得其信心之后,赴汤蹈火常所不辞。洪秀全以上帝会起兵,自称上帝次子,奉天父之命,立国称王,天父无所不能,无所不在,无所不知,凡事由其做主。杨秀清、萧朝贵尤为狡桀,秀清调察人私,托言天父下凡,附于其身,忽变常态,群惊信之。其在永安,赛尚阿诱其部下周锡能为内应,秀清知之,忽作天父下凡,命将其押审,北王韦昌辉审之,无供。秀清再作天父下凡,用尽劝诱之方法,得其实供,命北王晓谕兵将:"北王大声唱道,众兵将,今我们托赖天父皇上帝权能,破残妖魔鬼计,指出周锡能反骨偏心,谋反对天。众兵将,同心踊跃,立志顶天,天做事,天担当,齐要放胆,时刻要记念天父权能恩德。每事要加时长灵变。众兵将,同心唱叹天父皇上帝无所不知无所不在也。……斯时,皇上帝圣兵合军兵将共怒切齿,伏求天父上帝下令,即将谋反妖魔，凌迟焚灰。"审毕，天父回天，各官回衙，天父忽再下凡传集众官，称其权能。谕曰："尔众小，未知天父权能，且看今晚，未知天父无所不在，无所不知，无所不能，亦观今晚。尔众小，要认真天堂路，切不好踏差，放胆立志顶天，不妨我自有主张也"，乃再回天。众杀猪牛，敬拜虔谢。其事详见于《天父下诏书》。萧朝贵托言耶稣下凡，晓谕将士"遵守命令，勇敢作战，一时受苦，同打江山，后来自有高封"。其谕或为文，或为歌，载于《天命诏书》。其中杂有天父圣诏，性质相同，其兵固深信之，而常力战不却也。

五、种族思想　中国民族，原合多数种族之血胤而成，乃至近代，夷夏之别极严。推求其故，则中国迭受外患，清以东胡入主中国，明末志士，生于忠君思想发达之世，其自好者，不事二姓，发为文字，含有种族仇清之思想。清帝患之，一方面召用隐士，一方面大兴文字之狱。然其根深蒂固，终难将其消灭，民间秘密社会，曾有复明之口号。其始虽不可知，而其利用种族之恨恶，推翻满清，则昭然若揭，其思想则取而代之也。洪秀全之起兵，连合会党，公布檄文，驱杀胡妖。说者言为种族革命，其得一部分人之同情，盖以此也。

六、女子　千年以来，我国女子以弓足为美，尤以殷实富贵之家为甚。广西民贫，乡村之女子多为天足，其工作之勤苦，几无异于男子。及洪秀全起兵，上帝会人从军，家人同往。谭熙龄曰："向之从贼者，类皆自逸去，而拜上帝会则必家属子女俱。……调遣不足，以妇女充后队。"周锡能自清营归伍，则称回乡团接兄弟姊妹，及其被杀，其妻同子亦均受刑。《天父下凡诏书》且纪营中姊妹关于其妻之传说，天王曾谕将士保护老幼男女，诏中迭见"女将"。相传秀全之妹宣娇统领女军，妇女之在军中，曾有助于男子。将士知其家人同在营中，战或不胜，家属将被杀戮，力战则可出险。尤有进者，女子勇敢善战，或不逊于男子，男子受其刺激，则将引起争胜之心，而勇敢杀敌也。久则自不免于弊端。

七、军械　十九世纪中叶，科学发达，火器日精，我国于鸦片战争失败之最大原因,则为刀剑弓矢之不敌枪炮,而军士无严格之训练也。清廷于订约后,尚未觉悟,军事设备,毫无改革,兵士仍执刀剑。夫刀剑以铁制成,得之甚易。两军相攻,胜负决于勇敢,古代匹夫盗魁,揭竿而起,可得横行,亦以此故。今则火器刀剑之利钝,不可同日而语,匹夫起兵者,殊不易易。忠王李秀成之败,挫于上海,而失地于东南者,则常胜军之有利炮也。设使清兵先已改用新式火器,则太平军当或不足为患也。

于上述情状之下,洪秀全举兵而势大炽,北京政府应付之政策,则取生番式之屠杀。咸丰诏用大臣,调遣重兵,专力剿办,顾其任命之大臣,或死于途中,或殁于广西,或相诋毁。赛尚阿未受军事教育,又无调处才能,其职务则监视诸将之攻战,而作浮夸之报告。诸将时有满汉之别,常以地位不同,互相忌嫉。向荣以能战称于当时,先与乌兰太龃龉,后与赛尚阿不协,曾托病不出,朝廷迭令催之,将其革职,始肯视事,统兵追敌。其后乱事蔓延,朝廷益无一定具体之计划,赏罚且无公平之标准。其不能立奏大功者,则多革职议罪,而固不问其所处地位之困难、军队之战斗力也。是以三年之中,钦差大臣、督抚之受罚者,不胜例举。朝廷君臣无所措手足之情态毕露。盖洪氏举兵之年,值道光病崩,其第四子奕䜣嗣位,明年,改元咸丰。咸丰行年二十有二,缺乏常识,性好女色,贪于娱乐,乱事方亟,旗民欠粮,犹亲选秀女。女中有家无见粮,黎明食粥而往应选者,等候久之,而咸丰不出。其时天寒,女子不堪其苦,高言皇上失德。咸丰闻而问之,女子以前辞对,咸丰令其退出,惭而罢选,说者尚称其圣德焉。此虽私人道德,无政治上之关系,而其弱点,则无判断之能才,辨别是非,乃为群小所包围,颠倒是非,随心所欲,对于战争自无办法也。在外之大将,专事防御而已。军中或无侦探斥候,访察敌军之行动,故难防祸于未然,而徒追敌于事后。向荣即其明证。逮曾国藩率湘军出征,始有计划,清廷之无人也久矣。

太平军攻下南京,钦差大臣向荣率兵踵至。初向荣统军往援长沙,洪军久攻不克,转入长江下流,向军追之,收复诸城,师行颇速,其先锋张国梁抵于九江。张国梁原名嘉祥，初为盗魁，受抚后为向荣部下，忠勇能战。及是，乘空漕船东下，三月三十日，达于南京，而城已于十日前失守矣。大军结营于朝阳门外，依山据险，遍立土垒，是为江南大营，与太平军相拒，无胜负可言。其时洪秀全轻视清兵，业已命其丞相林凤祥、李开芳等统兵东攻镇江，沿运河北上。其城守兵先逃，三十一日，不战而得镇江，乘势袭取扬州。扬州时为淮海盐商所在之地，民殷物富，及陷，太平军所得之财货极多。将即北伐，而钦差大臣琦善、内阁学士胜保将率北方马步精兵，自河南来援，阻其北上。林凤祥令送妇女资财于天京，自率大军，西往安徽之滁州，折转而北，陷临淮关。五月，攻下凤阳，声势大振。初洪秀全与杨秀清计商亲统全军渡江，沿运河而北，直趋北京。有舟子言于秀清曰："北路无水乏粮，遇困莫解，今据长江之险，舟师万千，宜踞南京为都。"秀清韪之，言于天王，改遣林凤祥等北伐，洪秀全遂失时机。其军中多为憨不畏死之农人，铤而走险之贫民，乘势附从之会众，自出永安围后，入于扬子江流域，附者日多，势力愈厚，群众心目之中，信其果得上帝之助，其气正锐，宜于进取。清兵自屡败后，军心丧沮，琦善统率北方之精骑锐兵，力战北上之一军，而林凤祥竟得从容改道北上。洪秀全苟或悉众而北，清兵御之，固不知鹿死谁手也。持久则太平军失其锐气，将致军粮不继，纪律散失，引起民众之恶感。其时忠君之思想未衰，皇帝之威信尚在，历时既久，具有才能之大臣，可得从容布置。太平军乃处于不利之地，天王之尤失策者，则其不肯遣兵东下，席卷东南富庶之区，善治其民，不扰上海之商业，而与外人言和，购买火器，训练军队，乃听清官治理其地，自海运输漕米，接济北京也。虽然，此实偏于理想之空论，即使洪氏侥幸成功，不过以暴易暴，且其狂妄之思想，摧残文化，祸犹未可知也。

太平军北上，胜保自扬州城外将兵追之，山东巡抚李僡集兵布防，进驻徐州。林凤祥新得援军，乘间前往河南，六月，闯入归德，径扑省会开封，幸其守兵，先期闻警，而援军适至，登陴固守。太平军知其不能猝下，鼓众西行，历中牟，抵巩县，潜收煤艇，北渡黄河，七月，围攻怀庆府（今沁阳县)。钦差大臣兼直隶总督讷尔经额督诸路援兵,先后驰至。林凤祥初欲攻下怀庆,然后北上,命兵立水栅为城,深沟坚垒以困之,而清兵来者益多,乃由太行山之小道,潜入山西境内,攻扰其东南诸城。胜保统兵踵之,讷尔经额布置防御,驰回正定。十月,林凤祥忽自河南武安,直入直隶,连陷广平、顺德二府属县。清军外无侦探,及敌大至,惶恐不知所为,兵遂败溃,北京大震。咸丰诏命惠亲王绵愉为奉命大将军,蒙古科尔沁郡王僧格林沁为参赞大臣,督北路诸军御太平军。十月,林凤祥率全军东北而行,陷献县、沧州,直走天津,而津沽已有防备,攻不能下,南陷静海,坚筑土垒木栅,分踞独流镇、杨柳青,以作犄角。清军攻之,互相胜负,其时气候渐寒,太平军先无预备,军中粤人惯住于温暖之地。及至严冬,北风怒号,砭人肌骨,冰雪交至,不堪作战。清兵则多生长北方,视为固然。僧格林沁采用以围为攻之策,督兵力战,颇有成效。明年二月,林凤祥率兵突围而去。《山东军兴纪略》曰:"冰雪塞涂,贼病多死,能行者手足憭洓,委弃兵仗。"清兵追杀甚惨,太平军南至阜城,洪秀全遣将黄生才等入皖,纠合皖民,侵入山东援之,连陷城镇。胜保奉命御之,而黄生才竟能攻下临清,声势大张,无如人众地瘠,无食可掠,胁从者散去。胜保灭之,林凤祥自阜城南逃连镇,马队陷据高唐,一八五五年,均为清兵攻陷,由是北伐军消灭。

  初林凤祥留兵分守扬州,清军围攻之者益急,仍不能下,而太平军之交通尚未断绝,其往来以镇江为孔道。镇江在扬州之南,隔江峙立,其形势之险要,足为扬州之屏障,镇江失守,扬州始乃难于守战。其时清兵尚未收复镇江,而瓜州、仪征亦在太平军之掌握,守将互相应援,清兵故难攻下也。洪秀全另派一军往援扬州,军队自三汊河前攻,步步为营,死战不退,清兵骇溃。一八五四年一月夜间,守兵出围,退于瓜州,清兵之所得者,空城而已。其先琦善奏称扬城之围已合,且夕将下。咸丰诏谓围城穷蹙,必歼除罄尽,无俾旁突滋扰,及得奏报,诏惩诸将,琦善亦革职留营效力。琦善所统之兵,名曰江北大营,声威远在江南大营之下,大营得扬州之后,与太平军相持于瓜州,互有胜负,琦善俄死,兵势益衰。

方太平军之将北伐也,张亮基命江忠源平定湖南巨匪,咸丰授为湖广总督,以为长江上流,可得无事,诏令江忠源率其所部千余人,赴江南大营,帮办军务。不意洪秀全派兵西上,再陷安庆,以船运兵,溯流而上,直攻江西。江忠源率军适抵九江,闻敌将窥省城南昌,驰往应援。六月,太平军围攻甚力,且分兵出攻九江,往扰腹地。江忠源飞书湖南请援,其巡抚骆秉章遣兵勇三千余人即行,罗泽南与焉。泽南原为书生,治程朱之学,及洪秀全入湘,创办团练至是,奉命率其弟子乡人,自成一军。八月,湘军抵于南昌,战初不利,其兵作战,未遇劲敌,而胆气不壮也,乃援邻邑,剿灭股匪,颇有战功。太平军力攻南昌,时巡抚张芾,以防守事宜,交江忠源办理,江氏督军死守。九月,太平军解围而去,攻陷九江,入于湖北。江忠源自南昌往救,及至,而九江城陷,闻敌上犯,乃出瑞昌,经新国(今阳新),抵于江边,而敌踞有天险之半壁山。十月,二军激战,清兵败逃,水师溃散,太平军乘势水陆大进,次第攻取沿江之要城,直入汉阳,一支北趋德安(今安陆)不胜,退驻黄州。其在皖北者,归冀王石达开指挥。石达开驻于安庆,安卫人民,委任乡官,按亩收税,设官征取货捐。天王改命秦日纲代之。十一月,秦日纲率兵冒雨,自安庆而前,出集贤关,进陷桐城、舒城,清兵败退庐州(今合肥)。庐州时为安徽之临时省治,文武大吏在焉。太平军往攻,江忠源自湖北败后,率兵入皖,驻于六安,及闻庐州有警,将兵入援。太平军围之,城陷而死。败闻,咸丰切责湖广总督吴文镕出省督师。初张亮基调任山东巡抚,吴文镕奉旨代为总督,颇主持重,欲扼上流之势,坚守省会,待其门生曾国藩水师练成,然后出兵,而朝廷促之即行,一八五四年一月,东至黄州督师,二月,兵败城陷而死。太平军乘胜西上,再陷汉阳,围攻武昌,分军而出,一陷德安诸城,一溯江而上,攻下岳州。曾国藩率其所练之陆军水师出战。

曾国藩为湖南湘乡县人,先祖业农。一八一一年,曾国藩始生,年幼读书,聪明有识,果毅有为,二十八岁,考取进士,历迁检讨、侍讲、考官、侍读,擢至侍郎,一八五二年,请假回籍省亲,途中得知母死,改服奔丧。时太平军道出湖南,会众闻风起应,力攻长沙。曾国藩间道归于湘乡,而小股土匪,仍扰于民间,良民为其生命财产安宁之计,办设团练自卫。湖南西南山势蜿蜒,土瘠民贫,其人体壮多力,勇于战斗,召而练之,则成精兵。方事危急,湘乡之匪蜂起,县令礼请邑中儒生罗泽南、李续宾、刘蓉等训练乡勇,乡团遂以湘乡称首。及洪秀全退出湖南,张亮基搜捕土匪,札请罗泽南招募乡勇千人,入长沙防守。曾国藩奉旨帮办团练,搜查土匪,国藩言其不习练兵,恳请在家终制,文成未发,适张亮基专人送函恳请其出,友人郭嵩焘亦至其家力劝出保桑梓。曾国藩官高望重,学问文章负有盛名,出而练勇,易于号召也,乃毁前疏,赴长沙与张亮基筹商,主张于省城立一大练,就本县曾经训练之乡民,招募来省,严格操练。其时罗泽南已率所部入省。其编制也,仿明戚继光兵法,定五百人为大营,不满五百者为小营。曾国藩亲自校阅,访知塔齐布等勤劳勇敢可用,将其保奏,有"临阵退缩之事,即将微臣一并治罪"。其知人善用如是,将士任用诚朴士人,无官僚之恶习,兵多农民,无营棍之嚣张。其所遇之困难,则筹饷不易,而兵勇相仇也。筹饷多赖劝募,而兵燹之后,百业凋落,至为不易,曾氏奏疏数以为言,巡抚曾欲将其所部汰裁。兵勇相仇,始于曾氏弹劾副将而起,塔齐布逐日抽调兵勇操练,盛夏不辍。提督至长沙时,公然非之,营伍咸怨曾氏,并及湘勇兵勇,遂相械斗。曾氏严责其勇,而营官不问其兵之不法,乃咨请提督按律治罪,提督尚未能行,而营兵忽于夜间集队闯入参将公署,欲杀塔齐布。塔齐布匿于菜圃草中以免,乱兵毁其房而去,更往曾国藩官舍,夺门而入,杀其使丁,国藩避逃,赖巡抚骆秉章解救,始免于死。提督仍置乱兵不问,义勇忿忿不平,将致大祸,国藩率之,移驻衡州,奏称其地为匪徒聚集之薮,数月以来,聚众为乱,巨案叠出。及至,遣勇平定衡永郴桂各属土匪,以壮其气。其治匪也,不问残酷之名,严刑鞫讯,日有斩杀,其毙于杖下者,时不能免,匪徒闻风敛迹。其在衡州,咸丰迭次伤其讨贼,曾国藩奏称土匪尚未大定,水师亦未成功。初洪秀全掳得船只,作为兵船,往来江上,江忠源羡其运输便利,而陆军无如之何,郭嵩焘亦以为言。

曾国藩深信平太平军，必有水师，访求造船之术，咨请粤督买炮置于船上。其船身大底平，仿自广东海艇，一八五四年二月，水师成立，有战船二百四十只，运输船二百余只，人数五千，以褚汝航、杨载福（后改名岳斌）、彭玉麟等统之。陆军五千余人，以塔齐布等将之。合官员丁役全军约一万七千人，三月，出发，公布讨贼檄文。文曰：

逆贼洪秀全、杨秀清称乱以来，于今五年矣，荼毒生灵数百余万，蹂躏州县五千余里。所过之境，船只无论大小，人民无论贫富，一概抢掠罄尽，寸草不留，其掳入贼中者，剥取衣服，搜括银钱，银满五两不献贼者，即行斩首，男子日给米一合，驱之临阵向前，驱之筑城浚壕，妇人日给米一合，驱之登陴守夜，驱之运米挑煤。妇女有不肯解脚者，则立斩其足，以示众妇。船户有阴谋逃归者，则倒抬其尸，以示众船。粤匪自处于安富尊荣，而视我两湖三江被胁之人，曾犬豕牛马之不若，此其残忍惨酷，凡有血气者，未有闻之而不痛憾者也。自唐虞三代以来，历世圣人扶持名教，敦叙人伦，君臣，父子，上下，尊卑秩然，如冠履之不可倒置。粤匪窃外夷之绪，崇天主之教，自其伪君伪相，下逮兵卒贱役，皆以兄弟称之，谓惟天可称父，此外凡民之父，皆兄弟也，凡民之母，皆姊妹也。农不能自耕以纳赋，谓田皆天主之田也。商不能自贾以取息，谓货皆天主之货也。士不能诵孔子之经，而别有所谓耶稣之说，新约之书，举中国数千年礼仪人伦，诗书典则，一旦扫地荡尽，此岂独我大清之变，乃开辟以来，名教之奇变。我孔子孟子之所痛哭于九泉，凡读书识字者，又焉能袖手坐观，不思一为之所也！自古生有功德，没则为神，王道治明，神道治幽，虽乱臣贼子，穷凶极丑，亦往往敬畏神祇。李自成至曲阜，不犯圣庙，张献忠至梓潼（在四川）亦祭文昌。粤匪焚郴州之学宫，毁宣圣之木主，十哲两庑，狼藉满地。所过州县，先毁庙宇，即忠臣义士如关帝岳王之凛凛，亦污其宫室，残其身首，以至佛寺道院，城隍社坛，无庙不焚，无像不灭，此又鬼神所共愤怒，欲一雪此憾于冥冥之中者也。本部堂奉天子命，统师二万水陆并进，誓将卧薪尝胆，殄此凶逆，以救我被掳之船只，拔出被胁之人民，不特纾君父宵旰之勤劳，而且慰孔孟人伦之隐痛，不特为百万生灵报枉杀之仇，而且为上下神祇被辱之憾，是用传檄远近，咸使闻知。倘有血性男子，号召义旅，助吾征剿者，本部堂引为心腹。酌给口粮。倘有仗义仁人，捐银助饷者，千金以内给以实收部照，千金以上专折奏请优叙。倘有久陷贼中自拔来归，杀其头目，以城来降者，本部堂收之帐下，奏授官爵。倘有被胁经年，发长数寸，临阵弃械徒手归诚者，一概免死，资遣回籍。在昔汉唐元明之末，群盗如毛，皆由主昏政乱，今天子忧勤惕厉，敬天恤民，田不加赋，户不抽丁，以列圣深厚之仁，讨暴虐无赖之贼，不论迟速，终归灭亡，不待智者而明矣。若尔被胁之人，甘心从逆，抗拒天诛，大兵一压，玉石俱焚，亦不能更为分别也。本部堂德薄能鲜，独仗忠信二字，为行军之本，上有日月，下有鬼神，明有浩浩长江之水，幽有前此殉难各忠臣烈士之魂，实鉴吾心，咸听吾言。檄到如律令，无忽！

檄文歌讴大清之功德，自多夸张之辞，其胪列太平军之罪状，一部分由于误解其思想，一部分则为事实。洪秀全自广西出发，抵于南京，途中数千里地，既无收税之所，又无储蓄之粮，初则人数数千，后则达于五十万人（一说攻陷南京有众七十万）。其粮食来自何地，吾人可代为设想。其加入者，多为衣食富贵之计，非有高大之思想，荼毒生灵，蹂躏州县，殆难幸免。其强胁人民为之工作，亦犹今日战时所拉之夫役，自不能免。其江上船只，亦尽掳之于民。官军之纪律，初虽坏于洪军，而洪军与之相较，殆五十步与百步也。其破坏名教，焚毁庙宇，一如檄文所言。平心论之，洪秀全之宗教思想，极为幼稚，其屡试不售，怨恨已极，乃其焚学宫毁木主原因之一。尤有进者，个人信奉宗教，无论其热忱达于何点，皆当尊重他人之信仰。公共建筑物为民力所成，美术影响人生至深，均当保护，乃竟不顾一切,而焚毁之,其愚殆不可及。然则洪秀全不应起兵乎?曰:此又不然,政府成立之根本原因,就学理言之,则为防御外患,维持治安。换言之,政府之天职,则为谋求全国人民之幸福也。清代政治之腐败,外交之失策,会党之横行,民众生计之困难,而竟置之不问,业已失其存在之需要,人民可得革命而推翻之。所可怪者,我国已往之知识界人,囿于忠君极端服从之说,或以身家性命之顾虑,见闻政府之腐败,人民之失所,除少数言论而外,殆无活动。其先起兵者,则为会党之领袖,盗贼之巨魁,文人学子奔走事之而已。盗魁遂为天子,此秦以后历史上常见之例,故除大杀人民,摧残文化,争夺帝位而外,终无根本之改革与建设,此固不能独责洪氏也。

方曾国藩之统兵讨太平军也,太平军南据岳州、通城,崇阳之众应之。三月,曾国藩分兵往剿,欲以进援武昌,而太平军忽自岳州退入湖北,王鑫率勇追之,国藩统水师抵于岳州,船遇大雨,颇有损失。会太平军反攻,王鑫败退,余兵坚守岳州,势甚危急,国藩命水师援之,将其救出,南返长沙。其援鄂者亦奉令撤回,太平军乘胜南下,陆军攻陷湘潭,兵船泊踞靖港,长沙在包围之中。四月,曾国藩命塔齐布将兵往攻湘潭,遣彭玉麟等将水师五营助战,亲帅兵船往攻靖港。及战,风发水急,为敌所乘,大败而退,自以两次失败,战无希望,愤而投水,从者救之,得免于死,丧气归于长沙,曾为市井小人所侮,长官有议将勇解散者,会湘潭水陆大捷之报至,塔齐布统兵进攻,恶战五日,颇有斩获,水师尽焚敌船,敌大溃散,收复湘潭。《曾文正公年谱》曰:"自粤逆称乱以来,未受大创,湘潭一役,始经兵勇痛加剿洗。"固军兴以来之大捷也。太平军退守岳州,骆秉章奏请速饬广东、贵州之兵勇往援,调罗泽南回楚,胡林翼之黔勇,乃留而助战。胡氏先为贵州黎平知府,募勇得力,吴文镕调之入楚,胡氏带勇千人,行次通城,而吴文镕败死,故留于湘。曾国藩另造船只,水兵自广西募至,广东解来大炮,整理一切,而武昌守兵久待援军不至,粮食缺乏,巡抚青麟率全军冒死突围而出,退至湖南,咸丰竟将其正法,太平军再至湖南,直趋常德。七月,湘军整顿完毕,曾国藩分兵进攻岳州,人数约有二万,名将胡林翼、罗泽南、李续宾、塔齐布等均于此役作战,水陆军进逼岳州。太平军拒战不利,即行退出,湘军遂得岳州。敌船来攻者,均为水师所败,水师进攻城陵矶,遇风失利,死亡颇多,失船数十只。陆路连战皆捷,水师助之,陷城陵矶。湘军进至湖北,于激战之后,抵于汉阳城下。十月,太平军弃城东逃,一日之间,清兵收复汉阳、武昌,火焚襄河中不及退出之敌船千只,军威大振。湘军沿长江南岸东下;鄂军自北岸前进,归湖广总督杨霈节制,曾国藩自将水师。太平军于田家镇设防,以铁链锁江。十一月,湘军进攻,水陆大捷,尤以南岸半壁山之战为最烈。曾国藩奏曰:"平地血流,崖有殷痕,江之南岸,水皆腥红。自湘潭、岳州以来,陆战数十次,未有毙贼如此之多者也。"太平军中之主将,则为燕王秦日纲,水师攻断江中铁链,焚毁敌船四千只以上。田家镇、蕲州之守兵不战而退,湘军进至九江城外。其守将林启荣果勇善战,塔齐布攻之不胜。一八五五年一月,太平军改变战略,石达开自皖北纠合大军,往攻湖北以分湘军之兵,借解九江之围,湘军战败,乃攻杨霈所部于广济。鄂军猝然遇敌,争先溃逃。太平军连破汉口、汉阳,改出别道再破武昌。朝廷大震,诏命曾国藩赴援。当此时也,湘军之地位,殊为危险。大军围攻九江,而湖北省会业已失守,孤悬其间。苟或撤围回援,则敌军来追,上下受敌,国藩乃令九江围兵坚持勿动,先后遣胡林翼、罗泽南等回援湖北,达于武昌城下。一八五六年四月,罗泽南战死,李续宾代统其众,攻城如故。十二月,太平军突围而出,官军收复武昌、汉阳。此役也,以巡抚胡林翼之功为最,湖北之地位始渐巩固。方武昌之力战也,曾国藩困于南昌,形势岌岌,及武昌克复,军事始有转机。

湘军之出境也,曾国藩请设大员筹饷,朝廷置之,其出兵名义,初用钦命办理军务前任礼部侍郎关防,三年之中,改变者三。其关防且为木质,非朝廷颁给,地方官戏疑其为伪造,印札为其诘责,捐输印收,被其猜疑,其所受之痛苦,以在江西为甚。后曾书告其友郭嵩焘曰:"国藩昔在湖南、江西,几于通国不能相容。六七年间(一八五六、一八五七),浩然不欲复闻世事。"其所幸者,左宗棠及郭嵩焘之弟昆焘入骆秉章幕府,筹饷军政归其主持,湘军作战在外,深赖其力。其能战胜者,初以曾国藩之地位,异于疆吏,故得从容布置,对于朝廷之促出兵,有辞上奏。其遇困难多能忍耐,其水师一败于岳州,再败于靖港,三败于湖口,奋不欲生者再,及为从者所救,仍不灰心,反增长其用兵之经验。其兵来自湖南。其地风气强悍,人民易成精兵。其应募者原为保护家乡之农民,将校多为研究理学之学者,其人对于洪秀全之摧残儒教,莫不痛心疾首,而欲灭之,均能黾勉从事,训练士卒。其勇待遇视营兵为优,陆勇月饷四两二钱,亲兵什长略有增加。水勇三两六钱,炮手舵工稍有增加,故能得其死力,冲锋陷阵。追后风气一变,招募颇易。曾国藩曰:"湘中勇夫赴江西、湖北投效者,络绎不绝,父缺子代,此往彼归",盖视投营为名利之场也。营中将校相处,重信义,共患难,胜不争功,败则相救。曾国藩奏曰:"臣等一军,勇逾万余,……不特臣国藩臣塔齐布二人,亲如昆弟,合如胶漆,即在事人员,亦且文与武和,水与陆和,兵与勇和,将与卒和,粮台官绅与行间偏裨均无不和。全军二万人,几如家人骨肉之联为一体,而无纤芥嫌隙之生于其间。"及其困于南昌,彭玉麟回籍,曾氏招之,其时交通断绝,彭氏变服步行七百里,抵于南昌。曾氏致江忠源书,曾论将校兵士乖迕不和之弊,其命将出师,谆谆然以之为戒。其行军也,严谨斥候,未曾为敌所袭而败,其自上流东下,军有水师,往来应援,其船大炮多,非太平军中之所能及,而实长江战争之利器。尤有进者,曾国藩虽非将才,然能谋而后战,审察利害,不求一时之功,而有深思远见之方略。太平军遂遇劲敌。

方林凤祥败于北方,长江上流之激战也,南京尚有江南大营。大营自屯孝陵卫后,军饷出自苏常浙江,其兵月饷五两以上,故于全国绿营中,较有战绩。城中有增生金和者,密约向荣袭城,已为内应,向荣失期,以其怯弱,不足成事,遂去南京。其友廪生张炳垣(一作张继庚)仍力活动,连结党羽,谋为内应,前后凡七上书于向荣。向荣遣降人田玉梅入城,约期举兵。一八五四年三月三日夜间,张炳垣率其党羽五十余人,袭杀神策门守兵,而大营兵不至,事败被杀,向荣遂失时机。其兵于城外建筑军垒,分援邻邑,其后向荣谋断南京西上之路,遣将西攻太平府,并陷芜湖,太平军之守镇江、瓜州者,亦形不利。初上海小刀会起事,一八五五年,清兵攻陷县城,移兵镇江,并力攻城,掘地道,置火药,轰毁城垣十丈余,而守兵死拒不退,仍不能下。瓜州则二军相持,无进取之可言。太平军之在皖北者,大队往援湖北,余兵与提督和春相拒。和春督兵攻下庐州,分兵直趋巢县、舒城,以去心腹之疾,亦进陷之。由是南京之粮食日少,形势危急。一八五六年春,东王杨秀清大恐,遣部将李秀成等往援镇江,李秀成苦其不得入城,报于守将,出兵夹击围师。陈玉成奋然前往,幸得成功,四月,进攻,大败围兵。二将乘势率兵渡江,北往瓜州,突施攻击,大败江北大营,再陷扬州,顾以兵少不敷防守,弃城而去,五月再回镇江,力攻距城三十里之要镇高资,大败清兵,杀江苏巡抚吉尔杭阿。向荣闻报,遣其骁将张国梁驰援,亦已晚矣。据李秀成供,谓其率兵回归天京,杨秀清责其攻陷江南大营,始得入城。李秀成议定分军旁扰邻邑,向荣发兵应援,兵力遂单。六月,李秀成会同援兵,自紫金山勇扑大营,城内守兵亦出通济门而前,并力夹攻。大营起火,兵勇溃散,向荣收聚败卒,退至丹阳,八月,气愤而死。

方太平军、清兵之恶战也,清廷之威信大失,秘密社会之党徒,失业之民众,以为法律不足凭,官长不足畏,乘势蜂起,凡太平军所到之地,多从之去。其遗散之零星小队,或起兵来附,而大军已去,未及加入者,所在纷扰,其势大者攻陷城池,雄霸一方。广西自洪秀全出,向荣追之,境内无兵,土匪大起,攻城戕官,所在皆是。湖南哥老会(天地会)徒,大半附洪秀全去。曾国藩于长沙奏称尚有串子会、红黑会、半边钱会、一股香会。名目繁多,往往成群结党,啸聚山谷,乡里无赖,无所畏惧,造谣煽惑,白日抢劫。浏阳征义堂尚不与焉。征义堂聚众数千,胁官扰民。《平定粤匪纪略》记载恶少年敛钱馈贼,聚众淫掠,称其多如猬毛。一八五四年曾国藩督师东下,其奏疏甚多,间或略言人民痛苦,及至江西奏曰:"九江以上,兴国(今阳新)、通山、崇阳、武宁等属,皆土匪勾结粤贼之渊薮。"太平军之在江西者,催民纳贡,诛求极酷,曾国藩曰:"前此官有骚扰之名,贼匪有要结之术,百姓不甚怨贼,不甚惧贼,且有甘心从逆者。自今年以来,贼匪往来日密,抢劫日甚,升米尺布,掳掠罄空,焚毁屋庐,击碎釜缶。百姓无论贫富,恨之刺骨",江西北部,时为太平军所踞,自其败后,粮食不足,故乃抢劫。后石达开往援湖北,自江西回归迭陷要城,声势大张。赣水以西,土匪应之,众至十余万,扰乱几及全省。安徽皖南沿江一带,为太平军出入之孔道,江南大营曾分兵攻之,人民不得安居,流离失所。皖北沿江要城,亦归太平军统治,其北驻有清兵,淮水一带民气强悍,盗贼横行,尤以捻军为甚。乡民设办团练,而权归于练总,练总侵掠圩寨,征粮榷税,称霸一方,如苗沛霖之类。居民不胜其虐,荡析失业,田庐荒秽。江苏南有江南大营,北有江北大营,江南战事区域,在丹阳以西,江北在仙女庙、邵伯以南。苏常里下河尚称安宁,难民避难者多,且为军饷所出之地,官吏榨取于民,农民不堪其苦。青浦、南汇乡民,均有抗税暴动。一八五三年,小刀会起事于上海县城,其众以粤人、闽人为多。九月,其领袖刘丽川召集手下占据县城,攻陷川沙等县,清军围攻之于上海,久不能下。游兵扰及租界,长官言其难于约束,外人视为口实,乃以武力逐之。一八五四年,法舰助战,城中粮食缺乏,明年始下。

　　林凤祥之北伐也,出江苏,经安徽,攻河南,入山西,趋直隶,扰山东,援军继之北上,北部遂入于纷扰不安之情状。人民身高体壮,风气强悍,乐于战斗。十九世纪初年,天理教徒起兵,以为根据,可见北方秘密社会势力之盛大。迨太平军至,一部分加入军中,一部分相聚起事,清廷方聚大军拒战太平军,各城之防兵单弱,不能平乱。山东一省有白莲教、幅众、团众、降众等作乱。白莲教为前余部,幅众原多绕漕船之工人,以布幅帕头,结党成群,及漕运改由海道,其人失业,相聚为众。其时黄河溃决,农夫受其祸者,无以为生,沦而为匪。团众则为团练劫掠之人,降众则指降而复叛者,扰及全省。安徽捻军于春秋二时入境,"焚掠自近及远,负载而归,饱食歌呼,粮尽再出,有如贸易"(《山东军兴纪略》语)。河南亦受捻军之害,土匪起而应之。山西、直隶均受清兵太平军之扰乱,土匪乘之。甘肃回民有欲动之势,新疆且有外寇。其余诸省,广东则群雄并起,扰及全省,一八五四年进陷佛山镇,九龙暂且归其掌握。福建亦有小刀会起事,其党攻陷漳州、泉州,船往厦门,更行登船,进攻福州。贵州为贫瘠之省,汉苗杂居,清帝改土归流,不善治之。苗人不服,迭起祸乱,朝廷用兵剿之,未尝调查祸根,讲求安绥教导之法。一八五五年,苗民起事,全省扰乱。浙江有小股土匪,幸未造成大乱。海上自上海以南,达于广东,海盗势炽。其在广东者,英舰攻而败之,宁波海面则扰乱颇甚,予外船保护之机会。长江盗贼之劫掠者,所在皆是。总之,祸乱既作,破坏之习惯渐成,扰乱之机会增加,政府失其维持治安之天职,人民失其遵守法律之义务,而入于无政府之情状。

于斯纷扰时期,其最苦者,则为人民。国内商业几全停顿,输入货物,除鸦片外,多无销路。输出物以丝茶为大宗,其价低廉故也。外商来华之先,收买西班牙银元,欧洲市场为之一空,及抵上海,仍无纳税之现款,发生重大之困难。其原因则人民各欲贮藏现款,以备万一也。清廷以收入锐减,兵费大增,无法支付,而鼓铸制钱之云南之铜出产额少,且不能北上,乃鼓铸铁钱。其种类繁多,有当千、当五百、当二百、当一百、当五十、当三十、当二十、当十、当五之不同。铁钱始作于公元后一世纪公孙述雄踞一方之时,后世曾再鼓铸,要当扰乱之秋,缺少铜料,而政府且借之获利也。咸丰严禁私铸,顾民羡其厚利,法律虽严,而亦不能止焉,恶货币乃充斥于市场。政府仍以国用不足,发行无准备金之官票宝钞,官票面价一两,抵银一两,当制钱或宝钞二千,宝钞为制钱票。清廷诏令完纳钱粮,及一切交官解部协拨等款,均准搭用官票宝钞五成,但时国内扰乱,政府失其威信,人民不愿使用,而以政府之压迫,暂时使用,物价因而提高,终乃拒绝使用铁钱,纸币遂成废物。其受损失者,人民也。其时纹银一两,兑制钱二千以上,平民生活之代价,为之提高,生计益难。

人民生于乱世,应付军队,唯求苟安于一时。太平军至,则前进贡,及官军至，则又供粮。田地之所出有限，并须养其家室，然以时势所迫，出其所有，藉作安居之代价，斯亦可矣。无奈大军经过，不良之分子，骚扰乡里，常不能免。每当军队大败之时，主将失其统驭之力，溃兵散卒三五成群，无恶不作，战胜之师，将帅许其抢劫，以作赏赐，大掠之后，始肯安民。行军之际，清兵拉夫，洪军强民入伍。斯民也，原无政治知识，对于清廷之存在，天王之建国，皆无明切之关系，惟求安居乐业，固不愿以其生命牺牲也，及闻警报，争先逃去。其时社会上重男轻女，贫民患其担负之重，溺死女婴，民间男女之比例，常不均匀。生活困难之男子，或无妻室，入伍之兵丁，多为市井之无赖，贫困之愚民，遇有时机，乃至放荡为非，奸淫妇女。顾时民间贞操之观念极强，自爱之妇女，知其将受污辱，或投水死，或悬梁死，或投崖死。其心目之中，诚古所谓"饿死事小，失节事大"也。王定安记载武昌城陷，于《湘军记》曰："妇女悬梁投水者，数十万人，死丧之惨二百年所未有。"安徽诸省，亦有其例，程善之先生曾言皖南乡民，于军队入境之时，避于一山，妇女自经者，尸积如山。人民远出避难，弃其田地财产，田地荒芜，房屋常罹于火。汉口火烧十五里，五昼夜不绝，村镇之类此者，不知凡几。太平军所掳民船，毁于湘军水师者六七千只。水师曾夺其船五百余只，彭玉麟以为勇饱思飏，而尽焚之。人民经济之损失，殆不可计。其在城邑，官吏闻敌将至，先焚城外之民房，武昌、南昌莫不皆然。其去家乡者，或死于途中，或掠于盗贼，父子不保，夫妻相弃，生者则多流离失所，加以天灾岁歉，生活愈难。一八五六年，东南天旱，飞蝗蔽天，食尽青草，北方亦然。军机大臣彭蕴章在京，作诗咏其事曰：

飞蝗来蔽天，食我田中粟。顷刻空连畦，野老吞声哭。三冬釜无炊，八口谁为育？腰镰带夕阳，刈获恐不速。未熟早登场，终胜饱蝗腹。百里秋塍空，群空还断续。……蝗亦及东南，纷纷见奏牍。

彭氏之诗，歌咏北方之蝗害，家居苏州，因亦略及东南，范围可谓广矣。时当黄河决口之后,政府均不之问。二军相战,清兵搜杀长毛,一八五四年,湘军于大冶战胜,曾国藩奏疏中有"各营生擒逆匪一百三十四名,因其掳掠奸淫,肆毒已久,仅予枭首,不足蔽辜,概令剜目凌迟"。半壁山之战,水师焚敌船四千余只,曾氏奏其入江号呼浮沉,或反攀战船求救,辄被官军刺毙,或缘登贼舟,贼亦抽刀斫之,不能相顾。太平军每至一地,则搜杀妖人,及其攻陷南京,杀戮官吏满人二万余名。妇女老幼无得免者,而投其尸于江中。呜呼!人何不幸,生于乱世!

太平军之初起,纪律胜于官军,沿途易于得食,及自湖北东下,势如破竹,尽取省会所得之库金,仓廪之积谷,民间进贡之粮米而去。其可考者,曾于武昌得银七十万两,安庆三十万两,并及大宗仓谷。南昌献银二十万两,白米五万担,及陷南京,尽得城中之财货。天王遣兵东下,连陷镇江、扬州,所得极多,粮如山积,并获运送漕米之船。清兵之饷,初由户部筹拨,年约六百余万两,迨至战祸延长,范围广大,收入减少,而军费激增。山西豫征钱粮,朝议推行于陕西、四川,仍不足用。户部无奈,徒以空文指拨,统兵大员,乃各就地设法收括,毫不顾及民间之疾苦。清廷为免困难之计,亦不问其筹款之方法。其握军符兼治民政之疆吏,或保卫一方之统将,常令地方官筹饷,或由地方协助军费,其款类多榨取于民。其掌兵权而无督察吏权者,军饷则多出于捐输厘金二途。捐输原为自由捐官之一种,至是,军官指定所谓富户,责其输金,充作军饷,给与印收,然后报告于北京政府,而予以相当之虚荣,或官爵也。其强迫性质,无异于太平军中之进贡。其指定之富户,实无正确之调查与标准,出款则为直接之担负,人情之常,非出于万不得已,不肯交出,反足以引起挟嫌之报告,私情请托之弊端。官吏常避富贵权势之家,不敢指定摊派,故于一县所得之金钱,数实无几,而困难之状,虐民之深,亦未有过于此也。厘金由副都御史雷以諴创办,雷以諴募勇成立一军,助攻扬州,苦无军饷,一八五三年,创办厘金于仙女庙。其法仿自商人会馆,百取一二之赢金,以济公用之惯例。征收之法,据王闿运《湘军志》,分行商、坐商二种,榷之行商,则本千而取三十,名曰活厘,榷之廛肆,则入千而取十,名曰板厘。换言之,运输之货物,按价征收百分之三,设卡收之,商店输纳百分之一,近于今日之铺捐,其后偏重活厘,成为通行之厘金。英人吟唎(Lin-Le)曾往仙女庙贩米,称自仙女庙至瓜州,共有厘卡二十,征收之税,视法定额增加数倍。吟唎工作于太平军中,对于清军肆力攻击,其言虽甚,然可略见厘金之害。曾国藩于攻克武昌之后,仿行其法,令人设卡于汉口,征收货捐。总督以其病商害民,拘捕卡长,不幸后竟采行,各省踵之。当时达官朝使均以捐吏诃索,借端讥诋其家人姻戚,奏请罢之,朝廷不许。四川初设卡局,人民聚众毁局,官吏以炮船营兵捕之。湘军之粮饷,初极困难,以捐输为大宗,颇扰于民,及其出援江西。曾国藩以筹饷之故,与巡抚陈启迈相抵牾。其部将官至三四品者,曾为州县扑责,饷糈劝民捐赀,给予营中印收,州县辄指为伪,捕拘捐户,责令再捐。此外地方恶税尚多,上海征收丁税,北京征收间架税,凡屋每间百文,宁波等地征收鸦片捐。凡征调之时,车骡人夫,多征之于民,人民所受之痛苦深矣!

方太平军之东下也,势如破竹,欧美诸国闻而惊奇。时值英国以粤人仇英之运动,广州之入城问题,与在粤之钦差大臣发生严重之争执。美法诸国以其利害相同,多表同情于英。外人之观察中国者,概谓北京政府之腐败,官吏之昏庸,而改革之无望也。及太平军势力张旺,以为汉人成立政府,势将改变政策,其热心于宣传宗教之牧师,闻知太平领袖,信仰上帝,摧残偶像,信其将予以极大之传教机会,深表同情于太平天国,而上海华官反信外人助其防守,一八五三年三月,照会英、美、法三国领事,请其派遣军舰往援南京,领事置之。四月,英国专使文翰乘舰驶往南京调查实状,谒见太平军领袖,研究其刊行之书籍。其报告本国政府,建议严守局外中立,其属员深表同情于太平军。当时传说英国将保护太平天国,清廷求助于俄,而俄将保护黄河或长江以北之地。美国在华委员为之叹息,其报告政府竟言中国将为印度,其言乃外人之猜想。同年,美国委员赴宁调查,后二年,再往南京,其报告亦请政府中立,而美政府动于太平军驱逐满人,建设汉人政府之思想,训令其委员,可得斟酌情形,承认其为事实政府。法国之政策,颇异于英美,其所以然者,则天主教神父深入内地传教,观察太平军破坏之行动,常有不利之报告。说者谓太平军摧毁神像,而与天主教立于反对之地位,故神父恶之也。法使亦曾赴宁调查,请其政府中立,然未有效。太平军既下南京,分兵东陷镇江,渡江北伐,置东南富庶之区,及上海通商要港于不顾,而英美商人,则为防患于未然之计招募义勇,深掘战壕。一八五三年九月七日,上海小刀会起事,攻陷县城,明日,攻于黄浦江边之海关,对于外人未有骚扰。其人以红布包头,自称属于太平天国,遣人赴宁求援。天王命使调查之后,不肯出援,官军进攻,相持不下。三国领事相继宣告中立,而外人之贩运军火于双方者,因其获利之厚,终不能止。官军围攻县城,久不能下,两军隔城墙城河而战,东门外商业繁华之区,皆罹于火,估计损失约三百万元。一八五四年十二月,法将领事单独行动,下令法舰,对于城中之小刀会开始炮击,明年,城陷,官军屠杀抢劫,惨酷过于小刀会。此役也,法军死伤三百余人,而其在沪利益,无足轻重,其加入战争,殆由于宗教之主动力。其个人或以宗教之关系,或以金钱为目的,或动于冒险,尚有自动加入太平军者。太平军利其运来之枪炮,战斗之勇敢,待之甚厚,尤以李秀成之部下为最多,称之曰"洋兄弟",其下称之曰"洋大人",英人吟唎则其一也。秀成之女,与外人发生恋爱,后遂妻之。

第五篇　太平天国及捻苗乱（续前）

洪秀全之宗教思想——三字经——洪秀全之天国——上下阶级之森严——朝廷情状之一斑——军政与严刑——公田之计划——天历——天国中之妇女——消极之禁令——内讧及其影响——太平军之战绩——湘军克复安庆——陈玉成之败死——常胜军之成立——太平天国末年之情状——外人之观察——淮军之起——湘军近逼南京——华尔死后之常胜军——戈登之战绩——苏州杀降之事件——太平军之余支——湘军攻陷南京——太平余众之命运——捻军之大起——平捻——清廷治苗之失策——湘军平定苗乱——战争期内人民所受痛苦之一斑——人口减少之估计——内乱之评论

太平军于内讧前之战绩，已见于前，兹言其思想制度等。洪秀全以上帝会起兵，说者谓受耶稣教之影响，实则本于民间固有之传说，而牵强合于教士所传之宗教。教士所言之上帝，异于中国古书中之上帝，而洪秀全并之为一。其言曰："上古之世，君民一体，皆敬拜皇上帝。盖拜皇上帝这条大路，当初皇上帝六日造成天地、山海、人物以来，中国番国俱是同行这条大路，但西洋诸国遵行这条大路到底，中国行这条大路，近一二千年则差入鬼路,致被阎罗妖所捉。"其言荒谬不经,一则不知耶稣教自亚洲传入欧洲,一则错解中国之历史。其徒称天父接洪秀全升天,天父天兄附人身下凡,本于民间巫觋之说,耶稣教徒断不肯信。其称洪氏为上帝次子,与耶稣教决不相容。上帝会则立基于此传说,而以之号召愚民,其不信仰上帝悔改前罪者,则"惹皇上帝义怒,罚落十八重地狱永受苦"。十八重地狱,来自佛教,与耶稣教无关。太平军中之敬上帝也,献茶三盏,肴三盘,饭三盂,其礼为中国敬神之礼,而为西方所无。其附会于耶稣者,则引用《圣经》中之故事,七日有一礼拜,重视浸洗,感谢上帝,遵守天条。天条仿自摩西十诫,一曰崇拜皇上帝,二曰不好拜邪神,三曰不好妄题皇上帝之名耶和华,四曰七日礼拜,颂赞皇上帝恩德,五曰孝顺父母,六曰不好杀人害人,七曰不好奸邪淫乱,八曰不好偷窃劫抢,九曰不好讲谎话,十曰不好起贪心。天条禁人为恶,合于耶稣教之旨。其礼拜日在今为星期六,殆遵旧约中犹太人之安息日也。天王重视礼拜,计划民间设立教堂,但未实行。其军队所到之地,架设高台,号召民众,讲说天条,名曰讲道理,后竟作为别用。太平天国发行之书,若《天命诏旨书》、《颁行诏书》、《三字经》、《天父下凡诏书》、《赞美辞》等,均可见其宗教思想。《赞美辞》文短,便于记忆,其辞句常作军中口令,兵士莫不习之。其辞曰:"赞美上帝,为天圣父。赞美基督,为救世真圣主。赞美风神,风为神灵。赞美三位为合一真神,广大无边,不惜太子,遣降人间。人知悔改,魂得升天。"其所谓太子者,指洪秀全而言。《天父下凡诏书》现存有二,其一详言天父指出周锡能之谋反,其一谕洪秀全优待女官等,其性质已言于前。《三字经》足可代表洪秀全发行之书,及其思想。兹节录其原文于下:

皇上帝,造天地,造山海,万物备,六日间,尽造成,人宰物,得光荣,七日拜,报天恩,普天下,把心虔,……中国初,帝眷顾,同番国,共条路,盘古下,至三代,敬上帝,书册载,商有汤,周有文,敬上帝,最殷勤,……至秦政,惑神仙,中魔计,二千年。……至宋徽,犹猖狂,改上帝,称玉皇。皇上帝,乃上主,普天下,大天父,号尊崇,传久载,徽何人?敢乱改,宜宋徽,被金掳,同其子,汉北朽。自宋徽,到于今,七百年,陷溺深,讲上帝,人不识,阎罗妖,作怪极。……上帝怒,遣己子,命下凡,先读史,丁酉岁,接上天,天情事,指明先。皇上帝,亲教导,授诗草,赋真道,帝赐印,并赐剑,交权能,咸难犯,命同兄,是耶稣,逐妖魔,神使扶。红眼睛,即阎罗,最作怪。此蛇魔,皇上帝,手段高,教其子,制服妖,战服他,不放宽。……小孩子,拜上帝,守天条,莫放肆,要炼正,莫歪心。皇上帝,时鉴临。要炼好,莫炼歪,自作孽,祸之阶,慎厥慎,惟其始,差毫厘,失千里,谨小心,慎其微,皇上帝,不可欺。

《三字经》专备儿童诵读之用,先言《旧约》中上帝创造天地万物,以色列人之故事,太子耶稣下凡之救世。中言我国君主初信上帝,中途背叛之狂悖。次述上帝遣子洪秀全下凡,制服阎罗妖魔,凡事有其做主。末劝儿童为善。其所言者,要多牵强附会狂妄不经之谈,借宗教为号召,以达其政治之愿望而已。

洪秀全以宗教立国,自称天王,名其国曰真天命太平天国,朝曰天朝,京曰天京,律曰天条,法曰天法,历曰天历,军曰天军,营曰天营,民曰天民。其称上帝曰天父,耶稣曰天兄,事曰天事,情曰天情,恩曰天恩,福曰天福。其官爵常有天字,如张天安,侍天福,承天预,顶天义之类。上帝下凡,对上帝会人呼曰"众小",对于妇女曰"小女",百姓曰"外小",男则自称"小子",女则"小女"。朝中洪秀全称其兄曰"甥",大臣曰"胞",对于清官兵卒僧道,概称曰"妖"。洪秀全之起兵,以奉上帝之命为真主,其在广西诏曰:"天王诏令各军各营众兵将,放胆劝喜,踊跃同顶天父父兄纲常,总不用慌,万事皆是天父天兄排定,万难皆是天父天兄试心。各宜真草(草作心用)坚草耐草对紧天父天兄也。"又作天父之言,谕其下曰:"天父谕众小曰:'众小尔,认得尔主上真么?'众小对曰:'认得真我主上',天父曰：'我差尔主下凡，作天主地，出一言是天命，尔等要遵，尔等要真心扶主顾王，不得大胆放肆，不得怠慢也。若不顾主顾王，一个都难也。'"其他相似文件，不胜枚举。及湘军东下，太平军自武昌败退，燕王秦日昌谕陈玉成等宣讲天情道理曰："令众兵士，放胆诛妖。万事总有天父主张，天兄担当。不用慌也。"会北方之太平军失利，天王诏曰："有功当封，有罪当贬。今朕既贬北燕地为妖穴，是因妖现秽其地，妖有罪，地亦因之有罪，故并贬直隶省为罪隶省。……朕现贬北燕为妖穴，俟灭妖后，方复其名为北燕，并知朕现贬直隶省为罪隶省。俟此省知悔罪，敬拜天父上帝，然后更罪隶之名为迁善省。"诏文妙不可言，殆所谓想入非非矣。后太平军败于湘军，忠王李秀成上奏。天王诏曰："朕奉上帝圣旨，天兄耶稣圣旨，下凡作天下万国独一真主。何惧之有！不用尔奏，政事不用尔理，欲出外去，欲在京住，由于尔。朕铁桶江山，尔不扶，有人扶。尔说无兵，朕之天兵，多过于水。何惧曾妖者乎？"其靠天思想如是，岂欺人而竟自欺耶？抑深溺于谬说，而不能自拔耶？

洪秀全之称王也，谓奉天父天兄之命，为天下万国真主。其封杨秀清为东王也，谓管治东方各国，西王管治西方各国，南王管治南方各国，北王管治北方各国。诸王均归东王节制，天王称万岁，东王九千岁，西王八千岁，南王七千岁，北王六千岁，翼王五千岁。国中虽以天王为最尊，但不亲理政事，政权操于杨秀清。杨秀清精明能断，赏罚严明。众心服之。及奠都天京，北王、翼王、顶天侯、丞相等官，均到东府请安，议商国政，议毕，由北王同众官跪呼千岁，然后由杨秀清上奏。其文式曰："小弟杨秀清立在陛下，暨小弟韦昌辉、石达开跪在陛下"，均可证明杨秀清之地位。其所设之官，名目繁多，上下之分极严，清廷比之尚犹不及。朝中以军师总揽一切大政，官以王为最尊，侯次之，丞相又次之，其下有检点、指挥、将军、总制、监军、军帅、师帅、旅帅、卒长、两司马等。每一阶级，设官甚多，名目不一，地位亦异。其统兵在外者，每军以总制为尊，监军次之，下有军帅、师帅、旅帅、卒长、两司马、伍长。其守土之官，郡有总制，州有监军，乡有军帅等官。其制度殆本于古代之政治与思想,军民不分,军官兼治民政也。此外又有女官。凡事上奏,由下级官吏,按次禀报上司,最后达于丞相,丞相禀军师杨秀清,由其转奏天王,可谓复杂之至。其目的盖多设官,足以号召也。就其政体而言,则为专制独裁集权之政府,立法、行政、司法三权,名义上概归于天王。外人观察者,言其不知民政,一则由于官制如是,一则当战争期内,军政之色彩浓厚,破坏过甚,而无改革与建设也。其领袖颇能自尊,建造天朝宫殿,及东王府内殿,需用工匠,令官各地召集,以供应用。天王寿辰,东王诰谕官员国戚士卒人等曰:"本军师及列王尚且备办奇珍异宝,进献天朝,为我天王祝寿。你等为官为民,俱要体会天父,敬念天王,多多采办宝物,……并于万寿前三日,一心斋戒,虔敬天父,报答天恩。为此特行诰谕,你等须要凛遵,毋得观玩自玩!"其他天朝喜事,亦令官员人等,多多备办奇珍异宝入京。天王少见臣下,行军之际,规定御舆出入,内外官兵,各回避道旁,呼万岁,万福,千岁,不得杂入御舆宫妃马轿中间。一八五三年,天主严谕臣下,敬重后宫,诏曰:

咨尔臣工,当别男女。男理外事,内非所宜闻,女理内事,外事非所宜闻。朕故特诏,继自今外言永不准入,内言永不准出。今凡后宫,臣下宜谨慎,总称娘娘,后宫姓名位名,永不准臣称及谈及。臣下有称及谈及后宫姓名位次者,斩不赦也。后宫面,永不准臣下见,臣下宜低头垂眼。臣下有敢起眼窥看后宫面者,斩不赦也。后宫声永不准臣下传,臣下女官有敢传后宫言语出外者,斩不赦也。臣下话永不准传入,臣下话有敢传入者,传递人斩不赦,某臣下斩不赦也。……自今朕既诏明,不独眼前臣下宜遵,天朝天国万万年,子子孙孙,暨所有臣下,俱宜遵循今日朕语也。钦此!

其防范之严,天王威权之重,蔑以加矣,乃重视忌讳,且以秘密会社起兵,隐语颇多。对于天父诸王名称等,均避讳改字,如爷改牙,秀改绣,清改菁之类。其例繁多，笔不胜举。隐语如东王之称禾乃师赎病主，翼王之称圣神电通军主将等，殊无意识。其立国于南京也，举行会试，郡有乡试，其所出之试题，多为论颂。士子之应试者，莫不赞美天父天王也。其试文存于今者曰，建天京于金陵论，凡三十九篇，曰贬妖穴为罪隶论，凡三十二篇。其文可称有趣之文，如宋溶生曰："皇上帝造地（成？）天地之时，盖以预储此地（金陵），以俟太平真王，树万年不朽之基，而建万世无疆之业也夫。"其朝廷情状，详见于一八五三年新镌之《天父下凡诏书》。兹引用之于下：

北王韦昌辉等至东王府请安，商议国政，事毕，回衙。东王回入内殿，忽而天父下凡，诏女官曰："尔小女等，前来听我天父吩咐。"女官跪请，天父怒而不言，良久，始命速传北王，承宣官往，天父更谕女官，北王未到，将圣旨禀奏东王，命其启奏天王。凡事皆要从宽，性情不可太烈，幼主须善教诲，不可任其率性所为，杨长妹等四女，准其安享天福。女官答称遵旨，禀奏东王。天父回天。北王等不知，跪祷于东府头门。女官禀报天父适才回天，留有圣旨，东王今欲登朝启奏。北王等进殿，跪请金安，东王谕言将即登朝启奏天父圣旨，因命北王等官先往。众皆先到，东王在后，坐于金舆。天父忽又下凡，其舆抬至金龙殿前，女官启奏天王。天王步出迎接。天父怒曰："秀全尔有过错，尔知么？"天王跪下，同北王及朝官一齐对曰："小子知错，求天父开恩赦宥。"天父大声曰："尔知有错，即杖四十。"众官哭求代受，天父不许，仍令杖责天王。天王乃俯伏受杖，天父以其遵旨，免其杖责，并谕杨长妹等四女，安享天福，辞毕回天。众官卫扶天王回殿，顶天侯负东王登殿。天王命众官感谢天恩，三呼万岁，众官遵旨。北王禀奏东王，天父才又下凡。东王甚喜，启奏天父圣旨，教导幼主，宽恕女官，凡犯死罪之人，交其细心严查，其可原宥者，由天王开恩，天王一一许之，东王转谕众官，对下不可斥骂。众官对曰："遵旨。"东王俄偕众官跪下，三呼万岁，奉旨退出朝门。众官护送东王回府，东王升殿，众官跪呼千岁。东王谕其直言无隐，众官跪呼千岁，奉命回衙。后二日，东王回思天父欲责天王,将登朝劝慰,召集北王众官,谕说其意。不一时,天王坐于殿上,擂鼓启开朝门,东王等登殿,三呼"万岁"。天王赐东王坐,东王、北王劝慰天王,东王且曰:"二兄本无过,其过仍在小弟也",因言教导幼主,为万世法则。天王欣喜,降旨赐宴于金龙殿。东王再奏善视女官,体恤臣下,不可专听娘娘之辞,不可脚踢娘娘。天王赞称其言,将赐臣下绸帛,东王因而说其节用,天王称为骨鲠之臣,乃互相夸赞。言毕,北王等三呼"万岁",谢宴出朝。众官至东殿,照例行礼,东王命其回衙,勤理天事,众官遂散。

吾人于此书中,可知天王之失政。其宫中女官,非将士之妻女,即为其母。天父免役之四女,中有杨长妹、石汀兰二人,"分属王姑,情同国宗",殆杨秀清、石达开之家人也。洪秀全虐待女官,如于雨雪寒冻之时,令其凿池挖塘。东王初托天父诫语,天王仍未悛改。书中言娘娘甚多,天王常信其言,谴责女官。娘娘偶触其怒者,即用靴头击踢,不问其身有孕与否也,性情可谓粗暴。对于臣下,常处以死刑,其中不免冤死。幼主毁坏天父所赐景物,天王亦不教训,而任其为所欲为。天王将赐绸帛,先言天父赐给绸帛,不甚过多,似有吝意。东王说其节用,殆躬自厚而薄于人耶。要之,杨秀清所言,皆切时病,杨氏固太平军中之怪杰也。其时,天国、清廷交战不已,成功失败,决于兵力,军队自于天国占据重要地位。其最高之官,则为军师,杨秀清初为左辅正军师,萧朝贵为右弼又右正军师,南王、北王均为副军师,其后李秀成亦为军师。按军队编制,一军设有总制、监军、军帅。军分前、后、左、右、中五师,师有师帅,每师五旅,每旅五卒,卒有四两司马,每两司马有五伍,伍有五人,全军凡一万三千一百五十余人。战争期内,王侯丞相常奉命为大将,为其军事便利之计,对于编制常难遵守。林凤祥之北伐,将二十一军,每军不足定额,只有数千人耳。大军转战于各地,途中杂有胁从,其人未受严格之训练,不堪作战,此其败于湘军原因之一也。太平军再入湖北,布告富者出钱,贫者出力,否则概不饶免,及至战祸延长,游民之加入者渐少,胁从者益多。军中营规共有十条,禁止扰民,颇为严峻。顾后人数增多,分子复杂,沿途索粮,终不免于骚扰。其治民也,刑罚严酷,斩为常刑,其罪重者,尚有五马分尸,点天灯。夷考其故,其领袖初在广西,其地汉瑶杂居,风气强悍,官吏惯以严刑威之,而乃受其影响。五马分尸,无待说明,点天灯则以浸油之棉花或布捆缚罪人,将其倒立,点火烧之。想其惨状,令人心悸,何不仁之甚耶!

洪秀全攻陷永安之后,诏令兵将,此后凡所得金宝、绸帛、宝物等项,不得私藏,尽缴归天朝圣库,逆者议罪。及抵湖南,诏曰:"通军大小兵将,自今不得再私藏私带金宝,尽缴归天朝圣库,倘再私藏私带,一经查出,斩首示众。"前诏遵者不多,后诏故益严厉。圣库后为天王之私产。战争期内,将士私藏财宝,易于逃走,所谓饱而思飏也。其军粮财货,一出于贡献,人民初于太平军过境,尚肯集资聚粮进贡,以求免祸,后则久历兵灾,无力为之,军师出示威吓。其言曰:"富者出资,贫者效力。……天兵压境,来营投效者既属寥寥,进贡之人尤少。……本军师特再出示,差某检点前来收贡,限三日齐解圣库,赏给贡单,诸兄弟不得骚扰。如有一户不到,定将全家斩首。"其性质近于抢劫。二由于抢劫,太平军每陷一城,尽掳仓库,及富户之财物。迨后进贡者少,每至一地,则先纵兵抢劫,然后安民,再将所得之粮,运入天京。三出于科派,天王自定都天京,据有沿江一部分之土地,设总制、监军等治之,委任乡官,征收田赋。盖安民之后民得安耕也。四出自关权,初清于长江自武昌达于南京设有数关,天王仍于其地设官收税。无奈兵事影响,商业不甚发达,收入较多者,一二关耳。四者之中,先以进贡、抢劫为大宗收入,后几全由于抢劫矣。其财物归于圣库之制,自奠都后,亦渐破坏。

太平军攻陷南京,天王欲救济贫民,诏定天朝田亩制度。其言曰:"凡天下田,天下人同耕,此处不足,则迁彼处。彼处不足,则迁此处。凡天下田,丰荒相通,此处荒则移彼丰处,以赈此荒处。彼处荒,则移此丰处,以赈彼荒处。务使天下共享天父上主皇上帝大福,有田同耕,有饭同食,有衣同穿,有钱同使,无处不均匀,无人不饱暖也。"其目的无人将或反对,究如何达到,则为重要问题。彼处田地不足,此处亦然,则将何如？运彼丰处之粮,以赈荒处,何法进行？彼此粮均不足,又将何如？诏中未有切实说明。其拟定之办法,分田为九等,其田一亩早晚二季可出一千二百斤者,为上上。其次上中,上下,中上,中中,中下,下上,下中,下下,各以一百斤为差。下下之田,一年可出四百斤。凡人十六岁以上,受上上田一亩,或下下田三亩,十五岁以下,受田一半,每人够食外,余均归于国库。凡二十五家设库一所,二十五家中之婚娶喜事,俱用国库,但有限制,不得多用分文。今按江苏膏腴之田,稻麦二季收成,每亩不足四百斤,上上田约今四亩。一家夫妇二人,及未成年之子女三人,可种田二十亩,多于今日江苏农民所种之田,食料自可有余。惟其偏于理想,而难见于事实耳！其理想盖受耶稣教之影响而生,耶稣之传教也。其信从之者,常须卖其产业,及其死后,信徒仍为团体生活。书中故数以皇上帝为言。其受田之计划,一方面含有古代寓兵于农之意,一方面则本于孟子所言之井田,如其规定墙下树桑,养母鸡母彘之类。其难于实现之原因,则为中国耕种之地属于农民,其田多或不足二十亩,大地主之田,则多受之于勤俭耐劳之父祖。政府收为国有,给予代价,则时无法偿还,夺而取之,则非事理之平。分受田地之先,对于国内田亩、人口,须有精确之调查与统计,而时实不可得。南京城外尚有敌兵,更无从着手。张德坚等奉命编《贼情汇编》,得太平军中之文件极多,留心访查田制,迄未能得。其征田税也,一如旧制。设想太平军北伐成功,四万万人口,分受当时可耕之地,每家所得之田,势必少于定数,家人殊难维持其相当娱乐之生活,即使大杀之后,人口锐减,田地足数分配。二三十年,人口增加,将何法分受田地？移民塞边,固有限制也。说者以此谓太平天国实行共产,其言殊不确实。田亩制度书中,言明官吏犯法,黜为农民。官吏固为特殊阶级,诸王各有私产,其奢侈生活,要为抢劫之结果。其人殆共人产,而不与人共产也。

太平天国成立,天王颁行天历,我国古代革鼎,皇帝曾颁新历,改称年号。洪秀全之天历,用意与之相近。其历以三百六十六日为一年,双月三十日,单月三十一日,中无吉凶良日。其理由则天父所定之日,无日不为良日,历中规定立春、清明、芒种等节,俱十六日,余俱十五日。每四十年一加,每月三十三日,取"真福无边,有加无已之意"。按地球绕日一周,约三百六十五日四分之一,天历四年,将有三日之差,四十一年将有六十余日之差。其不合于科学,不适于用,至为明显。干王洪仁玕后请每四十年为一斡旋,斡旋之年,每月二十八日,节期俱十四日。天王许之,下诏颁行,中有"今蒙爷哥下凡植带朕做主,创开天国、天京、天朝、天堂、天历"。其历不适于用,民间亦不遵行。江南一带田多殖稻,农民引水栽秧,多在潮水高涨之时。潮水涨落,以月吸力为转移,阴历朔望,农民必须知明,而今废去。且收成结账,便于农民,况其行之已久,良辰佳节,视之为定,实非诏令一时之所能改。尤有进者,太平军极盛之时,如一八五四年,黄河流域北伐军所过之地,未有一城设官治之,而不为清军所收复者。西南诸省无一服从天王之命令。扬子江流域,天王奠都于南京,镇江以东,非其所有,江北扬州之北,仍归清官治理,南京城外,尚有江南大营。安徽沿江一带,为太平军克复,皖北尚有清军,皖南宁国、徽州一带,仍归清官治理。江西、湖北、湖南沿江要城,虽归太平军治理,而内地城邑之官吏,仍奉清廷之诏令。天国之领土,殊为褊小,人民时尚不得安居,推行天历于民间,诚非易事。

制度中之引起吾人好奇心者,则其应付妇女问题也。太平军初设女军,其人初多将士之家人,工作勤苦,体力无异于男子,主将为天王之妹洪宣娇,后则杂有被掳之青年妇女。李秀成谓营中男与女不得交谈,母与子不得并语。按《天父下凡诏书》,周锡能谋为内应,其妻告其子曰:"理真(名),尔穿此布衣不久,三天后,就有绸缎尔穿矣。"又有姊妹传闻曰:"见她昨晚打整行李,预备其夫做事。"起兵之初,并不如此,事实上颇难断绝家人之关系,洪秀全之用意,则为防免奸淫,固不如忠王之言太甚也。及抵南京,天王宫中,东王府内,均有女官,更设女馆(李秀成称为女行)。其入馆者,或成年未嫁之女子,或嫁后夫死尚未再嫁之寡妇,或夫从军于外而无依赖之妇女。换言之,妇女非有依赖之夫主,则须入于女馆。馆中人杂,生活单调,近于丧失自由之监狱,且不能知将来之配偶,妇女视为畏途。其不服从父母,既不嫁人,而又不肯入馆,则罪或至于死。吟唎为太平天国辩护,亦称妇女皆求速嫁,甚至孀妇于夫新死,墓土未干,而即奔从他人者。立法之意,则防无依靠之女子,失身为娼妓也,流弊竟至于是,可胜浩叹。世传杨秀清兼管女馆,择其美而艳者,以为姣妾。北王韦昌辉曾出告示,中云:"妖妇失大妹胆敢谋逆,欲思私藏红粉(火药),毒害东王,亦蒙指出。"其事始末,今不可知。朱大妹以一女子,欲害东王,何得与之接近?天王攻下武昌,曾于城中选女数十人为妃,及抵南京,再行选妃百人入宫。其发贴之告示,文有"贡姝献娇"之句,天王曾诏妇女曰:"你们姊妹休违拗,肯来欢你是要好,受打受骂休悔恨,打是恩情骂是俏。"(见《太平天国诗文钞》)其文虽可怀疑,而诸王盖多轻狂好色。女馆岂领袖选妾淫乐之所乎?是耶!非耶!民间一夫一妻,结婚之后,永为伴侣,不许离散,固不问其父母主婚,夫妇意见设或不合,积怨日深,将无家室相助之乐,徒有互相仇视之心。法律不准丈夫有妾,而亦不许其妇另嫁,强冤家相聚,造成精神上极大之痛苦,其去婚姻之意义殆远。斯法也,固不适用于太平天国之王侯、将士。其家妻妾甚多,吟唎为之辩护,而亦承认其为事实,谓其导源于《旧约》,太平军行之。其制一人为妻,余均为妾,吟唎之言,殊不确实,此乃中国固有之风俗也。其妻住于南京,王子有爱其美丽者,百计诱之,吟唎苦之,夜间偕妻他往。王子竟敢出城追之,此不过视妇女为玩物,而欲得之以纵其性欲耳。其餍满人望者,则谋恢复女子之天然肢体,而力去缠足之恶习也,惜其未能成功。

其他改革,尚有禁娼、禁烟、禁酒、禁赌等。奸淫为犯天条,其罪至重,女为娼者,合家剿洗,邻家知而不报者,一律治罪,南京城中,殆无娼妓。其官讲说道理常曰:"不剃发,不留须,不吃黄烟,不喝流水。"此语余闻之于祖母,天国称烟曰黄烟,酒曰流水。烟之种类时有旱烟、水烟、鸦片,其为害最大者,则为鸦片。鸦片自战败于英,输入大增,嗜者益众。天王禁之，其抽吸鸦片者，罪至于死，但其军中，仍有吸食，烟价同于黄金。常胜军中之外人，曾有为太平军掳去者，赎回之代价，中有鸦片焉。酒为消耗物品，饮者有伤脑力，尝或误事，赌则荡产倾家，天王一律禁之。禁令要受宗教上之影响，属于消极，吾国游戏较之近代先进国家，种类殊少，尤以成年人为甚。其人既无相当游戏，又无适当娱乐，无所事事之岁月，实乃人生痛苦之境遇，遂以烟酒赌博消遣解忧，为社会上应酬之物品。其有嗜好者，固非皆为此故，然其境遇之劣恶，殊有以促成之也。是故消极禁令，刑罚虽严，尝少效果，盖人为社会动物，必有相当之游戏与娱乐，苟无积极代替之办法与物品，多难成功。太平天国领袖固不知之，清廷大臣亦莫不然，此乃鸦片迄今尚未铲除原因之一，酒与赌博更无论矣。

一八五六年，江南大营兵溃，李秀成等追抵丹阳，东王杨秀清之势益张。初天王不理政事，大权归于东王，其同时起兵之北王、翼王，至其府中议政，尚且跪而问安。在外将士之谕令，常有"军务一切，俱要禀遵东王颁行诰谕而行"之语，《天父下凡诏书》，述东王之言曰："即韦正胞弟而论，时在弟府殿前议事，尚有惊恐之心，不敢十分多言。"今查东王诰谕中，有"蒙天父劳心，恩命王四殿下下凡，继治天下，佐理万国"。北王诫谕，有"差东王下凡，辅佐天朝，佐理国政。"《天国印行诏书》曾称东王为四兄，证以北王诫谕，四殿下确为东王。其满月之期，令官员人等，多备奇珍异宝，送解回京。谕中"继治天下"，究作何解？东王又托天父下凡，而予天王以难堪，实有取而代之之意。天王恐惧，韦昌辉、石达开亦愤其专横，密议除之，其原议杀杨秀清一人。九月，韦昌辉设计杀之，闭城大索，捕其亲友党与二万余人，将尽杀之，石达开值自湖北驰归闻之，将尽救之，北王不平，并欲杀之。事泄，石达开缒城出逃，西走安徽，召大军回京靖难。韦昌辉搜捕石达开，不得，悉杀其家中之老幼，又以严刑大杀立威，人心不服。石达开自将大军，直趋天京。天王命杀韦昌辉，而传其首于石达开。于是首谋起兵之五王，惟有翼王一人而已，翼王豪爽多才，善于用兵，至是，入京总理军政。天王于内讧之后，疑忌外臣，信用其兄安王洪仁发、福王洪仁达，以分翼王之权。二王昏庸，用非其才，翼王不服，心又不安，乃出天京，率兵远征，终不言归。当斯时也，大权归于二王，朝政不一，任将不专，外则北伐军覆亡，上流之兵败挫，人心知其难于成事，渐有散去回乡之念。咸丰闻其内讧，以石达开将降，诏谕曾国藩。曾国藩奏言招抚之害，督兵之将帅，盖欲多杀以立功，对于叛乱之人，必欲尽杀其族，如咸丰之前诏。初，朝臣有言耒阳杨氏为杨秀清之本宗者，咸丰即谕湖南巡抚曰："如逆首杨秀清，实系耒阳人，即将逆族亲属尽行拘拿到省，尽法惩治，并将该逆祖父坟墓，查明后发掘焚烧，以除孽种。"以一人而罪及全族，并及死者，可谓惨毒之至。太平天国之王侯达官，固难免死，即胁从年久者，亦为长毛老贼，不在赦例。官军时称捕杀粤人不赦，粤人知之，乃信与其坐而被杀，毋宁力战，死中求生，团体转而坚固。李秀成供称，我粤人无门可投，可见官兵之残酷不仁，而粤人实有欲罢不能之势，否则人各散去，减少人民死伤流离之痛苦，免去无意识之牺牲。总之，内乱之延长，未始不由于谋之不臧也。

一八五六年，湘军克复武昌，遣兵追敌，连复湖北沿江之要城，直达黄州，由是湖北肃清。巡抚胡林翼之威望日隆，湖广总督官文，满人也，颇欲依之以为重。胡林翼初则负气，轻视官文，或告之曰："平贼，督抚合作，始克有济。"遂推诚相结。据薛福成言，凡胡林翼决定之军政民政，官文未曾别持异议，因得尽其才能，内靖盗贼，外援邻省，湖北乃为湘军饷糈援兵所出之地。其筹款之法凡三：一曰整理钱粮，初湖南田赋额外征收，人民无力完清，收入反少。左宗棠改定漕章，减少漕粮之浮折，农民按时完粮，颇称便利。湖北仿之，输将始能足额。二曰盐课，盐为政府专利物品，出产之区，各有规定贩卖之地。湖北原食淮盐，及太平军东下，淮盐不能上运，川盐济其缺乏。胡林翼设局于宜昌、沙市，征收盐税。三曰厘捐，湖北仿行扬州厘金，设局于府县市镇，征收往来之货税。于是湖北收入大增，兵燹之后，尚能养兵六万。湖北平定，湘军水陆回援江西，次第肃清九江附近之敌兵，迭陷要塞，九江之围益固，其指挥者，则名将李续宾也。无如守将林启荣督兵死拒,无隙可乘。一八五八年四月,湘军地雷,毁城墙而入,屠杀极惨。太平军既败于上流,而其心腹之地,官军之势转盛。初江南大营兵溃,主将向荣病死,咸丰诏命统兵于皖北之提督和春代之。和春移师渡江而南,会太平天国内乱,骁将张国梁乘势战败丹阳城外之围师,进攻句容、溧水,以夺太平军犄角之势,一八五七年十二月二十七日,收复镇江,守兵奔逃南京。江北大营亦因敌兵无援,有隙可乘,遂于同日克复瓜州。太平军之地位濒于危险,其在外之石达开众至数十万人,毫无回救天京之意,幸其后起之杰英王陈玉成、忠王李秀成善于将兵。且值清廷外交失策,引起英法联军之祸,而捻军、团练并起于江北,其首领受天王之封爵,深为清兵之害。太平天国之命运乃得延长。

一八五八年,清军分四路防攻太平军。一、和春、张国梁督率江南大营,攻下南京附近诸城,次第夺取要塞,进逼南京,筑壕建垒,以围攻之。二、德兴阿将江北大营,驻于扬州,防敌北进,分兵守江北要城,攻击敌军。三、湘军围攻安庆,安庆南濒长江,地势险要,为安徽省会。初九江克复,官文、胡林翼筹商东征之策,决定陆师渡江,先皖北而后及于江南,水师先安庆而后及于南京,奏调李续宾统军东下,朝廷报可,李续宾经营皖北。四、曾国藩家居丁忧,朝廷诏其复起,所部驻于江西,始而奉命援浙,继而奉诏援闽,率兵入闽,而兵不服水土,多染疾病,会敌他往,再回江西作战。综观形势,官军颇占优势。太平军大将石达开统众乘虚攻隙,初横行于安徽、江西,转攻福建、广东,更入湖南,南趋广西。凡其所到之地,扰乱不堪,顾其东西奔走,实为流寇,不能有助于天王,其欲挽回颓势者,则陈玉成、李秀成也。其作战之计划,先攻弱兵,以壮声势,然后合兵反攻。陈玉成初以攻陷武昌,升至检点,及湘军出战,败退下流,至是,统大军于江北,往来湖北、安徽,九月,力扑江北大营于浦口,大营溃散,追抵扬州,陷之,败兵退防邵伯。其时李续宾深入皖北,连下要城,师次三河,陈玉成、李秀成等闻警驰援,纠合大股捻军,抄断湘军后路。李续宾初分其兵,驻守收复之诸城,而湖北援兵不至,军力单弱,会敌大至,以马队冲锋,四面围裹，李续宾督战，兵败而死，全军尽没。李续宾，湖南湘乡人也，读书有识，先佐罗泽南倡办团练，出征七年，"克复四十余城，身经六百余战，一时诸将无与伦比"。及死，湘军夺气，解安庆城围，退至湖北黄州。胡林翼方丁忧家居，朝廷闻报，即起用之，幸赖战将鲍超、都兴阿之力战，太平军不得西上。

太平军奔走于江北，幸得三河之捷，以解安庆之围。其仍为太平天国心腹之疾者，则江南大营之围攻南京也。初大营自克复镇江以来，军势复振，再逼南京城下，而太平军婴城固守，不能即下，乃度地势，作长濠困之，围师凡八万人，但江中未有水师，不能绝断敌人之交通，其久攻城而不下者，外报记其将士通敌，以粮交换城中之金银，而未力战也。迨江北大营兵溃，朝廷罢免其帅德兴阿，谕令和春兼辖，江南大营之防地益广，常以江北军警，遣师往援。一八六○年一月，张国梁往援江浦，战克沿江要垒，并陷江中之天险九洑州，旋师南京，围攻颇急。天王患之，诏促诸将入援，李秀成约定诸将夹攻之期，率其精兵，出皖南，入浙江，突围距省城杭州百数十里之安吉，将往杭州，浙江巡抚乞援。咸丰诏命和春派兵。四月，秀成知其中计，自杭州驰入江苏，会聚精兵，分道前进，力扑大营。大营自长围成后，意谓大功可成，将士挟妓，饮酒作乐，军心日弛，暮气沉重，又定每四十五日发一月之饷。故事战兵每名月饷一两五钱，而张国梁所部，时为五两四钱，得其死力，故以善战称于当时。至是和春以城久攻不下，而饷糈困难，乃有此命，兵心由是不服。大营又分兵外出，二十七日，太平军夹攻大营，张国梁督军苦战八昼夜，势渐不支。五月四日，诸营火起，兵勇溃散，张国梁命其部将冯子材率兵固守镇江。太平军攻之，迄未能下。和春、张国梁统率败兵，退守丹阳，而李秀成踵至。张国梁败死，丹阳失守，和春逃抵常州，死于重伤。太平军乘势前进，包围常州，攻取无锡、苏州，再败大营往援浙江之一军。败兵沿途抢劫，无恶不作，为害于苏州尤甚。曾国藩曰："阊门、胥门锦绣之地，皆逃兵所烧"，其初欲守城也。苏人恨之，欢迎李秀成兵，门有尽杀官军之语。大军前进，逼近上海，天王始有东南富庶之区,诏命李秀成北伐,李秀成则以上游事急,率兵往援。

江北大营、皖北湘军、江南大营,次第大败,太平军之势复振,其非李秀成、陈玉成之所能败者,则曾国藩所统之湘军也。朝廷惊闻江南大营兵溃,北部又防英法联军,不能分兵南下,诏授曾国藩两江总督,俄命其兼钦差大臣。曾国藩初统湘军,无察吏之权,地方官恶其筹饷,备窘辱之,及石达开扰于湖南,势将入蜀,官文奏请调其援蜀,咸丰谕其统兵西上。曾氏奏言兵少,不能抽调,驻于宜昌,即可稳占上游,意不欲行,后始奉旨进剿安徽之敌。曾氏主张攻取安庆,及大营兵溃,咸丰诏其往援苏常,授为总督,曾氏始有察吏之权。初曾国藩再自长沙出发,水陆大捷,克复名城。相传捷报达于北京,咸丰喜曰:"不图曾国藩一书生,乃能建此殊勋。"军机大臣祁寯藻对曰:"曾国藩一在借侍郎犹匹夫也,匹夫居闾里,一呼蹶起,从者万人,恐非国家之福。"咸丰为之色变,又以曾氏违旨,不就官职。于是湘军转战千里,历有年所,曾氏尚无督吏抽饷之权,备受地方官之侮辱,前后沥陈困难,朝廷均不之理,至是始授两江总督。其作战之计划,则围安庆之师,势不可动,曾奏朝廷曰:"安庆一军,已薄城下,关系淮南全局,即为克复金陵张本,不可以遽撤。"国藩商请湖北出师万人,遣员回湘招募乡勇,粮饷则以江西为本,七月,将兵而南,驻于徽州之祁门。祁门地在皖南,为南京之屏障。曾国藩至,李秀成竭其全力来攻,并陷徽州、宁国,环围祁门,分兵西攻江西。湘军经历无数之血战,危险万状,一八六一年春,太平军再攻祁门,大营之文报饷路断绝。会鲍超、左宗棠先后来援,杀敌万余,粮道始通,军气稍振。左宗棠富于机谋,勇于任事,以幕友赞理军事,湖南之能维持治安者,多其调处之力,后受官文之构陷,诸公无敢一言其冤,独朝臣潘祖荫力奏,始免于难,一八六○年,奉旨佐理湘军,其兵五千,训练极严,为后起之精兵。左氏意气豪迈,对于曾国藩且言其骄愎,而欠才略,固自信其有所成也。曾国藩以其弟及属下之力劝,始去祁门,李秀成之猛攻祁门者,冀分调或解安庆之围师也。不意曾国藩督兵死守不退,其弟国荃方围安庆,知敌之谋,进攻益力。陈玉成将兵往援安庆,不胜,改图湖北,进陷黄州,分扰德安、随州。胡林翼亲往御之,而湘军终不肯撤安庆之围师。陈玉成无奈,再援安庆,筑垒死战,亦不能胜。九月五日,湘军以地雷坏城而入,搜杀守兵一万余人,亦云惨矣,固湘军之奇捷也。曾国藩上奏朝廷,而咸丰已死,其子嗣位,宗室相杀,明年,改元同治(其事详后)。李秀成部将往扰江西,亦不能胜,会石达开部下汪洋海等挟众二十余万来归,李秀成率之东下。

　　陈玉成、李秀成援解安庆之围师,均不可得。李秀成之众转多,而陈玉成之兵气沮,人心散离,自安庆陷后,退驻于集贤关。曾国荃患其与桐城之余党合并,势将复振,遣兵驰追,斩获颇众,另派骑兵由间道袭击桐城,守将知力不敌,率众而逃。湘军乘势收复楚皖毗连之诸城。陈玉成兵败之后,天王下诏切责,不敢回归天京,欲趋湖北德安、襄阳一带,招集新兵,而部下不从,于是进退失据,大失所望,改由六安,逃入庐州,有效死久踞之意。一八六二年五月,清将多隆阿督队围攻,设计诱敌,紧逼城垣,而城中粮尽,势甚危急。陈玉成无奈,率其卫兵三千人,夺路出逃,官兵搜杀余兵殆净,先后共计九千余人。陈玉成既无可归之路,径趋寿州,往依苗沛霖。苗沛霖者,原为诸生,居于下蔡,及太平军、捻军势炽,假借名号,扰于乡里。乡民迫而办立团练,苗沛霖跃为练总,有众数万,雄踞淮颍之间,戕官胁官,叛服不定,为捻军首领之一。胜保招而抚之,受清官爵,但不冠带,其下称之先生,仍通款于陈玉成,天王封为北平王。至是,苗沛霖书招陈玉成,谓其练丁皆习战守,陈玉成故往依之,苗沛霖设计缚之,送于胜保军中,胜保讯之。说者言陈玉成述其败状,以为讥诮。报至朝廷,朝命将其磔死。陈玉成面上有疤,时人称之四眼狗,骁勇悍鸷,善战多能,及其死后,楚皖之间,湘军遂无劲敌。

　　一八六一年冬,李秀成东归,号称百万,遣其族弟侍王李世贤,将其所部自江西攻浙,亲将大军,直赴杭州。湘军始得肃清江西境内之余敌。浙江城邑多破,省城杭州势益岌岌,其巡抚王有龄请援于曾国藩。曾国藩方以皖战正亟,不克分兵。十一月,朝廷谕曾国藩督办江苏、安徽、江西、浙

第五篇　太平天国及捻苗乱(续前)

江军务,所有四省巡抚提督以下各官,悉归节制,并令左宗棠驰赴浙江。曾国藩奏辞兼辖浙江。左宗棠自江西率兵入浙,独当一面。当是时也,李秀成已陷杭州,王有龄自投环死,李秀成殡之,遣人送其榇于上海,旋下满城,禁杀满兵,资而遣之,一八六二年一月,进攻上海。初,江南大营兵溃,太平军逼近上海。据儒生黄畹禀帖,巴夏礼等前往南京,请勿加兵于沪,提出遵守不扰百里之约,两不相犯。天王不可,巴夏礼怒而去宁。其时英法方与清廷构兵,太平天国可得利用时机,以谋巩固其地位也,乃竟失策。会清廷议和,中外相安无事。至是,李秀成自杭州出发,督军进犯上海。常胜军会同英法兵御之。常胜军者美人华尔(Frederick Townsend Ward)组织训练之军队也。华尔为美国富于冒险性之水手,曾投军于墨西哥等地,一八五一年来华。迨太平军攻陷江南大营,席卷东南富庶之区,上海赖外兵保护之力,城得不破,但已入于强敌包围之中,商人为其自卫之计,设立会防局,协筹军饷,防御太平军。华尔以丁吉昌之介绍,得见上海著名商人杨坊,议定攻下松江,予以三万两银。丁吉昌为其译员侦探。丁氏初为诸生,改于上海习商,曾就教士习学英文,而与外人相处甚善。其家居近苏州,及太平军东下,家破人亡,决心复仇,遂从军焉。丁氏之仆,熟于地理,为其向导。华尔号召潜逃之水手百人,乘汽船前进,其人动于抢掠财货之心,非如官书所记"感慕华风,愿更服色,为中国臣民"也。守军先有防备,华尔不胜而归,改招菲律宾岛之水手百人再往,美人白齐文(H. A. Burgevine)与焉,夜间,乘其不备,以梯上城,一八六〇年七月十七日陷之。华尔又招一百余人,建议前攻青浦城,如将其攻陷,再得三万两银,八月,攻城,清军助之,大败而回。华尔受伤,白齐文率其余众,再行攻城亦败,退驻松江。华尔之兵虽败,但其攻陷松江,沪商信之,其经费粮糈由会防局及海关筹出。外人初轻视之,英海军大将谓其引诱英兵潜逃,控之于美领事。华尔言其已入华籍,领事以美国严守中立,囚之于舰中。华尔乘间泅水逃去,改召松江之农民为兵,而以美人为将校,严其训练,厚其军饷。军有大炮枪械,军容颇盛。会中英《北京条约》成立,英国改变对华之政策。其海军大将往观华尔兵操,并许助之,至是,太平军分三路进攻上海,华尔败其一军于松江附近,回援上海,会同英法海军应战。太平军次第败退,报之朝廷,同治诏赏华尔为副将,薛焕称其兵曰常胜军。

太平军败于湘军、外兵,势力渐蹙,幸时南京尚无围师,兹略言其内政。天王自三王相杀,石达开远征之后,外无亲臣,重用二兄,及洪仁玕来宁,以军师执政,幼西王萧有和亦为天王所信,顾皆无才,纲纪日坏。天王深居宫中,不见臣下,益无振作之气。将士失望,陈玉成致书诸将,谓朝中办事不公,固其证也。其尤堪虞者,则为城中之粮日少也。方其初起,农民尚能安耕,府县仓有余粟,大军所过之地,得食甚易,及陷南京,军中尚有余粮。其后兵祸联结,人民逃亡,田多荒芜,掳取不易,米粮渐少。迨江南大营第二次溃散,李秀成力说诸王人民,出其金银,多买粮米,并奖商人运粟入城。洪仁发、仁达视为有利可图,巧立名目,征收重税,以致米商裹足不前,城中仍少存粮。李秀成指为南京失守之主因,实洪氏自杀之政策也。及势危急,天王诏李秀成为军师,而已无济于事。外则湘军日逼,败亡之兆已见,将士之禀请投降者,时有所闻,虽以忠勇能战之李秀成,亦曾叹其身为粤人,而无门可投也。天王统驭诸将之策略,则多封之为王,以羁縻之。其王初则七八人,后则添多,或言多至二千七百,或言四千,确数今不可考,王爵太滥,固明显之事实也。其中尚有纳贿得封者,结果各自为政,军权不一。一八六三年,曾国藩察看军情,奏报朝廷曰:"城中酋受封至九十余王之多,各争雄长,苦乐不均,败不相救。"其谓城中者,指南京而言,受封为王者,殆不止此。李秀成之部将陈坤书为虐于苏州,李秀成拟重惩之,而陈坤书纳贿求王。天王封之护王,秀成无如之何。其下兵士,原多贫穷困苦之农民,势败则散,军队渐不足用,转胁愚民入伍。李圭于《思痛记》详言人民被掳之情状。李圭住于南京乡间,及江南大营二次兵溃,欲逃不得,家中妇女皆死。李圭与其叔等被掳,凡新掳之男子,辫发扣结一处,派人监视,然后引见头子(军中军官之称)。头子问其是否愿意回家,如对曰:"然",立命杀之,以警其余。其称愿在营中者,仍有老贼监之,故纵其逃逸,逃者即捕杀之。李圭之叔,初许出银赎出,出后,又遇他军,仍被留于营中。李圭初欲乘机逃逸,以为办理文书,难得时机,诈言不知文书,乃工作于军中,不堪其苦,而又不能逃出,始言知书。头子许其佐理文书,爱之,疑其存有逃亡之心,欲以掳得之女子,妻之,以安其心。李圭托辞谢之,军中所掳之妇女,皆为将士之妻妾,十数岁之儿童,为其养子,均不敢言归。李圭留于军中,凡三十二月,终自杭州,逃往上海。其所见闻之事,或为惨杀,或为奸淫,或为焚烧,或为抢劫,使之深为不安。愚民入伍,非其所愿,其所穿之服装,所蓄之头发,遇有时机,可即脱去剃去,改衣常服,结成辫子,而与普通人民无异。太平军患之,尝刺字于新附者之面上,文曰"太平天国",其意则绝胁从者之生路,而强其效死勿去。

当时来宁之外人,记其见闻,兹略引之,以见太平末年之实况。一八六一年三月,英人立嘉(Alexander Michie)赴宁调查,其报告略称太平除亟欲购买军械、火药、汽船而外,无奖进商业之意,事实上徒以劫掠为生。苟能维持其生活,则不愿从事于工作贸易。城中之人,官吏衣服华丽,饮食精美,估计约二万人。其人自远方而来,服务于军中者颇少。南京名胜,若琉璃塔、明孝陵,建筑物若旧官衙大寺,满城焚毁殆尽。王府高立于破瓦颓垣之中,路旁房屋不多,不足以供二万人以上之居住,天王宫殿颇形宏大,妃嫔六十八人,宫女凡三百人。天王深居宫中,除诸王而外,鲜见外臣。其受王爵者,共约十人,或十一人,而在城中者,二人或三人而已。天京设于南京八年,一无建设,反而阻碍工商业之发达。其地田税重于官军三倍,未曾顾及人民生计,终将不能持久也。立嘉之言,固其亲身见闻之感想,但其在宁,仅一星期,要不尽确,如其估计人口二万,受封为王者十人或十一人,殊不足信也。美教士洛波士留宁十有五月,洛波士初于广州传教,洪秀全曾往见之,受其指导。至是,干王洪仁玕遣人招之,洛波士于一八六一年抵宁,不得一见天王,留住城中,见闻使之大失所望,但尚不肯即去,而愿稍有补救。后洪仁玕杀其仆人于主人之前,洛波士备受侮辱,知其不去,将有生命之危险,一八六二年,潜行逃出。方其在宁也,作书告其友人,先言消极禁令,竟使城中无偶像,无妓女,无赌博,而黑暗方面,则令人痛心。继述天王实有疯癫之病,无理可喻,称其子曰小救主,自称耶稣之弟。中论太平政府毫无组织,其领袖殆不知政府为何物也。大小官吏,唯尚严刑屠杀。洛波士言其自苏州赴宁,路旁所见之死人,自十五至二十,其中有新被杀者,有非死于敌人,而自相害者。南京曾禁短发人入城,守兵于城门,捕获十四至十八人,而尽杀之。其中有不知禁令,而枉死者。其住近于洛波士卧室之书记二人,缮写诏书,一日,各错写一字,天王下令杀之,其人未受审判,即于三日之中斩首,其专制屠杀之淫威,令人生畏。末言天王非信耶稣教,教士无宣传福音之机会,反欲传其道于外国。其书作于一八六一年十二月三十一日,洛波士不愿公布于世,其所言者,自极可信。外官之在上海者,见闻太平军于其附近屠杀焚劫之惨,渐而改变中立态度,《北京条约》之成立,亦与之有关焉。

综观中外之记录,可见太平军失败之原因。李秀成东归,攻下杭州,其部将进攻上海,为英法兵及当胜军所败,其时安庆失守,陈玉成兵败逃窜。上海绅商患敌再至,而念湘军迭陷大城,声威颇振,乞援于两江总督曾国藩。曾国藩以为上海居长江下流,形势若在釜中,不愿改变据上游以攻下游南京之计划,不肯分其精兵往援,但称明年将有兵往。上海时为要港,商业发达,税收颇旺,朝廷闻警,广征将帅。曾国藩奏称李鸿章可当一面,嘱其招兵。李鸿章在曾国藩幕下,晓通军事,回归合肥,招募乡勇。淮北风气强悍,历太平军、捻军、官兵之扰乱,乡民办有团练,习见战斗,胆气颇壮。李鸿章招而练之,军制仿自湘军,曾国藩选将程学启等助之。一八六二年三月,英国海军大将准许英商汽船租往安庆,运输军队,淮军八千人,遂至上海。同治诏李鸿章署理江苏巡抚,淮军初抵上海,薛焕所部之兵拒绝操练,竟多投入太平军。李秀成自昆山进攻,官军不利,一败于太仓,再败于嘉定,三败于青浦,英法军队、常胜军亦败。华尔奉命募兵,年饷增至九十万两。外兵严守要害,太平军之势颇盛,会湘军自安徽而东,直趋南京,进逼南门外之要塞雨花台。天王促李秀成来援,上海始得无事。

初曾国荃自陷安庆,回湘召练新勇东下,以为太平军粮,来自江南芜湖、江北巢湖等县,必先破之,始能制其死命,一八六二年四月,率军沿江而下,次第恢复巢县、含山、和州、繁昌、南陵等,五月,合水陆各军袭取南京之屏障太平府,乘势攻陷芜湖,连下沿江要隘,降秣陵关之守将而前。水师纵火,焚烧沿江大洲之芦草,以为策应。湘军始扎营于雨花台之南,其军不满二万,而曾国荃决心进攻,义不他顾。同时勇将鲍超亦败宁国之敌,七月,太平援军来战,城内出兵应之,均不能胜。皖南一带,战事仍烈,杀伤甚多,无人掩埋,疫气流行,湘军之死亡者山积,而邻邑之药殆尽。曾国藩奏曰:"近日秋气已深,而疫病未息,宁国所属境内最甚,金陵次之,徽州、衢州次之,水师及上海、芜湖各军,亦皆厉疫繁兴,死亡相继。鲍超一军,……现病者六千六百七十人,其已死者数千,尚未查得确数。宁国府城内外尸骸狼藉,无人收埋,病者无人侍药,甚至一棚之内,无人炊爨。……张运兰一军,驻扎太平旌德等处,病者尤多,即求一缮禀之书识,送信之夫役,亦难其人。……天降大疢,近世罕闻,噩耗频来,心胆俱碎。"湘军如是,太平军中死亡必多,人民情状盖可想见。十月十三日,李秀成纠合大军十余万人,自苏州来宁,围攻湘军,日夜不休。其战也,洋枪洋炮,弹若飞蝗,下则潜通地道。曾国荃督军死守,颊伤不退,堵合地道。二十三日,侍王李世贤自浙率兵继至,暗凿地道,环逼不懈。湘军死战,掘穿地道,相持四十六日,军兴以来,未有之苦战也。湘军势甚危急,曾国藩极为烦忧,飞檄常胜军应援,而常胜军不肯奉命。幸李秀成改变战略,率兵渡江,以分官军之力,大败李世忠兵,攻陷浦镇,连下和州、巢县诸城,进抵六安。其时气候寒冷,冰雪交至,讵其所过之地,历遭兵燹,已成荒墟,军食不足,兵士多病,乃复东行,将攻扬州,而一八六三年六月,雨花台失守。天王诏其急救天京,追抵浦口,天王疑之,而江潮大涨,九洑洲被淹,船少兵多,渡江不易,而杨载福、彭玉麟之水师扼之,兵士或逃或降,李秀成百战之精锐遂失。湘军更欲肃清长江,火攻下关等要塞,下之,分兵袭破燕子矶垒,以撤九洑洲之藩篱。三十日,水陆二军大举进攻九洑洲,守兵中有外人以洋枪远击,湘军伤死颇重,人不得近,午后,侦知守兵少懈,夜间,移船潜近敌垒,乘风纵火,焚毁敌船,而风烈火猛,延及洲上,火光烛天,守兵慌乱。湘军大进,跃过重濠,肉薄齐登,屠杀守兵殆尽。长江遂无敌垒,湘军进攻南京之地位大固。李秀成留于城中,而东南之军报日急。

　　淮军初战不利,幸而李秀成回援南京,会慕王谭绍光攻陷湖州,率兵进攻上海,外兵出而助战,败之。华尔迭请往救南京,李鸿章均不之许,函告曾国藩言其要求攻打金陵,均分财物,曾国藩亦不之应。一八六二年九月,华尔奉命渡海,往援宁波。初宁波于上年失守,太平军对于外人,未曾伤害,及清兵预备攻城,英法军舰援助清兵,开炮攻城,驱逐守兵,而以其城交于清军。太平败兵,则仍据扰乡间,至是,华尔登岸,前攻距宁波西北三十里之慈溪,外舰助之。城下,华尔重伤殒命。其为人也,勇于冒险,善于将兵,其加入官军,殆为金钱荣誉之计,每下一城,得银三万,或三万六千两。其将佐兵士,并得大掠城中所有之财货,华尔与上海长官商人相处甚善,其妻则杨坊之女也。及死,政府欠其饷银十四万两,历久交涉,并未清偿,一九〇一年,并入拳乱赔款付出,亦可怪也。华尔之战绩,颇为时人所夸,法将于宁波仿行其法,召练华人一千余名,援助官军,号曰法国洋枪队。其将数易,后以德克碑(d'Aiguebelle)统之,作战于余姚、绍兴一带。其先《北京条约》成立,法使葛罗言愿助平匪乱,俄使请用俄兵助战,漕米由其雇用美船输送。朝廷交曾国藩复议,曾氏意主慎重,遂作罢论。及淮军作战于上海不利,英使请用印兵助战,曾国藩奏称不可,俄使再向李鸿章建议出兵助战,李氏却之,而外兵洋枪之功效,固昭著于时。北京政府,遂受海关职员赫德之劝说,购买军舰,招募将佐于英,助攻南京。华尔死后,李鸿章奉朝廷之命,统将其军,竟不敢为,乃命白齐文代之。十月,英将统率英兵、常胜军,改取攻势,驱逐上海附近之太平军,收复嘉定,淮军守之。李鸿章战败自南翔来援之敌兵于黄渡,白齐文连战均胜,淞沪始乃解严。当斯时也,逼驻雨花台之湘军,力拒李秀成等之死攻,危险万状,李鸿章迭催白齐文往援。白齐文方谓程学启掩夺其功,心中怏怏,欠饷又未领发,不肯奉命,一八六三年一月,自松江往上海索饷,殴伤杨坊,夺银四万两而回。李鸿章闻知其事,大怒,罢免其职,将重惩之。白齐文不服,谋欲作乱,亲往上海,商于英将。英将予以警告,谓其不能坐视,白齐文始肯遵命。其将校多为美人,不愿英人将之,深表同情于主将,发出不得虐待白齐文之宣言,又以欠饷未清,势甚汹汹。李鸿章发其欠饷,与英将议定常胜军定额三千,而以英人将之。其人殊无将才,连战不胜,军气大挫,军士忽于松江暴动,将有解散之势。会英国政府准许将校服务于清军之文抵沪,三月,李鸿章委任戈登(Charles George Gordon)为常胜军之主将。

戈登就职,将士不服,慰之始安。其人富于天才,勇敢果决,自处廉洁,不受赏赐,人格远非华尔之所能及。四月,戈登率兵二千余人,借得英国大炮,登船而行,于长江福山上岸,会同官军六千,进陷常熟。值李鸿章之兄中太仓强敌诈降之计,所部死亡几尽,戈登奉命往援,五月一日,破城,兵士大掠,重载财货珍物回归松江。会白齐文运动复职,归自北京,将校再有叛乱之势,戈登罢免其首领。其不服从者,偕同白齐文加入太平军中。二十七日,常胜军援攻昆山,初程学启攻城,久不能下,守兵八千,多太平之精锐,转而反攻。戈登奉命往援,乘汽船巡查,访得昆山、苏州往来之要道,命兵驻守,以绝城中之交通。守兵大惧,弃城乘船而逃。戈登指挥兵士御之,斯役也,太平军之伤杀溺死大半,戈登俘虏兵士二千,得船一千五百只,改设大营于昆山。其兵家居松江,感觉不便,表示反对。戈登捕杀其领袖一人,二千余人愤弃其械而去,乃编俘虏以抵其缺。程学启亦忌戈登,其兵攻击常胜军兵士,戈登怒将辞职,程学启道歉始已。七月,戈登统军而西,攻下吴江,程学启杀其俘虏中之将校五人,戈登认为残酷不仁,妨碍其名,愤而往沪,曾闻白齐文勾引其兵加入太平军,辞职之意,始行打消,回至军中,大败苏州反攻之敌。方东南警报之日急也,李秀成请于天王出城赴援,天王不许,李秀成固请不已,出其家财输助守军,然后驰行抵苏,战亦不胜。九月,官军逼近苏州,初戈登颇患白齐文等之在太平军中,派遣丁吉昌变服入于苏州,外人之在城中者,未得实权,心怀怨望。丁吉昌说之投降,独白齐文留于城中,主将逐之而去。丁吉昌得纳王郜云官之信任。十一月十九日,清军开始攻城。

苏州守兵凡四万人,李秀成统兵一万八千驻于城外,作为声援。攻城之军,共逾三万,初战败退,后乃次第克复城外之要塞。其力战不屈之守将,则慕王谭绍光也。其下纳王知其必败,受丁吉昌之劝说,往见戈登、程学启,商定斩杀慕王,献城出降,苏州遂下。戈登商请李鸿章赏赐其军二月之饷,以作不掠苏州之代价,李鸿章不可,程学启予以一月之饷,常胜军不受,戈登力劝始已。会闻李鸿章杀降,救之,不及。初苏州城降郜云官之兵尚众,要求改编,李鸿章患其将为后害,阴谋杀之,程学启力赞成之,及是,计杀纳王。丁吉昌救出其养子郜胜镶,戈登闻报,携带郜胜镶,及粤人降者千余名而去。心中大怒,以为纳王已降,必当保全其生命,而今借端杀之,实为惨无人道之行径。事前,戈登虽未与闻其谋,而李鸿章乃其主将,认为妨害其荣誉也,致书于李鸿章,要求其交还苏州,并辞职去。李鸿章遣使说之于昆山,戈登不礼其使,统军往捕李鸿章,半途率之再回昆山,欲辞职去,而以无补于事。丁吉昌深表同情于戈登,而上海外人亦斥杀降之不仁。戈登之意,以为当击程学启之军队,而中国政府罢免李鸿章也。不意清廷以其克复名城,赏赐黄马褂,加太子少保衔,且下谕曰:"李鸿章办理此事,甚为允协,断无将其议罪之理。"善如李鸿章之言曰:"此中国而非欧洲也。"初一八六二年一月,英使卜鲁士请总理衙门大臣文祥、董恂至使馆面谈,告以朝廷如赦贼罪,给予公文,承认由其作保,保全降人之生命,太平天国即可自灭。其参赞威妥玛并述英舰长之报告,谓贼将请其赞助,俾得出城,且述洪仁玕之言曰:"官兵似此乱杀,实为太平天国之益",盖时官军不顾信义,屡杀降人,非此则不肯降。信如其言办理,则乱早可结束,而恭亲王奕訢竟不之许。其欲多杀逆党,固不问生命财产丧失之重大,以及人民痛苦之增加也。清廷君臣何无人心耶?总之,杀降之影响,增加敌人之反抗,延长人民之痛苦而已。政治道德之低落,犹其余事!

戈登深以李鸿章杀降为恨,其将校兵士亦表同情于主将,蠢蠢然有反抗李鸿章之势。戈登患其为祸,会李鸿章出金恤其部下伤兵,又以友人之劝说,心意始转,一八六四年,再统常胜军出发。先是,李秀成于苏州陷后,弃无锡而去。其城守将请降,李鸿章又计杀之,护王陈坤书始决死守常州。李鸿章上书曾国藩曰:"苏锡之复,奸数逆首,自是粤酋死拒困斗,绝无降意。护酋(陈坤书)早欲投诚,兹乃招聚广东悍党,婴城固守。"李氏于苏州杀降之后,仍未觉悟,而遂延长战祸。太平杭嘉守将欲以二十万人,献城投降,李氏不受,咨请左宗棠主持。左宗棠方欲大杀立功,亦不之理。李鸿章更告曾国藩曰:"粤人即不尽杀,放归亦无生理。"其与郭嵩焘书曰:"苏州遣回降人千余,皆可杀者。"郭氏时任广东巡抚,主用严刑,李鸿章竟以此相告。其致彭玉麟书曰:"该军(外兵常胜军)往往破贼,而不能多杀贼,故须我军偕作,以辅其力所不逮也。"呜呼,何其言之残酷至是耶?此固不能独责李氏,而统兵立功之大将,莫不嗜杀也。淮军力攻常州不下,三月,常胜军遂陷宜兴、溧阳,力攻金坛三次,均不能下。其时程学启独攻嘉兴,守将死不肯降,城破,程学启亦伤,乃屠掠其城。四月,太平军放弃金坛,五月,戈登回军,助攻常州,陷之。值英国政府闻知杀降事件,取消将校服务于中国之命令传至上海,戈登辞职。清廷不愿外人将兵,先已迭谕李鸿章统治常胜军,至是,李鸿章主张解散,戈登率之回于昆山。全军酌留少数人外,余均解散,外人各有赏赐,兵士得恩饷一月,及回家路费。朝廷赏赐戈登银一万两,戈登始终不受,李鸿章深以为异。常胜军成立三年,陷城约有五十,所谓淮军之功,多赖其力。《李鸿章传》(《国史稿》)记其解散曰:"常胜军多失律,随攻常州,又畏懦不先登。戈登惭思归国",乃撤常胜军。法人训练之洋枪队,俄亦解散。

太平军败挫于江苏、安徽,兹分言其在外者。一、石达开自湖南进入广西,避实蹈瑕,往来于西南诸省之边界。其部下诸将,有率众脱离而东下者,及犯黔蜀,二省之从众争起应之。朝廷以贵州僻处远方,置而不问,但以四川居上游之形势,为军饷所出之地,诏命湖南巡抚骆秉章率军驰援。一八六一年,湘军次第克复成都附近诸城,明年,石达开更自湖北入川,不胜,西走贵州,清兵遂得从容剿平全川之群盗,专防外寇。石达开更突入蜀,扰于叙州各属,转而入滇,又明年,自率大队抵川,渡金沙江,入于土司境内。骆秉章知之,遣兵防河,利诱番人绝其归路,会河水大涨。石达开欲渡不得,而清兵大至,进退无路,望见官军竖立投诚免死之大旗,乃亲往降。官军因之,送往成都,诱杀其党二千余人,石达开亦被杀死。呜呼!官军固无所谓信义也。二、陈玉成之部将陈得才会同捻军于河南、陕西、安徽及湖北北部。一八六二年,朝廷诏命骁将多隆阿督军赴陕,大败陈得才,其众奔走而东,多隆阿尾之,颇多斩杀。陈得才更出官军不意,间道入陕,俄亦败没。说者言其闻知南京失守,而自杀焉。三、一八六一年,李秀成自江西回军,命李世贤东攻浙江,亲陷杭州会之。明年,浙江县邑多破,左宗棠以曾国藩之疏荐,新任浙江巡抚,自江西入浙,与李世贤兵激战于衢州一带,闽军北攻温州诸城之太平军,外兵又逐其宁波之守兵。方此战争紧急之时,湘军进逼南京雨花台,天王诏促李世贤入援。李世贤将兵抵宁,力战湘军,久不能胜。而左宗棠入浙之师乘势进攻,收复严州,一八六三年,连陷要城,前攻富阳。其城之守兵死战,左宗棠檄调法国洋枪队会攻,下之。官军进薄杭州,而敌尚踞嘉兴,以作犄角,明年三月二十日,淮军程学启下之。三十一日,太平军放弃杭州,左军及洋枪队入城大肆抢劫太平余兵麇集于江浙边境。李秀成令其就食江西,然后来援天京。

李秀成出援苏州,原拟大捷之后,回救天京,乃事大谬不然。自苏州失守,致书护王陈坤书等,请其来援,中言"有京都而我等方有性命",仍欲力守待援。其时湘军尚未攻陷城外东北紫金山,不能合围,制其死命。一八六四年二月,下紫金山上之石垒曰天保城,三月,派兵堵绝太平门、神策门入城之孔道,城始合围。城中无外接济,粮食缺乏,贫民乞食于忠王。忠王家无余粮,可以分给,上奏天王。天王诏称合城俱食甜露,可以养生。城民男妇仍求忠王。忠王奏请放其出城就食,天王怒而不许。城中人于混乱之状,盗贼渐多,每于晚间,抢劫杀人,而城外之围攻日急。夫王严禁与敌私通,犯者处以五马分尸之刑。全城人所恃者,李秀成一人而已。其老母妻子,尚在天京。忠王迫不得已,命以大篮,系绳悬于城上,放出妇孺万人。曾国荃聚之于山中,而禁兵士辱之,听民选之为妻。妇孺鹄面菜色,形容枯槁,闻有选之为妻者,则争先求选焉。会淮军攻下常州,朝廷诏促李鸿章会攻南京。李鸿章知城将陷,不欲分夺曾国藩之功,托言炮火不宜于夏,不肯赴援。盖时诸帅争功忌嫉,由来已久,李鸿章遣兵往援宁波,攻陷绍兴诸城。左宗棠深以绅士初未向其乞援为恨,后淮军攻下嘉兴,心尤不平,语浙人陈其元曰:"渠复嘉兴,我五体投地,其兵勇为暴于百姓,则我所痛心。"(见《庸闲斋笔记》)湘军之纪律盖无异于淮军,此不过其借口耳。李氏固不愿得罪曾氏兄弟也。曾国荃不愿借力于人,激励将士,掘置地雷,放倒城墙者再,无如军中未有重炮,守兵之勇气犹旺,死战不退,堵合阙口。湘军一面攻城,一面卖食,守兵以金银财物置于篮中,由城上放下,兵士取之,放置食物于篮中。然其数量,不能供给多数之兵,将士食粮日少,天王忧惧不知所出,六月三十日,服毒自尽。幼主洪福瑱嗣位,湘军进逼不已,人心不安。其时曾国藩所部凡十万人,围师共有五万,饷糈不足。鲍超部下将欲为变,而城久攻不下,曾氏深以为忧,乃以饷故,与江西巡抚沈葆桢绝交,上奏诋之。朝廷发其一部分欠饷,其弟督战愈力。七月,城益危险,李秀成知城将陷,令其军士,夜不去兵。十九日,紫金山下之龙脾子地雷爆发,毁城二十余丈,战将李臣典冒死先登,南京遂破。忠王兵败回宫,让其战马于幼主洪福瑱骑乘,偕同家人,夺门而去,①不幸与之相失,匿于乡村间,官军获之。湘军入城,太平军之逃出者,为数无几,其自知不免者,或自焚死,或投河死,或自刃死,其被杀死者尤多,秦淮河中尸为之满。城中火起,王宫大宅焚毁殆尽,曾国荃传令闭城,分假搜杀。

---

① 天王诏旨称幼主为洪天福贵,盖其名也,官书误作福瑱,二字沿用已久,故未改正。至李秀成供称其家人皆死,实为其免祸之计,不足深信。左宗棠捕获其养子,得知其母妻幼子均免于难(见左氏奏疏)。据闻其子收养于外人,今尚存在。

国藩上奏曰:"三日之间,毙贼共十余万人,秦淮长河尸首如麻,凡伪王,伪主将,天将,及大小酋目,约有三千余人,死于乱军之中者,居其半,死于城河沟渠及自焚者,居其半。三日夜,火光不息。"李秀成被捕之后,追供太平天国之史迹,力劝招降其所部。其所部旧将,知为忠王,有见而跪下请安者,其得人心如是。曾国藩杀之,自以珍除元恶,靖平大难,而左宗棠、沈葆桢交疏讥其浮报洪福瑱已死,时传南京财货尽入军中,曾国荃请疾归乡,李臣典病死,曾国藩解散所部二万五千人,其愤郁惨沮,可谓至矣。日人稻叶曰:"争功妒嫉,蜚语中伤,乃汉人天赋之特性。"斯言也,深切官吏之病。虽然,湘军之残酷抢劫,亦不可讳。曾国藩谓金陵城破,十余万贼,无一降者,至聚众自焚而不悔,实其惨杀之结果也。一八六五年,李鸿章署两江总督于南京,致书郭嵩焘曰:"金陵一座空城,四围荒田,善后无从着手。……沅翁(曾国荃)百战艰苦,而得此地,乃至妇孺怨诅,当局固无如何,后贤难竟厥施,似须百年方冀复旧也。"其破坏之甚,可想而知,有请移督署于扬州者。曾国藩初拒华尔助攻南京,及闻李泰国奉命购置舰队,将攻南京,迭函李鸿章坚决拒之,殆久视城中之财物,属于所部将士,而乃纵之焚杀洗劫耶?

南京陷后,太平军之势力大挫,余众逃往江西,皆忠王李秀成之部下。李秀成力劝曾国藩免其党羽之死,招而降之。初,一八六三年,曾国藩往宁,查察军情,奏报清廷,中云:"但求金陵、苏、杭三处,有一二克复,即当大赦群酋,广为招抚,以庶几赤眉百万同日纳降之盛轨",及捕审李秀成,言其力劝官军,不宜专杀两广之人,且曰:"其言颇有可采",蔼然为仁者之语,不幸均成空言。当时太平余众聚于皖浙边界,听王陈炳文等有众十万,于皖南迭次具禀,向鲍超投诚。鲍超拘留其使,乃遣弟往,声称军中有洋枪七千余杆,不敢开仗,如蒙收纳,则侍王李世贤各逆首,均欲投入帐下。鲍超无力主持,其部下杂有降人,已为时人所非,陈炳文则久欲投降而不得也。其党如釜中之鱼,投生终不能久,赦免其罪,则数十万人,可即分散,减少无意识之破坏与流血,免去千万人民之痛苦。乃朝廷惨杀政策,非太平军中之老贼,全数就戮,则不肯止。疆吏左宗棠等欲立大功,夸张敌势,而以多杀邀宠固恩。呜呼!其罪当服上刑,大丈夫之立功受爵,固如此乎?官军既以屠杀为事,太平党羽,唯有死战而已。其人以洪福瑱为主,洪福瑱年方十六,愚蠢无知,其将则李世贤、汪海洋也。清廷以其扰于江西,命将聚兵御之,太平军战败,逃入广东,转向福建。洪福瑱为官军所捕,磔于南昌,李世贤、汪海洋等深入福建。其地政治不修,武事不竞,官吏偷沓,民气强悍。左宗棠与子书曰:"土盗伏草,行劫结会从乱者,处处皆然。吾驻军延平前后数十里间,白昼抢劫之案,几无日无之,数日后,分兵四出掩捕,斩杀数十名,风乃稍息。然聚则匪,而散则良,东捕而西窜者,不知凡几。"李世贤之众转多,袭取汀州,进据漳州,声势大振。左宗棠分兵前攻,淮军、粤军奉命会剿,一八六五年,次第收复诸城,进围漳州。五月,守将知不能胜,率兵遁去,余众入于广东,左宗棠统兵入粤。明年春,太平军之在南方者始平,其在扬子江北,或逃往江北者,加入捻军。捻军之势转盛。

  捻军之名,起于何时,究不可考,原义亦不可知。或曰一聚为一捻,或曰数百人为一捻,数千人为一捻,或曰其众捻纸燃脂,明火劫人谓之捻,或曰乡民逐疫,裹纸涂油为龙戏谓之捻,后乃掠人勒赎,强取财货,势力渐盛。嘉庆曾严禁之。一八四八年,河南拿获一百余人,势仍不衰,其盛行之区,则在河南、安徽民气强悍、生计困难之地。及洪秀全起兵,捻军大起,尤以安徽寿州、蒙城、亳州、颍上为甚。其头目众多,人民从之者,室家相保,不服从者,立见焚杀,党聚愈多。咸丰初诏周天爵剿之,周天爵奏曰:"自入合肥境内,沿途所接呈词,土匪抢劫焚烧,每乡不下数百案,每案指控数十人,其余捻匪或千余人数百人。"奏中所言之罪犯,自多惯以劫掠为生之土匪,良民畏之甚于畏官,官吏不能予以切实保护,则非逼而为匪不止。及后战祸延长,各地之防兵力单,捻军劫掠邻省,一如营业,初无祸患。农民受其蹂躏,难于耕种,加以天灾频至,衣食困难,遂以饥寒之交迫,流而为捻。及其势成,官军剿之,多不能胜。其邻近捻营之乡村,设立团练,乡有练总,其原意则为自卫,苟延性命于一时也。无如人少,不足有为,乃官胜从官,捻胜从捻,且其杂处捻巢,或与捻通,结果则捻以团练为名,而官军无从查问,其势强者,雄霸一方,无异于据地自主之国王,如苗沛霖之类。其首领为防御官军之计,通于太平军,受天王封爵,其人亦皆蓄发。群捻之中,推李兆受、张乐行等为最强,清将周天爵、袁甲三治之,无功,朝命胜保往剿。胜保不善利用马队,马兵反而从捻,知其力不能胜,奏赏练总苗沛霖官,更捕李兆受之家属,招其归降。李兆受从而许之,改名曰李世忠。一八五九年,和春奏曰:"捻众投诚后,仍旧打粮勒索,以致民怨沸腾,……投降之众,仍复听其自为虐取于民,漫无钳制。"曾国藩奏称捻众蔓延日广,南为金陵、芜湖之援,北为齐豫数省之患,自安庆至宿亳千余里,人民失业,田庐荡然。其受抚者,间或叛去,捻众自久战以来,多成百战之精兵,后得胜保等之良马,遂成穷凶极恶之流寇。

一八六〇年,《北京条约》成立,海防无事。咸丰诏命僧格林沁进兵山东,专剿捻军。其部下多蒙古骑兵,追逐奔驰,颇占优势。僧格林沁初战不胜,招募援兵,战始转机,乘胜南下,一八六二年,招抚苗沛霖,专剿张乐行。二人初相仇杀,陈玉成调停其间,终不可得。僧格林沁捕磔张乐行,屠杀其老巢附近之居民,殆无遗孑,凡其将到之地,人民心胆欲碎。苗沛霖俄又戕官复叛,僧格林沁平之,大杀其党。其用兵也,专以神速为贵,不带米粮,传令州县,供其面饭。官于兵燹凶年之后,难以应命,兵士连日或不得食,转而抢于民间,奸淫妇女,人民上控,僧王概不之理,其求见者,先纳重金,其军之罪恶,甚于捻军。曾国藩曾奏朝廷曰:"凡流寇所以日聚日众,非良民乐于从贼也,只因贼骑剽忽劫掠,居民不得耕获。百里废耕,则百里之民从贼偷活。千里废耕,则千里之民从贼偷活。今凤颍、徐泗、归陈等郡,几于千里废耕,而官兵又骚扰异常,几有贼过如篦,兵过如洗之惨。民圩仇视官兵,于贼匪反有怨词,即从贼,亦无愧色。"其言诚为实录。捻首张乐行既死,其侄张总愚代领余众,会南京城陷,太平军之一部分加入其中,声势大振。一八六五年五月,僧王追捻于山东,为其所乘,兵败而死,骑兵投入捻中。朝廷惊疑捻将北犯直隶,诏命两江总督曾国藩督军。当斯时也,湘军一部分遣归乡里,曾国藩调用淮军驻于徐州,兼召旧部助战,谋困捻军而不可得。追剿虽有斩获,然无大功。捻军之往来也,万骑冲突,日辄百数十里或二百里,横行如故,深入湖北,士民颇怪曾国藩之安居徐州,不若僧王亲战捻众。明年,捻再攻扰河南,延及山东,淮将刘铭传大败之于巨野。捻始分为二股,一犯曹州曰东捻,赖文光、任柱为之魁,一犯许州曰西捻,张总愚为之魁。曾国藩以病回任两江总督,朝命李鸿章代为统帅,时南方太平余党已平,左宗棠奉命西征。于是讨捻之兵,有湘军、淮军、旗兵。东捻扰于山东,丧其巨魁,任柱迭为官军所败,其众溃散。一八六八年一月,赖文光南下淮扬,官军获之,东捻遂平。李鸿章方以大功告成,而西捻忽自陕西驰走山西,直犯直隶,京畿大震。同治命恭亲王奕訢督师,禁军出发,竟无侦探,诸帅相继北上,军队杂多,颇为民害,人民怒而杀其零星散队,由是戎服乘马者十余人,犹不敢径行。左宗棠与子书曰:"直隶之大顺广一带,与山东、河南接壤,各处民团凶悍异常,专以兵勇为仇,见则必杀,杀则必毒。杀机已开,将成浩劫,近更波及行旅。似此光景,成何世界……淮军冗杂殊甚,其骄佚习气,实冠诸军。皖军多收捻余,战不足恃,且恐为贼添伙党,东军荏弱不任战,仅我军士马一万九千,尚未至大坏耳。"左氏诋毁淮军,夸称所部,不免太甚,读之,固可略见官军之一斑。大军既至,捻更他窜,诸军追剿甚力。七月,张总愚大败于山东,困于黄河、运河、徒骇河之间,无所掠食,而朝廷已诏赦免逆众,给以免死护照,不得借端擒杀。党羽遂散,张总愚自投水死,西捻亦平。斯乱也,蹂躏江苏、安徽、湖北、山东、河南、陕西、山西、直隶八省,凡十六年,受祸尤以乡镇为甚,诚人类悲惨史之一也。

贵州一部分土地,唐代尚称"非人所居",其地向称山多田少,地瘠民贫,居民为苗。苗人倚山为寨,部落而居,知识幼稚,生活简单,善于战斗,捷于登山,所在之地,多为险阻,林深箐密。列代于其生计,从未设法改良,或妥为指导。亦不遣人调查,而多诿称其非汉人足迹所到之地。苗人原以抢劫为常事,客民居近之者,常与官吏相结,而欺压之。苗人乃思复仇作乱,政府概用兵力平之,大杀叛逆之后,收管其一部分土地,对于屈服之苗人,仍无切实善后之计划。苗人生殖滋繁,再行作乱,循环不已。十八世纪初叶,雍正采用改土归流之方略,开始经营,剿平不服之苗人,建立六州,曰古州(今榕江)、台拱、清江、都江、丹江、八寨,设官治之,时称新疆。六州在贵州西南部,邻近广西、湖南,厥后叛服无常,屡烦兵力,而"究其始祸,无不由汉民之欺凌,官吏之贪暴"(湖南巡抚李瀚章语)。其言之详尽,而确实者,则为贵州候补道员罗应旒之奏文。其文由都察院代奏,清帝谕交贵州巡抚核复,复奏亦未否认。其文甚长,兹节撮其主意如下:苗疆定后,尚有土司通事。其人助官为虐,挟其诈力,朘剥无已,一切食米、烟火、丧葬、娶嫁、夫马供应之费,无不取之于苗民,外此,又复千百其术,借事勒索,不倾其家不止,而苗民之生机绝矣。苗民纳税原轻,或不出税,而官吏则以民愿报效,不敢领价。勒索民物,均由土司通事办理,官收其一,而土司通事则增为数倍。苗民例须供役,平日摊班,及至委员过境,或官吏下乡,则合境应役。其不至或无役者,折钱二三百文,否则拘押罚至数倍,苗民贫困,乃于役前数日裹粮守役,男病女役,官吏待之一如牛马。其尤令苗民恐慌者,则客民入境,夺其田地,而相仇恨也。清廷统治贵州,有兵一万七千余名,每年由他省协助之款约六七十万两。官吏分苗为二,曰熟苗,薙发结辫;曰生苗,从不薙发。

苗民既以官吏客民为仇,久欲报复,一八五五年,乘机起兵,以张臭迷为首。姜映芳、黑大汉等应之,骚扰于东部台拱、黄平、镇远一带,围攻城邑,惨杀汉人。都匀等府属之苗民均起,苗民依山为寨,据洞为穴,不肯远去其巢,饱掠即归。官兵剿之,力不能胜,而蔓延日广。巡抚蒋霨远请调川滇之兵助剿,仍无大功,而饷糈日益困难。贵州原恃他省协款,而时各省多乱,无力筹交,兵士不肯力战。一八五六年,蒋霨远奏曰:"黔省军务紧急,下游苗教各匪,不下二三十万。"下流为贵州东部,其称匪教不下二三十万,不过虚张苗人之声势,而减轻其责任。全省苗民约二三百万人,一隅之壮丁,殆难有此数目。一八六三年,巡抚张亮基奏曰:"自松坎至遵义袤延四五百里,几于遍地皆贼。"其地在贵州南部,为入川之要道,可见蔓延之广,全省唯省会贵阳未陷。凡有扰乱之区,则田地多成荒芜,十室九空,苗民无所劫掠,转至他省。广西、湖南、云南曾受其害,官军之讨之者,专以屠杀为事。苗民闻其将至,或伏匿坚巢,或四散无迹,待兵过后,啸聚如前,截阻饷道,戕杀归顺之人,官军故无大功。其兵纪律不严,骚扰之甚,一如盗贼,良民转而从贼,朝廷唯知大杀。一八六六年,上谕云:"将教匪痛加剿洗,以期并力寨头,捡渠扫穴。"一八七〇年,又曰:"台拱、清江、古州之间,虽有香招登裸等寨,来营乞援,席宝田已派员分往援定,仍当将各处著名逆匪,奸除净尽,方能剿抚兼施。"其坚决残忍,无以复加。自太平天国平后,同治诏四川、湖南分道遣兵入援,川兵数万,费饷甚巨,战又无功,罢之,专以湘军进剿,由席宝田统将。席宝田步步为营,绥靖后,方肯前进,军中备有枪炮,苗人拒抗凶猛,死伤较多。湘军曾用火攻,尽毁其寨,军行甚缓,耗饷极多。江苏、湖南等省均有协款。一八七一年,苗势穷蹙,台拱诸城次第克复,明年,余苗聚于聚牙坡,湘军陷之,擒其首要,唯少数逸逃,俄亦擒斩殆尽。湘军招抚苗人数万,饥饿不堪,日给口粮。黔军收降不下二十万,其中饥疲者五六万人,日给口粮。战事之结束,盖以苗民无粮,其受抚者,多为老弱妇女。李瀚章于乱平时奏曰:"历年来,全苗诛夷疾疫死亡过半。"李瀚章为湘南巡抚,未曾入黔,其言不足代表实状。贵州巡抚黎培敬筹办善后,奏曰:"黔省兵燹垂二十年,百姓流离琐尾,存者不及前之十一,加以城郭已毁,田庐尽墟,满目凋残,安辑非易。"其奏存者不及十一,殆就苗人客民而言,前此人口虽无统计,然可根据时人之观察,作为估计灾情之重,固无疑义。战祸首尾十八年,诚现代惨史之一也。

　　本部十八省之内乱,始于一八五〇年,终于一八七三年,首尾二十四年。太平军攻扰十七省,十七年始行消灭。捻军战于八省,历十六年而灭。苗乱起于贵州,扰及四川、湖南、云南、广西历十八年始定。二十四之中国，境内无一安乐之地。城邑迭易清军叛军之攻守，乡村不得耕种，人民死于兵火饥馑，生者困于流离重税。一八六三年，曾国藩自安庆东下，察看军情，奏曰："自池州以下，两岸难民，皆避居江心洲渚之上，编苇葺茅，棚高三尺。壮者被掳，老幼相携，草根掘尽，则食其所亲之肉，风雨悲啼，死亡枕藉。臣舟过西梁山等处，难民数万，环跪求食，臣亦无以应之。二月十五日（四月二日），大胜关江滨失火，茅棚数千顷刻灰烬，哭声震野，苦求赈恤。他处芦棚丛，亦往往一炬万命。徽、池、宁、国等属，黄茅白骨，或竟日不逢一人，又闻苏浙之田，多未耕种，群贼无所得食。……粤匪初兴，粗有条理，颇能禁止奸淫，以安里胁之众，听民耕种，以安占据之县。民间耕获，与贼各分其半。……今则民闻贼至，痛憾椎心。男妇逃避，烟火断绝。耕者无颗粒之收，相率废业，贼行无民之境，犹鱼行无水之地。贼居不耕之乡，犹鸟居无木之山。实处必穷之道，岂有能久之理？"明年，奏曰："皖南及江宁各属，市人肉以相食或数十里野无耕种，村无炊烟。"其言皖北曰："舒、庐、六、寿、凤、定等处，但有黄蒿白骨，并无民居市镇，或师行竟日，不见一人。鲍（鲍超）军在南岸经行东流贵池，亦复如是。"及南京陷后，据委员查复安徽情状曰："皖南徽、宁、广等属，兵戈之后，继以凶年，百姓死亡殆尽，白骨遍野。……安徽用兵十余年，通省沦陷，杀戮之重，焚掠之惨，殆难言喻，实为非常之奇祸，不同偶遇之遍灾，纵有城池克复一两年者，田地荒芜，耕种无人，徒有招徕之方，殊乏来归之户。"王定安于《湘军记》中记载安徽情状曰："民之掳杀流亡死伤以百万计，陇亩荒秽，百里不闻鸡犬声。"安徽沿海一带，历二军之攻守，皖南为太平军出入之孔道，皖北为捻军之巢穴，兵灾既重，又有疾疫，惨状竟至于此。

关于江苏兵灾之情状，李鸿章初作战于上海附近城邑，一八六三年，巡视嘉定、太仓、青浦、华亭诸县奏曰："各县各境首尾二三百里，皆向时被贼踞扰之地。三年以来，无论大道间道，逆贼出入蹂躏，几于无地不焚，无户不掳。……查苏省民稠地密，大都半里一村，三里一镇，炊烟相望鸡犬相闻。今则一望平芜，荆榛塞路，有数里无居民者，有二三十里无居民者，有破壁颓垣，孤厘弱息，百存一二，皆面无人色，呻吟垂毙，询其生计，则云近地无可求乞，远地不能行走，惟掘草根作饼充饥。"俄而淮军西行，《平吴纪略》载李鸿章之奏语曰："常州之江阴、无锡、金匮各县城乡村市，一片焦土，遍地黄蒿，行终日而不见人，偶遇二三难民，露处僵饿，旦夕待死，惨苦不堪。"李氏更与郭嵩焘书曰："常镇数百里，久无人烟。"南京惨状，已见于前。要之，曾李二氏之言，均为事实。太平军之失败，多由于缺乏粮食，掠取于民，结果竟至于此。《天津条约》之后，英使额尔金乘轮船上驶汉口，船抵镇江，登岸入城。属员有记其见闻者，称镇江为一空城，昔日人口约五十万人，今则不足五百人。此乃千百城镇中之一也。常胜军作战于溧阳、宜兴。外人言其乡村荒芜，相食人肉，甚者村无居民，荒凉殆如沙漠，白骨遍于山野。

左宗棠初入浙江，书告其子曰："浙江夙称饶富，今则膏腴之地，尽成荒瘠。人民死于兵燹，死于饥饿，死于疾疫，盖几靡有孑遗，纵使迅速克复，亦非二三十年，不能复元，真可痛也！"及浙江城邑大半收复，左宗棠奏曰："频年屡遭兵燹，小民死丧流亡，田屋荒毁。臣军行所至，目睹灾民，男妇露宿野处，道馑相望，有数日不得一食者，有一家饿毙数口者，近复疫气流行，十人九病，而浙之残黎，几于靡有孑遗矣。"又曰："浙江此次之变，人物凋耗，田土荒芜，弥望白骨黄茅，炊烟断绝。见届春耕之期，民间农器毁弃殆尽，耕牛百无一存，谷豆杂粮种子无从购觅。残黎喘息仅属者，昼则缘伏荒哇废圃之间，撷野菜为食，夜则偎枕颓垣破壁之下，就土块以眠。昔时温饱之家，大半均成饿殍，忧愁至极，并其乐生哀死之念，而亦无之。有骨肉死亡在侧，相视而漠然不动其心者。哀我人斯，竟至于此！"读之，将为泪下。其与子书曰："浙民死丧流亡之惨，为天下所仅见，我入浙以后，日坐愁城，目睹情形，几于泪殚为河矣。一切赈救之策，皆从无中生有，黾勉图之，无救十一，方引为惭恨，积为悲伤，而浙民与江皖之民，已相与颂仰之矣。"浙江情形，于此略见一斑，浙东时无耕牛，乱平，始由温州、台州买来。金华、衢州、严州、处州等处，余存之人口，不及从前二十分之一。陈其元于《庸闲斋笔记》抄录时人歌吟浙人生活之情状，兹录其三首如下。

猪换妇

朝作牧猪奴，暮作牧猪奴，冀得牧猪妇，贩猪过桐庐，睦州妇人贱于肉，一妇价廉一斗粟。牧猪奴牵猪入市尘，一猪卖钱十数千，将猪卖钱钱买妇，中妇少妇载满船，蓬路垢面清泪涟。我闻此语生长吁，就中亦有千金躯，嗟哉妇人猪不如。

屋劈柴

屋劈柴，一斧一酸辛，昔为栋与梁，今为樵与薪。市儿诋价若不就，行行绕遍江之滨，江风射人天作雪，饥腹雷鸣皮肉裂。江头逻卒欺老人，夺柴炙火趋城闉，老人结舌不能语，逢人但道心中苦。明朝老人无处寻，茫茫一片江如雪。

娘煮草

龙游城头枭鸟哭，飞入寻常小家屋，攫食不得将攫人。黄面妇人抱儿哭，儿勿惊，娘打鸟，儿饥欲食娘煮草，当食不食儿奈何。江皖居民食草多，儿不见门前昨日方离离，今朝无复东风吹。儿思食稻与食肉，胡不生长太平时！

诗中所咏悲惨之情状，不能卒读，此不过百中之一例耳。

江西兵灾，初以沿江一带为最惨，周馥于亡室吴夫人传曰："余走彭泽，东流沿江数百里，人烟寥落不闻鸡犬声，惟见饥民僵毙道相属。"周氏避乱他乡，备受辛苦，后作忆昔诗三，详言当日难民之情状，兹引其二首于下：

忆昔粤贼来，东南沉半壁，一年百窜徙，自分死锋镝，贼至兵先逃,杀掠等夷狄。贼去兵复来,疮痍苦搜剔,千里荒无人,荆榛杂瓦砾。初乱有人哭,久乱声寂寂,哀哀十二年,有泪无处滴。力弱未能庇,伤哉我亲戚!

猝闻贼追来,骇愕弃儿走,逃死恨无路,情急足愈后,褴褛丛棘中,屏息独掩口,青天惨无光,但闻贼叫吼,连山烟蔽日,十人死八九,夜半忍饥归,生菜烹瓦缶。贼垒巨火明,阴风搜林薮,五更复潜逃,处处惊刁斗。

周馥所咏之情状,各地皆然,及湘军围攻九江,太平军入江西内地,城邑迭易二军之攻守。一八六四年,李秀成所部再往就食,俄而入闽窜粤,众号百万,攻下嘉应州(今梅县)。县志称其"穷搜大索,火光烛天,岩谷焚掠之惨,不可言状"。此不过沿途中之一例耳。其在贵州、云南,苗戕官惨杀汉人,焚毁其家,官军剿之,历久始平。田地多荒,人非死于兵匪,即多死于疾疫、饥饿,几于靡有孑遗。云南死者及半,一八六七年,左宗棠取道湖北,率兵入陕,驻于樊城,购雇车驮,重出代价,而应者寥寥,虽曰"伕役畏祸,不敢西行,而兵燹之余,物产雕耗,频年调发既数,民不能堪"(左氏语),实其主因也。

其在北方,一八六二年,朝臣倭仁奏曰:"河南自咸丰三年(一八五三)以后,粤捻各匪焚掠殆遍,盖藏一空。为州县者,贼来则仓皇束手,贼去则泄沓自如,积习相沿,诛求无厌。至稍称完之区,则钱漕之浮收日增,杂派之讹索愈甚。捐输不已,虽数十亩之地户皆抽之,抽厘不已,虽百余千之本钱亦及之。书役干没,劣绅侵蚀,名为军饷,实为中饱。官虑民团聚众相抗,阻抑之于平日,及被贼扰害,不能卫民。民乃自行团练,官亦无可如何。其间良莠不齐,或恃众滋事,则罪尽归之民,诛之戮之,而不问官之失。故州县以民为鱼肉,以上官为护符,上下相蒙,侵渔无已。哀哀小民,何以堪此!其不变而为盗贼几希矣!"倭仁痛言官逼民反,淋漓之至,人民懦而良者,于此情状之中,将何以为生?死亡病疫之惨,当可想见。团练聚众抗粮,怀庆、开封属邑及密县、郑州、新乡等均有焚署围城之事,乘机作乱,其省且为捻军出没之孔道。《豫军纪略》记载一八五五年豫东情形曰:"东西三百余里,南北二百余里,皆无人烟。贼过之区,粮食农具聚而焚毁,轮奸妇女,即老妇亦不能免。"山东受黄河改道之害,粮运断绝之影响,北伐军、捻军之骚扰,匪多如毛,所在蜂起。《山东军兴纪略》记其聚散无定,且曰:"各县团长文武生监与胜营弁勇(胜保军队),出入匪中,关说多方,行径诡秘,朝欲纳款,夜复叛逃,东则乞降,西又攻剽。"上文极形容之技,小股土匪固无目的,唯利是视而已。直隶、大名、顺德一带,旧有土匪,乃侵入河南。民团凶悍,竟与兵勇仇杀。其他散于国内之会党,若小刀会、千刀会等,不胜枚举。

人民于纷扰之中,死者之估计,殆占全国人口三分之一。战争之区,壮者被掳,老幼乏粮,中或饿死,或有病死,江苏、浙江、安徽之大部分,受害极深,几于靡有孑遗。殷实之家,虽能先期远徙避祸,顾其实为极少数。完善之区,若江苏里下河一带,容难容民,限于食料之供给,数有限制,况其常有荒年耶?《张謇自订年谱》记载一八五六年旱灾曰:"通海大旱,蝗自北至,作风雨声,辄蔽天日,落地积厚二三寸,户外皆满。……饥民满道,见袖饼啗者辄攫。"北方亦有蝗害,灾区颇广,穷民将何为生?其远徙者,途中尝或遇盗,及至他乡,亦为流离失所之人,湖南等省比较安宁之县邑,盖亦近之。一八五七年,陕西尚安,乃时大旱,赤地千里,及秋,飞蝗蔽天,贫民饿死,固其一例也。尤有进者,官吏常禁人民迁徙,人民多无远见,非祸患迫切,不肯去其家乡,去者以交通之困难,亦不能远,得食往往不易。南京于湘军逼近之时,石米售银十二两。关陇粮价高贵,一八六六年左右,兰州粮价,每斗值银三十余两,饿殍盈途。左宗棠将入关时曰:"向时稻米二十余文一斤,麦面十余文一斤者,贵至一钱(约二百文)内外,且无从购取。"军粮则自他省运往。贵州等地亦然,农民不能耕种之区,常多类此。良民相食,人肉终亦有尽。城镇未受兵匪祸者,乃受团练之害。曾国藩于江南禁办团练曰:"军兴以来,各省团练,未闻守城杀贼之功,徒有敛费扰民之害,非其地,非其人,毋得擅自举办。其从前各处练丁支领口粮者,概予裁撤。"其言深切时病,豫民之乱,苗沛霖之起,莫不由此。人民于大杀饥荒之后,生者又受经济之压迫。美国教士威灵斯(S. Wells Williams)于其所著之《中国》,估计太平天国之乱,死者二千万人,其他外人之估计,多者五千万人。外人常居于商埠,不知内地死亡者之多,估计不免太少,合中原捻军之乱,关陇滇回之大杀,贵州苗人之报复,各省城镇土匪之掠劫,饥饿疾疫之死亡,死者殆有全国人口总数三分之一,约一万万人以上。其财产损失,更不胜计,官军守城,先即焚毁城外之民房,如太平军攻入湖北,清官纵火尽焚武昌城外之民房,火凡七昼夜不息。太平军初至一地,焚毁官署寺庵,后则并及民房。清军克复城邑,亦常纵火。城陷之后,无论何方,莫不纵兵大掠。捻军、太平军、常胜军等固不足论,而湘军、淮军亦然,各军于大掠之后,始肯安民,成为习惯。湘勇成立,曾国藩严其约束,即与罗泽南之意见不合,后曾氏自湘乡丁其父忧,返至江西,团练杀死其勇百余人,乃严申纪律。后其人数大增,监督不易,曾氏亦自言之。其与友人书曰:"近年从事戎行,每驻扎之处,周历城乡,所见无不毁之屋,无不伐之树,无不破之富家,无不欺之穷民。大抵受害于贼者十之七八,受害于兵者亦有二三。喟然私叹,行军之害民,一至于此乎?故每与将官委员告诫,总以禁止骚扰为第一义。虽行之未必有效。"其言官军不免杂有袒护之辞。南京之陷,军士焚杀劫掠,则其明例。湘军之中,尤以鲍超之部下最无纪律,王闿运于《湘军志》曰:"每破寇,所掳获金币珍宝不可胜计,复苏州时,主将所斥卖废锡器,至二十万斤,他率以万万计。能战之军,未有待饷者也!……湘军于饷艰难,其后人人足于财,十万以下赀,殆百数。"苏州之陷,李鸿章称其部下犹未大掠,王氏之言,殆有感愤而发。将士之赀财,固多掠之于民间者也。

内乱之起,以人口增加、政治腐败、秘密会社活动为主因。人口问题,暂以屠杀、疾疫、饥荒为解决之方法。贤良之长官,安绥余民,免去田赋,奖之垦荒,借给仔种,供给口粮,其中亦有借办善后之名,而耗费公款,一无所得者。城邑克复之后,由朝廷或疆吏任用官吏治之,政治组织,一如往昔,所有弱点,依然存在,信如曾国藩所言,克复一城,多收一城之钱粮而已。会社依然秘密活动。一八六七(同治六)年,左宗棠奏曰:"近年哥老会匪涵濡卵育,蠢蠢欲动,江、楚、黔、蜀各省所在皆有。……凡官军驻扎处所,潜随煽结。陕甘两省游勇成群,此风尤炽,甚有曾经打仗出力,保至二三品武职,犹不知悛改者,实为隐患。"一八六九年,左氏书告其子曰:"军兴既久,哥老会匪,东南各省,遍地皆然。吾于金盘岭练军时,即严定立斩之条,盖虑其必有今日。自闽浙转战而来,旧勇物故假归者多,时须换补,而匪徒即伏匿其中。比上年转战直东,各省游勇麇聚连镇、吴桥之间,潜相勾煽,而此风转炽。凯旋后,驻军西关,察亲兵一营,即有百人入会者,密谕巡捕稽察,得其姓名,忽一日传齐,勒令首悔,斩阻挠者一人,两日半,缴出匪凭二百余起。"又曾捕杀一百余人,左氏办理之严若是,部下尚有受煽惑起而叛乱戕杀长官者。湘勇自乱平后,回归乡里,其保举之武职颇高,不乐于耕种,及储蓄用尽,乃多加入秘密会社。湖南之土匪遂多,曾国藩深以为忧,但亦无所补救。其致刘蓉书曰:"吾乡会匪,年年发难,旋即芟除。此辈布满郡邑,聚散无迹,起灭无端,勾结蔓延,牢不可破。"综之,二十四年中之悲惨战史,除人民流离,死亡而外,别无有意识之结果。吾人所得之教训,则为叛乱未起,政府尚未失其尊严,犹能维持境内之粗安。祸乱既作,人民失其遵守法律之习惯,遂至群盗蜂起。当局者苟或不严办理,则人民不能安居,而痛苦将倍蓰于前也。

第六篇　内　政　外　交

清季之政治情状——咸丰死之政变——同治家庭之惨剧——承继大统之问题——慈禧之专政——光绪、慈禧之关系——宦官之乱政——朝廷之情状——地方长官之权重——仕途之冗杂——军队之腐败——财政之困难——曾左二氏之失望——李鸿章之观察——台谏之积弊——汉族之移民——人口之问题——总理衙门之创立——外国使臣之地位——驻外公使之派遣——大臣对外智识之幼稚——外交上之主要问题——海关之改组——香港、澳门漏税之解决——海军之创设——机器局与陆军——招商局之成立——铁路之兴筑——电报、电话及邮局之设立——新教育之失败

清帝自康熙后，传至咸丰，凡一百三十八年（一七二三——一八六一），均年长嗣位，乃自咸丰而后，皆于冲龄即位，其君有三：一曰同治，二曰光绪，三曰宣统。同治初由两宫太后垂帘听政，大婚后方亲理政，而忽病死，其族弟光绪继之，仍由两宫听政。一八八一年，东宫慈安猝死，西宫慈禧独揽政权。其后光绪年长，太后不肯归政，干涉变法，光绪生命几致不保。一九〇八年，光绪、慈禧相继病死，宣统嗣位，其生父载沣摄政，大事决于

隆裕太后。清季太后既专政权，因其所处地位之困难，重用亲王宦官。清初，亲王曾居要职，雍正惨杀与其争位之兄弟，始不之用，渐为惯例，嘉庆曾命亲王入直军机处，而以格于故事，即罢免之。咸丰始用其弟恭亲王奕䜣及远支亲王，然当乱时，固非常例。及两宫太后听政，任命奕䜣为议政王大臣。慈安死后，光绪生父醇亲王奕𫍽用事，礼亲王世铎、端郡王载漪、庆亲王奕劻等次第执政。宦官乱政，为女主垂帘尝难避免之结果（其事详言于后）。总之，皇帝冲幼，太后专政，亲贵用事，宦官乱政，实清季政治上重要之变迁也。其时国内于大乱死亡之后，人口锐减，生活稍易于前，对外则于败辱之下，外人之势力锐进，正宜研究外国政治之情形，海陆军之实力，工商业之进步，而可有所比较，取其所长，矫正固有之弱点。不幸朝廷上无富于经验、刚毅果决之皇帝，强有力之政府，而能有所改革与建设也。李鸿章欲筑铁路，曾入京觐见，言其利益于恭亲王，王谓其事重大，虽两宫太后亦不能决定。处于世界交通便利之世，列强竞争市场于海外，而图恢复昔日闭关之情状，事实上既不可能，其一二因时制宜之官制，均非彻底之改革，乃粉饰苟安，贫弱如故，外交依然失败，终遂败于日本。其间三十余年之内政外交，兹分言之于下。

咸丰即位之年，洪秀全起兵，清廷君臣不能振作有为，削平大难，咸丰亲臣为怡亲王载垣、郑亲王端华。二王之祖为皇族近支，建立大功，封受王爵，而奉世袭罔替之旨，其爵传之子孙，所谓铁帽子王也。二王袭爵，皆无才能，但能迎帝所好，端华之弟肃顺，亦入内廷侍奉，肃顺胆大敢为，尤善揣测上意，渐握重权。三人同干朝政，军机大臣侧目，肃顺恃宠立威，尝兴大狱，铲除异己，朝政益坏。咸丰之家庭生活，则好女色，大乱紧急之际，尚亲选秀女，皇后钮祜禄氏无子，宠爱贵人叶赫那拉氏。贵人生于一八三五（道光十五）年，其父官位颇卑，中年病死，家境遂落，有妹一人。贵人美艳聪明，幼曾读书，倾向守旧，以秀女被选入宫，其妹后为咸丰之弟醇郡王奕𫍽之妃，一八五四年，帝进贵人那拉氏为懿嫔，后二年，生子载淳，咸丰备宠爱之，封为懿妃。一八六〇年，英法联军第二次北上，议和不协，北京危急,咸丰出狩木兰(热河),后妃从之。十月,中英、中法《北京条约》成立,咸丰以公使入觐之问题,不肯遽归,将于明年春回京,及期,疾病,于是延期。八月,病势转剧,据《慈禧外纪》,十二日,那拉氏患其难有起色,遣使前往北京,密告恭亲王奕䜣,肃顺等别有所谋,妃抱其子哭于帝侧,曰:"置皇子于何地?"咸丰曰:"立之为君。"帝位遂定。二十一日,病势益危,载垣等入宫,称受顾命,皇帝谕载垣、端华、肃顺等八人为赞襄政务王大臣。《慈禧外纪》言那拉氏于帝病危之际,藏收玉玺,遗诏未用玺印,其说与贾桢等奏疏符合。贾桢言谕旨曰:"每有明发,均用御赏同道堂图章。"载垣干政之谋,出于肃顺,赞襄政务王大臣,皆其党羽。其人既见恶于太后,威望又不足以临朝臣,其中王大臣且无近支亲王一人,虽曰不违于故事,而古今之环境,固不同也。

二十二日,咸丰病死,赞襄政务王大臣奉皇太子载淳嗣位。载淳年方六岁,不知饥寒,政权归于王大臣,尊皇后钮祜禄氏曰慈安皇太后,生母贵妃曰慈禧皇太后,拟定明年改元曰祺祥,谋遏恭亲王奔丧。九月十四日,御史董元醇疏言皇上冲龄,未能听政,暂请皇太后垂帘,听决军国事宜,并派近支亲王一二人辅政。皇太后谕其照行,载垣等抗言不可,并谓本朝无太后垂帘故事,即令军机处驳斥。恭亲王叩谒梓宫,载垣等屡言亲王不可召见。十月,梓宫自热河出发,由王大臣护送,两宫太后偕同载淳间道疾行返京,以迎梓宫。十一月一日,车驾安抵北京,颇赖侍卫荣禄保护之力,明日降旨,曰:

> 上年海疆不靖,京师戒严,总由在事之王大臣等筹划乖方所致。载垣等复不能尽心和议,徒诱获英国使臣,以塞己责,以致失信于各国,淀园被扰。我皇考巡幸热河,实圣心万不得已之苦衷也。嗣经总理各国事务衙门王大臣等,将各国应办事宜,妥为经理,都城内外安谧如常。皇考屡召王大臣议回銮之旨,而载垣、端华、肃顺朋比为奸,总以外国情形反复,力排众论。皇考宵旰焦劳,更兼口外严寒,以致

圣体违和，竟于本年七月十七日（八月廿二），龙驭上宾。……八月十一日（九月十五），朕召见载垣等八人，因御史董元醇敬陈管见一折，内称请皇太后暂时权理朝政，俟数年后，朕能亲裁庶务，再行归政，又请于亲王中简派一二人，令其辅弼，又请在大臣中简派一二人，充朕师傅之任。以上三端，深合朕意。虽我朝向无皇太后垂帘之仪，朕受皇考大行皇帝付托之重，惟以国民生为念，岂能拘守常例？此所谓事贵从权，特面谕载垣等，着照所请传旨。该王大臣奏对时咆哮置辩，已无人臣之礼，拟旨时，又阳奉阴违，擅自改写，作为朕旨颁行，是诚何心！且载垣等每以不敢专擅为词，此非专擅之实迹乎？总因朕冲龄，皇太后不能深悉国事，任伊等欺蒙，能尽欺天下乎？此皆伊等孤负皇考深恩，若再事姑容，何以仰对在天之灵，又何以服天下公论！载垣、端华、肃顺着即解任，景寿、穆荫、匡源、杜翰、焦祐瀛着退出军机处，派恭亲王会同大学士、六部、九卿、翰詹、科将伊等应得之咎，分别轻重，按律秉公具奏。至皇太后应如何垂帘之仪，一并会议具奏。

朱谕，由醇郡王奕譞拟定，奕譞之妃，为慈禧之妹，先在热河，奉太后密旨拟成。乃再降旨，声称三人解任，不足蔽辜，将其革去爵职拏问，严行议罪，又饬派员押解肃顺来京。肃顺方送梓宫入京，不服，奏上，上谕斥其"咆哮狂肆，目无君上，悖逆情形，实堪发指"，派员查抄其家产。五日，梓宫方始抵京，大臣请将三人照大逆律，凌迟处死。八日，降旨公布三人罪状，称其自以赞襄政务王大臣自居，诸事擅自做主，私改谕旨，当面咆哮，违阻皇太后面谕之事，意存离间亲王。肃顺又有擅坐御位，自由出入内廷，私用御物，离间两宫太后等罪，独外交失败未曾提及。载垣、端华赐令自尽，肃顺斩首，前解职之军机大臣五人，均受处分，余党亦有革职永不叙用者。太后授恭亲王奕䜣为议政王大臣，在军机处行走，其亲王之职，后奉世袭罔替之旨。

载垣等总揽朝政之计失败，两宫太后听决国政，遂为自然之结果。初董元醇奏请皇太后听政，太后即命照行，慈禧尤好政权。咸丰季年，说者言其干预国政，乃竟阻于赞襄政务王大臣，其密谕奕譞拟定之旨，固以听政为言。及归自热河，大学士贾桢等上奏，略称大权不可下移，移则日替，载垣等赞襄政务名虽佐助，实则主持。皇太后宜揽政权，庶使臣工有所秉承，不居垂帘之虚名，而收听政之实效。奏中列举前代之故事，并言当今贼匪未平，而大权宜有所专属也。统兵大员胜保，亦请太后亲理大政，并简近支亲王辅政。太后仍令朝臣妥议，朝臣皆以为请。于是两宫太后听政，明年改元曰同治。今观政变之起，实由于女主、权臣之争权。清代帝王年幼嗣位，故事置摄政大臣，女主从未临朝，近支亲王后多不得参与国政，赞襄政务王大臣之成立，或本于咸丰之遗命。三人之罪状，不过反对女后之专政而已。三人平日专横好杀，不符清望，而赞襄王大臣之中，无一贤能亲王。三人之才，殆非慈禧之敌，朝臣又不之附，慈禧乃以太后地位，诛杀三人。两宫太后听政，慈安性情不乐于政治生活，除大赏罚黜陟而外，概置不问。慈禧具有精明练达之才能，判阅奏章，裁决政务，召训大臣。《曾文正公年谱》记载曾国藩入觐，可以为证。曾氏入朝，先行叩头，奏称叩谢天恩，起行数步，跪于垫上。慈禧问其进京、练兵、治民、出京等问题，慈安与皇帝独无一言。曾纪泽出使英法，亦由慈禧询问。此不独对二人然也，皇帝年幼，固无足怪，而慈安何亦如此！慈禧听政既久，渐与慈安不睦，恭亲王维持其间，决定朝政，颇为慈安所信，乃为慈禧所恶。

一八七二年，两宫太后听政凡十有二年，同治年及十八，将亲政矣。春间，选立皇后，慈安欲立大臣崇绮之女阿鲁特氏，慈禧欲立侍郎凤秀之女富察氏，相持不下，召同治自定。同治选阿鲁特氏为后，慈禧心滋不悦。及秋，大婚礼成，封富察氏为慧妃，帝于新婚宴尔之时，爱情正浓，而慈禧戒帝毋常至中宫，而宜眷遇慧妃，并饬皇后学习礼节。同治重违母意，既不常入中宫，又不肯幸慧妃，郁郁不乐，常独居于乾清宫中，明年三月，亲政，而仍无以自娱，乃微服出外冶游，两宫太后亦不之问，其导之者，则侍讲王庆祺、总管太监张得喜也。一八七四年冬，同治染得天花，明年，一月十一日，痘已结痂，会皇后阿鲁特氏受慈禧之谴责，省帝于乾清宫，泣愬冤苦，帝温慰之。慈禧闻其密语，直入室中，牵后发而出，以掌抶之，并令太监传杖，同治惊悲而昏，痘遂大变，慈禧始肯释之。一说天花将愈之时，帝后同处，房帏不谨，以致骤危。宫禁之事，虽不可知，而后说颇多疑问，殆不足信。十三日，同治病死，无子，《慈禧外纪》称皇后阿鲁特氏有孕，两宫太后召集王公大臣二十七人会议，独无皇后。恭亲王建议秘守帝丧，俟皇后生子后再议，慈安谓恭亲王之子可以入嗣。恭亲王则称溥伦当立，溥伦者，道光长子奕纬养子所生之子也，行辈当立，慈禧对之，均持异议，乃曰："奕𫍽之子载湉可立"。载湉年方四岁，其母则慈禧之妹也。大臣不敢违反其意，继统之君遂定。慈禧之立载湉者，盖恭亲王之子年长，命之入嗣，则太后难再听政，其父又非慈禧所喜，溥伦行辈当立，立则太后进为太皇太后，虽尊而疏。醇亲王奕𫍽则为道光之第七皇子，其子乃慈禧之妹所出，年幼而亲，慈禧视之可若己出，而得专政也。载湉入承大统，不为同治立后，对于阿鲁特氏怀孕之子，置而不问。阿鲁特氏以寡妇居于宫中，心益悲哀，患受慈禧之虐待，服毒自尽。懿旨称其"毁伤过甚，遽抱沉疴而逝"。御史潘敦俨奏请表扬潜德，太后斥其糊涂谬妄，下吏夺职。其恨恨之气，于其死后，尚未能平。阿鲁特氏之死，虽曰无益，然于专制帝王之家庭，盖为唯一不平之抗议，而能令人深思其姑慈禧之恶狠，殆善于生而受辱也。多情之帝王夫妇，竟至于斯，诚为惨剧。

初慈禧于御前会论，宣布载湉承继大统，其父奕𫍽惊昏仆于地上，内侍扶之而出。载湉即位，奕𫍽以生父之地位，不便入朝随班行礼，奏言旧病复发，哀恳曲全，许乞骸骨。两宫太后交王、公、大学士、六部、九卿妥议，议许如其所请。太后准其开缺，而以亲王世袭罔替，并得条陈大政。载湉之即位也，两宫太后诏曰："皇帝龙驭上宾，未有储贰，不得已以醇亲王奕𫍽之子载湉，承继文宗显皇帝（咸丰庙号）为子，入承统为嗣皇帝。俟嗣皇帝生有皇子，即承继大行皇帝为嗣，特谕！"诏中皇帝有子，承继大行皇帝，殊嫌含混，载湉可得于其将来所生皇子之中，择一承继同治，以奉其祀,而自承继咸丰,另立皇子为嗣也。群臣疑忧太后不为同治立后,而新君他日有所借口。内阁侍读学士广安请饬朝臣会议,颁立铁券,载明皇帝将来有子,承继大行皇帝为嗣,接承统绪。懿旨斥其冒昧渎陈,传旨申饬。一八七九(光绪五)年,同治及皇后安葬,吏部主事吴可读尸谏。吴可读初为御史,两次请将已革提督成禄正刑,措辞激昂,奉旨降三级调用,至是,深虑大统授受之间,常生变故,思以尸谏,借坚穆宗(同治庙号)立后之信,请于长官前往襄礼,礼毕,服毒自尽。遗疏上奏,恳请两宫皇太后降明谕旨,将来大统仍归承继大行皇帝嗣子,中有"两宫太后一误再误,为文宗显皇帝立子,不为我大行皇帝立嗣。既不为大行皇帝立嗣,则今日嗣皇帝所承大统,乃奉我两宫皇太后之命,受之于文宗显皇帝,非受之于我大行皇帝也,而将来大统之承,亦未奉有明文,必归之承继之子"。事闻,都人大惊,两宫太后懿旨,下大臣妥议复奏。大臣意见有二:一承太后之意,奏称建储与继统无异,非臣下之所当擅请,应毋庸议。一称吴可读不明懿旨,太后当降明谕,而使穆宗之大统垂于久远。奏入,诏称吴可读奏请颁定大统,实与本朝家法不合,皇帝将来诞生皇子,自能慎选元良,继承穆宗皇帝。大统问题,始告解决。吴可读之死,为皇室家庭中之琐事,无补于民生大计,然其处于忠君时代,不能深责。彼全性命保妻子之臣,于其死后,而尚不敢直言,能不悲乎?

一八七五年一月十四日,宫中定策,立载湉为帝,夜半,具法驾,往醇王府迎之入宫,承继大统,改元光绪。载湉生于一八七一年,母曰叶赫那拉氏,奕譞之子也,年方四岁,饥不能食,寒不能衣,仍由两宫太后听政。先是,同治卧病,降谕所有内外各衙门陈奏事件,呈请皇太后披览裁定,及光绪即位,王公大学士、六部九卿等奏请两宫皇太后垂帘听政。太后懿旨曰:"垂帘之举,本属一时权宜,惟念嗣皇帝此时尚在冲龄,且时事多艰,王大臣等不能无所禀承,不得已姑如所请,一俟嗣皇帝典学有成,即行归政。"二后听政,慈禧专横,慈安心渐不平。一说由于慈安焚去咸丰欲杀慈禧之密诏,其言今无证明,殆不足信。《慈禧外纪》记二后争先祭其亡夫,慈安不慊于李莲英,感情恶劣,其说亦多疑问。总之,宫中之事,要难深诘,所可知者妇女易听谗言,二后之性情不同,听政既久,难免嫌疑,而宫中太监,又挑拨其间也。一八八一(光绪七)年四月八日,慈禧方病,慈安临朝,召见军机大臣,午后,内廷忽传慈安已崩,诏命大臣进宫。其病也,御医不及诊视,距其退朝五小时耳,而暴变至此,大臣莫不惊异。曩例妃薨,立时传其戚属入内,瞻视后小敛,乃慈安死后,戚属无预敛事。说者谓为慈禧毒死,盖有所因。于是恭亲王益孤,慈禧恶之几兴大狱,免为议政王大臣,太监安得海之诛,恶之益甚,及同治亲政,谏阻复修圆明园,严受申责。同治诏其亲王毋庸世袭,改降郡王,而慈禧之恨,仍未泯除,一八八四年,以安南事急,斥其因循误公,委蛇保荣,开去一切差使,其属下亦多免职,说者比之政变焉。

一八八六(光绪十二)年,慈禧太后鉴于光绪之年已长,难于久握政权,下谕明年正月(阴历)举行亲政典礼。奕𫍽及军机大臣奏请从缓,奕𫍽疏中云:"臣愚以归政后,必须永照现在规制,一切事件先请懿旨,再于皇帝前奏闻。"礼亲王世铎等合词吁恳训政,太后始尚作态不许,但其旨中有"皇帝……即亲政后,亦必随时调护,遇事提撕,此责不容卸,此念亦不容释"。其将久握政权之心,昭然若揭,王大臣等再申前请训政数年,慈禧谓为天下公论,许之。一八八九年,光绪行年十九,立副都统桂祥女那拉氏为皇后,后慈禧侄女也,进朝臣长叙之二女他拉氏为妃,长曰瑾妃,次曰珍妃,举行大婚典礼。皇后性情温和,容貌平常,年龄长于皇帝,太后党于母家,故得为后。光绪则钟情于瑾妃、珍妃,二妃不为太后所喜,尤以珍妃为甚,后以其干预外事,降为贵人,太监亦得轻之。其师文廷式为侍读学士,其兄志锐为侍郎,均为太后免职,志锐发往边地。清臣恽毓鼎言光绪之境遇曰:"幼而提携,长而禁制,终阕损其天年,无母子之亲,无夫妇昆季之爱,无臣下侍从谦游暇豫之乐,平世齐民之福,且有胜于一人之尊者。毓鼎侍左右近且久,天颜戚戚,常若不愉,未曾一日展容舒气也。"其天资聪明,博学强识,善于音乐,惜其性情偏于柔懦,无果敢勇往之气,解决困难。

自幼畏雷，其在书房，若遇雷声，必投身于其师傅翁同龢之怀中。翁同龢凡在书房二十五年，最为帝所亲昵，常弄其须，或以手入怀中，探抚其乳。其好弄无异于常人，一见太后，便如木偶，盖其接近之人，为守旧大臣、妃嫔、宦官。师傅平日教以孝顺服从，而宫中礼节，凡见太后例须跪下，帝自幼受其抚养，而自为其驯服。妃嫔、太监莫不深惧太后，朝臣疆吏善于逢迎，又多其党。帝于大婚之后虽曰亲政，事实上太后仍有干涉任用罢免大臣之权。

女主专权，宦官之势常盛。考其原因，中国礼教思想轻视女子，世俗理想之妇女，少出门户，不与男子亲相授受，古礼称兄妹分席，其界域之严若是。妇女之生于世，殆为生子，其血胤乱杂者，祖宗不享其祭，子孙即为不孝，罪过颇重，其乱之者，则为罪大恶极，见而杀之，不为犯罪，乃为避免之计，预防故严。尤有进者，婚姻多不自由，青年之男女，婚前不应相见，而强无爱情之夫妇相处，更力防其另生恋爱，遂无公开之社交，尤以上级社会为甚。无如男女色欲，所谓性也，而实防不胜防，奇异卑劣之事，往往出于意料之外。帝王防免其弊，则以身体摧残之宦官，服务宫中。宦官日侍皇帝后妃，知其性情，迎合其意，其狡黠者，日久得其信心，而乃利用其弱点，得至专揽大权。其人未受教育，不知廉耻，多为社会上卑劣龌龊之分子，及得政权之后，纵其所欲，无恶不作，往往引起国内之扰乱，汉、唐、明季之祸尤烈。清代宦官多出于直隶、河间，顺治鉴于前代之祸乱，减削宦官之职权，归并其重要者于内务府，定其官秩不得过于四品，禁其外出京城，除其职司而外，不得干预他事，招接官员。子孙遵其遗制，未闻宦官乱政。及两宫太后听政，始变祖制，信任宦官。其所以然者，女子临朝听政谓之垂帘，固以男女之别，而不得与朝臣自由对语，毫无隔碍也。曾国藩入觐，其《年谱》记载朝廷情状曰："皇上向西坐，两宫太后在后黄幔之内，慈安在南，慈禧在北。"曾国藩跪于垫上，奏答慈禧之问题。大臣之朝见者，莫不如是，势不得不用宦官。其初信用者曰安得海，安得海于咸丰崩时，密探载垣等之阴谋，报于慈禧，得其信任，遂收贿乱政。一八六九年,安得海衔慈禧之命,自运河乘舟而南,前往苏州,织办龙衣。山东巡抚丁宝桢奏其僭拟无度,招摇煽惑,下令捕之。慈禧始知祖法,救之,不得,下令杀之,乃有憾于恭亲王。安得海死,李莲英渐为慈禧所信,受总管太监之职,监管宫中太监,兼司太后库金,侦报光绪之短,一八九八(二十四)年政变,皇帝被禁,李莲英有力焉。宫中妃嫔莫不畏之,皇后亦然,大臣有所请求者赂之,多能成功,权势或过于军机大臣。其他小奄为太后耳目者尚多,报告妃嫔之行为,专事挑拨。一八九七年,慈禧颐养于颐和园中,光绪亲臣恽毓鼎奏劾园中之小奄牛姓,在外招权纳贿,请严惩之,以符祖制。光绪知其祸将不测,撤去疏文,以保全之,区区小奄,皇帝知其作恶,无如之何。拳民之乱,太后皇帝狼狈出逃,太监尚索贿作恶。德龄女士居于宫中,言其愚蠢卑鄙,挑拨恶感。其影响于政治何如哉!

太后临朝,政治上之变迁,已如上述,其最大不良之影响,则朝廷软弱也。妇女性情偏于保守,不能断决大计。亲王之中,奕䜣较有识见,初因事件奉旨切责,后以力谏圆明园之修筑,几获重罪,乃避太后之忌,韬晦自全,对于朝议,不敢别持异同,侍读学士张佩纶上疏论之,太后得奏,饬其负责,而奕䜣固多顾忌,光绪生父及慈禧亲信之奕𫍽,又与之不协。一八八四年,奕䜣罢免,据劳乃宣所著之《张佩纶传》,时论贤之。张氏以为太后宜存不弃之心,醇王宜思阋墙御侮之义,尝于广坐之中,劝说醇王,引用吐谷浑阿豺令诸子折箭之故事,醇王感动,不幸终惑于谗,恭亲王未能起用。其代之者,军机处则为礼亲王世铎,总署则为庆贝勒奕劻,二人识见庸陋,能力薄弱,备员充位,对于军国大计,一无建树,唯求维持现状而已,奕劻俄而进为郡王、亲王矣。会朝议重视海防,太后诏设海军衙门,以奕𫍽领之,衙门之组织,同于军机总署,太后先曾旨饬军机大臣遇有要事,商诸醇王。奕𫍽之地位若是,后与李鸿章等筹筑津通铁路,奉旨依议,竟受言者之阻挠,不愿坚持。其困难则太后毫无主见,惑于浮议,而二三其心也。李鸿章深为慨叹,其复前出使大臣洪钧书曰:"中兴之初,深宫忧劳于上,将帅效命于外,而一二臣者主持于中,有请必行,不关吏议",乃事定后,朝廷无人,力能主持大计,于是兴革大政,犹豫不决,朝令夕迁。终则多无所成。

亲贵大臣,用非其人,枢臣又分派别。清代严禁朋党,皇帝亲政,则总理万机,关于委任或罢免大臣,决定大计,均可一人为之,军机大臣不过于询问之时,陈述意见,富于自信力之皇帝,固可先时自由决定,朋党殆不易兴。两宫太后听政,朝政先由恭亲王主持,及其疏远罢斥,太后多无主见,用人由枢臣拟进,几成习惯。李鸿章于一八九四(光绪二十)年与吴大澂书曰:"迩日用人,多出宸断,与从前枢廷进拟者不同,一时仰颂圣明,耳目为之一新",久始改变,故其言如此。太后又以男女之别,外臣引见常由枢臣为之。军机大臣遂益处于重要之地位,而朋党繁兴,门户之见成矣。其人或以南北界域,或以乡友亲谊,或以种族观念,或以考试关系,或以新旧争执,或以利害冲突,结成派别,要多以对人为问题,胸襟褊狭,不能容物,而以权利为前提,往往置国家之大计于不顾,内而京官,外而疆吏,不无党羽勾结利害之关系。其相争也,无公开之辩论,明显之主张,而多出于阴谋诡计,秘密活动,无论对方之理由与计划若何,而唯破坏摧残,不择手段,大为害于国家而已。其树立一派者,当推翁同龢,翁氏南人,父兄曾居要职,与北人峙立,为光绪亲信之师傅,久为考官,门生众多,政治上有不可轻侮之势力。其政敌北人则有张之洞,满人则有刚毅,新派则有李鸿章。张之洞初任两广总督,奏请多为部议所指摘,事无奈何,称病欲去,后拳乱起,闻知李鸿章将荐之入枢府,极论不可,其扼要之语曰:"京朝门户已成,悍戾不改,洞坐磨蝎,最好招谤,必受此辈之害。"门户既成,不易除去,相争迄于清亡。

方咸丰、同治之为君也,太平天国、捻、苗、回乱扰于国中,满人无力削平,乃以汉人之力定之,汉人政治上之地位,遂异于前。其平乱也,非朝廷授以训练之精兵,予以大宗之饷糈,乃其自行招募勇丁,练之成军,统之作战,就地筹饷,而朝廷予以名目,许其保举出力之员而已。其部将忠于主将,主将操其赏罚予夺之奏权,其保举参奏者,朝廷类多批准,将士实与朝廷无关。乱平,统兵大帅立有大功,其位益尊,其名益显。专制君主视其统治之领土,为其私人财产,凡保卫其地位者,认为有功,赏以爵禄,所谓同享富贵也。其激励大臣常曰"重受国恩",而期其致死图报,皇帝既以报酬分赃之原则治理其国,大臣亦以共享富贵为思想,其才能知识,不足以有建设,政治故无进步。尤有进者,立功之大臣,多官于外省,曾国藩、李鸿章、岑毓英等几莫不然,督抚之权转重。先是,提督官为一品,地位虽低于督抚,固得专折奏事,至是竟为督抚属员,则其明显之例。督抚中尤以曾国藩之望为高,恭亲王初为议政王大臣,对于国内要政,常垂问其意见。积久成为风习,凡遇外交上之大事,或国内之建设事业,莫不本于广思集益之口头禅,交令疆臣复奏,疆臣因得表示意见,左右朝廷政策之决定。一八八五年,左宗棠奏请统一事权,创设海军衙门曰:"臣曾督海疆,重参枢密,窃见内外政事,每因事权不一,办理辄行棘手。盖内臣之权,重在承旨会议,事无大小,多借疆臣所请,以为设施。外臣之权,各有疆界,虽南北洋大臣于隔省之事,究难越俎。"其言有为而发,关于朝廷之软弱,固信而有征。同时,部议关于一省或数省之财政,非征求其意见,或旨交其酌议,尝或难于实现。尤有进者,乱前,各省款项,除赈饥外,非先奏请,不敢动用;乱后,疆吏于款用后,一报即可了事。故时有外重内轻之说。观察中国之外人,鉴于曾国藩不办扬州教案,岑毓英嗾杀马嘉理案(其事详于下篇),外货征收厘金之争执,以为朝廷虽有诏令,而督抚或借词推诿,或不予执行,其地位无异于半独立之王。光绪中叶,枢臣谋削督抚之权,但不能于大处着手,不过吹毛求疵,而以文墨旧例绳之而已。吾人今考疆吏权重之原因有二,其一为平定乱后之自然趋势,且当女主听政之时,已如上述。其一则我国千年余来,政府与多数人民之关系,除纳税而外,别无可言。同时,领土广大,交通不便,朝廷监督不易,其所望于地方官者,维持治安,征收钱粮,审判讼狱而已。余多听其处置,行之既久,遂成中央政府之集权专制,徒有虚名之现状。虽然,此就一方面而言,事实上督抚委任罢免之权,操于中央政府,无论地之远近、何时、何人,皇帝皆可下诏将其免职，甚至拿问办罪，鲜闻拒命者也。要之，朝廷对于督抚多宽待之，其与外人发生之争执，非不得已，固不问也。

二十余年之内乱，影响于政治者，略如上述。其战争之长久，区域之广大，虽曰由于双方各以死力应付，而武人以屠杀为功，利战事之久，取得高官，以享富贵之心理，亦有以促成之也。官军每于大捷之后，皇帝许其择优保举，主帅莫不多所保奏。时方军事紧急，官爵足以激励士气，部议难于将其驳斥，其被驳者，主帅为之再请，更有掩败为胜冒夺军功者。曾国藩删去李秀成供辞，则称其夸张己功，而与奏疏不符。李鸿章之淮军初抵上海，外兵攻陷城邑，为之防守。其致友人书曾明言之，而其奏议，则浮夸军功，保举将士。此实不独曾李二人为然，其他立功者，莫不如此。一八六七年，左宗棠奏曰："军兴以来，各省军营所保武职，无虑十数万员。"明年，曾国藩奏曰："统计各省军营保至武职三品以上者，不下数万人。"其与友人书曰："国藩与左李辈动辄募勇数万，保荐提镇以千百数计。"二人之言，一指所保武官，一就高级军官而言，人数可谓众多。左宗棠西征，保荐之人员尚未计入。其西征也，奏称地苦，非多保举，无以慰劝将士，故其保举尤滥。凡此十余万人之在营中，虽无如许位置安插，尚可保有固有官职，一旦出营，多为有阶无缺之员。后军事大定，解散回乡，乃深处于困难之中。沈葆桢奏请安置此项人员，自提镇至都守均照实缺之例，给予俸银，无如政府收入不敷支出，更无余力担负，作为罢论。曾国藩奏请借补小缺，亦非办法。大多数武员唯有回归家乡，平素得官取财甚易，及资用尽，欲出则今昔之情形迥异，乃如曾国藩所言，"跃然有隼思秋之意"，投入哥老会中为乱，其人现姑不论。

武员中之有奥援者，则有差委，其得意者，一如左宗棠查复李瀚章参案之奏语。李瀚章为李鸿章之兄，官至湖广总督，为人参奏。一八八一年，左宗棠奉旨查复，奏言关于任用私人，非亲即友曰："窃惟李瀚章一门，遭圣时以功名显，……勋伐既高，依附者众。当时随从立功，身致富贵者，又各有其亲友，辗转依附，实繁有徒，久之倚势妄为，官司碍难处置。"其言深切时病，而又平允。湘军亦莫不然，左宗棠、曾国荃相继为两江总督，一八九〇年，曾国荃死。李鸿章致书新任总督论及其地情状曰："文襄（左宗棠）、忠襄（曾国荃）两政十载，湘楚旧部视如家乡，而随忠襄者尤多且久，昔之相从尽力，今则失职无归，责望旧恩，原有不能尽绳以法者。然近年屡有造谋巨案者，不免用钺，而徒党实不可爬梳。每值岁暮，讹言烦兴，转调江阴防军，以为金陵翊卫。"乡里之谊，对于吏治不良之影响，竟至于此。其次则为候补人员，候补官多武员及捐途出身者。武员之多，已如上述，而战争期内，需款孔亟，政府以官为饵，奖人纳捐，仕途益杂而难。浙江巡抚王凯泰奏曰："自捐章折减以来，持银百余两，而为佐杂矣，持银千余两而为正印（知县）矣。即道府例银巨万以上，今亦折算至三四千两矣。"时当大乱之后，财力艰难，捐输已久，不足号召，一八六九年而后，一年收入不过一百五十万两，而于政治上竟有重大不良之影响，朝廷固不之问。其年江苏巡抚丁日昌奏曰："军兴以来，捐例遍开，而又减价以招之。军功本易，而又积年以增之。其不能不冗者势也。……见在捐班军功二途，纷至沓来，处处有人满之患，尤不可不豫筹变通，以防冗滞。即如江苏一省，外补道缺不过二三，府州同知通判缺由外补者，亦止数十，而候补道约六七十人，州县同知通判约一千余人。夫以千余人补此数十员之缺，固已遥遥无期，即循资按格而求署，事亦非十数年不能得一年。其捷足先登者，非善于钻营，即有所系援者也。"此种现象，不独江苏为然。一八八〇年，李鸿章奏曰："窃据藩司任道镕、臬司丁寿昌详称军兴以来，保举捐纳各官，指分来直者络绎不绝，缺少员多，久形拥挤。……迄今到省人员愈众，计候补道府已有四十余员，知州知府二百数十员，河工地方同知通判九十余员，佐贰佐杂八百余员，序补无期，差委更少，消磨岁月，苦累不堪。"候补官员之多，痛苦窘迫之状，无待笔述。其得差委者，自多视为营业，而谋获得花利，且为将来一家衣食之费焉，欲其清廉，殆不可得，清末吏治之坏，可以想见。

捐输武功造成缺少官多之现象，而正途出身者，任用亦大因而困难。

朝廷之设官，原非尽为治民，亦有市恩，及收聚英才免为叛乱之思想。士子自童生考至秀才、举人、进士，往往不易，但以按期会试，加以恩科，各有录取，人数颇多。其幸入词垣者，于散馆之后，考试高等，则授编修检讨，次则用为部属，次则铨选知县。编检仕途冗滞，司员缺少人多，曾国藩于乱前奏曰："顷岁以来，六部人数日多，或二十年不得补缺，或终身不得主稿，翰林院亦三倍于前，往往十年不得一差，不迁一秩，固已英才摧挫矣。而堂官又多在内廷，终身不获一见。"其时捐输武功之仕途尚未大开，而积弊已至于此，及乱平定，益为困难，翰林院之编检曾多至三百余员，各部之候补司官，多者数百，少者百数十员，补用知县，更属遥遥无期。信如御史彭世昌之痛言曰："壮年通籍，则白首为郎，暮齿分曹，则半途求去，人才抑塞，欲进无由！"其困难固由于仕途之滥杂，而时国内之官署，视今为少，政府之事业有限，京官共约一千四百，外官亦用人无多，且旗人进身，视汉人为易也。其得大用者，究为少数幸运分子。其官于京师也，正俸恩俸不足以供一家之生活费用，时尚不全发给，故李鸿章常以"穷"字讥之。张之洞久官于京，知其清贫，一八八三年，闻知户部议定津贴，两次奏请从优定议。户部议定按照品级，每年津贴三百、二百四十、一百六十或一百两，京官便之。后三年，户部奏停津贴，发给全俸，张氏奏请照发，而上谕不准。京官生计之穷困，朝廷固不之问，更无从辨别才与不才，而能进贤黜不肖也。

内乱之初，业已证明旗兵、绿营之不能战，湘淮二军平定乱后，军制之弱点，营中之积弊，将校之养成，兵士之训练，军器之粗劣，当有根本之改革，即以能战之湘军而论。训练之期，颇为短促，二三月后，即称劲旅。迨其作战时久，其初入营者，多归家乡，乃临时招募，渐而习染绿营习气，其一部分于南京陷后，解散归农，其存在者，于剿捻时，曾国藩称其暮气太重，不可再用。淮军以常胜军之故，军械精利，称于全国。捻军平定，大部分幸尚保留。左宗棠曾称其冗杂骄佚，虽或言之太甚，而其染有恶习，殆为事实。其驻防直隶之兵，逃亡为乱，朝廷得奏参之疏，遣官查复。李氏知之,设法弥补了事,其与人书,谓其几败淮军,其纪律之败坏至是,后买军火于外国,挑选将士留学德国,要无重大之效果。淮军之徒有虚名也久矣。其时国内军队,仍以绿营兵、旗兵为多。其解散劲旅者,多以饷糈较厚,而担负太重也。清代待遇旗兵颇优,而营制则马兵月饷二两,马干一两,战兵月饷一两五钱,守兵一两,米皆三斗,而各路勇饷,每人每月多为四两有奇。营兵之饷既少,尚有不能全行发给者。左宗棠为闽浙总督,二省额兵十万,筹饷困难,上奏发饷情状曰:"有给银欠米者,有半银半票者,每月仅获半饷。米价贵者一斗七八百,中价五百,布一尺宽者六七十,窄者三四十文。每月所食,不足供一人十日食。"乃听其营生。此种兵士毫无战斗能力,左氏之言曰:"将领惟习趋跄应对,办名册,听差使,大小操时,则列阵行走,既毕,散归。"一八七一年,曾国藩曰:"兵丁或小贸营生,或手艺糊口,应名充数,出征则漫无斗志,毫不足恃,此天下绿营之通弊。"其后左宗棠查复李瀚章参案,中云:"原奏湖北防军,每营虽称五百名,实仅三百名,口粮悉为营官侵蚀,火长夫银悉归统领侵蚀,所冒领之军器军装,变卖分肥。臣按言者所陈各情节,实各省通弊,臣就所历闽浙陕甘等处言之,无不如此。"二人之言,均为实录。左氏主张裁减额兵,增加饷粮,以谋有所改革也,奈朝廷囿于成例何!丁日昌奏请改试枪炮,格于部议不行。全国营兵额数六十余万人,何堪一战!曾国藩之练兵于直隶,亦不足言。郭嵩焘深悉军情,及出使英国,书告李鸿章曰:"愚见所及,各省营制,万无可整顿之理。"呜呼!其言抑何可悲!

财政困难,政府亦无救济之方法。其困难之症结,则在全国财政不能统一集中,地方政府按照旧例交解额定之款于户部,或指定之官署,余款作为本省经费。其昔设立之税所,而今以环境之迥异,无所收入者,则须认赔。直隶有多伦木税,久无收入,每年认赔,李鸿章后始请旨撤废。其收入旺者,亦按例照交,乃以多报少,其性质则为包税,政府之收入常少。于是现象之下,政府未尝编制预算,皇室之经费,军队之协饷,新事业之费用,不足之时,则指令各省摊派。其时中央政府之税收,以田赋、盐税、捐输海关为大宗。田赋盐税原为旧有之税收,增收不易,捐输亦有限制,而海关则日占重要地位。厘金为地方政府之主要收入,初为战时之新税,原议军事大定即行废除,乃以征收日久,督抚便之,同时,支出浩繁,裁去之后,别无办法,遂照旧征收,未尝顾及病商害民。估计全国之收入约七千万两,较之先时,实有增加。支出则以军费政费及皇室费用为大宗。湘军初赖两湖、江西协饷以东下,南京陷后境内无事之诸省,奉旨协助剿捻之军饷。四川、湖南协助云南、贵州军饷及捻苗回乱平定,左宗棠西征,以全国之财力,供养其兵,不足之数,借自外商,据其奏报,自一八六六至一八八〇年,共收银一万二千二百二十三万。及国内平定,穷瘠区域之驻兵,则赖富庶之省协,款如新疆一地,年需三百万两。其在直隶、江苏等省,设立机械局,制造军火,福建创立船厂,所在需款。及台湾交涉事起,朝议自一八七五年,各省摊定海防费四百万两,初则尚有报解,后则不足十成之二,购买军舰,殊为困难。中法战后,始认真办理,及北洋舰队成立,饷糈骤增,更以海防费,建筑颐和园,部议不再购买新舰。关于皇室经费,除经常费外,尚有陵工大婚等费,兹举一二明例,以便有所证明。陕西于回乱起后,人民死亡过半,耕种田地不及十二,平日田赋每年征额一百三十余万,至是,收入仅及其半,而拨甘肃协饷四十余万,再支本省军费政费,何能足用?而皇帝谕旨,责派陵工费十五万两,急于星火。巡抚刘蓉哀求苦告,不得,乃百计筹款,分期缴交。一八七一年,同治年长,将即大婚,江宁苏州织造局织办彩绸,督抚拨银三十万两,明年,奉旨织办四单所开之衣料,约值二百万两。总督无力拨款,始停办两单。平时传办之件,约七、八、九万两。一八八〇年,总管太监李双喜竟传办衣料二万三千五十五件,需银九十七万两,左宗棠时为两江总督,奏请核减皇室之奢侈生活,于此可见一斑。光绪大婚,竟用五百万两。

中兴期内之政治,依然使人失望,中兴名臣,对于政治之感想,则又何如?固吾人所当知者也。当时曾国藩、左宗棠、李鸿章均负时望。曾左对外之知识幼稚,无比较中西政治优劣之观念,左氏喜好功名,统军西征,于其经历之地，对于军队，曾有深切之痛言。其于入关之先，书告其子各地之情状，兹节引其一二家书中语，以见其观察：一八六五年，统军入闽，致书其子曰："自入闽以来，所见所闻，无非八九年前各省泄沓颓败气象，纵此时无巨股阑入，亦必趋于危亡。盖人心日弛，人才日敝，浸浸乎纲纪纽散之虞，非一时所能整顿也。"后统兵北上，奉旨剿捻，一八六八年，与子书曰："督抚多用庸才，乱何由定？此行不但欲清河北贼，亦欲于军事之暇，请陛见一详陈之，然非战胜，则言不足重也。"曾国藩精于理学，久官京师，晚年忧谗畏讥，其于朝政，明若观火，其与友人郭嵩焘书曰："尊论自宋以来，多以言乱天下，南渡至今，言路持兵事之短长，乃较之王氏（王夫之）之说，尤为深美。仆更参一解云，性理之说愈推愈密，苛责君子愈无容身之地，纵容小人愈得宽然无忌，如虎飞而鲸漏。谈性理者熟视而莫敢谁何，独于一二朴讷君子攻击惨毒而已。"其言有为而发，不免言之过激，一八七〇年，以天津教案上奏曰："自古以来，局外之议论，不谅局中之艰难，一唱百和，亦足以荧听而挠大计，卒之事势决裂，国家受无穷之累，而局外不与其祸，反得力持清议之名。臣每读书至此，不禁痛哭流涕。"其论古今，足称深切透达。

李鸿章熟悉外情，明了大事，自一八七〇年任命直隶总督，在职二十余年，国内大政往往预闻，深愿中国有所改革，而多不能成功，颇为失望，对于清议，尤痛心疾首，一八六五年，与郭嵩焘书曰："都中群议无能谋及远大，但以内轻外重为患，鳃鳃然欲收将帅疆吏之权，又仅挑剔细故，专采谬悠无根之浮言。"及伊犁交涉失败，朝议激昂，李鸿章斥为"群吠力争"。其与友人书曰："左帅主将倡率一班书生腐官，大言高论，不顾国家之安危，即其西路调度，不过尔尔，把握何在？"又曰："清议之祸，与明季同出一辙，果孰为之耶？"其时刘铭传家居，奉旨入京，与李氏对俄见解相左，致书告之，李氏斥其"窃窃京官烂名士口头禅，而故相戏弄耶？"李氏识见高于朝廷大臣，不觉言之激烈，及事渐定，李氏之深切观察，散见于与友人书中曰："中朝向来积习，过事若无事，然有事则又仓皇失措也。"其于国内之现象曰："循行故事之冗员,营私徇法之武弁,憨不畏死之奸民,盖遍天下皆是矣。"又于防日本时奏曰："环顾当世饷力人才,实有未逮,又多拘于成法,牵于众议,虽欲振奋而末由。……居今日欲整顿海防,舍变法与用人,别无下手之方。"其主张则为开矿产,设电报,筑铁路,创洋学格致书馆。一八七四年,入京上奏,未有效力,然终未改其志。其论轮船,致曾国藩书曰："有贝之才,不独远逊西洋,抑实不如日本。日本盖自有其君主持,而臣民一心并力,则财与才日生而不穷,中土则一二外臣持之,朝论夕迁,早作晚辍,固不敢谅其终极也。"一八八〇年,报名士王闿运书曰："天下事无一不误于互相牵掣,遂致一事办不成,良用喟叹。处今时势,外须和戎,内须变法,盖守旧不变,日以削弱,和一国又增一敌矣。自秦政变法而败亡后,世人遂以守法为心传,自商鞅、王安石变法而诛绝(?),后世人臣遂以守法取容悦。今各国一变再变,而蒸蒸日上,独中土以守法为兢兢,即败亡灭绝而不悔,天耶人耶!恶得而知其故耶!"郭嵩焘出使英国,留心外事,对于本国变法之希望,怀抱悲观,书告李鸿章。李氏推论其故,报之曰："人才风气之固结不解,积重难返,鄙论由于崇尚时文小楷误之。世重科目时文小楷,即其根本。来示万事皆无其本,即倾国考求西法,亦无裨益,洵破的之论。……果真倾国考求,未必遂无转机,但考求者,仅执事与雨生、鸿章三数人,庸有济乎?"雨生为丁日昌,曾请改试枪炮,朝议不许,及任福建巡抚,奉旨准于台湾试造铁路电线,明了中外大事之长官也。李鸿章之主见如是,对于顽固守旧者,则深斥之,一八七六年,有以其谈洋务致谤相告者,复书曰:"今日喜谈洋务,乃圣之时,人人怕谈厌谈,事至,非张皇即卤莽,鲜不误国。公等可不喜谈,鄙人若亦不谈,天下赖何术以支持耶?中国日弱,外人日骄,此岂一人一事之咎。过此以往,能自强者尽可自立,若不强则事不可知。"其言可谓痛切之至。后二年,政府创办寄信局,有以日后内地消息,洋人得信最先告之者,复称此等迂论,最易动听。李鸿章之计划,殆未实现。一八八四年,恭亲王奕䜣免职,李氏以为慈禧与醇亲王奕譞锐意图治,力变从前虚饰之习,不幸亦少成功也。

郭嵩焘之地位,不及三人,而其学识颇高,自通籍后,入翰林院,会以英法联军之役,佐僧格林沁办理文报,及战不胜,主张议和,其论洋务切中时要,屡言屡中,自言以理论之,其见解远出时人之上。其自言曰:"嵩焘论洋务,数犯天下之不韪,侃侃言之,一无顾忌,非独自信,能通知洋情而已。其自南宋以前,上推至北宋,又上推至汉唐,又上推至三代,源流本末,利病得失,皆颇窥见一二,下视明以来议论,不顾国势之强弱,不论事理之顺逆,袭取南宋诸君子之唾余,侈口言战,自诩忠愤,若蚊蚋之纷扰于吾前,不足一与校论。"其言发于中法安南战时,郭氏时方家居,感慨国事,上疏论不可战,而于刊行之奏议,附识此言。郭氏曾授侍郎,在总理衙门行走,欲上采用西法之节略,而慑于都中虚侨之议论,嚣张之意气。后云南马嘉理案起,郭氏请将岑毓英议处,堂官与公使交际,备受清议之指斥,奉旨赴英,或诮其去父母之邦,或责其不修高洁之行,蒙耻受辱,周旋洋人,甚者欲毁其家室,出国不及二月,再受言官之奏劾,其与李鸿章书,仍欲中国变法自强,并劝李氏将其派出留学之学生,改习矿学工程。其论士大夫之痼弊,由于不知事理,囿于南宋后之议论,而中国乃以欺谩受祸。又曰:"今时士大夫知洋务者绝少,纷纭无据之言,徒足眩惑听闻,以资外人非笑,于事毫无裨益。"曾偶举天津教案为例(其事详后),其言曰:"其(曾国藩)办理教案,则亦天理人情之至矣,而津人毁之,湖南尤与毁之,询以津案始末,无能知者。道之不明。而意气之激,以不得其平,则亦何词不可逞?何罪不可诬哉?"士大夫之心理,诚如时人所谓"闻西洋好则大怒,一闻诟诃则喜,谓夷狄应尔"也。初郭氏于一八六三年,授广东巡抚,奏议须总督会衔,其刊行之奏议,中有注明铺张战功,或托辞讳盗,或虚构讼狱,明知其非事实,而势无可奈何,徒付慨叹。其办理捐输也,以为曩者强迫贫苦之农夫担负,至为不公,乃向富商劝募,竟遭言官弹劾,及将去职,奏曰:"大臣秉公举劾,昭示功过,原期为朝廷耳目,若以一二人之私,今日劾一督抚,明日保一督抚,直视地方大吏,惟所爱憎废置者,不独是非颠倒,于朝廷体制,似亦微有关系。"其言虽有为而发,而固深切时病。郭氏亦有言责,不肯滥用,其书告友人曰:"东抚动以小故连章举劾,王壬秋(王闿运)因咎我曰,'朝廷望君为鹰鹯,而君海上,不劾一人,所以败也。'予曰:'此乃所以为筠仙(嵩焘字)也。'"总之,郭嵩焘之为人,足称虚心求知,实事求是,清末诚不多得之英士也。

四人之见解不同,观察各异,而皆失望于政府,其共同之点,则患言官之诋毁。古代谏无专职,大臣均可诤谏,汉沿秦制,虽设谏议大夫等官,而朝臣亦得进言。后世言官之起,据王夫之言,梁武帝始设专官,唐代因之,尚为宰相属员。至宋,君权视前扩张,仁宗任用谏官,不受宰相之荐举,由是谏官独立。南宋士大夫倡言复仇,诋毁宰相,其势益张。明太祖统一中国,扩张君权,奴隶臣下,而故重视谏官,许其监议一切,以为天子耳目,清代沿用其制。要之,谏官威权之成立,多由于专制帝王监防臣下之心理,谏官之称职者,虽有不顾生死犯颜直谏之士,而固偏重于参劾大臣。我国先贤之政治哲学,有德有才能者,当居高位,帝王固为例外,而大臣当为人民表率。实际上官吏不少卑鄙龌龊之分子,而人民理想上心理上均以先贤之言论为归依,更自宋儒理学发达之后,对于正人君子,而益求全责备。士大夫之自好者,不愿人道其非,心襟乃渐狭隘。其听之者,类多不加审察,贸然信之。于斯情状之中,御史乃居于重要地位,大臣莫不以其参劾为患,曾国藩忧谗畏讥,李鸿章痛恶言官,郭嵩焘言其妄发议论,左宗棠任闽浙总督,亦以诽语为言,川督丁宝桢奏称得罪言官,自请罢免,更举一二例,以便有所证明。陕西巡抚刘蓉驱逐编修蔡寿祺入京,蔡氏以编修之故,奏参刘蓉行贿夤缘,朝命查复,复称不实。刘蓉上奏乞恩放归,措辞激昂,御史陈廷经参其放言高论,妄自尊大,请旨严行治罪,以为大臣轻量朝廷者戒,刘蓉遂得处分。郭嵩焘出使英国,著《行海日记》,记其途中见闻,且言和亲外国,以破关于外国之谬说,寄至总署。总署将其印行,以资流传,忽为朝臣诋毁,御史参奏,总署惧而毁板。凡此参劾,对于国家唯有不良之影响耳,无怪曾李二氏恶之也。大臣为其地位之计,进不得,退亦不得,备员充位,维持原状,最为得策。盖有所作为者,进行其计划,无论若何，终不免有困难与反对，必有相当职权，而以毅力持之，始克有济。太后于其大臣多非深有信心，吾人责其有为，其可得乎？清议盛于中兴时期者，太后听政，欲得虚心受谏之名，遇有灾异星变，即有广求直言之诏。士气自文人立有武功，意气嚣张，言者类多无罪，而有主持清议之名，且易于进用也。

平定内乱之统帅，初皆文人，曾国藩由进士仕至侍郎，李鸿章考取进士，供职于翰林院，左宗棠出身举人。各立大功，声闻全国，普通文人羡佩其事业，心目中固曰，彼能是，而予何不能耶。奈环境不同，不得时机，建立事功，以垂名于万世。其人自视太高，立功太易，不知文人之立事功者，不过千万人中之一二，何能以之例推天下之士，其不自知者，好作大言，攻击他人。其言类多不负责任之高调，未曾亲历其境，不知当局者所处之地位，感受之困难，解决方法决定之经过，所根据之材料，常非确实之报告，以之立论，则远去事实。尤有进者，人才深赖家庭教育社会之养成，难于脱去由环境而生之弱点，一旦排斥去之，其代之者，果能胜任耶？吾人应有之态度，则当平心静气，审查事实，辨其利害，以求有所补救。所可痛心者，士大夫猎取高名，徒以意气用事，逞其私见，而反有害于国也。每于外交严重之时，不问国中军队之战斗力，不明强敌之海陆军，嚣然一辞，主持战议，乃多造成大祸。光绪嗣位而后，在朝之以直言见称者，有宝廷、张佩纶、张之洞等。宝廷身为满人，善于诗文，好评人短，以直言升至侍郎，一八八二年，朝廷命其典试福建，船行，美爱江山船户之二女，情不自禁，买之为妾。其荒淫渔色，有玷官声，知其将为言路所劾，自行奏参。太后下旨交部严议，遂终身废退，世传其诗曰："微臣好色成天性，只爱风流不爱官"，乃以风流名士自居。张佩纶尤好言事，疏劾大臣，说者言其曾借之以求赂焉。中法衅起，张佩纶奉命充福建军务会办，兼船政大臣，法舰攻击泊于马尾之军船。时传张佩纶闻炮先逃，天雨，跣而前奔，乡人知为会办，拒而不纳。张氏无奈，匿于寺中，总督不知其在何所，会上谕递至，须由其拆封，乃悬赏求之，始得。传说不免附会，而朝臣据以入奏，其狼狈不堪，甚于其所奏劾之大臣。张之洞于伊犁交涉，发言盈庭，而实牵强附会，其所陈之调度，近于儿戏。其人首鼠两端，保全禄位，殆为小人之尤，主持清议之领袖，竟至于此。初侍讲王先谦奏防言路流弊，太后嘉纳，谕称嗣后不得以雷同附和之词，相率渎陈。无如积习难返，郭嵩焘于中法战时，奏曰：

> 凡为大臣皆积资累劳，身负重寄，平日志行才略，朝廷考求有素，深浅得失无不周知，自非权奸能上蔽朝廷耳目，必待言官发其罪状，取快一时，即不当以薄物细故，指发隐微之过，以致上伤国体，下寒任事者之心。……若视其大臣日在猜嫌之中，而使疏远小臣，揭发其阴私，指摘其小过，以矜激直。庙堂之上，荆棘丛生，大臣救过不遑，互相交结，各顾其私，为害反甚。……三四年来，言官毛举细故，见事生风，大率因睚眦之小怨，用影响疑似之传闻，胪列入告。朝廷遣使四出，驿站之骚扰，州县之供给，已不胜其惫，而又内顾言官之意旨，经营傅会，以定爰书。……其甚者疆吏之贤否，藩臬之迁擢，皆取决言官一疏，断行不疑，太阿倒持，尤乖政体。……国君进贤，如不得已，若因一言之有当圣心，遽资倚任，加之显擢，群怀希幸，相率效尤，倚托攘斥夷狄之美名，人挟一疏，急求荣进。迨至事件已属，变故骤兴，迁就仓皇，周章失措，流俗无知，摘其章疏告示，传以为笑，……不顾事机之顺逆，不计饷源之盈绌，则亦虚憍之议论，积成习尚，贻累天下国家之尤者也。……臣因目前洋务急须料理收束，因推论洋务之原始，实由廷臣议论繁多，眩惑圣聪，以为有可倚信，而其实陈奏之辞多，而办事之心少，主战之文胜，而用兵之术疏。万口纷嚣，昌言于公廷，携眷远徙，仓皇于私室，外间一切情形，从无有敢上达者，风会所趋，莫知为非。

郭嵩焘时方家居，奏文由李鸿章、左宗棠代进，其言毫无忌讳，多为事实。士大夫言行不一,大言欺人,由来已久,朝廷又奖成之。言者徒博虚名,反为国害,虚憍之习气,苟不矫正,建设之事业,殆难进行,郭氏之言,岂仅为时人语哉。

其他政治上之堪注意者,则土地之利用与移民也。清代土地可分为三:(一)设置县州直接委官治理之区域,凡十八省,或称直省,或称行省。十八省地,清初尚未完全治理,西南历久战争,苗疆始得改土归流,其地设县之后,治理曾赖苗酋之助,仍与开化之地不同,其中广大区域,尚有未曾设官治理者。一八七六年,广西田州之附近苗乱,巡抚平之,奏将其地改土归流,置县曰恩隆,四川松藩亦改土归流,均其明例。各省沿海岛屿,舟山群岛初则尚未列入版图,康熙征取台湾,朝臣有主张放弃者,以防海盗之故,乃设官治领台湾、凤山、诸罗三县。凡此广大区域,政府未曾经营,其他较小岛屿,更不足论。沿海之良港,多为荒村,渔船出入之所。一八六六年,闽浙总督左宗棠奏曰:"台湾设郡,调兵更少,三年一换,额兵一万四千,存者不及三分之一。水师向有船九十六号,今无一存。"其地旧例禁止内地民人偷渡,台民私入番地者治罪,其前往者多为奸民,故有十年一大反,五年一小反之说。及日本侵台之后,沈葆桢奏请废去前禁,以广招徕,朝廷许之,汉人始得自由入台。台湾地广人稀,物产繁多,生活较易,汉人之渡台者日多。政府鉴于日本强据琉球,遂移巡抚驻守,多设府县治之。其正北方,直隶、山西等省毗连内蒙古,蒙人不善利用其地,汉人迫于生计,为之耕种。试以直隶证之,初独石口、马厂地为蒙古一等公德鉴所有,德鉴报效朝廷,张家口、多伦诺尔一带荒地,亦渐开垦,同治因之,诏添学额。据李鸿章奏疏,一八八二年,丈量始清,直接属于直隶。(二)属地,其官制异于直省,土地多禁汉人徙居,如满洲、外内蒙古、康藏、青海、新疆。满洲为清室发祥之地,平时汉人不得往居,地广人稀,黑龙江北乌苏里江以东之地,乃蚕食于俄,而俄经营不已,有并吞全部之心。及日俄战后,光绪诏改满洲为三行省,置三省总督,分设巡抚,其下属官若司道府县一如直省,汉人移居者遂多。内蒙古与直省连接,汉人冒险开垦其地,购得所有权于蒙人,清末弛废禁令,蒙人乃多北徙,今热河、察哈尔、绥远三省,先固蒙人游牧之区也,移民实始于此时。后宣统嗣位,方将极力经营外蒙古,许汉蒙通婚,奖进汉人赴蒙,定汉文为公文,许蒙人学习,不幸失败(其事见后)。康藏、青海均为藏人旧居,信奉喇嘛教,青海大部分为不毛之区,清初取之,未有建设。西康土司数多,各管一区,清末数有变乱,用兵平之,设置府县,招徕汉人,将改为省,对于西藏,朝廷亦谋行使宗权(其事详后)。新疆距离直省太远,路过沙漠,交通不便,居民多属于突厥族,清廷治理不善,造成叛乱。左宗棠平之,以为地实陕、甘、山西各边及京师屏蔽,关系綦重,一八八二年,奏请筹款改省,朝廷许而从之。新疆遂为行省,官制一同内地。设省之后,汉人之徙居于其地者仍少,山西商人间或前往。予亲闻诸考古家斯坦因(Aurel Stein),汉人言语以湖南方言为最通用。其原因则湘人以左宗棠西征之故,官于其地者多,迄今尚有势力也。(三)属国,其与中国之关系,分言于后。

综观清末,盖为汉族移民重要时期之一。汉人初以生计窘迫,多冒险而往,既无保护,又无组织,政府后始准其前往,而今内蒙古、满洲等,皆汉人居住之区域,诚吾国史上大事一也。其在广东、福建之过剩人口,则向海外营生(其事见后)。其在国内之移民史上,尚有不可轻忽者,江苏、浙江、安徽等省之一部分土地,于大杀、疾疫、饥荒之后,人口锐减,河南过剩之民乘机移居于江浙二省,迄今尚有土客之分,发生问题,湘人有开垦于安徽等省者。人口增加,为吾国之一重要问题,历史上之扰乱大杀,多由于此。古代解决之主要方法,一曰战争、疾疫、饥荒;二曰溺死婴儿;三曰移民。第一方法略见于上,不必赘言于此。第二方法,颇为重要,惜无统计与详细之记载(事实亦不易得)。兹引古书中一二例,以便有所证明。《后汉书·贾彪传》记彪为新息令,严禁弃去婴儿,三年中,男女活者千余人。《晋书·王濬传》记其为巴郡太守,人民苦役,生男多不养。濬严禁宽徭,活者数千人。汉时县邑不足万家,三国时户口大减,而生产率之高至此,不无可疑之点,但时溺婴之风盛行,固无疑问。清帝迭诏禁止溺婴,民间设立育婴堂,而人民溺死婴儿,或以不善待遇而夭死者,据吾人见闻,不可胜计。第三方法,较为妥善。吾国史上,例不胜举。帝王或为救济贫民,或为政治目的,曾命官吏移民。民间每至荒年,饥民有相聚逃至他乡求食者,但其终不能解决人口之问题,理极易见。人口繁密之区域,其一部分受经济之压迫,移居于地广人稀之新地。旧地居民生活为之较易,所生之子女存者较多,新地之住民亦然,遂于短促期内,昔日人口之密度,将见于二地矣。近代之欧洲史,尤足以证明。综之,战争、大杀为人类悲惨之事。疾疫、饥荒一由于人,一成于天,其限制人口,于古代尤甚,然其普遍于国内之时,则不常见。溺婴非父母之心,非贫穷之家,殆不肯为,移民又非办法。无已,人口增加,生计困难,不逞之徒,唯有起而作乱,大杀而已。此一治一乱,循环往复,所以见于中国也。

吾国人口于内乱大杀之后,人口过剩之诸省,得移居于他乡,问题似乎得暂解决。实际上仍极严重,数千年之道德观念,无后为不孝之子,为父母者,莫不愿早生子见孙,婚嫁之年龄常早。今日内地中等社会,尚多于十七岁以下成亲。民间记岁之方法,异于今日法律之规定,生时即为一岁,明年元旦又为一岁,十七岁者,按今计算,则为十五六岁。据人口专家汤姆生(Warren S. Thompson)于金大演说,称十七岁结婚之妇女,生产之子女,约倍于二十七岁之始结婚者。其言本于统计,吾国何能独异?无怪人口增加之速。一八九四年,孙文上书于李鸿章,中云:"今日之中国,已大有人满之患矣。其势岌岌,不可终日,上则仕途壅塞,下则游手而聚,嗷嗷之众,何以安此!明之闯贼,近之发匪,皆乘饥馑之余,因人满之势,遂至溃裂四出,为毒天下。方今伏莽时闻,灾荒频见,完善之地,已形觅食之艰,凶祲之区,难免流离之祸,是丰年不免于冻馁,而荒岁必至于死亡,由斯而往,其势必至日甚一日。"孙文之言,本于其在广东观察之结果,警切之至。其时民无储藏,一遇荒年,即无衣食。李鸿章自一八七〇年,就直隶总督,一八九五年始去。期内虽曾告假回籍,然不久即回,遇灾奏告皇帝。作者统计其奏疏,灾情有二,一曰水灾,二曰旱灾。水灾凡十四次,旱灾四次,除一八八〇年而外,其年直隶西南旱灾,东北水灾,每次代表一年。二十五年之内,灾共十七,平均每一年半有灾一次。其中水灾较多者,由于永定河为害也。永定河之在直隶,时人比之黄河。人民深受其害,政府縻款甚巨,而竟几无宁岁。直督奏报灾情,请留漕,拨金,捐款,买米,施赈,平籴,免赋,朝廷往往准许,贫民赖其救济。此就一省而言,山西、河南之灾,甚于直隶,贫民之生活痛苦可想。

公使驻京,自《北京条约》成立,告一结束。其时水陆通商商埠,数约二十。轮船驶行长江,外人得入内地游历,教士得自由传教,国际上交涉事件日多。驻京外使代表其本国政府,办理交涉,国内原有之理藩院与礼部,专为管理或待遇藩属之君长、贡使,列强非其可比,公使于礼节上不必叩首,待遇之新原则,优越之权利,处置通商问题,解决教案,议定边境,均出其职权之外,而理藩院又非适当之机关,乃因环境之需要,一八六一年一月,创立总理各国事务衙门,简称总理衙门,或曰总署,或曰译署,设立衙门之用意,初为专办通商事务,乃演进为外务部。恭亲王奕䜣之奏请称,为临时性质,日后洋务转机,即可撤废。咸丰派奕䜣及大学士桂良、户部左侍郎文祥管理,颁给关防,挑取满汉司员各八人,仿照军机处办理,后因事繁,增用额外人员,奕䜣、桂良缔订条约,已见于前。文祥曾任粤海关监督,三人之中,推其明了国际大事。一八六二年,大臣奉旨在总理衙门行走者,增至七人,最多曾达十一人。其人多为六部堂官,或兼任军机大臣,对外之知识,极为肤浅,而又人数太多,责任不一,迥异于外交部。日本大使副岛种臣来聘,自京返津,问李鸿章曰:"总署大臣十人,何为?"一八七五年,云南马嘉理案起,英使威妥玛交涉,久无进步,怒而出京,告李鸿章曰:"我在京与总理衙门商量此事,延至多时,或今日答应一两件,明日又谓某件还要斟酌,或此件甫经说有眉目,又说某处不能行,各位中堂大人如同哄骗小孩子一般,说来说去,无非空谈。"又曰:"自咸丰十一年(一八六一)到今,中国所办之事,越办越不是,就像一个小孩子,活到十五六岁,倒变成一岁了。……总署向来遇事总云,从容商办,究是一件不办。"因言抽厘不照条约。李鸿章云:"这是中国自主之权,你岂视中国不当作自主之国。"威妥玛曰:"丹国(丹麦)是一个极小国,我国还许他自主,何况中国?但中国自周朝以来,常说内修外攘。试问至今,内修若何?外攘能否?今不改变一切,恐终不能自主,非独我一人意见,各国官民皆如此说。……中国改变一切,要紧尤在用人,非先换总署几个人不可。"其言若一训辞,说明总署办事之情状,足称详尽,而于中国长官面前如此说法,可谓轻蔑之至。李鸿章将其晤谈节略,函报总署,亦无改革。总理衙门除办理交涉,咨令外交官外,兼管海关、同文馆、购置军舰等。

通商口岸增加,领事之数亦多,条约规定领事与道台地位相等。向例地方长官办理外交者,为两广总督,及广州丧失其外交上之地位,朝议初欲南方商埠之交涉,归两江总督办理。曾国藩不愿与闻夷务,先由江苏巡抚薛焕办理,至是,设通商大臣于上海,以薛焕充任。北方三口,设三口通商大臣,办理牛庄、天津、烟台之交涉事务,以候补京堂崇厚任之,其后南北地方交涉,由道台出面,归南北洋大臣办理,由两江、直隶总督兼任。领事之职位颇低,而朝廷设通商大臣,与之交涉,乃将其地位提高。其人又以领事裁判权之故,益居重要之地位,轻视道府,欲与督抚抗礼。左宗棠为闽浙总督,不礼来谒之领事,领事报于公使,公使向总署交涉。左宗棠复称其未开正门,发炮迎之,故有此事。督抚后请总署拟定待遇章程,免致争执。外国初设领事,以其事简,曾以商人或教士充之,或请他国领事代办,尤以商务不发达之国为多。总署大臣后以商人或教士之充领事者,易生弊端,与外国订约之时,加以限制。

外国设外交官于吾国,吾国侨民之在外国者,多于在华之外人,而清廷初则不派公使,或领事于外国,虽曰财政困难,人才难得,而吾国历史上实少其例。一八五八年,美使列卫廉与直督谭廷襄订约,向之建议,谭廷襄答称中国富庶,无求于侨民,不必保护之也,足可代表一班大吏之思想。李鸿章等后曾建议派遣公使、领事,朝廷初亦置之。于此现象之下,列强对华之外交,根据于公使之报告,吾国所持之理由,或不易传达于其政府,发生事件，概归驻京公使办理。公使易得操纵，多所压迫，而于吾国损失颇巨。一八七七年，政府始设驻英公使于伦敦，以郭嵩焘任之，更设使馆于他国。其时公使多兼办三四国之交涉，政府以其事简，且可节省经费。顽固大臣初颇轻视驻外公使，郭嵩焘书友告友人曰："出使者，今人所薄视，自以不屑为者也。"李鸿章请赏驻德公使李凤苞花翎，部议驳斥，朝廷且言其出身卑贱以劾之，固其例也。后则风气渐开，群视出洋随员为捷径，设法营谋，曾国藩之孙曾广钧以翰林编修，谋为参赞，不幸失败，乃怨望李鸿章焉。

外交情状，以环境之需要，发生剧烈之变迁，对外或有觉悟，抑或稍异于前，实吾人所当知者也。总理衙门主办外交之大臣，知识浅陋，已如上述。一八六七年，皇帝密谕疆吏问其修约之意见，中云："咸丰十年（一八六〇）换约，原因中国财力不足，不得不勉事羁縻，而各国诡谋谲计，百出尝试，尤属防不胜防。"其怀疑列强之心理，迄未改变，亲王大臣时以复仇为言。总署对于外使之要求，非万不得已，不肯让步，其已允许者，仍欲避免。贵州提督田兴恕闹教，拆毁教堂，杀伤多人，法国公使迭次抗议，交涉日趋严重。朝廷饬大员查复，奏上，称其贻误军事，乃将其发往新疆，迭促其行，而田兴恕托病推诿。朝廷不问，密谕称其"贻误军务，应重治罪，第既牵有外国之案，则又不得不曲予矜全，以维体制"。大臣之心理，往往类近诏旨。天津教案解决，醇亲王奕譞愤而称病，谓"在事诸臣，汲汲以曲徇夷心为务"，而竟戍贤员，杀义民。不负地方治安之官员，不守法律之暴民，反有贤义之称，此郭嵩焘所谓不知案之始末，而惟意气用事，马嘉理案起，无怪朝廷不将岑毓英议处，而清议诋毁郭嵩焘也。英、法、美、俄公使以战争之结果，驻于北京，而大臣仍信洋务转机，外使即可出京。一八六一年，总署奏请派员与普鲁士使订约，许其享受丧失主权之权利，而于使馆设京，则坚决不肯让步，请其于十年后设立，最后减为五年。约成，普使随员入京，恭亲王欲废条约，以示惩儆，文祥欲将随员递解出京。英使卜鲁士劝说，称其将即出京，普使且不进京，始已。既而普鲁士公使来华，商问驻京公使，现时能否入京？公使答称尚非其时，而普使贸然入京，恭亲王不礼焉，后知大势所趋，始许其请。兹再分言中兴名臣，对外之见解于下。

常胜军作战胜利，其主将戈登深望中国整顿武备，向总署建议，谓武官宜学炮法，总署置之，往谒曾国藩于安庆，陈说练兵。曾国藩卒然曰："余见英官着红色军服，而君衣蓝色，若位不足以致此，吾人将为君设法焉。"戈登颇轻其言，告以水兵服红色军服，而此为工程师之衣，乃进言建筑兵工厂之计划。曾国藩忽而论其佩刀，戈登失望，以英语问其译员丁吉昌曰："长官固如此乎？"丁吉昌曰："此拒君之进言也。"曾氏后闻沈葆桢主张翰林学习洋务，讥其大骇听闻，其上奏朝廷，论及外国，曾袭亿万小民与彼为仇之说，其友郭嵩焘函告其不应袭取俗说。及天津教案起，曾国藩上奏挖眼无据等情，都门士大夫讥之，乃奏论清议之祸，而悔其失言。左宗棠初言洋炮无用，虽主持创设船厂于福建，而以轮船危险，严谕其子不得乘坐自津南下。其时轮船虽有失事，而固不如其言之甚，闻知英国绅士有禁烟之运动，则言其恐惧中国报复，及自西北回归，李鸿章述其语，而加以批评曰："湘阴（左之故乡，以之代用其名），提师入直，兴复不浅，然谓船政轮舶，足敌俄之铁甲快船，又称俄虽强，不若粤捻回之难剿，奚翅梦呓？"沈葆桢曾任船政大臣，及为两江总督，英人建筑铁路于吴淞、上海间，百计将其收回，理当自办，乃以吴绅耻其先有铁路，而又识见不广，偏愎不受谏阻，邀取时誉。遂将其拆送台湾，成为废物。李鸿章对之深为失望，函告友人，斥其不知何心。长江水师主将彭玉麟，初纵其部下毁坏教堂，后言轮船无用于长江，而水师足资防御，曾奏朝廷曰："洋务……有不必讲者，如洋枪陆队，临阵呆笨，知正而不可奇。我军矫捷轻快，实远胜于西人，今乃必从而效之，延聘外人教习，是欲去己之长，效彼之短。此臣之所不解者也。薄小轮船，以之攻击脆薄，而不可用，巡缉长江尤所不宜。"其所主张者，则水师舢板船也。轮船较之舢板，孰为薄小？其言诚不可解。一八六二年，总署以文祥之议，创设同文馆，招收学生，习学英语，俄而扩张,兼授法语、俄语,一八六七年,设馆教授算术、天文等课。大学士倭仁等以其奉夷人为师,力请罢之,其言曰:"变而从夷,正气为之不伸,邪气因而弥炽。"倭仁,蒙古人也,以理学见称,痛恨西学。朝廷欲开通风气,诏其在总理衙门行走,倭仁屡辞不得,家住称病。其年夏旱,太后诏求直言,知州杨廷熙奏请撤销同文馆以应天变,并诋大臣,时论谓由倭仁授意,太后诏其销假到任。倭仁无奈,乘马而往,说者言其故意坠马伤足,乃称伤重,竟不视事。名士许珏曾问于大学士阎敬铭曰:"今世正士,谁善外交?"阎氏叹曰:"焉有正士,而屑为此者!"

其他疆吏之见解,可于一八六六年之复奏见之。初总税务司赫德呈递《局外旁观论》于总署,其文一言内情,一论外情。其言内情,略称中国律例不能实行,兵丁欠饷,动称千百万两,"按名排点,实属老弱愚蠢,充数一成而已"。将校自尽请恤,浮报军功,官吏回避本省,而任胥吏舞弊,仇教而反迷信。国内经济状况,则"各省拨款叠催,而民言剥皮,及至大内所需,饬令捐备,例不报销,是令人舞弊也,……以致万国之内,最驯顺之百姓,竟致处处不服变乱。吁!事不以实,而徒饰虚文,可乎?"其论外交,谓中国之损失,"皆由于智浅而欲轻人,力弱而欲服人"。中国外交以边界、传教、贸易为重要,宜守条约。外国方便,有火车、轮船、工织机器、邮局、电报、银币、军火、兵法,中国宜早兴办,最后建议中国宜整顿地丁、盐课、税饷,规定官署经费,鼓铸银币,建筑铁路,制造轮船,敷设电报。皇帝又当召见公使,派遣驻外公使,早日解决争执。其言深切当时之需要,而总署大臣初置不理。至是,英使阿礼国递交其参赞威妥玛所著之《新议论略》于总署,总署大臣误解其意,以二语论之曰:"一则曰借法自强,一则曰缓不济急。"威妥玛谓中国之情状,内乱甚深,外交冷淡。内乱则"目今直省之中,若云全省并无贼股,实不易言。盖贼率皆会匪,入会实意不过抢掠,旗号所书,皆欲立国为君"。云南回疆乱尚未平,奉天亦有叛乱。其原因则以水旱之灾,官吏不先防备,财政困难,兵士欠饷。厘金病民,而一二良臣,无济于事,亟宜改革。对外中国宜变通前状,言者以新法含有恶意,实则外国无侵占之意。英国迭请中国派使赴英,中国可派使驻外。各省宜筑铁路,设电报,开矿产,练军队,借外债,设医校,用外人,并引海关为证。朝廷乃将二文交官文、曾国藩等筹议,疆吏尽以恶意推度,几尽言其无一可行。湖广总督官文以为中国事机已顺,惧我相图,故作此论,且欲牟利。江西巡抚刘坤一奏曰:"通商不过耗我之物产精华,行教则是变我之人心风俗",轮船火车断不能从其请,遣使则弃重臣于绝域,令得挟以为质。其对外交之主张,则曰"以夷攻夷"。两广总督瑞麟奏称兵不宜裁,律不必改,新法除军火外,皆不足议。浙江巡抚马新贻复奏夷畏百姓,赫德所言内情为尝试,外情为恫吓。其他督抚之言,殆无引证之必要。吾人今读疆吏之奏疏,几不敢信其曾读赫德、威妥玛之原文也。疆吏之心理,岂如郭嵩焘所言耶?郭氏自英书告李鸿章曰:

> 窃谓中国人心有万不可解者,西洋为害之烈,莫甚于鸦片烟。英国士绅亦自耻其以害人者,为构衅中国之具也,力谋所以禁绝之。中国士大夫甘心陷溺,恬不为悔,数十年国家之耻,耗竭财力,毒害生民,无一人引为疚心。钟表玩具,家皆有之,呢绒洋布之属,遍及穷荒僻壤,江浙风俗,至于舍国家钱币,而专行使洋钱,且昂其价,漠然无知其非者,一闻修造铁路、电报,痛心疾首,群起阻难,至有以见洋人机器为公愤者。曾劼刚(纪泽)以家讳乘坐南京小轮船至长沙,官绅大哗数年不息,是甘心承人之害,以使朘吾之脂膏,而挟全力自塞其利,蒙不知其何心也。办理洋务三十年,疆吏全不知晓,而以挟持朝廷曰公论,朝廷亦因而奖饰之曰公论。呜呼!天下之民气郁塞壅遏,无能上达久矣,而用其嚣张无识之气,鼓动游民,以求一逞,官吏又从而导引之。

郭嵩焘之痛言,可谓切中时病,李鸿章初拟遣学生出洋,总署先尚不肯照会公使。一八七四年,李氏入京,向总署王大臣建议,筑铁路、设电报等，文祥目笑存之，会议不置可否，廷臣有诋之者，乃请于奕䜣先办清江至京铁路。奕䜣心以为然，但谓无人主持，太后亦不能定此大计也。后刘铭传再言铁路，亦阻挠于时议。一八八九年，醇亲王奕谖拟筑天津、通州铁路，而朝议相违，叹曰："决理易，靖嚣难。"刘铭传愤而言曰，"津通铁路，此次如办不成，以后决难再举，不独遗笑外洋，朝野有志之士，亦冷心解体"。会张之洞请先筑芦汉（后称京汉）铁路，朝廷许之，郭嵩焘闻而失望，以为津通路短，易于筹款，而芦汉路长难于兴筑，不过縻款，一无所成而已。朝廷尚别有奏请者，李鸿章亦深失望，电告友人曰："中国积习，可叹可恨。"一八八〇年，政府许设电报，各省次第兴办，独湖南官绅反对，设立之电报杆，均为人毁去。其人亦何愚陋至此耶！

　　李鸿章之见闻较广，办理外交，负有能名，对于内政，主张变法，仍不免于极大之错误，一八七〇年，天津案起，奉命回直，上奏筹御外人之疏，中云："臣昔在苏沪与洋人久相交涉，所部将士与洋兵曾共战阵，习知其平素伎俩，专恃火器。水路船炮我军或难于争长，陆路野战彼族亦难必胜，盖大炮笨重，不宜运行，又洋人不能自扎营垒，一败则无归宿也。"其后在津日久，益知外国之情状，始知淮军之不可恃，奏曰："饷少，兵劣，器坏，不能一战。"人之知识有限，不能无错，知而改之，实足钦佩；又以外人曾在常胜军中，设与他国战争，招募外人，彼将助我作战。伊犁交涉严重之时，戈登奉召来华，入京陈说意见之后，返津，回归印度。李鸿章称其言曰："中国对外有事，彼将来助。"其言深可怀疑，而固李氏之感想。后中国驻外公使，先已购定军舰，忽以第三国势将起衅，废弃成议，公使报于李鸿章。李氏初尚不信，命其交涉，终无进步，始知中立国之意义。此种错悞，不独李鸿章一人，而士大夫莫不尽然。初伊犁事起，张之洞主张战议，大言炎炎，其奏议中有云："设使以赎伊犁之二百八十万金，雇募西洋劲卒，亦必能为我用。……俄人意在拊印度之背，……李鸿章若能悟英使辅车唇齿，理当同仇。"天下之事，实不若此简易。戈登之来华，印度政府不许其请，将其免职。朝臣殆不之知，其他共同错误，则初遇交涉，大臣不敢轻见外使,或往外国,以入虎口也。鸦片战争,将告结束,道光谆谆然谕戒耆英等不可轻身,即往夷船。巴夏礼等之被捕,亦由于此历史上之传统观念。中日台湾交涉事起,日本时无使臣在京,朝廷不派使臣渡日交涉,据李鸿章言,恐其留之为质也。一八七六年,皇帝诏李鸿章为全权大臣,前赴烟台,与英使威妥玛商议和约。时英巨舰来华,人心汹汹,津人患其危险,百计留之。及条约成立,友人有致书问之者,答书称其前入虎口,言下露有不顾生死之意。其言殆非夸张功绩,而或诩于明僚,盖尚不知公法也,自此而后,国人渐知其无危险矣。李鸿章又上奏曰:"各国通商传教,往来自如,麇集京师,各省腹地,阳托和好之名,阴怀吞噬之计。"殊不知欧美列强,外人入其国后,居住合法行动之自由,或过于其在中国。李氏之恐惧,实为太甚;凡此种种,例不胜举。吾人生于今日,指摘前人之过,殊非难事,设使吾人生于当时,决不敢谓对外知识,高于时人。吾人之责任,则在明了当时之背景与环境,而可认识其政治社会。其造成之原因,由于胸襟狭隘,心理傲慢,成见太深,而无求真知识之心。吾人不能为之恕者,有得新知识之机会,不知利用,而仍顽固反对,阻碍中国之进步,增加民众之痛苦也。于此现状之中,宜李鸿章之见称于世。今之论古,犹后之议今,古人给予吾人极大代价之教训,可不勉乎?

吾国处于十九世纪科学发达之中叶,列强之公使驻京,领事驻于商埠。其轮船驶行于沿海,及长江内之口岸,货物贩运于全国,其军舰枪炮,以战胜之威,动人耳目。其铁路之发达,电报之敷设,矿产之开掘,闻者或动其好奇之心理,识者或有仿行之计划。外人视为利之所在,多方劝说,谋得承办之权,实用科学及经济势力,非任何人所能反对而终止。同时,外使在京,于中国战争屈服之后,不免存有轻视之心,而大臣顽固之态度,益足以坚其概念。中国之礼教,自其观之,犹为古代之产物,不适用于近代先进国之代表,欲以西方盛行之礼节,行于中国。中国之社会环境,迥异于外国,一旦欲其抛弃固有之思想礼教,采行其所轻视夷狄国中之礼节制度,自固不易,然于失败之后,又难完全拒绝,问题乃生于此。其时主要之问题,可别为五:一曰改革与新法,二曰觐见与遣使,三曰订约与修约——商业,四曰教案,五曰属国之丧失。凡此五端,系就咸丰死后,迄于中日战争期内之大事而言。一八六七年,太后以十年修约之期将届,密谕疆吏筹议修约事宜,旨中胪列六款,一请觐,二遣使,三铜(电)线铁路,四内地设行栈,内河驶轮船,五贩盐挖煤,六传教,疆吏各就所知议复。试举曾国藩、左宗棠、李鸿章之意见,以作疆吏之代表。关于觐见,均请准许,遣使外国,认为有益,传教当晓谕人民,并许保护,挖煤曾李谓用机器自行试办,左氏言外商不宜挖煤。余款三人均言不可。其理由可引曾国藩之奏语。其言曰:"其(洋人)来中国也,广设埠头,贩运百货,亦欲逞彼朘削之诡谋,隘我商民之生计。军兴以来,中国之民久已痛深水火,加以三五口通商,长江通商,生计日蹙。小民困苦无告,迫于倒悬。今若听洋人行盐,则场商运贩之生计穷矣;听洋人设栈,则行店囤积之生路穷矣;听一轮船入内河,则大小舟航水手舵工之生路穷矣;听其创办电线铁路,则车驴任辇旅店脚夫之生路穷矣。……轮船铁路等事,自洋人行之,则以外国而占内地之利,自华人之附和洋人者行之,亦以豪强而占夺贫民之利,皆不可行。"其言虽有形容过甚之处,而实含有至理,究有何合于理智解决之办法,减少小民可以避免之痛苦?固不能以其害而抹杀其利,经济势力,且非政治所能阻止。此所以国内需有眼光明锐之政治家也。曾氏不足语此,其言不过代表一时之意见,兹为便利之计,仍按上言之五问题,分言三十三年中之大事如下:

国内机关改组早而成绩较著者,当推海关。初国际贸易限于广州,海关监督主持征收货税船捐,而并勒索规礼,久为外商所病,及《南京条约》成立,新开放之四口,皆设海关。上海、宁波各由道台兼理,福州、厦门归都统节制,广州仍照旧制。其时海关行政较之于前,固有进步,而官僚恶习则未尽去,税吏不通外国语言,私受商人贿赂,共同舞弊,如上海税吏将棉花二包作一包计算纳税。新自英国来华之商人类多资本短少,尝或不顾信义,偷运货物,诚实商人乃言海关不能行使职权,纳税偷税之货物,待遇实不平允。一八五三年三月,太平军攻陷南京,九月,小刀会起事于上海。上海道吴健章以外人之助,缒城出逃,住于租界。会英、美、法领事宣布中立,吴健章不得于租界征收货税,暂设海关于黄浦江中之船上,但以领事之抗议而罢。其无理干涉侵犯中国之主权,至堪惜痛。条约上英国领事,负有赞助华官收税之义务,通知商人,书其税额存于领署,商人言其出于职权之外,英商后竟不肯缴款。吴健章不能收税,以作官军之饷,心至焦极,改于上海往内地之要道,设税局二所,三国领事提出抗议,殊不知其何所根据,而干涉内政也。吴健章无奈,撤去税局,一八五四年二月,向其议定,设海关于虹口。后二月,英船一只不纳税银,领事依据条约,当即予以惩罚,不幸置而不理,他船要求同样之待遇,遂不纳税。总督怡良密咨闽、浙、江西等省督抚,停止商人贩运丝茶于上海销售,未有效力。六月,吴健章再与三国领事议商上海海关章程,由其各推委员一人主持收税,七月,委员就职,上海海关之实权,始归于外人。吴健章因以媚外及养贼罪落职。委员初为领事馆之职员,认此非其职守,相继去职,英领推荐李泰国,英国闻报,以为推荐侵犯主权,表示反对。李泰国之在职也,自由雇用职员,非其同意,不得罢免。其为人也,善于组织,办事认真,收入为之大增。领事外商谓其结果良佳,主张推行于他港,一八五八年,中英通商章程,载明中国自由邀请英人帮办税务,毋庸其官指荐干预,西方诸国均得享受同等权利,明年,两广总督劳崇光,及关督恒祺商请李泰国改组广州海关,试办一月,颇著成效,遂用外人办理。及《北京条约》告成,赔偿英法军费大增,而以海关之收入担保,一八六一年,恭亲王以薛焕之请,奉旨札谕李泰国帮办各海口通商事务。海关任用外人之制,次第推行于各口,卓有成效。会李泰国回英,以英人赫德等暂摄其职,奉命购置军舰,及回中国,总署以其办理不善,改委赫德代之。

赫德初为广州领事馆之译员,后服务于海关,一八六三年,代李泰国职。为人精通华语,娴习华礼,忠于职守,督抚初有反对外人管理海关者,赫德处置得宜,免去困难,及就职后,即往北京,谒见恭亲王于总理衙门,言谈欢洽,一八六五年,正式设立总税务司官署于北京。其职务于管理关税之外,对于外交常有赞助,事实上殆为总理衙门之顾问。海关年有报告,凡输出、输入之货物,价值、收入、支出等款,颇为详晰,赫德所用之高级职员,不分国籍,藉以免除列强之忌嫉,初一八五八年之通商章程,允许美法诸国,雇用其国人帮办税务故也。其中以英人为最多,初无华人,政府亦不之问,其薪金待遇颇为优厚,外人乐为之用,中多能员。赫德告其服务于中国政府机关,办事必当勤慎信实,兼宜学习华语,各地税务司须与地方官合作。一八六四年,赫德说恭亲王提出钞银百分之十,充作设置浮桩、号船、塔表、望楼,以利行船,先是,海关收入除行政费外,余款概作政府收入,通商章程载明拨用船钞、建筑浮桩等,至是,赫德建议,总署许之。未几,政府次第准提外船华船钞银百分之七十,以作改良航行之费,其款既多,工作益繁,航船颇受其利。一八六七年,引港亦归海关管理,而水手多为外人,此官吏放弃责任,而与外人侵略之机会所造成也,外人更何足责!方赫德之整理海关,英商恶其职员详问船上之货物,而未予以权利,英领谓其仍受领事裁判,曾课以罚金,而妨碍其工作。其危险则海关长官,非承领事之旨意,或间接受其指示,则难行使职权,海关之行政主权何安?赫德改订外人之受处分者,暂派人代理,同时,上诉其案于英国法庭。驻京英使亦谓英人之受领事处分者,非其个人之责任,乃执行中国政府命令所致之结果,不能负责,英国政府之意见亦然。会法庭否决领事之判书,其事始已。

其时国际商业视前发达,海关之收入增加,广东则以香港、澳门不归中国治理,漏税甚多。香港、九龙去广州不远,自英人经营以来,商业日盛,舢板船之往返于广州、香港者繁多,香港公卖鸦片,而鸦片输入纳税颇重,小船自香港偷运鸦片入于内地,获利极厚。粤海关监督无如之何,乃于中国领海之内,驻船巡查来自香港之船只。英商谓其封锁香港,表示热烈之反对,而公使言其属于中国主权,英商始肯让步。一八八六年,赫德奉命往港议定鸦片专约,港官协助海关收税,管理往返二地之商船,中国撤去巡船。赫德因欲解决澳门之悬案,初葡萄牙人租居澳门,岁出税金五百两,中国设官驻守。一八四九年,葡官驱逐华官,而强据之,广东官吏人民莫不恶之。后葡萄牙遣使入京,议订条约,朝廷以澳门问题迄未解决,不肯批准。就国际公法而言,葡萄牙之据澳门,无条约上之根据,近于盗贼之行为,自理论言之,中国尚未丧失领土也。澳门地接香山县,水陆路往返广州,均称便利,鸦片之偷运入粤者额数颇巨。至是,赫德奉命遣人前往葡京,一八八七年,议订条约。其要款凡三:一、葡萄牙永远管理澳门。二、澳门不得让与他国。三、澳门政府协助中国征收洋烟之税。约成,又订鸦片专约。两广总督张之洞坚持反对之议,奉旨申斥。赫德辩护则为预防葡萄牙割让于法也。海关收入,同治初年,约七百万两,一八八九年,增达一千五百万两,洋药税厘又六百万两,共二千一百万两。一八九三年,增至二千三百万两。

　　海关而外,海军亦颇重要,其军舰则多购自外国。初国内水师成立颇早,惜其船身微小,久无改革。不足一战。及林则徐缴交英商鸦片,购一美船,改为军舰,是为中国新式军舰之始,后为英舰击沉,或言未及购置。迨常胜军建立奇勋,赫德建议于恭亲王奕䜣,购设海军,以便早平内乱。恭亲王从之,令总税务司李泰国于英购置军舰,招募水手,李泰国聘英海军大尉阿思本(Sherard Osborn)为将,订立合同,谓其不受他人之指挥,而仅执行李泰国交来皇帝之命令;共买军舰七只,运输船一,用银一百七万两,每月经费需银七万五千两,一八六三年,驶行来华,九月,抵于上海。恭亲王令归江督曾国藩、苏抚李鸿章调遣,初曾国藩闻舰队将至,患其分夺将士之功,迭次书告李鸿章,不愿其来助攻南京。李泰国入京,商定中国派员为汉总统,阿思本为帮同总统,听督抚节制,并可派人上船学习。朝廷以蔡国祥为汉总统,而阿思本欲照合同办理。曾国藩奏曰:"不若早为疏远,或竟将此船分赏各国,不索原价。"李鸿章奏称蔡国祥面谓徒拥虚名,阿思本亦请解散,并告英使卜鲁士若不善为处置,将生危险。恭亲王照会卜鲁士将其变卖,英使遂令阿思本统率舰队驶往印度办理善后事宜,解散水手,兵舰卖于英国。不敷之款项,仍归中国担负,前后縻银一百四十余万两,竟无所得,良可怪也。曾国藩虽不欲舰队助战,然于长江亲见轮船驶行迅速,不受风浪之阻碍,淮军以轮船之运载,得过南京江面,抵于上海,心中不能无感触,乃召华人,试造轮船于安庆,未有成绩,派候补同知容闳出洋访探机器真价,有所购买。容闳者,粤人,幼得教会之助,留学于美国耶鲁大学,而欲中国变法者也。李鸿章时与外人相熟,知其枪炮之利,设局仿造枪弹,谋于上海,访购机器,一八六五年,海关译员唐国华等因案革究,集资购买虹口铁厂以赎罪,其厂原为修造轮船之用。会容闳所购之机器亦至,归并一局,厂中有洋匠八人,以时需要制造枪炮,每月需银一万余两,后二年,曾国藩奏请拨留关税二成,一成作为专造轮船之经费,奉旨准许,其年于城南购地兴筑新厂,明年,造成轮船一只,名曰恬吉。曾国藩称其尚属坚致灵便,可涉重洋,将陆续增造。其在闽县马尾尚有大规模之船厂,左宗棠初主持之,商请浙江、广东巡抚,凑集巨款,据其一八六六年奏议,开办费三十余万两,每月经常费约五六万两,聘前宁波税务司法人日意格(Giquel)、法国洋枪队将德克碑(d'Aiguebelle)主持其事,朝廷许之。会奉旨北上督兵,疏举沈葆桢为船政大臣,并请仍得会衔奏事,皇帝从之。朝臣后以船厂縻款太巨,而造船太少,奏请停办。左宗棠论其不可,李鸿章亦以为言,始得不废。自吾观之,其经营实不得法也,李鸿章亦称其植党排轧,积弊深痼。

一八七四年,台湾事起,朝臣以为陆军强于日本,而海上作战,恃有军舰,张佩纶奏设海军以御日本,明年,朝廷议定海防费四百万两。其时船厂所制轮船均为旧式,而多以木造成,且其所造之数,不敷分配,乃向英国购买蚊子船八只,由直督李鸿章主办,两江总督亦另购买。一八八〇年,李鸿章拟购铁甲船于英,而英以中俄交涉严重,不肯出售,明年,向德订购二只,凡银三百二十六万两,其年共到蚊子船十一,快船二,又陆续购买,修筑大沽炮台,建筑旅顺炮台。及中法事急,福建有兵船七只及水师船等,及战,为法舰所毁,船厂幸免于难,法舰往攻台湾,守将刘铭传迭次请援,而援军不敢渡海。战后,朝廷深受刺激,适二铁甲船来自德国,名曰定远、镇远,新购之雷艇亦至。醇亲王奕谭时代恭亲王奕䜣执政,欲有所为。一八八五年,太后诏立海军衙门,谕奕谭总理海军事务,节制水师,李鸿章、奕劻、曾纪泽等会同办理,建筑威海卫港。明年,奕谭巡阅旅顺、威海卫军港,检阅海军,李莲英随行,海军颇有振作之气,续购之快船亦至,雇用英海军大尉琅威理(Capt. W. M. Lang)为总教习。其编制操法,仿自英国,以其海军最强也,北洋舰队,以全国之力经营,颇有可观,而饷岁增,费用浩繁,乃借款以救济,并谋筹新款。会太后将归政权于光绪,拨用海军经费修筑颐和园,部议不再购买新舰。其提督丁汝昌本为淮军战将,无海军知识,琅威理以其无权,不能有为,辞职去国。其下将佐,多为闽人,有习海军于欧洲而归者,轻视主将,操练日怠,军纪渐坏。南方南洋舰队归两江总督节制,实力远在北洋之下。

陆军与海军相较,殆无明显之改革,陆军之不能战,久为识者所知。琦善于鸦片战后,官于西藏,与法教士语,承认军队之当改革,但不敢上奏于皇帝,言之将有杀身之祸。耆英与美使顾盛订约于望厦,不受顾盛所赠之枪炮模型与兵书,殆亦为此。曾国藩、左宗棠初均不信洋枪大炮之威力。李鸿章于上海见闻外兵常胜军之作战,始信其战守攻具,天下无敌,迭次书告曾国藩说其倡率用外国军器。李氏雇用外人教授炮法,买置大炮数尊,购办造械机器,及常胜军解散,戈登劝其收留其一部炮队。其心中以为"中国但有开花大炮轮船两样,西人即可敛手"(上曾国藩书中语)。曾国藩不肯倡率,并置戈登之建议于不顾。及曾国藩北上剿捻,李鸿章代为两江总督,购机器,设厂于南京,制造军火,江苏遂有机器制造局二所。一八七〇年,李鸿章改授直隶总督,初三口通商大臣崇厚奉旨创办机器局,厂址周围五六里,在天津城南海光寺,至是由李鸿章接办,大加扩充,一八七四年,分设四厂,规模宏大,他省亦有仿办者。机器局虽有创设,而军制迄无改革,戈登曾向总督署条陈西法练兵,总署置之。后台湾事起,朝廷诏筹海防,李鸿章之建议,中言练兵用洋枪炮,丁日昌奏请武举改试枪炮，均未采行。粤省劳崇光雇用英人练兵，俄亦解职。当时八旗仍称劲旅，受国家豢养，各省营兵多复旧额，其情状一如左宗棠之奏语（其言见上）。淮军器械较优，而军纪操练，未有进步，李鸿章曾雇德教练官，而不与以实权，其创办之武备学堂，徒有虚名。戈登于伊犁交涉时来华，及其将去，留有赠言，中云："中国既请洋人教导，华人必当受教。……华人不愿受教，不如不请。"其言深切时病，又言中国陆军劲旅无多，宜先整顿陆军，不幸其未整顿也。

交通亦有改革，惜其进步迟缓。初十八世纪，英人瓦特改良蒸汽机，其推广之影响，改变世人之生活，十九世纪初叶，科学家制造轮船、火车，试行之结果良佳，次第推行于欧美，中叶，商人经营之电报盛行于美欧，电话于一八七八年由商人开始营业，世界之交通为之大便。中国处于此时，当即利用科学之发明，促进国内之交通。盖时土地广大，交通不便，人民受其影响，多数足不出于百里之外，而老死于家乡，方言为之繁多，朝廷难于监督地方长官。交通果有极大之进步，阻碍势将减少，朝廷固不之知。其先行于国内者，则为轮船。轮船于鸦片战争始至吾国，一八四五年，商业轮船往来于香港、英国，后五年，航路展至上海。迨《天津条约》成立，额尔金乘坐轮船驶抵汉口，及条约批准，长江开放。轮船往来于口岸，沿岸商埠亦有外轮运货载客，内河时未开放。苏浙河内，竟有小轮船驶行。国内往来海口之沙船，内河之运船，均受亏折。"滨海之区，四民之中，商居什之六七"（左宗棠奏语），均感生活困难。李鸿章初奏救济沙船，予以利益，而终不能与轮船竞争，信如李鸿章曰："中国长江外海生意，全被洋人轮船夹板占尽。"容闳等欲筹款购置轮船，分运漕米，运载客货，未能成功，而殷实商人有附洋商营业者。一八七二年，李鸿章饬南省海运委员朱其昂等，酌立招商章程二十条，大意官商合办，官先借拨钱二十万串，创设招商局，华商入股，购船三只。政府准其照新关章程完税免厘，揽运货物，起岸则照常捐厘。李鸿章咨准江浙督抚，将明年漕米二十万石，由其运津，咨请总署加意保护，两江总督沈葆桢颇多赞助。开办五年，置船十二，借用官款，收买美商旗昌洋行大小轮船十八只，英商太古公司减价争运货物，而关道以运漕之故，滥荐私人，招商局遂致亏蚀。朝官迭次参奏，均赖李鸿章妥为奏复，请将官帑免息三年，分五期缴还，商局设法增加股本，官物概归其运送，运津漕米增加额数。及朱其昂死，叶廷眷、唐廷枢次第接办局务。后中法战作，商局船只惧为法舰所毁，不敢出洋，营业停顿，亏息不堪，乃售交旗昌洋行营管。战后，朝廷责令收回，而商局之债积多，难于维持。李鸿章奏请运漕空回减税，并减茶叶之税，暂勿提拨官款，朝廷许之，商局之基础始固。综观招商局之成立，多赖李鸿章之全力协助，曾因之与疆吏相忤，如左宗棠称为其商人射利，与国家无益之类。其营业失败者，由于滥用私人，不知节省，而官僚之习气深重，其主持局务者，均有官衔，以类近衙门之机关经营，自多处于失败之地位，殆所谓公家穷而私人富，况有资本雄厚之外商与之竞争乎？

外商久欲兴筑铁路，一八七五年，英商未得中国之许可，建筑上海、吴淞间之轻便铁路，明年，工竣营业，乘客拥挤，而绅士耻之。江督沈葆桢严令上海关道交涉，未有进步，会车辗毙一人，沪官打死地保，鼓动乡民示威，形势严重。英使威妥玛以滇案出京，时在上海，饬商人停车，及《烟台条约》成立，李鸿章与之议定赎路，派道员盛宣怀往沪，与沪道英领会商办法，出款二十八万两赎回。初李鸿章入京陛见，建议兴筑清江至京铁路，恭亲王谓太后不能定此大计，至是，力劝沈葆桢收回自办，英商亦愿赞助中国办理。而沈葆桢求好于清议，坚持不可，会丁日昌奉旨准于台湾试办铁路、电报，乃将其拆送台湾，其一部分材料，成为废物。台绅林维源捐款五十万元，建筑铁路，而朝廷将其改作赈款。台湾铁路，后由刘铭传办理，刘铭传曾请建筑二路，一自清江至京，一自汉口至京。朝廷交南北洋大臣复议，江督刘坤一言其不可，李鸿章请借洋款建筑，朝议诋之。其反对筑路之原因，一为贫民失业，毁迁坟墓，一为知识浅陋。实则铁路筑成，货物流通，足以解决一部分人民之失业问题，愚陋非待试验所得结果之后，将难消除。所贵乎已受高等教育而居高官者，在其虚心，乃张家镶奏疏中云："民间车马及往来行人，恐至拥挤磕碰，徒滋骚扰"，不亦可笑。李鸿章仍谋有所进行，其奖进开采之开平煤矿，为便利运煤之计，一八八一年，筑成唐山至胥各庄铁路，长约二十里，俄再接造六十里，南抵蓟河边阎庄。一八八七年，李氏商得奕𫍽之同意，由海军衙门奏请将其延长，南接大沽北岸，北接山海关，若款不足，先筑阎庄至大沽北岸八十余里之一段，再造大沽至天津百余里之路线，仍由公司经理，奉旨照行。公司借款兴工，一八九四年，工竣通车。李氏又向奕𫍽建议，建筑天津、通州间之铁路，奕𫍽同意，而朝议庞杂，奕𫍽让步，主用晋铁，改筑卢沟桥至汉口铁路。晋铁量数尚不可知，何时炼铁？更属遥遥无期。朝廷忽欲先筑营口至珲春铁路，会醇亲王死，无人主持，遂作罢论。

电报之在中国，初许美商安设海线之权利，其线自美至华，路过英俄，不能兴创而罢。丹麦亲善二国，一八七〇年，英使威妥玛为之请于总理衙门，丹商大北公司得设海线，自香港达于上海，言明不得于岸上设线，明年，工竣。及台湾事起，疆吏颇赖其利，许其于福建、台湾设线，会以反对而止。及吴淞铁路筑成，公司于路旁设线，直达上海，铁路由沈葆桢收回拆毁，乃说其将电线拆去，公司迁延不肯，后由中国收回。李鸿章初曾议设电线，朝廷不可，一八七九年，自大沽口至天津架设电线。明年，伊犁事起，请架设电线，上谕准可，乃创电报学堂，雇丹麦人教授。盛宣怀请归商办，由官保护津贴，方事之初，召股困难，改借官款，由淮军饷内支出，改为官督商办，分期归还官本。工程由大北公司代办，延长达于广东，一八八三年，展接京通，明年，自上海展至汉口，广州展达龙州，北塘展至山海关、旅顺，更由济宁设至烟台，由营口至奉天，由奉天至朝鲜仁川。一八八五年，盛宣怀请由汉口接线至川入滇归商办，自广西入滇归官办，其理由则山道设线不易，商人无利可得也。李鸿章以奖设电报之故，从之。北方电线又展达保定，奉天展至珲春，一八八八年，九江架至南雄，南达广东，明年，定至陕西为商线，自陕至嘉峪关为官线。其时电报费昂贵，非达官商人，殆少用之。商线经过之区域，多为要邑，获利极厚。外商经营之海线，除大北公司而外，尚有英商大东公司，一八八三年，准其妥设上海、香港间之海线，与中国陆线相接。边境则中法条约载明互接电线，一八九二年，亦许俄国接线。电话始于一八八二年上海租界设立，国内城邑之仿行者颇迟。新式邮局初于香港成立，逐渐于商埠营业，中国设立之邮局则发达较迟，其原因则官文传递，旧设驿站，后置文报局，民间设有信局，而朝廷反对设立邮局也。初《天津条约》载明使馆邮件，每于冬季改由镇江寄发，总理衙门交海关办理，海关于封冻口岸，次第附设邮政部，归天津税务司德璀琳(Gustav Detring)办理著有成绩，乃于商埠次第设立寄信局。

士大夫对外知识之浅陋，由于中外言语之迥异，国内缺少关于外国实况之书籍。一八六三年，李鸿章曰："互市二十年来，彼酋之习我言语文字者不少，其尤者能读我经史，于翰章、宪典、吏治、民情，言之历历，而我官员绅士中绝少通习外国语言文字之人，外国公使领事均有译员，而中国唯有通事传语。其人通洋语者十之八九，兼识洋字者十之一二，所识洋字亦不过货名价目，与俚浅文理。"其言殆为多数通事之写真，精通外国语言之人才，实为当时之需要。初恭亲王奏设同文馆，咸丰许之，一八六二年成立。其章程仿自俄文馆，先置学生十名，年在十五左右，从八旗中挑选，教授汉文、英语，每届三年，总署一考，明年，添设法文、俄文二馆，每馆学生十名。李鸿章请于上海创设外国语言文字学馆，朝廷许之。及上海机器局扩充，曾国藩奏称雇用英美人四名译书，俟学馆筑成，即选聪颖子弟学习，及成，有学生数十人。广州亦设学馆，有学生二十名，其毕业者送往北京同文馆肄业。恭亲王以左宗棠等之建议，奏添一馆，考收满汉举人等习学天文、算学，太后许之。总署改订章程，凡年在三十以内之翰林院庶吉士、编修、检讨，及五品以下由进士出身之京外各官，均得应考入馆，发给原薪，奏派徐继畲为总管同文馆大臣。柳史张盛藻称非养士之道，上谕不应。倭仁极言不可，且曰："未收实效，先失人心"，迭与总署争论。太后后始谕称仍照前议办理，饬倭仁另办一馆。倭仁奏言无人可保，上谕令其咨访，会知州杨廷熙应直言之诏，痛诋在京之王大臣。恭亲王自请免职查办,太后不许。及考,应试者凡七十二人,考取三十一名,固为正士所轻视,其入馆者仍多八旗子弟,不肯尽心学习,于是设备比较完备之同文馆,竟无影响于中国。

同时,马尾船厂亦附设学堂,分英文、法文二部,选童入学。其后李鸿章于天津创电报学堂、武备学堂、水师学堂,类多办理不善。学生不能利用时间,切实学习,而外国教习亦不能尽其才力,徒有虚名而已。容闳主张派遣幼童留学外国,由丁日昌商于曾国藩、李鸿章,一八七一年,二人联名致书商于总署,每年访选幼童三十名往美国肄业,以四年为限,共一百二十名,在美肄业十五年后回国。总署许之,明年派出。一八七六年,李鸿章遣淮军将士卞长胜等七人赴德学习军事。同年,船政大臣沈葆桢遣学生数名,随日意格赴法,明年,遣学生三十名往法英学习海军造船等科,以三年为期。其后闽厂又遣学生出洋学习六年。政府每次遣派学生,縻款颇巨,并命监督同往,吾人不知其监督何事也。幼童不知国内之情形,遣之前往,乃于外国教授国文,宁非愚乎?淮军将士之赴德也,先无预备,又非其人,据德使报告,其中三人不肯学习,并阻他人学习。船厂学生限期太促,其后留美幼童竟以监督不满意之报告而撤归,卞长胜等无所得而返,船厂学生亦无美满之成就,可慨也夫!谋之不臧,以至于此,主其事者,实有相当之责任焉。

第七篇　内政外交(续前)

觐见之争执——外使之入觐——遣使之困难——斌椿游历之失败——蒲安臣之出使——驻外使馆之成立——条约——滇案之交涉——烟台会议——交涉之评论——中德修约之交涉——外商之贪心——反对教士之传说——教案之迭起——天津教案之严重——藩属之观察——新疆叛乱之平定——伊犁之交涉——中日之关系——中国对于安南之失策——和议之失败——战争之经过——和议之成立——交涉之评论——缅甸之丧失——西藏交涉之开始——帕米尔之交涉——外人之赞助中国——华工贩运之惨史——国际贸易之发达——输出输入之物品——国内情状之不变

外使驻京解决于英法联军之役，英、法、美、俄使馆相继成立于北京，咸丰患其觐见，不肯返京。同治嗣位，外使要求进觐，总理衙门答称太后听政，不能照允。其在京也，除与总署大臣相见而外，不得与各部院大臣往来，英使威妥玛为李鸿章言之，李称其不管洋务，故无外交。英使则曰："各国规矩无论管理洋务与否，皆可互相往来，以敦友谊。"适用西方之政教于中国，实非易事，入觐问题尤难解决。朝臣之心理，多欲外使如礼跪拜,而公使固力不可,且执条约上不得有碍国体之说。朝廷视为重大事件,一八六七(同治六)年,预筹修约,列举问题,谕疆吏奏复,曾以之为问。左宗棠论之曰:"今既不能阻其入觐,而必令其使臣行拜跪礼,使臣未必遵依。窃思彼族以见其国主之礼入觐,在彼所争者,中外钧敌,不甘以属国自居,非有他也,似不妨允其所请。此礼限于呈递国书。"左氏并言使臣平日无须请觐,若欲请觐,仍行拜跪礼乃可。曾国藩请于皇上亲政之后,许其入觐,不必强以其难。李鸿章之意见,与之相同。三人与外人接触较久,多所询问,故其言如是。山东巡抚丁宝桢则言"彼既不行中国之礼,其桀骜之气,自难遽驯,……若准入觐,恐将来锥刀之事,动烦睿鉴,措置较难,……似不如先为婉拒,……以杜其渐也"。丁氏之言足以代表朝臣之议论。会朝廷派前美使蒲安臣(Anson Burlingame)为办理中外交涉事务使臣,聘于列强。据恭亲王奕䜣奏报,有饬其无庸谒见君主之语,据外人记载,蒲安臣谒见外国元首,称同治亲政,亦许外使入觐。及天津教案起,前三口通商大臣崇厚奉旨渡法道歉,以递国书见法皇向总署请训。曾国藩与李鸿章书言其事曰:"总署答以昔年与蒲安臣咨,已预议中国使臣至外国不必面递书一层,是见不见,均可交递。并云,如始终龃龉,但向彼国执政取一不收国书之照复,即可回京复命。"信如其言,蒲安臣之允许,殆出于训令之外。公使入觐之问题,迄无适当之解决。

　　一八七二(同治十一)年,同治大婚,筹备多日,礼极隆重。驻京公使以为将得通知,前往庆贺,不意大婚之前,总署派崇厚等至各使馆告其于良辰之日,不可在街上行走,并请其通知本国人之在京者,斯日在家。公使大怒,有当面予以教训者,但无如何,许而从之。明年二月,同治亲政,俄、德、美、英、法公使共同照会总理衙门请觐,总署大臣诧为异事,议商多日,初欲公使行跪拜礼以难之,公使坚持异议,未有解决。三月,公使再请,最后议定公使先行免冠,五鞠躬入觐,恭亲王说明鞠躬曰:"即彼国俯首立地而叩之礼。"其主张改三为五者,表示尊重之意,公使同意,由一员读辞称颂,其辞先期知照总署。朝臣多言不可,翰林院编修吴大澂以为入觐不跪,则普天臣民,必愤懑不平,且曰:"我国定制从无不跪之臣,……朝廷之礼,乃列祖列宗所遗之制。……洋人狡狯之情,虚词恫喝,诚所不免,不过借此以为挟制之计。"其言不知何所根据。御史吴鸿恩亦论不可。同治犹豫,谕直督李鸿章妥议,李鸿章将其驳斥,但言"只准一见,不准再见,只准各使同见一次,不准一国单班求见,当可杜后觊觎"。其言岂对时论而发耶!朝臣以为外使入见,可得乘机要挟皇帝,而许其请求也。御史仍言不可,王昕请陈兵以惧之。边宝泉奏曰:"皇上独伸乾断,以不见拒之,并谕中外大臣严设兵备,以崇朝廷尊严之体,以杜外夷骄纵之萌。"于是朝议庞杂,恭亲王不敢自专,奏称仪节辩论三月,请交廷臣妥议,俄再奏言将致启衅。御史吴可读亦言不必与之较礼。六月,同治诏许公使入见,值日本大使副岛种臣在京办理交涉,持有国书,亦请入觐,面递国书。总署大臣以其为同文之国,欲其跪拜,副岛拒绝,大臣请改为五揖,其理由则公使许改三鞠躬为五鞠躬也。大使终不之应,乃一律待遇,论及入见班次,大臣声称公使在京已久,理应先见,副岛称其为头等钦差,当先入见,互相论辩,总署大臣久始让步。入觐之先,总署议定仪注,公使不得带剑上殿等,请其先至总署演习,外使深为失望。

六月二十九日为入觐之期,副岛首先入宫,英、俄、法、美、荷公使继至,会于北堂,崇厚引入福华门,文祥出迎,外使略进茶点,由大臣导入紫光阁之行帏,专伺召见,而皇上久待不至,九时,始御紫光阁,据恭亲王言,西北之军报适至故也。副岛入见,鞠躬如礼,置国书于黄桌之上,恭亲王叩首将其上呈,下阶宣读敕语,声浪低微,大使再鞠躬而退。五国公使继之进觐,俄使高声诵读法文祝辞,德使馆译员译之,译后,公使次第置其证书于桌上,恭亲王跪奏宣传谕旨如前,而礼已毕,为时约十余分钟耳。法使独留不去,递其总统答复天津教案之书,礼节如前,礼毕而退。于是久经交涉之入觐,始告解决,结果不过如此。外使之要求不已者,谓清帝不许入觐,含有轻视外国之心理,非以平等敌国之礼相待,力争得之,非以天朝皇帝异于常人,而动其好奇之心,必欲一见而后快也。礼毕,总署宴请大使公使，公使不至，独副岛往应，《京报》记其始末，兹录《清朝全史》一节于下。

英公使先诵国书约二三语，即五体战栗。帝曰："尔大皇帝健康。"英使不能答。皇帝又曰："汝等屡欲谒朕，其意安在？其速直陈。"仍不能答。各使皆次第捧呈国书，有国书失手落地者，有皇帝问而不能答者，遂与恭亲王同被命出。然恐惧之余，双足不能动，及至休息所，汗流浃背，以致总署赐宴，皆不能赴。其后恭亲王语各公使曰："吾曾语尔等谒见皇帝，非可以儿童戏视，尔等不信，今果如何？吾中国人，岂如尔外国人之轻若鸡羽者耶！"

其文译自英文，稻叶译成日文，但鉴自日文译为中文，辗转迻译，不无稍异于原文，作者未见原文，引之以见朝臣之思想。此种记录轻侮外使，又非事实，殊非亲善友邦之常态。其于紫光阁接见外使者，阁为外藩君长入觐锡宴之所，乃朝廷权宜之计也，外使多有怨言。及光绪嗣位，云南马嘉理案起，威妥玛怒而出京，李鸿章于津留之，节略记其问答。威云："现在两宫垂帘听政，我们亦须请觐，各国皆有此例。"李云："两宫垂帘，非比皇上亲政，中国向无此例，不能照允。"威云："条约内既有国主，就可请觐，并未分别，但我们不是就要商办，和约本有准觐及碍于国体之说。"后《烟台条约》成立，关于入觐，虽有规定，而太后于归政前及光绪亲政之初，迄未准其进见。外使啧有怨言，驻外公使薛福成为之奏请，始乃许之，又以觐见之宫殿发生争执，公使初有主张不必入见者，后始让步，议定召见于紫光阁，礼节一如前例，仍行五鞠躬礼。

外使驻京，中国亦得派遣使臣驻于外国，历史上无派使臣驻外之例，唯常有外国使臣入京朝贡。清初二百年中独雍正于一七三三年，防准噶尔部联俄，派遣使臣聘于俄国。至是，外使迭以为请，而传统思想，难于一旦破除，更以人才难得，费用浩繁，放弃应有之权利，及筹备修约，垂询疆吏。左宗棠曰："外国于中国山川,政事,土俗,人情靡不留心谙考,而我顾茫然。驻京公使恣意横行,而我不能加以诘责,正赖遣使一节以诇各国之情伪,而戢公使之专横。"曾国藩曰："遣使一节,中外既已通好,彼此往来,亦属常事,……似应令中外大臣留心物色可使绝国人员,储以待用,不论官阶,不定年限,有人则遣,无人则不遣,则权仍在我。彼亦断不至以许而不遣,遂启兵衅。"李鸿章奏称遣使有二利:(一)凡遇争辩疑难之事,公使领事有不可情理喻者,使臣向其政府诘责晓譬,排难解纷。(二)使臣学习外国之所长,以为自强根基。丁宝桢则称遣使可如蒲安臣之例,"将来各国情事,我既可以详加体察,而因此投间抵隙,能潜使各国自为离异者,权衡即在其中。此事深中要害,办理自能妥洽。"诸人之意见主张遣使,而所持之理由,各不相同。曾国藩、丁宝桢均以遣使为暂时报聘之人员,对于公使之性质与职务,皆未明了。李鸿章称使臣可学习于外国,使臣岂留学生之比耶?学习或就广义而言也。左宗棠、李鸿章之言,自今论之,较为中肯。朝廷得奏,未即派遣使臣,及天津教案起,朝廷派崇厚赴法,后马嘉理案发生,威妥玛请派钦差赴英,总署初尚留难,待后议定,英使争论遣派大员。可见朝廷之传统观念,尚未大改。一八七七(光绪三)年,驻英使馆始行成立,其先尚有二事,一派斌椿等游历,一诏蒲安臣出使。

外人之在国内,深知中国情状者,知其排外心理,由于不知欧美强国政治之实状,陆海军之战斗力,工商业之发达,科学之进步,而徒妄自尊大,夸言中国政教之高深。李鸿章议遣使臣曰:"该酋叠请之意,固以中国遣使为真心和好,且以富强夸耀于我,使知轮车电线之利,冀可仿而行之,不为阻挠,然在我实未尝无益也。"其言颇有见解,总税务司赫德关心中国,知其症结之所在,而欲中国改良内政,一八六六(同治五)年,告假回英,劝说恭亲王派同文馆学生随之游历西方诸国,增长见闻,奕䜣许之,派前知县斌椿及学生数人前往,斌椿时年六十有三,及抵欧洲,各国以为中国未派使臣,待之颇厚,而斌椿年老力衰,懒于动作,身在外国,所处之环境,迥异于中国之社会。其所见闻多为轮船、火车及汽力之生活,高大雄伟之建筑,而无安缓俭朴之适意,其尤感受不安者,不通外国言语,不明其思想制度,宴会之时,目视男女共席,相交言语,而以中国固有之道德论之,则乱男女之大伦,而为夷狄之陋俗,自无深切了解同情之可能性。其原定计划,先往欧洲,后游美国,乃至欧洲不愿游美,乘轮而回,自无良好之印象。其所著之笔记,偏重于海程宴会,固无影响于国内。

明年,美使蒲安臣辞职回国,总理衙门设宴饯行,将首途矣。赫德劝说奕䜣遣之聘于各国。其时总署大臣以为中英天津案约十年修改,外人业已深入内地,处于优越之地位,患其强筑铁路,故欲遣使聘于列强,说其不必干涉内政,而得听其发展固有之文化。恭亲王求得蒲安臣之同意,奏请委为使臣,太后许之。蒲安臣在京,深表同情于中国,及得诏书,欣然奉命,诩其为文化最古国之代表,有协理二人,记名海关道志刚、郎中孙家毂为会办,凡事须咨呈总理衙门复定准驳,以一年为期。一八六八(同治七)年二月,自上海渡美,钦使善于演说,谓中国改变其闭关思想,欢迎教士传道,列强亦当更改政策,到处美人开会欢迎,其总统蒋森(Johnson)许其谒见,其条件则清帝亲政,亦许美使入觐也。七月,二国订立条约,华工得自由入美,美国不干涉中国内政,余多立于平等地位。九月,钦使自美抵英,英人淡然视之,女王久始召见,会扬州教案发生,蒲安臣进行交涉,颇有所成。十二月,外相致书钦使,说明对华外交政策,英国无强迫中国改革内政之思想,唯望其依照条约保护外人,而有亲善之友谊,此后地方交涉,概向中央政府磋商。措辞颇为和平,在华英商闻之,群起反对,其心殊不可知。钦使自英渡海,进谒大陆列强之元首,明年,抵于俄京,进觐俄皇,不幸病死于俄,从者归国。其演说也,偏于理想,意欲促进东西之和平关系,热心太甚,措辞或不免于浮夸,虽能动人于一时,然终至于失望。据志刚日记,凡与外人论及中国变法,及创办铁路等,志刚无不反对,此行固无影响于中国对外思想也。

蒲安臣后,崇厚奉旨赴法,及回,亦无所得,及同治大婚,派往使馆通知外人家居，备受公使之讥嘲，以其出使外国，当有相当觉悟也。一八七七（光绪三）年，政府设立使馆于伦敦，委任郭嵩焘为驻英公使，郭氏虚心求知，谋欲国内改革，不顾清议诋毁，自上海渡英，根据沿途之观察，作为日记，上呈总署，几致事故。出使之人员，初定三年回国，及期，莫不欲归。盖中国之社会与家庭，迥异于外国，欧美人士之远行者，妻子偕往，华人则多男子独行，远至外国，无家室之乐，思念故乡，人之情也。西洋男女交谈，同席宴会，视为当然，中国礼教则将视为人伦之变，曾纪泽出使英法，携眷同行，先商于法官，谓中国妇女若与男宾同宴，将为终身大耻，眷属只可间与西国女宾往来，不必与男宾通揖，尤不可与之同宴，若能酌定规矩，则公使挈眷出洋者庶不至视为畏途，固其明证，下级职员无力携眷同行者，更不足论。使馆中之职员，有参赞、译员、随员、武弁等，待遇颇优。参赞中有外人，如英人马格里（Macartney）之例，郭嵩焘等深赖其力，译员多同文馆学生。公使兼二三或四五国交涉，领事归其节制。领事初无俸金，华侨病之，英法又不愿其派遣于本国属地，人数无几。曾纪泽始请改订用人回国章程，组织大有进步。公使人选，初有留学监督，如李凤苞、陈兰彬之类，或为办理洋务之人员，或为翰林院编修，间有不明大体而资笑噱者。郭嵩焘因此与驻德公使刘锡鸿交恶，互相诋评，总署并将其招回。

中国败于英法联军之后，对外关系剧变，列国向欲与中国订约通好而不能者，次第遣使商请订约。其专使多得大国公使之介绍，其入京者，住于使馆，及与中国钦差磋商条款，发生争执，会议停顿之时，公使出而调处。自一八六一迄一八九四年，外国缔约通好者凡十二国，朝鲜以属国之故，尚不与焉。在国名曰普鲁士及德意志通商税务公会、比利时、葡萄牙、瑞典、荷兰、丹麦、西班牙、意大利、奥地利及匈牙利、日本、秘鲁、巴西，十二国中，欧美诸国除葡约初未批准外，无论国之大小，势之强弱，距离之远近，商业之盛衰，莫不享受最惠国之待遇，其为总署坚持者，则初不许公使驻京，而于领事裁判权、通商口岸、沿海贸易、关税协定、最惠国条款等，则多列入。日本独以东亚同文之国，不得享受欧美商人之在中国之权利。

中韩通商章程,由李鸿章派员拟定,华人之在朝鲜者,享受之权利,多如欧美人之在中国。中英《天津条约》规定十年修改,朝廷以前改约启衅,而今外商要求无餍,公使多方要挟,深以为患,先命南北洋大臣派员入京备询,再谕疆吏筹议其事。曾国藩奏曰:"详绎总理衙门原折密函,层层商折,谋坚执固拒之辞,而又不欲大局之决裂,怀雪耻报仇之志,又不欲彼族之猜疑,实属审时度势,苦心经营。"观此可见总署大臣彷徨不定之窘状,李鸿章初言来岁换约,必厚集其势,以求大欲所欲,继称其异于庚申年(一八六○)之局势,不至于战争,且曰:"即以条约而论,英国第七十二款载明彼此两国再欲重修,须先行知照,酌量更改等语,曰彼此,曰酌量云者,显系两国有一不欲,即可停修,有一勉强,既难更改。其有互相争较,不能允从之处,尽可从容辩论,逐细商酌,不能以一言不合,而遽责其违约,是其事较昔有缓急之不同也。自来敌国相交,最忌情形隔阂,议论盈廷,莫得要领,历次办理洋务,激成衅变,率由于此。"其言深有所见,疆吏有置而不复者,上谕催之,其复奏多牵强附会之辞,无足讨论。

总署预筹修约,一八六八(同治七)年一月,英使阿礼国送到修约节略,要求免厘,五月,再递节略,请准外商在内地开栈,退还洋货厘金,口岸三十里内免厘,洋盐入口,长江添设码头十处,开放温州,开挖煤矿,运贩台湾樟脑,及划定税银成色。总署大臣许还洋货厘金,其在三月内者给银,一年者抵税,并弛樟脑之禁,长江内开放芜湖、大通、安庆,海面改开琼州,挖煤由南洋大臣择矿试办。阿礼国以其所得无几,九月,坚决要求内地设栈,内河轮船驶行,开挖煤矿,长江添开瓜州、湖口,沿海开放温州、台州、泉州、北海、琼州,独于停厘运盐等不提,盖其无关重要,且为总署所反对也。其坚持之条款,关系于中国人民之生计,深知总署大臣不肯让步,乃请美使助之,并出恫吓之语,美使请筑铁路,设电报,驶轮船,开煤矿。恭亲王驳之,始改倨为恭,阿礼国称待本国训令再议,明年八月,复称修约将来可与法普二国,一同办理。恭亲王患其合力谋我,请其修约,英使派员会商,其争执均属于商业问题,久始议成条约。中国开放芜湖、温州,通商口岸创设关栈，准许洋布大呢洋绒完正税及口子半税后，在通商口岸各省概行免税，英商买土货出口者，发还子口半税，洋货于三个月内再运出口者，退还税银，英船每个月纳税一次，税银定明成色。九江关督备轮在鄱阳湖拖船，南省自行开矿两三处，湖丝加倍征税。英国允许洋药增税，商船驶行于内河者，待遇同于华人。总观条约之要款，中国处于丧失主权之地位，英商享受之利益，实反客为主。而时主要输入货物为鸦片，英商恶其增税，群起反对，英国政府不肯批准，及《烟台条约》成立，修约问题始行解决，其时德国亦请修约，兹分言之于下。

英国欲得在华商业上之权利，中国则以外商之势力日盛，华商难与竞争，贫民将失其衣食之资，双方之希望不同，难再进行，迟至马嘉理（Margary）案发生，始行再议。初法人安业（Garnier）来滇，途中被杀，英人谋探入滇之路被阻。一八七四（同治十三）年，英副将柏郎（Browne）奉命自缅甸入滇，使馆译员马嘉理得总署护照，往滇迎之。马嘉理抵滇，俄往缅甸，欲同柏郎入滇故也。明年春再入滇境，腾越忽传洋人数十将来设行，又有洋兵二三百人袭城。云南巡抚岑毓英遣将李珍国杀马嘉理及其从者，调兵阻柏郎入境。三月，威妥玛向总理衙门要求：（一）派员观审，（二）再发入滇护照，（三）给银十五万两，兼及税务商务。总署大臣视之为借端要挟，将其驳斥，唯许由北洋大臣派员会同英官观审，英使无奈，许之，南下至申。盖时上海已有海线，达于伦敦，便于报告请训也。会岑毓英反对英员由缅入滇，李珍国往说缅王阻止英人来滇。观审人员因应英使之请，延期出发。朝廷改命湖广总督李瀚章会同岑毓英查办，而李瀚章迟迟其行，威妥玛遣参赞问之，答称奉旨查办马翻译之事，并不查柏副将阻路之事，又言观审员之保护，应归云南督抚办理；参赞示以护照，又怀疑之。其言与李鸿章所语威妥玛者不同，英使闻报，口出怨言，在津有决裂之意。李鸿章奉命设法羁縻，威妥玛要求六项：（一）中国派大员赴英通好，（二）明发遣使谕旨，（三）滇官失察，分别议处，（四）使臣顺往印度，（五）使臣在印妥商缅滇边界贸易章程，（六）公使得与各部院大臣交接酬应。李鸿章报告总署,称其口紧机急,请酌允其一二,同时婉拒使臣往印会议通商。威妥玛另行提出条件七项,凡前所有者,括纳其中,添入整理通商口岸,保护观审员入滇,护送将来入滇调查人员,钞发谕旨,遇有英国,必与中国一样平行。总署允许派员往英,保护观审员,诏责岑毓英,而威妥玛坚持发钞谕旨,抬写大英国字样,对于优待通商,亦不让步。李鸿章允许奏请发钞谕旨。

威妥玛俄称入京交涉,至京,总署大臣沈桂棻与之磋商。沈氏不知交涉之方法,初称派大员入滇查办,断断不可,至是,复称李鸿章虽然答应上奏发钞谕旨,而本衙门仍须酌办。谕旨迄未发钞。威妥玛请其转奏朝廷,召见英使,谕以云南杀害英官惋惜之意,或令部院大臣至使馆传述朝廷之意。沈桂棻称其万办不到,又言整顿通商事务,不能商办,交涉未有进步。九月,威妥玛率随员出京,会李瀚章入滇,交涉暂时顿停。英使南至上海,俄再北上,会得印度报告,照会总署谓捕审之凶犯,均为冒顶。明年,李瀚章等奏复,略称马嘉理之死,由于野人索过山礼不遂所致,调兵则诿罪于李珍国等。英使不服,请将人证提京复审,李瀚章议处,且曰:"中国不照办,是国家愿自任其咎,自取大祸。"一面谓查办不实,要求偿补,牵入公使待遇,商务利益;六月,提出办法:(一)朝廷惋惜滇案,晓谕各处保护外人,(二)许英派员察看告示,(三)凡关于伤害英人案件,准英官观审,(四)会商滇缅边界商务,(五)英得派员驻于重庆及大理或他处,(六)华洋各商均领税票,中国多开口岸,先速开放宜昌,洋货纳正税后,于口岸销售,不再重征。其入内地者,请领税单,再完半税,关于优待遣使赔款,亦提出讨论。总署对于赔款、免厘、多开口岸,不肯让步。威妥玛忿激异常,俄再递送节略,改前要求为八条,仍以口岸免厘为争执之焦点。六月十一日,英使忽催提京复审,明日,称即往沪,总署乃再让步,又以赔款发生争论。十五日,英使函称撤回前议,竟率家人属员出京,李鸿章留之于津,不得,且曰:"总理衙门所说之语,所办之事,全是骗人。"乘轮南下,其意则报告政府用兵也。

威妥玛在华时久，熟悉官吏之性情，而又躁戾，一语不合，动辄拍案，竟于李鸿章之前，极论总理衙门大臣之非，无怪李氏称其"愤激不平之气，狂妄无理之言，殊甚骇异"。其在中国之地位，则为公使，代表本国而谋促进二国之邦交者也，实属不应出此，乃其外交方法，以绝交、出京、撤旗为口头禅，将事交于兵舰及印度总督办理为恫吓。英国政府时无启衅之意，而威妥玛实欲造成战祸。及其出京，朝臣袒护岑毓英，有倡乘时雪耻者，总署亦以海防为言，李鸿章深以战祸将起为患。会英巨舰来华，国人颇为不安，驻京各国公使不直威妥玛之所为，其在天津，曾言不受第三国调停，须直接向其磋商，可见其武断专横矣。中国时无驻外公使，不知国际公法，任其纵意而行，李鸿章筹挽回之法，与英使馆参赞梅辉立（Mayers）协商，许派大臣至使馆宣谕惋惜之意，又派人往沪劝说，两江总督沈葆桢亦奉旨办理，均未成功。总税务司赫德乃请赴申劝说。赫德在京初力调解，迭向总署建议遣使赴英磋商，八月，抵于上海，威妥玛以本国政府不愿启衅，允许开会于烟台，中国须派全权大臣。李鸿章得报，书告总署。朝廷诏为全权大臣，而津人攀留，李氏亦不欲行，派员说英使赴津，不得，朝旨又饬其前往，乃乘轮南下。十八日抵烟，其佐之者，有赫德及天津税务司德璀琳。英使先已来烟，英德海军大将，及俄、美、德、奥公使亦在其地。李鸿章往谒威妥玛，威妥玛要求滇案人证提京复讯，谓得证据，由于岑毓英主使，李氏答称其为风闻传说，必须证据确实，始可办理，相持不下。后二日，英使回谒，仍以提讯为争执，交涉无法进行。李氏深为失望，会慈安太后万寿日至，宴请各国公使及海军大将。英使始改态度，九月四日，提出条款，迭次讨论，十三日议定，是为《烟台条约》。

《条约》共分三端，第一昭云滇案，结案之奏疏，及专使之国书，须先交英使阅看，谕旨发示各省，以二年为限，其心中不信总署大臣故也。恤金要求初为十五万两，总署不许，后反增至二十万两，至是，仍为二十万两，由英使随时支取。印度总督仍得遣人入滇调查，并许其住于大理或其他地方五年，日后议订缅滇边界及通商章程。第二端属于公使及商人等之待遇,英使初请太后召见慰谕,或大臣宣谕惋惜,朝臣言其万不可能。及威妥玛出京,李鸿章与参赞梅辉立语。其节略记之如下:梅云:"召见一层,若能办到,威大人必能回心转意。"答云:"大皇帝冲龄,皇太后垂帘听政,万无召见外臣之礼,此层断办不到。"许道在旁云:"中国此时若要比提案解京事再重大,即使用兵,亦万办不到。"按许道为兼办交涉之天津海关道许钤身也。其言足以代表清议,李鸿章改请由大臣宣谕朝廷惋惜之意,而威妥玛不从,会议之初,英使要求召见慰谕,李氏称其断不可行,乃请与近支王公接见,游历禁地,凡庆贺大典一律行礼,李氏仍称不能。英使之要求,一则根据西方之惯例,一则欲去华人之轻视观念,使馆人员常为愚民所辱,威妥玛在京曾为人击伤,以为觐见交际等可提高其社会上之地位也。部院堂官不肯与之周旋,况王公乎?英使再行让步,仅于条约上规定公使待遇与各国交际情形无异,实则徒为具文。关于领事裁判权,中国承认英派按察司等员于上海设立承审公堂,审理英人。凡华人被控,关于英人之命盗案,英官得派员观察。上海租界,中国亦设会审衙门。第三端则为商业事务,英商久所要求者也。威妥玛于调停中日台湾交涉之后(其事见后),提出要求,为总署所拒,滇案之初,请多开放新港,总署先许一港,后增至三,至是为四,曰宜昌、芜湖、温州、北海,准领事驻于重庆,长江之内,大通、安庆、湖口、武穴、陆溪口、沙市,许轮船停泊,上下客商,如用民船卸货,须照章纳厘,土货只准上船,其地外商不得设立行栈。会议场中争执最烈者,英使提出划定商埠界址,界内免收洋货厘捐,李鸿章则以厘捐多在商埠百货鳞集之处,许其要求,则损失过巨,坚持不可。其时外商纳子口半税后,货物运往各通商口岸,概免厘金,及其售于华商,遇卡始行纳厘,外商病之,外使数以为言,至是,争执不下,最后始议定租界内不征厘金。通商口岸之无租界者,则划定外人居住区域。鸦片进口税提高,不得免征厘金。关于香港漏税发生之问题,亦载明协商解决。条约附有专条,准英派员游历甘肃、青海,或由四川入藏,前往印度。斯约也,条件先由威妥玛向总署提出,总署已多许之,李鸿章再行承认而已。约成,朝廷幸其得免战祸,将其批准,而英商则谓租界免厘,鸦片重税等款,让步太甚,公使不能利用时机,多所要求,群起反对。他国公使亦不满意,英国初不批准,所可怪者,中国让予之权利,外商未有不争先享受者也。一八八五(光绪十一)年,驻英公使曾纪泽与英外相订成续约,其主要条款,则口岸租界暂不划定,征收洋货厘金仍照旧例,鸦片每箱缴交厘金八十两,连同正税三十两。其能成功者,颇赖英国禁烟会宣传之力,政府始行批准条约,其保护鸦片商人,可谓至矣!后四年,英商轮船驶往重庆,川人反对,总署交涉将船收买,开放重庆,其条款亦称《烟台续约》。《烟台条约》之地位,次于《南京》、《天津条约》。

综观交涉之始末,岑毓英对于滇案,实有重大之责任,马嘉理之死,柏郎之被阻,均其主使。及李瀚章入滇,奉旨与之会同查办,未到之时,人犯供证已齐,从事于顶冒装点,李瀚章含糊定谳,而英人廉得其情,威妥玛援例坚持人犯提京复审。及岑氏丁忧回籍,真相大明,李鸿章于和议定后,根据云南朋僚之函告,书复沈葆桢曰:"岑中丞去滇后,犯供全翻,与威访查情节,一一吻合,足见彦卿(岑毓英字)手眼神通,能障蔽家兄等之耳目,而几贻国家之大祸。"郭嵩焘于津得看钞案,奏称情节骇人听闻,固信而有征。岑毓英既为主使人物,始则延不奏报,迨经寄谕查询,又敷衍粉饰。李鸿章初主认真查办,以免英使挟持,无如内外大臣胶执偏护之见,而无如何。英使方面则谓提京复审,问明主使情节,将其正法,可保中国五十年内再无此等案件,又称"尚有一好方法,将军机处总理衙门办事大臣撤换,可保将来比岑毓英提京更好"。此事倘能成功,朝臣对外之观念或将改变,事实上则屈辱万分,固非易事。总署大臣均非办理外交之人才,徒以敷衍延宕为事,前后言语尝相矛盾,时而反复,初于发钞谕旨,大臣宣谕惋惜之意等款,均称万不可办。迨后虽欲许之,以谋解决问题,而英使已另有要求矣。威妥玛知其心理,语李鸿章曰:"凡英国要办一事,必要多方推阻,及至他国恃强举行,亦不过问。"乃以绝交战争为恫吓,其能壮其胆量者,朝廷遣郭嵩焘赴英,郭氏将行,而威妥玛又说总署迟迟其行。及烟台会议,李鸿章始知受骗,赫德迭向总署陈说遣使外国,及往沪调停,致书论遣使赴英曰:"使臣必知所说之话,俱系确切可靠,才能有济。"其言实有所为而发,李鸿章于烟台会议,初以交涉毫无进步,深为失望,致书总署曰:"案出之初,小者细者未允,后则允其大者,仍不能结。……士大夫清议浮言,实未谙悉机要,内外诸当事为所摇惑,于本案情节视若淡漠,此时不才即焦头烂额,于事何裨?"威妥玛之肯让步者,始于李鸿章之宴饮各国使臣,席散,独留,语主人曰:"中堂此来,原为了事,必须速为定见,不可游移,现在各国官员都有在烟台者,中堂认识甚多,今日你出一主意,明日他出一主意,其实各国人均不能干预。此事中堂与我做主,不可听他,致误大事。"又称英国大员前曾主张严办天津教案,暗示遣使,难有结果,心中盖患中国遣使赴英交涉也。赫德在烟不为威妥玛所礼,建议遣使赴英,可以力助,德美公使亦以为言。李鸿章受其影响,函告总署,谓和议决裂,即回天津,可派使臣往英。据赫德所言,钦差属员有以信息通告英使者,英使故有此言。李鸿章之交涉方针,及公使待遇等之争论,自今观之,不无可议之处,就当时情状而言,李氏固外交上之人才也。

中国与普鲁士及德意志通商税务公会缔结条约,载明十年修约,及普鲁士与同盟国战胜法国,成立德意志帝国,其国势之强盛,科学之进步,工商业之发达,益欲促其发展商业于东方。德国统一较迟,其在海外初无属地,乃欲为其商人,多得权利于中国,商请修约,未有结果。一八七六年,德使巴兰德(M. Von Brandt)再请修约,开送十六条款于总署,其主要者,沿海沿江多添口岸,准许外船入内江内河贸易,洋货免厘,德国兵船可助中国巡缉洋面海盗等。总署大臣多所拒绝。其时中英交涉趋于严重,巴兰德表示好感于中国,其在烟台也,愿出调停结案,而威妥玛不许,乃谓如议不成,速派使臣赴英理论,将前后情节通知,由其报告本国,从旁接应,可不至于动兵,及去,谓通商添口,如能定议,德国修约亦可照行,不必另起炉灶。迨《烟台条约》成立,免厘限于租界,各国公使、商人以其结果不如其所希望,引为失望。巴兰德再向总署交涉,要求开放大孤山,其地远在满洲,僻处鸭绿江口,近于朝鲜,英使先请开放,为总署所拒;又请鄱阳湖行驶轮船,吴淞上下货物,总署均不之许。巴使改请洋货免厘,由总署给文,照会驻京各使会商办法,及得照文,巴使谓其语意含糊,请总署将其取回更换语句,总署坚持不可。巴使竟谓无商量之余地,师仿威妥玛以绝交为恫吓之故技,怒而出京,总署大臣果患其致误和局,函嘱李鸿章相机而行,俾有转圜。德使之横行无礼,大臣之顾忌无识,均可叹息。李鸿章多方劝说,巴使仍请开放大孤山,关于内地抽厘,李鸿章辩称其为中国自主之权,各国不应干预,竟应其请,改给照会予之,巴兰德始肯回京。大臣对于免厘,则请加税,烟台会议之时,李鸿章谓中国海关税率低于西洋各国,免厘须以提高税率为条件,威妥玛声称不可,加税须得列强之同意,进行殆非易事。巴兰德又不放弃吴淞起卸货物、鄱阳湖驶行外轮之要求,又以内地租住店房之争执,未有成功,回归德国。一八七九(光绪五)年五月,来华,在津与李鸿章磋商,李氏函告总署,内称内地租住店房,窒碍极多,请酌许其一二条款,以作结束。德使入京,再向总署交涉,明年,订成中德续修条约。中国准许船泊吴淞起卸货物,德商不得设立行栈,免厘则未成立。其他条款有足以见内地商情者,土煤出口,初定每百斤征银四分,一吨纳银六钱七分二厘,洋煤入口,每吨征银五分。至是土煤出口每吨改为三钱,约中载明华船不准悬挂德旗,华商盖以免厘,悬挂外旗以求利也,政府不顾人民之生计,殊堪叹息。

中国自五口通商以来,国际贸易操于外商之手,日形发达,外人来华者多。其人专牟厚利,享受特殊权利,仍不餍足,多所要求,不顾中国之主权,不问华人之生计,而其势力尝能左右本国之外交。上海为其势力最盛之地,兹略言之,以见其所处地位之一斑。上海租界初为外人居留贸易之区域,分有三所,及太平军逼近上海,难民争往避难,租界内之地价房金大增,外商利其收入,借之振兴市面。乱平,华人多去租界,道台领事不欲华人留住,议定取缔章程,而工部局不肯执行。英美租界于一八六三(同治二)年合并,成立公共租界,后三年,纳税人于年会(一作常会)修改章程,予工部局行政便利之权,章程后得公使批准。法租界则仍维持原状。工部局对于市政,颇有经营,自一八七〇(同治九)年而后,殷实华人之居租界者始多,租界渐为东南繁华之区,商业之中心。其地为中国之领土,居住之华人,固中国之人民,当受本国法律之裁判,官吏之处分,毫无疑问,驻京各国公使亦皆视为当然。英国政府初于工部局设立,尚认其侵犯中国主权,而外商则视租界为小共和国焉,曾要求改上海为自由城,公使不许,外商始终不许华官管理租界内之华人。初上海防御太平军,长官征收城中丁税,欲推行于租界,而工部局不许征收,领事、公使均言华官有征税之权,而商人终不之许。明年,双方议定工部局征收房捐,以其半数交于华官,代替一切税捐,终因商人反对而止。华人初避难于租界,犯罪归领事审判,俄交县官办理,外人称其判决不公,一八六四(同治三)年,始设会审公廨,上海知县遣员审理,领事亦派员出庭,往往干涉,逐渐造成华人民刑诉讼,双方共同判决,外员之意见竟作最后之决定。华人服役于外人者,非得领事之同意,不得受审,租界内之华人,遂处于特殊之环境,工部局之预算,决于纳税人年会,华人之纳税者,则不与焉。英美政治思想,纳税有参政之权,否则即为暴政。华人纳税居于被治者之地位,虽曰市民之在县区者,从无投票选举之权,而固不平等之待遇也。外人在华犯罪,不归华官审判,一八六五年,英国设立承审公堂于上海,一九〇七(光绪三十三)年,美国亦设法庭。外商处于优越之地位,商业上享受特殊之利益,凡其要求之事,认为当然,中国当即让与,不可稍有代价也。

外商谋得商业上之利益,教士则求传教之机会。耶稣教创于犹太人耶稣基督,渐而传于西方,唐时其别派景教,自中亚细亚传入中国,太宗许其筑寺,颇厚待其僧侣,后受武宗之摧残,其在长安之势力归于灭绝。其僧侣之传教于中亚细亚,中国边民尚有信奉之者。元时罗马教皇遣高僧东下,是为天主教入华之始,高僧传教于京都,受洗者众,中有景教徒焉。元亡天主教随之俱亡。明末天主教之僧社耶稣会教士来华,教士输入科学知识于中国,影响颇巨,士大夫有与之游者。无如理学发达之后,夷夏之别益严，士大夫卫道之心强固，排斥异端之说日盛。于是胸襟狭隘，意气用事，从不虚心审思，切实考察，中国受祸之深，往往与之有关。教士在明已见驱逐，赖造军火始复见招。清帝以胡人入关，先后任用教士汤若望、南怀仁为钦天监，杨光先许之而去，俄以推闰失实落职，乃力攻其教法，中云："宁可使中国无好历法，不可使中国有西洋人。"雍正始行严禁教士传教，时人吴德芝记教堂曰：

自西洋人设立天主堂，细民有归教者，必先自斧其祖先神主及五祀神位，而后主教者受之，名曰吃教，按名与白银四两。……有疾病不得如常医药，必其教中人家施针灸，妇女亦裸体受治。死时，主者遣人来敛，尽驱死者血属，无一人在前，方扃门行敛。敛毕，以膏药二纸掩尸目，后裹以红布囊曰衣胞，纫其顶以入棺。或曰借敛事以剖死人睛，作炼银药，生前与银四两，正为此也。……又能制物为裸妇人，肌肤、骸骨、耳目、齿舌、阴窍无一不具，初折叠如衣物，以气吹之，则柔软温暖如美人，可拥以交接如人道，其巧而丧心如此。

原文见于《中西纪事》，其作者抄自梁章钜所著之《浪迹丛谈》。梁氏久在广东，官至巡抚，道光时人，其言本于附会，至为不经。《中西纪事》成于同治初年，教士已入内地传教，而作者深信其说，其先魏源著有《海国图志》，其言华人信教曰：

方其入教也，有吞受丸药领银三次之事，有扫除祖先神主之事，其同教有男女共宿一堂之事，其病终有本师来取目睛之事。凡入其教者，给银一百三十两为贸易资本，亏折许复领，至三次则不复给，仍赡之终身。受教者先令吞丸一枚，归则毁祖先神主，一心奉教，至死不移。有泄其术者，服下药，见厕中有物蠕动，洗视之，则女形寸许，眉目如生，诘之本师，曰：乃天主圣母也，入教久，则手抱人心，终身信向不改教矣。凡入教人，病将死，必报其师，师至则妻子皆跽室外，不许入，良久气绝，则教师以白布囊死人之首，不许解视，盖目睛已被取去矣。有伪入教者，欲试其术，乃佯病数日不食，报其师，至，果持小刀近前，将取睛。其人奋起夺击之，乃踉跄遁，闻夷市中国铅百斤，可煎纹银八斤，其余九十二斤仍可卖还原价，唯其银必华人睛点之乃可，西洋人之睛，不济事也。

其文殆自吴氏记录衍绎穿凿而成，今自吾人观之，无异于痴人说梦，徒供一笑而已。吾人明了教会之性质，教士之工作，取睛炼银之说，不合于科学，事实上且不可能，故不之信。时人知识幼稚，闻之不察，信以为真，无怪其仇视教士，而欲焚毁教堂。《中西纪事》引用此文，并附说明，谓药性发，心如魔醉，裸体受辱，亦所甘心。关于男女共宿一堂，有黑夜传情之事，则以本师预目其妇人之白皙者，投以药饵，能令有女怀春，雊鸣求牡。又曰："近年来始有传其取婴儿脑髓室女红丸之事，播入人口，盖由于天主堂后兼设育婴会也。道家修炼，其下者流入采补，此固邪教中必有之事。"作者实以国内之迷信传说，牵合于教会，其说本于方士炼阴补阳，取人精髓以求长生之故事。前筑中山陵时，江苏有摄取人魂之讹言，近年南京时有取魂造桥之说，儿童或扣布条，中书咒语，以求免祸。其说倡之何人，来之何地？不可究诘。其在数十年前之势力，更可想见，教会因之受祸。

教士自弛禁教以来，初传教于通商口岸，而天主教神父独入内地。迨中法《北京条约》成立，华文有许教士于内地置产之语，传教原为服务慈善事业，无国界之分，美国今日尚有外国教士，而士大夫疑之太深，从不虚心考察，轻信浮言，仇教渐而变为风气。武官受其影响，亦以闹教为正气，尤以湘人为甚，长沙刊印毁教之图画、歌谣、檄文，为势力最盛之地。贵州、四川、江西均有毁教之案。其中首推贵州之教案为重要。贵州提督田兴恕拆毁教堂，伤杀教民，几致事变。其次则为江西教案，一八六二（同治元)年,南昌开考,生童传递湖南公檄,诋毁教士,不敬祖宗,不分男女,采生折割等事,约期打毁教堂,暴民从之,官吏不肯保护。巡抚沈葆桢挺身任之,谓为二百年养士之报。驻京法使严重抗议,兵舰驶入长江将致事变。李鸿章致书规劝沈氏,曾国藩时为两江总督,郭嵩焘致书论之。中云:"国家办理夷务二十余年,大抵始以欺谩,而终反受其陵践。其原坐不知事理,天下籍籍,相为气愤,皆出南宋后议论,历汉唐千余年以及南宋事实,无能一加考究,此其蔽也。传曰惟礼可以已乱,奈何自处于无礼以长乱而助之狈狙乎?至于寇乱之生,由一二奸顽煽诱,愚民无知相聚以逞,遂至不可禁制。所欲拆毁教堂者,无识之儒生耳,其附和以逞,则愚民乘势钞掠为利,民数聚则气嚣,气嚣则法废,造意不同,而其足以致乱一也。君子不屑徇愚民之情以誉,故法常伸,而民气以肃。"其言本于历史上之观察,分析民众之心理,均有至理,无如时人明达如郭公者,实不易得。后案由教士领款,再筑教堂,作为结束。

清议诋毁教士,朝臣时以无稽之言上奏,如北堂旧址交给神父,神父建筑洋楼,御史奏其同于炮台,"俯瞰宸园大内,狂悖莫甚于此"。太后交总署奏复,恭亲王称其应毋庸议,及朝廷筹议修约,以传教列入疆吏奏复问题之中,三口通商大臣崇厚独称天主教无异于释道,醇亲王奕谭深恶其言,奏称没齿鄙之。其他疆吏莫不力持反对,左宗棠奏称地方官之贤者,为士民扶持正气,遇有教士袒庇教民,则地方士民共同排斥,官从而维持之。曾国藩奏称:"近日教士贫穷,不能以财饴人,则说不行,异端时废时兴,周孔之道万古不磨,中国若修政齐俗,礼教昌明,则鲜有信之者矣。"李鸿章则称邪教不能惑众,各省毁堂阻教,民心士气尚足可恃。密筹防闲之策。丁宝桢建议通饬督抚于洋人传教处所,饬属密谕绅耆晓谕乡民,互相禁戒传习。后英使阿礼国返英,恭亲王告之。谓英人不贩鸦片,不遣教士来华,则欢迎其至。综之,朝臣疆吏由于知识幼稚,胸襟狭隘,多恶教士。教士之入内地传教者,租买房屋,房主慑于绅士之威力,惧有不测之祸,往往弗应。其传教方法,常于繁华街市人烟稠密之所,或僧寺之前,露天说其教义,劝人为善,或施给药品医治人病。华人之信教者,凡遇乡村出钱修庙之时,公共演戏谢神之事,不肯捐助,致起村民之恨恶。天主教徒不与非教徒结婚,其时婚约多于子女尚未成人时说定,乃以信教之故,发生毁约之争执,此虽偶尔之事,而固足以增加困难。官吏切实保护教士,则为清议所诋毁,曾国藩不肯查办扬州教案,固其明例。初一八六八(同治七)年,扬州生童聚率暴民打毁英人所设之教堂医院,曾国藩不愿办理,英使抗议于总署,领事乘坐军舰驶抵南京,监押汽船,朝廷谕其速办,始肯赔筑教堂。于此现象之下,中国之尊严地位大受损失,湖南巡抚办理湘潭、衡阳教案,令地方赔修,时人疑之。郭嵩焘在其幕中,致书曾国藩曰:"嵩焘谓充类至此而尽,发之中丞,两县犹可以情自求解脱,发之夷人,则中丞亦且俯受而无可置辩,此岂不为光明正大乎?"其言至有见解,惜能用之者少耳。其后教案益多,其中尤以天津案件为重要。

初英法联军北上,法军肆虐于天津,及其开放为商埠,法神父于三汊河建筑教堂,其地为望海寺旧址,名曰仁慈堂。女修士出钱收养贫儿,其意以为贫苦之家,不愿送其子女入院,予以金钱作为奖励也。时人本信外人挖取心眼配药炼银之说,一八七〇(同治九)年春,天津屡失孩童,好事者辄疑外人拐去。六月,仁慈堂有疫,孩童日有死者,津人遂信惨杀之说。官吏捕惩拐犯,中有供称仁慈堂仆役王二授以迷药者,官吏群众信以为真,县府官欲往院中调查,而不可得。三口通商大臣崇厚无所决定,道台怒而往与法领事丰大业(M. Foutanier)交涉,未有结果。次日,崇厚谒见领事,议定明日往查,及期,令拐犯同往,其调查之结果,院中只有王三,无如拐犯所供之王二,供辞又于事实全不相符,真相始明。崇厚允即出示辟谣,而暴民忽围教堂,将有暴动。崇厚闻报,遣官弹压,值丰大业闯入衙门,盛怒开枪于主人之前,崇厚避之,毁其室中之茶碗用物,崇厚再出见之,劝其暂勿外出,法领不听而去,抵于教堂附近,遇见知县刘杰,开枪击之,弹中其仆。暴民怒而杀之,闯入教堂,惨杀教士、女修士、仆人等五十余人,掠去财物,乘势往劫英美教士住宅。外人闻而大惊,惴惴然虑其生命之危险,会江苏等省士民亦有仇教之行动,驻京各国公使认为津案关系于全体外人之安全,共同抗议,法国代办罗淑亚(Comte de Rochechouart)称待训令办理。朝廷诏直督曾国藩自保定赴津查办。今观教案之起始,丰大业之行动谬妄,两次开抢,实为造成事变之主因,事起之后,暴民人数聚多,气焰嚣张,和平弹压,殆不可能,况官吏护教压民,将受清议之指摘耶!乃多伤人命,累及无辜,至堪惋惜。官吏于事变之后,不肯缉凶归案办罪,崇厚以严禁聚众滋事,怨声载道,官吏盖欲反之,以干时誉也。

七月,曾国藩抵津,方事之起,曾氏卧病,闻知朝旨。据其子曾纪泽日记,称其写成遗嘱,吩咐家人,预备一死,及抵天津,始知案情重大,非一死之所能了。津人或言逐洋人,或倡战法国,或请劾崇厚,或议调兵勇,朝议亦颇激昂。奕䜣奏请拊循津民,勿更地方官,一面密筹海防,密查住京夷人。内阁学士宋晋奏言仁慈堂有坛装幼孩眼睛,办理交涉不可有失人心,请调兵防备。奏文由大学士官文代奏,其意见与之相同。内阁中书李如松亦言不可有失人心,请用藤牌以御火器。太后亦信仁慈堂存有眼睛等物,其谕曾国藩曰:"百姓毁堂,得人眼人心,呈交崇厚,而崇厚不报,且将其销毁",饬其访查。朝廷以各使之劝说,命崇厚赴法,奕䜣力争不可,而总署坚持不已。李如松论之曰:"遣使报币徒损国体,于事无济,千古一辙!……崇厚出使法国,无论其应对失辞,恐为外夷所狎侮,而拘留迫胁亦足启夷人要挟之风。"会曾国藩奏报仁慈堂无迷拐人口之事,挖眼剖心全属谣传。且曰:"杀孩坏尸采生配药,野番凶恶之族尚不肯为,英法各国乃著名大邦,岂肯为此残忍之行?"京师之士大夫闻而讥之,倭仁致书责之,曾氏迫于清议稽延不办,其致友人书,论其处置困难,不敢查拿正凶。外人深不满意于曾氏。

罗淑亚出京交涉,要求刘杰及知府张光藻偿命,并谓提督陈国瑞在场,一并惩办。曾国藩拒绝其请,并听府县官逃去,唯许惩凶赔偿,双方坚持,形势严重。崇厚奏其病重,请派大员办理。朝命丁日昌、毛昶熙赴津会办,交涉仍无进步,势将决裂,朝廷谕李鸿章自陕统兵入直。其密谕曾国藩等曰："洋人诡谲性成,得步进步,若事事遂其所求,将来何所底止,是欲弭衅而仍不免不启衅也。……总之,和局固宜保全,民心尤不可失",令其调兵扎守要塞,寄谕沿海沿江督抚严行戒备。李鸿章入直,言其陆路力可以战。会欧洲普法战起,中国始免于祸。朝廷改命李鸿章为直督,议定赔偿损失及抚恤金四十六万两。崇厚奉旨赴法道歉,府县官发往黑龙江效力,捕杀凶犯多名。津案之交涉,曾国藩备受清议之诋毁,上奏痛论其害,更悔报告津案之孟浪,《防海纪略》引其致总署书曰:"内惭神明,外愧清议,聚九州铁不能铸此错。"罪犯之死者,津人乐称道之,奕谟愤而辞职,此交涉所以棘手也。公使方面,则欲严办官吏以警将来,威妥玛后与李鸿章语,述英前大臣之言曰:"天津教案,当时若将津郡地方全行焚毁,可保后来无事",则其明例。总署鉴于教案之迭起,拟订管理教士章程八条:一、收养孤孩应全停止,或严行限制。二、教堂祈祷不应男女混杂。三、教士不应干预官吏,侵犯中国有司之权。四、教民滋事曲直,须凭地方官做主,不得有所仇嫉包藏。五、教士护照须载明经行地方,不得任意遨游。六、奉教者必查明来历身家。七、教士与地方有司往来,应有一定礼节,不宜妄自尊大。八、古时教堂基址既成民居,不得任意坐索,致侵平民公道买掌产业。总署将其照会驻京公使,英美赞同管理之原则,而不尽同意于细则,无所成功。教案仍为外交上问题之一,法国尤启朝廷之疑,北堂教堂之交涉,则其例也。北堂旧有教堂,清帝赐于耶稣会之教士者也,及中法《北京条约》成立,遗址还于神父,神父筑建高大之教堂,其高过于大内,有违体制,而又逼近皇宫,有碍风水。同治病时,总署迭次交涉拆毁,与以代价,法使拒之,李鸿章后遣使商于罗马教皇,议定给地偿款,由教士另筑,其事始已。

外人之势力盛于国内,属国于此期内亦多丧失。属国云者,小国邻近中国。其君主或奉行正朔,或遣使朝贡,或受中国皇帝之册封。中国未尝遣使驻于属国,促进二国之关系,或明了其国内之情状。属国之在欧美,则就统治权而言,统治权之表现,对内如政府之组织,行政官之任免,军队之编制调遣，财政之预算，建设之计划等；对外如订约通商遣使等。其决定与管理之权，往往操于宗国或其代表，英国之于印度，即其明显之证。中国于属国之内政外交，除一二例而外，向不干涉，且或不知，英并缅甸膏腴之地，法取安南数省，即其明例。法使曾以中国与朝鲜之关系为问，总理衙门大臣答称内政由其自主。吾人今斥清臣之昏庸，妄发丧失主权之言论，然就当日藩属而言，则确实之情状也。尤有进者，属国之遣使朝贡，多出于自动，积久成为惯例，其动机或生于羡慕中国之文化，或有求于中国，或商人冒充使臣，以求利也。《大清会典》记载属国朝贡之定期，其不至者，清廷亦不复问，荷兰即其明例。其来贡者，许其使臣贸易，朝廷亦有相当之赐赏以嘉奖之，其所得者常多，西人曾谓中国实贡物于外国。清廷曾谕改琉球三年一贡，其王奏称进贡，"风调雨顺"，延长贡期，国内将无正朔，请仍照旧，清帝许之。封册云者，则指藩国王死之后，其子嗣位。业已为王，清帝不过从而予以虚名，非可废立其王也。奉行正朔盖为周制，小国步推历时，不如中国之较精，故愿奉行，琉球国王之请，则其明例。同时，中国境内有奉行其旧历者，西藏是也。总之，朝贡册封奉朔均不能监视藩国也。西方强国亟求属地者，原因虽杂，而经济问题，实为主因，属地之广大人稀者，则可容收本国过剩之人口，其人烟稠密者，则运输大宗熟货销售于其境内，进而吸收其生货，资本家并得投资之机会，即今所谓经济侵略也。上国对于属国人民，待遇虽不能一律平等，而固未漠然置之，清廷则异于此。光绪时内廷拟买驯象，缅王自请赠送，欲买驼骡硫磺，而朝廷以其有违定制，不许采办。其先严禁人民渡海，犯者罪至于死，又视商业为末业，华人之入藩国者，毫无权利，朝鲜曾禁华人入境，则其例一。清廷不许韩人越境耕种于旷大之区域，则其例二。朝鲜商船遇难，水手被救，送至上海，官吏以为琉人，送往福建，琉官谓为韩人，乃送之回国，则其例三。中韩之关系较为亲密，尚且若是，其他可想，乃次第丧失。

一、新疆　新疆在中国西北部，东北界外蒙古，东接甘肃、青海，南连西藏，西南至英属克什米亚，北及西北与俄接壤。清自征服其地，设将军参赞大臣等官治之,顾其僻在边域,地隔万里,途涉流沙,官于其地者,朝廷难于监督,人选又为满人,类多纵欲为非,虐待人民。其人属于突厥族,好勇逞斗,治理于各堡世袭之土官名曰伯克,易于为变。及太平军起,回疆忽有外寇侵入,幸即平定。回人固知清廷之兵力,不能远及其地。及关陇战乱大起,其党遣人出关,四出招诱,新疆之回有欲动之势,会迪化清官搜括苛敛,回众大怒,一八六四(同治三)年起义,新疆东部遂入于混乱之中,蔓延及于天山南北之要城,朝廷闻警遣将统兵往援,促其前进,均托故不行。其困难则在自陕经陇,出玉门关,始达哈密,途中地旷人稀,非运输大宗粮糈,则难得食,万一冒险前进,回众绝其后路,全军势将坐而待毙,兵士尤怨远行,强之则将为乱也。后二年,浩罕酋长阿古柏自中亚细亚侵入天山南路,次第攻陷名城,回人以其同类,颇归附之。阿古柏雄于才略,安抚汉回商贾,人民称便。同时回首称雄于天山北路者,攻据伊犁,其人互相争杀,纷扰不已。阿古柏欲收其地而不能得,初回酋起事,伊犁将军迭次乞援于俄官,俄自经营中亚细亚,蚕食小国或诸部落之领土,并取边境之瓯脱地,遂与中国接壤,边界之贸易日益发达,伊犁时为中心,俄官托辞拒之。迨伊犁陷后,地方扰乱,俄使屡请出兵伊犁,并愿相助,总署大臣谢绝其请,俄使竟言不能坐视。一八七一(同治十)年七月初,其总督派兵进据伊犁,八月俄使始以其事通知总署,朝廷饬伊犁将军荣全即往,而俄官不谈伊犁。明年,总署大臣与俄使商议,俄使声称还后乱将复起,须待中国收回新疆,反请开放科布多等地,赔偿俄人损失。伊犁俄官通知荣全不得管理其地人民,及摊派饷银。总署暂置不问。其在天山南路,阿古柏立国称王,俄、英、土耳其予以承认。英使奉命入其国中,与之订立商约,其政府以为天山南路,适当俄属中亚细亚、英属印度之间,英俄利害易生冲突,而欲以之为缓冲国焉。

后左宗棠平定甘肃,将欲出关,而日本出兵台湾,二国备战,朝议有请撤退西征之师。会台案和平解决,左宗棠急欲乘势扫除关外之回众,初关陇一部分回兵,败集于新疆东部。沿途自大杀而后,田亩荒芜,人烟稀少,大军前行，其粮必自他省运往，途中无一便于航行之大川，军士万难裹粮前进，唯有大批橐驼良马以供运输，始克有济。兵士前征者，历万里，涉流沙，远去其父母家人，回归则遥遥无期，非重赏厚饷，则难为用。甘肃于承平之时，尚赖他省协饷，于此大乱之后，府库如洗，江南诸省自太平军平后，协助剿捻平回之款，担负已重，西征军费极巨，无力多筹。朝廷无奈，准许左宗棠借贷外款，以裕军饷，于是以全国之力经营一隅之地。同治诏授左宗棠钦差大臣，督办新疆军务。左氏命军出关，分屯哈密之旷野平原，开垦荒田二万亩，收获大宗食料，以济军需，其困苦经营，亦云勤矣！一八七六（光绪二）年，左宗棠进驻肃州，兵士一百余营前进，其作战计划，自哈密而西，讨伐新疆东部之悍回，进取名城乌鲁木齐（今迪化），肃清西北，然后转战而入天山南路，收复阿古柏所据之城邑，再向俄国索取伊犁也。大军进攻今迪化道诸城，次第陷之，明年春，分兵而南，围攻吐鲁番。其城在今焉耆之北，天山南路之门户也。守兵力战而败，官军收复其城，乘势疾进，五月阿古柏死，其子嗣位，连战皆败。英使威妥玛奉命迭为叛人缓颊。初左宗棠西征，朝议纷纭，朝臣疆吏有言其远征劳费，不如封阿古柏为外藩者，郭嵩焘亦以为言。左氏坚称不可，称今置而不问，后患环生，必有日蹙百里之势。奏中慷慨之语曰："臣一介书生，高位显爵为平生梦想所不到，岂思立功边域，觊望恩施？况年已六十有五，日暮途长，乃不自忖量，妄引边荒巨艰为己任，虽至愚极陋，亦不出此"，至时，迭陷要城叶尔羌英吉沙尔等，一八七八年一月，收复和阗，南路大平。斯役也，湘军自阿古柏死后，殆无恶战。其兵残忍好杀，奸掠焚烧，回众争逃避之，南路受祸深重。

南路平定，总理衙门向俄使布策（Eugène Butzow）交涉归还伊犁事宜，布策拒绝，俄回本国。皇帝诏命崇厚为全权大臣，赴俄交涉，一八七九（光绪五）年，开始交涉，俄由布策出席，许还伊犁城邑，要求分界、通商、偿款三款。分界则另订塔城、伊犁及南路边界，中国让与之土地颇多，伊犁以西膏腴之地及天山之塞要与焉。通商则蒙古、新疆均不纳税，俄商得自新疆至汉口贸易,减轻货税,东北松花江许俄行船,达于伯都讷。关于偿款,中国予俄五百万卢布(合银二百八十万两),十月签定条约。观其内容,乃战胜国强迫战败国之条件,非友邦磋商之结果也。总署请交疆臣议奏,太后下李鸿章、沈葆桢、左宗棠等复议,复奏多论商务界约损失重大,李氏请设法补救,沈氏请作罢论,总署亦论俄约之非,左氏且请备战。明年一月,太后谕将崇厚交部议处,饬廷臣妥议具奏,部议崇厚革职,太后改为革职拿问,交刑部治罪。时值回疆平定,士气激昂,朝臣信兵足以战争。洗马张之洞之奏议传诵于时,实则昧于国际大势,不知俄国实力,而为牵强附会之推论,不负责任之高调耳。其言曰:"俄虽大国,自与土耳其苦战以来,师劳财竭,臣离民怨,……若更渝盟犯顺,图远劳民,必且有萧墙之祸,行将自毙,焉能及人?……伏请严饬李鸿章,谕以计无中变,责无旁贷,……战胜酬公侯之赏,不胜则加以不测之罪。设使以赎伊犁之二百八十万金,雇用西洋劲卒,亦必能为我用。俄人蚕食新疆,并吞浩罕,意在拊印度之背,不特我患,亦英之忧也;李鸿章若能悟英使辅车唇齿,理当同仇。"天下之事,固不若是之易,宜李鸿章深恶之也。左宗棠自请出屯哈密,规复伊犁,主战派之气焰张旺。李鸿章深以为忧,称其"倡率一班书生腐官,大言高论,不顾国家之安危"。张之洞之奏疏为外人所得,译载于报纸,外人疑信清廷备战。及崇厚抵京,朝旨定为斩监候,驻京各国公使闻而惊愕,俄使尤为愤激,先当崇厚交部议处已有恫吓之言。公使劝告总理衙门,赦免崇厚,以为国际惯例,不得以交涉失败,罪其使臣,今杀崇厚,而中俄邦交势将决裂也。英国女王维多利亚电请太后释放崇厚,赫德忧患中国孤注一掷,电召戈登来华。戈登入京,详论不可启衅于总署,李鸿章、刘坤一亦以为言,郭嵩焘在籍上疏力言主战之非。会俄舰队巡行于黄海,沿海诸省人心惊慌,朝廷始知廷议之非,力谋避免战祸,招左宗棠回京,遣出使英法大臣曾纪泽使俄。曾纪泽为曾国藩之子,袭父爵为侯,曾学英文,以字典圣经旧诗为课本,国中明达之外交家也。朝臣尚有论其亲外,用非其人。

总署大臣患俄不肯接待曾纪泽,向驻京公使声称,如俄接待公使,中国将赦崇厚死罪。其交换条件,可谓奇矣,而朝臣竟视为争论之点。八月一日,曾纪泽抵于俄京;其先入俄也,奏陈战守均不足恃,维持和局,不外分界、通商、偿款三端,分界宜力争之,通商可酌更易,余宜从权应允。总署电称俄国如因条约不准,不还伊犁,大可允缓,能将崇议,两作罢论,便可暂作了局。曾纪泽复称非事无可解决,不可作为悬案。朝廷许其察看情形,奏明办理,又从其请,赦免崇厚死罪。俄国新与土耳其战,其中亚细亚总督言无援军,不能拒抗新疆之清兵,亦愿和平解决。二十二日,俄皇始见曾纪泽,后二日,曾氏照会外部婉述前约未能批准之原因。外部以为指驳太多,无可商改,将派公使到京再议。朝廷得奏,训令曾氏在俄定议,曾氏与俄外部大臣交涉,久无进步。明年,俄皇还都,谕令外部让步,始能解决,二月约成。关于地界,中国收回伊犁要塞,西边归俄,两国派员勘定塔城及喀什噶尔地界。关于商务,天山南北二路贸易,迄于肃州暂不纳税,俄国得设领事于肃州、吐鲁番二城。余如科布多等于商务兴旺时再议。关于代管经费及损失费,中国给俄九百万卢布,合银约五百万两,二年内付清。

其年,二国又订通商章程,初一八六二(同治元)年,二国缔成章程,俄使后请改订,一八六九(同治八)年,议定,其要款如下:(一)边界百里内之贸易,概不纳税。(二)俄商持有执照,得往蒙古各处各盟贸易,亦不纳税。(三)俄货得由恰克图、张家口、通州运至天津,其至津者,按照海关进口税则减收税银三分之一。(四)俄货于张家口销售者交纳正税,其未售出运津者,将多交之税发还。(五)俄货自津运往他口者,补交正税及子口半税。(六)俄商自他口贩运华货经津回国于交完全税后,不再纳税。其在天津、通州贩运者,完一正税,在张家口者,始交正税及子口半税。(七)俄商于中国贩运洋货,由陆路回国,其货已先纳税者,不再交税。至是二国改订章程。关于征收税银及蒙古贸易权利,无异于前,其不同于前者,一许俄商自科布多运货,经归化城至通州、天津贸易。一许俄货运至肃州,纳税照海关税则减少三分之一,如天津之例。约成,二国派员勘订界约,中国多许俄国要求,订成界约。总观中俄之交涉,曾纪泽所处之地位,颇为困难,俄国原不欲归还伊犁,及崇厚与布策订成条约,俄国既得土地,又得商业权利,欲其将视为已得之权利尽行让步,实非易事,且自朝臣倡言战俄,而形势更不利于中国也。曾纪泽奏言其困难曰:"泰西臣下条陈外务,但持正论,不出恶声,不闻有此国臣民,诋及彼邦君上者,虽当辩难纷争之际,不废雍容揖让之文。此次廷臣奏疏势难缄秘,……每谓中国非真心和好,即此可见其端,若于兹时忍辱改约,则柔懦太甚,将贻笑于国人,见轻于各国等语。臣虽饰词慰藉,而俄之君臣怀憾难消。"据此,好作大言之大臣,徒误国耳。交涉之时,曾纪泽以公使出席,而前约订于全权大使,俄人数以为言,竟能有所成功,曾氏态度和婉,前后言语未曾矛盾,亦有力焉。其接收之训令,则不免于前后歧异也。惜后订成界约,仍多丧失边地耳。据薛福成言,俄自伊犁约后迄于光绪十八年(一八九二),三变其界。综之,收复新疆,竭全国之力,不足,借款于外,收回伊犁,又出巨款。一八八四(光绪十)年,朝廷改其地为行省,设置巡抚司道府县,其行政经费,驻军饷粮,仍由各省协助。政府并未奖励过剩之人口,迁于新疆,出此代价,徒有广大领土之名,反而无所经营,惜哉!

二、日本　日本在中国之东,以岛立国,其领土褊狭,人民短小,我国古书译音称为倭人。其交通于中国颇早,东汉光武帝赐其王金印,文曰:"倭奴国王"。其往来之途径,初自朝鲜而入中国。朝鲜半岛与日本九州岛相对,中隔海峡,峡中最大之岛名曰对马,古代航海术未精,船只往来,可停泊焉,交通尚便。中国学术思想先由朝鲜传入日本,其王深羡中国文化之高,遣使来华,古史目为贡使,存有轻视之心。日人好勇逞斗,自视傲甚,蒙古大帝忽必烈征服中国,两次出兵征日,皆不能胜。明兴,倭寇乱作,太祖遣使谕之。会室町幕府将军患贫,乞钱于明,明帝封之为王,将军固天皇之臣也。其后海盗勾结日人,扰于沿海诸省,大为中国之害。明末,日本强臣丰臣秀吉欲假道于韩,以伐中国,韩王不许,秀吉遣兵伐之,明帝命兵往援，竟不能胜，朝鲜几至不国。会秀吉病死，兵祸始已。清初二百年，朝廷严防日本，日本未曾遣使来华，华商有往来二国贩运货物者。十九世纪中叶，实用科学进步，轮船火车促进世界交通，时值工业革命，制造之货物大增，资本家之势骤盛。列强保护工商业不遗余力，争求市场于海外，而中国、日本墨守闭关政策，终以见迫订约通商。中国于战败之后，轻外排外之心理迄未改正，衰弱如前。日本自明治天皇嗣位，任用贤能，仿行西法，废除藩政，改革积弊，国势日强。国人对于日本观念，依然未改。其国内武功派大臣亟欲发扬国威，乃欲有事于朝鲜、琉球、台湾。朝鲜与日本隔海峙立，交涉颇早，古代半岛中之小国，曾卑礼厚币求援于日本，日人谓为朝贡，目为藩属。迨七世纪，唐将大败日兵于朝鲜，日皇不敢干涉韩政垂数百年。及秀吉起兵伐韩，几灭其国。江户幕府复遣使征聘，韩王许而从之，每逢将军嗣位，多有使者往贺。琉球在日本之南，小岛蜿蜒，立于海上一如带形，日人言琉王舜天为其国内武人源氏之后，自日南渡者也。二国文字风俗相类，萨摩藩侯邻近琉球，先后遣兵攻之。琉王降服，朝贡颇勤。中国隋书始记流求①。其后闽人有徙居于岛中者，明太祖遣使往谕其王，王命其弟奉表来贡，后遣学生学于中国。及清帝入主中国，朝贡如故。琉球既为中日属国，朝鲜朝贡尤勤于中国。台湾又为中国领土，在福建之东。日本曾欲借端兼并，乃与中国发生严重之争执，又以修改商约问题，误会益多，终成战祸。其事详见下篇。

三、安南　安南于中国之关系颇早，秦始皇帝征服其一部分土地为郡县，汉时犹然。其后中国势力盛时，均能达于安南北部，其学术思想制度多自中国传入，其王按期朝贡，华人有往其港经商者。清代安南四年朝贡一次，清廷于其内政外交，向不闻问。鸦片战时，朝臣奏称安南水师，前败英船，为天下之最强者。道光诏求安南船工仿造其船，魏源亦以为言。

---

① 数十年前，欧人希勒格于其所著之《中国史乘中未详诸国考证》谓流求为台湾。其书所言古史之地名，多为荒谬之推论，其指流求为台湾亦无确证，无宁谓流求为琉球也。

全国士大夫殆无明了安南之情状者。初十八世纪之末,法国谋扩张领土于远东,值安南内乱,嘉隆王遣法教士赴法,缔结条约,法国出兵助王,而王酬以权利。会法国内乱,不出大兵,安南亦未履行条约上之义务。后法国安定,神父传教于安南,越人仇而杀之,法海军示威,始得解决。越人无所觉悟,再有仇教之行动。一八五八(咸丰八)年,法国、西班牙出兵,历战三年有半,安南屈服,赔偿军费,割让三省于法,法国之势力,始巩固于安南。一八七三(同治十二)年,安南乱起,中国出兵边境,明年,上谕不可与法兵启衅。法国乃以武力压迫越王订成新约,其要款凡三:一越王有自主之权,不受何国统属,二安南开放红河,三割让六省,其用意则否认安南为中国藩属。红河上流在云南省内曰富良江,法欲行船促进商业者也。二国又订通商章程。驻京法使抄送新约于总理衙门,总署照复越南为中国属国,又称其久列藩封,不能漠视。措辞虽属和平,而固未尝承认条约。法使再以通商章程咨送总署,总署置而不复。安南自订约后,无开放红河之意,其在危急之时,尚不肯以实情告知中国。中国筹谋补救之策,颇不易得,为谋二国交通便利之计,设招商分局于安南。法国托言安南不肯开放红河,违反条约,有意寻衅。一八八〇(光绪六)年,曾纪泽于俄,照会法国外交部,内称安南为中国属国,不能不问,明年,至法再致照会声明。驻京法使宝海(M. Bourée)至津,李鸿章以法国对安南之政策为问,宝海答称无并吞之心。曾纪泽在法,亦向外交部询问,答辞相同。曾氏建议于总理衙门,促进中越之关系,解决法越之争执。其主意则越王遣使驻于北京,并派精通汉文之人为驻法使馆之随员;法国现言安南违背条约,中国劝其开放红河,自行除盗,即可无事。总署交李鸿章核议,李氏谓待陪臣之礼不可变通,法言越王有自主之权,势难遣使为参赞。开放红河,则法商将入云南,是自引虎入室。其理由极牵强之至,惜曾纪泽筹谋之许划,未能采行也。法国恫吓越王,而黑旗军阻之。初粤民于起兵败后,逃往安南为盗,越王乞援,华兵往讨,迄未尽平,越王将其召抚,黑旗军则其一也,主将曰刘永福。越使至津称其烟瘾甚重,所部不足二千,营中无新式枪炮,兵无训练,纪律荡然,但曾狙杀法探兵队官。滇粤长官夸张其事,谓法军畏之如虎,上谕亦称其屡挫法兵。李鸿章奏其实不能战,且曰:"华人专采虚声,金欲倚以制法,法人固深知其无能为役。"时人不信其言。

法国虽称不并安南,然欲越王开放红河,而刘永福力阻开放,法乃恫吓越王,而目刘永福为匪,势将开战。一八八二(光绪八)年,朝廷以安南久为藩属,地为滇粤之屏篱,密令督抚遣兵出驻东京(河内),以备万一。总署迭向法使宝海交涉,宝海至津,李鸿章与之协商,议定三款:(一)中国撤兵,法国声明无侵略土地及削贬王权之意。(二)安南开放保胜。(三)二国分界,保护安南共御外寇。其详细条约由二国遣派使臣会议,宝海报告本国政府,久无复电。明年,内阁改组,茹费理(M. Jules Ferry)为首相,以其让步太甚,撤回宝海,又得国会协助,遣军压迫越王。中国驻越之兵,则如李鸿章之言曰:"不过虚张声势,牵制法人不使并占北圻(东京一带),并非即欲与法人交战。"曾纪泽迭抗议于法,收买报纸宣传,故泄交涉之经过,法国恶之,派驻日公使德理固(Arthur Trico)为全权大臣来沪。李鸿章时以葬母回籍,至是,奉命往申,但无全权大臣之旨,与曾纪泽在法之言稍有出入。六月,会议,德理固之态度初极强硬,谓法国立意用兵,必欲达到一八七四年法越条约应得之权利,中国稍侵其权利,法国断不稍让,即与中国失和,亦所不恤,更欲中国说明暗助或明助安南,如不相助,当给予凭据。李鸿章答称中国无与法国失和之意,法越条约,总理衙门未曾承认,今法越交战,无论所订何约,先未商于中国,中国概不承认;又称宝海所议草约,先得外交部之同意,何故将其撤回?法使辞屈之时,则称目下情形,只论力,不论理,后说李鸿章电请朝廷给予会商越事全权。李鸿章答称中国体制不得由臣下自请,法使遂忿然而出。十余日后,德理固再见李鸿章,意欲让步,声称中国可勿侵犯法人在北圻已得之权利,即愿切实声明法国毫无侵占安南之意,然后议商事务。李鸿章称其事关重大,本人不能做主,现奉旨回津,将即起程,于是会议停顿。其困难之症结,则在朝廷未予李鸿章办理之全权,而李氏又不愿受清议之指摘,不肯负责进行交涉,而遇事推诿也。其时中俄交涉业已解决,朝臣方信可得专力御法,太后密谕疆吏筹议,疆吏几尽主战。其人或欲见好于清议,或不知法国陆海军之设备与战斗力也,朝廷亦倾向于战议。

方和议进行之际,法国出兵安南,预备作战,及和议停顿,法军开始活动。八月,军舰轰陷其京域顺化海口炮台,越王适死,朝中大惧。新王遣使议和缔结和约,其要款则法国保护安南,管理其内政外交,驻兵于各城邑。越王遣使乞援,其情势更难于先,信如李鸿章称为可虑之至。曾纪泽与法外交部交涉,坚持中国利益,毫无结果。九月,德理固来津,会晤李鸿章,谓事隔两月,事机变迁,宜妥筹办法,以免二国绝交,提出办法三条,一保护在越中国商民,二剿除北圻土匪,三另订中越边界。法使口称法国保护安南,实于中国商务有益,李鸿章以法军毁招商分局为问,法使承认赔款,事后并予以极大利益。其言土匪,则指黑旗军也。法使声称华军助之,李鸿章极端否认。其争执之焦点,则为分界,法使允许从宽订界,李鸿章请以二十度为界,德理固坚持二十二度,且言法初并三省,后取六省,中国何先不问? 双方各不相下,久无成议。德理固入京交涉,亦无成功。法国厚集安南兵力,将攻黑旗军,法使改称凡在北圻境内手持兵械者,无论是否中国官兵,概作土匪驱逐。其言可谓蛮横之至,其先尚请华兵勿驻近于黑旗军,庶得免启战祸,而今竟欲与华军作战。交涉延宕,祸致于此,总署大臣与李鸿章等均有重大之责任,中国固无远见之外交家也。其时中国驻扎北圻军队数约三万,坐视法国武力压迫越王,暗中接济黑旗军,又不能胜,徒造谣言——越人胜法。总署大臣信之,以为兵力可战,其函告李鸿章曰:"滇粤出关各军,无坐视法人吞尽北圻之理,拟将法人种种挟制情形,照会各国,并令防军如法军来犯我驻守之地,不能不与开仗。"就保藩自卫而言,实为理直辞壮,奈战祸启后,胜负非决于空言,而定于兵力之强弱何! 李鸿章复称恢复安南原状,"揆之目下中国人才兵饷,皆万万办不到者也"。无奈朝廷不信其言,李氏又失磋商和平解决之机会。十二月,法军进攻,大败黑旗军,败兵焚掠乡村,与民为仇。其驻防之地山西遂失,刘永福更募兵勇以战。

一八八四(光绪十)年,法军乘胜进攻驻于北宁之华兵,刘永福等往援,均大败溃。法军陷城,乘胜进据太原。太后得报,诏免恭亲王奕䜣等职,军机处及总署大臣多另派委,查办统兵诸将。四月,云贵总督岑毓英奏称粮尽势孤,退守边境,其兵不待朝旨,业已撤退,太后命兵往援,时法国军舰泊于安南,有来扰之意,德璀琳以法海军总兵福禄诺(Comdt E. Fournier)书至津言和,李鸿章上报,朝廷许之。五月,福禄诺来津,先请撤换驻法公使曾纪泽,称其失言,北宁之失,以师丹之败为比,有挑引德法之恨恶,二国舆论以其有失使臣之体。朝廷许之,调曾侯至英,李凤苞赴法,谕李鸿章议和之条件,一维持藩属,二杜绝云南通商,三保全刘永福,四不偿兵费。第三、四条均无困难,而第一、二条实难于协商。李鸿章避免争执,乃以空泛之辞,与福禄诺议成简明条约,中国退兵,不问法越条约,许法货物通至边界销售,法国保护北圻,不侵占中国边地,不索兵费,限三月后,二国各遣大臣缔结条约。简约与朝廷之训令相去甚远,中文语句又与法文不同,福禄诺将去,约期中国军队退出越境,法兵将往巡边,驱逐刘永福军。李鸿章不敢上奏请旨,其致粤督张树声电曰:"内意但以续议条款责问敝处,其余一切不问,只得由外间相机酌办",无如咨告云桂撤兵,而其长官先奉扼扎原处之旨,不肯撤退。其原因则朝廷不满意于和约,而又怀疑法人太甚,仍持战议也。朝臣邓承修等联衔上奏夷情叵测急筹战守曰:"法人……战无不克,其轻量中国可知,法不和于山西未失之前,而和于北宁既失之后,有是理耶?臣等闻法兵虽胜,而数月劳师集饷,势已不支,又北圻新定,其民未附,安知非惧我增兵大举而故为此要挟之辞?且李鸿章果以和议为可持耶?……我强则和约可保,我弱则所约皆虚。……李鸿章治兵二十余年,不以丧师辱国为耻,乃云起自田里,托为审势量力持重待时之言,以文其爱身误国之罪,此臣等所为痛恨而不能已于言也。"其言多无根据,直以国事人命为儿戏,而在当时,则为强有势力之清议。朝议主持战说,太后旨责李鸿章畏葸因循,命吴大澂、陈宝琛、张佩纶会办北洋、南洋及福建防务。及广西巡抚潘鼎新电告法兵巡边,而官军驻在边界百数十里之外,请示办法。上谕李鸿章谓断不能退守示弱,且曰:"已电谕岑毓英、潘鼎新按兵不动,如彼族竟来扑犯,惟有与之接仗。"其电谕潘鼎新曰:"前令潘鼎新驰赴广西关外,本系预备战守,该抚上次电信,亦有一意主战,较易着手之语。衅自彼开,惟有决战,果能办理得手,朝廷有奖励,无责备。"六月,法兵进攻谅山,略有死亡,其政府以为中国违背和约,照会撤兵,要求赔款,一面派兵赴援,令海军大将孤拔(Courbet)率舰队北上。其外交部长电责李鸿章,李鸿章复电称为不幸,非两国政府之意,且曰:"中国定例,凡将士驻守之地,非奉旨万不敢退,即有旨退兵,亦应由驿站转递,路远不能即到。故福禄诺临行时,业经告明限期退兵之说,实不能行。"其言虽非由衷,要亦无可奈何,就责任而言,二国尚未批准简约,撤兵又无规定之期,中国究难负责也。

朝廷得报,谕沿海督抚备战,拒绝赔款,一面总署电告驻法公使李凤苞谓兵于一月后撤完,法应催使来津定约,李凤苞通知外交部。外部要求中国立时撤兵,并偿兵费,总署训令切勿轻许兵费。会法新使巴德诺(M. Patenôtre)来沪,限期和议成功,总署答称华兵奉旨限期撤退。皇帝诏任两江总督曾国荃为全权大臣,陈宝琛为会办,赴沪会议,其所奉之上谕,兵费恤款万不能允,安南照旧朝贡,黑旗军由我处置,分界于关外留出空地,作为瓯脱,云南运销货物,应在保胜,开关商税不得过值百抽五。双方条件相去太远,法使谓非赔款不肯言和,李鸿章为之焦急,请于恩恤,一面密电曾国荃告以万不得已,可许恤金数十万,更商于总署。总署复称"尊意即是鄙意",会议之时,法使坚索兵费恤金,曾氏许以五十万两,法使不允。及电报至京,上谕责其轻自允许,不知大体,陈宝琛亦奉旨申斥,和议遂无所成。八月三日,法使照会和议之期限已满,日后法国任凭举动无所限阻,曾国荃未有答复,法国舰队开始活动。初舰队驶入闽江,监视华船,有据福州之说,八日往攻基隆炮台,数小时内炮台尽毁,时淮军名将刘铭传奉命防守,新至台湾,械饷俱缺,固无奈何,法兵幸不登岸。总署得报,向法驻京代办抗议,有不胜诧异之句,代办说明自由行动之意,交涉仍无发展。李鸿章请和,太后谕廷臣会议,会得巴得诺照会,太后以其无礼,谕称一意主战。代办以要求赔款不遂,二十一日出京,朝命各省严防法舰,饬潘鼎新等进攻安南,电李凤苞回德,二十三日,法舰队攻击华船于闽江,共有兵舰八艘,鱼电艇二,凡一万四千余吨,船有大炮机关枪,水兵一千七百余人。闽船大小十一只,共六千五百吨,水手一千余人,船上仅有小炮,余为水师。战起,二小时内,悉数毁沉,法舰轰毁炮台,二十六日,朝廷下谕用兵,而曾侯自英电称勿先承认宣战。法国亦未宣战,惟从事于破坏耳。孤拔再率军舰往攻台湾,刘铭传迭电告急,左宗棠奉旨遣兵赴援,而兵不敢渡台,李鸿章雇用英船密运饷械往台接济,法舰乃封锁台湾。朝廷令南北洋大臣出船往援,实则驶去船为击沉人送死耳。曾国荃初不欲多遣船往,奉旨申饬,及船五只南行,二只击沉,三只逃往镇海。朝廷严责刘铭传乘势恢复台湾已失之地,救船出险,更催滇粤进兵,以为牵制,无如拟定之计划,均为纸上空谈,而于敌方之实力,茫然不知,毫无补救也。边军迭奉谕旨前进,未有进展,明年二月,法军进攻谅山,守军御战,潘鼎新报称粮药俱缺,精锐伤亡殆尽,焚谅山城,退至镇南关。法兵攻关,滇军败溃,提督杨玉科阵亡。粤督张之洞电告李鸿章曰:"谅山陷后,西事棼如……兵气不易再振。……朝廷若操之过急,再难措手。"兵士自谅山败后,抢劫逃亡几不成军,广西人民逃避,全省惊扰。幸冯子材等截杀逃兵,激励将士,三月廿三日恶战,会援军至,廿四日战败法军,乘胜追出关外。同时,法舰队攻陷澎湖,朝廷始愿议和。

初中法交涉日形严重,美使杨越翰(J.R. Young)通知李鸿章谓其政府情愿调停,已令驻法大使询问法国意指,而法自以理屈,不愿友邦调停,德理固来华,亦言不受第三国调停。及《天津简明条约》成立,法兵巡边,再致战祸,中国愿受美国调停,法国仍再拒绝。迨法舰攻毁基隆炮台,清廷一意主战,曾纪泽不礼于法,先亦力持战议,上谕言和者诛。李鸿章知其力不能胜,招商局轮船不敢出海,售于美商,而战并无胜利。九月,赫德书告总署称法愿受调停,李鸿章亦得报告,称法谓款项难筹,可租借海岛,或后建筑铁路,许法商承办。十月,法再提出条件,其重要者,实行《天津简明条约》,双方停战,遣使会议商约税则,中国向法借银二千万两,半购军火及铁路材料,半为建筑铁路之用,雇用法工。总署不愿考虑,德璀琳再言和议,亦无成功。会英外相调停,曾纪泽电问条款,翁同龢亦言和议。太后旨称和议勿伤国体,奕𫍽拟定八条,多为中国最初之主张,如废津约,展拓地界,法国不得干预安南之内政等。曾侯得电,称其中有矛盾,交与外相,外相不允传达,盖其内容乃战胜国强迫战败国接收之条款也。曾侯将其修改,注重修界朝贡二事,始允转递,而法使怒称中国要求修界,即无和理。其政府议和之条件,则为遵守津约,华兵退归,免赔军费,法兵暂留台湾也,于是调停失败。一八八五(光绪十一)年二月,法军进至镇南关,驻德新使许景澄电报总署,谓法使介人催询和议,"微露法兵可退基隆,不押关,不索费"。三月初,李鸿章电报总署,言法愿照津约,余无所求。十六日,法外部询问曾侯可否议和,如奉训令可来商量,其首相茹费理实有让步解决之诚意。总署电复曾侯,略称已准商办,数日内当有确旨,不幸竟无消息。及法军败退谅山,茹费理去职,李鸿章再请总署议和,称此时议和,可无大损,否则兵又连结。赫德呈递善后办法,曾侯亦电总署,谓此时议和,尚觉体面。朝廷乃命赫德办理,四月四日,海关职员金登干(James Duncan Campbell)奉命与法外部订成草约于巴黎,其条款凡三:(一)二国遵守《天津简明条约》。(二)二国停战,法舰开封台湾。(三)法国遣使议约,中国撤退边兵。

四月,法使巴德诺至津,李鸿章奉命为全权大臣,五月,会议,六月,订成条约,其要款凡六:(一)二国平靖边境盗匪,不得出兵侵入缔约国之领土,侨居安南之华人概归法国保护。(二)法国统治安南。(三)二国会勘边界。(四)二国日后议订商约,开放商埠。(五)中国创造铁路,雇用法人。(六)法国撤退台湾澎湖驻兵。后再议订商约界约,其要款如下:(一)中国开放龙州、蒙自、思茅、河口为商埠。法得设驻领事。

（二）中国设置领事于河内、海防，日后商于法国，得派领事于各大城镇。（三）安南华人之待遇，与最优待西国人不得有异。（四）陆路贸易，中国按照海关税则，输入洋货减少十分之三，输出土货减少十分之四。（五）法国享受最惠国之待遇于中国南部及西南境。（六）二国划定边界，派员勘定。今观条约之内容，中国丧失安南，给与法国权利。约文中云："不致有碍中国威望体面"，实则屈服败辱，耻孰甚焉，何必顾此虚荣耶！所可怪者，中国根据条约，可派领事保护华侨，及至会商续约，法使不愿中国派遣领事。中国谓法征收华人丁税，要求约中载明免税，法使仅许从宽办理。而一八八六（光绪十二）年，《天津条约》曰："越南各地方听中国人置地建屋，开设行栈，其身家财产俱得保护安稳，决不刻待拘束"，而竟一无保障，所谓"与优待西国之人一律不得有异"之明文，究作何解？法国违背条约，一至于此，国际公法，岂专为欧洲列强耶？

综观中法安南交涉之始末，朝廷之处置荒谬，朝臣之昏庸无识，殆不足责。李鸿章于时明了国际上中国之地位，外交之方法，而竟听其造成若此之结果，实有重大之责任。法国对于安南压迫之理由，则为红河尚未开放，中国苟令越王开放，法人无所借口，列强亦可明知中国与安南藩属关系，信如曾纪泽言"可省其窥伺之心"，而李鸿章竟力言其不可，坐失事机。法国必欲享受法越条约上已得之权利，至为明晰，其途有二，一用武力解决，一用外交解决。其时安南衰弱已极，内不能平乱，外不能御侮，黑旗军何能拒法？中国军队亦非法国陆军之敌，以之作战，殆难侥幸，而徒丧师辱国，多所损失耳。曾纪泽初信法国慑于德国不敢出兵，后亦悔其多言，谓与李鸿章之心相同。外交解决实为当时最妥善之方法，及法出兵，时机已晚，于其作战之先，负责交涉，虽不能尽如吾人之意，要能有所补救。法使德理固之在上海，实有解决争执之诚意，而李鸿章则迁延观望。其六月八日致总署书曰："脱使（即德理固）无论在沪赴京，所议必难就范，似只有虚与委蛇，相机观变，再筹因应之方。"其七月四日致总署电曰："脱请就谈，今又请来晤，皆严却之，仅派人往彼知会，今晚登轮，脱忿然，谓将各行其意。"于是会议停顿,越兵战败,其王迫而允许受法保护。华兵在越无所补救,又不敢公然承认援助越王,是知力不能战,而又迁延造成战祸,其心殊不可知。及德理固至津,尚可保全一部分利益,不幸往返津京,一无所成,迨军队战败,订成《简明条约》,丧失一切权利,又以不撤兵致衅。吾人今虽知其境遇之困苦,京官公然斥为汉奸,固不如陈说利害,先时解决也。朝廷不欲撤兵之原因,一则安南久列藩属,一旦弃之,心所不甘;一则将士夸张浮报,以为国内军队足可一战;一则疑虑法国无信,而《简明条约》尚不批准,新约且未议定也。后巴黎和约签字,朝命撤兵,电谕沿海督抚,尚云:"条款未定之前,仍恐彼族奸诈背盟,伺隙猝发,不可不严加防范。"粤督张之洞电曰:"条款未定,万万不可撤兵,臣之洞谨昧死上陈",又电将士迅速攻城,促成和议,以少要挟。其先张氏亦言战无把握,于粤唯有悬赏购杀法人,大借外债耳,其人固无远见也。朝旨不许曰:"撤兵载在津约,现既允照津约,两国画押,断难失信,现在桂甫复谅,法即据澎,冯王(冯子材、王德榜)若不乘胜即收,不惟全局败坏,且恐孤军深入,战事益无把握。纵再有进步,越地终非我有,而全台隶我版图,援断饷绝,一失难复,彼时和战两难,更将何以为计?……如期停战撤兵,倘有违误致生他变,惟该督是问。"朝廷鉴于前事,殆有觉悟,谕旨撤兵,诸将托辞延宕。其人先多夸张战功,败则溃逃不复成军,一胜则哄然言战,其言固无把握也。朝廷之议和,殆不可非。所不解者,法国迭次表示让步,英国调停,何朝廷迄无诚意?迨后决定议和,国内之外交人才,无过于曾侯,法愿与之协商,竟不令其与闻和议,签字后之一日,曾侯尚不之知。就形势而言,主持并越之茹费理谋欲解决,是已不见谅于国人,谅山之役,迫而辞职,二国争执或有公平解决之可能。不幸巴黎草约,匆匆签字,失去讨论条约之时机。李鸿章议订条约,以法外部之条件为根据,多所让步。总署大臣已不满意,划定之地界,损失尤多,奉命勘界之委员力谋挽回,竟无能为力。以重大之代价,而得若此之结果,谋之不臧,能不为之痛哭耶!彼侵略之国,更何足责,越王再遣使乞援,朝廷不问。

四、缅甸 安南丧失,缅甸亦并于英。缅甸在中国之南,毗连云南、西康,西北接壤印度,东界安南、暹罗,南达马来半岛,西南则为孟加拉湾。境内分上缅甸下缅甸二部,上缅甸高山重叠,险阻繁多,土壤硗瘠,交通困难。下缅甸濒临大海,地肥物阜,其人民多属于蒙古族,或自中国而往。其在上缅甸者类近野人,好勇善战,下缅甸之文化颇高,人民流于文弱,清初缅甸对于中国叛服不常,乾隆数遣大军征讨,但以地势险阻,运输不便,气候炎热,瘴气为害,战无大功,主将敷衍了事。缅甸后复通好中国,受清封册,遣使入贡,定为十年一次,中国于其内政外交,固不问也。缅甸自名王波罗拿(Bodoahpra)于一七八二(乾隆四十七)年,即位以来,征服诸大部落,国势张旺,与英属印度政府不协,尝启争端。后其孙嗣位,遣兵侵入孟加拉,印兵拒之,不胜,政府自海上运输军队,攻其南部要港仰光,缅人拒战猛力,会天大雨,英军颇多死亡,终乃长驱直入,达于首都,缅王遣使订约出款割地以和。后因商业争执,英使奉命要求缅王赔偿损失。使者擅捕缅王之船,引起战祸,英军迭陷名城,缅王割下缅甸以和。英人遂尽握孟加拉湾之航权,势力大伸于缅甸。方回酋杜文秀之雄踞大理也,购运军火于缅甸,渐起云南官民之疑虑,英人欲往通商,印度政府遣人调查入滇之路。其路有三,一自中国西南诸省而往,一自安南红河前进,一自缅甸而往。其自缅甸之路,则英人所欲知者也。初遣使者前往,未得结果,一八七四(同治十三)年,再遣探险队往,威妥玛言于总署,得有护照,遣译员马嘉理迎之。其报告本国政府也,谓总理衙门大臣茫然不知缅甸战败赔款割地以和,及英国在缅之势力。其原因一由于中国向不问其内政外交,一则于回乱之时,久未朝贡也。马嘉理入滇被杀,探险队受阻,威妥玛借为要挟,几致大祸,及《烟台条约》成立,许英派员驻滇调查。李鸿章乃始注意缅甸,后闻英缅将起战争,告知英使,缅甸为中国藩属,中国愿意调解,英使答称业已解决,李氏声称嗣后关于缅甸之争执,可先通知中国。缅王自兵败后,深患英国之侵略;迨法出兵安南,其在东方之地位巩固,缅甸与法订成商约,英人深为怀疑。会缅王重税英商,印度总督视为口实,绝交宣战，印军奉命往攻，大败缅军，前后共十四日而即陷其首都，其蓄谋也久矣。英国辩护其野心侵略，谓缅王暴虐失政，而法新得安南，将经营东方也。其理由至为薄弱，不足诘问。

英国谋并缅甸，一八八四（光绪十）年，曾纪泽自伦敦电报总署，建议招降拓界。醇亲王奕谟评论之曰："无论人才财力现办不到，即使如愿，乘彼乱而拓我界，名亦不正。……至电内所称拓界事亦宜早商英廷一语，竟不解此义。我若力足，何必商于彼？彼若垂涎，又安能允我拓界乎？"奕谟平日侈言复仇，其见解以为国际上之交涉，唯有武力，固不足以知此，乃向总署大臣建议延宕。总署电复曾侯曰："彼谋未定，遽与开谈，是启之也，慎勿轻发。"迨其谋定，始行交涉，难易若何，大臣固不之问。明年，英缅交战，曾纪泽奉旨向英磋商保全缅祀，外相答称另行立王，管教不管政事，仍朝贡中国等语。会外相易人，推翻前议。曾侯改议朝贡拓界二事，朝贡英许备送应贡之物，曾侯不允，关于拓界，当时缅王虽兵败被擒，而土司纷纷起兵抗英，外相愿将潞江以东之地归于中国。其地亦称萨尔温，东抵澜沧江下流，其中北有南掌国，南有掸人。曾侯又索八募（即蛮暮之新街），英许让旧八募城。关于商业，英许大金沙江二国公用，中国得于八募附近立埠设关，磋商之条件将成，而总署仍持异见，其原因则滇抚张凯嵩奏称其地为野人所居，窒碍不行也。曾侯奉旨回国，交涉暂作罢论。会英国派员入藏，并来京议商印藏通商章程，藏人反对，总署大臣无法解决，乃愿让步，一八八六（光绪十二）年，与英使欧格讷（Nicholas R.O'Conor）协商缅甸问题，置缅人迭次乞援之表文于不顾，七月议订条约。其要款凡四：（一）缅甸循照成例，每届十年，派员呈进贡物，其人应选缅甸国人。（二）中国承认英国在缅自由处置之政权。（三）二国派员会勘边界，另订通商章程。（四）英国停止派员入藏，不催议订印藏商约。斯约也，中国放弃在缅甸之宗权，承认英国事实上之地位，而于边境则未言及展界。斯年，英国公布兼并缅甸，至于边界商务，则久置不提。一八九一（光绪十七）年，驻英公使薛福成密报旧案于总署，后二年，派员赴外部交涉，外部改持异议,印度总督尤不愿让步;历久磋商,外相始许于缅边东南展界一千五百英方里,让与车里、孟连二土司,滇西老界亦许展拓。关于商务,英许大金沙江二国船只往来,缅盐不准入境,缅关暂不收税。英国得设领事于蛮允,中国可设领事于仰光,云南输入货税,依据海关税率减收十分之三,输出减收十分之四,一如中法安南商约,明年约成。

五、西藏　西藏在中国西南部,为藏人居住游牧之区域,藏人古称羌人,其在西北者,曾奉命徙居于内地,互通婚姻,久已同化于汉族,汉人藏人固皆蒙古族也。藏人部落而居,逐水草游牧,颇为祸害于边境,及至中古,藏人信奉佛教,别派之喇嘛教政教迥异于前,渐改其勇悍好斗之风气,其地以达赖喇嘛为最高。迨满人崛兴于东北隅,达赖遣僧往谒清帝,其后准噶尔人侵入藏地,清帝出兵援之,乱平,设置参赞大臣于拉萨,派兵驻防。达赖按时进贡,清帝赏赐颇厚,而于其内政外交,向不干预。西藏邻有哲孟雄、不丹、尼泊尔等,其人属于藏族,风俗习惯多与之同。其王或朝贡中国,或附属西藏,及英人略取印度,地与西藏连接,谋欲通商,勘定边界。西藏地为高原,交通不便,鲜与外人往来,喇嘛久闻英人之侵略,深多疑忌,其人又不重视商业,不愿与之相通。十九世纪初叶,英人有冒称回人而往其地者,居住多年,密画西藏地图,及返印度,途中为盗所杀,地图始行发现,喇嘛益疑英人之阴谋。鸦片战后,英使数建议于钦差大臣,勘定印度、西藏边界,朝廷均不之理。后《烟台条约》许英遣人入藏,喇嘛反对,不能成行;境内入于无政府之情状,不丹(旧称廓尔喀)商人经商于藏,喇嘛夺其财货三十余万两,朋分使用。其王交涉,许还七八千两,商人不可,川督丁宝桢闻之,函请驻藏大臣妥为办理,亦无结果,奏派委员丁士彬入藏;会双方议定赔银十八万两,西藏凑还十万,余由川借。及丁士彬由巴塘动身,番官拦阻,不听开导,反伤官兵。报至朝廷,亦无办法。其先外人入藏者亦被拦阻,丁宝桢改派委员赴印度游历,路过藏地,亦为藏官所阻。英使要求入藏不已,帝谕丁宝桢遣员向藏番劝说,且曰:"西藏通商,事在必行",然亦无法进行。

一八八五(光绪十一)年,英国通知派员来议印藏通商,中有派使驻于拉萨之语,总署亦难解决,明年,中英《缅甸条约》成立,英国放弃派员入藏,而印藏间之问题迄未解决。哲孟雄旧为藏属,藏人向游牧于其地,哲王曾向西藏报告英人侵略,而喇嘛敷衍了事,渐乃归英保护。英人筑有大路,一八八七年,藏兵出驻隆吐山,梗阻交通。英使请中国饬其撤退,否则将用兵力驱逐。总署说其延期至明年二月,以便办理,旨饬藏人撤回,而喇嘛不从。三月,印兵奉命攻毁兵房,喇嘛不遵谕旨,调兵往援,立誓抗英。朝命升泰为驻藏大臣,切实晓谕,而番众争辩,降神问卜,不肯让步,再战又败,心仍不甘,调兵一万余人来援,战又大败。升泰赴边调停,力劝藏兵撤退,而印督要求多端,朝廷派税务司赫德(Robert Hart)自海道入印,协助交涉,一八九〇(光绪十六)年,议订条约,划定藏哲边界,哲孟雄归英保护,通商游牧嗣后再议。会俄官入藏,交结喇嘛,喇嘛仍力反对通商,后三年始能订成商约。其要款凡三:(一)开放亚东。(二)开关五年内,货物免税。(三)开关后一年,藏人仍在哲孟雄游牧者,须照章程办理。约成,喇嘛无开关之意。综之,朝廷处置此变,严词申责喇嘛,而均置之不理,订约久不能成,亦由其阻挠。中国属地之管理,远不能及外国之藩属,向不问其内政,徒事羁縻,及遇事变,不听善言劝导,不能指挥如意,除用兵而外,殆无奈何。喇嘛之固执,升泰斥为痴愚,要多由于知识浅陋,而恐惧太甚耳,终予英人侵略之机会。

六、帕米尔　帕米尔高原,古书称为葱岭,为亚洲之脊,外人罕至,土人部落而居,清代盛时,兵力曾及其地。乾隆年间,《钦定西域图志》一见其名,固未治有其地,说者不知其为部落种族名,抑或国名,及左宗棠平定喀什噶尔,其部将刘锦棠始设屯于旧界。一八八九(光绪十五)年,爱乌罕(今作阿富汗)与邻近部落构兵,护理新抚魏光焘派兵巡查,至托巴什滚伯牧地方,有名苏满者,地极险要,询知未有所属,设卡置回人驻守。帕米尔之西北为俄属中亚细亚,西南为阿富汗,南为印度克什米尔。俄国蚕食中亚细亚部落,经营不遗余力,英国患其势力伸入印度,保护阿富汗,修路筑炮台于帕米尔南部。帕米尔遂为三国边防重地,而中俄先未派员勘界,乃各视为属地。中国时无精确之地图,出使大臣洪钧译俄地图,将其划为俄地,国中士大夫初不之知。一八九一(光绪十七)年夏,英外部致秘密节略及地图于钦使薛福成,力说中国收管帕米尔全境。未几,俄兵数百侵入,总署向俄使抗议,俄兵旋去。未及数月,英兵驱逐坎巨提酋长,坎巨提在帕米尔南,纵横数百里,户口约有万人,中国旧称之为喀楚特,一称乾竺特,向贡沙金一两五钱,回赏大缎二疋,及新疆收复,再行朝贡,一八八八(光绪十四)年,与印度构兵,乞援。总署照会英使,照复称其亦属于克什米尔,会争执解决,印督赏给防费,至是,酋长阴通于俄,阻英筑路,印兵逐之,酋长率其部人逃至塞下。薛福成奉命向英外部交涉,外部允许二国共立其弟,其事始已。方交涉之进行也,俄谓中国拓土,其地亦属于俄,请中国撤卡,否则进兵,相持不下。会阿富汗兵侵入苏满,俄兵亦至帕米尔,中国请俄退兵,俄以阿富汗为词。奕劻建议三国共管,各不侵占,二国不许。俄请中国分界,谓与英国无涉,总署恃英援助,欲三国协议,亦不可得。中俄交涉各不相让,又无所成,英俄议定边界,以小帕米尔归英,使馆参赞马格里闻之,请于外部归还中国,中俄界约仍无成议,中日战起,俄国强据其地。

上言列强侵略中国,乃其一部分人自私自利之行动,其大多数国人与中国毫无直接关系,其人不知中国情形,或仅知为世界上一国,或以为地理上名称,其中自有囿于传统爱国观念,信服政治家之宣传,为极少数资本家之利益,促成战祸者,及其战胜,虽于中国得有种种权利,而享受之者,就其国人而言,千百人中不过一二,况其亦有良莠之别,如吾人之社会耶!戈登于伊犁交涉时,奉召来华,及去,留有赠言,中云:"中国既请洋人教导,华人必当受教,洋人多有好心与华人相同者。"其言深有所见。日意格告左宗棠之言,略与相同。戈登建议设兵工厂于曾国藩,条陈练新军于总理衙门,均为中国之利益而发。其奉召来华,不顾长官之处分,尤见其诚心。英人赫德、马格里之赞助外交,亦其明证。赫德事业,久为吾人所知,不必赘言于此。马格里初在常胜军中,后工作于机器局,及伦敦中国使馆成立，用为参赞，凡有重要交涉，莫不多所赞助。薛福成奏称其"忠于所事，劳勚不辞，研究利害，动合窍要，请如金日䃅之例，用为任使"。马格里在使馆中共有三十年，历任公使深赖其力。同文馆之教习亦愿悉心教授，灌输西方之学艺于中国，无奈时人不肯接受耳。威妥玛轻侮清廷大臣，痛言外交上之弱点，颇足以令人深思，大臣苟不以人废言，则当有所改革，清臣固不之知也。国际上之重大交涉，非影响于全体外人，驻京公使亦有贡献其意见或解决之方法于大臣者，《烟台条约》之成立，美英调停安南之争，尤其明显之例。惜朝臣不足以辨别是非，多怀疑之，而效力殊微也。尤可惜者，教士来华，士大夫多鄙恶之，而不相往来也。其人多受高等教育，熟悉华言，留心于国内之社会情形，其意见尝有考虑之价值，其教成之学生颇有益于社会，而士大夫均排弃之。日本明治维新，教士颇阴协助，一拒绝外人，一师仿其法，此日本强盛，中国衰弱之一原因也。

外人来华营商，华人又亦有渡海者。其动机相似，而待遇则异；其主要原因，则列强保护其侨民周至，而中国漠然置之也。不肖之外人，利用中国之弱点，贩运华人，俗称猪仔，其贸易为十九世纪惨无人道之悲史。初华人迫于国内人口之激增，生计之困难，冒险远往南洋群岛等地。其人生活简陋，工作勤劳，荷兰政府奖之入其属地，明末国内扰乱，人民避难于海外者渐多，迨清兵入关，郑成功雄踞台湾，侵扰福建诸省。清廷诏近海住民内徙，禁其出洋，后台湾平定，禁令仍未废除，犯者罪至于死。雍正诏禁侨民回国，幸久成为具文，经济问题，且非法律所能禁也。海外侨民以粤人、闽人为多，二省远在南方，近于南洋，商人贸易于外，与外人接触之机会较多。其人违犯国禁而出，不得政府之保护，中国且无驻外公使也。美使列卫廉语其事于谭廷襄，谭氏托辞以对，可见官吏之思想依然如故。当时美洲地旷人稀，热带之国，需要工人前往开辟，而中国人口过剩，工人虽极勤劳，而酬金常少，甚者且无职业，乃以衣食住之困难，酿成叛乱。其附贼败散，或无家可归者，皆愿渡海避祸，其中推粤人为多，外人召之，运往秘鲁、古巴等地。会美国加利福尼亚州、澳大利亚洲先后发见金矿，工人应募而往。其去国也，立有合同，称为合同工人，其条件或服务数年后即得自由，或月薪四元。其在英美者，待遇较优，其往他国者，则为贩卖之奴隶，丧失自由，强迫工作，其终日之勤劳，待遇之恶劣，生活之苦状，不啻畜类，故俗呼为猪仔，清廷初置不问。及中英《北京条约》成立，中国始准华工出境。

方外人之招募华工也，国人依念家乡之心极强，非不得已，则不肯往外国，应募之人数无几，而需要殷切，外商视为有利可图，出资雇用地痞流氓为爪牙，深入乡村骗诱愚民，或劝其赌博，或说其出游，甚者路遇行人，托言欠债，劫之同去。其被骗出国者，上海、厦门均有其事，后以地方人士之暴动，官吏之严禁而止，转盛于广州。其于广州受骗者，杂有文人、农民、商人、小贩，最盛于英法联军攻下广州之时，人民惶恐，闭户不敢外出，捕得拐犯，而即置之于死，仍不能戢。俄而广州委员会同华官严禁黄埔江中船只，运出猪仔，颇著成效。猪仔贸易遂以香港、澳门为中心。香港政府认为罪恶，后始严行禁之。葡萄牙于其统治下之澳门，保护罪犯，时称其地之商业，以贩卖人口为最盛，受骗之人抵于澳门，将即丧失自由。外商俟船入港，驱之登船，聚数百人于一船，其船舱小污秽，饮食恶劣。工人见其远离家乡，号哭不已，其体弱者或罹病死，不堪痛苦者尝自杀死，监者无论何时，得痛鞭之，其状况所谓人间地狱也。工人间或起而暴动焉。船抵美洲，主人售之于地主园主，其待遇至为残忍，工作过十六小时。一八五九（咸丰九）年，英国亦于广州招募华工，其办法则设立招募所，工人自愿应募者，订立合同，送之出国，并欲工人携其家室同往，久住不归。其后恭亲王会商于英法二使，草订招募华工章程。公使多表同情于中国，而二国政府将其修改，未有结果。一八七四（同治十三）年，中国派员调查古巴华工情状，其报告书称大多数工人均为受骗出国，并公布其生活之苦状，拐运入口之罪恶，葡萄牙颇处于不利之地位，英国又忠告之，明年，澳门始禁惨无人道之猪仔贸易。一八七七（光绪三）年，中国又得英使之助，与西班牙议定改良古巴华工之待遇条约十六款。猪仔贸易之罪恶方告结束，而排斥华工开始发难于美国矣。

美国政府初愿华工入境,蒲安臣聘于美国,缔结关于华工入境之条约,华人往者日多,渐启白人之仇视,其所持之理由,则为华工之生活简陋,工价低廉,白人不能与之竞争也。此固经济原因,其困难亦由于种族之观念,不肖美人起而惨杀无辜之华工,造成严重之问题。一八八〇(光绪六)年,美国代表来华缔订条约,中国承认美国限制或整理华工入境,其工人之意义,则专指承工而言,其已往者设法保护,一律优待,然其问题仍未解决。其后美国迫令华工注册。一八九四(光绪二十)年,二国再订条约,美国得禁华工入境期限十年,及期,美国自由禁止华工往美,而学生商人等不在其列。同时英属澳大利亚等亦禁华工入境,或虐待之。总之,数百万之海外侨民,政府固未予以切实保护也。其回国者,以禁例迄未废除,亦受重大之痛苦,一八九三年,驻英公使薛福成奏言侨民曰:"筹及归计,则皆蹙额相告,以为官长之查究,胥吏之侵扰,宗党邻里之讹索,种种贻累,不可胜言。凡挟资回国之人,有指为逋盗者,有斥为通蕃者,有谓偷运军火接济海盗者,有谓其贩卖猪仔要结洋匪者,有强取其箱箧肆行瓜分者,有拆毁其屋宇不许建造者,有伪造积年契券借索逋欠者,海外羁氓,孤行孑立,一遭诬陷,控诉无门,因是不欲回国。间有商贾至者,不称英人,则称荷人,反倚势挟威,干犯法纪,地方有司莫敢谁何!"其言根据领事黄遵宪之报告,多为事实。光绪得奏,谕大臣复奏,奏上,请将私出外境之例删改,帝谕刑部办理,禁令始废。华侨在外,虽无保护,而仍不忘其家乡,汇款养其家人,为额颇巨。黄遵宪为旧金山领事,查银行汇票总簿,侨民汇银至广东者,多则一年一千五六百万元,少则一千余万元,四年平均,年有一千二百万元。他如古巴、秘鲁、西贡、新加坡等地,尚未计入,以之抵补当时输出货值之超过,尚觉有余。

中国自缔约通商以来,开放近海五口,均在长江以南,继则开放北方沿海及长江口岸边境要邑,商埠增多,商业上之机会远过于前。其在欧美无所谓通商口岸,外商于其国中可得自由营业。自世界交通便利以来,国际贸易益形发达,一国之物产常以原料产地技能制造胜于他国,各国提倡其所长,则成绩愈良,互相交换,苟能充类至尽,免除战祸,尤为人类之福。国际贸易发达,必人民购买力强,故额数多者,常为先进强国,少者多为贫弱之国;今日中国必须努力奖励生产,促进商业,除去外商非来中国无以为生之传说。其时苏伊士运河凿成,海线告成,均能促进商业。初一八六九年,苏伊士运河开通,往来欧亚之船只始不绕道于非洲好望角,路途大减。一八七一年,上海、伦敦间海线告成。由是货物之运输,商人之往来,商情之报告,既便且捷,大有助于商业之发展,而中国国际贸易当中日战前,虽年有增加,顾其额数犹少,其原因则中国仍为自给之社会也。据海关报告,一八七一年,贸易货值凡银一万三千七百万两;一八八五年,一万五千三百二十万两;一八九五年,增达三万一千四百九十八万两。平均计算,一八七一至一八八四年,每年输出货价凡七千六十万两;一八八五至一八九五年,九千九百六十四万。输入货价,一八七一至一八八四年,平均每年凡七千三百四十万两;一八八五迄一八九五年,一万二千六百七十二万两。输入超过输出,初由于鸦片之漏卮,及商埠增加,丝茶之需要颇殷,输出乃超过输入。输入再行超过者,始于一八七七年。其自一八八五年后贸易额数增加者,香港、澳门之海关问题次第解决,始免漏税也。国际贸易操于外人之手,华商以银价低落,常居于不利之地位。

中国国际贸易,茶叶初居输出品第一,先是,一六七八年,英国东印度公司运往茶叶五千磅,数年始能售尽。十八世纪中叶,英人饮茶者大增,及至末叶,每人平均年需茶叶二磅。中国为世界茶叶出产之地,迨十九世纪中叶后,日本、印度出产茶叶增多,中国政府不善保护,征收重税,英人又以藩属之故,改饮印茶。中国绿茶乃销行于美国、加拿大、俄国,惜其岁益低降,丝遂代为第一。华丝初销行于世界,十九世纪末叶,日本丝业以其政府保护提倡之力,改良饲养方法,华丝始遇劲敌。其他主要输出物品,则推糖、皮、棉花、黄豆、豆饼等。外国先购糖于中国,后买之于印度,《南京条约》后,华糖运往香港入厂提炼,再行运入中国销售。其原因则托外货之名,得免厘金也,清廷既不保护糖业,香港炼糖渐亦不能与外糖竞争,一八八四年,广东输出锐减,糖业深受打击,入于淘汰之列。皮推兽皮为大宗。棉花于一八八八年,开始运往日本,国内家庭工业蹶然不振,妇女渐不纺织。黄豆、豆饼于十九世纪末年,输出大增,多自满洲运出外国。输入物品,鸦片初估第一,后则国内种烟,四川、满洲之产额颇能供给他省,重庆、牛庄变为贩运之要港,外烟逐渐减少,一八八八年,输入八万二千箱,一八九三年,减为六万八千箱。棉织品乃代其为第一,其多数来自英国、美国、印度,日本亦有输入。其次当推火油,火油用以点灯,火光明亮,销路渐广,宁波官吏称其害人过于鸦片,严禁用之,他县亦有禁用者,均无效果。初自美国来华,一八八九年,俄油、荷油相继而至,渐为日用必需之品。其他物品,尚有铁、煤、火柴、玻璃等。其堪注意者,则奢侈品渐多也。其分运之中心,初为香港,及商埠增多,上海日益重要,迨黄豆之贸易发达,牛庄亦颇兴盛。在华商业发达首推英国,船只亦其最多。李鸿章等深知外人操纵航权之害,创设招商局,中国之河流运河以东南为多,商人以船运货,船业初极发达,但自内乱而后,日益衰微。其原因有三,一官吏军队强迫扣用,二海盗摧残,三轮船发达。先是,英人瓦特改良蒸汽机,一八〇七年,第一次试行商业轮船成功,一八二五年,轮船自英国试行,达于印度。一八三七年,太古轮船公司成立,明年,英国建筑武装轮船,一八六一年,始有铁甲船。中国于《天津条约》开放长江,轮船乃驶行于沿海长江口岸,华船不能与之竞争。

自内乱平后,藩属次第丧失,列强在华之势力渐盛,朝廷初以中兴为言,后则淡视遭遇之事变,仍无改革。其所谓明知洋务之大臣,深信中国政教,远非西人之所能及,学其机械足矣。其顽固者且斥其用夷变夏焉。人民于乱离之后,其视政府毫无密切之关系,一如昔日。政府于祸患之先,从未事前预防,而能有所整理,人民深受痛苦之时,始乃救济,人民受其实惠者常少,朝臣且不知祸乱之主因也。国中祸乱之起,要以人口繁多,生计困难,秘密社会之横行无忌所致。方湘军之平乱也,会党从军煽惑,兵士投入会中,左宗棠西征,其部下数叛,多受会匪煽惑而成。一八七〇(同治九)年,两江总署马新贻被刺而死,刺者为其幼年之党友,激于义气,而杀之者也。其人被捕,受刑不屈,及死,李世忠称之曰"义士",盖其党也。其在民间势力尤大,政府虽严禁之,然无效果。人民自乱定后,存者回归家乡,户口繁密区域之人民,或他徙焉。无奈家族之观念太深,父欲抱子,祖欲见孙,所谓"不孝有三,无后为大"也。三十年内,人口又大增加矣!人民仍多以农业为生,而其家中多无存粮,一遇淫雨大旱,收成减少,即不免于饥寒。朝廷免其田税,筹款赈济,死者仍不能免。一八七六(光绪二)年,南方大水淹没圩田,北方亢旱飞蝗蔽天,灾情之重首推河南、山西。二省交通不便,运输困难,晋人种植罂粟,情状尤为悲苦,饥民食尽草根树皮,转食人肉,家有黄金,尚有坐而待毙者。一八七八年,阎敬铭奏曰:"奉命周历灾区,往来二三千里,目之所见,皆系鹄面鸠形,耳之所闻,无非男啼女哭。冬令北风怒号,林谷冰冻,一日再食,尚不能以御寒,彻旦久饥,更复何以度活?甚至枯骸塞途,绕车而过,残喘呼救望地而僵。统计一省之内,每日饿毙者何止千人",其言不忍卒读,海外捐款助赈,国内商人出款救济。九月,始有秋收,死者时称约五百万人。一八九二(光绪十八)年,晋北又遇大灾,灾区二三千里,死者百余万人。李鸿章据赈员报告,奏曰:"所到之处,饿殍盈野,村落成墟,惨苦情形,目不忍觏,询因该处歉收,已经三年,民贫地瘠,夙鲜盖藏。去岁猝遇奇荒,束手待毙,有力之家初尚能以糠秕果腹,继则草根树皮均已掘食殆尽,朝不保暮,岌岌可危,每村饿毙日数十人。现在生存饿民率皆鹄面鸠形,仅余残喘,遍加访察,竟有易子析骸之惨。"其他各省之灾,例不胜举。直隶有永定河为害,河南黄河于一八八八(光绪十四)年破堤,死伤约二百万人。湖南会匪时起作乱。人民之痛苦已深,担负已重,而政府入不敷出,于此现状之下,国内之危机四伏,势非变法,殆无振兴之望,而元首大臣,尚不觉悟,此祸之所以愈烈也。

第八篇　中日交涉

清初中日之关系——商约之成立——副岛种臣之来聘——日本之出兵台湾——台案之解决——日本兼并琉球——琉案交涉之失败——朝鲜之概状——日韩之争——朝鲜之订约通商——中国对韩之政策——朝鲜之政变——中日《天津条约》——二国合作之计划——修约之失败——袁世凯之活动——朝鲜政治之腐败——中日军备之比较——二国出兵朝鲜——改革韩政之争论——战事之责任——清兵之败出朝鲜——海上战争——朝廷之情况——奉天境内之战——北洋舰队之消灭——最初议和之失败——李鸿章之渡日议和——和约之成立——朝臣之议论——三国干涉——换约——割台之始末——交涉之总论

日本自败蒙古兵后，其与中国关系，有将军足利义满曾遣使入明，倭寇为害于沿海诸省，丰臣秀吉遣兵侵入朝鲜。神宗诏精兵往援，竭国中之财力，而不能胜。及清兵入关，南方明臣次第奉诸王拒战，兵败地蹙，形势岌岌，有遣使东渡乞兵者，将军托辞不许。清帝于统一中国之后，诏命沿海督抚严防日本。康熙命臣改扮商人，附船渡日访察情形，及返，奏言日人恭顺。其后疆吏有奏日人造船学弓者，闽浙总督奉旨预防商船之水手留日不返,验点人数益严。方清帝之入主中国也,日本值江户幕府极盛时代,德川氏为将军,总揽统治全国之大权,其下数百藩侯皆俯首听命,天皇徒拥至尊之虚名。迨十九世纪中叶,中国战败于英,缔结《南京条约》,开放五口,国际贸易之情势为之大变,荷兰人报告其事于幕府,说其弛废闭关之禁。初将军严禁造船渡海,西方诸国惟荷兰人得贸易于长崎,日本关于世界之知识,颇赖荷人输入,至是,荷人劝说将军开港通商,将军不许。明知世界大势之识者,知其闭关无以图存,昔日天险之海洋,反利西方海船之行驶,孤立之日本,势极危殆,主张连结中国为唇齿之邦,共同防御欧人。其说代表日本先觉者之思想,事实上固不可能。后中国太平军起,国中大乱,外则英法联军进攻津京,咸丰逃往热河,其事报于日本。藩侯有感慨而言者曰:"中国衰弱,福建关系于日本国防,先取台湾、福州,以去日本之外患。"其时日本业已见逼于美国,迫而订约通商,英法诸国使臣继之而至,日人仇杀外人,反对幕府,议论纷起,举国若狂,幕府变为众矢之的,将军不能维持治安,大藩更相连结,不服命令。一八六七年,将军上奏归政,明治天皇于是亲政,日本与中国之关系为之剧变。

中日二国,同在东方,其开港通商,均由于威逼而成,何一跃为强国,而一贫弱如故耶?其主因则一知其贫弱,力不能御外侮,仿行列强制度,考察其试验之结果,以改革本国之弊政,奖励工商;一则依然傲慢,轻视外人,而不知其弱点也。日本自明治亲政以来,内政效法欧美,外交师其故智,而欲居于完全自主之地位,诏命大使往聘于欧美强国,修订丧失权利之条约,对于中国亦欲遣使订约,保护商民。中国时无编著之日本史,其偶尔记载者,多摭传说,毫不知其国内实状;囿于防祸之说,存有轻视之心,受祸乃由于此。日商初附荷兰船载货达于上海,其继之至者,由英领事介绍,照无约国人许其贸易。其先闽船载货东渡,而日商来华者殊少也。一八七〇(同治九)年,明治遣使柳原前光至津,带有国书,欲赴京递送,三口通商大臣成林阻之,允许代为传递,书中请订约通商。直督李鸿章函告总署曰:"日本距苏浙仅三日程,精通中华文字,其甲兵较东岛各国差强，现以受英法美诸国之欺负，心怀不服，而力难独抗。中国正可联为外援，勿使西人倚为外府，宜先通好，以冀同心协力。"其言颇有见解。初一八六七（同治六）年，恭亲王奕䜣以外国新闻纸记载日本将与朝鲜构衅，奏报太后，且曰："日本于中国既无朝贡，又不通商，与各国在京者情形不同，无从探悉事之虚实。"其建议则由礼部密咨韩王查复，太后许之。而今日使来请订约，正可许之，庶得磋商二国之争执，而总署大臣奏称许其通商，不必立约曰："准其通商以示怀柔之意，不允立约可无要挟之端。"其言殊不可解，朝臣对于通商立约之意义，尚未明了也。津官通知日使，日使坚请立约，津官报告其语曰："中国商民在该国贸易者甚多，该国与泰西各国通商，无不立约，中国因未立约，故诸事每形掣肘，常为泰西各国所欺凌。该差等来时，泰西各国复谓西邦各小国向系邀我等大国同往，方得允准，如径行前往，中国必不即允，今果不允，必将为所耻笑。"总署始许明年二国派员议约。

　　柳原前光之来津也，提出议约草案，欲照成例办理，总署不许其请。安徽巡抚英翰请杜绝之，太后谕曾国藩、李鸿章筹议。明年，李请许之，并派员驻日，保护侨民。曾亦奏请派员驻日，疏言订约曰："明定章程，不外体制与税务两端，仿照泰西之例，固无不可。但条约中不可载明比照泰西各国总例办理，及后有恩渥利益施于各国者，一体均沾之词，以免含混。"曾氏之主张，许日享受外国在华现有之利益，惟不于约中载明最惠国条款耳。其见解殆由于误会，日使之请照最惠国条款待遇，说明其为双方面之互惠，曾氏盖不能辨别互惠与片面之最惠国待遇也。朝廷谕李鸿章办理，李鸿章奏调江苏臬司应宝时赴津，以便与日使议约。应宝时奉旨北上，以为二国通商税则必须另订。七月，日本正使伊达宗臣、副使柳原前光抵津，会议之时，提出约稿，一为修好条约，一为通商章程，均仿自西人前订之条约。应宝时等坚持不可，另行提出草约。其争执之焦点，则为互惠之一体待遇也。八月四日，柳原致函应宝时等，陈说二国照西人成例定约，免生嫌疑。七日，应宝时严辞诘之，且曰："中国非有所希冀，欲与贵国立约也,特因去岁情词恳切,如不定议,则照总理衙门去岁初议,照旧通商和好,毋庸立约。"措辞强硬,日使若再坚持,会议将即决裂。英使威妥玛意欲调停,李鸿章不为所动。日使徘徊旬日,知事无可奈何,始肯接收中国方面提出之草约,但仍力请添入两国准予他国优恩及有裁革事件,无不酌照施准。应宝时不许,乃请约文中两国国号并称,应宝时久始许之,订成《修好条约》十八款,《通商章程》三十三款。其要款凡七:(一)二国互遣使臣。(二)兵船泊驻口岸,不得驶入内河湖港。(三)二国设立领事于口岸,凡在口岸商人之诉讼案件,归其审理,各照本国律例核办。犯人入内地作恶者,由地方官处断。(四)商人经商于口岸,不得擅入内地,或改换衣服。(五)中国开放上海、镇江、九江、汉口、烟台、天津、牛庄、宁波、福州、厦门、台湾、淡水、汕头、广州、琼州。日本开放横滨、箱馆、大阪、神户、新潟、夷岛、长崎、筑地。(六)日船不得运出登州、牛庄之黄豆豆饼。(七)进口货不准日商运入内地,亦不许其于内地购买土货。

斯约也,日本未得享受列强在华之同样利益,其互遣使臣,限制兵船驶行,互开商埠,规定诉讼案件等,二国均立于平等之地位,实为未丧主权之第一条约。其可非议者,则限制商人贸易之机会也。议约之时,柳原申称外货贩入内地,日本不能独异于他国,应宝时不许修改,柳原又以日商如何贩运土货为问,清使答称可贩自华商,沿途纳厘,运至口岸。日商乃处于不利之地位。其时中国开放之江海口岸十六,而日商独不得往南京。其后《烟台条约》等,增加口岸,日商亦不得往贸易,其地位不如无约国人。按照先进国之惯例,外商得于一国境内,享受平等之机会,货物自由竞争于市场。歧视日本,殊非待遇友邦之道。其在约中,规定商人不得改换衣服,佩带刀剑,专为防免倭寇之祸,应宝时之主张也。李鸿章则患日本侵扰藩属,或与他国相结为害中国,乃于条约上载明两国所属邦土,不可稍有侵越。又曰:"两国既经通好,自必互相关切,若他国偶有不公及轻藐之事,一经知照,必须彼此相助,或从中善为调处。"顾友谊之维持,将视外交官之态度与努力,空泛之辞,终无实效。日本政府颇不满意条约,罢免伊达。一八七二(同治十一)年,其外务省遣柳原来津修约,津官奉命拒绝,不收其照会,柳原坚请谒见李鸿章。李氏见之,声明必须换约,始可议改,后乃允许酌改数端。柳原将去,称俟本国大臣岩仓具视等自美欧回国,方可派员来华互换,盖时奉命与列强修约,视其结果作为修改中日条款之根据也。外务卿副岛种臣竟以台湾、朝鲜等问题,不待岩仓归国,欲至中国交涉。明年,明治批准条约,遣为大使,持奉国书,渡华换约,暂时放弃修改之权利。其后日本迭请修约,中国概不之许,其与秘鲁订约,反许以享受列强之权利,中日问题,故不易解决也。

副岛种臣在日为武功派西乡隆盛之党,主张对于东方弱小之国用兵,发扬国威者也。其奉命来华,以柳原前光、李仙德(C. W. Le Gendre)为参赞,柳原前订条约,李仙德则为美人,怂恿日本政客谋并台湾。李鸿章得报,函告总署,内称日本力图自强,扣留秘鲁贩运华工船只,交还二百余人,不受费用,情礼周挚,中国宜推诚接待。四月,日使抵津,谓修约暂无庸议,俟岩仓修约成功,再请中国商办,五月,互换条约;而日皇换约谕文,盖用太政官印,其国书则用国玺,此可表示其轻视条约之心理。副岛之在津也,与李鸿章语,泛论一切,自视甚傲,而于其主要使命,未曾提及。李鸿章以日韩交涉为问,副岛答称现仍遣使至韩劝喻,实无侵陵用武之意。李鸿章说其不必遣使驻京,副岛许之。及换约事毕,副岛入京,值同治诏许驻京公使入觐,乃请亲递国书,谒见皇帝,总署大臣许之,而以礼节班次之争执,几致谢绝入觐,李鸿章先请加意笼络,以固近交者,固未生效。及副岛将去,总署始肯让步。入觐之先,大臣请其至总署学习礼节。方入觐问题之辩论也,副岛遣柳原、郑永宁至总署询问中国对于澳门之关系,次及朝鲜,并言台湾生番杀害琉民事件。大臣不肯负责办理台案,总署函告其事于李鸿章。李氏述闽人游击吴世忠语,致书总署曰:"番人矫捷强狠,山径深险异常,英美商船曾被侵害,屡发兵船往剿失利,皆无如何,后仍讲和而止。日本力更不逮,断无能为!"副岛自京至津,谒见李鸿章,未言其向总署询问之事,李氏不便与之明言,泛论时事,言及丰臣秀吉征韩,因曰："朝鲜乃圣贤之裔,礼仪之邦,天之所兴,不可废也。"副岛答称日本迭次遣使通问,韩王置而不答,为之奈何！李云："今贵国若不责其朝贡,但以释衅修好为词,或者肯与友睦,亦未可知。若用武强,断无能相和好之理。"副岛答称只欲如此办理。综观副岛之来华,含有极大之作用,其在京中,对于重大之问题,仅遣参赞口头上询问。其陈说之时,牵及澳门,殆欲避免总署大臣之注意。及得其推诿之答辞,立即视为口实,其计殊为狡诈。李仙德先为厦门领事,曾同美兵渡台,报复惨杀美人之番人,及至日本,声称杀害琉人之生番所住之地,非中国势力之所及,出兵取之甚易。副岛听从其言,故李仙德随之入京。不幸总署大臣昏庸傲慢,缺乏外交常识,对于日使入觐之要求,直类于儿戏。关于琉民被害案件,日韩交涉,不肯承认中国之责任,杜绝日使之阴谋。李鸿章不知挽救之方法,一面深信日人不能战胜生番,置之不问,一面讽说副岛对于朝鲜不宜武力压迫,一若中国处于第三者之地位,而于日本侵略朝鲜,中国将不问也。其所以然者,台湾虽为中国领土,朝鲜虽为藩属；而官吏向不干涉生番,出兵征之,则将增加担负,朝鲜内政外交,中国向亦不问也。副岛在津,华官要求换约之上谕,改用国玺,允许照办,条约问题,始行解决。

副岛在京观察中国之情状,深得不良之印象,李鸿章致书友人,称其口出怨言,牵及朝鲜兴戎、台湾生番等,及其回津,与李鸿章语,询问总署大臣十人何为,返国后,主张出兵征韩,武功派之大臣嚣然一辞。方欲出兵,而岩仓等回国,力阻其谋,武功派怒而辞职,有起而作乱者,政府患之,遂谋出兵台湾。台湾在福建之东,为中国岛屿之一,其中土人不详其始,其西澎湖列岛,隋人始乃知之。唐施肩吾咏其地曰"腥臊海边多鬼市,岛夷居处无乡里",可见其荒凉之一斑。国人后始迁居其地,明初严防海盗,朝臣有请尽徙澎湖居民以绝祸根者,澎湖近于福建初犹若此,其东台湾更不待言。台湾之名始于明季,或言即《明史》中之鸡笼山也,倭寇麕集其地。会荷兰人求通商于中国,粤官拒绝其请,荷船往攻澎湖,不胜,东据台湾。明末,华人徙居者渐多,郑成功之父初为海寇,曾居台湾,及朱氏诸王次第败于清兵,郑成功仍不肯降,率其所部渡海,逐去荷人,据有其地,拒抗清军。成功死后,康熙遣将攻取台湾,台湾始入版图。清廷视为荒岛,设一府三县,划入福建省内,府县均在台北汉人较为繁殖之区,距城不足百里,即有番人。番人居于内地,汉人不得前往,政府从未积极感化番人,或稍改良其生活状况,而竟听其残杀难民,遇有事变,诿为化外之民。其地居近热带,山林川泽无人整理,不宜于人生。政府禁民徙居,其冒禁渡台者,或为牟利之徒,或为无赖,或为会党,故自收服以来,叛乱迭起。清廷之不善经营,实不可讳。英美曾觊觎之,一八四七(道光二十七)年,英人调查岛中之煤矿,曾订合同买煤,以华官禁之而罢。其后美人迭至岛中,其驻华委员向国务卿建议并取其地,未得答复,英国亦有活动。一八六七(同治六)年,美船触台南礁石,生番杀其水手,领事报于台官。台官奏报朝廷,且请总署咨告美使,勿与番人结仇。总署请购熟番相几办理,终无举动,领事率兵讨之。日本鉴于英美之活动,亦欲取之。一八七一(同治十)年,琉球船破于台湾海岸,生番杀害其水手五十余人,明年,日人漂流至台,幸免于死。琉人被杀之后,清廷未有举动。日人有倡言出兵者,其心理则自认琉球为属国,且可侵略台湾也。识者明知琉球朝贡中国,台湾为其领土,贸然出兵,势将引起二国之战祸,而日本内政尚待积极之改革。其主战者多为幕府时代之武士,动于虚荣与意气,而不自知日本之地位也。及副岛返自中国,文治派力阻征韩,西乡隆盛等辞职而去,武士赞其英断,互相标榜,反对政府,国内汹汹。一八七四(同治十三)年四月,天皇命将西乡从道率兵三千余人渡台,以谋一致对外,免去内乱。李仙德助之,召其友人赞襄军务,雇用美船运输军队,自台湾东南登岸。牡丹社番人出战,日军焚其草屋,枪杀多人,从道降抚番人,为久驻之计。

日军至台,英使威妥玛首先得报,向总署询问,总署俄亦得报。朝廷谕派船政大臣沈葆桢带领轮船兵弁巡阅布置,设法招抚生番,俾为国用,又派布政使潘霨赴台帮同筹画。五月,日使柳原到沪,布政使应宝时见之,诿称专为通商和好而来,西乡不肯听其指挥。潘霨向其交涉,议商捕杀凶徒,严禁番人残杀,有出款了结之意。柳原允函西乡按兵不动,潘霨俄即南下,随沈葆桢渡台,六月二日奉令往见西乡,声称地属中国,欲其退兵,未有结果。西乡乃托病不见,后称贴补军费,始可退兵。沈葆桢上奏台兵力不能战,而台地千余里,防不胜防,乃于郡府设防。政府调淮军六千人往援,总署以美人赞助日本,向其公使抗议。美国索还商船,拘捕李仙德。日本益处于不利之地位,其先柳原等与总署大臣之问答,均为面谈,毫无文据,至是,总署声称台湾属于中国证据繁多。七月,日皇命柳原北上,柳原抵津,患其入都不为总署所理,赴津海关道辞行。李鸿章约其至署晤谈,函告总署曰:"深知若辈伎俩,又恨其行径诡变,不得不嬉笑怒骂,厉声诘责,取案上纸笔大书曰,'此事如春秋所谓侵之袭之者是也,非和好换约之国所应为,及早挽回,尚可全交。'"柳原急欲进京,其意则在贴补兵费,至京,与总署大臣交涉,各不相让,未有进步,而淮军已奉命渡台,援兵先后到者约有万名,二国势将起战。初日本政府凭信副岛报告,以为出兵剿番,一如前例,且得解决国内之纷乱;及兵将行,列强驻日公使有告以出兵将构衅于中国者,明治欲中止出发之兵,而西乡即率兵往,至是,对于军事未有把握,颇患引起战祸,而驻日外使讥其轻举妄动。日皇因欲让步解决,特派大久保利通为全权大臣,渡华交涉。

九月一日,大久保抵津,其人为日本维新名臣,富于才能。李鸿章闻其将至,请总署以礼待之,且曰:"平心而论,琉球难民之案,已阅三年,闽省并未认真查办,无论如何辩驳,中国亦小有不是。万不得已,或就彼因为人命起见,酌议如何抚恤琉球被难之人,并念该国兵士远道艰苦,乞恩赏饩牵若干,不拘多寡,不作兵费,俾得踊跃回国。……鸿章亦知此论为清议所不许,而环顾时局,海防非急切所能周备。"其改变思想者,马尾船厂监督日意格在津,谓中国海陆军不敌日本,赫德亦以为言。李鸿章先闻日本购买大批军火于美,有铁甲船二,其告友人称华兵不知后门枪,淮军有之,为数无几。其论台防曰:"幼丹(沈葆桢字)请调枪队原为设防备御,非必欲与之用武。鸿章亦叠函劝其只自扎营操练,勿遽开仗启衅,并密饬唐提督(唐定奎)到台湾后,进队不可孟浪。西乡苟稍知足,断无以兵驱逐之理。"其时中国方有事于西北,财政困难,再与日本构兵,胜负殊难预料,李鸿章盖有所见。沈葆桢亦函总署,中云:"备未实修,未能遽战。"大久保来华,随从甚多,李仙德与焉。李仙德初为领事所拘,释后仍在日本活动,故亦来华。大久保匆匆入京,与恭亲王等会议于总理衙门,辩论台湾东南,非中国领土,喋喋不休,盖为军费地步也。总署大臣严辞驳之,互相切责。中国方面请交列强公断,大久保不许,乃照会日使,中称"嗣后倘再如此,本衙门不敢领教"。大久保照会总署,亦称数日内尚未议定办法,即行回国。其将视为口实,则皇帝不肯召见接收国书也。最后磋商办法,日本索款太巨,无法进行。

交涉困难,李鸿章深以为忧,拟请英、美、法使调停,总署乃将交涉始末,照会驻京公使。英使先曾调停,未有结果,至是,再受总署之请,出而调停。双方始各让步,议妥条款,十月定议。其要款如下:(一)中国承认日本出兵台湾,为保民义举。其先交涉之困难,双方各不认错,无法解决,而此则应大久保之请,顾及日本体面也。约文中有"生番将日属人民妄加杀害"之句,其称琉人为日属人民者,天津美副领事初建议于李鸿章。李氏将其函告总署,且曰:"不必提琉球,免致彼此争较属国",此所谓掩耳盗铃,而又放弃强有力之理由矣。(二)中国抚恤难民家属,补偿日本建筑费,细则规定前者恤银十万两,后者给银四十万两。交涉之初,贴补兵费即为进行之难关,至是,大久保要求二百万两。总署大臣视为太巨,乃以威妥玛之调停,始得解决。(三)注销关于台案交涉之公文。总署照会日使,措辞严厉,含有恫吓之意。美副领事于大久保入京之先,言于李鸿章,谓总署照会,不必为激烈决绝之语。虚声恫吓,固少实效!其载明注销者,以其有碍二国之邦交也。约成,大久保出京,渡台办理撤兵。综观台湾交涉,事起于总署大臣之昏庸畏事,对于台案不肯办理,对于日员之询问,又不断然告以与日本无关,不烦代问,乃以推诿之辞,竟予日本出兵之机会。其办理交涉,不知国际公法,折冲订约,又无远见与才能,徒以皇帝之虚荣为争，骄而失败，其罪殆不足责！李鸿章于此亦有相当之责任，李氏初信倭民强于朝鲜，日本无如之何。及交涉事起，容闳建议派大员往日，李鸿章谓在明时，日本扣留使臣，言其不可。其无识见，竟至于此，交涉迁延不决，徒多损失。主张和议，殆不可非。要之，先无准备，遇事张皇，购买军械，以求侥幸于万一，则所谓孤注一掷，固远不如以外交方法解决。国内苟有远见之外交家，凡此问题当或不致发生。至于日本武功派之欲发扬国威，野心侵略，更不足责！

台湾交涉之起，由于琉球水手之被杀，琉球为中国藩属，可向中国申理，无须日本过问，日本之出兵讨番，实无理由。会议之时，琉球藩属，当为讨论之根据，先决之问题，疆吏朝臣反而避免争执，不肯提出诘问，条约上反而承认其为日属人民，虽曰琉球臣属中日二国，中国且可诿称不知其为琉人，而固不智也。琉球在日本之南，中国之东，以岛立国，地小民稀，不详其始，隋书始记流求。明兴，其王遣使奉表入贡，成为惯例。日本于唐代始知琉球，称其王为日人之后，风俗习惯相多类似，先后遣兵征琉，琉王降服，朝贡于强藩萨摩。夫以一国同时称藩于二国，则朝贡不过其名，事实上内政由其国王自主。二国于其外交，亦不干预，琉球初与欧美诸国订约通商，中日皆不之问，则其明显之例。琉球较与中国亲近，条约上采用清帝年号，则其证也。会日本明治嗣位，幕府将军归政，藩侯尚未废除，维新之志士，深以为忧。一八七一年，日皇下诏废藩为县，萨摩之藩属琉球，遂属于朝廷；朝臣有言废其王而县其地者，文治派知其性质异于国内藩侯，其王又朝贡中国，断然处置，将起二国之恶感，力持不可。及岩仓等奉命聘于欧美诸国，武功派乃谋并吞琉球，天皇诏其王入朝庆贺新政，及至，列其王于华族。据中国驻日公使何如璋语，琉王请照旧章朝贡二国，副岛许之，盖顾虑中国之抗议，难于立时改为县邑也，侵略之野心殊属可恨，琉球名虽属国，上国向不干涉其内政，固不应谋夺其自主权也。及台湾事起，总署大臣办理交涉，竟以含混之辞，解决争执。日本遂益进行其兼并之计划，改其日历，设法庭于岛中。

日本谋并琉球,其王之地位降低,受制于人,非其所愿。及光绪嗣位,琉王拟遣使进贡,日本不许,琉王遣使向德宏附船抵闽,一八七七(光绪三)年,琉使禀告阻贡,并拟进京吁请,而上谕则令其回国,毋庸在闽守候。向德宏不敢回琉,总署大臣多所顾忌,无所进行,会设使馆于东京,何如璋奉命为钦使,朝旨命其交涉,明年,琉使请其援救,何如璋主张积极进行,其言曰:"日本国小而贫,自防不暇,何能谋人? 如璋到此数月,……窃谓其今日固不敢因此开衅也。"其向总署建议,有遣兵船责问,或约球人拒日,或向日抗议保其领土,若皆不能,则将琉球归日,照西例易地偿金。李鸿章谓其建议除抗议保其领土而外,均不可行。琉使更乞援于美法公使。何如璋向日抗议,外务省托辞推诿。十月,何氏提出措辞强硬之照会,外务省请其撤回,不得。明年,内务省遣兵警渡琉,送其世子大臣于东京,降王品级,改其国为冲绳县。总署向日使交涉,日使托辞推诿。何如璋报告总署,请撤使回国,领事余乾耀建议撤华商归国,出船截其通商之路,总署不许其请,外务卿不理何氏,仅言交涉将由驻华新使宍户玑办理,外人以为时局严重。五月,美前任总统格兰德(U.S.Grant)来华游历,至京,恭亲王奕䜣请其调停中日之争,格兰德许之,返津,李鸿章亦以为请。格兰德因欲解决华工入美问题,李氏声称琉事议妥,华工总好商量。六月,格兰德往日,日本待之极厚,乘间为其大臣言之,大臣闻知中国深怪此事,颇觉诧异。格兰德力言战争之害,中日均为东亚独立自主之国,不可受外人挑唆,中其奸计。二国邻近,情谊应若一家,而日本办理琉案,中国深不满意。日臣伊藤博文奉命与之协商,请其设法。其困难则日本武士轻视中国也。格兰德随员杨越翰(Young)函告李鸿章,中云:"日本人以为不但琉球可并,即台湾暨各属地动兵侵占,中国亦不过以笔墨口舌支吾而已。"武士时多穷困苦,极愿入伍,若政府让步太甚,或将起而作乱,且政府已改琉球为县邑,颇难改废明令也。八月,格兰德致书于奕䜣等,陈说撤回何如璋送往外务省之照会,二国各派大员会商,互相让步,妥定办法。倘二国意见不合,无法解决,可请一国秉公议办,二国应即遵行。且曰:"亚细亚洲人数居地球三分之二,惟中日二国最大,诸事可得自主,所有人民皆灵敏有胆,又能勤苦省俭,倘再参用西法,国势必日强盛,各国自不敢侵侮,即以前所订条约吃亏之处,尚可徐议更改。日本数年来,采用西法,始能自立,无论何国再想强勉胁制立约,彼不甘受。日本既能如此,中国亦有此权力,我甚盼望中国亟求自强。"其言深有见解,建议之办法,颇可采行。何如璋在日泄传交涉之信息,不为日本所礼,格兰德以其受驻日英使巴夏礼之鼓动,于其书中力劝勿中奸人之计。李鸿章亦言何如璋照会措辞过当,"出好兴戎"。公使馆中之机密要事,均为外务省及各国公使所知,何如璋固非外交家也,格兰德在日不肯与之面商琉案。

自格兰德调停之后,二国再行交涉,日本请中国另派大员渡日会商,如不能行,可在烟台会议。李鸿章既谓不可会议于烟台,又称派员赴日会商,亦非办法。其致总署书曰:"彼必欲中国另派大员前去,无论踌躇四顾,无此专对妥员,即有人前去,而所议无成,怏怏而回,既轻国体,更无后著。鄙意仍要该国派员来华,若无办法,听其自去,虽是不了之局,中国始终不失身份。"其言如是,殆少解决争执之希望。总署大臣与之所见相同,时日本政客竹添进一郎在津与李鸿章相识,上书进言二国各缴回照会,解决争执。李鸿章招而与之笔谈,辩论琉球二属问题,请其回国,劝说政府,明年派员前来会商,且曰:"中国主持大议者,实止数人,皆不能分身远出,非自高声价也。日本群材济济,能派员前来为妙。"竹添答云:"此等语,敝国公使等皆不知之。"李氏饰辞不免辱国矣!一八八〇(光绪六)年二月,外务卿井上馨告知何如璋拟以琉球南岛归华,中岛归日,将派员来华会商。三月,竹添奉命至津,询问李鸿章之意见,谓无扞格,本国将委驻京公使宍户玑办理,并面呈说帖,要求修改条约曰:"中国于西洋各商均入内地贸易,而我商民独不得同其例,是疑于厚彼而薄我。夫中国与日本,人同其种,书同其文,有旧好之谊,有辅车之势,宜同心戮力以维持东洋全局。然中国相待之约,反不如待西人之优,我所深慨也。……中国举其所许西人者,以及于我商民,我国亦举所许西人者,以及之中国商民。而两国征税建法,一任本国自主,嗣后遇与各通商国修改现行缔约,内管理商民,查办犯案条例,或通商章程税则,互相俯就,但均不得较他国有彼免此输彼予此夺之别。果如此,于中国略无所损,而两国相亲爱之情,由此大彰,然后中日视如一家,永以为好,实两国之庆也。"竹添此行,系奉政府之命,其言为国内深谋远虑之政治家之主见,果如其言,订成条约,实为互惠平等之条约,对于二国之主权均无丧失,则所有之嫌疑或可消免。日本于换约后,一八七五(光绪元)年,商请修约,未有成功,旋自让步,商请总理衙门大臣,日商得如欧美商人,许其于登州、牛庄贩运黄豆豆饼。李鸿章以总署征其意见,论其不可,亦无所成。华商之在日本者,后亦不许其于内地贸易,以为报复。要之,彼此限制,殊非二国之利。竹添更与李鸿章笔谈,详论日人有憾于条约,故二国之争执迭起,日商受害,亦与中国无益。今欲割琉,修改条约,长杜纷纭。其言虽有牵强附会之处,而足代表日人之心理。

李鸿章答称议约,非格兰德函意,是为节外生枝,又称商议球事,牵及增改通商章程,则为胁制。竹添乃谓议无所成,将即回国。李氏函告总署,对于日本割归琉球南岛,主张还之琉人,事已至是,恐别无结局之法。对于议约,则称日人立言颇近公平,而事关系重大,不敢擅断。总署复称割分琉球,事不可行,关于修增条约,亦持异议。竹添深为失望,作诗讽谏,中云:"墙外拒兄弟,室中容虎狼",更相辩论,李鸿章劝其入京。竹添从之,而总署大臣主张北岛归日,中部还之琉王,南岛归华。竹添不可,返津回国。三分琉球之议,格兰德在京,曾以为言,日本以北岛久并于日,中岛最为广大,仍还琉王,南岛又属中国,固不愿若此之让步,格兰德游历日本,不再以之为言,盖已为日本所拒绝矣。日本之建议,则中岛属于日本,南岛归于中国;南岛地狭民少,亦非中国所愿。及中俄交涉严重,朝臣有请解决中日问题,促进二国之邦交者。七月,宍户玑奉命向总署大臣交涉;以南岛归于中国。南北洋大臣刘坤一、李鸿章均请还之琉王,总署说明分界之后,两不相干,以为存琉张本。日使请加最惠国条款,总署许之,双方议定条约,将签字矣。恭亲王奏报太后,且曰:"此时不与定议,亦无策以善其后。"

其时太后奖用直言,凡有言责者,莫不遇事生风,吹求利害;按之实际,多为捕风捉影之流言,本于无根据之传说,空泛浮夸,成为似是而非之推论;每遇外交,争先发言,而太后毫无主见,往往难于决定政策,乃为害于国家。左庶子陈宝琛闻知其事,疏言日本国弱,自顾不暇,焉能助我?不宜遽结琉案,轻许日约。其反对改约曰:"其(日本)居心叵测,无非欲与欧洲诸国深入内地,蝇聚蚋嘬,以竭中国脂膏!况此外又有管辖商民酌加税则,俟与他国定议后,再与中国定议等语。……故为简括含混之词,留一了而不了之局,以为他日刁难地步。此酌改条约之说,断不可从者也。"国际贸易之害,一至于此,迂腐之文人,固不知经济原理也。其言修约之害,全不明了日本国际上之地位、外交之政策,而为牵强附会之谈。太后交亲王议复,复奏请如总署所奏议行,而张之洞又持异议,太后无所适从,谕李鸿章妥议。初和议之进行也,总署函商条款于李鸿章,李氏之主见忽异于前,改称南岛贫瘠,琉王复国无以自存,向德宏在津哭说不可,且曰:"尊处如尚未与宍户定议,此事似以宕缓为宜。言者虽请速结琉案,究未深悉其中曲折,即使俄人开衅,似无须借助日本。中国之力实不敌俄,宁可屈志于俄,亦何必计及日本之有无扛帮耶!……以内地通商均沾之实惠,易一瓯脱无用之荒岛,于义奚取?"其言前后矛盾,若出二人,究何策以善其后? 李氏固未告知总署大臣也。至是,其奏复之疏文,本于前意,谓俄日强弱之势相去百倍。其扼要之语曰:"与其多让于日,而日不能助我以拒俄,则我既失之于日,而又失之于俄,何如稍让于俄,而我因得借俄以慑日!"此种见解,遂为李氏对日之基本观念。太后又命疆臣刘坤一等妥议。于是议论纷纷,莫衷一是。会议停顿既久,宍户迭催签字,总署亦无办法。日使乃称嗣后不得再议琉案,总署颇以绝交为患。李鸿章言其不致启衅,草案终告推翻。明年宍户出京,左宗棠奏请备战,上谕各省严防,而日本实无用兵之意。及中俄交涉解决,琉球之争论复起。李鸿章仍欲琉王复国，或以王城首里归之，外务卿井上馨电称不可。后日本建议改琉王为县令，世治其地，许其朝贡中国。总署大臣力持异议，醇亲王奕譞明言"事必无成，而中国兴灭继绝，尚可以对环球"。不幸好意徒为空言，交涉引起恶感，各国亦无友善之表示耳。琉使再行乞援，亦无办法。一八八五（光绪十一）年，伊藤博文来华，面告李鸿章，称中国遣使往日，仍愿让步解决琉案，中国未派使往，此后日本始不复言琉球，乃以不解决为解决。总之，琉球交涉，总署错认琉民为日属人民。其后李鸿章虽力辩护，而沈葆桢给与日本公文固已明言其为琉民。日本阻贡报至朝廷，总署初尚顾忌，交涉遂处于不利之地位，日本之肯让步者，则欲免去二国之恶感，增改条约，得享商业上之权利。总署大臣则以俄患始肯解决中日之争执，其见解原不免于浅陋，而又不能坚持定见，李鸿章之主张不一，左宗棠西征，力言亲日，及回北京，主张战备，终遂失去时机，一无所成。噫！清廷固无人也！

　　中日邦交以修约台案琉球之争执，未有进步，其尤复杂而难于解决者，则为朝鲜问题。朝鲜地接中国，中国于其盛时，郡县其一部分部土地，文化思想因而传入半岛。自明以来，朝鲜朝贡中国颇勤，丰臣秀吉之难，明出大兵往援，韩人德之。及满人势盛，其主仍欲助明，终以力不能胜而降，遵例朝贡，未尝有缺。日本自江户幕府成立，遣使往说其王，命人入聘，韩王鉴于前祸，许而从之，日人有视为属国者。韩王忠于清而忽于日，一八三二（道光十二）年后，中止遣使聘于幕府。朝鲜虽曰臣属中国，而内政外交听其自主。其大臣习染中国政治上之恶习。不顾民生之大计，高谈理学，排斥外人，禁其通商，捕杀教士。初一七九四年，神父始至朝鲜传教，韩王禁之，后法公使迭请总署颁发护照，准许神父入韩传教。恭亲王答称朝鲜内政自主，拒绝其请。一八六六（同治五）年，朝鲜惨杀神父教民，法使照会总署，称将用兵，总署请其和平解决，后且不认助韩。美国借端朝鲜虐待水手，欲遣兵舰威逼订约，其他欧洲诸国亦愿朝鲜开港，或令军舰示威，或登陆进攻，或遣人调查，而朝鲜始终不屈，欧人无如之何，君臣自为得计。清廷初未予以有效力之指导，日本则异于此，方幕府之未归政也，国中扰乱，将军尚虑法国报复朝鲜，俄闻美国亦将构难于韩，告知美使称欲遣使赴韩调停，会反对幕府之势力日盛，将军归政不果，归政后，天皇诏对马岛藩侯通知韩王日本王政复古，其意欲其遣使朝贡也。时李熙在位，初韩王病死无嗣，其妃迎立皇族李昰应之子李熙为王，李熙年幼，其生父摄政，号曰大院君。大院君富于排外思想，好揽政权，遇事敢为，不顾一切。至是，藩侯使者迭至，未有韩使往日，一八七一年，天皇诏遣使臣会同兵船二只渡韩，使臣身衣洋服，深触大院君之恶，韩廷益不之礼。先是，驻于横滨之法兵奉命往攻朝鲜，大院君令兵御战，法兵败退，而自诩为奇功，且信日本助法，殊不知其浪人仇杀外人，而外兵驻其境内也。会德使谋通商于韩，雇用日人，益启大院君之疑，且其通知书中，有天皇诏敕等字，违反向日之惯例，而非邻国聘报之礼。大院君以侮辱傲慢之辞答复日使，日使丧气而归，大院君乃言日本变法学夷，禁其国人与日人往来，断绝二国商业。

日使归而报告其始末于政府，武功派之西乡隆盛闻而大怒，倡议征韩，好勇逞斗之武士和之。及副岛来华，根据总署大臣之口头答复，信为中国不问朝鲜，气焰益昂，预备出兵。文治派于欧洲知之，惊而遄程回国，朝议征韩，文治派坚持异议，力言日本内政尚待整理，耀兵于外，危险孔多，且予俄国侵略东方之机会。二派相持不下，天皇最后否决征韩之议，以免中日之战祸。初恭亲王对于外使常谓朝鲜自主其内政，总署大臣对于日员之询问，不知其有深意，亦以不负责任之言答复。李鸿章在津接见副岛，虽有讽说，而于日韩之争执，未有若何之处置。日本欲与朝鲜往来，则未稍改。一八七五（光绪元）年十月，其军舰在朝鲜西岸江华岛测量，逼近海岸，戍兵发炮击之。日舰还炮应战，毁其炮台，杀伤韩兵多名，报告于本国政府。政府鉴于台湾之争，训令新任公使森有礼赴京，明年一月向总署交涉，要求发给护照，派人会同日员前往，或为之转递公文。总署拒之，函告其事于李鸿章。李氏复书中云："两相怨怒，则兵端易开，度朝鲜贫弱,其势不足以敌日本。将来该国或援前明故事,求救大邦,我将何以应之!虽执条规责问日本,不应侵越属国,而彼以关说在先,中国推诿不管,亦难怪其侵越,又将何以制之?……窃窥日本来意既明言欲求和,而不轻用武,……似宜由钧署迅速设法,密致朝鲜政府一书,劝其忍耐小忿,以礼接待,或更遣使赴日本报聘,辨明开炮击船原委,以释疑怨为息事宁人之计。至该国愿与日本通商往来与否,听其自主,本非中国所能干预。如此立言,似亦不为失体。"总署不从,森有礼乃称朝鲜为独立之国,照会中云:"贵国谓之属国者,徒空名耳!"互相辩论,迄无办法。森有礼往谒李鸿章于保定,仍请中国设法调停,声称日本无与朝鲜通商之意,唯欲议定三款:(一)朝鲜接待日本使臣。(二)日船遇难,代为照料。(三)朝鲜许日商船测量海礁。李鸿章初不之许,森有礼称言日韩战争,或不能免,李氏多所解说,日使再三央求转商总署设法解劝。李氏许之,深患总署不从,致书与之;一面说其奏请礼部转告朝鲜,以示和好,一面谓无法可设,彼固不得借口。总署奏请太后,得旨依议,而日使已通知总署,本国派员赴韩矣。

方中日交涉进行之际,日皇遣使黑田清隆乘坐兵舰,渡韩交涉。二月黑田抵韩,提出条件,限期答复。时李熙年壮,庸弱无主,其妃闵氏专政,召集大臣会议,讨论日本之提案,迁延不决,及期,日使恫喝用武,韩王迫而许其要求,订成《江华条约》。其要款凡五:(一)朝鲜为自主之邦,保有与日本平等之权。……彼此以平等之礼仪相待。(二)十五月后,日使来韩。(三)朝鲜开放二港通商。(四)日人之在通商港口者,享有领事裁判权。(五)救济被难之水手。观其所得之权利,远过于其最初之希望,日本之认朝鲜为自主之国,藩属之争执,乃伏于此。《日韩条约》成立,列强颇重视之,英德公使将其通知总署,日使抄送条约原文,总署未有异议。韩王咨报礼部,对日恢复邦交,开放商港,续订条约。中国颇惧日本再有要求,李鸿章询问森有礼,答称日本"防俄南侵,方欲与中国、高丽并力拒俄,岂肯同室操戈,自开衅隙?"李鸿章深韪其言。其时日本政治家深以俄国为患,森有礼之言或非虚伪,而中国、朝鲜大臣多未能见及此,又无一定之主张与政策。会总署谋求琉王复国,鉴于前事,颇患日人在韩。丁日昌请说韩王与列强订约,威妥玛亦以为言,且引废琉故事,俄人又经营东方,不遗余力。大臣始筹朝鲜之策,李鸿章奉旨劝其与列强订约,书告其致仕大傅李裕元,谓大势所趋,朝鲜不能闭关自守,宜防日本、俄国。日本业已立约通商,应用以敌制敌之策,次第与泰西各国立约,以牵制之。朝鲜与俄接壤,形势日逼,若先与英德法美交通,不但牵制日本,并可以杜俄人之窥伺。其说朝鲜订约通商者,固防日俄,而亦代其决定外交大计。朝鲜自与日本订约,列强因欲援例,而朝鲜君臣深闭固拒,仇视教士,李氏虑其引起事变,故以为言。李裕元托人转告,谓其解官归乡,不敢力争,李鸿章函告总署曰:"朝鲜既坚不欲与西人通商,中国自难强劝。"李裕元后复李鸿章书,详论泰西之学,素所深恶,不欲有所沾染,国内向称贫瘠,不能多容商船。后韩臣金允植来津,笔述其国中议论曰:"不问时势可否,惟以守经为正理,斥和为清议,与其通洋而存,不如绝洋而亡!语涉交际,辄以邪学目之,为世所弃。"固陋至此,宜李鸿章第二次函告亦无效果。会美使薛斐尔(Shufelat)奉命往韩订约,一八八〇(光绪六)年,在日商请中国领事余乾耀派员同往,不得,转请日领投递公文,亦无效果。其时韩王欲遣学生至津学习制造军火,操练新兵,朝命李鸿章主持。明年,朝鲜执政李最应知闭关为非计,遣使至津,询问交涉事件,说明订约通商非天朝代为主持,无人敢为决定,李得韩王请其代为主持之文,抄送拟定之约稿。值薛斐尔来津,李请韩王遣使赴津,迟至次年,仍请李代主持。李派属员周馥、马建忠与美使会商。其第一条曰:"朝鲜为中国所属之邦,而内政外交向来归其自主",余款则注重应防之流弊,应获之权利,远胜于中美条约。美使初欲根据日韩条约,议订条款,后始放弃主张。其最大之争执,则为美使要求约中不必载明朝鲜为中国属邦之句,中国方面声称删去此句,即不与闻其事,美使向本国请示,而国务卿未有训令,乃采折中之办法,由韩王照会美国说明其藩属中国,条约始成。李鸿章以美使、韩员之请,遣其属员丁汝昌、马建忠会同韩美使者渡韩,韩王对于条约稍有修改,即行批准,其致美国照会,声称其藩属中国,而内政外交自主。英德诸国亦遣使订约,相继告成,朝鲜外交为之一变。

朝鲜开放,其年七月,忽有内乱,说者言其仇视欧人,反对通商而成,实则促成于二党争权。初大院君专政,及王李熙年长大婚,其妃为世臣闵氏之女,果决有为,干预国政,大院君迫而归政,李熙昏庸无才,受制于妃,闵族多居要职。大臣有奉命聘于日本者,日人颇厚待之,使臣感于日本内政之进步,亦欲朝鲜变法。韩王受其影响,派遣学生渡日留学,聘其武官操练新军,其多数朝臣则仍顽固不化,轻视外人,平民知识浅陋,迷信深痼,而其潜伏之势力至为强大,时人号称顽固朝臣曰"守旧党",以大院君为首,主张闭关,反对日本。及与列强订约,党人大惊,夏旱,造言神怒开国所致,愚民信之,乃切齿于闵妃,大院君尤恶其专政。会军士欠饷未发,军米又改小斗,心怀怨望,附于大院君作乱,七月二十三日,乱起,政府无力弹压,乱兵暴民闯入宫中,欲杀闵妃,而妃先期改装潜逃,得免于死。暴民杀害大臣数名,攻焚日本使馆,日使花房义质逃免,乘舰返国报告,在韩武官多死于难。日本遣军舰陆军会同花房往韩,日使先往韩京会议不协,形势危急。朝廷得报,饬直督张树声派员带兵察看情形,相机办理,并谕丁忧回籍之李鸿章迅即赴津。李氏北上,威妥玛见之,代述日本政府之意,不愿中国交结李昰应主持交涉。李昰应既得政权,以韩王名义,咨报已平内乱,朝廷置之不理。丁汝昌率同军舰会同马建忠办理,朝命调吴长庆所部六营渡韩,华官抵于韩京,本于事先计划,诱执李昰应,捕杀乱党。至是,李熙改派李裕元为全权大臣,前往济物浦与日使会商,华官未曾力请参与会议,八月,订成二约,一为续约,扩张商业上之权利及外交人员游历之机会。一为《济物浦条约》,其要款凡五:(一)朝鲜捕治凶徒之罪。(二)抚恤日员家属及伤者恤金五万元。(三)赔偿军费五十万元,分五年缴清。(四)日本使馆得置兵警备,其兵营之设置,由朝鲜任之,一年后可酌量撤兵。(五)朝鲜遣大员赴日道歉。综观事变之始末,朝鲜颇处于不利之地位,迫而订成辱国之条约。中国无如之何,朝臣以为中国捕获祸首,而日本条件犹若此之苛,有主张战议者。其人要多昧于国际大势,如张佩纶称粤捻回洋为四患,三患除而洋祸将息,发扬国威,宜先决定东征之策,筹备进行。又曰:"索兵费五十万元,使与台湾之数相准,以耻中国,"其言极牵强附会之至矣!中国之患,要多由于士大夫之不明事理,对内粉饰苟安,对外倡言不切实际之高调,而以人命为儿戏,国家为孤注,而于事先之预备,建设之计划,则少建议。

李鸿章之见解颇与之异,主张慎重,及事日急,奉旨筹议中韩商务章程,派周馥等与韩使议订章程,予华商特殊利益,韩使恐日援例,断断辩论,华员将其驳斥,最后议定载明章程系中国优待属邦之意,不在与各国一体均沾之例。其要款凡七:(一)北洋大臣札派商务委员驻韩,韩王派大员驻津。(二)华商在韩享受领事裁判权,韩人在华则归地方官按律审断。(三)二国商船得往彼此商港贸易,渔船亦听其捕鱼。(四)韩商例准于北京贸易,华商得入汉城杨花津贸易。二国商人持照,得往内地采办货物。(五)废除边界互市章程,许边民自由交易,税则除人参而外,值百抽五。(六)韩人贩运入参入境,纳税值百抽十五。(七)招商局轮船每月定期往返二国一次,朝鲜津贴船费若干。章程规定税率,不如中俄商约,实非待遇属国之道,而疆吏以其改变旧章论其不便。其时朝鲜开放釜山、仁川、元山三港,外商限住于商港,而华商独处于优越之地位。外商又以税率颇重,感受不便,美英先请修约,韩王许之,约中允其商人贸易于内地,日本亦得最惠国之待遇。中国乃改章程,商人享受同样之权利,淮军六营尚驻于汉城,袁世凯为营务处官,派员操练韩兵,陈树棠奉命为商务委员。李鸿章荐前德领事穆麟德(Paul Georg Von Möllendorff)为韩顾问,以其曾服务于中国海关也。穆麟德至韩,管理朝鲜之海关,兼办外交事宜,颇欲改革其国内之弊政,于是中国在韩之地位大异于前。

同时,日人在韩政治上亦有相当势力,如朝鲜练兵五营,三营归中国军官操练,二营由日员教导。初朝鲜依据《济物浦条约》,遣使朴泳孝等渡日道歉,羡其进步之速,日本政客待之颇厚,互相交结,引为援助。朴泳孝谋韩脱离中国独立自主,聘日人二名为其政府顾问,及其回国,纠合金玉均等为同志,势日张旺,日本表示亲善,委任竹添进一郎为公使,宣称退还军费四十万元,韩王受其影响,亦倾向于独立。其时(一八八四年),中法战事颇不利于中国,淮军三营奉命回国,余归提督吴兆有统领,党人劝说韩王乘机叛清,自主国政。韩王疏远亲近中国之大臣,李鸿章得报,深以为忧;会党人金玉均等主张操切,不满于闵妃之族,亟欲夺取政权,勾结日使竹添为乱。十二月四日,邮局成立,其总办洪英植亲日党也,设宴庆祝,邀请朝臣及各国公使赴宴,独日使竹添托病不到,斯日午后,日兵运输军火,殆有成议矣。晚间,宴会将终,党人统率日员操练之兵暴动,先行纵火,刺伤大臣,闯入王宫,拥王以揽政权,召请日兵保卫,竹添即率兵往。提督吴兆有等则颇难于应付,韩王请其勿动,各国公使亦以为言,韩人又恐投鼠忌器。五日,金玉均矫命诛杀大臣六人,而以其党代之,人心惶恐,韩臣乞援。六日,华官决定靖难,吴兆有函请日兵退出王宫,率兵出发,及抵王宫,卫兵开枪攻击,华兵应战,死亡相当。乘机逾墙而入。竹添知力不敌,率兵逃回使馆,其赞助暴动之阴谋,盖其个人之行动,而保护使馆之日兵无几也。韩人气不可抑,群起报复,竹添自焚使馆,率兵逃往仁川,途中遭韩人袭击,日人之在汉城者,颇多死伤。金玉均、朴泳孝则逃往日本。

事变报至日本,外务省不直竹添之所为,竹添先故扩大其事,毁灭参与事变之迹,无如事实明显,固非其所能掩也。日本驻津领事原敬,谒见李鸿章,称其政府实无开衅之意,公使榎本武扬亦以为言。中国方有事于法,不欲轻起战祸,上谕谓"目前办法,继以定乱为主,切勿与日人生衅",奉旨渡韩查办之吴大澂亦曰:"立意不与日人开衅。"日本请派全权大臣赴韩会商,总署复称久废此名,不能照办。日皇命外务卿井上馨为全权大臣,渡韩交涉,井上先命原敬告知李鸿章未调兵往,实愿和平解决。明年一月,井上抵于汉城,朝鲜君臣毫无主见,吴大澂为之筹划辩论之词,而井上于事之原委概置不论,但言善后之条件。吴氏欲与和议,但无全权证书,为其所拒,韩使许其要求,订成《汉城条约》,其条件凡五:(一)韩王修书，遣使赴日道歉。（二）给被害日商恤银十一万元。（三）惩办杀害日本武官之凶徒。（四）赔日使馆修筑费二万元。（五）韩廷依据《济物浦条约》，建筑使馆卫兵之营房。约成，井上回国，韩人颇以会议速了，日人未逞所欲为庆。醇亲王奕譞谓其自知理屈，得钱即归，言下斥其贪利无厌，实则井上自认事变之起，曲在日本，亟欲让步解决，不愿多索赔金，而致争执耳。其外交之政策，则欲中国撤退驻韩之军队，其请中国委任全权大臣渡韩者，亦多为此，而朝廷拒绝其请，乃对韩人声称将与中国理论，又向中国驻日公使表示，日人之为朝鲜政府顾问者，向其大臣建议，商请中国撤兵，免致后患，韩王以之为言。中国方面，吴大澂、李鸿章亦言撤兵。日本报纸谓清兵抢劫日商，多持战议，法国请日出兵，武官和之，而文治派反对，未了事宜遂由外交解决。天皇欲派大臣来华交涉，而以中国之意尚不可知，由英使巴夏礼、日使榎本探求意见，中国表示，诚意相待，始诏伊藤博文为全权大臣，会商韩事。伊藤恳请中国驻日公使徐承祖函告李鸿章，述其平日力主二国亲善，此次奉命谋决争执，俾二国连为一气。其言颇为诚恳。

太后得报，诏委李鸿章为全权大臣，吴大澂副之，与伊藤交涉。三月，伊藤来津，持奉国书，先往北京，欲谒皇帝亲递。总署大臣答称皇帝尚未亲政，拒绝其请，朝臣先患伊藤入京，向总署辩论，固不愿在京会议也。四月，伊藤再至天津进行交涉，自三日迄于十五日，会议六次。伊藤最初提出三项要求，一撤华军，二惩统将，三恤难民。李鸿章对于第一项表示同意，并请日本撤退使馆卫兵。伊藤说明第二要求，谓日兵为华军击败，伤亡颇多，中国不办，则无以复命息忿，其言颇合于日本之实况。初事变报至其国，武官主张乘机报复，伊藤之来，中将西乡从道为副使，盖免武人之批评或反对也。而清廷对于平乱之将士认为建立功业，不肯惩办，上谕先以为言，李鸿章故力辩论战事之责任，华兵杀害日人之证据。伊藤请交美国公断，李鸿章亦不之许。关于恤金，初曾讨论，而以李鸿章之拒绝，伊藤不复提出。双方乃议撤兵；对于撤兵，李鸿章先曾函告总署，谓日兵撤退，淮军亦可回国。伊藤则偏重于永不驻兵，不同意于吴大澂之草案，另提条件五款。李鸿章函告总署，太后得奏，谕称"撤兵可允，永不派兵不可允，万不得已，……添叙两国遇有朝鲜重大事变，各可派兵，互相知照"，争执遂得解决。双方本于免去起衅之意，议定二国不问朝鲜之练兵，于是条款议定，是为中日《天津条约》。其条件凡三：（一）中日两国于条约成立后四月内，尽撤驻韩之军队。（二）二国允劝韩王练兵，但不派员教练。（三）将来朝鲜发生重大事变，一国出兵，应先知照缔约之国，事定仍即撤回。关于惩办将士，伊藤要求不已，李鸿章允许行文戒饬所部将士，严办滋事之兵丁，借以顾全日本之体面，作为结束。

综观中日关于朝鲜之交涉，初由于总署大臣之放弃责任，日本乃不承认其为中国藩属。何如璋曾向总署建议，设大臣于韩，管其外交，李鸿章论其不可曰："若密为维持保护，尚觉进退裕如，倘显然代谋，在朝鲜不必尽听我言，而各国将唯我是问，他日势成骑虎，深恐弹丸未易脱手"，及《济物浦条约》成立，张佩纶奏请派大员驻韩，太后谕李鸿章复奏，李氏顾虑太多，奏言困难，倾向于维持旧例。顾时中国在韩之地位，远胜于日本，而《天津条约》关于军队调动之规定，二国处于平等之地位，固日本外交上之胜利也。其时中法草约方成，法舰尚禁华舰出海，而国内财政困难，陆军数败，闽船覆没，势难再战。李鸿章之让步，殆非得已。日本撤退汉城驻军，则向朝鲜声明，依据《济物浦条约》，仍可驻兵。自政治上之势力而言，日兵败逃仁川，亲日党人亡命于外，日本在韩之地位大为低落，韩廷君臣深恶日人勾结乱党，金玉均等留日活动，误会益多。自日本方面而言，伊藤来华颇有促进邦交之诚意，伊藤为文治派之重要领袖，主张二国亲善，中法战起，法使请日出兵。井上不许，告知其事于华使，请其转告总署，至是，仍不欲与中国失和。及伊藤东渡，李鸿章致书总署论之曰："该使久历欧美各洲，极力摹仿，实有治国之才，专注意于通商睦邻富民强兵诸政，不欲轻言战事并吞小邦，大约十年内外，日本富强必有可观，此中土之远患，而非目前之近忧，尚祈当轴诸公及早留意是幸。"其言末句殊不可解，伊藤具有远见,亲善中国,总署与之开诚妥议二国之悬案,促进邦交,正所谓辅车相依,何患之有!我强邻弱,听命于我,乃古代之观念。李鸿章固囿于传统之思想也。其致友书,亦称伊藤要好,劝其游日磋商琉球之问题,然竟未曾上奏朝廷,书告总署。李氏盖无勇气与远见,惮于清议,而欲以不了了之,胜于一身备受指摘也。

中日对于朝鲜之争执,暂告解决,而朝鲜衰弱,俄国之势力日进,识者固知祸患方兴未艾,驻韩德使建议中日诸国,商订朝鲜中立条约,井上表示同意,而中国大臣固未慎重考虑。其时英俄邦交恶劣,英谓俄将租军港于韩,商于曾纪泽,命其兵舰占据巨文岛。穆麟德劝说韩王亲近俄国,俄使进而强韩雇用其武员教练军队。日本大惊,井上密商于徐承祖,由中国主持韩政,罢斥奸党。日使榎本奉命到津与李鸿章会商,面递井上拟定之办法:(一)李鸿章、井上密议朝鲜外交办法,既定之后,由李饬令韩王照办实行。(二)内监不得干预国政,韩王当与大臣商议国事。(三)韩王擢用重臣,必先商于李氏,由其与井上斟酌选用忠贤朝臣。(四)外都户部长官均应委任以上所举之大臣办理。(五)穆麟德免职,改用美人。(六)中国驻韩大员,改派才干较长之能员。(七)中国委派之大员及改用之美人,必遵李氏之详细训命办事,于其赴韩路过日本,谒见井上。(八)大员必与日使情谊敦笃,遇有要事,互相商酌办理。观其提出之条约,井上承认中国于韩有优越之地位,而兼顾及日本之利益,共同防俄也。其先日本不肯承认朝鲜藩属中国,今则盖有让步之意,中国易于整理韩政,或积极经营矣。李鸿章答称事关重大,必须密商于总署,请旨办理,且曰:"中国于属邦用人行政,向不与闻。"其函告总署,一面谓内监不得干预政事,选用贤臣,中国驻韩大员与日使合作,尚中肯綮。一面又曰:"诸要政均请由鸿章遥制,既惧无此权力。若朝王不能遵办,断难使其事事办到,况朝鲜外务,如与井上密议,相距皆远,何从面筹办法。至用人既由中国商定,又与井上斟酌,未免越界揽权,事多窒碍。"李氏实畏困难,不肯负责整理韩政。徐承祖深以井上之议为然,致书李氏论之,李氏置之,终遂谢绝。榎本、徐承祖再向总署建议，以驻日公使兼为督理朝鲜大臣，"可以弭衅隙，息日患"，亦为李鸿章驳斥。

李鸿章主持对韩维持旧制，其挽救之方法，则欲释送李昰应归国。李昰应安置保定，闻知政变，闵妃被杀，欣然欲归，俄知妃实未死，改言衰弱，不愿与闻政事，但言可如元代故事，遣监治国。日使亦言其归，或有补助。中国谋欲送还，闵妃百计阻之，其侄闵泳翊至津，李鸿章令其往谒，竟不告而行，韩使言欲将其禁锢，李鸿章说其委曲求全，及得王书，奉旨遣员送李昰应回国，而王杀其生父旧党三人，其生活状况无异于禁锢。王益疏远中国，李鸿章说其罢免穆麟德，追陈树棠去职，请派袁世凯驻韩，改称总理。井上以其领兵杀害日人，初不满意，而袁氏颇有才能，井上改变态度，命人往谒李鸿章，说令袁氏赴日一行。李氏虽许其请，而不令其前往。会得金玉均运械入韩谋乱之报，袁氏不审虚实，报告公使交涉，实则附会而成。中国、朝鲜均以金玉均为患，韩王派人赴日刺之，徐承祖说井上诱之来华，井上初欲许之，后以困难，将其安置小笠原岛，月给十五元，以免二国之恶感。伊藤、井上既谋亲善中国，及闻英后赠送光绪御宝星，以其为赠二等帝国者，不合体制，有关声望，告知徐承祖请总署却之，二国邦交稍有进步。

中日邦交视前进步，一八八六（光绪十二）年，日使盐田三郎奉命向总署提出修约之请求。先是中日条约限制二国商人贸易之机会，日本久欲改订其为互惠之条约，迄未成功，已见于前，一八八三（光绪九）年，再行提出，总署以琉案未决拒之。至是，日本工商业大有进步，亟欲扩张市场于中国，伊藤、井上方握政权，主张促进二国之邦交，训令盐田交涉。徐承祖函告不便始终拒之，总署大臣与日使磋商，日方仍主互惠之平等待遇。徐承祖闻之，忽谓修约与我无益，而长崎中国水兵与日警互殴之案又起。初北洋军舰中有损坏者，驶入长崎坞修理，水手登岸，以恋妓生事，与日警殴斗，死伤约五十人，日警死伤二十余人。李鸿章初不明了案件之原委，颇疑日本之阴谋，雇用律师诉讼，电丁汝昌带证出庭，及知事之本末，又为丁汝昌辩护,朝廷则无确实之报告,总署、海军衙门均谓必按公法断清,始见友谊,否则作为悬案。其争论之焦点,则为恤金。徐承祖以辩论无益,请撤使回国。日报指摘中国有意寻衅,多持战议,井上亦以失和为言。德璀林主张和平解决,电告李鸿章曰:"徐使只知讨好,不顾利害,现若决计小题大做,林亦不必议",其言深切时人之痼病,明年,由德使调停解决。李鸿章颇为满意,书告徐承祖曰:"事由互斗,实无曲直之可言,舍本齐末,就此转圜,尚为得体。"其解决条件,议定恤金,日本交给五万余元,中国给日一万二千余元,案件纷扰竟至半年。事后徐承祖请给伊藤、井上宝星,称其力排众议,不肯启衅,始终皆愿二国连和也。要之,伊藤固十九世纪大政治家之一,井上亦有远见之外交家,其主张则先整理内政也。内意则以积嫌日深,不以给奖为然。

修约以长崎案停顿,解决之后,暂未进行。一八八九(光绪十五)年,盐田再行提出,曾纪泽时在总署行走,倡议中日亲善,暗拒俄人窥伺朝鲜。曾氏久在外国,明了国际上之形势,眼光明锐,见解远大,而主持大计之奕 譞见识愚陋,侈言复仇,终不之听。李鸿章虽韪伊藤、曾纪泽之议论,然信"古今形势,纵易而横难",心中轻视日本,又以其内阁迭易,用人不定,犹豫不决,书问驻日公使黎庶昌。黎氏复称东方有变,彼终不能践言,其意谓日本国小民贫,无能为力也。李氏信之,盐田提出之条件,有诉讼照彼与两国后来所议之办法办理,尤为李氏所反对。其见解盖生于误会;及总署征求其意见,复书仍持不准日商贩运洋货入于内地,及赴内地买运土货之议。其结论曰:"总之,与别国修约,或有损益参半之处,至修改日约,无论允改几条,终恐损多益少,我既不能拒绝,惟有多方辩论,借词延宕,或将无甚关系利害之事,酌改一二。若钧署未与盐田商出眉目,似宜缓请钦派全权,免致一发难收,竟成蛇足。"列强在华享受最惠国之待遇,其所谓别国,不知何指?李氏固未明了国际贸易之性质也,其无诚意,犹其余事。事实上两国商民则私往内地运货,日本前请准其商人于中国新添之四口贸易,徐承祖拒之。李氏答黎庶昌书,谓无约国商人尚得前往,不免不情!

究不知何故条约不肯予以承认也！总署原不欲修约生事，致干清议，李氏之言更坚其意，修约遂无所成。日本仍欲进行，力谋改善二国之邦交。黎庶昌密奏其有亲我之心，交涉和平，请派兵船往巡。日使改以弛废鸦片禁令，便于华侨，交换利益均沾条款。其建议原近于儿戏，再为李氏所驳。曾纪泽时以郁郁病死，修约更属无望。日本乃禁华商入内地办物，李氏不主报复，又不修约，惟待大审院之判决。其主张诚非吾人之所能知。

中日问题未能妥协，而中国对韩亦多困难，明知韩王内政不修，欲叛中国，迄无适当解决之方法。李鸿章代韩筹设电报，借款兴办，路线起自仁川，经过汉城、平壤、义州，达于凤凰城，韩王请改设水线，李氏严词驳斥，始能兴工。一八八六（光绪十二）年，韩王秘密遣使乞俄保护，袁世凯电报天津，中国预备出兵问罪，韩廷震恐，议定外署照会各国公使，谓有小人假造国宝文书，中无外署印押者，均作废纸，其前后行动直为儿戏，幸俄国亦未承认，免致事变耳。袁世凯在韩之地位，异于各国公使，其见韩王，李鸿章谓如司道谒见亲郡王之礼，于宫外候请，降舆，三揖，侧坐，则为谦极。若遇大典朝会，只可变三鞠躬为三揖。袁世凯颇自矜傲，干涉韩政，韩王恶之，代替穆麟德之美人德尼（Owen N. Denny）不忠于中国，为韩王筹谋独立。其外交形势殊为恶劣，李鸿章向英交涉归还巨文岛，而英以俄不侵略韩地为条件，转商于俄，俄使谓俄无兼并朝鲜之意。中国欲其照会说明，俄使请以中国不变更朝鲜之现状为条件，未有所成。英国之意全为防俄，对于中国经营朝鲜，未有反对之意，中国向其交涉，始肯撤兵。袁世凯既与韩廷不协，而与大院君往来颇密，闵泳翊来华，不肯回国，发表其谋立大院君之阴谋，李鸿章召之往津对质，而闵泳翊不往，盖事由其虚构也。外人议论颇不利于中国，闵妃尤恶袁氏，一八八七（光绪十三）年，韩王受德尼之说，先未商于中国，忽派全权大臣出使日美诸国，地位反高于中国驻外公使，借表示其为独立国也。袁世凯逼令韩王中止驻美全权大臣之行，韩王多方辩说，清廷谕其改为三等公使，遵行三事：（一）韩使初至各国，先赴中国使馆具报，由华使挈之同赴外部。（二）凡遇朝会公宴，应随华使之后。(三)交涉大事先商于华使。韩廷允许照办,赴美公使朴定阳始得启行,及抵美都,竟不照行。袁世凯恫吓韩王将其召回,韩王听命,忽又咨请李鸿章撤回袁氏,不得,日与中国疏远,公然造谣,谓已出贿停止派使,及朴定阳回国,不肯惩办。袁氏托病拒绝韩臣之来见者,韩廷惊惶,始允将其免职,并请修正前订之三事,中国不许,实际亦未尽行,韩使往日,先未引见,则其明证,李鸿章固谓"立法严,而用法恕"也。韩王又以征税不便,主使韩商罢市,要求华商、日商退回汉城,二国均不之许。一八九〇(光绪十六)年,韩王忽赏李仙德二品衔,谋收海关,且借外债。李鸿章声明韩廷借款,未得中国同意,不得以海关之收入为担保。俄而太妃病死,向例讣使赴丧,韩王须出郊迎,礼极隆重,用款十余万两,李熙以其有碍独立,托辞谢绝。清廷不许,仍遣使往,韩王迎送如仪,朝臣之意则欲证明朝鲜藩属中国也。会韩王无力还债,欲借外款,袁世凯说其大臣向华商议借,韩王初尚不许,后以无法,从之,由李鸿章办理,而以海关收入为担保,韩王稍与袁氏接近。

袁世凯之在韩也,力谋扩张中国之政治势力,而韩王、闵妃、大臣多仇视之,德尼又为韩谋,驻韩各国公使多不满意袁氏之专横,其所处之地位至为困难。清廷初于朝鲜内政外交向不预闻,朝鲜已与外国订约,声明自主,缔约国于韩设有公使,韩廷新设外署与之交涉,中国不问其用人行政,韩王对于外交上之问题,不肯先向袁氏磋商,袁世凯监督韩政实为不易。朝鲜对外,实无坚定之政策,初欲亲俄。俄自得黑龙江北岸等地,经营远东,谋筑西伯利亚铁路,其政府以海参崴港冬季冻冰,谋于朝鲜占据海港,强其雇用武员。韩王请俄保护,均以李鸿章之力作罢。俄国驻韩公使仍力活动,得其君臣之信心,缔结条约,许俄船行驶于图们江。韩王又以袁世凯干涉内政,向美乞援,请求美兵保护。驻韩美使助其自主,李鸿章商请美国将其招回。美国无侵略朝鲜之意,原不足畏,而俄国野心勃勃,凡与朝鲜关系密切之国,皆以为虑,尤以日本为甚。其政治家久以防俄为言,而俄国势力大伸于朝鲜,日本将见逼于强俄,形势危急。其本国自维新以来，人口激增，而可耕之地有限，工商发达，益欲广求市场，其食料之一部分颇赖朝鲜之供给，二国地理相近，力欲于韩占有势力，固不愿其并于他国也，乃自竹添助乱以来，丧失其政治势力，转而欲与中国协妥，共同防俄。李鸿章谢绝井上之建议，伊藤复请其积极处置韩事，李氏亦未采行，井上邀请袁世凯游日，亦无结果。及韩廷违抗袁氏，驻韩日使见之，协商办法，而袁氏谢绝其干预。其对日本防范甚严，阻其设立电线，反对向其借款，留难日韩新约，日本政治家乃深恶之，其政策则始终欲在朝鲜扩张势力也。日使大石初欲扶韩自主，后则与韩忿争。一八九三（光绪十九）年，外务省商请李鸿章将袁氏撤回，本国亦愿撤换大石以作交换条件。李鸿章电称不可。

其时袁世凯在韩，对于政治未有若何之改革与建设，其王庸懦，受制于悍妃，信用内监，大臣出于世族，顽固无识，结党争权。李熙于妃病时，巫言旧宫有鬼，乃令卫兵于夜间放枪驱逐，都人大为惊扰，又强人民捐款筑宫。朝臣勇于私斗，未曾顾及国家。财政则极紊乱，收入多耗于皇室费用，官吏俸金。政府缺乏诚信，而王惯于食言，曾令使臣偷运入参来华，及为海关发现，初请放行，关员奉命许之，忽又否认前言，对外交涉往往类此，固世界腐败政府也。其对日本则仇视之，曾以禁米出口，引起严重之交涉，大石索款赔偿，韩初许之，忽而翻议，乃事忿争，且称袁氏调停为助韩，提出最后通牒。伊藤电告李鸿章调停，始已。一八九四（光绪二十）年，金玉均应李鸿章之子经方之招，来至上海。金氏在日于一八九〇年，复得自由，费用则赖日人之供给，其助之者目的不同，要非好意，而金氏生活浪漫，渐为日人所不理，经济趋于困难，故来中国。韩王患其为乱，密命李逸稷（日史称为李逸植）刺之，及至上海为洪钟宇所杀，凶手被捕，领事请严办之，而江督刘坤一饬舰载凶及柩往韩。韩王不顾李鸿章之劝告，厚赏刺客，时人传其分割尸体，日本政客不平，值李逸稷以谋刺朴泳孝被捕，供称系奉王命，使馆为日警搜查，韩使不待训命即行返国，日本舆论大哗。其国内自召集国会以来，下院反对内阁，天皇迭解散之，而势仍盛，对外则与中国修约失败，其总理大臣伊藤博文固欲防俄改革朝鲜内政者也，终以藩阀武人之专横，外交人员之寻衅，利用一致对外之情感，列强修约之易于进行，造成战祸。其导火线，则朝鲜东学党之乱也。

自中国方面而言，中日自订约后，二十四年之中，朝臣疆吏未曾本于妥协之精神，解决二国之争执，邦交数濒于危，国内宜有相当之预备，而大臣除一二人外，不知日本维新之进步，根据出使大臣肤浅观察之报告，附会其胸中之成见，发为议论。台湾役后，国防议起，朝臣以为日本以岛立国，我有军舰运输军队，即可致其死命。李鸿章奏请每年筹银四百万两，作为海防经费，购置军舰，初则各省尚有报解，一二年后，不足十分之二，会琉案交涉趋于严重，政府严令各省解款，购买军舰，修建炮台。中法战时，大臣益知海军之重要，筹设海军衙门，醇亲王奕譞曾书告军机大臣曰："将来水军果成，元气充足，宜以此事为发硎之具。"所谓此事者，就废琉而言，驻日公使领事以其政府发行公债，乃少见多怪，报称日本外强中干，凡遇交涉，多请用兵。余乾耀旅行于其国内，到处官商宴之，亦以恶意推度，岂恨恶积深之后，交涉果难于进步耶！中法战后，新购之铁甲船快船次第东下，海军衙门拟定章程，雇用英人琅威理为教练官，海军颇有振兴之望，其提督丁汝昌原为淮将，不知海军，章程多未遵行，李鸿章亦主宽大。北洋舰队成立，费用增加，值光绪年长，太后将欲归政，兴工修筑颐和园，而经费拮据，主持海军衙门之奕譞，提其一部分为工费，仍不足用。李鸿章函告曾国荃，谓太后听政年久，请其提用余款兴工，于是海防费告匮。户部尚书翁同龢主张节用，议定停购军火。李鸿章深为失望，其复王文韶书曰："现在筹办胶州澳，已见部中裁勇及停购船械之议，适与诏书整饬海军之意相违。宋人有言，枢密方议增兵，三司已云节饷。军国大事，岂真如此各行其是，而不相谋！"会奕譞病死，内廷无人能为李鸿章援。自一八八八（光绪十四）年后，北洋未曾购置一舰，周馥曾密为李鸿章陈说利害，而李氏无可奈何，琅威理复以职权问题，辞职而去。海军将士多为闽人，自成一系，中有留学于外国者，颇轻丁汝昌。陆军时称足以一战，实则平定内乱之劲卒，难与列强之兵相比。事定之后，湘军大半解散回乡，淮军虽受常胜军之影响，购用洋枪利炮，然而人数无几，纪律废弛。绿营八旗操用古代兵器，腐败不堪，以之拒战曾受严格训练使用枪炮之精兵，自不能胜，况后召用乌合之众耶！

日本自维新以来，陆军采用法国军制，实行征兵，其将佐皆为曾受军事教育之学生，营中之军械设备，概仿之于西方，其军队之勇敢善战，无异于欧兵。其海军仿自英国，划定军港，造船购舰不遗余力，创设海军学校，教育人才。其水兵体壮力强，训练有素，而政府尚以海军实力不及中国舰队，一八九二（光绪十八）年，国会否决内阁扩充海军之预算，明年，内阁再行提出海军之计划，国会仍持不可，天皇诏省宫廷费用，减少官吏俸金，以之补助海军经费，议院始肯让步，通过预算，海军实力为之增加。李鸿章比较两国海军，略称华铁舰每小时行十五海里，日则十六海里；定远、镇远大炮口径三十零半生特，彼松岛等四舰，则配三十四生特大炮，并快放炮，又在英购铁甲船。其言发于一八九三年，非战败后之辩护，颇为可信。更就工商业而言，日本之进步可观，中国远非其比。总之，自战斗力而言，日本于时颇占优胜之势。

中日之战，由东学党之乱促成，其党为民间半宗教之秘密会社，旧称天道，创于崔济愚（初名济宣），称得天主之启示，授以仙药咒文，又谓儒释道各有所短，今取其长，以诚敬信为要谛，煽惑愚民，一八六四（同治三）年，被捕处斩。其族人崔时亨传得其法，秘密宣传，信者日多，其原因则朝鲜政治腐败，财政困难，赋税加重，遇有天灾，韩王不恤其苦，而社会不安，人心思乱也。其徒愚陋无识，反对外人，排斥耶教，一八九二（光绪十八）年，开会于全罗道参礼郡，有众数千，议定为教主雪冤，请愿于观察使，未能如其要求，明年三月，至汉城请愿，跪于宫门之外。韩王不收禀帖，饬其退去，会排外之传单发现，外人颇为惊惶，日人昼行佩刀，以备万一。四月末，崔时亨召集其徒于忠清道报恩县，众至数万，韩王遣使将其解散。又明年，全罗道古阜郡农民抗税，首领全臻准乘时托东学道起兵，其地人民强悍，素称难治，附者益多，旗号称讨倭斥夷，官兵讨之，反为所败，韩王遣员招抚，亦未成功。其党势盛，扬言直捣汉城，匡君救民。招抚使洪启薰密请韩王向中国乞援，中国时有兵舰泊于仁川，先曾为韩运输军队，日本使馆人员询问韩官，华兵曾否登岸？以为本国尚未得报也。李鸿章得报，以为日人之意，唯在照约通知，袁世凯劝说韩臣乞援，李熙乃以为言，袁氏电报天津。李鸿章复称须由韩王自请，其心以日本政党争权，无暇外顾，即如多事，不过以保护使馆为名，调兵百余入汉城耳。

六月三日，韩王正式乞援，五日，上谕出兵，总署电令驻日公使汪凤藻通知日本。六日，公使照会外务省，内称韩王乞援，中国出兵，乱定即行撤还。中有"派兵援助，为我朝保护属邦之旧例"。外务卿陆奥宗光请其修正，不得，明日，照复声明"帝国政府从未承认朝鲜为中国之属邦"，口头上告以日本出兵。初朝鲜乱炽，参谋部另得报告，决定出兵，着手预备，其根据则《济物浦条约》也。斯日，日本代理公使小村寿太郎照会总署，日本出兵，九日，总署照复日使，称日保护公使领事以及商民，无多派军队之必要，不必进入朝鲜内地，以免发生事端。李鸿章亦向天津日领说明，盖互相商后之结果也。十二日，陆奥训命小村反驳总署之照会，称其出兵不受限制，日军依纪律节制而行，决无冲突之虞。中日出兵，韩廷颇为惊慌，十一日，全臻准率其死党逃匿，东学会就抚，二国军队均无留韩之必要。其先袁世凯电请出兵，列强驻韩公使曾以之为言，日使大鸟圭介时在本国，其书记郑永邦亦劝中国出兵。及日出兵，大鸟回任，汉城未有扰乱，亦无华兵。韩廷对于入城之日兵，感受不安，公使又多非议。大鸟电请撤兵，不得，袁世凯诘问前言，大鸟颇处于不利之地位，十一日，电请新来之兵不必登岸，不如撤回，明日，与袁氏面谈，谓华兵勿来，日兵可撤。其时日本政策尚未决定，出兵未有与中国交战之意，故大鸟初请撤兵也。中国方面，总署大臣必欲韩乱平定，不同意于立时撤兵。

六月十四日，日本内阁会议，首相伊藤提出整理韩政之草案，中日二国委员若干，共同办理四事：（一）调查财政，（二）裁去冗官，（三）设警备兵，(四)募集公债。会议席上，陆奥要求予以充分之时间加以考虑，结果认为非改革韩政，则不撤兵，中国拒绝其请，则单独行动，十五日，商于伊藤，伊藤表示赞同，于是决意进行。陆奥电告大鸟撤兵宜缓，借口调查韩乱完全平定，作为延宕。十六日，陆奥招见汪凤藻，面谈整理韩政，提出(一)(二)(三)项办法。明日，汪氏允许电告总署及李鸿章，而陆奥更以照会予之。李鸿章得报，表示反对，总署王大臣亦然。二十一日，总署训令汪使照会声称朝鲜善后事宜，由其自行釐革。且曰："中国尚未干预其内政，日本最初承认为自主国，更无干预其内政之权。"李鸿章电告交涉于袁世凯，且曰："如有别项要求，任他多方恫喝，当据理驳辩，勿怖勿馁！"其言本于昔日对日交涉之故智，实未明了日本外交之政策，及其决心进行也。国际上之习惯，一国政府对于外交上利害之重大事件，非慎重考虑，决意实现，殆不愿正式提出，交涉固迥异于闲谈。李鸿章欲以空言驳斥，其何可能！二十二日，陆奥照会汪使曰：

> 贵使照会内阁本大臣依本国政府训令，拒绝日本政府关于朝鲜变乱镇定及善后办法之提案。……帝国政府甚为遗憾，征诸既往之事迹，朝鲜半岛常呈朋党争阅内讧暴动渊丛之惨状，确信可以如斯继续发生事变者，由于缺乏完成独立国责守之要素，虑及疆土之接近，及贸易之重要，帝国对朝鲜之利害，甚为紧切重大，因是不能拱手旁观彼国内之惨情悲况。当情势如此之时，帝国政府置诸不理，不仅有悖平素对于朝鲜所抱邻交之友谊，且不免不顾我国自卫之诮。……非协定将来足以保持该国安宁静谧，并保证政治得宜之办法，则帝国政府决难撤兵。且帝国政府之不遽行撤兵，不仅系遵守《天津条约》之精神，且为善后之防范。本大臣如斯披沥胸襟倾吐诚衷，假令贵国政府所见相异，帝国政府亦断不能发令撤去现驻朝鲜之军队。

照会说明日本之立场，措辞坚决，中国之反对，久在陆奥意料之中，斯日,开御前会议,明日,枢密院会议,均未发生异议。外务省派员往韩传达政府旨意。大鸟自奉新训令后,态度大变,与武官协商,不理袁世凯之交涉。袁氏电报李鸿章,主张用兵。大鸟决意挑衅,二十六日,上书韩王,陈说改革,其心以为尚或不足挑衅,久欲提出朝鲜之宗属问题。其拟定之步骤,如朝鲜承认属邦,则令其撤回公文;如称自主,则告以清兵现称保护属邦,日兵可助朝鲜逐之;如称内治外交自主,则诘以镇定内乱,属于内治,强其否认属邦。二十八日,大鸟照会韩廷引用汪使保护属邦之语,问其是否为独立自主之国,朝鲜君臣惊惶无主,袁世凯奉令向其说明,否认宗藩,中国将即兴师问罪。韩王进退两难,与袁氏协商,照复大鸟,诿称不知汪使之言,内政外交均为自主。大鸟更与袁氏逗气辩论,七月三日,向韩提出改革草案,分五纲领,共二十五条。后二日,其政府拟定之改革案,始由委员携至。韩廷迁延不复,大鸟限以时期。七日夜,韩廷照复派员协商,其应付之策略,则谋延宕,乞援中国,李鸿章则请俄国干涉。大鸟不欲迁延时日,向外务省建议,包围韩宫,伊藤及元老不可。陆奥则表同情。又值英使调停失败,俄国态度中变,十三日遣使赴韩,传达密令。其扼要之语曰:"促成日清之冲突,为今日之急务,为断行此事,可取任何手段,一切责任,余自当之,故该公使丝毫不须内顾。"伊藤仍不同意于挑战,十九日,外务省训命大鸟慎重办理,陆奥固信其仍欲执行前议,其谋造成战祸久矣。大鸟与韩使磋商改革草案,未有结果,十九日,得陆奥传达之训令,时值袁世凯归国,无人为韩设谋,日兵自由架设汉城、釜山间之电线,强筑兵房。二十日,大鸟照会韩廷谓中国公文称朝鲜为属邦,违反日韩条约,清兵亟应退出境外,限其于二日内答复,同日,又致照会,谓中韩通商章程,有属邦或藩封字样,朝鲜宜发宣言将其废除。二十二日,韩廷以推诿之辞答复,夜间,日兵准备占领王宫,明日拂晓,大鸟照会韩廷,称将用兵。日军开始行动,包围王宫,解除韩兵武装,怂恿大院君复出。二十五日,大院君宣言废除中韩一切章程。

李鸿章自得日本不肯撤兵改革韩政之照会,渐知时局之严重,值俄驻京公使喀西尼(A.P. Cassini)出京。李氏平日深信日本畏俄,说其干涉,喀西尼声称断不容日妄行干预;其政府固不如此坚决也,其政策则谋维持朝鲜之现状。六月二十五日,驻日俄使奉命往询陆奥日本撤兵,陆奥说明撤兵条件,中国承认中日共同改革韩政,或由日本单独实行,即行撤兵;复向俄使申说日本之地位,一为维持朝鲜之独立安全,二不挑战,其意则欲避免干涉。三十日,俄使照会日本,忠告其容纳朝鲜之请求,将兵与华兵同时撤退,拒绝其请,应负重大责任。陆奥协商于伊藤,不受俄国忠告,训令其公使说明,七月二日,照复俄使,日本政府决无侵略朝鲜疆土之意,如全平安,即行撤兵。十三日,俄国表示满意,二十一日,再有声明,陆奥保证前言,俄国遂无异议。同时,英使欧格纳亦力调停,其目的则维持东方和平,保护英国商业及防俄国活动也。驻日英使迭与陆奥磋商,议定中日开会协商。欧格纳从中斡旋,定于七月九日开会,及期,小村至总署与王大臣协商,奕劻要求日本撤兵再商韩事,毫无结果。小村告知英使,英使叹惜,再向总署劝说,亦无效果。陆奥利用时机,十二日,训令小村警告中国,后二日,小村照会总署,述其政府训命。其坚决之语曰:"中国政府依然主张撤兵,毫无倾听我政府竟见之意。……今后倘生不测之变,我政府不负其责。"总署将其语意,电告李鸿章,谓"无转圜之机,本日(十六)已有廷寄命决进兵之策"。李氏主张慎重,欧格纳再事调停,而日本之态度转强,提出中国万难接收之条件。二十一日,英外相训命公使向日提出觉书,有开衅则日本政府不能不任其责之语。明日,陆奥复书说明日本之立场,英无表示,但请战事若起,不得扰及上海及其附近,陆奥许之。美国时与日本接近,除向日提出劝告外,别无活动。

  时局趋于严重,李鸿章盖知中国陆海军之实力,不敌日本,对于朝廷未曾明白奏报,或不顾忌讳陈说大计,对于日本亦无应付之策略,初则拒绝协商一切建议,继则唯赖俄国之干涉,忽略欧格纳之调停,尤为失策,英使往访奕劻,陈说中国如愿整理朝鲜内政,保护其土地,可催日本商办,总署电告李氏。其复电则称整理内政,中国向办不到,何能遵允!如照日本原议,断难商办。七月九日会议之决裂,固与此有关。造成战祸,陆奥之急切志愿也,乃得有所借口,态度转强,其警告中国之公文,传达大鸟之密令,相继发出,而俄政策又变,时局更难挽回,李欲让步解决,十七日,电告总署曰:"唐绍仪元电,大鸟拟草韩政各条,多切时弊,俄又同见,如遽以兵力争阻,恐生枝节,俟袁至津稍痊,面禀,筹与小村妥商,但能无损大局,即幸甚。"时袁世凯托病回国,唐绍仪代之,小村有来津之说也。总署复电,称其所请,无论如何,断不可轻允。明日,李氏再有电请,无如朝廷用兵之议决矣。慈禧太后先已归政,其年适值六十寿辰,筹备庆祝,光绪年少未曾经事,其亲信之师傅,则力持反对建筑铁路、购置军火之翁同龢也,囿于环境,对外知识殊为浅陋,主张用兵,暗示亲臣交章论战,及日本不肯撤兵,迭饬李鸿章添兵。李氏主张避免衅端,朝臣论其失机,并及总署大臣,要皆不知国内之情状,日本之实力,轻信浮言,指摘时事,动于情感,放言高论,毫不切于实际,如曾广钧奏言大灭日本,余联沅条陈进规东京之类。其人识见同于王炳耀《中日战辑》所记之时论曰:"倭不度德量力,敢与上国抗衡,实以螳臂当车,以中国临之,直如摧枯拉朽。"其较为明达事理者,如侍读学士文廷式之奏疏,学士为光绪亲臣,谓越南之事,中国犹不惜竭兵力以争之,故能稍安十年。十年之安,由于一战,实非吾人之所知。其密陈之四端,明赏罚,增海军,均就平时练兵设防而言,远水岂能救得近火乎?审邦交,则言连结英德诸国以拒倭人,倭人亦必回心与中国协议。大患在前,犹能指挥如意,别树敌国,聪明者翰林学士也!戒观望,则请出兵拒抗倭人。末后又言淮军之宿将劲兵,十去六七,今所用者,大抵新进未经战阵之人。奏疏前后不免矛盾;拉杂之言,作为庙堂议论,能不败乎!

朝议主战,奕劻不敢负责,七月十五日,奏请简派老成练达之大臣数人,会商交涉。翁同龢、李鸿藻奉旨会同详议,二人之在朝廷,久与李鸿章为敌,主战派之气焰益张,翁氏门生张謇言之尤激。张氏初在吴长庆幕中,随之渡韩,斯年恩科,考中状元,迭向恩师进言用兵。李鸿章之势益孤,清议斥为误国。光绪因之一意主战,商于太后,太后仅言不准示弱。

据《翁氏日记》,十六日帝欲议处李鸿章,明发宣战谕旨,但皆未行。帝意既定,无怪总署拒绝李鸿章与小村协商也。关于军事预备,淮将先请撤兵回国,帝降谕曰:"彼顿兵不动,我先撤退,既先示弱,且将来进剿,徒劳往复,殊属非计。现在和商之议,迄无成说,恐大举致讨,即在指顾。"至是,又谕李鸿章"懔遵前旨,将布置进兵一切事宜,迅筹复奏。若顾虑不前,徒事延宕,驯致贻误事机,定惟该大臣是问!"明日,李氏尚电总署谓小村若来,先商大略,即撤兵何如? 朝廷固不之许,小村亦未来津。其时淮军二千余人驻于牙山,归叶志超统率,一部分由聂士成将之剿匪;至是,李鸿章雇英船载兵自津往援,船有名高升者,载军火尤多。左宝贵、马玉昆则自陆路奉令将兵入韩。日兵之在韩者一万余人,多在汉城。二十三日,舰队备战,自日本出发,奉有攻击之密令。二十五日,于朝鲜丰岛附近,遇见护卫运输之华舰二只,发炮轰击,华舰于未宣战之前,不意即有袭击,处于不利之地位,发炮应战,一沉一逃,高升俄亦击沉时。人讥议管带方伯谦之畏怯,殆为冤狱。日本宣传华舰首先开炮,则为避免责任之计,全不足信。近时其历史学者固已承认矣。

综观中日之战,多由于陆奥及陆军海军长官之造成,其所顾忌者,唯列强之干涉耳。二国之争执时起,祸根隐伏,迄无解决之办法。其野心之外交家乃欲利用时机,造成战争,一则处于战胜者之地位,一则居于败辱情势之下,缔订条约,解决一切,其计至狡。盖中国之财力军备均不敌日,明了中国实状之日人固皆知之。中国于时一无准备,对韩既不能改革其秕政,又不能监督其外交,对日亦不协妥,士大夫徒唱高调,唯有出于战争之一途。然则战争殆不可免乎? 曰,斯又不然。交涉之起,可用外交方法解决,李鸿章果有远见,先与日本协商改革之草案,固无重大之困难,且其计划非于此时始行提出也。不幸时无确定之政策,专赖他人,坐失时机,及至时已严重,朝议纷纷,挽回实属不易,况韩宫之包围,丰岛之海战,相继发生乎! 李鸿章之失策殆无可讳,彼倡清议之士大夫,主持战议,实日本野心家之所希望者也。其人平日囿于见闻,迂腐固执,除作八股或类相近之文字而外,多无他技,乃扬眉吐气,论列是非,能不败坏国家大事乎!"误国之罪,等于卖国",虽有为而言,岂谓此耶!日本学者有谓战争起于舰队出发之日,固有所见,军阀有意挑战,更何足责!七月二十五日,海军战起,驻于汉城之日军,向牙山出发,淮军时在朝鲜者共四千余人。明日,二军斥候交战,二十七日,唐绍仪潜行去韩,明日,韩廷给予大鸟公文,请日驱逐清兵,又明日,二军交战,叶志超率败兵退出牙山。其原因则淮军无几,而日军器械较为精利,叶志超且先得有后退之令也。八月一日,二国下诏宣战。

淮军自牙山退于平壤,聂士成所部踵至。平壤在朝鲜之西北部,旧称箕子故都,负山带河,形势险要。清廷先已命将统军由陆路渡鸭绿江而入朝鲜,其时铁路唯有自天津至山海关一段,运输不便,幸援军已至,全军人数约一万五千,势难反攻,乃建筑塞垒,为固守之计。日军亦待援军方始进攻,九月分路包围,十五日,开始猛攻,夺取北门要塞,总兵左宝贵战死,守兵退入城中,遍挂白旗,约定次日献城。及夜,叶志超率军,弃平壤出逃,退守鸭绿江西岸,朝鲜遂无清兵。其败溃者,一由兵士人少,一由指挥不一,叶志超奉命总统诸军,曾请辞职,盖知其难。诸将多无勇敢之气,指挥之方。兵士又无纪律,残暴专横,抢劫财货,役壮丁,淫妇女,安能望其力战?损失颇为重大,李鸿章二十余年所练之精兵,败于此役若此之易,固非日将始料之所及。后二日,海上亦有大战,初敌舰活动,而北洋舰队未有功绩,朝臣争论提督丁汝昌之畏怯,皇帝下诏切责。九月,李鸿章令其率舰队护送陆军出发,抵于鸭绿江口大东沟。舰队有铁甲船二,快船十,共三万五千余吨,另有水雷艇四只。十七日,日本舰队游弋黄海,与之相遇,其司令伊东祐亨下令前进。其舰队有船十二,约四万吨。中国之铁甲船,大于日舰,而日船之快速新炮,则非华舰之所及。其开炮互击也,日舰列一字阵形,华舰作入形阵势。交战四小时,北洋舰队大乱,致远舰长邓世昌力战,全船沉没,丁汝昌督战受伤。斯役也,华舰沉没者四,死伤六百人,日舰重伤者三,其司令之坐舰与焉,死伤二百余人,胜利归于日本。

其胜战者，多由于将士勇敢，操练有素，而能临危不惊，发炮命中。中国则将佐不能合作，激战之时，快船有旁观驶去者，铁甲船作战最为勇烈。据濮兰德之《李鸿章传》，舰中火药，有以细石子充之者，其言虽无明证，而军火以部议停买，固不足也。战后余舰逃入旅顺军港，日舰未曾追捕，遂握中国海上之自由航权。

陆海军相继战败，中国别无精练之军队、强有力之舰队，可以作战，胜负之局已定。论者谓李鸿章主张议和，迟迟出兵，为敌所乘，以致丧师辱国。平心论之，果先出兵，淮军人数亦不能多于平壤之守兵，谁能定其必胜乎？李鸿章先请募兵，朝廷尚不之许，论者之谬见，由于不知日本维新后之实力，意欲宣扬国威，深信小国竟敢欺辱大邦，可得一战败之也。总署大臣得报，李鸿藻谓李鸿章有心贻误，其言不知何所根据，李鸿章之主和，原为国家之利益，及宣战后，严饬所部将士力战，今实信而有征。翁同龢与辩者争论曰："高阳（李鸿藻）正论，合肥（李鸿章）事事落后，不得谓非贻误。"朝议遂决，奏上，李鸿章奉旨拔去三眼花翎，褫夺黄马褂。皇帝诏恤战死之将士，重惩兵败之大员，借以鼓励人心。李鸿章及其属员迭为言者参劾，其婿张佩纶留于幕中亦受恶名，奉旨去津，但仍无济于事。总之李鸿章掌握大权，任用私人，虽有相当之责任，而其改革之计划，则为朝臣所阻挠，对日交涉虽曰处置失当，然而战议倡于朝臣，最后决于皇帝，中国之失败，要多由于浅陋无识之士大夫也！淮军既败，朝廷调遣兵勇，诸将争出厚饷随地招募，军械则出重价，秘密向外购运，费用不足，则借外款，识者固知不能再战。二十七日，太后召见翁同龢，饬其传达旨意于李鸿章，请俄干涉议和。翁氏自称天子近臣，不敢以和局为举世唾骂。其所谓世者，实指固陋之士大夫而言，国家之利害，不敌一己之虚名，夫复何望！太后命其传旨责问，始肯应命。十月初，李鸿章奉密谕进行，十日，欧格纳至津，劝其早日议和，李氏淡然视之，十二日，喀西尼自烟台返津，李氏请其干涉，未有结果。欧格纳返京，向恭亲王奕䜣建议朝鲜独立、赔偿兵费以和。其政府颇欲和议成功，商于他国共同干涉，不幸为中国所拒。

奕䜣自免职后，家居养病，至是，朝臣迭请起用，冀其挽回颓势，殊不知事前尚易补救，一旦战事爆发，英哲才能之士，常难挽回，况中材如奕䜣耶！吾人今虽为之失望，而奕䜣之见解，固高于不知事理之书生，起用之后，倾向和议，其助之者，唯孙毓汶、徐用仪耳。奕䜣多所顾忌，不敢进行，翁同龢闻知英使建议，斥其不应如此要挟，其言可谓不识是非利害。朝臣志锐奏请以款二三千万饵英伐倭，文廷式等亦以为言，且谓张之洞已有成说，牵强之文人，可谓极牵强之技矣！其人仍持战议，或谓日本国势兵力不能与西洋各国同日而语，或谓断其各口通商四五月之久，则将自毙，或谓李鸿章有心贻误，闻败则喜，闻胜则忧，而"凡曾经战阵之士，通达夷情之人，莫不以为螳臂当车，应时立碎"也。主持清议之文人，故作大言，实际上则颇惶恐。梁济在京，其日记曰："平壤一败，士大夫交头接耳，惊疑变色，妄信讹言。上封章者不知致败之由，盈廷皆督战责效之人，请招兵增兵调兵进兵而已。"且有送眷避难者，庙堂则大言欺人，和议遂作罢论。

日军自据平壤，肃清朝鲜境内，进行迟缓，司令名山县有朋，是为第一军。清兵退守鸭绿江下流，以九连城为中心，淮将刘盛休、提督宋庆、将军依克唐阿奉命率兵往援，十月二十四日，日军小队自上流渡江，明日，大队以炮掩护架桥渡江，守兵不支，退守九连城。敌军攻陷城外东北之高山，以拊城背，守兵逃往凤凰城，俄再退守摩天岭，岭在奉天之东部，山道崎岖，易于防守故也。日军据有东边城邑，后中国援至，十二月，两军激战于海城城外，清兵不支而退，日军乘势夺取海城。方第一军之将进攻也，日本另派第二军来华，大将大山岩统之，十月二十四日，自花园港皮子窝（一作貔子窝）登岸，日船运输军队，未曾顾虑北洋舰队之袭击。丁汝昌后以日军将至，先率舰队归于威海卫，意欲将其保全也。旅顺炮台亦无动作。十一月初，日军开始活动，六日，进攻金州，金州者，旅顺之门户也，东北有山，形势厄要，守兵力单，未能据守，徒防空城。日军攻之，炸门而入，守兵败集于大连湾，全军为之丧气。初淮军刘盛休所部驻防旅顺、大连，及平壤败后，往援九连城，朝廷命将募新军守之。七日，日军分三路进攻大连，陷之,其原有之大炮枪械,反而资敌,旅顺益危。大山岩休军十日,败报达于北京,朝命宋庆往援,途中与日军相遇,激战不胜。二十二日,日军大举进攻旅顺,海军助战,陷之,炮台先曾雇用德国军事专家筑成,依山而立,颇称坚固,败兵不能为一日之守。日兵入港,以俘虏遭割肢体,怒称败兵改装逃走,捕杀约二千人,以为报复,亦云惨矣!朝廷得报,李鸿章奉旨革职留任,摘去顶戴,宋庆亦得处分。朝臣以为淮军不可复用,改用湘勇。初战祸起,湖南巡抚吴大澂自请率勇出战,吴氏平日练习击射,以为湘人可用,朝廷许之,奉命驻防山海关,诏前湘将魏光焘、陈湜募勇北上,并饬招用猎户,又为捣穴之计,筹备东渡、初命刘永福,而刘氏复言不可,改招广东渔船,亦未成行。朝臣之视战争殆为儿戏,迂腐无识,何至于此!明年,吴大澂奉命出关,诸将先已退守营口,二月,日军进攻,陷之,二军始得联合,守兵退至田台庄。三月九日,二军激战,守兵大败,辽阳危急,帝促钦差大臣刘坤一出关督师。

自黄海战后,日本海军之声威大振,保护运船,第二军之取旅顺,舰队亦有力焉。北洋舰队则匿于军港,不敢再出,朝旨调南洋兵舰三只共守渤海,初英国以为战争妨碍其商业,请于日本划上海及其附近为局外之地,日本许之。其舆论谓上海设有机器局,制造军火,运往战区,而政府固不敢违反前言,攖触英国之怒也。长江下流无须军舰防守,其困难则南洋舰队之战斗力,远非北洋之可比,一旦驶出长江,日舰可得全数毁灭之也。刘坤一奏称不可,及旅顺失守,旨调四船北上,新任江督张之洞电告李鸿章曰:"旨调南洋兵轮四艘,查此四轮既系木壳,且管带皆不得力,炮手水勇皆不精练,毫无用处,不过徒供一击,全归縻烂而已。甚至故意凿沉搁浅皆难预料。"其言抑何可哀!李鸿章乃饬丁汝昌严守渤海,余舰匿于威海卫。一八九五(光绪二十一)年一月,日本决定攻取威海卫,兵舰炮击登州,以分守兵之力,十日,陆军约二万人自荣城湾上岸,其地在威海卫之东,不足百里,而竟不顾华舰之袭击。北洋舰队时已埋置水雷于港口,以防日舰之驶入,其主因则为军火不足,士气沮丧,而政府且欲保全余舰也。

荣城陷后,日军进攻威海卫炮台,丁汝昌先恐南帮炮台不守资敌,请于守将毁之,不得,三十日,炮台失守,日军将其修理,炮击泊于港内刘公岛之华舰,舰队助之,北洋军舰遂困守于绝地。日舰施放水雷,破沉铁甲船一,快船数只,余船不堪再战,水兵不听指挥,外员劝丁汝昌出降,伊东祐亨先且致书说之。二月十二日,将士致书伊东请降,约其毋伤军民,伊东复书许之,十四日,议妥条件,后二日,海军出降,丁汝昌先已自杀,将士亦有死者。初朝臣迭参丁汝昌,李鸿章为之力说,部下又为之请,始免于祸。平心而论,海军实较陆军能战,时人固不之察,投降则犯罪至重,家属将或牵及,至于情势之危急,虽战亦无效果,徒丧人命,而朝廷固不之问,必将查办,死则尚可认为忠臣,而保全其家属也。北洋舰队于是消灭。

　　平壤大东沟败后,日军尚未侵入国内,即行议和,尚或不至如《马关条约》之屈辱,太后、恭亲王、孙毓汶等均有此意,英使出而调停,其政府商于他国,将欲干涉,不幸以不明事理之主战派之斥和,未能进行。及九连城失守,第二军登岸,太后深为烦恼,十一月一日,召见军机大臣,垂问计将安出。孙毓汶奏请各国调处,奕劻请命恭亲王督办军务,二日,旨下,三日,奕䜣邀请各国公使来署议商调停,其提出之条件,则为中国承认朝鲜自主,赔偿日本兵费,又电驻外公使向其外部婉商,无奈形势迥异于前,俄德不愿与闻,独美使田贝(Charles Denby)颇为努力,六日,驻日美使奉命照会外省省,称其政府愿意调停。陆奥初置不复,而中国军情日急,金州、大连相继失守,太后遣总署大臣张荫桓至津,密商于李鸿章,进行和议。李谓派大员前往,将为日本所轻,请派天津税务司德璀琳往。其函告奕䜣谓权宜以头品顶戴授之,给予公函,遣之东渡。十九日,德璀琳往日,伊藤不肯接见,遣其侄来晤,奕䜣闻美可以调停,召之回国。会日外务省致觉书于美,婉谢调停,并谓中国尚无同意于满足媾和基础之诚意,陆奥向美使私语,谓两国议和文件,仍由美国传达。总署得报,请托美使电问日本,将以何种条件为媾和之基础,日本则谓和议之前,不能公布条件。旅顺时已失守,援军不利。十二月七日,李鸿章密函奕䜣建议于上海或烟台会议，奕䜣决定以上海为会所，商请田贝电报东京，而日本拒绝，但谓无论何时，均可开议。慈禧太后主张和议，已与光绪不协，光绪受其亲臣主战之影响，以为北方气候严寒，日军不能忍受，援军反攻，将即败之，但以太后之命，诏授张荫桓及湖南巡抚邵友濂为专使，明年一月五日，特降谕旨曰：

> 朕钦奉皇太后懿旨，张荫桓、邵友濂现已派为全权大臣，前往日本会商事件，所有应议各节，凡日本所请各节，均着随时电奏，候旨遵行。其与国体有碍，及中国力有未逮之事，该大臣不得擅行允许，懔之慎之！

兵败之后，屈而议和，尚有若此之限制，和议何能有成？光绪盖迫于太后之命，盖无议和之诚意。张氏出京往申，未奉即日东渡之命，与邵友濂滞留于沪上，其主张则和战并行，统兵大员不可意存观望。据其奏疏，行抵通州，接翰林学士准良书，谓其以一身任天下之怨，到沪奏陈一战，请旨回京，及抵上海，则"匿名揭帖遍布通衢，肆口诋讥，互相传播"。其人或劝其自为身谋，或倡高调诋毁，战事究作若何结束？国内之损失，将若何减低？并无明言，而徒意气用事，识见毫无，身居租界，依托外人保护，既不应召杀敌，又不毁家纾难，而犹扬眉吐气，以博高名，尚知人间羞耻事耶！而在当时则为清议，清议之误国殃民，由来久矣！其在京中，御史安维峻请杀李鸿章，并言太后干涉朝政，将无以对祖宗天下，和议实由李莲英左右之等语，其放言高论，毫无忌惮，无怪光绪欲重惩之也！太后亦欲战后，整顿言官，言官不善利用言责，固害多利少也。日本政府先由田贝传达总署，会议于广岛，明年一月，日军进攻威海卫港。十九日，总署电转谕旨饬二使东渡，二十六日，渡日。日本政府得报，陆奥拟定交涉之方针，协商于伊藤，最后决定议和条件，严守秘密。其原则由陆奥拟定，中国承认朝鲜自主，日本以战事胜利，要求割让土地，赔偿兵费，二国议定商约，交还俘虏。御前会议决定采行，其时日本海陆军作战，无不胜利，日人之希望甚奢,文武官之意见不协,而又顾虑列强之干涉,颇难于决定也。明治诏授伊藤、陆奥为全权大臣,三十日,张、邵抵于广岛,二月一日,与日代表相见,互勘全权证书,而清使所交者则为国书,日方不收,乃以敕书示之,中有"电达总理衙门请旨遵行"之句,陆奥问其有无专对议决之权。明日,张、邵复称其权一如日使,伊藤仍谓全权不足,不能开议,指摘中国外交多无诚意,和使之来专为试探消息。张、邵请换证书,日使亦不之理,会议决裂。伊藤独与参赞伍廷芳语,明日再谈,建议恭亲王或李鸿章为全权大臣,又谓广岛为军事重地,命船送使归于长崎。盖日方怀疑清廷尚无诚意议和,会议之先已有考虑,且其要求之条件关系重大,非中国大员磋商,殆无结果。张、邵二使均非其人,故其来至广岛,日方不肯予以发电之便利,先已不愿与之协商条件矣!

和议失败,朝廷欲加二使全权大臣,改换诏书,而日本拒绝。其外务省由美使转电中国,谓和议无论何时可以再开,总须中国改派"从前能办大事位望甚尊声名素著之员,给与十足责任"。其时东北援军败溃,威海卫失守,光绪无法,始肯遣派李鸿章东渡,迫于太后之命,二月十三日,召之入京。总署商请美使传达日本,十七日,外务省电称除允偿兵费、朝鲜自主而外,若无商让土地及办理条约之全权,即无庸前往,后二日,再以为言。李鸿章应召入京,与枢臣会商,或言非割地则和议无成,或言地不可割多给兵费,李鸿章请翁同龢同往,而翁氏不可,往谒公使,亦无法补救,终迫于势,二十六日,总署由美使转电日本,略称和使有讨论各问题之全权,割地之议遂定,全权证书底稿,亦先寄往日本。日本政府未有异议,决定于马关会议。三月五日,李鸿章出京,有参议李经方,参赞伍廷芳、马建忠等自津乘德船东渡,十九日,抵于马关,明日,与日使伊藤、陆奥相见于春帆楼,互勘敕书,光绪颁发之诏,未曾签名,日方未事苛求。李鸿章要求休战,伊藤约以明日答复,请其就馆,李氏亦答以明日,乃泛论中国之改革,会散李氏电报总署,并言日舰往攻澎湖、台湾。及期,伊藤提出休战条件,中国交出山海关、大沽、天津城塞,守兵军需铁路,担负休战期内之日本军费,约以三日答复。李鸿章称其严酷,碍难允行,将其电报总署,光绪令奕劻等商于驻京公使,均以先索和议条款为宜,谕旨则称"停战期内,许给军费,如彼不允,则置不论,索其和议条件"。二十四日会议,李鸿章撤回停战之议,请其提出议和条件,伊藤允于明日提出,日兵时自澎湖西岸上陆。会散,李鸿章归馆,途中狂徒出手枪击之,中颊,流血不止,立时晕绝,日使前往慰问,日皇遣医诊视,下诏惋惜。其事发生,各国舆论皆不直日,将有干涉之意,日人亦颇惊惶,其代表乃欲缓和国际间之形势,主张休战,而阁员多不满意,伊藤亲往广岛协商,面奏日皇,日皇许之。二十八日,陆奥通知李鸿章,伊藤俄至广岛,三十日,议订休战条约,其范围限于奉天、直隶、山东,期为二十一日。

李鸿章伤后,仍不忘国,其照会日使,仍请提出议和条件,朝廷闻其受伤,诏授李经方全权大臣。四月一日,日方提出和约底稿,共十一条,其主要者凡九:一、中国承认朝鲜独立自立,废绝朝贡典礼。二、割让盛京省南部、台湾、澎湖。三、两国派员勘定地界。四、中国赔偿库平银三万万两,分五次交清。五、二年内华人尚未迁出割让地者,视为日本臣民。六、二国议订商约,和约画押六月后,中国照办下列之条件:(一)开放顺天府、荆州、沙市、长沙、湘潭、重庆、苏州、杭州。(二)开放内河,日船得自宜昌驶往重庆,自洞庭湖驶入湘江,直达湘潭;西江达于梧州;自上海驶进吴淞江(苏州河)达于苏杭。(三)日商贩运入口之货,纳值百抽二代税后,豁免一切杂税。日商贩运土货出口,及货物于各通商口岸者,亦得免除杂税。(四)日商将运出之货,或运往内地之货,暂行存栈者,毋庸纳税。(五)税银用库平银核算外,亦得照价输纳日币。(六)日商所设工厂,其运入之机器,只纳进口税,其制造之货物,得照日商运入之货物一体办理。(七)中国修濬黄浦江口吴淞沙滩。七、条约批准交后后三月内,日本撤兵。八、日本为保障和约之实行,得驻军队于奉天府、威海卫。九、交还俘虏,中国宽免关系日本军队之华民。伊藤交与中国代表,限其四日答复。

条件之苛酷无以复加,李鸿章电报总署,请其将割地索费密告英、俄、法公使,关于通商利益,则严守秘密,患其有利可图,协而谋我也。总署大臣商于三使,未有结果,枢臣之意见不一,未有训令。李鸿章先已饬其属员草成说帖,说帖以二国永久大局为立场,承认朝鲜自主,而于割地、赔款、通商三端,反复哀辩,五日,交送日使。日本先时迭以亲善为言,李鸿章亦欲以永久和睦减少条款,伊藤不为之动,六日,照会李鸿章,请其说明全案能否应允,或某款不能应允。李氏电报总署,称日注重割地赔款,且曰:"若欲和议速成,赔款须过一万万,让地恐不止台澎,但鸿断不敢擅允,惟求集思广益,指示遵行。"枢臣时方龃龉,对于割地,大起争论,奏报太后,懿旨则谓两地均不可弃,盖太后自去岁主张和议,与光绪不协,转欲主战以窘之也。朝旨则令李鸿章反复辩驳,让地应以一处为断,赔款应以万万为断。八日,李鸿章电称澎湖已失,敌已攻陷之地,争回一分是一分,断不放松其未占据之处;关于赔款,则请减少,商业权利则照最惠国待遇;一面应日方要求,草成节略,除割地赔款面议而外,均有切实之答复,伊藤邀李经方密谈,经方携节略前往,伊藤多方恫吓,以为提案一部分答复,一部分面议,不肯接收,李经方回馆。

李鸿章得报,立电总署,内称时事迫急,允让盛京边境四城、澎湖列岛,赔款一万万,又令属员草成和约修正案共十二条,其要款则二国承认朝鲜自主,中国割让盛京四城、澎湖列岛,赔款一万万两,关于日人商业,则照最惠国待遇,末附仲裁条款。修正案送交伊藤,十日,会议于春帆楼,陆奥适病,伊藤独与李鸿章相见,提出修正案,减少盛京割让土地,改赔款为二万万两,减少商埠,删去值百抽二代税,取消疏浚吴淞江,放弃奉天府驻兵。李鸿章力请再减赔款,割地则辽东限在营口以北,台湾不必提出。伊藤不稍让步,限三日答复,且出恫吓之言,明日,函称其修正案为最后条款,望其四日答复。盖时日方闻知列强将欲干涉,乃先强迫李氏承认也。十二日,李鸿章再请会商一次,而伊藤复称无可再议,李氏迭将困难情形,电告总署,并以和议决裂为忧。朝旨先曾饬其商减军费,允许割让澎湖,许日于金州、台湾开矿，十三日，再行让步，主张收回营口、牛庄，割让台南，如无可再商，一面电闻，一面即与订约。李鸿章得旨，电称难于商办，和议倘或决裂，让步之商业权利，将再提出，运兵船预备西渡，迭以事机紧迫为言。十四日，旨称"如竟无可商改，即遵前旨与之定约"。明日，二国全权大臣再会于春帆楼，作最后讨论，其结果则辽地划界，赔款利息，及占地军费，稍有改变；关于通商事宜，日方放弃内地租栈，日币纳税，日商开设工厂限于口岸，十七日，签字，是为《马关条约》，另成议订专条，另约停战展期专条各一。《马关条约》凡十一条，兹言其要款于下：一、中国承认朝鲜为完全独立自主国。二、割让辽东半岛，台湾及澎湖列岛。三、赔偿军费二万万两。四、二国另订商约，未成之前，许日享受最惠国待遇。五、中国开放苏州、杭州、沙市、重庆为商埠，日船得自宜昌驶往重庆，自上海驶进苏州、杭州。日商贩运货物得暂存栈，免除税捐，又得于商埠开设工厂，制造货物。六、威海卫许日驻军，于赔款付清商约成立，始行撤退。七、交还俘虏，中国宽待关涉日本军队之臣民。专条则言条约以英文本为凭，另约规定威海卫驻兵及中国给费事宜，停战则延长二十一日。

十八日，李鸿章率其属员自日回津，遣员送约入京，朝野之非议蜂起。初战争期内，陆海军莫不失败，士大夫不能了解其原因，徒言将士不肯力战，朝臣竟以牵强附会之传说，不足凭信之谣言，上奏皇帝，如御史奏劾李经方于日开设银行，与日主结为婚姻，甚者称为日本驸马。光绪择其奏疏，谕李鸿章查办。兹举二事为证，一称倭军半系叶志超、卫汝贵等溃散之卒，由龙稚梅统率，铁路总办吴懋鼎以米八千包接济倭军，举铁路以畀倭，亦在意计之内。一称天津船户奉命运米两船，将赴海口，悄将米包拆开，俱是火药，惟面上是米，船户赴关道首告，查验果然，并有督署图记，即赴督署禀陈，至今尚无发落。二事均为无中生有，而竟言之凿凿，其诋毁李鸿章无所不用其极，而识见愚陋何至于此！士大夫之无评判能力，由来已久。及张、邵议和不成，御史联衔请战，中云："诣倭乞和，举朝震惊，同声悲愤，不知何人敢为皇上主此议者！恐大事从此去矣！……堂堂中国偶因兵事小挫，遂屈体于蕞尔之邦，至于我之遣使由彼为政，彼气愈骄，我颜愈赧，彼方偃蹇而不顾，我更匍匐而乞怜，伊古以来，有此国体，有此人情乎！"其言多本于情感，究于时势何补！国中无可战之兵，缺乏枪械，财政紊乱，出重代价，向外借款，其将何以持久！凡此事实，朝臣疆吏固不之问，对于割地赔款之《马关条约》之反对，原在意料之中。其人对于条约内容，或不尽知。张之洞首先反对，宋庆、刘坤一等亦以为言，朝廷谕刘坤一、王文韶据实直陈，不得以游移两可之词，敷衍塞责，而其复奏仍为游移两可之词，会闻德俄法干涉还辽，言者益多，争论悔约再战。张之洞电请朝廷以赔倭者，以赂英俄，所失不及其半，即可转败为功。急与俄订密约，如俄助我，分新疆与之；如英助我，分西藏予之，并给以商务利益。又电其前属员王之春向法外部商阻割台，其办法可谓奇异之至，世界上聪明外交家，殆无若张氏者！名士康有为应试在京，联合各省举人草成奏疏，请迁都决战。其文虽未上递，然颇称于一时，足以代表牵强附会之文人，本于捕风捉影之惯技，不知国中之情状，纸上谈兵，迂阔不切于事，徒博高名而已！战祸之起，损失之重大，唱高调之士大夫，盖有重大之责任，误国之罪，其何能辞！其人既不毁家纾难，又不亲赴前线，袖手高谈，若处于第三者之地位，大贻祸于国家，岂得再倡高调耶！梁济日记，曾论京官曰："不知真正情形，妄为测度，竟说出传檄而定，此国必亡，浮浅嚣动，至于此极，温州黄员一代伟人之名，而早令其眷属逃难。顺德李为满朝文人所崇拜，而虑及随扈，又虑及书籍遭楚人之炬。"其文作于日军初入境内之时，朝臣竟惶恐至此，有劝其送老母出京者。清议固不能代表时论。

朝廷受其影响，又以三国将欲干涉，四月二十二日，电饬李鸿章改议赔款，李氏复称不可，且曰："为今之计，和约既不可悔，应简派重臣赴烟台，候换约时，剀切与商，或稍有济。鸿伤病，莫能兴，断难往烟台，且不可以一口说两样话，徒为外人訾笑。"二十三日，三国驻日公使各致通牒于外务省，要求归还辽东半岛于中国。初战争将起，英俄曾欲干涉，均以日本应付得法，以及二国不肯对日作战而罢，及华兵退出朝鲜，英国尚欲干涉。

迨日本战无不胜,总署迭请列强调停,而英已改政策,转而亲日。俄国则以日本承认维持朝鲜之原状,不肯调停,他国亦不愿干涉也。俄国外相罗拔诺夫(Lobanov)于一八九五(光绪二十一)年三月中,尚谓无调停之必要。其先李鸿章入京,商请各国援助,未有结果,三月三日,再向德使陈说。德国政府得报,六日,训令公使忠告日本要求大陆土地,恐将引起干涉。八日,德使照会日本外务省,陆奥以为英俄未有干涉之意,不肯让步,其公使青木奉命向德外相疏通,外相仍欲进行,商请英俄合作,德皇威廉第二之意,欲其成功,可向中国索取代价也,然无结果。及李鸿章东渡,日方提出苛酷之休战条款,总署再请列强干涉,俄德许之,会李鸿章被刺,日方另提条款而罢。迨日提出和议条件,总署将其通知驻京公使,求其援助。日本应付之策略,则以中国权利土地,诱说列强,以求其谅解。其驻英公使向英外相声明,日本既不反对俄得满洲一部分土地,建筑铁路,又于英并舟山群岛,德取东南一岛,亦无异议。对于法国,当或另有条件也。德皇初谓和议条件平允,继念黄祸,改变思想,其外相以为日据旅顺,将危险于欧洲之和平,大使奉命活动于英俄。俄国财政大臣微德(Count Witte)以日据旅顺,将妨碍其进行之计划,罗拔诺夫亦言日并辽东半岛,则北京危险,朝鲜之独立徒有其名,四月八日,决定干涉。微德之主张,则谓日本拒绝要求,即令舰队断其海上之交通,而使其在大陆之军队,无所接济。外相商于德、法、英国,德国许之,法国对于还辽,原无利害之关系,其外交政策则连俄国,凡其请求,无不许之。英国则拒绝加入,反以消息报告日本。至是,三国公使提出照会,尤以德国措辞为强硬,日本多方挽救均无成功。五月一日,外务省复称日本除据金州而外,愿还辽东半岛,但为担保条件之实行,得暂驻兵于其地,三国不许,于是中国利用时机,要求修约。

朝廷于三国干涉之后,谕令李鸿章与伊藤通信,为不放弃台湾之地步,李氏仍言难于补救,五月二日,总署电请驻日美使,转商日本延期换约,及夜,伊藤电告李鸿章换约,须于停战期内办理,换后再行商改。李鸿章请其考虑割让台湾。三日,帝派伍廷芳、联芳同往烟台,预备换约,拟给日本使臣照会,申请修约,一则关于三国还辽,一则关于割让台湾。其换约与否,犹待最后训令也。其时枢臣意见不一,太后不愿有所决定,据《翁同龢日记》,先言一切请皇帝旨办理,后饬枢臣会商一策以闻。光绪犹豫不决,心至烦恼,会天津忽大风雨,海啸继至,而日本坚持先行换约之说,三国亦无明显之表示,始派使臣往烟。其主张换约者,首推孙毓汶、徐用仪,恭亲王亦倾向之,其力持异议者,则翁同龢也,日本政府鉴于形势之严重,及中国之要求,大为不安,五日,明治诏还辽东,遣使换约。七日,日使船抵烟台,要求明日从速换约,并出恫吓之言。八日十时,李鸿章电告伍廷芳,谓总署来电,三国均嘱暂缓互换,业已再商日本展期,下午四时,总署电告李鸿章,忽称三国不肯援助,着伍廷芳即与日使换约。其改变之原因,据《翁同龢日记》,翁氏先与孙徐力辩展期换约,光绪从之,其称三国者,盖为饰辞,及至换约之日,德使函称不能援助,驻俄公使许景澄电称俄国亦不过问,朝旨遂定。彷徨不能自主,专恃他人,结果如此,抑何可哀!李鸿章得旨,电告伍氏换约,一面电告伊藤谓前请暂缓换约之议,作为罢论,而伊藤允许延期五日换约之电文适至,无奈三国不肯援助,换约迟早,固无重大之意义。斯日下午十时,二国使臣换约,光绪下降朱谕曰:

近自和约定议,廷臣交章论奏,谓地不可弃,费不可偿,仍行废约决战,以冀维系人心,支撑危局。其言固出于忠愤,而于朕办理此事,熟筹审处,万不获已之苦衷,有未深悉者。自去岁仓猝开衅,征兵调饷,不遗余力,而将非宿选,兵非素练,纷纷召集,不殊乌合,以致水陆交绥,战无一胜。近日关内外事情更迫,北则近逼辽沈,南则直犯畿疆,皆现前意中之事。沈阳为陵寝重地,京师则宗社攸关,况廿余年来,慈闱颐养,备极尊崇,设使徒御有惊,则藐躬何堪自问!加以天心示儆,海啸成灾,沿海防营,多被冲没,战守更难措手,是用宵旰旁皇,临朝痛哭,将一和一战,两害兼权,而后幡然定计。其万分为难情事,言者章奏所未及详,而天下臣民用当共谅者也。兹将批准定约,特将先后办理缘由,明白宣示。嗣后我君臣上下,惟期坚苦一心,痛除积弊,于练兵筹饷两大端,实力研求,亟求兴革,毋生懈志,毋骛虚名,毋忽远图,毋沿积习! 务宜事事核实,力戒具文,以收自强之效,于内外诸臣,实有厚望焉!

诏文措辞,其何可哀! 先无准备,何必败坏国家,贻害人民! 光绪俄再降诏申言前意,而朝野上下,仍言李鸿章误国,订成割地赔款之条约,殊不知于战败之后,敌人之气正炽,而我居于屈服之地位,于其要求,势常迫而许之。于此情形之下,和议代表往往难于补救,吾人多为情感所动,对于订约之人,不能谅解其应付之困难。李鸿章受命之时,请派会办,而朝廷不许,一人乃独受谤。其书告新疆巡抚陶模曰:"十年以来,文娱武嬉,酿成此变。平日讲求武备,辄以铺张縻费为言,至以购械购船悬为厉禁,一旦有事,明知兵力不敌,而淆于群哄,轻于一掷,遂至一发不可复收,战绌而后言和,且值都城危急,事机万紧,更非寻常交际可比。兵事甫解,谤书又腾,知我罪我,付之千载,固非口舌所能分析矣!"其言多非饰辞,吾人今殊谅解其局中之困难。三国干涉还辽,日本所索代价,亦由其决定。十一月,二国订成条约,其条件凡二:(一)中国付日库平银三千万两,(二)三月内日兵撤退。李鸿章与日使议商约,中国请将领事保护华人载入约中,日本则欲载明改造土货不完口岸正税,相持不决。明年李鸿章出国,由总署大臣张荫桓等交涉,订成通商行船章程。其重要条款,多同于列强在华享受之权利,俄再议订专约,在华日厂制造货物之征税,同于华人设立之工厂。

辽东半岛,以三国之干涉交还中国,而台湾、澎湖则仍根据《马关条约》,割让日本。初马关和议,伊藤明言海军往攻澎湖,三月末,占领全岛,于是往来福建、台湾之船只大感困难,台人惊恐,俄闻割台湾为议和条件之一,人心更为不安,暴动时起。朝廷以台湾新设为省,惜之过于辽东,多方避免让与日本。张之洞奉旨接济台官饷械,其巡抚唐景崧商于英国领事,由英保护,其提出之条件,则中国管理土地政令,而以矿产杂税酬英,未有效果。奉命往俄之王之春时在法国,以之商于外部,外部答称电令法舰往台,并约西班牙协助,以德皇反对而罢。台绅谋立共和国,五月,呈请巡抚唐景崧暂统政事,景崧自称总统,宣布台湾为民主之国,召集国会,其议员每日得银五角。总统电告各省大吏曰:"崧……允暂主总统,由民公举,仍奉正朔,遥作屏藩。"朝廷交涉既归失败,乃诏唐景崧回京供职,李经方为割台专使,以窘辱其父子,李经方托病推诿,奉旨切责,迫而渡台,交让政权。唐景崧时在台北,台南由前黑旗军主将刘永福管理,驻台军队颇众。日久蓄兼并之心,固不肯放弃也。明治已命海军大将桦山资纪为台湾总督,率舰队陆军前往,五月末,日军自基隆东南海口登岸,台兵力战而败,六月三日,日军攻陷基隆,守军逃溃,沿途抢劫,明日,败报传入台北府,总统府之职员,皆弃职逃。于是土匪蜂起,纷扰不堪。七日,日军始至,乘势进取淡水,台兵或附船内渡,或入台中,或往台南。日军既据台北,其地气候炎热,疾疫流行,交通困难,军队虽无激战,而感受痛苦,刘永福尚在台南驻守,日舰以风不利,迟至十月驶行,十二日抵于要港安平,刘永福知势不敌,俄即逃去,二十一日,台南尽降。日军之征台湾也,死亡一百六十四人,伤五百十五人,病死者四千六百四十二人,先后病者凡二万六千九百九十四人,牺牲可谓巨矣。中国方面则军械电线等物均归日本,识者固知战必不胜也,信如李鸿章曰:"果能如约内渡,得以从容料理,则公家饷械,民间财产,保全实多。"

二十四年中之中日交涉,以《马关条约》作一结束。中国领土之广大,等于欧洲,人口之多,约世界总数四分之一,而反败于蕞尔小国,其老大衰弱,及政治上、社会上所有之弱点,暴露于世,列强因而乘机争夺权利,中国几至不国,固订约通商以来,外交上未有之变局也。初鸦片战争,清兵虽败,而《南京条约》,中国尚未居于屈服地位。英法联军进逼北京,皇帝出逃,圆明园被焚,虽曰屈服,然于内乱未平之时,尚得诿称防御叛人,而不能专方对外也。中法安南之役，尚互有胜败，乃于此战，海军则北洋舰队全数消灭，陆军节节败退，天险要城相继失守，二国初以改革朝鲜之内政而战，订约承认朝鲜独立，问题业已解决，而又割让南北土地，赔偿军费，其数非中国财力所能按期交清，迫而大借外债。条约又许日商开设工厂，其先驻京公使，迭次要求，总署迄未让步，至是，外商根据最惠国之待遇，享受同样之权利，本国商人益处于不利之地位。和议之时，中国代表数以二国亲善为言，伊藤则以武员与国会之故，不稍让步，其先日使来华交涉，莫不倡言亲善，何压迫中国至此！李鸿章之失策，则鳃鳃然以和议决裂为虑，不敢坚持力争，日方则患列强干涉，威胁李鸿章承认其要求。条约成立之后，朝臣尚不觉悟，力图振作，其诡谋阴计，徒为将来重大之损失。李鸿章电复驻俄公使许景澄曰："虽欲变法自强，无人无财，无主持者奈何！"其时愚民排外仇教之行动，变本加厉。识者益信清廷不足有为矣！列强进而争夺权利，近代史中世界上大国无一衰弱屈服若是之例！其造成不良之现状者，虽曰知识陋浅，政治腐败，抑由于社会上环境之恶劣焉！李鸿章等之任用私人，实为家族制度与桑梓思想之结果，凡事之不能认真办理，或切实整顿者，固其原因之一也。战争期内，人民之视政府一如昔日，甚者甘为汉奸，北方败报传达南方，而上海之商人娱乐如常，甘肃之回人蠢蠢然起而作乱。说者曾言中日之战，乃以中国直隶一省而战日本全国，其言虽不尽确，固可略见国内情状之一斑。

第九篇　战后中国之危机

外交上之新形势——外债——中国借款之困难——法国之野心——俄国侵略之计划——中俄密约之成立——俄国经营之东省铁路——关税之交涉——铁路借款之争执——德租胶州湾——俄租旅顺、大连——法租广州湾——英国对华之政策——英租威海卫等——日意二国之要求——列强在华之铁路承办权——中国损失之综计——门户开放政策之成立

世界政治经济之关系日切，列强经营东方之心益强。中日战争，中国失败，向外乞援，予以不可多得之时机；列强外交家遂从事于秘密活动，总署大臣不善应付，几成瓜分之局势。战争之先，英国在华商业最为发达，对于中国颇为亲善，其政府迭谋调停战事，日本初疑中英订有密约，后知实无其事，英国外交政策，则谋维持其在中国、朝鲜商业上之利益而已。及中国陆海军败挫，英始转而亲日，毫无反对《马关条约》之表示，拒绝参加干涉还辽之行动。美国对华向无兼并领土之野心，对于日本维新期内之邦交颇为亲善，不肯对日有不利之行动，除友谊忠告或调停而外，别无活动。俄国经营东方由来已久，其外相罗拔诺夫时欲维持朝鲜之现状，日本予以保证；初无干涉战争之意，及《马关条约》磋商之际，忽谓日并辽东

半岛，将危险及于中国京师及朝鲜之独立，财政大臣微德以为妨碍其计划之进行，主张干涉尤力。其时微德奉命督办西伯利亚铁路，谋欲铁路经过中国领土，直达海参崴也。法国与俄结为同盟，对于中国，一谋西南诸省政治上之势力，一以保护天主教之神父迭起争执，对华原无好感，但以俄国之请，加入干涉。德国谋欲扩张势于东方，其皇威廉第二念及黄祸，深患日本于亚洲大陆上得有土地，又欲应中国之请出而干涉，可得多索代价也。综之，三国干涉还辽，原为利害相关，或因妨碍其计划而动。日本迫而许之，罗拔诺夫向德建议共管辽东半岛，又受法国影响，主张日本不得割让澎湖、台湾于他国。法国以其近于安南，意欲各国承认其为中立领土也。德国深惧二国势力之发展，谓其违反干涉还辽之原议，力持异议。会中国向法建议共管台湾，西班牙亦谋活动，但以德皇反对，及俄国顾虑英国干涉而罢。俄而德皇访知中国向俄借款，转而与英国合作，七月六日，外相训令驻俄大使，说明中国条约上规定赔款尚未付清之先，不必要求日本退出辽东占据之地。十二日，驻日德使照会外务省，称其政府愿助日本。十九日，日本提出条件：一、归还辽东，中国出银五千万两。二、承认台湾海峡为公开航路，并不割让台湾、澎湖于他国。德国表示同意，罗拔诺夫言其索款太多，力持核减，德皇改为三千万两。关于日本撤兵之期亦生争执，德主《中日商约》成立之后，始可撤兵；俄主中国交款，日本撤兵，最后德皇让步解决。九月，三国通知日本议定款额及撤退辽东驻军事宜，十月，外务省照复许之。

　　三国干涉还辽之经过，可证其外交政策唯利是视，而朝廷王大臣之精力徒耗于迭请外国之干涉，先不讲求政治上之弱点，研究失败之原因，筹谋挽救之策略，而专仰人鼻息，阴谋相尚，固不知列强外交家之才能手段，远非其所能及；其政策之决定，常以商业上之利益，政治上之利害，及同盟国之关系为转移，无所谓仗义执言，中国之迭请不已，反足以暴露其一无足恃，彷徨无主之情状，引起列强侵略之野心而已。朝野上下均欲结俄国，两江总督张之洞先曾电告驻俄公使许景澄，谓俄与日接仗，尽翻《马关条约》，中国酬以土地及商业权利，其具体办法，则割让新疆，允许松花江行船，及陕西、汉口贸易也。张氏又向总署建议，商请英俄相助，而各酬以土地权利，七月十九日，密奏皇帝，请立密约以结强援。略称俄国举动阔大磊落，还辽有利于我，凡俄商务界约，酌与通融，水师助其煤粮，入我船坞修理，陆路许其假道，供其资粮。刘坤一初持战议，五月，向总署建议，酌许分地给款与俄、法、德国，请其为我击日，毁其海军，并与之密订条约，且曰："同一失地与款，与仇曷若与邻，并绝后患？"后二日，再电总署与俄结欢，让以便宜，"庶可以制东西两洋"。张刘二氏外交知识本极幼稚，而此则本于以夷制夷之传统政策，国际间重大事件之处置，殆不如此简单，指挥如意，万一其言果尔实现，中国不过为俄保护国耳。其他强国将不别求权利耶？岂俄国之力果足以制东西两洋乎？何其不思之甚！二氏议论代表时人之心理，迎合庙堂之议论，盖朝臣疆吏均认日本为仇，其心以为日本地小民贫，中国竟不能胜，割地赔款与之，其势益强，将为大害，恐惧之甚，乃出重价，不择手段，图结强邻以自固也。

疆吏过信俄国之军力，俄国固不肯无故对日作战，或抹杀其要求。日本归还辽东，索款五千万两，朝廷不愿给款，训令许景澄向俄外部磋商，设法拒绝，罗拔诺夫言其不能援助，三国议定三千万两。十一月，日使林董与李鸿章议订还辽条约，林董要求中国不得割让辽东于他国，俄国闻而反对，李氏将其删去，但于问答节略予以承认，俄国对华政策于此可见。其政府自《瑷珲条约》以来，努力经营东方，尚未能得不冻良港，而《马关条约》割让辽东半岛与日，旅顺军港在焉。其外交家以其地近朝鲜，日本得有根据地于亚洲大陆，将握北京之门户，可得伸长其势力于中国，妨碍俄国政策之进行。罗拔诺夫因而联合法德，出而干涉。总之，干涉之谋始于德国，而正式建议者，则为俄国。三国以为大有功于中国，谋求经济上之权利，政治上之势力。朝臣疆吏不知引狼入室，方欲恃为强援，不肯改革弊政，力图自强。留心观察中国之外人莫不知其危险，英使欧格纳颇与总署王大臣接近，中日战后，力劝立海军，练精兵，而恭亲王事事推诿，十一月,回国,临别赠言。翁同龢于日记载其警切之语曰:"自中倭讲和六阅月而无变更,致西国人群相訾议,昨一电曰,德欲占舟山,今一电曰,俄欲借旅顺,由是推之,明日,法欲占广西,又明日,俄欲占三省。许之乎?抑拒之也。……今中国危亡已见端矣,各国聚谋,而中国至今熟睡未醒,何也?且王果善病,精力不继,则宜选忠廉有才能之大臣专图新政,期于必成,何必事事推诿,一无所就乎?吾英商贸易于中者,皆愿中国富强无危险,吾英之不来华者,借贸易以活者,亦愿中国富强无危险。故吾抒真心,说真话,不知王爷肯信否?即信所虑,仍如耳边之风,一过即忘耳。此吾临别之言,譬如遗折,言尽于此。"英使之言,沉痛之至,朝廷不能振作,而惟强国是赖。三国各有所谋,索酬几至瓜分之祸,其先引起列强之互争者,中国无力赔偿军费向外借款,而列强争先揽借,以求政治上之利益也。

中国历史上初无外债之名,李泰国购买军舰,曾于伦敦借款,李鸿章解散常胜军,亦借外款,其后军需借债,期限颇短,要均无足轻重。及左宗棠西征,军费不足,奉旨向外商借债五百万两,以关税为担保。据曾纪泽日记,洋人得息八厘,而经手人禀报一分五厘,乃为外人所訾笑,八厘借债时在外国颇少,其主因一由于用作军饷,非生产之事业;一由于信用较低也。其时大臣本于传统之思想,以为借债即为丧失主权之弱国,非军用迫急,不肯轻借外债,其已借者汲汲以归还为务。其人不知国内之贫弱,人民之苦状,苟欲振兴农工商业,促进人民之生活情状,实现大规模之建设,非有巨额之资本,则必不能成功,除借外款而外,别无适当筹款之方法。夫借外债发展生产之事业,则有利而无害,清廷大臣之错误,在其不能辨别借款之条件及款项之用途,而概认为多害。其结果则生产事业难于发展而已。昏庸大臣既不之知,而又不愿兴创事业,原不足责。中日战前,中国所欠之外债只剩一百五十万两,战祸启后,军费浩繁,费用不足,总理衙门,向英商创立之汇丰银行等磋商,先后借款约银四千万两,以海关之税收为担保。迨马关约成,中国赔银二万万两,分八期交完;第一二次各银五千万两,均在每隔六月之后,余款分六次递年交纳。第一次赔款交清,凡未交完之款,按年加百分之五利息。约文更言款于三年之内付清,则全数免息。及善后条约成立,日本归还辽东半岛,中国出银三千万两,其担负之重若此,而全国财政一年收入只八千万两,不能于规定期内完全偿清,惟有出于借债之一途。总署大臣向时借贷外款,多由赫德主持,期限短而利息重,均以关税为担保;其条件为先进国所难接受,然于中国,外商非有优厚之利息及切实之担保,则不愿投资。政府先无招募公债之例,国人向不深信官吏,民间之利率高过于外债,发行公债,销路实无把握,唯有借款而已。至是,列强政府为其商人利益,兼为权利之计,不惜干涉借款,以达其政治之目的,于是列强之视借款,含有侵略之作用,进而谋伸长其在华政治经济之势力。俄国以干涉日本还辽之功,利用其外交上之影响,商请中国向其磋商。

一八九五(光绪二十一)年五月三日,驻俄公使许景澄电报总署,称俄外相罗拔诺夫言其政府欲借款与华。其主持借款者,则财相微德也;微德定其额数一万万两。总署先后得报,十五日,电复先借五千万两,以关税担保,其困难则赫德先曾建议大借外债,总署将其驳斥,法德又请向其本国借款,总署势难拒绝,意欲于借俄款之后,再向二国商借也。俄以二国争揽,改荐银行承借,对于款额不肯稍减,并请中国严守秘密。总署仍谓德情难却,罗拔诺夫则谓中国不可向他国借款,俄款仍为一万万两,俄法一气无须顾虑,对德可另设法,微德先言三国共同借款,而竟摈弃德国,其原因则视借款为二国经济侵略扩张势力之工具,不愿德国有所染指也。俄国陆军雄于欧洲,而其国内经济状况未有重要之进步,法国逼处强邻,不忘报复之心,而其国内实业较为发达,二国订有同盟条约。微德对于中国之外交政策,主张法以财力助俄,俄以外交助法,共同合作,以求政治经济上之优越地位于中国,其思想以为经济势力所及之地,将即巩固其政治地位,而欲实施经济侵略之方法,兼并中国北部也。六月九日,许景澄电称俄国主张向法借四万万法郎(合银一万万两),由俄代保。总署以英德公使之陈说,信为保护国之渐,电复不可,而李鸿章素主亲俄,电称其于公法、国体均无所碍,李电至而训命已发矣。俄再改变主张,谓由二国银行承揽借款,微德更与许景澄磋商政治条件。

其时朝廷亟欲日兵退出辽东,轻信讹言,以为日本增兵辽东,与英合而谋我,训命许使向俄催日撤兵,而俄外相答称借款定后,始能照办。总署大臣乃许其请,七月,合同成立,名曰《中俄四厘借款合同》,凡金法郎四万万,作九四又八分之一扣付款,法国银行担认二万五千万法郎,俄国银行一万五千万法郎,年息四厘,三十六年还清,以关税为担保,附有政治条件。其主要者凡二:一、借款不能如期付出本息,俄国商请中国允许银行发给,中国则以别项进款加保。二、中国无论何故,决不许他国管理税入等项权利,如许他国,亦准俄国均沾。第一条件之实质仍近于代保,微德前称中国败后,非得俄国之担保,不能借到利息低微之外债,意欲表示好感,实则其视中国无异于保护国也。第二则欲干涉海关,合同末后载明"声明文件与条约一律看重"。中俄借款进行之际,英德公使迭向总署抗议,英以俄国将有干涉中国海关之机会,颇有疑虑;德以借款不遂,为俄所欺,愤而与英国合作,二国公使陈说,均无效果。俄款一万万两,赔偿第一次军费及还辽代价,用去八千万两,余款无几。第二次军费五千万两,须于十二月内交出,政府无法筹款,英、美、德商均欲揽借,英德公使活动尤力,而总署初以中俄借款合同规定六月内暂不续借外款,无所进行。及六月后,微德建议列强共同借款,英德拒之,由汇丰、德华银行拟定条件,出借英金一千六百万镑,合银一万万两,年息五厘,并有折扣用费。总署以其条件过苛,值法使施阿兰(Auguste Gérard)来称法国出借,大减折扣,大臣与之议商,施阿兰声称此次借款为俄约之续,大臣则欲先说折扣佣钱。英使窦纳乐(Sir C. MacDonald)闻而至总署争论。《翁同龢日记》记其事曰:"咆哮恣肆,为借款也。此等恶趣,我何以堪!"施阿兰迭与大臣会商,其外部训令竟与初议大不相同,翁氏深为失望,日记称其"无耻无餍,而日在犬羊虎豹丛中"。总署再应英德使臣续议借款之请,由赫德撮合,与二国银行磋商,款额照旧,九四折扣,年息五厘,三十六年还清,仍以关税为担保,一八九六(光绪二十二)年三月合同成立。英国之意防俄操纵中国财政之权,进而管理海关,影响其商业,闻知法国借款条件中有增加其国人服务海关之要求,因于合同中规定三十六年期内,海关之行政不得改变。

二次赔款及还辽代价用去一万三千万两,借款名虽二万万两,然以折扣佣费,偿清六次赔款,尚少六七千万。一八九七(光绪二十二)年三月,总署大臣议商借款一万万两,而海关税银无多,苦无抵项,乃由李鸿章与英德银行磋商,其先二国使臣均向李氏请求也,交涉以无适当抵押及外商要求之折扣太重,久无进步,转向美商磋商,亦无结果。张荫桓主张不可自坏门面,须与英使窦纳乐商量,且曰:"合肥(李鸿章)办理,声名扫地,而必无成。"后德强据胶州湾,列强各谋借款,求得政治上之势力。俄国提出政治条件凡三:一、俄国借款建筑并管理满洲及中国北部之铁路。二、现任英人海关总税务司去职,中国改用俄人。三、借款以海关税收为担保,不足之数,则以地税厘金为抵押。条件之严酷,视中国为保护国矣。一八九八(光绪二十四)年一月,英国对于借款,提出下列之要求:一、借款担保品为海关常关收入及厘金盐税。二、许英自缅甸建筑铁路直达长江。三、中国允许不割让扬子江流域于他国。四、中国开放大连湾、南宁、湘潭为商港。五、内河行驶小轮船。六、外货之在通商口岸者,免去厘金。其条件之用意,谋得政治上、商业上之权利同于俄国,其要求开放大连湾专对俄国而发者也。俄署使巴布罗福(M. Pavlow)告李鸿章曰:"大连若开口岸,俄与中国绝交。"总署则以英款利息低而其期限长,日本公使矢野文雄又劝大臣宜借英款。大臣与英使商成草约,而俄国坚决反对,二十四日,俄使亲往总署警告。翁同龢记其语曰:"若中国不借俄而借英,伊国必问罪,致大为难之事。"会英使窦纳乐亦至,《翁氏日记》曰:"窦语亦横,大略谓中国自主,何以不敢以一语诘俄?英何害于俄,而俄必阻止耶?且法国何与也?盖合肥专以俄毁英之语激动之故,致此咆哮也,亦勉支而去,噫殆矣!"二国争借之烈,大臣应付之苦,于此毕见。

一月二十五日，俄使坚请许景澄自德往俄议商借款，并称"微德电谓不借即失和云"。法使亦至总署拦阻向英借款，明日，俄外部来电。翁氏记之曰："若不借俄，则伊与户部代中国出力之处，前功尽弃，再缓数日，即迟矣云云。"李鸿章颇为焦急，主张向俄借半，电令许景澄速赴俄京，恭亲王奕䜣从之，最后则以难于应付英国，改持不借之说。总署商于日使矢野展缓偿款，矢野允许电商政府。英国外部得知中国取消借款，训命公使要求利益，一、扬子江流域不得割让他国，二、内河行驶轮船，三、开放南宁、湘潭。窦纳乐向总署提出，态度坚决，对于一二条件不稍让步，总署迫而许之。借款不成，而先丧失利权，英国对华之政策，亦唯利是视耳。日本对于赔款，不肯展期，赫德建议再向汇丰、德华银行磋商，总署许之，其议颇赖张荫桓之主持，其理由则谓商人借款，俄国不能反对也，俄国果无异议。条件由赫德说成，三月，合同成立。中国借款一千六百万镑，八三折扣，年息四厘半，四十五年还清。其主要条件，则以海关之收入，及苏州、淞沪、浙江东部九江之厘金，宜昌、湖北、安徽之盐税五百万两为担保；指定各地之厘金盐税归总税务司兼管；厘金非得银行团之同意，不得减少取消。海关长官既得扩张职权，而合同又规定其行政于四十五年之内，不得改变。其所以然者，英国以其在华商业最为发达，严防俄国之活动，而并保障英人于海关上之地位也。总之，我国三次借款，所感之困难，所受之束缚，所处之危险，无以复加；列强之视中国，固不异于俎上之肉，任其宰割。侵略之罪恶，竟至于此。同时，朝臣应付之失策，亦不可讳。初马关约成，赫德献策，整理税收，大借外债，其数赔偿日本军费尚有余额，而总署以俄还之功，不许其请，后又顾虑英德之反对，三次借款造成若此之局面，固谋之不臧也。其事之起，由于还辽，三国各索酬报，几成瓜分之祸，法俄先得利益，兹分言之于下。

法国自得安南，进与中国接壤，其在中国之商业无足轻重，而其政府力谋扩拓领土，迭次要求，改订界约，减少陆路商品税率，增加通商口岸，并于中国西南及南部享有最惠国之待遇，其谋扩张势力也久矣。迨马关约成，法国以外交上之策略与俄德合作，忠告日本还辽，以为大有功于中国，乃于微德进行第一次借款之际，法使施阿兰奉命提出改定中越边界之要求，而请中国以湄公江（即澜沧江）上流东岸江洪一段与法。其地初为中缅瓯脱地，一八九四（光绪二十）年，始自英国收回，中英续议滇缅条约规定其归中国永远管理，"若未经大皇帝与大君后预先议定，中国必不将孟连与江洪之全地或片土让与别国"。其详细载明者，原为英国防法之计，据公使薛福成言，法国久争车里土司，故英愿让中国也。至是，施阿兰提出要求，其理由则谓法有功于中国。议院屡以为问，外部欲成此约，俾绅民咸知中国优待之意，俄使亦以为言。中国方面由奕劻、徐用仪交涉，总署时无精确地图，遂应法使之请，即将宁洱所属土司猛乌、乌得割让于法。其地自英国方面而言，属于江洪，奕劻等竟不之知。六月，条约将签字矣，英使欧格纳来署争论，力请暂缓画押，而法使不允，英使盛怒而去，词甚激烈。光绪得奏，严诘徐用仪，事已迟矣。二十日，界约商约成立。界约中国割让猛乌、乌得。商约要款凡四：（一）中国开放思茅，以河口代替蛮耗，龙州、蒙自仍为商埠。（二）土货自四口运出，或由安南运往四口者，减税四成。（三）中国将来于云南、广东、广西开矿，先向法国厂商矿师人员商办，并许安南铁路造至中国境内。（四）思茅、安南互接电线。约成，总署初欲暂缓批准，而施阿兰要求派员勘界，后竟许之。其政府既谋伸长势力于西南诸省，里昂商会亦遣专家来华调查其地之经济情状及各种矿产。十一月，施阿兰来商许法建筑铁路，奕劻知其危险，力持不可。法使依然要求，十二月，提出安南、龙州铁路，与奕劻辩论，反复数千言，词不稍让，奕劻拒之，声色俱厉，而法使仍不稍屈，明年，迭以为言。总署迫而让步，允许公司承办，六月，合同成立。其条件如下：（一）中国允许费务林公司承办龙州、镇南关铁路。（二）三年内铁路造成，公司承受官局命令。（三）沿铁路得设电线，由路局自用。（四）承办之期为三十六年。于是列强始于中国境内得有建筑铁路之权，破坏主权，法国实为作俑之祸首，引起无穷之祸。铁路长凡一百二十里，法国派员往勘，李鸿章致书广西巡抚为之先容，称其尤重视矿务，庆亲王奕劻业已许其开采焉。英人以为法国谋拓土地，势将伸长其势力于四川，一八九六（光绪二十二）年一月，其政府与法国议成协定，互相承认其平等之权利于云南、四川；对于中国，则请开放口岸，以抗法国。明年，总署许之，施阿兰赖却前言，数至总署无理吵闹，翁同龢恶之殊甚，于日记中称之为"鬼"，曾曰："施使狡谲为诸使之冠"。施阿兰转而要求铁路、开矿、商业权利，又言琼州及粤东海岸不许他国屯煤。总署大臣与之辩论，法使竟攘臂拍案，出语讥讪。三月，总署照复允许不让琼州于他国，商议其他问题，总署逐渐让步。法使争执最烈者，则为云南铁路，五月二十八日，谓为外部所定，不能改一字。翁氏记之曰："历二时六刻，屡应屡翻，刚柔尽到，终以一字不如彼意，悻悻罢去，其实亦已允，不过作态要挟而已。"翁氏失望之深，自言终日与犬辈龂龂，弱国外交官苦矣。六月，双方议定三条，一、龙州铁路可得延长达于南宁、百色，二、雇用法人开采云南、两广矿产，三、疏濬红河上流，并许法筑铁路达于云南省会；路线或自红河而前，或经百色直达。其能成功者，据施阿兰言，李鸿章亲俄，认法为其同盟国，从中助之。其言信而有征，李氏诚引狼入室矣。

英国在华以商业为重要，其国人对于中国之感想，信如欧格纳临别之言，其外交政策原与中国接近，及中法新约将成，欧格纳以其割让江洪土地，违反缅约，力阻画押，不得，盛怒而去。总署电令驻英公使龚照瑗求其外部谅解，"如有违言，希与商两全之法"。其求谅解之办法，则谓猛乌、乌得，旧属中国宁洱县，与缅约无关；而外部则谓属于江洪，中国违约，轻视大国，并以地图为证，其图同于使馆所藏订约时之地图。中国乃处于不利之地位，向法磋商，求英谅解，均不可得，改应英国之请，磋商让地。英国要求野人山全境，而总署让地无几，龚照瑗电请不动缅约，另设办法，十月，电述首相沙侯（Lord Salisbury）要求开放西江之密语，略称法开海防，火车驶入华境，中国减收税银，西南数省商利必尽归法，将来蚕食边地，争开海口，皆意中之事。中国开放西江，英固有利，中国亦得正半两税。"香港、两广唇齿相依,必然永固,不虞外人觊觎东(西?)南边地。总署如以为然,野人山地尽可少让,商办各事,皆易商量。"欧格纳奉命向总署磋商,王大臣时多顾忌,既不愿外商深入内地,外船行驶内河,又不欲再让土地。明年,英国新使窦纳乐再奉训命要求西江开口,总署大臣答称奏准开放西江,则野人山地全归中国。英使报告外部,外部主张修改缅约,开放西江。于是英使态度转而强硬,曾至拂衣而去,顾其要求之商埠太多,会议未有明显之发展。翁氏记其交涉曰:"先缓后紧,处处以外部训条为言,处处以废约为挟制,其狡猾不下施贼。"迟至十二月,始有眉目。西江开放二口,轮船得至梧州,南宁俟商务兴旺再议。缅约稍改边界。总署修正约稿,二十九日,英使来议。翁氏记之曰:"于缅约改本无他说(略争一二处),于专条则大肆驳辩,改处一一争回,几于一字不可动。扼要者,于南宁将来通商,办照会而不入专条;关于批准互换后再办,此二端已费千万语,至三水三处市面,伊皆欲立洋栈,我不允,彼竟决裂,声称废约,势汹汹矣,拂衣而起。"李鸿章出而转圜,改日再议,争执至五小时,再接再厉,无怪翁氏称其"贪如狼,狠如羊"也。一八九七(光绪二十三)年二月,条约成立,分作两端,一缅约,中国让地与英,促进商业,将来酌量情形,建筑铁路与缅甸铁路连接;一专约,西江开放梧州、三水、江根墟三口,外轮得自香港驶达梧州,途中得于江门、甘竹滩、肇庆府、德庆州停泊,上下客货。施阿兰闻之,来署争论,索得权利,始已。

英法各争权利于西南,法国实为祸首,其能成功者,颇得俄国之援助。中国北部、东北、西北三面,皆与俄国领土连接。俄自克西米战后,经营东方不遗余力,建筑西伯利亚铁路;其在东方之海港海参崴,冬季结冰,不便航行,谋得良港于朝鲜、中国。中日战起,中国之弱点暴露于世,俄外相罗拔诺夫书告驻法大使,竟言其愿中国为俄属国。及《马关条约》成,其财政大臣微德深以日本妨碍其计划为虑,主张干涉;其时微德奉命主办西伯利亚铁路。俄皇又欲积极扩张势力于东方,命其内阁大臣会议,微德于会议席上,发表干涉日本之言论,无所议决,其经过报于俄皇。俄皇召其亲信大臣,会议于宫中,采取微德之主张,外相联合德法共同干涉。微德之计划,则用经济和平之方法,逐渐巩固俄国之政治势力,其先努力经营者,则为满洲,而后逐渐及于蒙古、直隶、新疆、甘肃等省。微德欲其计划实现,向法银行磋商借款,转借中国,更与公使许景澄议订合同,减轻利息,借以表示好意。十二月,俄皇诏予西伯利亚铁路局主办之中俄道胜银行之特权。道胜银行除有办理一切银行事业之外,尚得操纵中国财政之特权;其明显之规定如下:一、收存中国税银,二、经营中国国库有关之事业,三、商得中国同意,有铸造货币之权,四、办理中国募集公债及支付本息事宜,五、建筑中国铁路电线,有让与及取得权,范围可称广大。银行并受财政大臣之指挥,信如俄国外交家称其为财政部之变相支局,侵略中国机关也。银行之股本多来自法国,可见俄国之急于经营,而与法国之互相援助矣。方中日战争开始之际,西伯利亚铁路达于贝加尔湖附近。其未定之计划凡三:一、铁路沿黑龙江北岸而往海参崴,二、路线自恰克图而南,直达北京,三、铁路经过满洲东往海参崴。其第一计划,则路曲折远长,工程浩大。第二则将引起列强之反对,第三则路途减少,节省费用,又得经营满洲,微德之所欲也。中日战后,俄报鼓吹铁路经过满洲,直达黄海之议日盛。许景澄函报总署,并言俄国执政大臣亦有此意。张之洞先言中国自造铁路,与俄路相接。许景澄奏疏述称微德之言,防倭甚亟,建筑铁路,劝我与之连接。乃俄不待中国同意,即行派员来至满洲查勘路线,十月,俄使喀西尼方始照会总署,称俄派员四起,分道入满查勘路线。俄将沃嘎克来宁谒见张之洞,称其来商铁路事宜,张氏言中国愿与俄路连接,俄将声称俄路将在大连湾出海。张云:"甚好,中国亦有利益。"张氏时主连俄,而竟不待训令,信口妄言,文人误国之罪,可胜言哉!张氏将其问答电报总署,总署大臣复称不如自办,不幸徒为空言,而俄进行如故。其时法国已请承办铁路,与俄合作,德以外交作用,亦愿助俄,美国不问东方之事,日本国势尚弱,而英国外交孤立,势难单独反对。俄国自谓大有功于中国,而信清廷将许其请也。明年二月,俄国调查路线功竣,四月,许景澄书报总署，喀西尼俄向奕劻磋商，后至总署建议公司代办，大臣不许，只允中国自筑。翁同龢于日记记之曰："喀语不逊，直谓中国既不顾邦交，我与日本联络，另筹办法。余直斥之，并指图谓之，此路汝省八百余里，我无分毫之利，勉力成之者，为邦交也。汝为公使，不顾大体耶？喀语塞，乃云'必六年造成，否则缓不济急'。"俄使之意，盖非中国财力之所能也。

中日战争之年，俄皇尼古拉第二（Nicholas II）即位。一八九五（光绪二十一）年，许景澄函报总署，明年五月俄皇举行加冕典礼，请派大员往贺。清廷诏派王之春为专使，而喀西尼言其地位不称，难于接待，请派宗室王公或大学士前往。许使先亦函称欧洲各国君主或亲往贺，或遣亲王大臣。盖俄用意颇深，知非大员，不能办理机密事件也。《李文忠公尺牍》称军机处及总署大臣推之前往，《翁同龢日记》则言由于懿旨；李氏自中日战争，备受清议之诋毁，及割台后，回归京师，迭为言官所论，光绪亦不之喜，郁郁颇不得志，枢臣多其政敌，殆不肯推之赴俄也。李鸿章奉命，初辞不得，光绪授为钦差头等出使大臣，往俄致贺，并往英、法、德、美四国亲递国书，联络邦交。其所奉之使命，除致贺联络而外，尚欲征求列强政府之同意，改订税则。其随行人员，朝廷特命其子经述随侍，枢臣之意不欲李经方、罗丰禄同行，而李鸿章以其久办外交，必欲同行，亲与李鸿藻辩论，上疏奏请，并调用人员，光绪许之，参赞尚有洋员五人。一八九六年三月三日，自京赴沪，十四日抵沪，二十七日，乘坐法船西渡。李氏行后，俄使喀西尼提出铁路要求，总署不肯同意，俄使亦无进行，专待其政府与李鸿章交涉矣。微德深虑李鸿章先游英德诸国，为其外交家所诱说，而有碍于俄国计划中之权利，言于俄皇请其直接来俄。俄皇特命亲臣以军舰往迎，其人则道胜银行经理，兼西伯利亚铁路总办也，李氏于苏伊士运河，改乘俄舰，列强先有邀其往游者。俄舰直向黑海驶行，四月二十七日，抵于俄港渥答赛（Odessa），备受欢迎，俄皇催其早往俄京，次日，乘坐官车前往圣彼得堡。微德时在俄廷以熟悉东方情形见称，俄皇命其向李鸿章交涉。

四月三十日，李鸿章抵于俄京，往访外部，请期入觐，并与微德相见。

据微德回想录称其答访李氏,提出铁路经过满洲之要求。其所持之理由,略称俄国力助中国保其领土之安全,将来中国发生事变,俄虽出兵援助,而其大军驻于欧洲,非有铁路运输,则难有济于事;前中日战时,俄军奉命自海参崴出发,但以运输不便,军行稽延,及抵吉林,而战事已终,无所为力。中国许俄筑路,经过满洲,连接海参崴,则俄可得实力援助中国。铁路经过之地,且能提高土地生产力焉。回想录所言,不无事后夸张之辞。李鸿章密电总署,称述微德之言,铁路速成,可抒日患,中国自办,恐十年无成,倘竟不允俄荐公司承办,则俄从此不能再助中国。李鸿章已为所动,其思想则欲联俄防日也。其时中国新败于日,李氏备受诋毁,向时主战之大臣疆吏,莫不痛恶日本,而又患其国势益强,将来大为中国之害。自身不肯奋发有为,唯有乞援强国以自慰耳!微德知其弱点,用而利诱李氏。五月四日,李氏谒见俄皇,呈递国书。礼毕,俄皇更于宫内便殿见之,李经方随入,赐坐畅谈。李鸿章电报其言于总署曰:"彼谓我国(指俄)地广人稀,断不侵占人尺寸土地。中俄交情最密,东省接路,实为将来调兵捷速,中国有事亦便帮助,非仅利俄。惟华自办,恐力不足,或令在沪俄华(道胜)银行承办,妥立章程,由华节制,定无流弊。各国多有此事例,劝请酌办。将来英日难保不再生事,俄可出力援助云云。"其言一部分出于牵强附会,而固易于动人,可谓极劝说之技,宜李鸿章称其较微德所议加厚也。微德更与李鸿章交涉,进行颇称顺利,口头上说定原则,报至朝廷,亦无异言,最后由罗拔诺夫起草,是为中俄密约。其重要者凡四:(一)日本如侵占俄国、中国,或朝鲜土地,二国协同御之。(二)战时,中国口岸准俄兵舰驶入,如有所需,地方官应尽力帮助。(三)中国许俄于黑龙江、吉林地方接造铁路,直达海参崴,由华俄银行承办经理。其合同条款由中国驻俄使臣与银行商订。(四)条约效力以十五年为限。密约签字之日,据微德回想录,微德发现约本误改日本为任何国,设法改正,始行签字。约成,二国严守秘密,外人无知之者。综观密约成立之经过,俄国利用时人恶恨恐惧之心理,骗说中国共同防日。其时日本地位不如俄国,中国军力与俄相去更远。其所谓协同防日者,就俄国而言,日本占扰其土地,事实上盖不可能,作战果需中国援助乎?就义务而言,不过增加俄国之责任,彼除维持其利益而外,固无取乎此也!是故密约之重要,非防日本,乃俄借此逞其大欲,伸长势力于中国耳!约文规定接造铁路,不得借端侵占中国土地,亦不得有碍大清国大皇帝应有权利。按之事实,铁路由道胜银行承办,仍受财政大臣之指挥与监督,无异于政府创设之机关。铁路公司经营之事业,范围广大,无不侵犯中国之主权,设警护路,尤其明例。俄国之贪利无厌,首先破坏中国之主权,引起长期之纷扰,自始至终,未有遵守密约之诚意。而于中国则有不可思议之恶劣影响,此固不能独责李鸿章也。

密约既成,李鸿章于俄皇加冕礼后,即往德国。列强外交家信其与俄订成丧失权利之条约,携带大宗贿赂而归,实则李氏未曾得赂,不过见欺于微德耳。俄国根据密约,得有建筑铁路经过东省之权,其具体细则尚未议妥,道胜银行代表奉命与公使许景澄磋商,其条件则由微德拟定,九月成立,是为东省铁路公司合同。其要款凡九:(一)中国入股五百万两,铁路由道胜银行承办。(二)承办机关名曰中国东省铁路公司,钤记由中国刊发,章程则照俄国铁路成例办理,股票只准华俄商民购买。公司总办由中国选派,查察银行铁路公司是否奉行中国委办之事,并得兼办交涉事宜。(三)合同批准后十二月内,开工勘路,及得地后,六年内完成。路轨宽度则照俄轨,合中国四尺二寸半。(四)公司建造经理防护铁路所必需之地,及沿路附近开采石块、石灰等项所需之地,官地中国给与,民地购买或租用。凡公司地段概不纳税,并得建造房屋,设立电线。(五)凡建筑修理材料,概行免税。(六)俄国水陆各军及军械过境,公司即行运送。(七)中国军队军械由铁路运输,收取半价。(八)货物由俄国经铁路运往中国,或由中国运往俄国者,减税三分之一;运入内地者,再交子口半税。(九)公司自路成开车之日,经营八十年后,无条件归还中国,三十六年后,允许中国出款赎回。路成开车之日,公司呈缴中国政府库平银五百万两。综观合同之内容,俄国事事处于优越之地位,朝臣力争铁轨同于中国铁路,竟不可得;合同上中国之利益,后亦不肯履行。十二月,微德拟定中东铁路公司章程,由俄皇批准宣布。东省铁路公司资本有二,一股本,五百万卢布;二股票,发行之数,由俄国政府担保。路成,用去三万五千万卢布;说者称其故筑华美之车站,增加费用焉。华人之购得股票者无几,其股东多为俄人,铁路行政事宜归管理处办理。管理处共有九人,由股东大会选出,其总办由中国选任;协理由九人互选产出,于其就职之先,须商得俄国财政大臣之同意。公司遇有困难之问题,须待其决定;票价运费非得其赞同,不得提高。公司财政亦须归其监督,公司得自保护铁路,设立警察,免费运输俄军,又得开采矿产。总之,东省铁路公司名曰商办,实则俄国财政部之分局,微德不过以公司之名,执行其命令,以达经济侵略并吞领土之计划而已。其许中国于铁路通车后三十六年赎回,亦非诚意。微德于回想录中自言赎回条件之苟,代价之重,将非中国政府之所愿。一八九八(光绪二十四)年,总署与俄再订条约,许其建筑支路,达于旅顺、大连。一九〇四(光绪三十)年,驻俄公使胡维德报告铁路一律开车,其言曰:"干路二千八百余里,支路一千八百余里,以哈尔滨为两路枢纽。每隔一二十里有兵房驻兵,哈尔滨之兵房可容四五千人,沿途皆是俄人。彼方议移民。"公司于满洲所得之地逾二百万亩,哈尔滨犹不与焉! 路成,中国根据合同,索银五百万两,公司竟不肯与;议定之总办,亦未派人充任。噫! 俄国侵略之甚,用心之险,无以复加矣!

　　李鸿章离俄往德,抵于柏林,德人表示热烈之欢迎。其皇威廉第二待之优渥,请其阅兵,欲向中国租借海港,为其东方舰队停泊储煤之根据地,商请李鸿章协助。李氏托言待其回国再议,俄自德国往游海牙、巴黎,亦受欢迎,八月,渡海峡而往伦敦,英人以其亲近俄国,俄国之势力日盛,将代英国在华外交上之地位,淡然视之,俄自英国乘船渡美,先游纽约,再至美京华盛顿,谒见总统,呈递国书,事毕,渡太平洋而归。方其游历名都大城也,实业家以其购买铁路材料机器等物,后竟一无所买,其致贺递书之使命,固无困难,改定海关税率,则无结果。先是,一八五八(咸丰八)年中英《天津条约》规定输出输入之正税值百抽五,上海关税会议准许外人服用物品输入免税,其议定税率之标准,则据数年前之货价也。各国商约以最惠国之待遇,多与之同,自津约成立以来,银价大跌,外商卖买多照金币计算,而中国使用银两,其国际贸易输入货物之价值超过输出,华商以银计算,合于金币,外货之售价大增,而海关货价之标准仍未修改,商人所纳之税一如前例,名曰值百抽五,而多仅及百分之二三。中英《天津条约》及各国商约多言税则每届十年按照时价修改。列强以为率由旧章,对于本国商人较有利益,未尝一请修改。自中国方面而言,海关税银年有增加,李鸿章曾与威妥玛议商提高税率,毫无结果,倘欲根据条约,实收值百抽五税银,则受协定关税及最惠国待遇条款之束缚,非得欧美缔约国之同意,不能有所更改。总署大臣知其困难,迫而安于现状,向时英法诸国对于修改商约,多方要挟,必达目的而后已,竟于破坏中国主权之不平等条约上之权利,而亦不肯承认。其在中国所谓唯利是视也。至是,中国建议依照旧订税则改收金币;李鸿章商于列强外交长官,俄国同意,德、法、美国表示有条件之赞同,李氏不愿久在外国磋商,其复友书,则称将由驻外公使交涉。列强之意见不一,对英交涉尤为困难,其在华商业超过十分之五,外相前称商于商人,英商固不愿增加其货税也,遂作罢论。李鸿章修改关税之使命归于失败,列强外交家信其受俄贿赂,订成密约,满载而归;其在德国固已承认许俄建筑铁路之密约,但曰:"无碍华地,无损华权。"时人仍多推度,上海英人主办之《字林报》肆力毁之,发表中俄密约、喀西尼密约。其中所列条款,有俄国租借胶州湾十五年,其所登载之密约毫无根据,中俄实无所谓喀西尼密约也。李鸿章于俄所订之密约严守秘密,原文于华盛顿会议始行发表,英报发表之密约虽不足信,而时正值俄国亟欲扩张势力于中国之际,其宣传足以耸动列强之视听,促进其巩固在华之利益。要之,瓜分之议,固列强野心侵略之极端表现,而中国之衰弱,外交上以夷制夷之失策,无不予以可乘之机;谋之不臧,几致瓜分,可不哀哉!

法国自安南经营中国之西南南部，俄国经营北部，二国互相援助。英国力谋巩固其在华之地位，多得商业上之机会，互相监视，总署大臣应付极为不易。外使争求权利，往往不顾礼貌，攘臂拍案，出言讥笑，拂衣而去，尤以法使施阿兰、英使窦纳乐、德使海靖（Baron Von Heyking）为专横。英国时患法国伸长其势力于云南、四川，互相承认其在二省同等之权利。二国谅解关于中国之主权，而竟不先征求其同意；其外交家心目中固不以中国为自主国也，事之危险，无过于此。李鸿章自外国返京，原欲告退，而太后命其在总理衙门行走。其书告友人曰："今日办理交涉之难，视前尤为棘手，威棱不振，断非提空名，恃笔舌所能支吾，补救无从，惟有分谤而已。"外交上之形势如此，抑何可哀！新与中国缔结密约之俄国，竟欲干涉练兵。李氏书复淮将聂士成曰："日前俄吏在总署啧有繁言，谓伊国家必欲派员代我练兵。"总署先欲整理海军，雇用英员，亦为俄使所讥。张之洞于南方用外员练兵，亦受外国干涉。用人行政不能自主，信如李鸿章之言曰："群雄环伺，正无了期。当局者真有朽索六马之惧。"其言发于德俄强租军港之时，外交困难，远过于前。朝廷先不变法自强，为之奈何！列强争夺者，尚有承筑铁路及租借军港等。

铁路久为李鸿章等所欲创办，惜其计划未能采行，后向醇亲王奕譞建议，兴筑津浦铁路，曾纪泽亦以为请，奕譞方谋进行，而言官谏阻，太后诏命督抚复奏。两广总督张之洞建议改筑卢汉铁路，分段造成；其长约三千里，需银三四千万，欲用晋铁筑成。按之国内财政人才均不可能，奕譞竟为所动，太后诏从张氏之奏请。李鸿章深为失望，其书告驻外公使洪钧曰："香帅（张之洞）主意，括以四语曰，储铁宜急，勘路宜缓，开工宜迟，竣工宜速。曰迟曰缓盖亦知难。执事称原疏虑周论正而意巧，可谓知言；煌煌大文，作子虚一赋观可耳。"张氏之见解不愿随人作计，而能推陈出新也；其视铁路之计划，犹于作文，国家大事岂能如此？文人恶习抑何可恨！李鸿章、曾纪泽请两路同办，不得。言官请先造黄河桥，其心以为工程浩大，一时无力筑路，方为得计也。张之洞奉旨改授湖广总督，放弃晋铁筑路之主张,创设汉阳铁厂,炼造铁轨等物,无人妥为经营,糜款甚巨,所得甚微,铁路久未兴筑。中日战时,国内铁路之造成通车者,唯天津至山海关间一段而已。

战后,政府当局始知铁路之利,筹筑卢汉、津京铁路。法使施阿兰忽向总署声称本国根据一八八五(光绪十一)年中法条约,有承筑铁路之权;总署复称条约上并无建筑铁路优先权以拒之。其时政府建筑铁路之问题,则经费无着也。先是,光绪诏设公司建筑津京铁路,定其资本一千万两,招商投股,而商人之投资者寥寥无几;其原因则国内工商业尚未发达,资本未得集中,国人除官吏受赂致富而外,尚无所谓资本家也。人民深受腐败政治之影响,信任政府之思想至为薄弱,款遂无法筹足,迫而借债兴办。一八九六(光绪二十二)年冬,盛宣怀上奏铁路计划于朝廷,盛氏初办电报颇著成效,负有能名,官至天津关道,以张之洞等之保举,奉旨督办铁路,至是建议兴筑卢汉铁路,筹银四千万两,中国筹集半数,余款借自无野心之国家若美国等语。上谕准可其议,盛氏忽向比商借款,驻京比使以其国小力弱,非有强国为之援助,则难成功,密请法国合作,法国许之。明年五月,盛宣怀与比国银行团订立合同草议,英、美、德公使次第抗议,德使且言俄法秘密参与投资,危险孔多,德璀琳亦言不可。总署大臣终以条件较有利于中国,更以俄国之请,置之不理,俄法在华之外交遂得胜利。方卢汉铁路之交涉也,法国工程师前往山西调查矿产,勘定正定、太原间路线,名为俄商承办,实为法国银行团之所经营。俄国自划北方为其势力范围,八月,其驻京公使要求总署,罢免建筑长城以北铁路之英工程师。英国鉴于俄法之活动,以为其直接或间接承办之铁路,势将连为一气,挤出英国在华之势力,而故张大其辞,要求均势之权利。中国允许云南筑路,与缅甸铁路连接,开放西江。列强之竞争益烈,其详见后。

列强于中国各谋利益,其先强租军港者,厥为德国。德自战胜法国统一以来,工商业之发达,海陆军之扩张,国势之强盛殆与英国相等,其皇威廉第二以其本国军舰商船之在东方者,尚无储煤之港,久欲得之,迄无适得之时机。及三国干涉还辽,德国乘机要求天津、汉口租界,总署许之,中途德皇反而助日,尚以为大有功于中国,十月,外部训命驻京公使绅珂(Schenck)商租屯煤海港。会前德使巴兰德来京,总署大臣宴之,绅珂同至。翁同龢记之曰:"巴所谈皆寒温,微露德色。巴退,绅留谈,则所求者四事,一、海澳泊舟,一、专使,一、其外部宰相宝星,一、买船。"四者之中,自以租借海港最为重要。公使许景澄亦自德国函报总署曰:"夏秋以来,各报颇言德国须在中国海岸得一船埠,商人向其政府建议。"总署大臣慎重考虑,以为允许德国,列强援例,将起无穷之祸,一面拒绝绅珂,一面训命许使向其外部说明。许使往谈,外相答谓英、俄、法国之在东方各有海港,想无所求,毫无放松租借之意,进而代筹办法。明年,绅珂迭向总署磋商,纵论英、日、俄、法离合之状,当无后忧;许景澄亦言德国必欲租借。时传德国将索厦门附近之金门岛,实则尚未决定;在其计划中者,有威海卫、胶州湾、舟山群岛、金门岛、大鹏湾等。外相以为交涉久无进展,密商于公使许景澄,问其租借之方法,许使竟言用武解决为宜,无怪其报告总署为德说项也。六月,李鸿章游德,威廉第二提出前议,外相以之为修改税则之交换条件,李鸿章答称待其归国再议。八月,德海军将佐建议于政府,谓胶州湾最为适当之地;德璀琳亦以为言,胪列其地位重要及将来可得发展之原因。德皇以为报纸宣传中国业已允许租借于俄,颇主慎重,先命调查,旋得中国使馆方面传出之报告,知其未曾有租于俄之议。中国在俄使馆顾问,亦劝德皇侵占,由是德皇决定租借胶州湾。十二月中,驻京德使海靖奉命向总署要求租借胶州湾,期为五十年。翁同龢记之曰:"海先谈海口泊舟,语含讥切,引归辽为功,而以加税为抵。……前使绅珂以海口未成撤回,故海靖注重在此。噫,难矣!"王大臣顾虑别国援例,坚持不可。一八九七(光绪二十三)年一月,海靖再行要求,仍为总署所拒,乃请俄法二使援助,二使不许,海靖报告其经过于政府。德皇欲以兵力占踞,而以俄皇反对,又无时机,暂作罢论。八月,德皇游俄,求其谅解。九月,德国通知俄国称其舰队将于胶州湾过冬,海靖亦以此意照会总署。十月三日，德舰有停泊于武昌者，水手上岸，暴民投石击之，中有伤者。其事报于柏林；德皇认为时机至矣，电命军舰驶往胶州湾，而山东之教案忽起，予以侵略之口实。十一月一日，山东曹州府巨野县匪盗戕杀德传教士二名，巡抚李秉衡命捕凶犯问罪。十四日，德国水手奉命上岸，强令胶州湾守兵三小时撤退，四十八小时退尽。初天主教神父之在东方者，由法国保护，中国遣使商请教皇派使驻于中国，教皇许之，而以法国之严重抗议作罢。一八九一（光绪十七）年，德使通告总署，言其保护本国在华之教士。其时教案纷起，公使迭次抗议，光绪下谕保护教士，然无实效。至是，德国竟以教案强据胶州湾。

光绪得报，心至焦烦，决定衅不我开，电令守将镇静严扎，任其恫吓，不为之动，又谕李秉衡曰："朝廷断不动兵，此时办法，总以杜后患为主，若言决战致启兵端，必至牵动海疆，贻误大局。试问将来如何收束？"朝廷主张和平，由外交解决，就国势而言，实为适当之处置；其责任则先无准备，处于武力压迫之下，始行让步，造成外交上之恶例耳，不幸竟为我国常见之事。德皇电告其要求租借胶州湾于俄；俄皇复电无所反对，其外相闻之力言不可，发电劝说德国外部勿据胶州湾。俄使来至总署，称其本国已派兵舰驶赴胶澳，去时，且曰："此两国之事，不第为华谋。"德皇得知俄国态度，以为非英援助，势颇危险，训令其驻英大使，促进二国之邦交，又信日本整理内政不能干涉，美国方有事于古巴不能远顾东方，对俄采用坚决不理之态度，而俄仍请和平解决不已，俄皇且自取消前言。德国时已商得英国之同意，英国外交孤立，坐视俄法伸长势力于中国，而无如何。其外交家先有联德之主张，对于德国行动，迫于利害，固无反对。十一月二十日，海靖提出要求六款：（一）山东巡抚李秉衡革职，永不叙用。（二）给费建筑教堂。（三）严办匪徒，赔偿损失。（四）明发谕旨，切实保护教士。（五）德人得于山东建筑铁路，开采矿产。（六）赔偿德国办理此案所用之经费。条件可谓严酷之至，李秉衡奉旨催办教案，于德兵登岸之先，业已捕获凶犯四人，办理尚为认真，但以对外之知识浅陋，态度强硬，德国要求予以处分。铁路矿产与教案何关？胶州湾虽未列入条约，实无交还之意，而欲另行交涉；其政策业已视为东方海外属地之起点，必欲取之者也。恭亲王奕䜣声称德兵先行撤退，即可磋商提出之条件，海靖拒绝撤兵之请，必欲先办教案。朝廷迫而派翁同龢、张荫桓与之协商，多许其请，议将成矣，忽以兖州等地教士被侮，要求严惩官员，总署许之，始已。关于赔偿用费，德使承认放弃，中国许以租借海港。翁同龢记之曰："第六条声明不给赔偿，而述两国交情，且有助归辽东之谊，当另案办理，与教案绝不相干云云；盖隐示以可别指一岛也，此等语何忍出口？特欲弭巨祸，低颜俯就耳。"翁氏所谓别指一岛，究为德国接受与否，尚不可知，海靖固信中国许租海港矣。李鸿章忽持异议，商请俄国代索胶澳；初俄国欲派舰队监视德舰之行动，命令已发，忽而中变，反欲乘机租借旅顺，不应李鸿章之请，总署大臣亦有不愿出此下策者。德国向俄提出条件，承认中国北部及朝鲜为其势力范围，并许俄船泊于胶州湾，而俄仍以胶澳逼近北方，德国据之，终非得策，授意于总署大臣，请其租借山东以南之海港。张之洞亦称德有还辽之功，必应酬谢，不如以福建他岛与之。翁同龢迭向海靖磋商，海靖谓为外部训令，不可，盖其政府知其出此，将与英日之利害冲突，拒绝不受。俄国先称援助中国，迄无举动，总署乃以对德交涉可望和平解决，且信他国实无援助之诚意，万一交哄于中国，而危险尤多，谢绝调停。俄国转欲挑拨日本反对德国，命其军舰退回海参崴港，而德已向日本表示好感，承认福建为其势力范围，且欲利用其阻止法国之侵略，日本遂不之应。

俄国之阴谋不售，一八九七（光绪二十三）年十二月，遣其舰队泊于旅顺军港过冬，通知其事于英日诸国，德皇闻之，表示其愿助俄国，俄皇电贺显理亲王（Prince Heinrich）来华办理交涉，祝其早日成功。初德皇以为交涉尚多困难，诏命其弟显理亲王统率舰队来华，寓有示威之意。德皇设宴饯行，席上发表扩张领土之言论，亲王则以经营海外帝国答之；德国之意殊不可知，至是，对于俄国更作进一步之表示，称其赞助逐渐瓜分大清帝国之计划。德皇允许撤回德人之为教练官于北方者，俄国乃恃德国之合作,自由行动于满洲等地,益无所忌,向德建议二国协定。德皇不许,其思想不欲德国稍受条约上之束缚,得自斟酌情形,权视利害,利用时机,自由行动,而可唯利是求也。德国一方面求俄谅解,一方面告知英国,中国受俄指示,请其租借山东以南之军港,而德已拒绝之,藉得英国政府之同情。于是日本、英、俄皆不积极反对德国,海靖态度坚决,总署许其政治条件另案办理,教案始能就绪。不幸曹州复驱教民,德使闻报,翻悔前议,朝廷撤换曹州总兵始已。教案解决之主要条件,曹州、巨野各建教堂,给官地十亩以下,每处六万六千两;并于七处建教士住房,共给银二万四千两;严谕各省保护教士。总署奏言德国无退胶澳之意,双方议商政治条件,其争执凡二:一、租借地及年限,翁同龢迭请德国于山东之南租借一岛,海靖坚决不许,乃欲开为商埠,设立租界,亦为德使拒绝。议商租借地段,翁同龢允许或南或北一面,德使必欲全澳在内。关于年限,德国要求九十九年,翁氏力谋改为五十年,亦不可得。二、筑建铁路,翁氏不敢允许,请恭亲王奕訢决定。奕訢无奈何曰:"只得允之,但须中德合办耳。"(见翁氏日记)奕劻亦言可行。海靖所求者,初为胶澳至济南路线,明年一月,忽称到济南三字不妥,改由济南至山东边境,又言铁路旁矿利漏未叙入。总署主张铁路到济南时,再与中国自办干路相接;海靖不许,转而要求两事,一由胶澳另造铁路达于沂州;二山东办路,中国先与德国商量,信如其请,则反宾为主矣。交涉未有进展,二月,海靖函申前请,必欲总署许之,否则立电提督照办。明日,会商大臣许其建筑沂州铁路;关于展接铁路,德使允许向其外部请训。英使窦纳乐、美使田贝闻知铁路交涉,来至总署,力言不可许之,并称向其政府报告,二国均无行动。海靖新奉训令,再与大臣会商,议定全省铁路,先尽德商购估,作一结束,三月六日,条约成立。

综观交涉之始末,德国决心租借军港,久不可得,不惜利用教案,造成严重之局势,总署应付之策略,先欲德兵撤去,海靖主张教案议成,方可撤兵。教案时为中国外交上重大之事件,外人多以中国官吏不肯切实保护,中日战后,英美公使曾向中国恫吓,四川总督刘秉璋因之革职,德国借口教案，原得一部分欧人之同情，山东官吏又多不明事理，曹案尚未结束，而各地反教之案迭起，海靖遂益专横。如曹州总兵驱逐教民，海靖要求将其革职，限定九点钟办理，声称中国不办，即电本国交海军大将办理，交涉因而大为棘手。教案解决之先，德兵固未撤退。关于租借军港，总署以体面之故，另案办理，交涉进行，德国方面由海靖负责，中国驻德使馆未有活动。总署大臣电令公使向其外部交涉，竟不可得，海靖态度坚决，言语狂横，与之交涉，实非得计，然竟无如之何。其时德国求得列强之谅解，反而增加要求之条件，交涉之进行困难极矣，详见于《翁同龢日记》。兹举一例。翁同龢、张荫桓同赴德馆，海靖起立不恭，面有悻悻之色，彼坐定，出其外部训令，读之，谓各国断不帮助中国，末云，"如此和平，若不允，即当用力，因问前议奏过否？"答云："尚未商妥，焉能入告？"海靖闻言起立，出语不逊，竟由后屋而出，译员邀之，不出，但云："明日，到总署与两王晤面，若两王不来，吾亦不来。"翁氏怒曰："既如此无礼，余亦不能商"，遂拂衣而出。翁氏自受辱后，不肯再至德馆交涉，改由李鸿章等办理。于此恫吓屈辱之下，承认德国一切要求，成立《中德条约》。约文共分三端：第一端载明租借条件。中国许将胶州湾南北二面之岛屿及口外海面群岛租借于德，期为九十九年，德国得于租借区域建筑炮台等，倘于期限之内，归还中国，偿以用款，并以相当之地域让与德国。约文规定胶州湾海面潮平周围一百华里，准许德军自由通过，中国倘于界内驻兵，须先商于德国。第二端关于铁路矿务。中国许德于山东省内建筑铁路，其一自胶州湾经潍县、青州、博山等处，而往济南府，其一自胶州湾南至沂州，转往莱芜，直达济南府，凡沿铁路三十里之矿产，德国有开采之权。第三端关于山东全省，言明开办各项事务，或用外人，或借外债，或买外料，德国有尽先承办之权。约成，德国宣布青岛为自由商港。初交涉进行之际，海靖声称允许中国设关收税，而俄外部请德承认直隶为其势力范围，而德可于胶澳限制他国商业。德国认其交换条件，得不偿失，限制外商，且将引起英国之反响，至是，再与总署大臣会订设关征税办法。其要款如下：一、中国任命德人为税务司,更调洋员须先知照胶州巡抚。二、胶州湾内之土产,或制造之货,买卖于境内者,无庸纳税。三、土货洋货运入不再外运者,概不纳税。四、其余输入输出之货,均照中国海关税则纳税。一九〇五(光绪三十一)年,二国更订办法,中国按照税收实数,每年提拨二成,交与德国以为地租。德国设立无税区以便管理漏税。一九〇八(光绪三十四)年,德国又得建筑铁路达于直隶、河南之权,其预定之计划,可谓告成,而中国则屈辱之甚,损失之重,无以复加。翁同龢于《胶澳条约》签字之自责曰:"以山东全省利权形势,拱手让之腥膻,负罪千古矣。"此就德国而言,其影响之所及,则列强起而争夺利权矣。

继德起而强租军港者,当推俄国。俄自还辽以来,自认满洲为其势力范围,反对日本不得割让辽东之要求,力拒中国应英开放大连湾之请,建筑东省铁路不遗余力。及德兵强据胶澳,俄国初有干涉之意,外相模拉维夫(Muravieff)忽欲乘机租借旅顺军港。据微德回想录,俄皇召集大臣会议,外相陈说俄国需要良港,旅顺地势险要,可即踞之,陆相助之。微德坚持异议,其主张则经济侵略之所得,胜于武力压迫之要求;实则经营铁路之结果,终将引起武力之威吓与干涉也。俄皇赞同其意,会外相轻信讹言,报告英国将据旅顺,始乃决定先行租借,命军舰驶往旅顺。外部照会英日,告以俄舰泊于旅顺过冬,英舰奉命驶往,俄国认为含有监视敌对之行动。英国知法助俄,而力不能独抗二国,且其非洲问题日形严重,迫而请助于德国、日本,无如德国以其占据胶州湾时,曾许助俄,威廉第二且欲利用俄国有事于东方,减少德国东境之防御,曾劝俄皇经营亚洲,故不之许。日本归还辽东,原不欲其为俄占据,其驻华公使矢野文雄闻知俄舰驶抵旅顺,即至总署询问,是否中国约之?露有不满之意。其政府则以内政待理,海陆军之实力不敌俄国,虽不欲其租借旅顺,而势无可奈何,且俄业已向日表示好感,招回其在朝鲜之顾问,日本亦不助英。英国之外交孤立,俄国对之无所顾忌,外相模拉维夫对英驻俄大使曰:"俄国租借旅顺,英国独持异议反对耳。"初一八九七(光绪二十三)年十二月中,俄舰驶抵旅顺,水兵登岸,放恣杀人。李鸿章尚信俄国"断不占我尺寸土"也。(见《翁氏日记》)及总署大臣议商对德让步,许筑铁路,李氏忽言俄恐援例。俄使巴布罗福时索松花江行船利益甚急。

明年一月七日,俄使来索黄海口岸屯煤,及造铁路之权,总署未有切实答复。二月,驻俄公使杨儒婉请俄舰退出旅顺,俄皇不许,反欲俄路达于黄海。三月二日,巴布罗福提出租借旅顺、大连,及延长铁路,限期五日答复。总署奏请许景澄自德赴俄交涉,光绪从之,英使闻而警告总署曰:"各海口尽被外人所占,此即割裂也。"总署对于俄使不愿交涉,十二日,巴布罗福来署争闹。翁氏记之曰:"巴使来大闹,谓旅大租地,开通铁路,断不能改,已奉训条在此议论,限一日复,至缓两日,与言专使在彼,何得限日?竟拂衣而去。"期日,许使与模拉维夫面谈,俄国毫不让步,回电报告,朝廷无奈,明日,旨派李鸿章、张荫桓赴俄馆交涉。而张氏适病,大臣会商,奕劻说明日本前有不准他国占租之言,若许租借,彼将为难,结果再电许使向俄皇面商,十七日,许使复称俄不让步,"三月六日(三月二十七)必须订约"。其时朝议庞杂,有持联结英日拒俄者,有言俄、法、德、中四国同盟拒抗他国者,空言究非紧切之办法。其考虑之困难,则许俄国,他国起而援例也。总署大臣迭次会商,迄无主意。二十日,俄使再至总署,提出租借条件,大连湾可如通商口岸,旅顺租地划至皮子窝等处,界内不许中国驻兵,铁路延长直达海口。光绪得报,心至焦闷,命传李鸿章、张荫桓入见。总署开会筹商,翁氏记之曰:"两公(李张二氏)皆无策,互相驳诘,空言而已,时事至此,吾其已矣!"明日,二臣入对,翁氏日记曰:"上亦不能断也,见起三刻,衡量时局,诸臣皆挥涕,是何气象?负罪深矣!退时,庆李张邀谈,大约除允行外,别无法,至英日法同时将起,更无法也。……连日不眠,夜寝亦不安枕。"悲哉!弱国之外交也!

交涉进行之际,湖广总督张之洞原主联俄,力颇活动。日本参谋部遣员谒之,声称愿助中国,来商联交之事,并劝中国联英,张氏电报总署。总署复称"英日政出议院,难订密约,俄前有功,今不应拒"。呜呼!其言何愚陋至此！人为刀俎,我则甘为鱼肉,尚何言哉！张之洞电请许景澄商于俄国外部大臣,一密许旅顺为俄军港,一延长铁路,说明改用窄轨,条约仍在北京磋商。张氏再以三事电告许氏：（一）宁割新疆,不舍旅顺、大连,（二）向俄声明不租其港于他国,（三）俟铁路筑成,许俄于旅大屯煤,但避租名。其主张极为危险,先未奏报朝廷,而竟通知许氏交涉,尤为外交上不可常有之事例。交涉未有进步,俄舰南下示威,三月二十三日,枢臣沥陈现在危迫情形,"请作各海口已失想,庶几厉力,图自立,旅大事无可回矣"。（引翁同龢语）光绪命派李鸿章、张荫桓画押。巴布罗福来商,除允金州不入租借区域外,余于主要条款,不稍让步,李鸿章许之,条款遂定。据微德回想录,称其命员馈送李鸿章礼物价五十万卢布,张荫桓二十五万,颇有力焉。微德所言夸张已功,所叙之情节,不同于中国史料,但其所言贿赂,盖非诬语,此岂总署仍主联俄原因之一乎？二十七日,条约成立,其要款如下：一、中国允将旅顺、大连湾及其附近水面租于俄国。二、租借期限二十五年,满期后,得由两国会商展期。三、俄国于所租之地,得设大吏,调度水陆各军,治理地方,并可建筑炮台,安设防军。四、旅顺作为军港,独准中俄船舶出入。大连湾除保留口内一港,专为中俄军舰而外,开为商港；各国商船皆得往来。五、中国允许东省铁路延长达大连湾,或由干路至营口鸭绿江中间沿海较便地方,筑一支路。条约中规定租借地界,由许使在俄京商订,支路亦由其与东省铁路公司商谈。许使方与外部磋商,金州驻兵,忽以误会,向俄营开枪,俄兵欲入城内,总署迭次说明始已。五月,租地续约成立,租地极为广大,连隙地计之,辽东半岛去矣。租地界内,惟许金州城内自治,隙地独许俄人享受各种利益。支路规定通至旅顺、大连湾海口。七月,许景澄与公司经理订成合同,其要款有二：一、支路达于旅顺、大连,名曰东省铁路南满州支路。二、俄国得在辽东半岛租地,自行酌定税则,中国设关于大连湾,其开办经理之事,委托公司代办,直接归北京政府管辖,其用意一则削减英人势力,一则破坏海关制度也。

俄国租得旅顺、大连湾,其同盟国法兰西亦有要求,初法国以中国西南诸省邻近安南自行认为势力范围,会闻德国谋租海港于中国,虑其租借海南岛。其岛在广东之南,行政上属于广东,即时所称琼州岛也。法国以其在安南之东,德国苟租借于中国,则势逼近安南,非其所愿;一八九七(光绪二十三)年,其驻京公使奉命强请总署给予照会,声称中国不割让其岛及对岸之陆地于他国。三月,总署复文许之。及俄反对英国第三次借款,强借旅顺、大连,英国外相贝尔福(Arthur James Balfour)声称英国之在东方无求特殊权利之意,反对野心侵略之外交政策。法国政府向英尚言法无谋拓领土之意,一面则命其署使吕班(M. Dubail)提出要求。一八九八年三月,吕班要求四端:一、车里、云南、广东、广西照长江之例,不得让与他国。二、中国邮政局总办任用法人。三、铁路达于云南省会云南府,于路线勘定后,即兴工承办。四、法国于南海租借储煤之港。翁氏记吕班交涉之经过曰:"以为奉本国训条如此,语重而貌为和平,庆邸空言敷衍之而去。"总署无奈,训命驻法公使向法外交部婉拒,复电则称外部谓议院不平,请派舰重办,要求必须照准,否则另筹办法。吕班屡催不已,总署一一许之,文稿由其代定,竟不准动一字,其租借之港,则广州湾也。五月,租借条约议成,其主要之条款凡六:一、中国租借广州湾与法,为其海军储煤之港,期限九十九年。二、租借区域为广州湾内外之岛屿,及高州、雷州之一部分土地。三、法国治理租借区域,得筑炮台,置兵防守。四、各国往来广州湾之船舶,待遇与中国之商港无异。五、法国得自广州湾建筑铁路,达于雷州西岸之安铺附近。六、法国得于安铺建筑码头、货栈、医院等,其近于安铺之深水港,独准中法军舰停泊,约文载明华舰于中立时,始可出入。约成,法使要求租借之区域太广,总署不许,竟言自行办理,法兵自由上岸,营造兵房,广贴告示,谓地业已归法,其逞蛮无理,总署于奏文上亦明言之,终无办法,迫而让步,派苏元春勘界。会土人与法兵开衅,互有死伤。法兵之死伤者,咎由自取,苏元春百方说之,未有效果,交涉趋于严重,一八九九(光绪二十五)年十一月,迫而订成界约,其事始已。明年一月,皇帝批准条约,广州湾之在广东,原无商业上之重要,法国之强租军港,经营铁路者,盖欲深入广东也。

英国以工商立国,其在华之商业,时推第一,其商人视中国为世界市场之一,将来尚有重要之发展,其对华之政策,主张维持中国领土之现状,得于平等待遇原则之下,自由竞争于国内;其谋特殊之权利势力者,多与英国外交政策相违。其外交家初以荣誉之孤立自负,不愿本国之外交,稍受条约上之束缚,而可酌斟情势,自由决定也。及中日战后,俄法以同盟国之关系,互相援助,争夺权利于中国,英国以其在华之地位大受影响,而势无可如何,求避孤立之危险,不敢反对德国之租借胶州湾。及德划定山东为其势力范围,不许别国商人自由竞争,英使虽向总署抗议,然无行动,英所顾虑者,则为俄国。俄国反对英国借款中国,强租旅顺、大连,英国外相表示坚决之态度,而俄淡然视之,乃谋采行妥协之策略。一八九八(光绪二十四)年一月,其驻俄大使向俄建议,成立二国之谅解,俄国许之,交涉于圣彼得堡,大使往见微德。微德告以天津、北京为俄势力范围,手指地图,划直隶、山西、陕西、甘肃而言曰:"俄将并之,他日西伯利亚铁路,可以直达兰州",言及路线甚详,若研究已久者然。微德之意,英国可据扬子江流域,大使报告外部,外相训令,略称"吾人之目的,非分占领土,乃互相承认优越势力地也"。其困虽则英国主张成立谅解,解决二国所有之争执,而俄不可,遂无结果。英国知其非以武力干涉,则终无济于事,竟以事实上不能对俄作战而罢。会总署取消前向英国借款之成议,英使窦纳乐要求总署承认三项,一开放南宁、湘潭,二开放内河,三扬子江流域不得割让于他国。总署以法反对,不肯开放南宁,请以岳州代替湘潭,余从其请。英使再请总税务司任用英人,三月末,英属地大臣张伯伦(Joseph Chamberlain)深以孤立之害,向德表示缔结同盟条约。德皇方以俄法经营东方,无暇顾及欧洲为得策,复称尚非其时。四月,张伯伦以恫吓之辞,第二次向德建议同盟,政府长官更于国内演说同盟国之需要,借以唤起舆论之赞同,德皇以其妨碍扩张海军之政策,对于俄国又不肯立于冲突之地位,仍持不可。英国转向美国驻英大使海约翰(John Hay)建议二国同盟,海氏表示同情,而以政府难得参院之同意,婉谢其请。

英国既不得干涉俄国租借旅顺、大连,转欲租借威海卫港,以作对抗之局势。其时日军尚驻其地,初《马关条约》规定赔款未清,《商约》未订之先,日军得驻于威海卫,以保条件之实行。一八九八年三月中,英国驻日公使奉命往商于外务省;外务卿约以次日答复,及期,复称日本于威海卫撤兵之后,并不反对表示同情于日本之国租借。其意殊为含混。英国政府为之不安,二十五日,外相训令驻华公使窦纳乐向总署要求,旋命驻日公使再商于外务卿,结果英国承认福建为日本之势力范围,日本允不反对英国租借威海卫。俄国闻知英国之要求,劝说日本踬之,外务卿以其已许英国,谢绝其请。英使至总署交涉,大臣未有切实之答复,朝廷训令驻英公使向英外部交涉。三十一日,窦纳乐至总署声称,"十二(四月二日)若不定,水师提督带兵到烟台,事且不谐"。《翁同龢日记》曰:"余力斥其不应如此,彼无词,推诸政府,诿诸议院,千万语不变。"四月二日,英使再来总署,谈论租借威海卫。恭亲王时病甚剧,奕劻许之,但此约订后,不得更索利益。英使则谓威海卫抵俄,专为北方,若法占南海口岸,英亦须别索一处抵之,辩论良久,只许电报政府请训,而租借威海卫遂作定局。双方议妥之条件凡二:一、华舰仍得往来停泊于威海卫,二、租借之条件大体上与俄租旅顺条约相同。威海卫之租借既有成议,四日,英国通知德国谓其租借威海卫港专为抗衡俄国,以求德国之谅解,而俄劝说德国反对。英国最后表示威海卫不作商港,不与铁路联络,不与德人之利益有碍,二国始能成立谅解。于是英国改变其在华之政策,承认山东为德国之特殊范围,英商不得自由竞争于其地矣。日本、德国既无异议,七月一日,中英《条约》成立。其内容则英国租借威海卫湾内之群岛及全岛沿岸十英里以内之地,期限二十五年,华舰仍得使用租借之港,中国划定中立区域,许英建筑炮台,安置兵卒,后更许其征收土税。方交涉之进行也,法国提出四项要求,总署予以承认,租借广州湾于法。英使闻之,提出下列之要求：一、扩展九龙租地，二、铁路建筑权，三、保证未予法国开矿筑路之特权，四、开放南宁，五、不得割让云南、广东于他国。关于九龙租地，窦纳乐声称原议于浙闽图占口岸，以为威吓。总署允许其磋商之条件，中国租借九龙半岛附近之岛屿及大鹏湾、深州湾之一部分土地于英，共三百七十六方英里，期为九十九年。接收政权之时，居民起而反对，义气激昂，英兵开枪击之，始已，中国固无有力之表示也。关于铁路，总署许英建筑上海、南京铁路，余则顾虑法国反对，未有切实之表示。

英、俄、德、法各得利益权利于中国，而东邻日本尚无举动。日本自订《马关条约》，方信可于亚洲大陆得有根据之地，以备他日之发展，忽遭三国之干涉，战胜所得代价之一部分，复行丧失。日人大愤，攻击内阁外交之失败，不遗余力。总理大臣伊藤博文知其不协于国内之舆论，旋辞职去，政府遣林董为驻京公使，授为全权大臣。林董至京，先订还辽条约，后议通商章程，李鸿章等奉命与之磋商，日本希望甚奢。李鸿章奉旨挽回权利，多方辩论，不肯让步。其争执最烈者，一为中国请将领事保护在日华人载入约中；一为日本请将改造土货不完口岸正税，初《马关条约》准许日商设立工厂于口岸故也。明年春，李鸿章出国，交涉由张荫桓办理，七月，议成通商行船章程，凡列强在华所得商业上之权利，日本莫不享受。十月，外务省尚以租界制造等项一无议定，严责林董。林董催索甚急，竟至限期答复。总署对于日本要求，允许征收日商于口岸制造货物之税，不得多于本国臣民之所纳者，许其设立租界于天津、厦门、汉口等地。其政治家仍以所得不及丧失之重大，于此刺激之后，知非扩充军备，整理内政，则难雄立于东亚。方列强之互争权利于中国也，日本军阀颇谋活动，其外交家知其国力不能有为，坐视俄国将其归还之旅顺、大连租去，而无坚决反对之表示。会德英诸国向其磋商，外务省始乃提出福建为其势力范围，以作交换之条件。其时俄、德、法、英各有势力范围，而扬子江以北沿海之诸省，殆无日本插足之地，其南福建邻近澎湖列岛，日本认为关系密切，遂欲划为本国势力范围，先曾商于德英，未有异议。一八九八（光绪二十四）年四月中，日本政府训令公使矢野，要求中国承认不割让福建及其沿海一带于他国。二十一日，矢野至总署面索，明日，再致照会。照会中称"日本政府查明实在情形，反顾利害所及，未克置若罔闻，自宜设一妥法，以期未雨绸缪，则请清国政府声明不将福建省内之地让与或租与别国矣"。照会措辞暗示瓜分之说，太不顾及中国政府之体面，事实则固如此，抑何可哀！总署大臣先曾筹及日本之要求，对之原无惊奇，开会讨论，以为不许其请，将必另有要挟。二十四日，照复许之，内云："本衙门查福建省内及沿海一带，均属中国要地，无论何国，中国断不让与或租给也。"列强要求权利，往往如其所欲，独意大利失败。一八九九（光绪二十五）年二月，意大利政府宣布派遣舰队来华，多设领事；其驻京公使俄以恫吓之辞，要求租借浙江之三门湾。意大利于欧洲强国之中，统一最迟，工商业不甚发达，对于中国原无重要之关系。其政府鉴于分得土地之易，亦欲分得所谓一分瓜焉，通知其事于列强，英、德、法国未有异议，但言不可用兵，俄日则有反对之意。总署对其要求，坚持拒绝，皇帝下诏浙江巡抚以兵力防守，并谕闽浙两江总督出兵协助，全国清议莫不主战。意国以其公使办理不善，将其撤回，放弃要求。

列强于划定势力范围租借军港而外，争夺铁路之承办权，亦至激烈。其开始要求者，当推法国；俄国继之，其东省铁路计划之远大，规模之周密，法国尚非其比。其政策则以铁路经过之地，足以促进商业开矿移民事业之发达，而达其政治之目的。清廷大臣对于铁路之建筑，始则百方阻挠，中日战后，知其便于运输，而欲多所建筑，无如国内深受战事不良之影响，府库空虚，借款于外，赔偿军费，自无余力建筑大规模之铁路，上谕创立公司，召集商股，而应募者无几，遂予外国争夺之机会。一八九八年四月，英使窦纳乐要求建筑沪宁铁路，隐含政治作用，其计划则铁路自浦口延长达于信阳，再由信阳南往汉口，更自汉口，西达四川，以与缅甸之铁路联络，中国许之。六月，总署向汇丰银行磋商借款，建筑山海关、牛庄之铁路。初中日战时，天津、山海关之铁路功竣，其款一部分借自汇丰，至是尚无经费,延长路线,仍向汇丰商借。俄国闻之,严重抗议;时传其将占据伊犁以为恫吓。窦纳乐声称愿助中国,总署大臣以其实不可恃,婉辞谢之,拟定折中办法。俄国不受,乃与英国互相磋商,问题尚未解决,而比国承办卢汉铁路之正式合同签字。英国抗议称俄与闻其事,总署复称比国借款,倘与俄国有关,中国将不批准,英使言款存于道胜银行,即为俄国有关之明证。合同上载明如遇争执,铁路公司与借款团不能解决,交于总署及比使共同决定,倘或尚有问题,则请第三国公判。英人指第三国为法国,遂言俄法之势力侵入扬子江流域,实则铁路之建筑管理行政等权,概归公司也。借款期定三十年还清,八月,中国批准合同,英国外交家所谓俄法操纵铁路权者,不过忧虑太甚,神经过敏,而作牵强附会之说也。外相竟令公使窦纳乐要求下列铁路之承办权:一、天津至镇江,二、山西河南至扬子江,三、九龙至广州,四、浦口至信阳,五、苏州至杭州,更自杭州延长至宁波。英使提出要求,总署拒之,英使恫吓,压迫不已。九月六日,总署照复英使除保留第一项要求将来再议而外,概许其请。其保留者,以路线经过山东,侵入德国势力范围,而德国抗议也。其后英德银行团共同议定,德国借款建筑济南以北之铁道,其南段归英国借款承办,清廷更改路线,自天津直达浦口,是为津浦铁路。英国既得扬子江流域内铁路之承办权,而于山海关、牛庄之铁道仍不让步。英俄二国交涉经年,一八九九年四月,始行解决。其主要之条件,二国承认各不侵犯中国之主权,英国不求长城以北之铁路建筑权,而俄承认中英山海关、牛庄铁路之协定,并将路线延至新民屯。列强争夺路权不已,清廷深有觉悟,一八九八年十二月十三日,宣布铁路政策。明年,道胜银行要求自满洲建筑铁路,达于北京。英国要求苏州铁路延长至于江阴,外国银行团要求建筑铁路于山西、陕西、河南,英国云南公司要求建筑自大理达于云南扬子江之铁路,中国皆坚决不许。顾其觉悟已迟,其先损失之路线,长凡六千四百二十里。英国共得二千八百里,俄国一千五百三十里,德国七百二十里,比国六百五十里,法国四百二十里,美国三百里。

自一八九五迄于一八九八年，中国所受之损失，就其人口之众多，领土之广大，而固十九世纪未有之奇耻大辱也。综其损失可略分为二端，一关于领土者，北方沿海之良港，或租于英，或租于德，长江以南，则舟山群岛、福建海岸，总署对于要求国声明不得割让于他国，广东则九龙半岛之深港租借于英，西南广州湾一带租借于法，余港剩为我国海军用者，寥寥无几。租借虽有定期，而条约上多有续借之可能性，今虽形势变迁，然在当日固极可虞，海港而外，势力范围尤为危险。势力范围云者，强国于一国境内划定区域，暂时虽不直接管理，或干涉其内政外交，而别国则不得侵入或伸张其优越之势力，本国则可自由巩固其地位，或予以保护，而备他日之占据张本也。明显之恶例，则为列强之瓜分非洲。俄国财相微德曾言满洲、蒙古、新疆、直隶、山西、陕西、甘肃为其本国之势力范围。其言虽无根据，而山海关、牛庄铁路争执之解决，英国不啻承认长城以北为俄势力范围。山东自德租借胶州湾后，全省利益归其独占。扬子江流域，总署承认其为英国势力范围。其后英德商人磋商分段建筑天津、镇江间铁路，议定英国承认德在山东及黄河流域之优越地位，而德承认山西正定以南及扬子江流域为英势力范围。二国政府虽未接受其议，然可略见外商野心之一斑。其在南部，福建为日本势力范围，云南、广东、广西为法势力范围，英国亦得染指。其介于租借地势力范围之间者，尚有租界。租界为中国领土之一部分，外人之住于界内者，当归中国保护，不幸重要商埠之租界统治主权，反操于外人之手，华商听其处置。至是，列强益谋设立租界或扩展地址，德国先设租界于天津，俄国于牛庄要求，日本于厦门、福州，列强对于汉口谓其将为铁路之中心，多有要求。上海公共租界则于一八九九（光绪二十五）年，自九千亩扩至三万三千余亩，明年法租界亦有扩展。二关于利权者。铁路便于运输，为交通枢纽之一，说者喻为人身之经筋，列强在华或自建筑铁路，或有承办之权，或兼有二者。其路线纵横于国中，目的或为商业，或兼有政治领土之野心；凡借款承办者，其总工程师必其国人，材料购自其国也。英国更为便利商业之计，要求开放内河，由是便于船行之河,莫不开放,一八九九年,中国改订长江通商章程,益予外船便利。关于用人之权,各国争荐武员练兵。英国保障其国人为总税务司之职,初英使要求,总署复称英国商业维持其在华之第一地位,则用英人,借款之时进而扩张其职权。法国要求法人为邮政总办,总署答称将来邮政独立,可用法人。总之,于此三年之中,其先谋得权利者,虽为法、俄、德国,而英之所得者,反而多于他国。列强实无所谓仗义执言,而皆唯利是视,中国主权为之摧残殆尽,严格言之,几不能为完全独立自主之国家。瓜分之祸既开,其未造成列强之分据一隅而若其对非洲者,虽曰列强互相忌嫉,而美国宣布门户开放之政策,与夫中国激烈反对之表示,固其主要原因也。

列强于华各得权利,而美尚未得有重要之利益,其对华之商业岁有进步,可于下表见之。

年	船只	吨数	货值两
一八九三(光绪十九)年	六三	七八・一七五	二一二三・一〇四
一八九四(光绪二十)年	一〇七	一二九・一二七	二八八九・〇六〇
一八九八(光绪二十四)年	七四三	二三九・一五二	四三二七・五三〇
一八九九(光绪二十五)年	七一六	三一〇・一〇七	五七五六・九七八

六年中,二国贸易年有增加,表中货价虽有沿海贸易在内,进步固得称为迅速,将来之发展,犹未可量。美国远见之政治家,以为中国万一瓜分,美商将失自由贸易之机会;其先以古巴问题与西班牙交战,战争延及菲律宾岛,一八九八年,二国议和,美国最后要求割让菲律宾岛,西班牙许之,岛中土人不服。初战事进行之时,美国舰队往攻吕宋,其土人先受西班牙之虐待,起应美军,信为可得自主,后美国参院批准和约,政府收岛为属地,土人始大失望,群起反抗,乃遣大军平之,屠杀极惨。总统麦金莱(McKinley)对于中国初欲效法俄德诸国之故智,同意于瓜分。国务卿海

约翰主张不可，海氏初为驻英大使，亲善英国。英国以其外交孤立，向其表示二国缔结同盟条约，维持东方之现状及在华商业上之平等机会。海氏于精神上表示赞同，但以难得参院之意，谢绝其请。其任国务卿也，富有外交经验，对于东方之外交得有专家佐之，自其就职以来，英美邦交颇有进步。英国内阁主张中国门户开放，美国对于东方之政策亦然。一八九八年十二月，总统麦金莱报告国会书，以远东平等待遇为言。二国由是合作，英助美国谋得粤汉铁路之建筑权，美助英国得行广州、九龙铁路之承办权。明年，国务卿海氏接受本国商人及英人之建议，九月六日，训命美国驻英、驻德、驻俄大使，通知中国门户开放于三国政府，更于十一月十三日，照会日本，十七日，意大利，二十一日，法兰西，共守门户开放政策。

　　美国通知六国牒文，文句虽不尽同，而主要条件则未改变。内容可分为三：一、通商口岸及投资所得之权利，凡在势力范围或租借地者，列强不得干涉。二、货物输出输入之税则，除自由港外，概由中国政府根据条约上之规定，征收税银，各国商人一律待遇，不得稍异。三、各国在华之吨税，及其承办铁路对于货物之运费，一律待遇，不得予其本国商人特殊之利益。综之，门户开放之最初目的，仅限于商业，即所谓经济上之机会平等也。自条约而言，最惠国条款实为广义之门户开放，自中英《虎门条约》以来，凡与列强议订之主要条约，常有最惠国待遇之规定，范围至为广泛，兼政治而言；及中日战后，列强划定势力范围，租借军港，承办铁路，开采矿产，于是各国在华之地位，根本上迥异于前，列强于其新得政治上之势力或特种权利，而谋优待其国人矣，如大连海关许俄人代收税银之例。其承办之铁路，更得于可能范围之内，优待本国商人，而减少其运费以驱逐竞争国之货物于市场之外。最惠国条款规定之平等待遇，势将破坏无余。英国在华商业时称最盛，深以列强夺取权利之后，于其势力范围，妨碍英人之商业为虑，曾以其事商于俄国，俄国不许，德国对于山东亦然。英国外相转商于海氏，缔结同盟，其政策则所以维持其在华商业之地位也。要之，门户开放，原非海氏之所发明，海氏之功绩，则其斟酌中国国际上所处之地位,商于列强,而能有所成功也。其提出之条件,亦非机会之绝对平等,如牒文中对于列强之租借军港,划定势力范围,筑路开矿等,未曾加以限制。凡此权利,莫不破坏自由竞争之机会,海氏置而不言,其所注重者,乃狭义或变相之机会平等也。

六国接收通牒之后,英国首先承认,但称九龙除为例外。俄国复称本国未有为其人民求得特殊权利之意,中国当自管理关税,对于吨税铁路运费,则未提及;措辞可谓含混之至。德国于美西战争,袒护西班牙,战后,其政府以为对美商业输出超过输入,并于美洲新购海岛,不愿二国再有违言,闻知英俄业已接收通牒,势难独持异议,迟至明年二月复称赞同。法兰西、日本、意大利先后表示同意。六国既无异议,一九○○(光绪二十六)年三月二十日,国务卿海氏发表通牒内称列强赞同中国门户开放政策,论者比之"门罗主义"焉。二者实不相同,兹略说明其性质于下:(一)门户开放于华盛顿会议,始有关于中国领土之明文,初则专为商业而发;"门罗主义"保全南北美洲之弱国,不受欧洲强国之干涉,绝其扩张领土之机会,就土地而言者也。(二)中国于"门户开放主义"之下,不得自由与一国缔结商业上特殊关系之条约,其责任当使其机会平等。同时,美洲弱小国家于"门罗主义"之下,尚未丧失自主之权,对外仍得自由决定其与任何国家商业上之关系。(三)美国发表"门罗主义"之后,由其解释,负责维持,"门户开放主义"则异于此,凡与中国有关系之列强,皆得自由解释,此其不同之要点也。中国损失则为失去自主之权,而在当时固不以之为非。翁同龢先曾主张开放海口,召集国际会议,讨论列强不占中国土地,不侵中国政权,不坏各国商务。总署大臣不以为然,盖知其难于成功也。美国宣布门户开放政策,亦未保全中国主权,目的则维持其在中国之工商业。其能成功者,由于美国新败西班牙后,军势大振,而在东方驻有大军,英国、日本或以商业上之利害,或以地理之关系,皆表示赞助也。